Christoph Sigrist • Kirchen Diakonie Raum

S. Referat Pastoralkonferenz
2018

TVZ

Christoph Sigrist

Kirchen Diakonie Raum

Untersuchungen zu einer diakonischen Nutzung von Kirchenräumen

TVZ

Theologischer Verlag Zürich

Bibliografische Informationen der Deutschen Nationalbibliothek
Die Deutsche Nationalbibliothek verzeichnet diese Publikation in der Deutschen Nationalbibliografie; detaillierte bibliografische Daten sind im Internet über http://dnb.d-nb.de abrufbar.

Umschlaggestaltung
Simone Ackermann, Zürich

Druck
ROSCH-BUCH GmbH, Scheßlitz

ISBN 978-3-290-17773-7

www.tvz-verlag.ch

Inhalt

Vorwort

Wie bei kaum einem anderen Thema macht die theoretische Arbeit an der Frage des Kirchenraumes den auf die Praxis bezogenen Charakter der Diakoniewissenschaft bewusst. Erfahrungen mit dem Kirchenraum scheinen auf den ersten Blick wenig mit der Reflexion über den Raum gemeinsam zu haben, auch auf den Raum, in dem mehr als an anderen Orten mit Gott und mit seiner Hilfe gerechnet wird. Andererseits sind Erfahrungen im Kirchenraum in sich mehrschichtig und stellen einen komplexen Rezeptionsprozess von Räumen, Menschen, Atmosphären und Empfindungen dar und bedürfen deshalb der kritischen Reflexion. Zudem drängen die schleichenden Nutzungsverschiebungen – weg vom sonntäglichen Kirchgang hin zum individuell gestalteten Besuch des Kirchenraumes während der Woche – Kirchgemeinden und Pfarreien (meist als Eigentümerin oder zumindest als Mieterin des Kirchenraumes) dazu, Instrumente und Argumente für eine bevorstehende Um- und Fremdnutzung zur Hand zu haben. So gesehen, d. h. aufgrund der Komplexität von Kirchenraumerfahrungen und der Notwendigkeit, argumentativ theologische und kirchlich verantwortete neue Nutzungsformen zu entwickeln, ist die theoretische Aufarbeitung der Praxiserfahrung wiederum unverzichtbar.

Dieses Buch bildet den Abschluss einer Trilogie über die kritische Aufarbeitung von Kirchenraumerfahrungen, die der Autor in den letzten zehn Jahren zum Schwerpunkt seiner Forschungsarbeit in der Diakoniewissenschaft gemacht hat. Mit der Frage «Wem gehören Kirchen?» wurde der Streit um die Macht im und rund um den Kirchenraum aus unterschiedlichen Perspektiven als kontrovers geführte Debatte in den Blick genommen (Christoph Sigrist [Hg.], Kirchen Macht Raum. Beiträge zu einer kontroversen Debatte, Zürich 2010). Als zweiter Schritt wurden neue Einblicke in die Kirchenraumpädagogik unter der Fragestellung «Wie sind Kirchen zu lesen?» dargestellt (Christoph Sigrist/Simon Hofstetter [Hg.], Kirchen Bildung Raum. Beiträge zu einer aktuellen Debatte, Zürich 2014). Zum Abschluss dieser Trilogie über die theoretische Erschliessung des Kirchenraumes wird der Fokus auf die diakonische Nutzung von Kirchenräumen gelegt mit der Frage: «Wozu dienen Kirchen?»: Kirchen Diakonie Raum. Neben der interdisziplinär ausgerichteten theoretischen Reflexion und der Erarbeitung einer Kriteriologie diakonischer

Nutzung bietet die eingefügte Handreichung «Der Spur folgen» ein praktisches Instrument für Kirchenverantwortliche bei der Frage nach der spezifisch auf den diakonischen Auftrag der Kirche ausgerichteten Umnutzung von Kirchenräumen.

Diese Untersuchung wurde vor Ostern 2013 abgeschlossen und im Herbst 2013 von der evangelisch-theologischen Fakultät Bern als Habilitationsschrift angenommen. Dieses Buch stellt eine leicht überarbeitete Fassung der Habilitationsschrift dar. Beim Abschluss einer solch grossen Arbeit ist auch der Dank überaus gross. Ich danke vorab David Plüss und Johannes Eurich für ihre Gutachten. David Plüss hat von Christoph Müller die Begleitung meiner Forschungsarbeit übernommen. Christoph Müller wie auch den vielen Kolleginnen und Kollegen, die an den beiden Forschungssymposien über die Macht und die Bildung des Kirchenraumes referiert und diskutiert haben, bin ich dankbar. Ich danke Peter Opitz und Christian Moser vom Institut für Schweizerische Reformationsgeschichte an der theologischen Fakultät in Zürich wie auch Reinhard Bodenmann von der Bullinger-Briefwechsel-Edition für die Erschliessung der reformatorischen Texte. Ralph Kunz, Thomas Schlag, Pierre Bühler und Konrad Schmid von der theologischen Fakultät der Universität Zürich sowie Hans-Georg von Arburg, Universität Lausanne, ermutigten in vielen Gesprächen, an der Sache des Kirchenraumes dranzubleiben und das Habilitationsverfahren weiter zu verfolgen.

Die fachlichen Gespräche meines Doktorvaters und Freundes Werner Kramer waren ausserordentlich hilfreich. Die tatkräftige Unterstützung von Susanne Graf, Präsidentin der paritätischen Begleitkommission der Dozentur für Diakoniewissenschaft, und Christoph Graf, ihrem Ehemann, waren mitentscheidend, immer wieder von neuem einen Anlauf zu nehmen und die Habilitation zu Ende zu führen. Die Unterstützung meines Assistenten Simon Hofstetter von der redaktionellen Arbeit, dem Suchen von verborgenen Texten, der Unterstützung im IT-Bereich bis hin zu sonntäglichen Einsätzen hinsichtlich der Abgleichung von Anmerkungen und des Literaturverzeichnisses war grossartig. Eliane Degonda brachte mit ihrer Lektoratsarbeit zusätzlich Klarheit in meine Gedankengänge. Daniel Lienhard gestaltete die Handreichung mit grossartigen Bildern vom Kirchenraum Grossmünster.

Der Präsenzdienst des Grossmünsters, die intensiven Gespräche mit den Freiwilligen im Kirchenraum, insbesondere mit Traudi und Jürg Dambach, brachten mir wertvolle Impulse aus der Praxis. Franco Gargiulo und Thomas Gamma, die beiden Sigristen des Grossmünsters, ermöglichten mir dank ihrem Wissen und ihrer langjährigen Erfahrung Zugänge zu Schätzen des Kirchenraumes. Wie Jürg Spillmann die Kriteriologie an der Umsetzung seines diakonischen Projektes, der «Blinden Kuh», reflektierte und im Gespräch mit mir überprüfte, gehörte für mich zu den wichtigen Erkenntnisgewinnen der Arbeit. Ich danke der Kirchenpflege Grossmünster, meiner Kollegin Käthi La Roche und meinem Kollegen Martin Rüsch sowie der Kirchgemeinde, die sich sonntäglich zum Gottesdienst wie auch am Werktag im Kirchenraum trifft, für die unzähligen Gespräche und das geduldige Aushalten meiner Abwesenheit während intensiver Denk- und Schreibarbeit.

Die verlegerische Unterstützung meiner Forschungsarbeit durch den Theologischen Verlag Zürich, insbesondere durch Marianne Stauffacher und, nach ihrem Tod, durch Lisa Briner sowie die Ermöglichung der Trilogie über den Kirchenraum sei dankbar erwähnt. Dem Zwingliverein, der Schweizerischen Reformationsstiftung, der Dozentur für Diakoniewissenschaft der Universität Bern sowie der Kirchgemeinde Grossmünster danke ich für die grosszügigen Druckkostenbeiträge.

Meiner Frau Ursi Sigrist-Knöpfel habe ich nicht nur für ihre unermüdliche Ermutigung, nicht aufzugeben, von Herzen zu danken. Sie hielt mir während Jahrzehnten den Rücken für meine Forschungen am Kirchenraum frei. Ohne ihre Arbeit hätte ich die Untersuchung nicht abschliessen können. Zusammen mit unseren beiden Söhnen Simon und David hat sie mir durch all die Jahre, in denen ich mich mit der Frage, wie Kirchen Menschen helfen können, selber geholfen und so mich jene Diakonie erfahren lassen, von der ich in umständlichen, theoretischen und vielfach abgehobenen Sätzen versuchte habe, nachzudenken und auf den Grund zu kommen. Dafür bin ich meiner Familie sehr dankbar. Ich habe meiner Frau Ursi die Dissertation gewidmet. Ich widme meine Habilitation unseren beiden Söhnen Simon und David.

Zürich/Rafz, vor Ostern 2014, Christoph Sigrist

Für Simon und David Sigrist

Kapitel 1: Einleitung

1.1. Situierung der Arbeit

1.1.1. Fragestellung und Zielsetzung

Als Folge von demografischen, kulturellen, religiösen und kirchlichen Veränderungen, die gegenwärtig im Gang sind, werden in einer wachsenden Zahl von Gemeinden Kirchengebäude nicht mehr regelmässig für den sonntäglichen Gottesdienst genutzt. Das stellt Kirchenleitungen immer häufiger vor die Frage, was mit den nicht mehr für den bisherigen Kernzweck gebrauchten Kirchenräumen geschehen soll. Welche Möglichkeiten bestehen überhaupt? Welche eigenen Umnutzungen, welche Fremdnutzungen können kirchlich verantwortet werden? Darf ein Verkauf oder ein Abbruch in Betracht gezogen werden? Wie ist vorzugehen? Wie werden konstruktive und praktikable Lösungen gefunden?

All diese Fragen sind Ausdruck der Suche nach einer künftigen Nutzung von Kirchenräumen. Die vorliegende Studie geht von der Dringlichkeit und Notwendigkeit dieser Suche aus. Sie fokussiert die Möglichkeiten diakonischer Nutzung von Kirchenräumen und untersucht, unter welchen Bedingungen diese verantwortbar, realisierbar und untereinander zu differenzieren sind.

Damit hat vorliegende Arbeit sich zum Ziel gesetzt aufzuzeigen, dass Kirchenräume und ihre Nutzung in vielfältiger Wechselwirkung stehen, einer Wechselwirkung, die Formen diakonischer Ausrichtung begünstigt. Der Kirchenraum erfüllte schon immer – bemerkt oder unbemerkt – diakonische Funktionen. Um welche Funktionen es sich dabei handelt, und unter welchen Kriterien sie zu sehen, zu überprüfen, zu gestalten sind – auf die Beantwortung dieser Fragen zielt vorliegende Studie ab.

Als Erstes ist von der Tatsache auszugehen, dass kirchliche Räume zunächst einfach Räume sind. Die Frage nach dem Raum führt zu komplexen, in unterschiedlichen Disziplinen bearbeiteten Teilfragen, welche die Beziehung zwischen Mensch und Raum erhellen. Vorliegende Studie will in interdisziplinärer Reflexionsarbeit in diesen Kontexten die Funktionen des Kirchenraums herausarbeiten und sachgerechte Nutzungskriterien für dessen diakonischen Gebrauch formulieren.

Diese grundlegende Zielsetzung vorliegender Untersuchung wirft zwei Fragen auf: Welches sind – mit Blick auf die gegenwärtig kontrovers geführte Debatte zur Nutzung von Kirchenräumen – die spezifisch diakonischen Funktionen von Kirchenräumen? Und inwieweit trägt die reformierte Tradition zu einer aktuellen oder künftigen diakonischen Nutzung bei?

In dreierlei Hinsicht wird nach reformiert geprägter Nutzung von Kirchenräumen zu fragen sein:

- im Hinblick auf das grundlegende Diakonieverständnis als eines des helfenden Handelns,
- im Hinblick auf die traditionell biblisch entfaltete Verbindung zwischen Gottes Raum und solidarischem Hilfehandeln,
- im Hinblick auf die baulichen Veränderungen, die der Kirchenraum in der Reformationszeit erfahren hat, und ihre theologische Begründung durch die Reformatoren sowie auf die weitere Entwicklung des reformierten Kirchenraumverständnisses mit Schwerpunkt auf die Zeit der 1950er- bis 1970er-Jahre.

Lässt sich ein spezifischer Kriterienkatalog entwickeln, der Hilfestellungen für eine künftige diakonische Nutzung von Kirchenräumen leistet? Auch hier tun sich drei Fragerichtungen auf:

- Welche diakonischen, biblisch-theologischen, historischen und raumwissenschaftlichen Theoriekonzepte und Ansätze bieten sich an, die Strukturen des Kirchenraums einsichtig und verstehbar zu machen?
- Welche diakonischen Funktionen lassen sich erkennen, und welche entsprechenden Kriterien lassen sich aufgrund der wissenschaftlichen Untersuchung gewinnen?
- Welche Handlungsperspektiven lassen sich im Hinblick auf diakonische Nutzungsmöglichkeiten von Kirchenräumen formulieren?

Schliesslich ist darauf hinzuweisen, dass vorliegende Arbeit immer auch die über 20-jährige pfarramtliche Tätigkeit des Autors vor allem im Bereich von Stadt- und Citykirchenarbeit reflektiert. Diese Erfahrung kann in folgenden Punkten zusammengefasst werden:

In Bezug auf den Kirchenraum sind in den letzten Jahrzehnten nicht nur drängende Probleme, sondern auch befreiende Lösungen und Antworten sichtbar geworden. Die Krise bot und bietet in diesem Fall eine

Chance, den Kirchenraum in seiner Vielfalt neu zu entdecken und als öffentlichen Raum zu bespielen.

Vorliegende Arbeit nimmt das Grossmünster in Zürich zum Modellfall. Als Kirche der Stadtheiligen Felix, Regula und Exuperantius wie auch als Mutterkirche der schweizerischen Reformation birgt das Grossmünster ein grosses Potenzial, das zu den Vätern der reformierten Kirche ins 16. Jahrhundert zurück- und ins 21. Jahrhundert zu deren Kindeskindern und Nachfahren vorausreicht.

Die reformierte Theologie hat im Gegensatz zum weit verbreiteten Vorurteil durchaus einen genuinen Beitrag zur Raumfrage in der Öffentlichkeit zu leisten.

1.1.2. Kirchlich verantwortete Nutzung von Kirchenräumen

1.1.2.1. Ist alles möglich?

Kirchenräume im Dorf wie in der Stadt werden aufgesucht. Sie gewinnen seit Jahren an Bedeutung; Stadtkirchen und Kathedralen können sich des Besucherstroms kaum erwehren.[1] Es vollzieht sich eine Nutzungsverschiebung weg vom Ort des sonntäglichen Gottesdienstbesuchs hin zum alltäglichen Orientierungspunkt für Passanten an jedwelchem Wochentag. Viele Kirchenräume werden gegenwärtig um- und fremdgenutzt. Dem Anschein nach ist heute in Kirchen alles möglich. Wirklich alles?

Gerade die Vielfalt der möglichen und unmöglichen Anfragen an die Verantwortlichen, welche um die Bewilligung zur Nutzung von Kirchenräumen ersuchen, ist ein Indiz für das grundlegende Problem, dem die praktische Kirchenarbeit neu gegenübersteht: Den Verantwortlichen fehlen ökonomisch und raumbezogen praktikable, ethisch reflektierte und theologisch verantwortete Kriterien zur Beurteilung und Beantwortung eingehender Nutzungsanfragen. Solche bereitzustellen, hat sich vorliegende Arbeit zum Ziel gesetzt. Im Fokus stehen aber nicht Nutzungs-

---

1 Dome wie Münster beginnen, durch Eintrittsgebühren den Besucherfluss zu kanalisieren, so zum Beispiel der Berliner Dom. Der Eintritt kostet 7 Euro, ermässigt 4 Euro. Die Begründung: «Die Domerhaltungsgebühr ist notwendig, um das größte Gotteshaus der Stadt auch wieterhin für unsere zahlreichen Besucher öffnen zu können. Wir haben hohe Ausgaben für Bauunterhaltung, Heizung, Strom und Personal. Da wir nur geringe Unterstützung vom Staat und der Kirche bekommen, sind wir auf den Beitrag angewiesen.» (vgl: www.berlinerdom.de/content/view/13/92/lang,de/; Zugriff 18.10.2012).

ideen wie Restaurants oder Büroräume, Bibliotheken oder Hallenbäder, Kinos oder Museen. Ebenso wenig werden Nutzungsmöglichkeiten wie Kunstinstallationen, Klang und Tanz, Theater und Performance, Musik und Klettertürme, Discos und Modeschauen untersucht. Im Zentrum des Interesses stehen im Folgenden vielmehr diakonisch verantwortete Nutzungen und entsprechende Kriterien, nach denen sich diese evaluieren lassen.

1.1.2.2. Gesellschaftliche und kirchliche Entwicklungen: Ansprüche an Kirchenräume und deren Funktion

Kirchenräume werden neu gebaut, renoviert, wieder aufgebaut und verkauft. Dome und Altstadtkirchen, Quartierkirchen und Dorfkirchen, Bahnhofskirchen, Stadionkapellen, Autobahnkirchen, Kirchen in Einkaufstempeln – sie alle sind baulich-religiöse Orientierungspunkte im öffentlichen Raum[2]: «Kirchen sind *öffentliche Zeichen* der Religion.» (Erne, 2009, 57) Sie machen den öffentlichen Raum in dessen Ausdifferenzierung in religiöse, staatliche, zivilgesellschaftliche und milieu- oder netzwerkorientierte Teilräume sichtbar.[3] Kirchen werden wie Moscheen, Synagogen und Tempel in ihrer religiösen Präsenz je länger je häufiger divergent wahrgenommen und aus unterschiedlichen Gründen aufgesucht: Kirchen müssen nicht nur christlich oder religiös, das heisst als Orte des persönlichen Gebets oder des kollektiv erfahrenen und als spirituell bezeichneten Rituals, aufgesucht werden. Sie werden kulturell als klangliches, ästhetisches oder kunsthistorisches Zeugnis wahrgenommen oder als Orientierung im Verkehrsnetz gebraucht: Mit Mohn (2008, 25) ist festzuhalten: «Religion ist […] nicht mehr auf den öffentlichen Raum als wichtigstes Vermittlungs- und Repräsentationsmedium angewiesen […]. Die Massenmedien übernehmen die Funktion des Raums als Orientierungsmotor der Öffentlichkeit.» Anderseits kann die zum Teil dramatische Zunahme der Besuchenden als Indiz dafür gelten, dass sich religiös oder spirituell benannte Erfahrungen grundlegend körper- und

---

[2] Vgl. dazu allgemein die Beiträge im Heft 04/2008 der Zeitschrift «Kunst und Kirche. Ökumenische Zeitschrift für zeitgenössische Kunst und Architektur» (Präsidium des Evangelischen Kirchenbautags u. a., 2008).

[3] Vgl. zu Herkunft und Begrifflichkeit der Öffentlichkeit mit ihren verschiedenen Aspekten und Bezügen zur Ausgestaltung von kirchlicher Institution: Plüss, 2008, 15–20, bes. 17.

raumbezogen ausgestalten. Plüss redet im Zusammenhang mit der sichtbaren Religion im öffentlichen Raum von einer «performativen Religion»: Religiöses Erleben geschieht nicht virtuell, sondern artikuliert sich materiell in Gegenständen und Räumen, in denen sich Menschen treffen und durch Nähe und Distanz mit Geist, Körper und Seele in Beziehung zueinander finden. «Religion ist ein eminent räumliches Phänomen, wenn es auch nicht möglich ist, sie im Raum zu lokalisieren und dingfest zu machen.» (Plüss, 2008, 18) Kirchen als öffentliche Zeichen der Religion sind Markierungspunkte solch religiös-performativer Kräfte und geraten in den Fokus praktisch-theologischer Reflexion. Sie markieren einen christlich wahrgenommenen und gestimmten Raum inmitten von anderen «heilig» erfahrenen Orten und «sakral» bezeichneten Räumen im Gemeinwesen. Die Erschliessung des Kirchenraums, der über geschichtliche Fakten hinausgehende, tiefer eingelagerte Schichten und Dimensionen offenlegt, zeigt mit seiner Attraktivität eine plurale und kulturell sich ausdifferenzierende Gesellschaft an.[4]

Der Raum spielt im alltäglichen Leben der modernen Gesellschaft wie auch in der wissenschaftlichen Reflexion eine immer grössere Rolle. Der Kirchenraum – und mit ihm die Theologie – gerät in den Fokus der Raumwissenschaften, der (sakralen) Architektur und wird zum Gegenstand des sogenannten *spatial turn*.[5] Das Interesse an Kirchen ist Indikator für das Bedürfnis, Raum zu gestalten und Raum zu erleben. «Offene Kirchen» werden von Kirchenverantwortlichen gefordert, eingerichtet und gefördert.[6] Der Kirchenraum ist zum begehrten Forschungslabor verschiedener angewandter Künste und zum Spielfeld verschiedenster spirituell erfahrener oder bezeichneter Experimente geworden.[7]

---

4 Vgl. dazu die Arbeiten von Thomas Erne (2007, 2008, 2009, 2010), dem Leiter des Instituts für Kirchenbau und kirchliche Kunst an der Universität Marburg (www.kirchenbautag.de). Zur Raumerschliessung allgemein die Studien von Klaus Raschzok (2008, 2009, 2010) sowie die Beiträge zur Kirchenraumpädagogik von Neumann/Rösener (2009).

5 Paradigmatisch für dieses Interesse kann der Beitrag von Elisabeth Jooss (2009, 386–399) im Band Raumwissenschaften gelten, der neben unzähligen anderen Zugängen zum Raum auch den theologischen Zugang entfaltet.

6 Vgl. dazu die Kampagne der Kommission Kirche und Tourismus des Schweizerischen Evangelischen Kirchenbunds (2008).

7 Vgl. dazu den Beitrag der Sendung «Rundschau» des Schweizer Radio und Fernsehen SRF 1 «Gotteshäuser ohne Gläubige» vom 10.10.2012: www.srf.ch/player/video?id=51b5f6ca-e449-4cbf-9d40-ad891008703e.

Aus diesen Entwicklungen ergeben sich neue Ansprüche an Funktion und Gebrauch von Kirchenräumen, die im Kontext Veränderungen der institutionellen Kirche stehen. Die Institution Kirche wird aufgrund der Megatrends in der Gesellschaft immer älter, ärmer und kleiner (vgl. Stolz/Ballif, 2010, 55–93).[8] Bezüglich der Kirchenräume tragen immer weniger Mitglieder mit immer weniger Geld und Energie immer grössere Herausforderungen. Weniger der generelle Mitgliederschwund als die Abnahme der Bedeutung von kirchlichen Anlässen wie sonntäglichen Gottesdiensten nötigt zum Umdenken.[9] Der Kirchenraum kommt in den Fokus strategischer Entscheide und operativer Aufgaben von Kirchgemeinden und Leitungsgremien.[10]

Dies stellt insofern einen Paradigmenwechsel in der kirchlichen Arbeit dar, als bis anhin Fragen nach Gottesdienst und Musik, Pädagogik und Bildung, Seelsorge und Diakonie, Leitung und Gemeindeleben meist ohne expliziten Bezug auf die Räume, in denen sich das kirchliche Leben äusserte, behandelt worden sind. Individuelles Interesse an liturgischer, kunstbezogener Ausgestaltung des Raums oder an baulichen Herausforderungen einer nicht mehr zu verschiebenden Renovation bildeten die Ausnahme.

Kirchliche Leitungsgremien werden in Zukunft durch vier Problembereiche gefordert werden: 1. Es gibt zu viele Kirchenbauten im Verhältnis zur gottesdienstlichen Kernnutzung, 2. die Finanzierungslage wird unsicherer, 3. die Unterhalts- und 4. die Bewirtschaftungskosten werden zur finanziellen Fessel (vgl. Fisch, 2008, 17ff.). Aus diesen Bedingungen

---

8 Eva Baumann-Neuhaus fasst diese gesellschaftlichen Entwicklungen mit den Begriffen «De-Institutionalisierung» und «Pluralisierung des Religiösen» zusammen. (Baumann-Neuhaus, 2013, 12–14) Zu Auswirkungen auf die konkrete Situation bei den Evangelisch-reformierten Kirchgemeinden der Stadt Zürich vgl. Landert/Brägger, 2009; insbesondere mit Blick auf die Anzahl Kirchen: Landert/Brägger, 2009, 20.

9 Vgl. zur Differenzierung zwischen Mitgliederschwund und Gottesdienstbesuch: Fisch, 2008, 18.

10 In jüngster Zeit hat die interorganisationale Kommission Sakralbauten und kirchliche Liegenschaften eine Gesamtsicht auf die Kirchenräume der Stadt Zürich erstellt: 25 römisch-katholische. Kirchenzentren, 26 evangelisch-refortmierte Zentren, 21 allein stehende Kirchen und 19 alleinstehende Kirchgemeindehäuser. Vgl. dazu: Interorganisationale Kommission Sakralbauten und kirchliche Liegenschaften, 2013, sowie Ribi, 2013, 15.

heraus ergibt sich die Notwendigkeit, alternative Nutzungsformen für Kirchenräume zu suchen.[11]

1.1.2.3. Das Besondere der reformierten Tradition: Diakonisierung des Kirchenraums

Im Grossmünster begann Reformator Huldrich Zwingli am 1. Januar 1519 seine Predigttätigkeit in Zürich mit der fortlaufenden Auslegung des Matthäusevangliums. Die reformierte Akzentuierung der homiletischen Ausgestaltung als *lectio continua* bringt Kunz auf den Punkt: «Nicht simul justus et peccator, sondern simul fides et justitia [...]. Bessrend üch! So übersetzte Zwingli das jesuanische ‹kehrt um› [...]. Die allerschärfsten Worte galten den Mächtigen, den Oberen und dem Adel. Und diese Kritik war immer aktuell und konkret. Zwinglis Predigten erregten Aufsehen. Sie wurden am Stammtisch diskutiert. Zwingli scheute sich umgekehrt nicht, Themen von Wirtshausdiskussionen in die Predigt aufzunehmen oder selbst im Gasthaus zu predigen.» (Kunz, 2009, 8f.) Das Ineinanderfliessen der Sphären von Gottes- und Wirtshaus, in dem gleichzeitig Glaube und Gerechtigkeit als Frucht des Hörens auf Gottes Wort sichtbar wird, kann als besondere Spielart reformierter Kirchengestaltung verstanden werden, die unweigerlich zu einer Diakonisierung des Kirchenraums führte. Darunter wird der Paradigmenwechsel vom Tempel als Ort des täglichen Messopfers zum Versammlungsraum der zum Gottesdienst zusammenkommenden Gemeinde verstanden, die damit für den Dienst am Mitmenschen während der Woche zugerüstet wurde.

Die Kirche bekam Schlagseite hin zum helfenden Handeln der Christen. Liturgie und Diakonie waren zwei Seiten derselben Zurüstung kirchlicher Gemeinde geworden[12], Diakonie und Kirchenraum der eine Ursprung öffentlicher Heiligung christlichen Lebens. Die radikale Reduktion der reformierten Kirchenräume zum leeren Raum liess den Menschen mit seinen Ansprüchen und Bedürfnissen in den Vordergrund

---

11 Diese Notwendigkeit wird immer drängender und auch transparenter. Die Öffentlichkeit diskutiert die Fragen nach alternativen Nutzungsformen kontrovers, zum Beispiel anhand der St. Markuskirche in Basel oder der St. Leonhardkirche in St. Gallen. Vgl. Michel, 2014, 22f.

12 Vgl. zum Zusammenhang zwischen Liturgie und Diakonie: Kranemann, 2006; Smit, 2011; Sigrist, 2011b.

treten. Weder Orgelinstrumente zur Zeit der Reformation noch Altäre bis heute, weder Bilder noch lateinische Gesänge sollten den Blick zu den Geschwistern im Herrn verstellen. Die Not bekam dadurch Gesicht und Raum. Es öffnete sich bei den Reformierten der Raum für Sprachmächtigkeit und Sprachfähigkeit, die Not beim Namen zu nennen – auf der Kanzel wie im Wirtshaus. Der Ort wurde irrelevant, denn der Geist weht, wo immer er will (Joh 3,8), insbesondere bei demjenigen, der hungert. Der Kirchenraum als Kultraum geriet aus den Augen, jedoch insofern nicht aus dem Sinn, als er grundsätzlich für die Zurüstung zur Hilfe dient.

Es scheint, dass den Reformierten mit dem Kultraum auch die Sprache für den Kirchenraum abhanden gekommen ist. Was im Zweiten Helvetischen Bekenntnis 1566 gleichsam als «reformierte Kirchenraumtheologie» aufscheint (vgl. Plüss, 2010, 43), zerfällt in Versatzstücke beim hilflosen Versuch, den Kirchenraum als gewöhnlichen und zugleich «besonderen» Raum (aber natürlich nicht im Sinn eines katholischen Sakralraums), zu beschreiben. Trotz dieser als typisch reformiert bezeichneten Schwierigkeit im Umgang mit Kirchenräumen und deren Beschreibung[13] ist durch all die Jahrhunderte der Sinn für das «Ethische», das «Moralische» oder eben das «Diakonische», das diesen speziellen Räumen anhaftet, bewahrt geblieben: Den Menschen ist in Kirchenräumen mit Respekt und Würde zu begegnen, unabhängig von Status, Religion und Kultur. Diese in den Raum eingeschriebene, diakonisch festgeschriebene Haltung haben die Reformierten von Generation zu Generation weitergegeben. Im weiteren Verlauf dieser Arbeit wird dieser Sachverhalt profund analysiert und differenziert reflektiert.

1.1.2.4. Schweizerischer Kontext

Im Zentrum der meisten von der Reformation geprägten Städte in der deutsch- und französischsprachigen Schweiz stehen reformierte Kirchenräume. Vorliegende Arbeit konzentriert sich denn auch auf die Situation in der Schweiz, zumal in den letzten Jahren die Frage nach dem Kirchen-

---

[13] Vgl. zur Schwierigkeit der Reformierten mit ihren Kirchenräumen: Beier, 1995, 39–45; zum protestantischen Umgang mit Kirchenräumen auch Umbach, 2005, bes. 343–358.

raum auch hierzulande an öffentlichem Interesse gewonnen hat.[14] Mit diesem Interesse geht das Bedürfnis einher, als Kirchenleitung Richtlinien und Leitplanken für allfällige Nutzungserweiterungen zur Hand zu haben. Um diesem Bedürfnis gerecht zu werden, ist es notwendig, eine Sprache zur Beschreibung von reformierten Kirchenräumen zu finden, die fähig macht, den pluralen gesellschaftlichen Kontexten mit neuen Nutzungsformen und -möglichkeiten adäquat zu begegnen. Vorliegende Arbeit stellt einen Beitrag zur Erarbeitung solcher Richtlinien dar.

1.1.3. Persönlicher Hintergrund

Vorliegende Arbeit hat ihren Erfahrungshintergrund in der Citykirchenarbeit in der Offenen Kirche St. Gallen und in der Stadtkirchenarbeit am Grossmünster in Zürich. Es gehört zur pfarramtlichen Tätigkeit, sich aufgrund der stetig eingehenden Anfragen und Projekteingaben aus kulturellen, politischen, sportlichen, wirtschaftlichen und bildungspolitischen Bereichen der Multifunktionalität des Kirchenraums zu stellen. Als Pfarrer am Grossmünster bin ich täglich mit der Frage konfrontiert, wie die verschiedenen Ansprüche, die von Touristen, Mitgliedern der Kirchgemeinde, Studierenden der Hochschule für Angewandte Künste, vom Departement Kirchenmusik, Religionsklassen und Kunstliebhabenden an den Kirchenraum gestellt werden, miteinander in Einklang zu bringen sind. Anderseits bin ich in die Veränderungsprozesse der stadtzürcherischen evangelisch-reformierten Kirchgemeinden involviert, welche in den letzten 50 Jahren bei gleichbleibender Zahl an Kirchgebäuden die Hälfte ihrer Mitglieder verloren haben (vgl. Stolz/Ballif, 2010, 158).[15] Und schliesslich bin ich als in Zürich aufgewachsener reformierter Christ

---

14 Folgende Auswahl an Artikeln deuten die Breite der Diskussion an: «Leere Kirchen: Verkaufen, abreissen, umnutzen?» (Luibl, 2005, 7–9); «Gotteshäuser ohne Gläubige» (Hafner, 2007, 23); «Tote könnten Kirchen beleben» (Osterwalder, 2008, 33); «Zu viele Kanzeln für zu wenig Gläubige» (Rohrer, 2011, 13); «Raumnot: Unis wollen in Kirchen lehren» (Herren, 2011, 15); «Kirche braucht Raum» (Sigrist, 2011c, 12f.); «Das sind Ihre liebsten Kirchen» (CAT Medien, 2012).

15 Peter Noss (2008, 21–27) beschreibt die Auswirkungen der Veränderungsprozesse eindrücklich anhand auf Kirchgemeinden und Kirchenräume im Ruhrgebiet. Auf das Zusammenarbeit der Kirchgemeinden in Bezug auf die spezifischen Herausforderungen an die Kirchenräume in Dortmund geht Ulrich Althöfer (2008, 39–46) ein. Wie eine Kirchgemeinde im Speziellen die Herausforderung wahrnimmt, zeichnet Matthias Ludwig (2008, 48–52) mit Blick auf die Elias-Kirchgemeinde Dortmund nach.

herausgefordert, durch Reflexion und Praxis den Weg einer «Volkskirche» von der Mehrheit in die Minderheit unter die Füsse zu nehmen. Dabei mag meine eigene diakonische Kinderstube verständlich machen, dass mir vor allem die diakonischen Schritte nahe sind.[16]

1.1.4. Eingrenzung des Forschungsgegenstands

Der Schwerpunkt vorliegender Arbeit ist auf die diakonische Dimension von Kirchenräumen gelegt. Reflexionsleitend dafür sind neuere biblisch-theologische Erkenntnisse der Diakoniewissenschaft sowie das steigende Interesse an diakonischer Nutzung von kirchlichen Räumen. Kirchenräume können durchaus auch aus nichtdiakonischer Perspektive untersucht werden. Vorstellbare Kombinationen wie Kunst und Kirche, Liturgie und Kirche, Klang und Kirche, Bildung und Kirche, Architektur und Kirche deuten die Vielfalt an. Natürlich schwingen auch in vorliegender Arbeit liturgische, kunsthistorische, architektonische und klangliche Aspekte mit, doch ihr Gegenstand bleibt auf die diakonischen Funktionen des Kirchenraums ausgerichtet. Das führt zu folgenden Einschränkungen vorliegender Untersuchung:

- Das Schwergewicht wird auf reformierte Kirchenräume gelegt. Die Forschungen anderer Konfessionen wie insbesondere der katholischen Sakralraumtheologie können im Rahmen vorliegender Arbeit nicht gebührend berücksichtig werden.
- Vorliegende Arbeit erhebt nicht den Anspruch, eine allgemeine, systematisch durchdachte Raumtheorie für reformierte Kirchenräume zu entwickeln.
- Vorliegende Untersuchung befasst sich nicht mit der Entstehung neuer Kirchenbauten oder sogenannten «Räumen der Stille»[17], weder mit symbolträchtigen Bauskulpturen noch mit gottesdienstlichen Bauten anderer Religionen wie Synagogen oder Moscheen.[18]

---

[16] Als Sohn eines in der ehemaligen Schule für Diakonie in Greifensee Zürich ausgebildeten Diakons wuchs der Autor vorliegender Arbeit in die kirchliche Diakonie hinein, wovon auch sein erstes Forschungsprojekt zeugt: vgl. Sigrist, 1995.

[17] Vgl. zu neu entstandenen Kirchenbauten und Räumen der Stille, auch in Mobilitätzonen: Nentwich, 2009, 14–19; Schürkamp, 2009, 52–57; zur Bahnhofskirche in Zürich: Angst/Zimmermann, 2011, bes. 8–11.

[18] Zur modernen Synagogenarchitektur vgl. Hollenstein, 2009, 64–69; zu modernen Moscheebauten vgl. Doerfler, 2009, 76–81.

- Es wird in vorliegender Arbeit nicht die Darlegung einer eigentlichen Baugeschichte angestrebt.
- Schwerpunkt vorliegender Untersuchung ist – ausgehend vom Grossmünster in Zürich – der Kirchenraum im urbanen, städtischen Kontext. Die gewonnenen Handlungsperspektiven sind jedoch durchaus auch auf Kirchenräume auf dem Land anwendbar.

1.2. Zum Stand der Forschung

1.2.1. Der Kirchenraum als Gegenstand in der Diakoniewissenschaft

Bis heute wird der Kirchenraum in der Diakoniewissenschaft nicht als eigenständiges Thema behandelt. Deshalb ist es unmöglich, einen diakoniegeschichtlichen Überblick über die bisherige Erforschung des Gegenstands zu geben. Es können lediglich verschiedene Impulse gelistet werden, welche diakonische Dimensionen und Kirchenraumfunktionen in die wissenschaftliche Untersuchung integrierten: mit Blick auf den Kirchenbau (Brunner 2005), die liturgischen Nutzung (Gerhards 2006, Smit, 2011, Sigrist 2011b), die Bildungsfrage (Sigrist, 2013a) sowie hinsichtlich der Inklusionsarbeit in der Kirchgemeinde (Sigrist 2013).

Es zeichnet sich jedoch ab, dass die diakonische Frage nach der Nutzung von Kirchenräumen Anregung und in gewissem Sinn auch theoretische Fundierung durch Erkenntnisse aus verwandten Disziplinen erhält. Auf diese Kenntnisse lässt sich ein Nachdenken über Kirchenraum und Diakonie aufbauen und in weitere Zusammenhänge stellen. In diesem Sinn sollen hier unter dem Titel «Zum Stand der Forschung» drei Erkenntnisse aus benachbarten Disziplinen wiedergegeben werden, auf die sich vorliegende Arbeit stützt. Es handelt sich um Erkenntnisse zum Terminus Sozialräume in der Gemeinwesenarbeit (GWA), um Erkenntnisse zum symbolischen Kapital in der Raumsoziologie Pierre Bourdieus und um die Relevanz des kirchlichen Spurenkonzepts des Praktologen Klaus Raschzok.

1.2.1.1. Sozialräume in der Gemeinwesenarbeit (GWA)[19]

Gemeinwesenarbeit (GWA) ist nach Dieter Oelschlegel grundlegend auf eine sozialräumliche Strategie ausgerichtet, «die sich ganzheitlich auf den Stadtteil und nicht pädagogisch auf einzelne Individuen richtet. Sie arbeitet mit den Ressourcen des Stadtteils und seinen BewohnerInnen, um seine Defizite aufzuheben» (Oelschlegel, 2005, 653).[20] Zu den wichtigsten Elementen der sozialräumlichen Strategie der GWA gehören das Bereitstellen von hilfreichen Ressourcen wie Räume, Beratung, anwaltschaftliche Tätigkeit, Aufbau, Stützung und Erweiterung von sozialen Netzwerken im Quartier, das Einrichten von Orten, «wo die Menschen nicht sanktioniert werden, wenn sie sich mal ‹daneben› benehmen». (Oelschlegel 2005, 254)

Durch ihre Beratungstätigkeit wie Kulturarbeit und Förderung von Eigentätigkeit und Resilienz ist die GWA Teil der lokalen Politik und trägt zur Vernetzung im Stadt- und Quartierteil bei. Ab den 1960er- und 1970er-Jahren ergaben sich zwischen GWA und kirchlicher Diakonie mehr und mehr Berührungspunkte, Analogien der Arbeitsfelder – und bewusst oder unbeabsichtigt wurden Methoden der GWA in die kirchliche Arbeit übernommen[21]. Stellvertretend seien hier ind kirchliche Initiativen in der Obdachlosen- und der Suchtarbeit zu nennen[22]. Sie stärkten auf der einen Seite in der Kirche das Verständnis für gesellschaftliche Diakonie und verhalfen anderseits diakonisch-kirchlichen Einsätzen zu Respekt und Akzeptanz in der Öffentlichkeit und im Gemeinwesen[23]. Was jüngere Arbeiten betrifft, sei auf solche zur stadtteilbezogenen so-

---

[19] Das folgende Kapitel bezieht sich auf bereits publizierte Ausführungen: vgl. Sigrist, 2013, 212–214.

[20] Strohm (1987, 196–207, 196) nimmt diese Definition auf, wenn er GWA definiert als «ein näher zu beschreibendes Handlungskonzept, um den Gefährdungen, die sich in den Einzelsystemen der wissenschaftlich-technischen Zivilisation abzeichnen, entgegenzuwirken».

[21] Vgl. zur Geschichte und Entwicklungslinien der GWA: Oelschlegel, 2005, 255ff.

[22] In Zürich – mit Geltung wohl für die ganze Schweiz – war es Pfarrer Ernst Sieber (1987, 1991), der vor allem in den 1970er-Jahren mit seiner Obdachlosenarbeit entscheidende Impulse für die soziale Arbeit bewirkte.

[23] Zum Verständnis der gesellschaftlichen Diakonie in dieser Zeit vgl. Wendland, 2006, 272–284.

zialen Arbeit sowie zur amerikanischen *community organization* hingewiesen (Oelschlegel, 2005, 657f.)[24].

Die erwähnten Anstösse wurden in der Diakoniewissenschaft bedeutsam, als zirka Anfang der 1990er-Jahre das Gemeinwesen in den Blick der Diakonie geriet. Weder Kirchgemeinden noch diakonische Werke dachten vorher stadtteil- und gemeinwesenbezogen. Ansätze zur kirchgemeindlichen GWA gab es zwar in Berlin bereits in den 1960er-Jahren. Ernst Lange war einer der Pioniere, der – inspiriert durch die Erfahrung der East Harlem Protestant Church in New York – als Pfarrer in Berlin Landau 1960 einen ehemaligen Bäckerladen zur «Ladenkirche» am Brunsbütteler Damm umbaute. Auf seine eigene Art war ihm der Sozialraum wichtig.[25] Die Ansätze kirchlicher GWA, die sich in den 1960er-, 70er- und 80er-Jahren entwickelt hatten, wurden ekklesiologisch aber entweder in den Bereich des «volkskirchlichen» oder «missionarischen» Gemeindeaufbaus eingeordnet (vgl. Götzelmann, 2010, 36–45), wohl weil die Bezeichnung «diakonisch» durch die sogenannte Anstaltsdiakonie besetzt war. Bei all dem kann jedoch noch nicht von einem Durchbruch in Richtung *community organization* gesprochen werden.

Nachdem Eugen Gerstenmaier – Leiter des Evangelischen Hilfswerks der evangelischen Kirchen Deutschlands – nach dem Zweiten Weltkrieg unter «Wichern zwei» das sozialpolitische Engagement der Diakonie in den Vordergrund gestellt hatte, war es Theodor Strohm – damals Direktor des Diakoniewissenschaftlichen Instituts in Heidelberg –, der 1998, 150 Jahre nach Wicherns Wittenberger Rede, die Formel «Wichern drei» propagierte. Dabei ging es ihm um folgende Inhalte: Erschliessung von Selbsthilfepotenzialen, Wechsel von der problemorientierten Einzelhilfe zu sozialräumlich orientierten Lösungsansätzen und bürgerschaftliches Engagement in Kooperationen von Staat, Wirt-

---

24 Hanns-Stephan Haas und Monika Treber entwickelten aufgrund ihrer Erfahrungen das Konzept der Enabling Community, innerhalb dessen Kirchgemeinden wie auch institutionelle diakonische Werke eine mitgestalterische Rolle einnehmen: «Eine Enabling Community ist ein Gemeinwesen, das zur rechtlichen und sozialen Inklusion seiner Bürger kontinuierlich *befähigt werden* muss und durch diesen Prozess zu einem Gemeinwesen werden kann, das *befähigend* wirkt.» (Haas/Treber, 2009, 3)

25 Nach Götzelmann (2010, 37) war Lange beeinflusst durch Bonhoeffer (Kirche für andere), durch die Pädagogik der Unterdrückten von Paolo Freire sowie von einer konfliktorientierten Erwachsenenbildung.

schaft und Bildung (vgl. Strohm, 2010, 19–22)[26]. 2002 fand der erste Kongress zum Thema «Diakonie und soziale Stadt» statt. Während ihm wurden die «dritte Methode» der GWA (*community organization*, *community development* oder *community action*) neben der Einzelfallhilfe (*social case work*) und sozialer Gruppenarbeit (*social group work*) in den Blick genommen. Die entscheidende Frage lautete fortan: «Wie kann eine Gemeinde, die ihre Aufgabe – die Weitergabe des Evangeliums – auch sozial als Beistand der Armen wahrnehmen möchte, dies so tun, dass es einerseits fachlich kompetent geschieht, anderseits zu grösserer Beteiligung der Mitglieder führt?» (Benedict, 2010, 51)[27]

Kirchgemeinden als Dorf- oder Quartierbestandteil können nach Arnd Götzelmann dem räumlich-geografischen Bereich der GWA zugeordnet werden.[28] Stehen Kirchen «mitten im Dorf», sind Kirchenräume und ihr Umfeld Teile des Sozialraums. Sie bieten als solche die einmalige Chance, einen substanziellen Beitrag zum Gemeinwesen zu leisten. Sie tun dies durch ihre Ressourcen der optimalen Lokalisierung an zentralsten Lagen, ihrem dichten Netz an Freiwilligen und ihrer grossen Glaubwürdigkeit. Mit ihren Räumen fördern Kirchgemeinden die Teilhabe im Quartier und tragen dazu bei, die im Sozialraum existierende unsichtbare

---

26 Dieser fundamentale Wechsel spiegelt sich in einem Verhalten gegenüber der Klientel, das sich von «Ich weiss, was dir fehlt» hin zu «Dein Wille, dein Interesse zählt» verändert hat, und nach Hinte (2010, 25–30, 28f.) zum Fachkonzept der Sozialraumorientierung gehört.

27 Lob-Hüdepohl beschreibt die Wirkung der *community organization* auf die Tätigkeit von Kirchengemeinden, indem sich mit diesem Modell auch Kirchgemeinden neu entdecken: «Vielleicht haben die Gemeinden und kirchlichen Einrichtungen auch erkannt, dass Community Organizing als Vernetzungsstrategie zwischen bürgerschaftlichem Engagement und professionellen Stadtteileinrichtungen auch neue Vernetzungen zwischen gemeindlich-ehrenamtlicher wie verbandlich-professionalisierter Caritas erschliesst.» (Lob-Hüdepohl, 2012, 36) Ein sehr schönes Beispiel dafür im Bereich der Altersarbeit ist das «Va bene»-Projekt, welches vom Institut Neumünster und der Evangelisch-reformierten Landeskirche des Kantons Zürich gemeinsam durchgeführt wird. Dabei werden die unterschiedlichen Potenziale, das Freiwilligennetz und die parochiale Verankerung in der Nachbarschaft auf der einen Seite, die professionelle Ausbildung im Bereich gerontologischer Fragen anderseits zu einer Win-win-Situation zusammengeführt: vgl. Sigrist, 2011a, 88.

28 Arnd Götzelmann (2010, 31) unterscheidet drei «Verständnis- und Gebrauchsdimensionen des Gemeinwesens», nämlich die rechtlich-politische, die räumlich-geografische sowie die soziale oder funktionale Dimension, wobei sich die GWA auf alle drei Dimensionen bezieht.

Armut sichtbar zu machen.[29] Kirchenräume wie auch kirchliche Gebäude tragen in sich das Potenzial der zwischenmenschlichen Begegnung und der Begegnung der Ingangsetzung von Prozessen, während der sich für die soziale Arbeit im Gemeinwesen vor Ort entscheidende Informations- und Kontaktnetze bilden.[30]

Exklusionstendenzen schlagen sich auch im Sozialraum von Nachbarschaft und Quartier nieder. Kirchliche Aussen- oder Innenräume und diakonische Mittlerdienste können solche Exklusionstendenzen situativ aufheben etwa durch Duldung und Gespräch mit dem Obdachlosen auf der Kirchentreppe[31] oder durch das Herstellen von Kontakten mit den

---

29 Auf dieses Potenzial hat die Soziologin Claudia Schulz in ihrer Untersuchung über die Innenansicht der Armut in Hamburg hingewiesen: «In den meisten Ortsgemeinden sind die Armen quasi ‹unsichtbar›. Zwar sitzen auf dem Platz vor der Kirche oft schlecht gekleidete Männer mit Bierflaschen, als Teil der Gemeinde oder als Herausforderung an sie werden sie in der Regel aber nicht wahrgenommen. Zu gross sind die Milieuunterschiede zwischen den kirchlich Aktiven oder Interessierten und den allermeist von Armut Betroffenen. [...] Kirche und vor allem die Ortsgemeinde verfügt über Räume, in denen Menschen eine Art ‹Hausrecht› haben, in denen sie sich aufhalten dürfen. Wenn Gemeinden ihre Räumlichkeiten etwa Selbsthilfegruppen zur Verfügung stellen, tragen sie vermutlich bereits zur Förderung von Teilhabe bei.» (Schulz, 2007, 120f.) Schulz' Studie basiert auf Auswertungen von Gruppendiskussionen mit älteren Frauen, Nutzerinnen von «Tafeln», Männern mit Ein-Euro-Jobs, Frauen, die schon lange in Armut leben, *working poors* sowie männlichen Mitgliedern eines Moscheevereins.

30 Nach Schulz können Kirchgemeinden gerade mit ihren Projekten von Vesperkirchen (vgl. Kapitel 7.3.1.2) zur Sichtbarkeit von Armut beitragen: «Sie (Kirchgemeinden, erg. CS) können Betroffenen die Möglichkeit geben, Räume zu nutzen und dort mit ihrer Sicht auf das Leben und ihren Bedürfnissen außerhalb der eigenen Wohnumgebung sichtbar zu werden.» (Schulz, 2011, 296) Schulz konkretisiert dieses Sichtbarwerden in Bezug auf die Armut: «Gemeinderäume, Kirchenräume und Freiflächen stehen zur Verfügung, damit sich von Armut betroffene Menschen dort aufhalten, mit anderen ins Gespräch kommen oder etwa einen Gemeinderaum für den Kindergeburtstag nutzen können, der in der eigenen Wohnung nicht gefeiert werden könnte. Außerdem kann eine Gemeinde Betroffene als Ehrenamtliche einbinden und ihnen Aufgaben und Verantwortung zuerkennen, die sie etwa als Erwerbslose in ihrem Umfeld sonst nicht haben.» (Schulz, 2011, 296)

31 In der Central Synagoge in New York, eine der ältesten Reform Jewish Congregations in the United States, 1872 erbaut und 1998 renoviert, ist zu beobachten, wie ab 11 Uhr nachts Obdachlose ihre aufgeschnittenen Kartons aus den Zwischenbereichen der Treppen, zum Teil hinter Gitter abgeschlossen, hervorklauben und unter

Demenzkranken, die ihr eigenes Geld im Haus des Nachbarn suchen[32]. Haas ist zuzustimmen, wenn er festhält: «Entweder nimmt die Kirche sich dieser Entwicklung aktiv an oder sie wird sich selbst marginalisieren. Dann steht die Kirche vielleicht noch im Dorf, aber sie findet nicht mehr dort statt.» (Haas, 2012, 283)

Kirchen «mitten im Dorf» stehen für die enge Verbindung, die zwischen den Kirchenräumen und den Sozialräumen des Gemeinwesens besteht; für diese beiden Formen des sozialen Engagements von Kirchen und Gemeinwesen. Strohm formuliert diese vielfältige Beziehung als diakonische allgemein: «Diakonische Arbeit ist heute nicht mehr ohne Bündnisse, Vernetzungen und Zusammenarbeit mit anderen engagierten Verbänden, Gruppen und einzelnen Menschen möglich. Diakonie beschränkt sich nicht auf Kirchen und Christen. Gott ist in der Welt gegenwärtig, auch ausserhalb der Kirchen. Die Aufgabe der Humanisierung führt alle Bürgerinnen und Bürger zusammen, gleich welcher Weltanschauung sie sind. Diakonie verzichtet auf kirchliche Bevormundung und fördert persönliche Verantwortung. In kritischer Partnerschaft mit dem Staat geht es ihr um ein Zusammenwirken mit denjenigen Kräften in der Gesellschaft, die für menschenwürdige Lebensbedingungen, ein gerechtes und solidarisches Gemeinwesen eintreten.» (Strohm, 2010, 22) Diesen Gedanken weiterführend können Kirchenräume, die in Quartieren leer stehen, gesellschaftliche Marginalisierungstendenzen indizieren. Das kirchliche Leben mag in ihnen nicht mehr stattfinden, doch sie strahlen nach wie vor die Vertrauenswürdigkeit des Gemeinwesens aus, bieten Ortsverbundenheit an und stellen ein zivilgesellschaftliches Potenzial dar[33]. Aus dieser Ausstrahlung schlagen Kirchgemeinden und Pfarreien im Gemeinwesen Kapital für ihre diakonische soziale Arbeit, die noch nie, jedoch in Zukunft noch weniger, schichtgebundene Kür, son-

---

den Augen der Polizei, die dort Wache steht, im Schutz des Vordachs ihr Nachtlager aufschlagen (beobachtet von CS im Oktober 2012).

32 Auch dieses Beispiel ist nicht fingiert, sondern basiert auf konkreten Erfahrungen meiner pfarramtlichen Tätigkeit. Die Informationen über das Ereignis erhielt ich im nahe bei der Kirche gelegenen Kaffee vom Servicepersonal. So konnte ich die sozialen Dienste wie Spitex und auch die Angehörigen informieren. In diesem Beispiel zeigt sich das dargestellte Potenzial kirchlicher Arbeit im Gemeinwesen sehr deutlich.

33 Mit dieser dreifachen Ausstrahlung wird die Trias Haas' (2012, 283) aufgenommen: «Kirchgemeinden haben immer noch die Assets ‹Glaubwürdigkeit›, ‹bürgerliches Potenzial› und ‹Ortskenntnis›.»

dern allgemeine Pflicht kirchlichen Lebens ist (vgl. Haas, 2012, 283). Kirchenräume sind besondere Räume.

Als Ergebnis ist festzuhalten: Aus Theorie und Praxis der GWA sind fünf Erkenntnisse für die vorliegende Arbeit relevant:

- Die sozialräumliche Strategie, die sich ganzheitlich auf einen Stadtteil, eine ganze Ortsgemeinde richtet.
- Das Bereitstellen von hilfreichen Ressourcen, vor allem aus dem Bereich des Vorhandenen: Räume (Aussen- und Innenräume), Menschen für Beratung und Begleitung oder für anwaltschaftliche Tätigkeit.
- Kirchen und Kirchenräume als Teil des Sozialraums und als Ressourcen mit eigenem Potenzial.
- Das Ansetzen aller Planung und Bemühung beim Menschen, seinen Wünschen und Bedürftigkeiten. Er ist Subjekt und Adressat aller Entwicklungen und Veränderungen.
- Die Essenzialität des Herstellens von Vernetzungen zwischen Menschen und Bereichen wie Kultur, Politik, Gesellschaft und des ganzen Gemeinwesens.

Diese fünf Erkenntnisse haben Bedeutung sowohl für die Diakonie an sich als auch für deren Entscheide bezüglich der Nutzung von Kirchenräumen.

1.2.1.2. Symbolisches Kapital in der Raumsoziologie Pierre Bourdieus

Symbolisches Kapital entsteht nach dem Soziologen Pierre Bourdieu dadurch, dass Menschen ökonomische und kulturelle Werte, Gegenstände, Gebäude und Einrichtungen durch die in ihnen eingelagerten Wahrnehmungskategorien erkennen und anerkennen.[34] Symbolisches Kapital ist nach Bourdieu Bestandteil eines ständigen Austausch-, Aneignungs- und Verwerfungsprozesses. In seinem Lauf wird «Kredit» akkumuliert. Dessen Glaubwürdigkeit zeigt sich in der durch Anerkennung verliehenen

---

[34] «Da symbolisches Kapital nichts anderes ist als ökonomisches oder kulturelles Kapital, sobald es bekannt und anerkennt, erkannt ist entsprechend den von ihm selbst durchgesetzten Wahrnehmungskategorien, reproduzieren und verstärken die symbolischen Kräfteverhältnisse ihrer Tendenz nach die Kräfteverhältnisse, aus denen die Struktur des sozialen Raums besteht.» (Bourdieu, 1992, 149)

Macht, die nun selbst genügend Kredit für ihre Durchsetzung hat.[35] Die Investition von solch symbolischen Krediten kann Teil für deren Legalisierung werden: «Durch die Legalisierung des symbolischen Kapitals gewinnt eine bestimmte Perspektive absoluten, universellen Wert und wird damit jeder Relativität entzogen, die per definitionem jedem Standpunkt als bestimmte Sicht von einem partikularen Punkt des sozialen Raums aus immanent ist.» (Bourdieu, 1992, 150)

Wolfgang Grünberg und Annegret Reitz-Dinse ziehen die Theorie des symbolischen Kapitals Bourdieus als Referenzrahmen bei, um zu untersuchen, was die Besonderheit von Kirchenräumen ausmacht, und wieso über sie das Gemeinwesen nicht einfach verfügen kann wie über andere Räume.[36] Nach diesen Autoren dient der Begriff des symbolischen Kapitals als *«Beschreibungs- und Erklärungsmodell,* das einen Schlüssel für die strukturierende Beschreibung kirchlicher Arbeit und kirchlicher Standorte bieten kann». (Reitz-Dinse/Grünberg, 2010, 107)[37] Bezogen auf die erweiterte Nutzung von Kirchenräumen hat der Versuch, den Bourdieu'schen Begriff auf die kirchliche Realität anzuwenden, wichtige Impulse in der Forschung diakonischer Arbeit in der Stadt geliefert.

Das symbolische Kapital der Kirche entsteht als differenziertes Kommunikationsgeschehen zwischen unterschiedlichen «Kapitalien». Orte (Kirchen, Gemeinde- und Pfarrhäuser), Personen (Angestellte, Freiwillige) und Zeiträume (Beratungen, Meditationen) spielen komplex ineinander. Kirchgemeinden erfüllen den Anspruch ihrer sozialen, kulturellen und religiösen Präsenz im Gemeinwesen – so die Erkenntnis aus der Übertragung auf die kirchliche Realität – im Zusammenwirken verschiedener Faktoren: «Eine Kirche als Gebäude zum Beispiel erschliesst allein kein symbolisches Kapital, sondern es müssen diejenigen hinzukommen, die es betrachten, nutzen, präsentieren, es also nach innen und

---

35 «Das symbolische Kapital bildet einen Kredit, es ist die Macht, die denjenigen übertragen wird, die ausreichend Anerkennung bekommen haben, um nun selbst Anerkennung durchsetzen zu können.» (Bourdieu, 1992, 152)

36 Vgl. im Folgenden: Reitz-Dinse/Grünberg, 2010, 104–112; vgl auch: Sigrist, 2013, 214–216.

37 Auf die Darstellung der kontextuellen Einordnung des Begriffs in die Bourdieu'sche Theorie des sozialen Raums wird vorliegende Arbeit mit der raumwissenschaftlichen Frage nach der Sozialität des Raums ausführlich eingehen (vgl. Kapitel 6.3). Vgl. zur Einbettung des Begriffs des symbolischen Kapitals in die Theorie Bourdieus vgl auch: Reitz-Dinse/Grünberg, 2010, 104–107.

aussen, kulturell und sozial wertschätzen.» (Reitz-Dinse/Grünberg, 2010, 106)[38]. Daraus ist zu folgern, dass das symbolische Kapital auch erlöschen kann, indem Gebäude nicht mehr benutzt werden, indem die Erinnerung an ihre Geschichte schwindet oder die nötige Präsenz von Mitarbeitenden nicht mehr gewährleistet ist.[39]

Doch gerade Mitarbeitende und Freiwillige einer Kirchgemeinde bilden dadurch, dass ihre Aktivitäten gesellschaftliche Anerkennung erlangen, symbolisches Kapital und legalisieren ihre Glaubwürdigkeit, indem ihnen «Kredit» zugesprochen wird, den sie wiederum für ihre Arbeit einsetzen können. Dazu gehören neben kirchlichen Handlungen im engeren Sinn in hohem Mass auch Arbeiten in diakonischen Einrichtungen und sozialen Projekten eines Gemeinwesens: Kirchgemeinden akkumulieren hier grosses symbolisches Kapital. Dieses konkretisiert sich in der Unterstützung von Alleinstehenden, Sinnsuchenden, Menschen am Rande der Gesellschaft oder in Entwicklungsländern, in der Friedensarbeit, der Unterstützung der öffentlichen Ordnung oder auch im kritischen Umgang mit der Ökonomie. Die grosse Mehrheit der Bevölkerung, so zeigen neuste Studien, sieht neben der Weitergabe der christlich-abendländischen Kultur und der Durchführung von Kasualien in diesem diakonischen Kapital den grössten Nutzen und das besondere «Image» der Kirchen (vgl. Stolz/Ballif, 2010, 74–83). Zur Profilierung des öffentlichen Images tragen auch neue kreative Formen des Umgangs mit Kirchenräumen wie Turmbesteigungen, Kirchenführungen und das Schaffen sozialer Kontaktmöglichkeiten bei.

Die Erfahrung der letzten Jahre mit der Citykirchenarbeit zeigt, dass symbolisches Kapital nicht nur in den von Bourdieu genannten Bereichen der ökonomischen, sozialen und kulturellen Werte erkannt und anerkannt werden kann, sondern dass dasselbe auch für religiöse und spirituelle Werte gilt. Diese Erkenntnisse haben den Umgang mit Kirchen-

---

38 Reitz-Dinse/Grünberg (2010, 106) führen weitere Beispiele an: «Kompetenzen, zum Beispiel die eines berühmten Dirigenten oder Predigers, allein erschliessen kein symbolisches Kapital, wenn sie nicht in einem sozialen Zusammenhang zur Geltung kommen können. Gesellschaftliche Positionen an sich stellen kein symbolisches Kapital dar, wenn sie nicht Verknüpfungen mit anderen Akteuren im sozialen Feld erzeugen.»

39 Vgl. dazu die Beispiele in Reitz-Dinse/Grünberg, 2010, 108.

räumen befreit. «Räume riskieren»[40] lautet das Motto. Nutzungserweiterungen bis hin zur Umwidmung von Kirchenräumen kann neues symbolisches Kapital hervorbringen. Dabei gilt es mit Reitz-Dinse/Grünberg zu beachten, «dass die unterschiedlichen Nutzungen zur ‹Gestimmtheit› eines Raums passen müssen, dass ihre Resonanzen verträglich sein müssen, dass keine unerträgliche Dissonanzen entstehen dürfen». (Deitz-Dinse/Grünberg, 2010, 109) Kirchliche Stellungnahmen machen denn auch häufig die Übereinstimmung von neuem, verändertem Gebrauchswert und bleibendem Symbolwert zur Grundbedingugng von Kirchenumnutzungen (vgl. SEK, 2007, 28).[41]

Mit Blick auf diakonische Nutzung von Kirchenräumen bleibt zu hoffen, dass durch sie sich neues symbolisches Kapital einlagert, das später als konstituierende Selbstverständlichkeit wahrgenommen werden wird: dass im Kirchenraum alle Menschen ein «Hausrecht» haben, dass in diesen Räumen allen Menschen vor Gott die gleiche Würde zuerkannt wird, und dass den Menschen in Kirchenräumen und um diese herum in besonderem Mass Aufmerksamkeit und Hilfe gebührt.

Diakonisch genutzte Kirchenräume können in Aufnahme Bourdieu'scher Begrifflichkeiten als legalisierte Kredite, als investiertes Kapital kirchlicher Arbeit verstanden werden, einer kirchlichen Arbeit, die Spuren hinterlässt – im Gemeinwesen, aber auch in den Kirchenräumen selber.

Als Ergebnis ist festzuhalten:

- Pierre Bourdieus Begrifflichkeit des symbolischen Kapitals von Räumen, das durch die Wahrnehmung der durch den Gebrauch eingelagerten Werte erkannt und anerkannt wird, ist sowohl für die Reflexion von Charakter und Wirkung des Kirchenraums als auch für konkrete Aspekte einer diakonischen Nutzung fruchtbar.
- Bourdieus Begrifflichkeit wird wegleitend sein, wenn es in vorliegender Arbeit darum geht, was Kirchenräume aufgrund ihrer oft Jahrhunderte alten Geschichte in sich bergen und was sie ausstrahlen, aber auch wenn es um ihre Neunutzung geht. Welches symbolische Kapital wird durch Neunutzungen geschaffen? Und

---

40 So der Titel mit unzähligen aufgeführten Beispielen von Umnutzungen: vgl. Brandi-Hinnrichs u. a., 2003.

41 Am Schluss vorliegender Arbeit werden diese Einsichten aufgenommen und anhand von Beispielen neuer Nutzungsformen dargestellt. Vgl. Kapitel 8.1 und 8.2.

ist dieses mit dem diakonischen Auftrag der Kirche vereinbar? Die Fruchtbarkeit von Bourdieus Erkenntnissen für die Fragestellung vorliegender Arbeit erweist sich deutlich in Kapitel 6.3.

1.2.1.3. Klaus Raschzoks kirchliches Spurenkonzept

Das Spurenkonzept des Praktologen Klaus Raschzok erinnert in manchem an Bourdieus Begriff des symbolischen Kapitals, ist aber enger kirchlich gefasst[42]. Der Raum als Wahrnehmungskategorie weist bei ihm auf das enge Beziehungsverhältnis zwischen handelndem Menschen und erlebtem Raum hin. Menschen in Kirchenräumen erspüren dieses Verhältnis in besonderer, symbolisch beschriebener und erfahrener Weise. In verschiedenen Arbeiten entwickelt Raschzok sein durch die lutherische Theologie der Bekennenden Kirche[43] gewonnenes Konzept, das individuelles und kollektives Geschehen im Kirchenraum mit dem Raum selber in Beziehung setzt.[44] Die praktische Erfahrung der Arbeit in Kirchgemeinden gibt Raschzok Recht: «Der Kirchenraum bildet Tendenzen, Wandlungen und Akzente des theologisch-kirchlichen Lebens nicht linear ab, sondern in transformierter Gestalt. [...] Dabei ist die körpersprachliche und nicht inhaltsorientierte Lesbarkeit von Gebäuden zu beachten. [...] Im Kirchenraum bildet sich weniger die Liturgie als die sich verändernde Gemeinde ab; diese prägt die Bauten nachhaltig. Der Kirchenbau speichert die Spuren gottesdienstlich-gemeindetheologischer Entwicklung mit zeitlicher Verzögerung und in einer in der Architektur transformierten Gestalt, die weniger inhaltlich-, sinn- bzw. bedeutungsorientiert, sondern vorwiegend szenisch-korporaler Natur ist.» (Raschzok, 2010, 63) Kirchenräume als Speicher transformierender Gestaltkraft weiten den Blick über den gottesdienstlichen Gebrauch hinaus und lassen Spuren «lebensgottesdienstlicher» (vgl. Raschzok, 2010, 66) Nutzung erkennen. Sie bleiben nach Raschzok zwar «Spuren der Inbesitznahme durch Christus»[45], sind jedoch ausserhalb kirchlich verorteter Feiern und Gottesdienste entstanden. Spuren bleiben Spuren. Sie verweisen auf das,

---

42 Vgl. zum Spurenkonzept Raschzoks: Raschzok, 2000, zusätzlich die ausführliche Darstellung bei Sigrist, 2013, 219–222.

43 Vgl. dazu die Ausführungen zum Spurenmodell Hans Asmussen in Kapitel 1.2.2.2.

44 Vgl. dazu: Raschzok, 2002, 107f.; 2003, 398f.; 2007, 573; 2008, 25 u. 28; 2010, 64f.

45 Ein vielbenutzter Ausdruck von Raschzok (2000, 147; 2002, 108; 2008, 28; 2007, 573) für die geistliche Dimensionen der Spuren.

was nicht gesehen werden kann, jedoch als Ursprung präsent ist. Darin zeigt sich nach Schaede die Stärke des Kirchenraums (vgl. Schaede, 2009, 68). Aus göttlichen, gottesdienstlichen und lebensgeschichtlichen Spuren entsteht ein Netz, das in Kirchenräume nicht nur prägende Erfahrungen von Glauben einschreibt, sondern auch solche von Unterstützung, Achtsamkeit, von Gehört- und Gesehenwerden.

Bei Raschzok ist der Kirchenraum grundsätzlich Raum der Gottesdienste. Das Geschehen zwischen Gott und den Menschen, die Inbesitznahme durch Christus setzt er zentral. Die Spuren dieses Geschehens sind geistliche Spuren. Das Nachdenken über die Nutzung des Kirchenraums erfordert eine «geistliche Raumerschliessung».

Raschzok spricht zwar auch von «lebensgottesdienstlichen Spuren», womit er die Aufmerksamkeit auf eine diakonische Nutzung des Kirchenraums hinlenkt; insofern gewinnt sein Spurenkonzept diakonische Weite. Mit Blick auf die Diakoniewissenschaft ist das Modell Raschzok aber grundsätzlich um diese Dimension zu erweitern: Es geht nicht nur um eine «geistliche Raumerschliessung»[46] des Kirchengebäudes, sondern – ebenso fundamental – um eine diakonische Raumerschliessung[47]. Dahinter steht die Überzeugung, dass gerade die lebensgeschichtlichen Spuren, die Besuchende ausserhalb von Gottesdiensten und Kasualien in Kirchenräume einlagern, diakonische Dimensionen aufweisen. Sie verankern damit den Kirchenraum als einen diakonischen Raum im Gemeinwesen.

Natürlich gilt es, den Blick innerhalb des Gemeinwesens auch auf andere diakonische Räume zu richten, in denen Menschen sich begegnen und Aspekte von Hilfskulturen erlernen und einüben.[48] Doch in vorliegender Arbeit beschränkt sich der Fokus auf den Kirchenraum. Unter diakonischer Raumerschliessung wird die spezifische Ausrichtung sozialdiakonischer Arbeit von Kirchgemeinden, diakonischen Werken und Kirchenleitungen verstanden. Sie nimmt den Kirchenraum in seinem symbolischen Kapital bewusst als Ressource wahr und macht ihn als solchen fruchtbar. Die praktische kirchliche Arbeit hat in den letzten

---

[46] Raschzok (2000, 154ff.; 2003, 402ff.) entwickelt in verschiedenen Aufsätzen das Konzept einer «geistlichen Raumerschliessung».

[47] Vgl. zu den ersten Versuchen einer diakonischen Raumerschliessung: Sigrist, 2013, 225–227.

[48] Vgl. dazu mit Blick auf diakonische Räume als Bildungsorte: Sigrist, 2013a.

Jahren den Kirchenraum vermehrt als Potenzial entdeckt und eingesetzt[49]. Die Diakoniewissenschaft steht mit ihrer Reflexion hier am Anfang. An dieser Stelle setzt vorliegende Arbeit an.

Bezüglich Raschzoks Spurenkonzept ist zusammenfassend festzuhalten:

- Raschzoks Spurenkonzept, das primär gottesdienstlich ausgerichtet ist, hat für das Nachdenken über die diakonische Kirchenraumnutzung eine befreiende Wirkung. Es nötigt dazu, der Tatsache eingedenk zu bleiben, dass Kirchenräume Gottesdiensträume waren und es mit den Spuren, die dadurch entstanden sind, auch bleiben. Gefordert ist also eine kirchlich-theologische Rechenschaft.
- Die Wahrnehmung lebensgottesdienstlicher Kirchenraumspuren führt zum Nachdenken über die diakonische Kirchenraumnutzung. Dieser Schritt wird in vorliegender Arbeit resoluter und ausgreifender getan, als dies bei Raschzok der Fall ist.
- Wichtig ist Raschzoks Hinweis darauf, dass in Kirchenräumen die Spuren gottesdienstlich-gemeindetheologischer Entwicklung vorwiegend «szenisch-korporaler Natur» sind.

1.2.2. Der Kirchenraum als Thema in der Praktischen Theologie

Als Ausgangspunkt dient vorliegender Arbeit die These Ernes, dass der Raum als Thema zuerst in den evangelischen Kirchen und erst dann in der evangelischen Theologie wiederentdeckt wurde (vgl. Erne, 2007, 5)[50]. Die Erfahrungen im Kirchenraum fordern eine Reflexion über den Kirchenbau als Raum und erweitern die Praktische Theologie um diese Dimension. Aktuell zeigen sich drei Problemkreise in den Forschungsarbeiten, die sich dieses Themas annehmen. Diese Problemkreise zeigen sich in den Fragen nach dem *Kirchenbau, in den Theoriemodellen und in den kirchlichen Stellungnahmen.*

---

49 Vgl. dazu die Fundgrube an Beispielen in Kapitel 8.2.

50 Erne setzt weitere Merkpunkte in Thesenform: «[…] die Erforschung des Kirchenraums und die Wiederentdeckung des Raums in der Kirche sind nicht dasselbe. […] Erst mit der Wiederentdeckung des Raums in der evangelischen Theologie gewinnt der Kirchenbau ein angemessenes Phänomenfeld und kategoriale Rahmung.» (Erne, 2007, 7.9)

1.2.2.1. Zum Stellenwert des Kirchenbaus

Die grossen theologischen Standardlexika, die Theologische Realenzyklopädie (TRE) und das Lexikon «Religion in Geschichte und Gegenwart» (RGG) bieten einen ausgezeichneten Überblick über den gegenwärtigen Stand der Forschung. Der Kirchenraum wird ausschliesslich in architektonischer und kunstgeschichtlicher Bedeutung wahrgenommen, wenn in der TRE seit 1989 ein grosser, in historische Abschnitte gegliederter Artikel vom «frühchristlichen Kirchenbau» bis «zum modernen Kirchenbau» (ab 1919) vorliegt.[51] Doch leider werden die spezifisch reformierten Aspekte, insbesondere die Verhältnisse in der Schweiz, auf diesen mehr als 100 Seiten kaum beleuchtet.

Im Abschnitt «Der protestantische Kirchenbau» handelt Harold Hammer-Schenk die reformierte Sicht mit bloss zwei Zitaten aus der Institutio von Jean Calvin und dem Zweiten Helvetischen Bekenntnis sowie einem Hinweis auf «die umfassende Abhandlung des Zürcher Theologen Rudolf Hospinian, *De Templis*, Zürich 1587 und 1603»[52] ab. Horst Schwebel erwähnt in seinem aufschlussreichen Artikel über den modernen Kirchenbau an zwei Stellen die Kirchenbauten in der Schweiz: Im Zusammenhang mit der Kirche von Le Corbusier im französischen Ronchamp erwähnt er die ebenfalls aus Beton gebauten Kirchen von Ernst Gisel in Effretikon (1962) und Justus Dahinden in Zürich (1962) sowie als weiterentwickelte Form einer «begehbaren Grossplastik» die Kirche von Walter Förderer in Hérémence (1963). Im ausführlichen Literaturverzeichnis führt er als einzigen Schweizer Hinweis die Arbeit von Christof Martin Werner an.[53]

Ein Jahrzehnt nach dem Artikel in der Theologischen Realenzyklopädie erscheint in der 4. Auflage des Lexikons «Religion in Geschichte und Gegenwart» ein umfassender Artikel zum Kirchenbau. Der Befund ist ähnlich wie bei der TRE: Christian Freigang stellt in etwas weniger als 100 Spalten die Entwicklung des Kirchenbaus allgemein und «im Westen» dar. Im historischen Abriss zum 16. bis zum 19. Jahrhundert wird die Position Calvins unter den «Alpenländern» kurz angetippt, der Vorbildcharakter der hugenottischen Kirche von Paris für den Temple de la Frusterie in Genf (1713) und der Berner Heiliggeistkirche (1726) festge-

---

[51] Vgl. dazu: Brandenburg, 1989; Haas, 1989; Hammer-Schenk, 1989a.

[52] Vgl. Hammer-Schenk, 1989, 461.

[53] Vgl. den kleingedruckten Text in Schwebel, 1989, 528.

stellt. Bezüglich des Zeitraums «nach 1945» werden einige Kirchen in den Ländern «Schweiz und Österreich» aufgeführt mit Erwähnung von Kirchen in Zürich, Meggen und der als Reaktion auf die Gemeindezentren Ende der 1980er-Jahre verstandenen «grossformigen, geometrisch-regelhaften Kirchenbauten» von Mario Botta (Mogno, 1986–1992) und Peter Zumthor (Sogn Benedetg, 1988)[54].

Aus dem Blickwinkel der reformierten Schweiz ist die Darstellung in den beiden repräsentativen Lexika ernüchternd. Die relevanten Kirchenbauten finden kaum Erwähnung, die reformierte Tradition bleibt in den Einträgen auf das Zitieren der einschlägigsten Zitate Calvins oder Bullingers beschränkt. In der 2009 in zweiter Auflage erschienenen Monografie «Geheiligte Räume» von Franz-Heinrich Beyer, in der der Autor Theologie, Geschichte und Symbolik des Kirchengebäudes entfaltet, wiederholt sich dieser Sachverhalt. In äusserst knapper Form handelt Beyer die Aspekte «Urbild des reformierten Kirchenraums in Zürich» sowie «Johannes Calvin zu Bilderverbot und Kirchengebäude» als «pragmatische und theoretische Grundlegung für den reformierten Kirchenraum in der Schweiz» ab, um darauf kurzangebunden auf die reformierten Kirchenräume in Deutschland überzuschwenken.[55] Auch Hanns Christof Brennecke findet in seinem sehr konzisen und erhellenden Überblick über den protestantischen Kirchenbau zwischen Sakralität und Profanität lediglich drei Sätze für die reformierte Sichtweise: «Der reformierte Zweig der Reformatoren hat sich bekanntlich sehr bald und sehr grundsätzlich für den profanen, nur nach Nützlichkeitskriterien gestalteten Raum entschieden. Wichtig war hier vor allem das Hören der Predigt. Kirche, Hörsaal oder Theater sind im Prinzip nach denselben Kriterien zu bauen.» (Brennecke, 2010, 34)

Nach Sichtung der Literatur lässt sich also feststellen, dass die reformierten Kirchenbauten der Schweiz in der Forschung des deutschsprachigen Raums praktisch nicht vorkommen. Ist dieser Befund in der radikalen Funktionalisierung des Kirchenraums begründet im Sinn von: Aus einer Nebensache soll keine Hauptsache gemacht werden? Fehlt es dem

---

54 Vgl. Freigang, 2001, 1116; 1142. Zur praktisch-theologischen Perspektive des Kirchenbaus: vgl. White, 2001.

55 Vgl. in der sonst vorzüglichen Arbeit: Beyer: 2009, 109f.

Kirchenraum an theologischer Relevanz, sodass er anderen Wissenschaften zu überlassen ist?[56]

Trotz der insgesamt geringen Beachtung ist auf einzelne Studien hinzuweisen, welche die reformierte Perspektive bewusst einnehmen.

- *Paul Brathe,* Pfarrer in Steuden, Bezirk Halle, hat 1906 eine «Theorie des evangelischen Kirchengebäudes» als «ein ergänzendes Kapitel zur evangelischen Liturgik» herausgegeben. Das Überraschende an dieser Schrift ist die Ausführlichkeit, in der er die reformierte Tradition berücksichtigt. Brathe geht bei den «Vorarbeiten» auf die Situation in Zürich und Genf zur Reformationszeit ein (Brathe, 1906, 7–10). Bei den prinzipiellen Grundlagen unterscheidet er zwischen der Zweckmässigkeit, der adäquaten Entsprechung des Baus zu seinem Wesen und der Rücksicht auf die Tradition. Brathe entfaltet in breiter Form den reformierten Ansatz, den er in Einzelforderungen zu Altar und zu Taufstein weiter vertieft (Brathe, 1906, 92–95, 107–110, 151–153, 173).
- 1963 kam die gross angelegte Studie «Der protestantische Kirchenbau in der Schweiz. Von der Reformation bis zur Romantik» von *Georg Germann* heraus. Dieser historische Abriss über den reformierten Kirchenbau aus Sicht von Kunstwissenschaft und Architektur hat seinen Schwerpunkt «im Vergleich […] mit dem protestantischen Kirchenbau des Auslands und besonders mit den Gotteshäusern der über ganz Europa zerstreuten Reformierten» (Germann, 1963, 5). Germann setzt mit seiner Beschreibung bei den architektonischen Veränderungen in der Reformationszeit, vor allem bei den Vorgängen in Zürich, an. Er ist überzeugt: «In der Reformationszeit werden die Aufgaben des Kirchengebäudes, die Liturgie und die Stellung zur Kunst überprüft und festgelegt.

---

56 Nicht die Evangelisch-reformierte Kirche des Kantons Zürich, sondern die Evangelisch-lutherische Kirche in Bayern ist es, deren Kirchbauten aus theologischer Perspektive seit 1945 in einer soeben erschienenen Studie untersucht wurden (vgl. Raschzok, 2010, 49–69). Dieselbe Tendenz ist im Bereich der Diakoniewissenschaft festzustellen: Die neueren historischen Arbeiten über die Diakonieentwicklung lassen die Schweizer Perspektive genauso vermissen: vgl. dazu den programmatischen Aufsatz von Gerhard K. Schäfer und Volker Herrmann (2005, 36–67). Dieses aus Schweizer Sicht sehr gewünschte Desiderat erfüllten in den letzten Jahren die Publikationen: Rüegger/Sigrist, 2011; Furler, 2012.

Aus diesen Grundlagen errichteten die Reformierten, die in anderen Ländern zu Neubauten bereit oder als Minderheiten dazu genötigt sind, ihre richtungsweisenden Gotteshäuser, allen voran die Hugenotten.» (Germann, 1963, 5)

- *Christof Werner* legte in seiner Dissertation «Das Ende des ‹Kirchen›-Baus: Rückblick auf moderne Kirchenbaudiskussionen» einen umfassenden Überblick auf die moderne Kirchenbaudiskussion vor (Werner, 1971).
- *Marc E. Kohler* untersucht in seiner Dissertation die Kirchenbauten in der Evangelisch-reformierten Kirche Basel-Stadt zwischen den Jahren 1950–1975 und stellt sie in den Kontext der praktisch-theologischen Fragestellung des Kirchenraums (Kohler, 1979).
- Die jüngste grössere Monografie hat *Bernard Reymond* herausgebracht. Sie trägt den Titel «L'architecture religieuse des protestants» (Reymond, 1996).
- In letzter Zeit erschienen zwei kleinere Aufsatzbände. *Matthias Zeindler* gab im Zusammenhang mit der Schweizerischen St.-Lukas-Gesellschaft die Arbeiten eines Symposiums über den Kirchenbau aus reformierter Sicht unter dem Titel «Der Raum der Kirche. Perspektiven aus Theologie, Architektur und Gemeinde» heraus. Zeindler schreibt im Vorwort: «Ziel der Veranstaltung war weniger die Diskussion konkreter Bauprojekte als die Auseinandersetzung mit grundsätzlichen Problemen kirchlichen bzw. religiösen Bauens.» (Zeindler, 2002, 7) Die Theologie des Gottesdienstraums (vgl. Reymond, 2002, 13–29), Aktuelles im reformierten Kirchenbau (vgl. Fierz, 2002, 31–51) sowie die Entdeckung des Kirchenbaus als Thema der Theologie (Mihram, 2002, 53–76) standen zur Diskussion. Zum Zweiten wurde in einem Symposium im Jahr 2009 grundsätzlich das Thema «Kirchen – Macht – Raum» in theologischem, systematischem, ethischem und kunstwissenschaftlichem Kontext entfaltet (vgl. Sigrist, 2010).

Als Ergebnis gilt es festzuhalten:

- Der reformierte Kirchenraum ist lange Zeit von den einschlägigen Lexika nicht in den Blick genommen worden und wurde auch später lediglich am Rand mit ein paar wenigen Zitaten aus der Reformationszeit mitgeführt. In der Forschungsliteratur allgemein gibt es einige wenige Arbeiten, die den spezifisch schweizerischen Kontext behandeln. Sie bleiben die Ausnahme.

- Das Thema des Kirchenraums als Kirchenbau ist jedoch im letzten Jahrzehnt von der evangelisch-reformierten Theologie auch der Schweiz entdeckt worden, mitunter gefördert durch die Arbeiten der schweizerischen St.-Lukas-Gesellschaft.[57]

1.2.2.2. Theoriemodelle

Das Nachdenken über den Kirchenbau zeichnet die Geschichte der kirchlichen und religiösen Architektur nach und erhellt die Zusammenhänge zwischen theologisch-liturgischen Vorgaben und den vielfach auf die gottesdienstlichen Rituale fokussierten architektonischen Antworten. Mit Blick auf die wahrnehmbaren Nutzungsverschiebungen geraten der Kirchenraum und das Erleben seiner bestimmten Atmosphäre in den Fokus der Praktischen Theologie.

Der Kirchenraum verändert sich vom Versammlungsort der Gottesdienstgemeinde zu einem komplexen erlebbaren Ereignisraum. Für die sachgerechte Beschreibung dieser Komplexität zieht vorliegende Arbeit je nach Sichtweise und untersuchtem Gegenstand verschiedene Theoriemodelle als Referenztexte bei. Es ist das Verdienst des Praktologen Klaus Raschzok, diese verschiedenen Ansätze in einem «multiperspektivischen Theorieensemble» (Raschzok, 2008, 24) zusammengefasst zu haben:[58]

---

[57] Weitere Beiträge sind hier zu nennen:
1. Zur Frage nach dem Bau und der Umnutzung religiöser Räume enthält der Band von René Pahud de Mortanges (2007a) wertvolle Aufsätze zu Fragen nach kirchenrechtlichen Normen oder konfessionellen Aspekten.
2. Artikel in kirchlichen Reihen und kirchlicher Presse nehmen das Thema auf: Wüthrich, 2008, 3–5; Stückelberger, 2008, 6–8; 2008a, 3–5; Nentwich, 2010, 14–19.
3. Dieter Matti, langjähriger Pfarrer in Bündner Kirchgemeinden und Beauftragter für «Kunst und Religion» der Evangelischen Landeskirche Graubünden geht den verschiedenen Fresken und Gemälden in den Kirchen nach (2009–2010).

[58] Vgl. die verschiedenen Aufsätze und Artikel zu diesem Theorieensemble: Raschzok, 2003, 391–412 (mit ausführlichen Literaturangaben); 2005, 24–27; 2007, 570–572. Einen anderen Zugang zu den verschiedenen Modellen bietet Hermann Geyer (2002, 38–64): Ausgehend vom «Gemeindehausmodell» Gerhard Wendlands werden folgende Interpretationen dargestellt: Martin C. Neddens: «Kult-Urort und Stadtkulturelles Gegenüber»; Rolf Schieder: «Urbanität und Heterotopie»; Wolf-Eckart Failing: «Revitalisierung religiöser Raumsymbolik»; Andreas Mertin: «Vom heiligen Ort zum

- *Der phänomenologische Ansatz* orientiert sich an den Überlegungen von Hermann Schmitz. Bei ihm werden Gefühle, die bei herkömmlichen Modellen in das Innere des Menschen gelegt werden, nach aussen gekehrt: Gefühle sind Atmosphären, die ausserhalb der differenzierenden Wahrnehmung von Subjekt und Objekt liegen.[59] Der Kirchenraum wird als Umfriedung interpretiert, der den Menschen die sonst flüchtigen Atmosphären intensiver spüren lässt. Beim Eintritt in diesen umfriedeten Raum wird das Empfinden des Menschen verwandelt. Schmitz zeigt die Wirkung der Strahlkraft des Raums auf den Besuchenden auf: Dieser hat sich der Macht des Göttlichen ausgesetzt und sich damit wie ein trockener Schwamm vollgesogen.[60]
- *Der soziologische Ansatz* von Hans-Georg Soeffner beschreibt Kirchenräume als kollektive Symbole für die Identität einer Gesellschaft: «Waren sie früher Repräsenationszeichen für einen allen ‹christlichen Abendländlern› gemeinsamen Gott gegenüber ‹der Welt› als solcher und zugleich in ihr, so sind sie heute zusätzlich noch *Identifikationszeichen* für die Unverwechselbarkeit eines spezifischen – des christlichen – Glaubens und einer besonderen Tradition gegenüber anderen Religionen und Traditionen.» (Soeffner, 2000, 141) Kirchengebäude bleiben Orientierungspunkte im Raum, in der Zeit und im Handeln. Der subjektiv geprägte Glaube bindet sich vermehrt an die Institution Kirche statt an den Kirchenraum. Kirchenräume werden einerseits Bestandteil der sich verändernden Selbstinterpretationen, die in die Geschichts- und Weltdeutungen der Gesellschaft aufgenommen und dort möglichst zu einem Gesamtbild gefügt werden. Kirchenräume sind andererseits auch prägende Orte für ein Familiengedächtnis (vgl. Soeffner, 2000, 131) und bilden den Übergang, die Grenze von der alltäglichen Lebenswelt in eine mögliche Transzendenzerfahrung.

---

religiösen Raum»; Raschzok: «Der heilige Raum»; Herbert Muck: «Heiligung der Orte». Geyer selber (2002, 76f.) bringt den Begriff der «Sprechenden Räume» ein. Vgl. allgemein zum Raum aus liturgisch-praktologischer Sicht: Hofhansl, 2004.

59 Gefühle sind nach Schmitz (1981, 343) als «ortlos ergossene Atmosphären zu bestimmen, die einen Leib, den sie einbetten, in der Weise des [...] affektiven Betroffenseins heimsuchen, wobei dieses die Gestalt der [...] Ergriffenheit annimmt.»

60 Vgl. dazu: Schmitz, 1995, 207ff.

- *Der semiotische Ansatz* von Rainer Volp beschreibt Räume als «Botschaft: spürbare, hörbare Texturen» (Volp, 1998, 258), die vom Menschen mit all seinen Sinnen gelesen werden. Kirchenräume sind für Volp elementarste körperlich erfasste Texte und Freiräume von «Gesten und Gesichtern», die damit neue Produktivität ermöglichen. Räume sprechen. Und wenn sie nicht mehr verstanden werden, braucht es – so zeigt es die Geschichte – Umgestaltungen: «Den Raum umzugestalten, sobald die Botschaften nicht mehr wahrnehmbar sind – das ist die Pointe aller Reformationen.» (Volp, 1998, 259) Räume sind hochkomplexe Texte, die allen Menschen zugänglich sind: «Der Raum ist schon die Botschaft, die erste (im Mutterleib), die umfassendste in jedem Tagesablauf: Kirchenräume sind unendlich oft und tief chiffrierte Texte.» (Volp, 1998, 260) Dieser Ansatz spiegelt sich bei Rolf Schieder: «Gerade die religiöse Sprache braucht einen Sprach-Raum» (Schieder, 1995, 89) sowie bei Herman Geyers Interpretation von Kirchenräumen als «sprechende Räume» (Geyer, 2002, 76f.) und wird durch Stephan Schaede mit dem Begriff des Kirchenraums als «potenziellem religiösem Performativ» weiterentwickelt (Schaede, 2009, 67–68).
- *Der rezeptionsästhetische Ansatz* von Hans Asmussen setzt bei den Spuren der gottesdienstlichen Nutzung an, die den Kirchenräumen eingeschrieben sind: «Es ist freilich richtig, dass christliche Gottesdienste in jedem nur denkbaren Raum möglich sind. Die erste Christenheit hat sicher nicht in eigens hierfür geschaffenen Räumen ihren Gottesdienst gehalten. Aber ebenso fest steht, dass jedwelcher Raum, der für gottesdienstliche Zwecke benutzt wird, sehr bald die Spuren dieser Benutzung an sich trägt.» (Asmussen, 1937, 164) Auch ausserhalb des Gottesdiensts können diese Spuren sinnlich wahrgenommen werden. Jeder wird, wenn er in den Kirchenraum tritt, in dieses Netz von Spuren mit einbezogen. Mit der Wahrnehmung solcher Spuren wird der Besuchende aus seiner Distanziertheit heraus in den Kirchenraum hineingezogen; Erfahrungen von Beziehung zwischen Raum und Mensch stellen sich ein. Dazu kommt, dass der Besuchende zu den vorgegebenen lesbaren Spuren die eigenen hinzufügt und sich so intergenerativ mit anderen Menschen vor ihm und nach ihm verbindet.

Neuere theologische Theorieansätze legen Wolf-Eckart Failing, Thomas Sternberg, Albert Gerhards und Gerald Kretzschmar vor.

- Für *Failing* sind Räume keine vom Subjekt unabhängigen Behälter. Sie sind symbolische Räume, ohne ihren materiellen Charakter zu verlieren. Für Failing kann die Frage nach der Bedeutung religiös geprägter Räume nicht «durch den Rekurs auf die Allgegenwart Gottes oder die gefallenen Grenzen zwischen sakral und profan zureichend oder gar abschliessend beantwortet werden. Vielmehr ist sie zu radikalisieren als Frage nach dem symbolischen Raum.» (Failing, 1998, 121f.) Der heilige Ort ist für den Autor der symbolische Ort der Begegnung mit Gott oder mit dem, «was dem Gläubigen als Gottes Schöpfung, Gottes ethische Weisung, Hineinnahme in Gewissheit und Trost erfahrbar wird, also alles das, was dem heiligen Gott heilig ist und damit dem Menschen auch: Die Heiligkeit des Lebens, der Schöpfung, die Heiligkeit der Gerechtigkeit und der Liebe, die Heiligkeit seines Wortes – eben nicht als leib- und raumfreies Bewusstsein, sondern in den von Gott selbst gesetzten Bedingungen des Geschöpfseins: in Leib und Körper, Zeit und Geschichte, Gefühl und Intellekt.» (Failing, 1998, 122) Es geht also um die räumliche Gestaltung und Inszenierung eschatologischer Wirklichkeit im Unterwegssein des Menschen; eine Wirklichkeit, die zerbrechen und wieder neu an (Kirchen-)Orten gewonnen werden kann. Kirchenräume «öffnen» als solch prägende Orte «Räume der Gewissheit» (Failing, 1998, 122).
- *Sternberg* leitet die Sakralität ausschliesslich von der Heiligkeit des Gemeindegottesdienstes ab: «Heilig ist Gott und von ihm her sind Personen und das, was sie tun geheiligt – alles übrige ist ‹sakral› in abgeleitetem Sinne.» (Sternberg, 1996, 143) Im gottesdienstlichen Feiern hat der Raum nach Sternberg eine «andere» Qualität. Die Sakralität des Raums muss durch eine personale, handlungs- und geschichtsbezogene Kategorie beschrieben werden. Die Heiligung der Kirche geschieht gemäss dem Autor durch vollzogene Weihen.
- Konsequent setzt *Gerhards*, ein katholischer Theologe, die prägende Funktion der Liturgie an die Spitze: «Der Kirchenraum ist nicht bloss Objekt liturgischer Feier, sondern auch Subjekt: Er spielt mit, er ist selber Liturg.» (Gerhards, 1998, 242) In einzelnen Leit-

sätzen entfaltet der Autor diese Spannung zwischen liturgischem Geschehen und Kirchenraum (vgl. Gerhards, 1998, 239–242).

– Kretzschmar erweitert die auf den Innenraum fixierten Theoriemodelle durch den *Einbezug des Äusseren des Kirchengebäudes* am Beispiel des Wiederaufbaus der Dresdner Frauenkirche. Der Aussenwirkung von Kirchengebäuden ist für ihn einer Vermittlungsfunktion zwischen einer persönlich-kirchlichen und einer gesellschaftlich-kulturellen Religiösität zuzuschreiben. Daher ist nach Kretschmar das Interesse an Kirchengebäuden medial zu verstehen. Mit diesem aus der Öffentlichkeit entdeckten Interesse korrespondiert ein persönliches Interesse, das gemäss dem Autoren aus der emotionalen Bindung an den Kirchenraum herzuleiten ist und nicht aus der institutionellen Anbindung an die Organisation Kirche: «Das Äussere des Kirchenraums ‹Dresdner Frauenkirche› spielt für die Menschen eine herausragende Rolle und macht sie – beim Blick auf Dresden – zu einem *heterotopos* in der Wahrnehmung der Menschen.» (Kretschmar, 2005, 14)[61]

Aktuell wird wieder vermehrt *theologisch nach einer Theorie des (Kirchen-)Raums* gefragt. Eine erste Zwischenbilanz im Bereich der systematischen Praktischen Theologie ziehen die vier Studien von Jooss (2005), Umbach (2005), Woydack (2005) und Beuttler (2010). Alle vier Studien verbinden die Frage nach dem Raum mit der Vorstellung von Gott.

Nach Beuttler (2010, 18) stehen für eine Theologie des Raums zwei Aufgaben zur Disposition: «Die vormalige Sinnordnung des kosmischen Raums und der in ihn eingezeichneten Allgegenwart Gottes zu rekonstruieren, und Transformationen und Umdeutungen dieser Ordnung in den gelebten Raum aufzuschliessen.»

Mit Klaus Raschzok gilt es festzuhalten, «dass die Reflexion von Raumerfahrungen kein Randgebiet der Theologie (mehr) darstellt, sondern immer zentral die Frage der Gottesvorstellung tangiert». (Raschzok, 2008, 27) In diese Entwicklung lassen sich die Arbeiten von Zeindler (2010) und Wüthrich (2010) einordnen, die die Frage nach der Wirkkraft der Macht Gottes im symbolischen Streit der Macht in Kirchenräumen mit der theologischen Bestimmung des Kirchenraums verbinden, die

---

61 Vgl. zur emotionalen und lebensbiografischen Verbundenheit mit dem Kirchenraum: Ryökäs, 2004.

über den relationalen Raumbegriff hinauszugehen scheint. Die theologische Reflexion des Raums führt zur grundlegenden Beschreibung der «Religion des Raums» wie auch der «Räumlichkeit der Religion»[62], wie sie in jüngster Zeit Thomas Erne als Direktor des Instituts für Kirchenbau und kirchliche Kunst der Gegenwart an der Philipps-Universität Marburg wissenschaftlich vorantreibt.[63] Mit Hermann Geyer lassen die dargestellten Positionen eine differenzierte «Rückgewinnung der Kirchenräume» (Geyer, 2002, 57) erkennen.

Mit Blick auf die gesichteten Theoriemodelle kann zusammenfassend gesagt werden:

- Durch das «multiperspektivische Theorieensemble» (Raschzok) können unterschiedliche Dimensionen und verschiedene Erfahrungen des Kirchenraums theoriegebunden und interdisziplinär präzise gefasst werden. Unscharfe Raumbeschreibungen werden konturiert, wodurch vorliegende Arbeit wichtige Begriffsfelder gewinnt.
- Die theologische Fragestellung zeigt eine markante Öffnung wie auch ein steigendes Interesse gegenüber Forschungsergebnissen aus der Raumsoziologie und Raumwissenschaft, die für die künftige Erkundung des Kirchenraums paradigmatisch über die Formel «Religion des Raums – Räumlichkeit der Religion» (Erne) handlungs- wie auch reflexionsleitend sein werden.
- Der Kirchenraum als besonderer Raum ist zunächst einmal in seiner grundsätzlichen Räumlichkeit in den Blick zu nehmen. Darin zeigt sich der historisch-kritische, interdisziplinäre wissenschaftliche Ansatz praktisch-theologischer Arbeit mit dem Kirchenraum.

---

62 Vgl. dazu die Titel des Aufsatzbands «Die Religion des Raums und die Räumlichkeit der Religion», den Thomas Erne und Peter Schütz (2010) herausgegeben haben.

63 Vgl. zur grundlegenden Debatte die weiteren Arbeiten Ernes (2007, 2008, 2009). Zur Geschichte des Kirchenbautags seit 1946 bis 2005 (Stuttgart) haben Rainer Bürgel und Andreas Nohr (2005) in einer ausgezeichneten Zusammenschau grundlegende Referate wie auch entscheidende Entschliessungen, Verlautbarungen und Empfehlungen zusammengestellt.

1.2.2.3. Kirchliche Stellungnahmen

Leerstehende Kirchenräume rufen nach Umnutzungen und nach möglichen Kriterien, diese auszuarbeiten. In Deutschland sind neben kirchenpolitischen Stellungnahmen[64] wesentliche Impulse für Kirchgemeinden und -leitungen von den Kirchbautagen sowie von wissenschaftlichen Studien zur kritischen Bestandesaufnahme von Kirchengebäuden ausgegangen.[65] In der Schweiz ist mit dem ersten Verkauf eines reformierten Kirchenraums, der Kirche St. Leonhard in St. Gallen im Jahr 2005[66], die Notwendigkeit der Frage nach der zukünftigen Nutzung von Kirchenräumen offensichtlich geworden, wie sie sich bis in aktuelle Entwürfe von Kirchenordnungen der einzelnen Kantonalkirchen niederschlägt.[67]

Auf nationaler Ebene liegen in der Schweiz zwei Vernehmlassung vor: *Der Schweizerische Evangelische Kirchenbund (SEK)* hat unter dem Titel

---

64 Vgl. dazu: Sekretariat der Deutschen Bischofskonferenz (Hg.), 2003, sowie Zentrum Ökumene der evangelischen Kirchen in Hessen und Nassau, 2010. Vgl. auch: Raschzok, 2003, 406–407.

65 In diesem Zusammenhang fand der Aufsatz des damaligen Vorsitzenden des Rats der Evangelischen Kirchen Deutschlands (EKD), Wolfgang Huber, am Kirchenbautag 2005 in Stuttgart mit dem Titel «Kirche als Zeichen in der Zeit – kulturelles Erbe und Sinnvermittlung für das 21. Jahrhundert», hohe Beachtung auch in der Schweiz, zum Beispiel im Rahmen der Citykirchenarbeit (vgl. Huber, 2006, 30–46). Weiter zu erwähnen ist der Vortrag von Fulbert Steffensky (2003, 1–14) zum Schwerpunktthema «Der Seele Raum geben – Kirchen als Orte der Besinnung und Ermutigung» der EKD-Synode 2003. Zu den wissenschaftlichen Arbeiten vgl. die Studie von Rainer Fisch (2008) unter dem Titel «Umnutzung von Kirchengebäuden in Deutschland. Eine kritische Bestandesaufnahme».

66 Vgl. Sahli, 2007, 7–9.

67 In der neuen Kirchenordnung der Evangelisch-reformierten Landeskirche des Kantons Zürich, die auf den 1. Januar 2010 in Kraft gesetzt wurde, schlägt sich der Nutzungswandel und das Problem der leerstehenden Kirchenräume in zwei Artikeln nieder: «Art. 244: In der Kirche versammelt sich die gottesdienstliche Gemeinde. Die Kirchenpflege sorgt dafür, dass die Kirche für Besinnung, Andacht und Gebet offen steht. Art. 245: Die Kirchenpflege kann unter Wahrung des besonderen Charakters der Kirche deren vorübergehende Benützung zu anderen Zwecken gestatten. Die dauernde Nutzung einer Kirche zu anderen als kirchlichen Zwecken und die Veräusserung einer Kirche bedürfen der Zustimmung des Kirchenrates. Dieser hört die betreffenden Kirchgemeinden und Kirchgemeindeverbände an.» (Kirchenrat der Evangelisch-reformierten Landeskirche des Kantons Zürich, 2009, 65) Allgemein zu Normen des katholischen und evangelischen Kirchenrechts für die Umnutzung von Kirchen vgl. Pahud de Mortanges, 2007.

«Wohnung Gottes oder Zweckgebäude? Ein Beitrag zur Frage der Kirchenumnutzung aus evangelischer Perspektive» im Jahr 2007 Empfehlungen für die Kantonalkirchen vorgelegt. Ausgangspunkt sind drei Praxisbeispiele: der Verkauf der reformierten Kirche St. Leonhard in St. Gallen, der Verkauf von vier Kapellen der evangelisch-methodistischen Kirche im aargauischen Bezirk Lenzburg sowie die (vorsichtigen) ökumenischen Bemühungen in der Kathedrale der evangelisch-reformierten Kirchgemeinde in Lausanne. Die theologischen Grundlagen fassen zum ersten Mal gesamtschweizerisch die wichtigsten reformierten Positionen zusammen, die die «Heiligkeit» des Kirchenraums funkional von der Heiligkeit im Gebrauch durch den Gottesdienst herleitet. Ergänzt wird diese Positionierung durch religionsphänomenologische Überlegungen: Es gibt «einen zum Teil diffusen vielschichtigen Mehrwert gegenüber der rein funktionalen Zuordnung auf den Gottesdienst zu beobachten.» (SEK, 2007, 23) Die praktisch-theologischen Überlegungen schliessen an das oben beschriebene Theoriemodellensemble an und definieren zwei - typologische Linien: die funktionale Linie und die Linie des «Mehrwerts», der durchaus als «heilig» bezeichnet werden kann. «Ein evangelisch-theologisches Kirchenverständnis wird beide Linien beinhalten müssen.» (SEK, 2007, 26) Den Umnutzungskriterien, die das Gewicht auf die Beachtung des Symbolwerts eines Kirchengebäudes, auf die Funktion zum Gemeindeaufbau sowie auf die genaue Umschreibung von Kirchenumnutzung legen, werden praktische Empfehlungen und ein ausführliches Literaturverzeichnis angefügt. Die Studie des Schweizerischen Evangelischen Kirchenbunds (SEK) argumentiert theologisch, wohl deshalb, weil die theologische Frage des Kirchenraums als erste ins Bewusstsein der Kirchenverantwortlichen gekommen ist. Die Distanz zu den drängenden praktischen Fragen scheint noch gross zu sein.

Die Schweizerische Bischofskonferenz (SBK) hat 2006 eine «Empfehlung für die Umnutzung von Kirchen und von kirchlichen Zentren» herausgegeben. Ausgehend vom gesellschaftlichen Wandel wird zwischen Kirchen und Kapellen als Kultorten und den übrigen Gebäuden, die im kirchlichen Dienst stehen, unterschieden. Theologisch steht die Bedeutung der Kirchenräume als Kultorte nicht zur Debatte. Folgerichtig wird, im Unterschied zur reformierten Position, zur Befolgung konkreter Anweisungen «eingeladen» bezüglich kirchlichen Gebäuden, ihren Zweckänderungen, Überlassungen, ihrer Vermietung, ihrem Verkauf oder – als *ultimo ratio* – ihrem Abriss oder ihrer Umnutzung: «Kirchen und Kapellen sollen aufgrund ihrer symbolischen Bedeutung nach Möglichkeit nicht anderen Religionen, anderen religiösen Gemeinschaften oder Sekten zur Verfügung gestellt werden. Hingegen können ihnen kirchliche Zentren, die nicht gottesdienstlichen Zwecken dienten, zurückhaltend als Begegnungs- und Kulturorte zur Verfügung gestellt werden.» (SBK, 2006, 4) Grosszügig wird in der Schrift der Schweizerischen Bischofskonferenz dem konkreten liturgischen Abschied von einem Kultort bei seiner Umnutzung oder Übergabe Platz eingeräumt. Bestimmungen des Kirchenrechts werden angeführt. Der Ritus anlässlich der Profanierung einer Kirche, die zum Teil von der Deutschen Bischofskonferenz übernommen wurde, wird in einem Anhang detailliert be- und vorgeschrieben. Den Schluss der Abhandlung bilden Bestimmungen über den Verkauf. Diese warten mit konkreten Angaben über den Verkaufspreis sowie die Zuständigkeit der Verantwortung des Bistums (bis 5 Mio. Franken) oder des Heiligen Stuhls (über 5 Mio. Franken) auf. Die Schweizerische Bischofskonferenz argumentiert in ihren Empfehlungen praktisch-kirchenrechtlich, wohl deshalb, weil mit der theologischen Bestimmung von Kirchen und Kapellen als «Kultorte» die Entscheidung, wie über Kirchenräume zu denken ist, bereits gefallen ist.

Zusammenfassend gilt bezüglich der gesichteten kirchlichen Stellungnahmen:

- Der Kirchenraum gerät in Stellungnahmen von Kirchenleitungen vermehrt respektive erstmals in den Fokus von grundlegenden Texten und Handlungsanleitungen. Der Grund für diese Tatsache liegt in den Veränderungen institutioneller Anbindung der Kirchenmitglieder und der individuellen sowie kollektiven Raumnutzung.
- Der Kirchenraum wird aus theologischer (evangelischer) Stellungnahme wie auch kirchenrechtlicher, praktischer (katholischer) Stellungnahme konfessionell unterschiedlich gewichtet.
- Die grundlegende Unterscheidung zwischen «Gebrauchs-» und «Symbolwert», auf die der Text des Schweizerischen Evangelischen Kirchenbunds (SEK) explizit eingeht (vgl. SEK, 2007, 28), erweist sich als hilfreiches Instrument zur Beurteilung von Kirchenräumen.

1.3. Zu Methodik und Aufbau vorliegender Arbeit

1.3.1. Methodischer Ansatz

Evangelische Theologie als Wissenschaft hat die Aufgabe, zeitgenössische reflektierte Wissensfaktoren und das gesellschaftliche Leben beeinflussende Kulturvariabeln ins Gespräch mit dem Glauben zu bringen, wie er tradiert und reflektiert, verändert und gelebt wird.[68] Das Ineinanderfliessen von lebendigem Glauben mit glaubendem Leben führt zu einem fundamental praktischen Theologieverständnis, mit dem deskriptiv, historisch, systematisch und strategisch gearbeitet werden kann.[69] Daraus folgen für die enger verstandene Teildisziplin der Praktischen Theologie nach Stephanie Klein zwei Aufgaben: Erstens hat die Praktische Theologie die Ausgestaltung von Leben und Glauben und deren wirkliche Ausübung der Menschen zu erheben und, zweitens, in inter- und transdisziplinärer Perspektive Theorien und Modelle zu entwickeln.[70] Daraus kann in Aufnahme Klaus Raschzoks die Praktische Theologie definiert werden als «diejenige kulturwissenschaftlich perspektivierte Disziplin der akademischen Theologie, die sich mit der Gestalt des christlichen Glaubens in Kirche, persönlicher Lebensgestaltung wie Gesellschaft beschäftigt und dazu inter- wie transdisziplinäre gesprächsfähige Modellvorstellungen entwickelt». (Raschzok, 2009, 49)

---

68 So verstanden kann Theologie nach Dalferth als kombinatorische Theologie verstanden werden: «Glaube, Lebenserfahrung, Wissenschaft, Politik, Recht, Wirtschaft und Religion bilden so [...] die funktional verschiedenen und nicht aufeinander zurückführbaren Referenzsysteme einer sich als Methode begreifenden *kombinatorischen Theologie,* die bei der reflektierenden Entfaltung des christlichen Glaubens der Pluralität alltäglicher, kultureller (wissenschaftlicher, wirtschaftlicher, politischer, rechtlicher und religiöser) und struktureller Wirklichkeiten gerecht werden will, ohne in einseitige Abhängigkeit von einem dieser Bereich zu geraten.» (Dalferth, 1991, 19f.)

69 So versteht Browning die methodische Arbeit der Theologie: «Ich schlage vor, dass wir Theologie in erster Linie als Fundamentale Praktische Theologie begreifen, die die vier Teilarbeitsgänge der Deskriptiven, Historischen, Systematischen und der von mir so genannten Strategischen Praktischen Theologie umfasst.» (Browning, 1991, 25)

70 «Praktische Theologie hat methodisch zwei unterschiedliche aufeinander bezogene Aufgabenbereiche zu bewältigen: Sie muss Konzepte zur Unterstützung der pastoralen Praxis erarbeiten, und sie muss die Lebens- und Glaubenswirklichkeit der Menschen erheben und Theorien über sie bilden.» (Klein, 2005, 53) Vgl. zur Geschichte der Entwicklung der Praktischen Theologie aus katholischer und evangelischer Sicht: Klein, 2005, 38–53.

Aus dieser definitorischen Beschreibung erschliesst sich einerseits, dass der Kirchenraum als eine gebaute und sichtbar gewordene Gestalt des christlichen Glaubens, liturgisch in seinem Gebrauch und ausserliturgisch in seiner offenen gesellschaftlichen Wirkung, ins Blickfeld der Praktischen Theologie gerät und dass seine Beschreibung die Entwicklung strukturierender Modelle wie auch systematisierender Theorien notwendig macht.[71] Anderseits kann das helfende Handeln in Form kirchlicher Diakonie als eine prägende Form von persönlicher und kollektiver Lebensgestaltung verstanden werden. Den sozial-diakonischen Auftrag der Kirche wie auch die soziale Dimension des gesellschaftlichen Lebens zu erschliessen, gehören zur Aufgabe der Diakoniewissenschaft. In der Gestalt des Glaubens sind dem Kirchenraum Spuren der Lebenswirklichkeit als Zeichen helfenden Handelns eingelagert. Die Frage nach diakonischen Funktionen des Kirchenraums ist Teil der Frage nach der Lebens- und Glaubenswirklichkeit der Menschen.

Mit Klein gilt es festzuhalten, dass innerhalb der Praktischen Theologie weder die Methoden noch die Grundlagen zur Wahrnehmung, Erhebung und Herausbildung einer Theorie zu dieser Lebens- und Glaubenswirklichkeit des Menschen geklärt sind. Um dem entgegenzuwirken schlägt Klein als Grundstruktur des methodischen Vorgehens den Dreischritt Sehen – Urteilen – Handeln vor, wie er sich in der Praktischen Theologie und auch in der Diakoniewissenschaft pragmatisch bereits durchgesetzt hat (vgl. Klein, 2005, 54)[72]. An diesem Dreischritt orientiert

---

71 Der Wandel der Praktischen Theologie von einer «Bedeutungswissenschaft» zur «Ereigniswissenschaft» ist im vollem Gange (vgl. Raschzok, 2009, 49f.) In der Öffnung des Kirchenraums hin zur Gesellschaft kann der Ansatz Gräbs einsichtig gemacht werden, der die Praktische Theologie als Lehre vom Handeln der Kirche als «Theologie gelebter Religion» entfaltet, die keineswegs nur Kirchentheorie, sondern auch Theorie der Religion sein muss (vgl. Gräb, 2000, 23, 35). Es wird sich in vorliegender Arbeit zeigen, dass gerade Diakonie diesen Weg von einer kirchlichen Theorie zur Theorie sozialen und helfenden Handelns geht (vgl. Kapitel 3).

72 Vgl. zur Geschichte wie auch zu den Ursprüngen (Joseph Cardijn) dieses methodischen Dreischritts: Klein, 2005, 54ff. Kunz nimmt diesen methodischen Schritt in Bezug auf die Beschreibung des reformierten Gottesdiensts auf und interpretiert ihn mit Meyer-Blanck als «hermeneutischen» Dreischritt: Erkennen – Benennen – Verändern (vgl. Kunz, 2001, 28; Meyer-Blanck 1996, 299: «Auch die Liturgik ist Hermeneutik christlicher Praxis und reflektiert gottesdienstliche Praxis im Hinblick auf neues theologisches Verstehen und im Hinblick auf verändertes liturgisches Gestalten.») Daran anschliessend kann Diakonik als Hermeneutik christlicher Praxis verstanden

sich auch vorliegende Studie. Zwar bringt der Transfer dieser Methode aus seinem ursprünglich befreiungstheologischen Kontext, wo sie als Instrument für die Bildung aus der Praxis für die Praxis gedacht war, Unschärfen mit sich, die methodologisch noch nicht aufgearbeitet worden sind (vgl. Klein, 2005, 120ff.). Aber die Schrittabfolge Sehen – Urteilen – Handeln weist eine innere Logik auf, welche ihre methodische Anwendung plausibilisiert. Die Plausibilität steigt, wenn die einzelnen Schritte als Funktionen eines Erkenntnisprozesses erkennbar gemacht werden, der ihren inneren Zusammenhang bildet:[73]

- Die empirische Untersuchung hat eine wahrnehmungsleitende Funktion. Sie versteht den Kirchenraum als Ausgestaltung der menschlichen Wirklichkeit (Sehen).
- Die Funktion der historischen, biblischen und raumwissenschaftlichen Reflexion ist die kritische Aufarbeitung der Wahrnehmung kriteriologischer und funktionaler Ideen (Urteilen).
- In Überlegungen zur Praxis kommen diejenigen Handlungsperspektiven in den Blick, das die Differenzen zwischen reflektierten Ideen und tatsächlich vorgefundener Situation zugunsten realisierter, konkretisierter und visionärer Projekte zu überwinden versucht (Handeln).

Das übergeordnete Prinzip des Dreischritts «Sehen – Urteilen – Handeln» ist ein hermeneutisches. Wie kann zukünftig der evangelisch-reformierte Kirchenraum in seiner diakonischen Funktion verstanden, wahrgenommen und genutzt werden? Die Konzentration vorliegender Arbeit auf sozial-, raum- und psychoanalytisch-wissenschaftliche Erkenntnisse

---

werden. Als solche reflektiert diese diakonisches Handeln im Blick auf neues soziales und theologisches Verstehen und im Hinblick auf verändertes soziales Gestalten, das den Raum als Kapital von Sozialem neu entdeckt.

73 Für Klein gehört diese Einheit neben der Rückgewinnung des Subjekts des Forschens und der Erkenntnis zu den zentralen Forderungen: «Die drei ‹Schritte› der Methode bilden eine Einheit. Sie sind nicht additiv oder konsekutiv zu verstehen, sondern als drei Momente oder Dimensionen eines Erkenntnisprozesses. Im Zentrum steht das ‹Sehen›, die Wahrnehmung bzw. die Analyse der menschlichen Wirklichkeit. Der Glaube und die theologische Reflexion kommen nicht in einem ‹zweiten Schritt› hinzu, sondern sie bestimmen die Wahrnehmung der Lebenswirklichkeit, das Verstehen und Deuten und die Handlungsperspektive gleichermassen.» (Klein, 2005, 123) Darüber hinausführend bestimmt auch die Diakonie Wahrnehmung, Beurteilung und Handlungsperspektiven als weitere Dimension der theologischen Reflexion.

ist Ausdruck des integrativen Ansatzes dieser Theorie[74]. Die Entwicklung einer Kriteriologie als handlungsleitendes Reflexionsinstrument in vorliegender Arbeit verortet den praktischen Umgang und die theoretische Analyse in demselben hermeneutischen Prozess.

Das Vorgehen vorliegender Untersuchung lehnt sich nicht an ein Praxis- oder Theorieverständnis an, das das Praktische als Anwendung und Nutzungsbereich, das Theoretische jedoch als Grundlegung der Reflexionsarbeit und Errichtung von Denkmodellen voneinander unterscheidet, sondern setzt beides in einen engen hermeneutischen Bezug. Die wechselseitige Korrelation von gelebtem, reflektiertem Glauben oder Handeln und der heute gelebten, reflektierten Situation liegt sowohl der Praktischen Theologie als auch vorliegender Untersuchung zugrunde. Die Frage nach den diakonischen Funktionen des Kirchenraums setzt ein Wissen voraus, wie Kirchenräume geschichtlich genutzt, theologisch gedeutet und praktisch ausgestaltet worden sind. Die Bindung an Geschichte und Tradition wie auch der Widerstand gegen sie bilden die Voraussetzung einer theologisch sachgerechten und zukunftsweisenden «Theorie der Praxis»[75] nicht nur des diakonischen Umgangs mit dem Kirchenraum.

---

74 Klaus Raschzok (2007, 566) fordert für den Umgang mit dem spirituellen Potenzial des Kirchengebäudes Kompetenzen, die sich aus dem Gespräch mit den kulturwissenschaftlich orientierten Nachbardisziplinen wie Architekturtheorie, Kunstwissenschaft, philosophischer Ästhetik, Religionsphänomenologie und Sozialwissenschaften ergeben.

75 «Der Ausdruck *praktisch* ist allerdings nicht ganz richtig, denn Praktische Theologie ist nicht die Praxis, sondern die Theorie der Praxis. Also kann man das Wort nur im uneigentlichen Sinn nehmen.» (Schleiermacher, 1850, 12) Dietrich Rössler interpretiert diese Formel in gleicher Richtung als enge Verbindung von Theorie und Praxis: «Diese Formel bestimmt die Praktische Theologie als ‹Theorie› und erläutert damit, dass diese Theologie nicht etwa selbst die Praxis ist, von der sie handelt, und dass also die ‹Praktische› nicht einfach einer ‹theoretischen› Theologie gegenübergestellt werden kann, und sie macht darauf aufmerksam, dass dieser Gegenstand der Praktischen Theologie, der als ‹Praxis› bezeichnet wird, schon durch die Art dieser Bezeichnung von den Gegenstandsbestimmungen der anderen theologischen Disziplinen (etwa dem Neuen Testament oder der christlichen Lehre) verschieden ist.» (Rössler, 1986, 4)

1.3.2. Aufbau der Arbeit

1.3.2.1. Wahrnehmung des Kirchenraums: Sehen. Kapitel 2

Vorliegende Arbeit geht von der Wahrnehmung konkreter Erfahrungen mit Kirchenräumen aus. Die von Klein geforderte Zurückgewinnung des Forschungs- und Erkenntnissubjekts und deren kontextuelle Verortung (Klein, 2005, 122f.) gewinnt beim «Sehen» des Raums eine erhöhte Bedeutung, wird doch der gleiche Kirchenraum subjektiv je verschieden wahrgenommen. Der Diversität der Subjektivität entspricht deren Pluralität und erschliesst die Vielfalt der Aussagen über den Kirchenraum.

Allgemeine Einblicke eröffnen die Beschreibungen von Kirchenräumen. Verschiedene Untersuchungen im deutschsprachigen Raum kommen zu Aussagen über den Raum allgemein und erhellen die diakonisch gestimmten Erfahrungen im Speziellen.

Was erleben Touristen sowie Mitglieder von Kirchgemeinden in den von ihnen aufgesuchten Kirchen? Wie verstehen Kirchenbesuchende «sakral» im Unterschied zu «profan»? Dies sind leitende Fragestellungen der Untersuchungen, die in vorliegender Arbeit referiert werden.

Der Blick fokussiert sich dabei im Speziellen auf den Raum des Grossmünsters in Zürich. Aussagen aus dem Gäste- oder Fürbittebuch, Erfahrungsberichte von Freiwilligen und Journalisten wie auch der Versuch, die eigene Erfahrung pfarramtlicher Tätigkeit anhand von Eindrücken während eines gewöhnliches Samstagnachmittags wiederzugeben, versuchen in vorliegender Arbeit die Vielfalt und Tiefe zu fassen, die die Wahrnehmung des Kirchenraums konturieren. Diese Erfahrung von Menschen mit Kirchenräumen, im wörtlichen Sinn mit Leib, Geist und Seele ganzheitlich, verdichtet sich darin, dass Kirchenräume helfen oder dazu verhelfen, sich anders, neu, erleichtert oder verändert wahrzunehmen. Kirchenraumerfahrungen ist das Potenzial helfender Wahrnehmung eingelagert.

1.3.2.2. Kritische Aufarbeitung des Befunds: Urteilen. Kapitel 3 bis 7

Vorliegende Arbeit beginnt mit der Klärung des Diakonieverständnisses als einem des helfenden Handels im pluralen und multikulturellen Kontext. Die Klärung wird aufgrund eines schöpfungstheologischen und eines anthropologischen Zugangs geleistet. Der topologische Bezug von Diakonie erschliesst die Räumlichkeit helfenden Handelns. Damit ist der Bezug zur Thematik Kirchenraum und Diakonie hergestellt (Kapitel 3).

Anschliessend wird in drei Untersuchungsgängen erarbeitet, wie aus biblisch-theologischer, reformatorisch-kirchen(raum)geschichtlicher und raumwissenschaftlicher Sicht diakonische Funktionen des Kirchenraums zum Ausdruck kommen und zu deuten sind.

- Im Bereich der biblisch-theologischen Reflexion wird der diakonisch genutzte Kirchenraum als Gestalt diakonischer Orte in den Kontext des biblischen Raums gesetzt. In der Bezogenheit zwischen Gott und Raum verortet sich dieses Beziehungsgeschehen an neuralgischen Punkten, «heiligen Orten» oder, in seiner sprachlich zugespitzen Artikulation, im «Raum Gottes». Im Raum Gottes ereignet sich solidarisches Handeln von Gott und Mensch mit der einladenden Geste, man möge ins Haus kommen (Kapitel 4).
- Bei der kritischen Aufarbeitung der Vorgänge am Grossmünster in Zürich zwischen 1524 und 1526 schält sich das Erbe der Reformatoren als grossartige Materialisierung der theologischen und sozialen Gestaltkraft in seinen beiden grundlegenden Dimensionen von Funktionalität und Symbolität heraus. Nicht nur aufgrund der räumlichen Transformationsprozesse, sondern auch bezüglich theologischer Schriften lassen sich Bausteine einer reformierten Theologie des Kirchenraums gewinnen, die in besonders einsichtigem Mass in Kirchenbauten nach dem Zweiten Weltkrieg zum Ausdruck kommen. Sie sind Bestandteile eines diakonischen Kapitals reformierter Kirchenräume geworden (Kapitel 5).
- In Aufnahme der entsprechenden raumwissenschaftlichen Theoriemodelle fächert sich das diakonische Kapital in drei unterschiedliche Aspekte auf. Es gilt, die Relationalität, Sozialität und Potenzialität des Kirchenraums in deren ganzen Tiefe als Heterotopien der Diakonie zu beschreiben und auszuloten. Kirchenräume zeigen sich in dieser Sicht als gastliche, verbindliche und befreiende Räume (Kapitel 6).

Aufgrund dieser interdisziplinär angelegten Untersuchungen ergeben sich in vorliegender Arbeit Erkenntnisse, die zur Formulierung diakonischer Funktionen des Kirchenraums und zur Definition entsprechender Kriterien verwendet werden können und so zum Ergebnis der Arbeit führen, in dem sowohl die Dimension der Theorie wie auch der Bezug zur Praxis zu ihrem Recht kommen sollen (Kapitel 7).

1.3.2.3. Handlungsperspektiven: Handeln. Kapitel 8

Durch den konturierten Praxisbezug des Theorieansatzes mündet vorliegende Arbeit in die Spurensuche nach konkreten diakonischen Nutzungsmöglichkeiten von Kirchenräumen. Dabei zeigen sich – eine wahre Fundgrube – geglückte und überraschende Projekte, Ideen und Realisierungen, die den erarbeiteten Kriterien standhalten und deren Tauglich- und Stichhaltigkeit ausweisen.

Im Rahmen der Handlungsperspektiven ist in vorliegender Arbeit aus der Kriteriologie als Beurteilungsinstrument eine Handreichung für die Gestaltung eines diakonischen Kirchenraums hervorgegangen.[76] Diese Handreichung ist aus praktischen Gründen im Anhang platziert. Sie kann als Broschüre – auch losgelöst vom wissenschaftlichen Kontext vorliegender Untersuchung – von Kirchgemeinden und Kirchenleitungen für deren praktische Arbeit genutzt werden. Mit dem Ausblick auf die «Face-to-Face-Begegnung mit dem Menschensohn» vor dem Menschensohnfenster von Sigmar Polke im Grossmünster Zürich, schliesst sich der Bogen vorliegender Untersuchung. Er endet damit an jener Stelle, von der der Impuls zur Reflexion über die diakonische Nutzung des Kirchenraums ausgegangen war: im Kirchenraum des Grossmünsters in Zürich.

---

76 Die Handreichung «Der Spur folgen. Eine Handreichung für diakonisch genutzte Kirchen» ist auf der hinteren Umschlagseite eingesteckt. Sie ist zum praktischen Einsatz und zur praktischen Hilfe gedacht und soll unabhängig vom wissenschaftlichen Teil der vorliegenden Arbeit zum Einsatz gebracht werden können.

Kapitel 2: Wahrnehmungen des Kirchenraums

2.1. Allgemeine Einblicke und Erhebungen

Wie erleben Menschen den Kirchenraum? Und wer sind die Personen, die einen Kirchenraum einfach so aufsuchen? Diese banal klingenden Fragen sind nicht ohne Schwierigkeiten zu beantworten. Es sind kaum empirische Daten oder Studien vorhanden, die die Besuchererfahrungen mit dem Kirchenraum beschreiben. Ralf Hoburg stellt zu Recht fest, dass die Frage nach dem «anonymen Kirchenbesuch», das heisst die Frage nach den Personen, die den Kirchenraum ausserhalb der Gottesdienstzeiten werktags als Touristen oder Gäste aufsuchen, in der gängigen Literatur nicht gestellt wird (vgl. Hoburg, 2011, 2f.). Die zentrale Aussage in der Schrift der Evangelischen Kirchen Deutschlands (EKD) «Der Seele Raum geben» harrt noch einer fundierten empirischen Überprüfung: «Wer eine Kirche aufsucht, betritt einen Raum, der für eine andere Welt steht. Ob man das Heilige sucht, ob man Segen und Gottesnähe sucht oder schlicht Ruhe, ob ästhetische Motive im Vordergrund stehen – immer spricht der Raum: durch seine Architektur, seine Geschichte, seine Kunst, seine Liturgie. Kirchen sind Orte, die Sinn eröffnen und zum Leben helfen können. Orte der Gastfreundschaft und Zuflucht. Sie sind Räume, die Glauben symbolisieren, Erinnerungen wachhalten.» (Evangelische Kirche in Deutschland, 2003, 2) Die empirische Forschung zur Wahrnehmung des Kirchenraums fernab des Gottesdienstbesuchs steht am Anfang und verortet sich nach Hoburg im Kontext kirchlicher Marktforschung, die die religionssoziologisch interessante Frage nach der Wiederkehr des Religiösen als «neue Sichtbarkeit von Religion» beschreibt (Hoburg, 2010, 23–42). Es ist mit Thomas Erne nicht nur von einer «Wiederentdeckung des Raumes in der Evangelischen Theologie» (Erne 2007) zu sprechen, denn der Kirchenraum als «religiöses Zeichen im öffentlichen Raum» (Erne, 2007, 12) fasziniert seit ungefähr zehn Jahren auch ausserhalb der Theologie die Menschen zunehmend. Insbesondere Reformierte reagieren auf diesen neuen Sachverhalt erst einmal hilflos und werden sich ihrer fehlenden Sprachmächtigkeit gewahr. Die Schwierigkeiten der Protestanten, mit Räumen umzugehen, dies zeigt Peter Beier in aller Deutlichkeit (vgl. Beier, 1995, 39–

45), hat mit der aus theologischen und historischen Gründen durchaus einsichtigen Schwierigkeit zu tun, das «Andere» an einem reformierten Kirchenraum zu benennen: Aussprüche wie «sakral – aber nicht so sehr», «etwas ganz anderes, fast wie ‹heilig›, aber nicht so wie bei den katholischen Kirchen» sind mehr als hilflose Versuche, sprachlich das Atmosphärische zu fassen, das ja in jedem Kirchenraum leiblich zu spüren ist. Kirchen sind nicht zuletzt wegen der Wiederentdeckung dieses «Sakralen» im Bewusstsein auch medialer Öffentlichkeit zu begehrten Räumen geworden. Die Wiederentdeckung der Dorfkirchen ist an dieser Stelle genauso zu nennen wie der touristische Boom, den zentrale Stadtkirchen wie der Berliner Dom, die Frauenkirche in Dresden, der Hamburger Michel oder die Kathedrale in St. Gallen, die Hofkirche in Luzern, das Kloster Einsiedeln, St. Pierre in Genf, die Münster in Lausanne, Basel, Bern und Zürich und viele Kirchen mehr gegenwärtig erleben.[1] Die Frage, wie Menschen Kirchenräume wahrnehmen, wirft Teilfragen wie diejenigen auf, wie innerhalb der kirchlichen Aufgabe beispielsweise mit dem Tourismus umgegangen werden kann[2] und welche einzigartigen, weil eben nur aus theologischem und kirchlichem Fundus zu gewinnenden, Erschliessungsakzente die Kirche am Tourismusmarkt zu setzen hat.[3]

Im Hinblick auf die diakonische Nutzung von Kirchenräumen ist auf vier Untersuchungen zu deren Wahrnehmung hinzuweisen. Sie bringen vorliegender Arbeit gerade rechtzeitig vor ihrer Publikation empirische Daten bei und kommentieren diese. In ihnen werden folgende Aspekte abgehandelt: Wie nehmen Touristen Kirchenräume wahr? Wie beschreiben evangelisch-reformierte Kirchgemeindemitglieder ihre Kirchen? Was verstehen Menschen unter sakralen Atmosphären in öffentlichen Ge-

---

1 Einen guten Überblick über den «aktuellen Umgang mit einer alten Sehnsucht in der evangelischen Kirche», eine Sehnsucht, die sich in der Frage «Evangelium sichtbar?» bündelt, bietet Hans-Joachim Lange (2009, 68–90).

2 Vgl. dazu die Studie von Ralf Hoburg mit dem Titel «Der Tourismus als Aufgabe der Kirche» (Hoburg, 2011a). Vgl. auch die Arbeiten der Kommission «Kirche und Tourismus» des Schweizerischen Evangelischen Kirchenbunds (SEK), www.kirche-tourismus.ch.

3 Vgl. dazu die ausführliche Darstellung der Evaluationsstudie «Der Markt der Kirchenführungen als Angebot und Ausbildung» von Ralf Hoburg (2009, 91–141). Vgl. zur geistlichen Raumerschliessung als Leistung des Kirchengebäudes für die christliche Lebenskunst: Raschzok, 2005, 67–77. Vgl. auch Kapitel 8.1 vorliegender Arbeit.

bäuden? – Die weiterführenden und erhellenden Ergebnisse genannter Untersuchungen werden hier kurz nachgezeichnet.

2.1.1. *Wie erleben Touristen den Kirchenraum?*

In der ersten Untersuchung, deren Ergebnisse Ralf Hoburg zusammengestellt und interpretiert hat[4], wurde im Zeitraum zwischen Mai und September 2010 eine schriftliche Befragung bei Personen durchgeführt, die 18 ausgewählte verlässlich zugängliche Kirchenräume in dörflichen und städtischen Kirchgemeinden der evangelisch-lutherischen Landeskirche Hannover besuchten. Die Freiwilligen des Präsenzdiensts übergaben den Besuchenden jeweils die Fragebogen, die Informationen unter anderem zu Milieus, religiösen Settings sowie Vertrautheitsgrad mit christlichen Symbolen erfragten. Insgesamt wurden 325 dieser standardisierten Formulare beantwortet. Als zentrales Ergebnis der Untersuchung stellte sich die überraschende Einsicht ein, dass die Kirchenraumbesuchenden auch der Institution Kirche «weitgehend nahe verbunden» sind. Dieses Ergebnis bestätigt im Einklang mit der touristischen Forschung, dass die immer wieder geäusserte Meinung, der touristische Strom bestehe werktags vor allem aus Kirchenfernen, die empirische Grundlage entbehrt. Die volksmissionarischen Möglichkeiten, die sich eröffnen würden, wenn mit diesen Besuchenden kirchenferne Personen abgeholt werden könnten, sind nicht wirklich gegeben. Eine Kirche ist eine Kirche und wird als Kirche von denjenigen Menschen aufgesucht, die der «Kirche» auf unterschiedliche, kritische und vielfältige Weise verbunden sind: Über 85 Prozent der Besuchenden – so zeigt die Befragung – wiesen eine positive Grundeinstellung gegenüber der Institution Kirche auf. Dem entspricht, dass 92 Prozent der Befragten sich selber eine normale bis sehr gute Vertrautheit mit den christlichen Symbolen zusprechen.

Die typische Person, die auf ihrer touristischen Reise eine Kirche aufsucht, ist – wie die Befragungsergebnisse zeigen – überraschend jung (34% sind im Alter bis zu 30 Jahren, 11% bis zu 40 Jahren, 40% bis zu 60 Jahren). Die Hälfte der Besuchenden verweilt bei ihrer Visite zwischen 15 und 30 Minuten im Kirchenraum. Interessant ist, dass 13 Prozent der Personen während dem Einkaufsbummel auf die Idee des Kir-

---

4 Vgl. im Folgenden Hoburg (2011). Zum «produktiven Verhältnis von Tourismus und Kirche» und zur «Wahrnehmbarkeit der Religion im öffentlichen Raum»; vgl. Hoburg, 2009a, 9–17.

chenbesuchs gekommen sind. Das weist auf eine latente «Alltagsreligiosität» mit einem erheblichen Reservoir an «spirituellen Bedürfnissen» hin.[5] Das Faszinierende am Kirchenraum wird von den Befragten an folgenden Merkmalen festgemacht: Die Atmosphäre von Ruhe und Stille (29%), der Raum an sich (15%), das Gebäude und die Architektur (22%), die Möglichkeit zu Andacht und Gebet (17%) oder Gegenstände wie Kanzel und Altar (17%). Auf die Frage, was die Kirche als Gebäude auszeichne, antworteten die Besuchenden mit folgenden Nennungen: Kirchturm und Glocken (19%), sakrale Bauform (35%), Lage mitten im Ortszentrum (17%), Ort gottesdienstlicher Feiern (29%). Die «Sakralität» des Orts wird also an Gegenständen und Bauformen wahrgenommen, die sich dank Assoziationen und Bildern zur religiösen Funktionalität des Kirchenraums niederschlägt: Nur 2 Prozent der Befragten sagten aus, für sie seien Kirchen Gebäude wie alle anderen auch. Kirchen werden also als Ausdruck des kulturellen Gedächtnisses, der lebendigen Geschichte der Stadt, als Denkmäler des Glaubens und als kulturhistorisch wichtige Gebäude wahrgenommen.

Hoburg leitet aus den Ergebnissen der Befragung drei unterschiedliche Nutzungsprofile ab, die sich gut auf Kirchen allgemein übertragen lassen:

- *Ästhetisches Nutzungsprofil*: Die Kirche wird von 30 bis 40 Prozent der Befragten zur Alltagsunterbrechung aufgesucht. Erwartet werden Ruhe und Stille, Innehalten beim Klang von Orgel und Gesang, beim Betrachten von Kirchenfenstern und Anzünden von Kerzen. Im Zentrum steht das, was als «sakral» empfunden und erspürt wird. Die Besuchenden sind offen für spirituelle Impulse. Dieser Aspekt erweist sich für den Fokus dieser Arbeit besonders relevant.
- *Kulturhistorisches Nutzungsprofil:* 30 bis 40 Prozent der Befragten besuchten die Kirche in historischem Bewusstsein und Interesse. Der religiöse Charakter des Kirchenraums wird als Sakralbau (35%) oder als Gottesdienststätte (29%) wahrgenommen. Kirchengebäude sind für diese Besuchenden Denkmäler des Glaubens oder Gedächtnis der Stadtgeschichte, die es mit grossem historischem Abstand zu erkunden gilt.

---

5 Vgl. dazu das Beispiel in Schaffhausen, Kapitel 7.3.1.2.

- *Religiöse Nutzungsprofil:* 10 bis 20 Prozent der Befragten suchen den Kirchenraum zielgerichtet wegen eines konkreten Anlasses auf, sei es aufgrund der Möglichkeit zu Andacht und Gebet oder wegen Glaubensanliegen und spirituellen Impulsen.

58 Prozent der Befragten geben an, den Kirchenraum in touristischem Kontext besucht zu haben. Sie besuchen Kirchen öfter, in kürzeren Abständen und geplanter als Menschen, die nichttouristisch zu konkreten Veranstaltungen Kirchen aufsuchen. Doch die Touristen lassen sich vom «anonymen Kirchenbesucher» kaum unterscheiden: Auch der Tourist hat positive Bezüge zur Kirche, doch er nimmt im Unterschied zu den «anonymen Kirchenbesuchenden» den Kirchenraum stärker als «Sakralbau» wahr und weniger als lebendigen Ort der Gottesdienste, mehr als Ort der Vergangenheit. Er möchte etwas über die christlichen Symbole und Fenstermotive erfahren, tritt mit ästhetischen Erwartungen ein, das Erleben von Ruhe und Stille ist bedeutsam, steht jedoch nicht im Vordergrund.[6] Interessant ist das Spendenverhalten der Besuchenden: 51 Prozent der Befragten wären bereit, Eintritt für den Besuch einer Kirche zu bezahlen[7], 76 Prozent würden für den Bauunterhalt spenden.

Hoburg hält mit Blick auf den empirisch nicht vorhandenen volksmissionarischen Effekt, wie er entstünde, wenn mit den kirchenfernen Werktagstouristen neue Kirchenmitglieder gewonnen werden könnten, fest, «dass es einen ‹religiösen› Nutzungs-Cluster beim Kirchenbesuch mit ca. 19 Prozent gibt, der auf eine lebendige Religiosität verweist. Der Prozentsatz der religiösen Nutzung beim Kirchenbesuch liegt weit über dem Durchschnitt des Prozentsatzes der Gottesdienstbesuchenden am Sonntag und verweist auf die Lebendigkeit der Zivilreligion in Deutschland.» (Hoburg, 2011, 17)

Eine zweite Repräsentativuntersuchung, deutschlandweit und telefonisch, wurde von der Akademie Bruderhilfe-Pax-Familienfürsorge in Kassel in Auftrag gegeben und von der Thomas-Morus-Akademie Bensberg und der Universität Paderborn zwischen Januar und Februar 2011

---

6 Dies deckt sich in eklatanter Weise mit der persönlichen Erfahrung des Autors vorliegender Arbeit am Grossmünster. An den Wochenendtagen ergiesst sich ein solch breiter Touristenstrom in den Raum, dass Menschen, die hier zu diesem Zeitpunkt Ruhe und Stille erleben wollen, aus dem Kirchenschiff in die Seitenkapelle der zwölf Boten «fliehen» müssen, welche explizit als «Room for Prayer» beschildert ist.

7 Der Besuch im Berliner Dom kostet 7 Euro.

umgesetzt. Befragt wurden 1709 zufällig ausgewählte Bürgerinnen und Bürger im Alter von über 14 Jahren, die in den vergangenen drei Jahren einen Urlaub von mindestens vier Tagen absolviert hatten.[8] Bezüglich Kirchenräumen hat die Befragung folgende interessante Aspekte zutage gefördert: Kirchen und Klöster werden von 53,1 Prozent der Befragten gerne oder besonders gerne aufgesucht. Fragt man die Touristen nach den Motiven für den Kirchenbesuch, steht an erster Stelle die Sehenswürdigkeit, die man gesehen haben muss (90,8%; vollständig oder teilweise bewertet), gefolgt vom Interesse an Architektur, Geschichte und Kunst (88,3%) und dem Bedürfnis, Ruhe und neue Kraft zu tanken (78,1%). An letzter Stelle stehen religiöse Motive wie das Gebet, Gottesdienste oder Beichtgelegenheit (41,1%). Auf die Frage, was vom letzten Kirchenbesuch erinnert wird, wird an erster Stelle die eindrucksvolle Architektur (91,1%; vollständig oder teilweise bewertet) genannt, gefolgt von Abwechslung vom Alltag (75%), interessante Informationen (71,9%), magische Atmosphäre (58,8%), Ort zum Nachdenken (43,9%), Nähe zum Göttlichen (28,4%), das Fremde (20,7%) sowie die Störung durch andere Besuchende (16,4%). Die Befragten nehmen die besondere Atmosphäre, die eindrucksvolle Architektur, das Kerzenlicht und die besondere Lichtführung, die Orgelmusik, die lebendige Gemeinschaft von Gläubigen, den Weihrauchduft sowie die Kälte des Raums leiblich-sensitiv wahr und behalten diese Erfahrung in ihrer Erinnerung.

Interessant sind auch die Antworten auf die Frage, welche Angebote in Kirchenräumen genutzt und in Anspruch genommen würden: Genannt werden Gottesdienst (50,6%), offene Kirchen (44,7%), Citykirchen (45,4%), Kirchen am Weg (Radweg 26,4%, Autobahn 22,2%), Strandkorbkirchen (15,9%), Ort der Seelsorge beim Camping, im Freizeitpark, am Ferienort allgemein (8–11%). Unter den religiösen und spirituellen Urlaubserfahrungen ist der Kirchenbesuch neben Wandern, Meditation, Gottesdienst/Gebet, Tempelbesuch und kulturellen Anlässen die meistgenannte Aktivität (22,9%).

Auf die Frage nach ihren Möglichkeiten, religiöse oder spirituelle Interessen zu Hause im Alltag zu verwirklichen, nennen fast die Hälfte der Befragten als Erstes die Möglichkeit von Geldspenden (48,9%), gefolgt vom Gottesdienstbesuch, dem Lesen kirchlicher Zeitungen und vom

---

8 Vgl. dazu: Die Akademie Bruderhilfe, 2011. Alle in diesem Zusammenhang angeführten Angaben und Prozentzahlen stammen aus dieser Studie.

sozialen Ehrenamt (22%). Die Frage nach kirchlichen, als spirituell oder religiös gedeuteten Aktivitäten wird mit der Wahrnehmung von Geld in seiner sozialen Dimension wie auch dem Wunsch nach sozialem Engagement beantwortet. Spenden als pekuniäre Form und die Freiwilligenarbeit als soziale Gestalt der kirchlichen Diakonie stehen also in engem Zusammenhang mit der Erfahrung von kirchenraumbezogener Sakralität.

Wie erleben Touristen Kirchenräume? Die Ergebnisse der vorgestellten Befragung zusammenfassend kann festgehalten werden: Fast jeder zweite Befragte besucht Kirchen und Klöster. Kirchenräume werden als eindrucksvolle Sehenswürdigkeit und weniger als Ort lebendigen Glaubens betrachtet. In der Erinnerung bleiben beeindruckende Architektur, interessante Informationen sowie besondere atmosphärische Eindrücke haften. Kirchenräume werden vor allem wegen ästhetischen und historischen Interessen, weniger wegen religiösen Erfahrungen aufgesucht. Kirchen am Weg und Kirchen vor Ort werden neben den Gottesdiensten als leicht zugängliche Urlaubsangebote aufgesucht. Kirchenräume werden wahrgenommen und sollten sich, so die Schlussfolgerung der Untersuchung, in Zukunft stärker positionieren als

- Orte der Erinnerung von historischen Ereignissen oder persönlichen Erlebnissen,
- Orte der Kraft für Erfahrungen von Glauben und für spirituelle Impulse,
- Orte der Begegnung mit Gesprächsmöglichkeiten,
- Orte der Einkehr als Möglichkeit der Unterbrechung des überfrachteten Alltags,
- Orte des lebendigen Glaubens der lokalen Gemeinde mit überregionaler Ausstrahlung.

2.1.2. Wie erleben Kirchgemeindemitglieder ihren Kirchenraum?

Kirchenräume werden nicht nur von Touristen, sondern auch von Mitgliedern der Kirchgemeinde und weiteren Personen mit landeskirchlicher Sozialisation besucht. Sie suchen Kirchenräume vor allem für den Gottesdienst auf. Im Auftrag der evangelisch-lutherischen Kirche Bayerns wurde in einer qualitativ-empirischen Untersuchung bei 41 kirchlichen Laien und 8 Hauptamtlichen (vor allem Pfarrpersonen) nach «Ritualen, Sinngebung und Lebensgestaltung in der modernen Welt» innerhalb Bayerns gefragt, um «handlungsleitende Argumentationsmuster und Theorien aus dem Bereich Gottesdienst und dessen Umfeld auf ihre Plausibilität hin» zu prüfen.[9] Hanns Kerner weist in seiner speziell auf den Kirchenraum ausgerichteten Ergebnisdarstellung auf seine Beobachtung hin, dass gerade Laien im Zusammenhang mit dem Gottesdienst weitaus häufiger von Kirchenräumen und Kirchgebäuden berichten würden als von den jeweiligen Predigten.[10] Dieser empirische Befund erhärtet die theologische These Raschzoks, dass der Kirchenraum für den Gottesdienst konstitutiv sei.[11] Inwiefern sind nun aber die Kirchen bedeutsam als solche?

Menschen fühlen sich allgemein zum Kirchenraum hingezogen. Kerner hat folgende Aussagen gesammelt: Eine verwitwete Ärztin, engagiert in verschiedenen Bereichen, durch den Verlust ihres Mannes mit dem Tod als zentralem Thema konfrontiert, sagt: «Ich fahr heimlich auf Kirchen ab. Mir geht das Herz auf, wenn ich in ein Dorf oder in eine Stadt komme, wo in meinen Augen eine schöne Kirche steht. Ich freue mich einfach an den Kirchtürmen, wenn ich über das Land fahre.» In vielen Bildern und Assoziationen wird versucht, das Besondere am Kirchenraum herauszustreichen. Eine Frau, alleinerziehend mit zwei Kindern, die Wert auf deren christliche Erziehung legt und sich auch von nichtchristlichen Glaubensvorstellungen inspirieren lässt, berichtet: «So eine Kirche hat für mich etwas […] von einem riesigen alten Baum.» Anderseits spielt aber auch die Bindung an die eigene Kirche eine wichtige Rolle. Ein junger Mann, Pfarrersohn, der sich religiös auf der Suche befindet, formuliert es so: «Wenn man irgendwo in einen Raum hereinkommt, da […] fühlt man sich irgendwie gleich wohl oder nicht. Und ich finde, in (N. N) kann man sich […] gut fühlen.» Bei Festgottesdiensten wie Weihnachten, Hochzeiten und Tauffeiern der eigenen Kinder wird oft die eigene frühere Bindung an die Kirche wieder wachgerufen. Dabei wird als Beweggrund nicht die Bindung an die Pfarrperson, die man ja in der Regel nicht kennt, sondern das Vertraute des Kirchenraums genannt.

Der Kirchenraum wird «anders» wahrgenommen. Kerner bringt zwei Beispiele: Ein Berufsmusiker, der in starker Distanz zur Kirche und mit ebenso starken religiösen Bezügen lebt, hält fest: «Du trittst ein und bist

---

[9] Vgl. dazu die Präsentation von Jeanett Martin (2007).

[10] Vgl. im Folgenden Kerner, 2008, 7–15.

[11] «Kirchenräume sind Konstitutionselemente der gegenwärtigen und der zukünftigen gottesdienstlichen Feier.» (Raschzok, 2010, 63)

plötzlich in einer anderen Welt. Vielleicht in einer längst vergangenen Welt. Das ist […] wie so eine Zeitmaschine, die mich in eine andere Welt bringt. Dann geht man zur Tür heraus, und – wusch wusch wusch – geht es schon wieder los.» Ein berufstätiges Ehepaar ohne Kinder geht nicht oft in den Gottesdienst und gibt als Hobby Tanzen an. Sie halten fest: «Draussen ist es irgendwie unruhig, laut, und dann kommt man in die Kirche und da ist irgendwie alles so abgeschirmt und ruhig […]. Das ist wie in einer anderen Welt.» Die Kirche als Ort der Ruhe, wie sie schon bei der Frage nach der touristischen Nutzung von grosser Bedeutung war, ist auch für Kirchgemeindemitglieder ein wichtiger Beweggrund, eine Kirche aufzusuchen: Die Frau, die die Kirche mit einem Baum vergleicht, sagt weiter: «Wenn ich einen längeren Einkauf mache, gehe ich zwischendurch eine Viertelstunde hinein. Das ist öfter der Fall, als dass ich in den Gottesdienst gehe.» Und der oben zitierte Berufsmusiker doppelt nach: «Im grössten Getümmel, wenn man irgendwo in eine Kirche geht, und man hat Glück und ist allein oder fast allein, (dann) ist es ja so ein Ort der seligen Ruhe. Ist ja unglaublich, wie man da so in einer anderen Welt ist, innerhalb von einer Sekunde von der Hauptverkehrsstrasse zur Kirche.» Ausserhalb von Gottesdienstzeiten wird der Kirchenraum als Ort seligmachender Ruhe genutzt.

In sich schlüssig halten die der Kirche näherstehenden Interviewten fest, dass sie als Touristen die Kirchenräume aus denselben Gründen aufsuchen, wie sie dargestellt wurden. Der Gottesdienstraum wird vielfach als «schön» beschrieben. Eine hohe Bedeutung bekommt der gottesdienstlich genutzte Raum im Zusammenspiel mit der feiernden Gemeinde, sodass Gefühle entstehen wie jene einer verheirateten Frau, die aus der katholischen Kirche zur evangelischen Kirche übergetreten ist und spürt: «Hier wohnt Gott.» In Kirchen ist mit Gott zu rechnen.

Was schätzen Menschen am Kirchenraum? Im Unterschied zur Wohnstube daheim ist der Kirchenraum immer für Besuchende bereit gesmacht, der Tisch festlich gedeckt, Kerzen angezündet. Der Raum lädt zur Ruhe, Besinnung und Betrachtung ein. Die Geschmacksrichtungen sind unterschiedlich: Wer in einer Kathedrale zuhause ist, beschreibt die Höhe und Weite als wohltuend, wer in einer kleinen Kirche beheimatet ist, der empfindet das Heimelige und Bergende als besonders schön. Vor allem die romanischen und gotischen Kirchen werden geschätzt. Die Dämmerung am Abend im Kerzenschein wird dabei besonders hervorgehoben. Zwei Kirchentypen werden von den Befragten abgewertet: Die moderne Kirche, die als «kühl» und «nüchtern» empfunden wird, und die Barockkirche, die «bombastisch» wirkt und überladen erscheint. Kerner fasst seine Interviewbeobachtungen in Thesen zusammen: «Kirchen haben eine Anziehungskraft, die weit über das Architektonische geht. Die Kirche vor Ort hat eine besondere Bedeutung. Sie stellt ein Symbol dar. Es ist wichtig, dass dort zur festgelegten Zeit Gottesdienste gefeiert werden und gebetet wird, auch für viele Menschen, die selbst keine Gottesdienste besuchen.» (Kerner, 2008,14). Wie sind diese Anziehungskraft und diese besondere Bedeutung zu fassen?

2.1.3 Was verstehen Menschen unter «besonderer», «sakraler» Atmosphäre?

Die Theologin und Physikerin Asha De hat 2004 zwanzig Personen zur sakralen Atmosphäre in öffentlichen Gebäuden im Dock E des Flughafens Zürich (Einweihung 2003) und in der Kirche St. Pius in Hohenstein-Ernsttahl bei Chemnitz (Weihe 1998) befragt.[12] Interviewt wurden leitende Mitarbeitende des Flughafens und der Kirche sowie Personen, die den beiden Institutionen fernstehen. Die Befragten wurden zuerst aufgefordert, den Raum, in dem man sich befand, entweder als «sakral» oder als «profan» zu ettiketieren. Beide Räume wurden mit beiden Etiketten belegt. Daraufhin wurde das individuell konturierte Bedeutungsfeld durch ein semi-strukturiertes Gespräch abgetastet, das den Eindruck, den die spezifischen Raumdimensionen, -proportionen und –materialien auf die fünf Sinne ausüben, abfragte. Asha De hält fest, dass ein Raum dann als sakral empfunden wird, wenn seine Grösse mit der denjenigen Grössenverhältnissen korrespondiert, die beim Betreten eines Raums in der subjektiven Empfindung das Zur-Ruhe-Kommen und das Zu-sich-selber-Finden auslösen. Vielleicht liegt der Grund darin, dass – so die Aussage eines Gesprächs – der Raum «ein starker Raum ist, weil er dem Druck von aussen standhält». Indem die Grenzen des Innenraums und des Aussenraums ineinanderfliessen, evozieren sie eine Weite, wie sie von einem Kirchenhügel aus wahrgenommen wird. Asha De (2011a, 242) hält fest: «Dann bildet das Ganze – der überblickbare Aussenraum und der teilhabende Innenraum – eine Einheit, die von keiner fremden

---

12 Im Folgenden wird aus ihrer zusammenfassenden Darstellung zitiert: De, 2011a, 241–244.

Funktion oder Ästhetik gestört wird. So kann es auch sein, dass jemand sagt: «Ich möchte durch das Kreuz hindurch hinaus ins Grüne blicken.»

Natürliche Materialien, zu denen auch Beton gehört, die asketische und ungeschminkte Eindrücke evozieren, erzeugen Gefühle von «sakralem Raum», ebenso ein speziell abgestimmtes Licht, das Gefühle von Erhabenheit wachruft, die man auf sich wirken lassen möchte. Der hohe, sakrale Raum wird als nichtalltäglicher Raum, als «eine Extrastätte, zu der man hochkommt», erfahren, wie es eine befragte Person beschreibt. Er bleibt zwar sakral, auch wenn Touristen mit Blitzlicht und Gesprächen andere Akzente setzen, denn eine seiner Qualitäten besteht darin, dass man sich in ihm zu etwas Ganzem und Einem konzentrieren und sammeln kann. Irritierend werden solche Immissionen oder Nebenfunktionen wie der Verkauf von Karten am Kiosk aber dennoch wahrgenommen: Eine Person stellt lapidar fest: «Ich will in der Kirche keine Kreditkarte sehen.» Sakraler Raum wird als öffentlicher Raum wahrgenommen, in dem man sich seiner existentiellen Tiefe gewahr wird und sich mit seinen privaten Gedanken in einem grösseren Ganzen aufgehoben fühlt. Asha De (2011a, 244) folgert: «Damit sich auf das eigene Innere horchen lässt, ist es [im sakralen Raum, erg. CS] im Unterschied zu anderen öffentlichen Gebäuden still. Dieser Raum verhindert, dass sich Einzelne in Szene setzen.» Mit dieser spannenden Untersuchung sind in wenigen Strichen Erfahrungen vorgezeichnet, die im weiteren Verlauf vorliegender Untersuchung der diakonischen Funktionen des Kirchenraums immer wieder eine Rolle spielen werden. Kirchenräume werden als etwas Nichtalltägliches wahrgenommen, das Gefühle von «Ausser-Sich-Geraten», also «Ex-istieren» im wörtlichen Sinn, erzeugt. Personen fühlen sich im Kirchenraum ausserhalb sich selber, in einem weiten und grossen Raum aufgehoben. Besuchende erleben – aussergewöhnlich genug – im Kirchenraum Unterbrechungen des Alltags. Sie reden dann davon, dass der Himmel sich mit der Erde an ihrem Ort verbunden habe, und beschreiben diese Stätte als «anders», «besonders», eben als «sakral».

2.2. Wahrnehmungen des Kirchenraums Grossmünster Zürich

Wie nehmen Personen den Kirchenraum Grossmünster im Speziellen wahr? Zum Grossmünster gibt es keine Erhebungen quantitativer oder qualitativer Art betreffend Besucherströme und Verhaltensmuster. Infolge der Nutzungsverschiebung sind aber Spuren im Kirchenraum entstanden, die das Interesse der Kirchenverantwortlichen an der touristischen Nutzung geweckt haben. In der Tat ist man auf Spurensuche angewiesen, will man Einblicke in die Wahrnehmung der Besuchenden gewinnen. Geeignet, Antworten zu geben, sind das im Grossmünster aufgelegte Fürbitten- und Gebetsbuch oder die schriftlich festgehaltenen Erfahrungen der Freiwilligen des Präsenzdienst, die die Besuchenden auf ihrem Durchgang durch den Raum begleiten. Auch der aussergewöhnliche Bericht eines Journalisten, der während 24 Stunden im Kirchenraum Grossmünster weilte und seine Eindrücke der Öffentlichkeit zugänglich machte, eignet sich für die Spurensuche, wie auch die subjektiven Wahrnehmungen des Autors vorliegender Arbeit selbst, die in dessen zehnjähriger Amtszeit am Grossmünster zustande kamen, und die er am Beispiel eines alltäglichen Samstagnachmittags im Grossmünster in einen Text fliessen lässt.

2.2.1. Einblicke in das Fürbitten- und Gebetsbuch am Grossmünster Zürich

Beim Eingang durch den Windfang im nördlichen Seitenschiff hinter der Kanzel ist im Grossmünster Zürich ein Stehpult aufgestellt, auf dem ein Fürbitten- und Gebetsbuch für die Eintragungen der Besuchenden offen aufliegt. Ungefähr alle zwei Monate ist ein solches Buch vollgeschrieben. Wer sich Zeit nimmt und in den Gebeten blättert, die hier niedergeschrieben werden, blickt für einen Augenblick in die Seele der Menschen. Das Fürbitten- und Gebetsbuch bietet die Möglichkeit zu einer individuellen Form des öffentlichen Gebets, bei dem Intimität und Öffentlichkeit ineinanderfliessen. Wer etwas von sich ins Buch schreibt, macht dies im Geheimen und zugleich im Bewusstsein, dass seine Sätze, Gedanken und Wünsche gelesen werden. Der oder die Betende teilt sich mit, ohne sich blosszustellen, und vertraut darauf, dass seine oder ihre Worte dorthin finden, wo sie gehört werden. Gehört werden sie, indem sie in den grösseren Zusammenhang anderer Gebete aufgenommen, dort wahrgenommen und gelesen werden. Gehört werden sie, indem die Betenden ihre Worte schreibend vor Gottes Ohr tragen.

Menschen besuchen den Kirchenraum, um zu beten, oder werden durch den Kirchenraum zum Beten geführt. Was beten sie? Im Fürbitten- und Gebetsbuch vom Juli/August 2005, betitelt mit «Gebet- und

Fürbittenbuch. HERR BLEIB BEI UNS ...» sind folgende Aspekte herauszulesen.[13]

Bitte um Begleitung und Schutz: «Führe mich, o Herr, und leite meinen Gang nach deinem Wort. Sei und bleibe du auch Heute unser Schutz und unser Hort. Nirgends als bei dir allein können wir bewahret sein. 23. Juli 2005.» // «Lieber Gott, ich danke Dir für alles Gute, das ich von Dir empfangen darf, für alles Schöne, das ich durch Dich erleben darf, für die Liebe und Zuneigung, die mir durch Dich geschenkt wird. Geleite mich auch weiterhin auf meinem Weg. (N. N., München).» // «Schütze meine Mama Lis und meinen Papa Rainer und mache sie weiterhin zu starken, liebevollen Menschen. Passe auch gut auf Helena, Marie und Jenna auf und gib mir Kraft, mich mit Lisa und Andreas wieder zu versöhnen. Danke, dass du mich im letzten ½ Jahr in Ranada beschützt hast. (N.).» // «8.8.05. Allah tüm inan insenler, karusun ...»

Reflexion des eigenen Lebens: «13. März 1999 starb meine Mutter. Ich der Sohn Bereue es da Sie nicht mehr unter uns ist. Heilige Mutter Maria Bitte Beschutze sie. Sie war das ganze Leben eine gute Frau. Ich und meine Schwester vermissen Sie. Sie war gut ab auch streng zu uns! Womit hat Sie dass, Verdint. Alle sie auch [... unleserlich, erg. CS] vermissen. Sie soll es im Himmel gut haben. Mutter, Wir lieben Dich in all Ewigkeit dein Sohn und meine Schwester (Tochter).» // «Drei Tage vor meinem 11. Geburtstag besuche ich mit U-Papi das Grossmünster. (N. N.).» // «Danke für alles, lieber Antonius, ich habe so viele Sorgen, vielen Dank für alles bes. für Gute Gesundheit mit den Tabletten. ich kann nur danke sagen, und viel beten bes. zum hl. Antonius Eine Mutter.» // «Es gibt vieles, worauf ich hoffe. Nun, ob dieses «Hoffen» nicht vergebens ist? Gibt es überhaupt etwas, was volle Hoffnung oder hoffnungslos ist? Hat es überhaupt noch Sinn auf etwas zu hoffen, das zur grössten Wahrscheinlichkeit nicht passiert? Meine Antwort ist ja! Hoffnung ist ein Teil von uns, wie Liebe, Glück oder auch wie Hass und Pech. Nun die Chance, Hoffnungen wahr werden zu lassen, liegt in un-

---

13 Im Folgenden werden die Originaleinträge wiedergegeben, wie sie auf den nichtnummerierten Seiten geschrieben stehen. Interpunktion und Orthografie entsprechen dem Originaleintrag (vgl. Kirchgemeinde Grossmünster Zürich, 2005). Freilich ist festzuhalten, dass diejenigen Personen, die ihre Anliegen im öffentlich zugänglichen Gebetsbuch festhalten, keinen repräsentativen Querschnitt der KirchenbesucherInnen des Grossmünsters darstellen; dennoch lässt sich aufgrund der Einträge die genannte Kategorisierung der Einträge vornehmen.

serer Hand. Denn, ist es nicht so, dass wir selbst manchmal die Hoffnung sind?» // «Bitte, gib mir Kraft und Ausdauer, aus meinem Schoss heraus zu handeln, nährend für mich und meinem Wirkkreis zu sein. Die Klarheit zu haben für das, was es jetzt gilt zu tun, was es jetzt gilt die Aufmerksamkeit zu geben; Empfänglich zu sein für das, was es jetzt gilt zu empfangen, zu spüren und zu schenken. dort wo es aus meinem Schoss u. Herzen gegeben werden kann. Amen (N. N. Österreich).»

Denken an andere Menschen: «Für meinen Schatz der heute 32. Jahre wurde wünsche ich ein langes gesegnetes Leben. In Liebe (N) 26.7.05»

Den eigenen Weg bedenken: «28.7.2005 Ich kann nicht zählen, wie oft ich im Grossmünster gesessen habe. Ich gehe immer im Frieden meine Wege weiter. Es begann in der Studierzeit in Zürich 1978. (N. N.), Calw (Dtl.)»

Raum erleben: «Dieser Friede und diese Ruhe tut so gut. (N. N.) 28.7.2005.» // «14.08.08. Es ist sehr schön hier weil die Kirche sehr schön ist vor allem der Ausblick vom Turm. (N [Kind] mit Eltern).»

Kirche als Institution beklagen: «Es schmerzt so sehr, dass unsere christlichen Kirchen getrennt sind. Warum musste das geschehen? Jesus, nur ein Wunder kann geschehen! Du allein vermagst alles, auch das Unmögliche! Und du willst, dass wir darum beten. Ein Priester (wie damals Zwingli) Wie tut es mir im Herzen weh, wenn ich dieses Münster seh».

Interreligiöser Dialog: «Der Islam ist näher bei Jesus, als viele, die sich als Christen bezeichnen. Muslims verehren Maria, sie achten den alten Menschen; sie pflegen die Familie. Der durch die Reformation zum Zentrum des Menschlichen Lebens erhobene Mammon mit seinen Schwestern: Tüchtigkeit, Erfolg und Leistung dominiert nicht das islamische Leben. Bitte nachdenken! Muslims sind unsere Brüder, von denen wir lernen können. Auf jeden Fall durfen wir sie nicht verachten. (N. N)»

Der Kirchenraum wird als *Resonanzraum* für die Reflexion der Geburtlichkeit wie Sterblichkeit des Lebens erfahren, als *Klagemauer* für schmerzhaftes biografisches und kirchliches Erleben, als *Meditationsraum* für philosophisches Nachdenken dessen, was vorgedacht wurde, als interkonfessionellen und interreligiösen *Gebetsraum,* in dem um die Begleitung des Göttlichen in der Form eigener religiöser Beheimatung gebeten wird, als *Ruheraum,* in dem Seele und Leib auftanken können.

Auf die Fragestellung dieser Arbeit hin fokussiert ist besonders hervorzuheben, dass Kirchenräume *Notaufnahmestationen* sind, Orte besonderer Art, wo *Hilfe* erwartet wird. Dies kann in allgemeiner Form artikuliert werden: «May God Bring Peace on this Earth. N., 14.8.05.» Es kann auch in sehr konkreter und drängender Situation niedergeschrieben werden: «Lieber Vater im Himmel, Du weisst wegen der Anzeige, hilf dem (N., Männername) dass das gut ausgeht, Bitte! Bitte! Bitte! Im Namen des Vaters, des Sohnes und des heiligen Geistes. (N, Frauenname).»

2.2.2. Wahrnehmungen von Freiwilligen des Präsenzdiensts

Vor zehn Jahren ist im Grossmünster Zürich ein Präsenzdienst eingerichtet worden, der von der Sozialdiakonin geleitet und von Pfarrpersonen begleitet wird. Zirka 30 Personen im sogenannten «dritten Lebensalter» leisten ihre gastgebende Präsenz im Kirchenraum während zwei bis vier Stunden pro Woche. In Weiterbildungen werden mit ihnen relevante Fragen zum Raum oder den Gästen behandelt. Der Präsenzdienst ist eine neue Form kirchlicher Arbeit mit Freiwilligen und macht einen Wandel in der Freiwilligenarbeit sichtbar: weg vom selbstaufopfernden Dienen für Gottes Lohn hin zum freudvollen Engagement für eine Sache, die lustvoll empfunden wird, bei der man sich weiterbilden und einen Nutzen für andere erbringen kann.[14] Ein treues Ehepaar, J. D. und T. D., sind seit Beginn im Präsenzdienst engagiert. Nicht zuletzt durch die Freiwilligenarbeit sind sie in die Gemeinde hineingewachsen und haben den Kirchenraum Grossmünster aus Sicht der Gastgebenden intensiv kennengelernt. Ihre Erfahrungen decken sich in vielem mit den allgemeinen Eindrücken, die im Präsenzdienst gewonnen werden. Anhand ihrer werden hier stellvertretend die Besucherpositionen herausgearbeitet.

Kirche als Kunstgalerie: Der Kirchenraum wird als Kunstgalerie oder Kunstmuseum aufgesucht, um innert kürzester Zeit möglichst viele fotografische Sujets abzulichten und dann zum nächsten Ort aufzubrechen. Für jene, die sich über längere Zeit im Raum aufhalten, ist dieses Verhalten bisweilen schwer verständlich: «Gerne beobachte ich Leute, wie sie unsere Kirche betreten und das Grossmünster erleben. Oft kommen Besucher, behangen mit Fotoapparaten, laufen in die Mitte des Kirchenschiffs, knipsen wild darauflos, während sie sich langsam um die eigene Achse drehen. Bestimmt sehr befriedigt mit der fotografischen

---

14 Vgl. zur Arbeit mit Freiwilligen im Präsenzdienst als Beispiel für die «neuen» Freiwilligen, mit Angaben von relevanter Literatur: Sigrist, 2011d. Zum Umgang mit der nicht repräsentativen Auswahl an Beiträge vgl. den Hinweis in Kap. 1. Anm. 11.

Ausbeute verlassen sie dann schnell wieder das Grossmünster. – Da fragt man sich, ob sie zuhause noch wissen, was sie abgelichtet haben. Ist ihnen bewusst, welch einmalige Gelegenheit sie verpasst haben, um eine kurze Zeit im Kirchenschiff zu verweilen, um in Ruhe die schlichte Architektur der Pfeiler, der romanischen Bogen, des Chors und der Krypta sowie die bei Sonnenschein in allen Farben intensiv leuchtenden Glasfenster auf sich wirken zu lassen?» (T. D.)[15]

«Alte» und «neue» Besuchende: T. D. unterscheidet zwischen den «alten» Besuchenden, die sich nach einem kurzen Blick auf die von Augusto Giacometti gestalteten Fenster zu «ihrer Bank» bewegen, um dort für eine Weile auszuruhen, zu meditieren oder zu beten, und den «neuen» Besuchenden, die sich informieren wollen und dafür auch Zeit aufwenden: «Da wird man im Präsenzdienst gefragt, ob das Grossmünster ein Museum sei, weil die Besuchenden den Altar und das Kreuz vermissen. Anderseits, ob im Grossmünster überhaupt noch Messen gelesen würden. Aber auch Fragen zu Zwinglis Leben und Wirken oder seine Differenzen mit Luther sind immer wieder ein Thema. Etliche meist jüngere Leute möchten die Legende von Felix und Regula kennenlernen. Wo sind ihre Reliquien? Und was hat es mit Karl dem Grossen in dieser Geschichte für eine Bewandtnis? Interessant sind für mich Fragen über das Leben im mittelalterlichen Zürich. Das spornt mich immer wieder an, mehr darüber zu lesen, um meine Kenntnisse zu erweitern.»

Diese Erfahrung deckt sich mit den Ergebnissen empirischer Studien, dass die «neuen» Besuchenden als Touristen den Kirchenraum vor allem in seiner ästhetischen und historischen Dimension als eindrückliche Sehenswürdigkeit erleben wollen, die «alten» ihn aber eher als als Ort des lebendigen Glaubens aufsuchen. Die Grenzen verfliessen jedoch auch da, wie die Szene beim Sündenbock-Fenster von Sigmar Polke zeigt[16]: «Kürzlich stand ich mit einer Frau vor dem Sündenbock-Fenster und erzählte ihr, warum der Künstler den Sündenbock in zwei Hälften darstellte. Darauf erwiderte die Frau, sie würde gerne an eine solche Sündenvergebung glauben, doch für sie als strenggläubige Katholiken sei das nicht so einfach. Ihre Mutter sei nach ihrer Scheidung exkommuniziert

---

[15] Im Folgenden werden Zitate aus den Manuskripten von J. D. (Dambach, 2012) und T. D. (Dambach, 2012a) ohne Seitenangaben zitiert.

[16] Vgl. zu den Polke-Fenstern im Grossmünster: Parkett Publishers/Kirchgemeinde Grossmünster Zürich, 2010.

worden. Nun sei sie schwer erkrankt und glaube, für die Sünde ihrer Scheidung büssen zu müssen. Ob sie ihr das nicht ausreden könne, fragte ich. Nein, sagte sie, denn das Schlimme daran sei, dass die ganze Familie davon überzeugt sei. Ich war ratlos, wollte ihr so gerne helfen. Wir redeten noch eine Weile zusammen und dann verabschiedete sie sich mit den Worten, sie komme vielleicht nächste Woche wieder. Dieser Satz hat mich gefreut. Vielleicht konnte ich ihr doch ein wenig helfen, nur, indem ich mir Zeit nahm, ihr zuzuhören.» Eindrücklicher kann die vielfältige, interaktive und auf verschiedenen Ebenen sich abspielende Verschmelzung von ästhetischer und diakonischer Dimension des Raums kaum beschrieben werden. In solchen Erfahrungen liegt praktisch eingelagert, was in vorliegender Arbeit im Folgenden theoretisch erarbeitet wird.[17]

Raum der Ruhe und des Betriebs: Auf die atmosphärischen Wechsel im Raum macht J. D. aufmerksam, wenn er schreibt: «Es kann vorkommen, dass die Kirche fast leer ist, dass nur einige wenige Besucher still in den Bänken sitzen oder konzentriert vor den Polke-Fenstern stehen. Dann stellt sich auch bei mir eine beruhigende Stille ein, die erlaubt, den Kirchenraum ganz einfach zu geniessen. Dies kann sich jedoch innert Sekunden ändern: Das Haupttor geht auf und eine geschäftige und nicht ganz leise Touristengruppe tritt ein, es wird eifrig diskutiert und erklärt, Fotoapparate werden gezückt (das Foto-Verbot sieht niemand oder niemand ist gewillt, es zu sehen …), die Ruhe ist schlagartig vorbei und man spürt, wie dies auch sofort einen selbst beeinflusst.»

Ort der Absolution: Freiwillig den Dienst als Präsenz im Kirchenraum zu leisten, heisst vor allem, im Kontakt mit den Menschen zu stehen und auf Fragen, Bedürfnisse und momentane Lebenssituationen des Gegenübers einzugehen. Das erfordert eine hohe Sensibilität und viel Achtsamkeit. J. D. berichtet: «Anspruchsvoller sind dann natürlich Besucher, die offensichtlich ein Problem haben und bei denen man in einem ruhigen Gespräch versucht, so gut es geht, ein wenig helfen zu können. Ein Gast kommt im Eilschritt auf mich zu, aufgeregt und mit gerötetem Gesicht – es ist unschwer zu erkennen, dass er eher schon ein Glas zu viel getrunken hat – und verlangt sofort einen Pfarrer zu sprechen. Als ich ihm erkläre, dass dies zurzeit leider nicht möglich sei, antwortet er, er müsse aber dringend Beichte ablegen. Ich versuche ihm weiszumachen,

---

[17] Dieses eindrückliche Beispiel weist auf ganz spezifische Aspekte der diakonischen Funktion des Kirchenraums hin: vgl. Kapitel 7.3.3.2.

dass er sich in einer protestantischen Kirche befinde, und dies daher nicht möglich sei, frage ihn aber, worin denn sein Problem bestehe. Er habe ein Bier getrunken und habe nun Angst, dass er deswegen in die Hölle komme! Obschon ich mich dazu nicht unbedingt qualifiziert fühle, versuche ich ihm zu versichern, dass ich ihm zwar keine Absolution im eigentlichen Sinn erteilen könne, dass aber das, was er befürchte, meiner Meinung nach aus solch einem Grund kaum geschehen werde. Erleichtert fragt er nochmals nach, ob ich mir diesbezüglich denn sicher sei. Auf mein Ja! hin eilt er sofort auf den Ausgang zu. Ich begleite ihn hinaus, sehe aber noch, wie er hinter einer Säule eine halbvolle Bierflasche hervornimmt und mit ihr weggeht.»

Raum der Horizontöffnung: Es sind Gespräche und Begegnungen, in denen geholfen wird, Veränderungen und Eindrücke sich einstellen, die beim Helfenden wie auch beim Hilfebedürftigen in Erinnerung bleiben. Dazu noch einmal J. D.: «Ein junges Paar, einfach gekleidet und sehr scheu, kommt auf mich zu. Ihr Dialekt weist auf ihre Herkunft aus dem Berner Oberland hin. Ihr gehemmtes Auftreten und die Art und Weise, wie sie mich ansprechen, hat etwas fast Rührendes an sich. Man ist sich diese Art ja irgendwie nicht mehr gewöhnt. ‹Hat Herr Zwingli wirklich in diesem Raum gepredigt und das Evangelium ausgelegt?› fragt mich der junge Mann mit unterdrückter Stimme. Es entwickelt sich in der Folge ein sehr gutes Gespräch über die Reformation und den Glauben. Ich zeige den beiden die Froschauer Bibel im Chor und erkläre ihnen, dass genau an dieser Stelle Zwingli mit seinen Pfarrkollegen und Studenten an der Übersetzung gearbeitet hatte. Die Ehrfurcht der beiden ist förmlich zu spüren – eine sehr eindrückliche Begegnung.»

Der Kirchenraum kann – so die zusammenfassende Einsicht – alleine oder im Gespräch mit anderen Menschen zum Ort bleibender Erinnerung werden, zum Dreh- und Angelpunkt von neuen Erfahrungen, von sinnvoller Betätigung im «dritten Alter» wie auch von kontingenter hilfreicher und situativ zugefallener Begleitung. Im Rückblick können solche Begegnungen zwischen Mensch, Bild, Klang und Raum als heilsame Erschütterungen oder heilvolle Erneuerungen gedeutet werden. Der Kirchenraum fungiert darin als Wendepunkt, als Heimat, die in die Fremde führt, oder als Fremde, die Beheimatung erwirkt.

2.2.3. *Das Geheimnis der Geköpften: Wahrnehmungen eines Journalisten*

Sich 24 Stunden lang im Grossmünster, dem Wahrzeichen Zürichs, aufhalten – dies wollte Marc Zollinger sich selber zum Abschluss seiner journalistischen Tätigkeit schenken. Seine Erlebnisse und Erfahrungen während Aufenthalts hat er später niedergeschrieben. Daraus ist ein einzigartiges Dokument entstanden, das die unterschiedlichen und mannigfaltigen Dimensionen der Kirchenraumerfahrung als Ineinanderfliessen inneren Erlebens und äusserer Wahrnehmung beschreibt.[18]

Zollinger beginnt mit der für viele irritierenden Divergenz zwischen «Kirche» und «Kirche»: «Ich hätte nicht gedacht, dass es mir so schwer fallen würde, diesen Ort wieder zu verlassen. Institutionalisierter Glauben, Macht, Unterdrückung, Ausgrenzung – solche Assoziationen stellen sich ein, wenn ich an Kirche denke. Das zeigt die Geschichte. Und das Grossmünster, wo einst Zwingli lenkte und richtete, ist deren potenzierte Form. Es ist ein Bollwerk des reformierten Glaubens, der Twin-Tower von Zürich – nach Matterhorn und der Kapellbrücke das meistabgebildete Wahrzeichen des Landes. Um Schoggi gewickelt, reist es um die ganze Welt.» Kirchen sind sichtbare Zeichen der öffentlichen Religion; gewiss, sie sind deshalb auch Zeichen religiöser Macht. Und als Zeichen religiöser Macht sind Kirchenräume mit ihren Türmen Indizien in- und exkludierender Kräfte. Zollinger verbindet in seiner Erinnerung «Kirchen», «Macht», «Raum» mit dem aktuellen Erleben des Kirchenraums.[19] Erinnerung und Gegenwart verschmelzen im Augenblick des Nachdenkens über das Vor-Gedachte und Vor-Gebaute.

Zollinger schildert seine ersten Eindrücke: «Mit Schlafsack und Zahnbürste ausgerüstet, trete ich ein. Es ist Freitagmorgen im November. Nur wenige Menschen halten sich im Kirchenschiff auf. Ein Mann mit orangefarbenem Pullover über den Schultern, ein Pärchen aus Asien. Franco Gargiulo, der sympathische Sigrist mit dem schwungvollen Haar und dem Unterlippenbärtchen, überreicht mir den Schlüssel. Damit lassen sich Türen öffnen, die den anderen Gästen verschlossen bleiben. Jene, die zur Empore führt, der Nebeneingang oder die Türe zum Nordturm, wo ich übernachten werde. Der Südturm, Karlsturm genannt, ist

---

18 Zollinger, 2005, 15. Im Folgenden werden Textstellen aus Zollingers Artikel ohne Quellennachweis zitiert. Für sie alle gilt der hier genannte Nachweis.

19 Vgl. zu den drei Stichworten Kirche, Macht, Raum: Sigrist, 2010a, 7–19.

öffentlich. Vor allem Touristen steigen dort hoch, um einen Überblick zu gewinnen [...]. Mit der Zeit betreten immer mehr Menschen das Schiff. Die meisten steuern sofort auf das Pult mit den Broschüren zu. Lesen, was es über die Kirche zu lesen gibt, und betrachten dann die Bilder und Grundrisse, die darüber an der Wand hängen. Erst nach dem Abbild erkunden sie auch die Realität. Lassen den Blick durch den Raum schweifen, die Wände hoch, nach hinten zum Chor. Sie suchen und pendeln, finden nirgends richtig Halt. Keine Bilder, keine Opulenz, die dem Auge schmeichelt. Das ist Zwinglis Hinterlassenschaft. Die Leere. Herbeigeführt anno 1524, im Jahr des Bildersturms. Bis heute sind Spuren dieser Säuberung geblieben, Kratzspuren. Etwa in der Nische beim Eingang, wo das Weihwasserbecken befestigt war. Es ist gerade die Schlichtheit, die vielen Besuchern ins Auge springt. Manche, oftmals Katholiken, halten sie für wohltuend. Nicht wenige aber beklagen sich: ‹Zu schlicht!›, halten sie beleidigt im Gästebuch fest. Zum Glück gibt es da noch die farbigen Fenster. ‹Sind das die Chagall-Fenster?›, lautet die meistgestellte Frage, gefolgt von: ‹Hat es Toiletten?› Mit beidem kann das Grossmünster nicht dienen. Chagall wirkte auf der anderen Seite der Limmat, im Fraumünster. Das WC ist nicht öffentlich.»

Zollinger kommt auf die leibliche Wahrnehmung des Kirchenraums zu sprechen, die ihn irritiert: «Nur hinaus! Die Leere lässt viele Kirchengänger schnell flüchten. Der Mann mit dem orangen Pullover ist immer noch drinnen. Er sitzt in der Bank hinter mir. Möglicherweise einer, der sich energetisch auflädt, denke ich. Das Grossmünster ist bekanntlich ein Kraftort; ja, mit 18000 Bovis – die Masseinheit für Erdstrahlung – der stärkste Ort der Stadt. Das zieht viele Menschen an, einige kommen deswegen regelmässig hierher. Am stärksten soll die Energie in der Krypta sein, der einstigen Grabstätte. Ich selber spüre dort tatsächlich ein wohliges Kribbeln auf der Schädeldecke. Bloss Kopfsache, Scharlatanerie? Noch stärker reagiert mein Körper auf der anderen Seite des Schiffes, in der Nähe des Turmeinganges. Dort wird mir schwindlig. Sigrist Gargiulo hält dies für höchst interessant. Denn hier habe einst das Taufbecken gestanden.»

In Zollingers Beobachtungen von Menschen wird deutlich, warum Menschen einfach so die Kirche aufsuchen: «Vielleicht sollte ich auch nur etwas essen. Wozu sich dann der Mann mit dem orangen Pullover anschickt. Er hat, wie er mir sagt, zum Mittagessen in der Stadt abgemacht, dummerweise aber am Morgen im Zug seinen Mantel liegengelassen. Die Kirche besucht er nur, um sich aufzuwärmen. Die Frau aus Hintergoldingen war, wie so viele aus dem Grossraum Zürich, noch nie im Grossmünster. Kirchen besucht man – wenn man sie besucht – im Ausland. Der Kulturgeschichte wegen oder um kurz der Hektik zu entfliehen. ‹Wunderbar› sei es hier, sagt die Frau und strahlt geradezu. Wunderbar, weil dem Raum trotz der vielen Leute eine machtvolle Ruhe innewohne. Und dann erklingt sogleich Musik. Mundharmonikaspieler Roland van Straaten probt mit Organistin Susanne Philipp für ein Konzert. Sie verflechten wundersame Klänge, erzeugen einen meditativen Teppich, der alle hinfortträgt, die sich im Raum aufhalten. Die Besucher formieren sich bei der Chortreppe spontan zu Gruppen. Sitzend, stehend, aneinander lehnend, lauschen sie, den entspannten Blick auf die Empore gerichtet, wo die beiden Musiker stehen.»

Musik und Raum erzeugen gleich einem Magnet Kräfte, die Menschen wie durch unsichtbare Fäden zueinander hinziehen. Hinter dieser Beobachtung steht die Erfahrung, dass der Raum kein lebloser Behälter ist, der entweder offen steht oder verschlossen ist. Vielmehr bekommt der Kirchenraum durch den Klang ein eigenes Gesicht und wird so selbst Teil von Aktivität und Handlung des Menschen. Mehr noch, der Kirchenraum – bei Zollinger geradezu personalisiert – verwandelt sich in die *mater ekklesia*, die seligmachende Mutter Kirche, die ihre Kinder im Schoss am Tage birgt, und des Nachts sich ausruhen muss. «Vor dem Schlafengehen steige ich nochmals ins Schiff hinunter und nehme Platz in einer Bank. Ohne Menschen fühlt sich der Raum gross an, schwer und schwerelos zugleich. Aus der Stille erklingt ein Klack, Klack, Klack. Das Holz, tagsüber von Menschenwärme aufgeheizt, reagiert auf die Abkühlung. Als ob sich das Grossmünster entspannen und neu aufladen würde.»

Von welcher Qualität ist die Wirkung des leeren Raums nach einer Nacht? «Die Nacht oben im Turm ist kurz und kalt. Traumloser Tiefschlaf […]. Aber irgendetwas ist am Morgen anders. Ich bin ganz ruhig und grundlos glücklich. Kein Gedanke. Kein Gedanke an irgendetwas.» Der Leere des Raums entspricht die Leere der Gedanken. Die Leere der Gedanken erfüllt Gemüt und Seele. Die erfüllte Seele erfährt die Leere des physischen Raums als Überfülle von geistgewirktem Leben. Der Mensch wird verwandelt.

Solche tiefgehenden Erlebnisse wollen erzählt werden. Marc Zollinger und ich trafen uns am Morgen im Café, und wir sprachen stundenlang über seinen 24-stündigen Aufenthalt im Grossmünster. Er schreibt: «Ich berichtete ihm von meinen Gefühlen. Er hört zu. Rührung überkommt mich. Die Zeit, die verflog. Die Musik, die berührte, die Stille, die einhüllte. Der Pfarrer denkt nach und fragt: ‹Haben Sie eine Gotteserfahrung gemacht?› Diese trete zutage, wenn man sich der Weite des Raums überlasse, auf die Stille einlasse. Das könne überall geschehen; für viele am einfachsten in der Natur oder an einem Ort, der für stille Einkehr geschaffen sei. Zeit werde dabei zu dem, worin sie in Wirklichkeit gegründet sei: Ewigkeit, Zeitlosigkeit [...].»

Zum Abschluss seines Berichts verbindet Zollinger seine Erfahrungen im Kirchenraums mit dem Motiv der geköpften Stadtheiligen in der Geschichte der Kirche: «Dann kehre ich für das letzte Stündchen ins Grossmünster zurück. Die wenigen Schritte draussen verwirren mich. Gedankenfetzen fliegen. Traumwandelnd steige ich die falsche Treppe hoch, zum Eingang, den ich nicht nehmen wollte. Ich mache die Augen auf. Sie lenken meine Aufmerksamkeit auf eines der Reliefbilder an der Tür: drei Menschen mit dem Kopf unter dem Arm. Es sind Regula, Felix und Exuperantius. Die Stadtheiligen, die ihres Glaubens wegen geköpft wurden. Auf ihrem Grab, so lautet die Legende, liess Karl der Grosse das Zürcher Münster erbauen. Er hatte in Süddeutschland einen Hirsch gejagt und bis hierher verfolgt. Auf dem Moränenhügel sank der Hirsch in die Knie. Das liess Karl aufhorchen. Ich steige ins Schiff, schaue mich um, studiere erneut ein Relief. Es zeigt Karl den Grossen auf seinem Ross und daneben Felix und Regula, diesmal mit Kopf auf den Schultern; umkränzt vom Heiligenschein. Und dann flüstert Stadtengel Felix in mein Ohr: ‹Loslassen, leer machen, den Kopf abgeben, um einen neuen zu empfangen! Das ist das Geheimnis der Geköpften.›»

Den Kopf abgeben, um einen neuen zu empfangen. Es gibt wohl keine eindrücklichere und schönere Metapher für das, was viele Menschen im Kirchenraum zu erleben hoffen und bisweilen auch erfahren.

2.2.4. Szenen an einem Samstagnachmittag: Persönliche Notizen

An einem Samstagnachmittag im Grossmünster. Nach einer soeben beendeten Hochzeit strömen Hunderte von Touristen in den Kirchenraum, ohne die Hochzeitsgäste in Ruhe aus dem Raum gehen zu lassen. Die Leitung einer Firma hat sich zwecks ihres Betriebsausflugs bei der Kirchgemeinde angemeldet mit dem Wunsch, die seit Herbst 2009 eingesetzten Fenster von Sigmar Polke erklärt zu bekommen. Eine

Gruppe von Amish People aus Amerika macht eine Europa-Tournee und besucht die Kirche, weil das Grossmünster – in der Reformationszeit eine Stätte von Täufer-Hinrichtungen – durch die Entschuldigung des Kirchenratspräsidenten im Jahr 2004 im Zusammenhang mit den Jubiläumsveranstaltungen «500 Jahre Heinrich Bullinger» rehabilitiert wurde.[20] Sie wollen in der Krypta Gott loben und preisen, während oberhalb der Krypta im Hochchor ein Pfarrer versucht, den Konfirmanden die Reformation Zwinglis zu erklären. Beim Taufstein steht eine Familie. Der Vater öffnet den Taufdeckel, die Mutter setzt den Dreikäsehoch auf den Rand und erklärt ihm, vor zwei Jahren sei er hier getauft worden. Japanische Touristen werden durch den älteren Mann vom Präsenzdienst zurechtgewiesen, nicht im Kirchenraum zu fotografieren, während hinter einer dicken Säule ein Paar verstohlen ihr mitgebrachtes Picknick auspackt. Der Sigrist bei der Turmkasse schafft es nicht, gleichzeitig die Menschenmenge auf den Turm zu lassen, die Rucksäcke zu ordnen, beim Telefon das bevorstehende Konzert mit dem Veranstalter zu koordinieren und den wartenden Touristen Karten von den Kirchenfenstern zu verkaufen. Unterbrochen wird er von einem jungen Paar, das auf dem Turm sein Eheversprechen bekräftigen möchte. Ein Kollege hat sich mit dem Pfarrer in der Sakristei verabredet. Er möchte über die Verantwortung sprechen, die die Evangelisch-reformierte Kirche des Kantons Zürich gegenüber dem Staat hat. Ihm ist nicht klar, wie diakonische Leistungen wie zum Beispiel sein Seelsorgeauftrag zu quantifizieren und in ökonomischen Parametern zu erfassen sind.[21] Ein

---

20 Vgl. zur ganzen Thematik: Baumann (2007a), insbesondere das Bekenntnis, das der Kirchenratspräsident Pfarrer Ruedi Reich im Festgottesdienst 2004 im Grossmünster sprach: «[...] Verfolgte vergessen ihre Geschichte nicht. Verfolger dagegen verdrängen sie gerne. Wir – Vertreter und Vertreterinnen der Evangelisch-reformierten Landeskirche des Kantons Zürich – sind uns heute bewusst, dass unsere Kirche und unsere reformierten Väter in diesem Punkt geirrt haben. *Wir bekennen,* dass die damalige Verfolgung nach unserer heutigen Überzeugung ein Verrat am Evangelium war und unsere reformierten Väter an diesem Punkt geirrt haben [...]. Es ist an der Zeit, die Geschichte der Täuferbewegung als Teil unserer eigenen Geschichte zu akzeptieren, von der täuferischen Tradition zu lernen und im Dialog mit den täuferischen Gemeinden das gemeinsame Zeugnis des Evangeliums zu stärken [...].» (Baumann, 2007a, 5–6)

21 Seit der Einführung des neuen Kirchengesetzes im Kanton Zürich (2007) leistet der Staat Kostenbeiträge für «Tätigkeiten mit Bedeutung für die ganze Gesellschaft, insbesondere in den Bereichen Bildung, Soziales und Kultur» (Evangelisch-reformierte

Lichtkünstler sucht den Pfarrer auf, um mit ihm die letzten Details bezüglich der Illumination der beiden Türme während der bevorstehenden Silvesternacht zu besprechen. Eine ältere Person schleicht geduckt an den Kirchenbänken vorbei hinauf in den Chor und steigt in die Zwölf-Boten-Kapelle hinunter, um zu beten und eine Kerze anzuzünden, während eine ebenfalls ältere Frau hinter der Kanzel langsam und mit zittriger Schrift ihre Anliegen im Fürbitten- und Gebetsbuch niederschreibt. Eine junge Frau drückt sich um die Kollektenbüchsen beim Eingang herum, verstohlen zieht sie den Ehering ab und wirft ihn in den Schlitz der Büchse, um mit gesenktem Blick sofort den Raum zu verlassen. Der Organist trifft sich beim Turm mit dem Sigrist und koordiniert die Uhrzeiten, zu denen ihm das Ungestörtsein für seinen Unterricht und seine Vorbereitungen zu Gottesdiensten und Konzerten garantiert werden könnte. Eine Gruppe von Konfirmanden «bearbeitet» die elektronisch aufbereitete Erstausgabe der Froschauer Bibel von 1531 im Chor, während der Pfarrer versucht, den Lärmpegel niedrig zu halten. Eine muslimische Familie steigt von der Zwölf-Boten-Kapelle hinauf in den Chor und fragt den Pfarrer, ob es erlaubt sei, hier zu beten; sie hätten keine Moschee gefunden; ein Bild der «neuen» Gleichzeitigkeit des Ungleichen par excellence.

Anstelle von vielen Altären sind es hier die verschiedenen Bedürfnisse, die sich im Raum materialisieren und sich an unterschiedlichen Orten lokalisieren. Für reformiert geprägte Kirchenverantwortliche eine neue Herausforderung angesichts der Tatsache, dass noch bis vor wenigen Jahrzehnten das Grossmünster während der Woche geschlossen war und nur für den Sonntagsgottesdienst seine Türen öffnete. Wer während der Woche die Kirche besuchen wollte, musste damals beim Abwart des Kirchgemeindehauses Helferei den Schlüssel organisieren und ihm fünfzig Rappen geben. Sie waren nicht als Depot gedacht.

Kirche des Kantons Zürich, 2010, §19). Die Kirchen sind verpflichtet, der Regierung alle sechs Jahre einen Rechenschaftsbericht über ihre Tätigkeiten abzulegen. Im Jahr 2011 beliefen sich bei der Evangelisch-reformierten Landeskirche des Kantons Zürich die Kosten für nichtkultische Zwecke auf mindestens 156,2 Mio. Franken, was weitaus mehr ist, als die 90,2 Mio. Franken an zweckgebundenen Beiträgen durch den Kanton und die Steuern der juristischen Personen. Im Bereich Soziales wurden gut 60 Mio. Franken errechnet. Vgl. Landert, 2012, 1–15.

2.3. Fazit: Schatz der Kirche

Die referierten Antworten und Zahlen der Umfragen zeigen: Das Aufsuchen von Kirchenräumen ist bei vielen Menschen beliebt. Die Gründe und Motive sind breit gefächert. Deutlich ist: Verglichen mit der Anzahl der Sonntagsgottesdienst-Besuchenden, machen die Besuchenden an Werktagen vor allem in Innenstadtkirchen ein Vielfaches aus.[22] Bei allen Klagen über sinkende Zahlen von Menschen, die am kirchlichen Leben teilnehmen, ist festzuhalten, dass im Hinblick auf die Menschen, die Kirchenräume aufsuchen, nicht von einem «Angebot ohne Nachfrage» gesprochen werden kann. Eher handelt es sich um eine sehr grosse Nachfrage, ohne dass ein spezifisches Angebot ausgearbeitet vorliegen würde. Dass bei den Besuchenden offenbar nicht selten frühere positive Erfahrungen mit Kirchenräumen und Kirche nachklingen und sich aus diesen Erinnerungen heraus vage Hoffnungen aktivieren können, spricht dafür, den Erwartungen dieser Besuchenden Aufmerksamkeit zu schenken. Natürlich sind Innenstadtkirchen wie das Zürcher Grossmünster mit ihrer Anziehungskraft für Touristenströme zu unterscheiden von Quartierskirchen oder Kirchen in ländlicher Umgebung ohne vergleichbare Anziehungskraft. Doch Kirchen bleiben Kirchen mit ihren eingeschriebenen Spuren und den ihnen zugemessenen Erfahrungspotenzialen.

Kirchenräume und das ihnen innewohnende Potenzial ist ein noch weitgehend ungehobener Schatz innerhalb der Kirche. Es lohnt sich, ihn zu heben. Es genügt nicht, die Kirchenräume einfach offen zugänglich zu halten und alles Weitere der Verantwortung und dem Geschick des Sigristen und allfällig beigezogenen Freiwilligen sowie dem freien Spiel der Kräfte zu überlassen[23]. In grossen, durch Säulen unterteilten und

---

[22] Zu den Grössenordnung am Grossmünster in Zürich: 10 000–15 000 sonntägliche Gottesdienstbesuchende pro Jahr, ca. 3000 bei Kasualien, 250 000 bis 350 000 Besuchende am Werktag pro Jahr. Dies sind geschätzte Zahlen. Dank einer Lichtschranke ist die Erfassung der Besucherzahlen seit dem Dezember 2012 präzise. Die ersten Werte lassen erkennen, dass zwischen dem 21. und 31. Dezember 2012 mehr als 15 000 Personen den Kirchenraum aufgesucht haben. Davon fallen ca. 3000 Besuchende auf gottesdienstliche Veranstaltungen und Konzerte. Es bleiben 12 000 Menschen, die den Kirchenraum während und zwischen den Festtagen als Touristen, Gäste, Bewohnerinnen und Bewohner besucht haben.

[23] Wenn es zum Beispiel um die Frage eines Betriebsreglements zur Nutzung des Kirchenraums geht oder gar um das Bereitstellen von Mitteln für «Besuchende am

durch verschiedene Ebenen von Krypta, Kirchenschiff und Hochchor gegliederten Kirchenräumen mag es möglich sein, dass die Besuchenden mit ihren unterschiedlichen Hoffnungen, Erwartungen und Bedürfnissen aneinander vorbeikommen, ohne sich zu sehr zu stören. Dennoch ist es notwendig, Ziele zu formulieren und Strategien hinsichtlich wahrgenommener und intendierter Nutzungen zu entwerfen.

Den unterschiedlichen Lebensbezügen, Interessen, Bedürfnissen und Bedürftigkeiten der Besuchenden entsprechend, wie sie in den vorgestellten Befragungen zum Ausdruck gekommen sind, wäre grundsätzlich die Entwicklung verschiedener Nutzungsrichtungen und -konzepte möglich. Das Zusammenspiel «neuer Spiritualitäten» (Hafner, 2007, 91) fordert heraus[24]. Der Fokus vorliegender Arbeit ist auf die diakonische Nutzung von Kirchenräumen gelegt. Die Befragungen haben Spuren diakonischer Nutzung durch entsprechende Hoffnungen und Erfahrungen sichtbar gemacht – etwa Dank für erhaltene Hilfe, Erfahrung der Entlastung, Unterbrechung des Alltags und andere. Von diesen ausgehend ist die Thematik diakonischer Nutzung von Kirchenräumen grundsätzlich und systematisch aufzunehmen.

Daraus ergibt sich der Fortgang vorliegender Untersuchung: Es geht zunächst um die Klärung des Verständnisses und der Begrifflichkeit von Diakonie (Kapitel 3). Darauf wird der Kirchenraum ins Auge gefasst und zwar in biblisch-theologischer (Kapitel 4), reformationsgeschichtlicher (Kapitel 5) und raumwissenschaftlicher (Kapitel 6) Hinsicht. Es folgt die Bestimmung der diakonischen Funktionen des Kirchenraums und entsprechender Kriterien (Kapitel 7). Diese sollen Handlungsperspektiven für die künftige diakonische Nutzung von Kirchenräumen freisetzen (Kapitel 8).

Werktag» ist eine gewisse Hilflosigkeit bei Kirchenpflegen und Pfarrpersonen festzustellen.

24 Vgl. zum Zusammenspiel zwischen Touristenkirche, aufgeklärter Theologie und pluralisiertem Glauben im Grossmünster: Hafner, 2007a, 92ff.

Kapitel 3: Diakonie als helfendes Handeln

3.1. Biblisch-theologischer Ansatz: Weit gefasster Horizont von Diakonie[1]

3.1.1. Es geht um die Sache, nicht um den Begriff

Nach wie vor wird in Kirchen und diakonischen Werken zur Bestimmung von Diakonie die sprachliche Herleitung des Begriffs eingesetzt. Mit der Bedeutung des griechischen Nomens *diakonia* beziehungsweise des Verbs *diakonein* im Neuen Testament und dessen prägender Umwelt sowie in der alten Kirche wird versucht, das aktuelle diakonische Handeln zu begründen oder gar zu legitimieren. Doch dieser Weg führt zweifach in die Irre. Einerseits wird das, was heute allgemein kirchlich oder auch in kirchennahen Gruppen als diakonisches Handeln verstanden wird, nämlich das soziale, solidarische, helfende, stützende und assistierende Handeln, im Neuen Testament in der Regel nicht mit dem Begriff *diakonia* beschrieben. In vielen neutestamentlichen Texten scheinen Aspekte helfenden Handelns auf, ohne dass dafür auf das Begriffsfeld *diakonein* zurückgegriffen würde. Umgekehrt werden mit dem Lexem viele Tätigkeiten beschrieben, die nichts mit demjenigen gemein haben, was heute allgemein unter diakonischem oder sozialdiakonischem Handeln verstanden wird. Zum Zweiten führt die Orientierung am Begriff *diakonia* nicht zum Ziel, weil spätestens mit den Untersuchungen des australischen Praktologen John N. Collins (1990), die vor allem durch Hans-Jürgen Benedict (2001, 2006) in die deutschsprachige Debatte eingeführt wurden, klar geworden ist, dass die Überzeugung, Diakonie habe mit der selbstaufopfernden, demütig hingebungsvollen Nächstenliebe in der Nachfolge Christi zu tun, nicht auf den ursprünglichen Bedeutungsinhalt zurückgeht, sondern diesen uminterpretiert.[2] Anni Hent-

---

1 Im Folgenden wird der diakonischen Ansatz zusammenfassend dargelegt, wie er von Heinz Rüegger und dem Autor vorliegender Arbeit ausführlich dargestellt und diskutiert wurde: vgl. Rüegger/Sigrist, 2011, 29–41, 115–145.

2 Hermann W. Beyer schrieb im grundlegenden Artikel: Das Neue am Begriff Dienst liege darin, «dass Jesus nach Mk 10,45 und Mt 20,28 nicht bei dem Bilde des Tischdienstes bleibt, dass *diakonein* hier auch nicht nur zusammenfassender Ausdruck aller

schel hat in jüngster Zeit die gründlichste Untersuchung zum neutestamentlichen Diakoniebegriff verfasst. Sie hält fest, dass «das, was in den [...] protestantischen Kirchen unter der Bezeichnung diakonisches Profil lobend herausgestellt wird, seine biblische Grundlage viel mehr in Texten zum Thema Nächstenliebe als bei den neutestamentlichen Belegen der griechischen Wortgruppe *diakonia* findet, welche grundsätzlich weder ein niedriges Dienen noch die fürsorgende Barmherzigkeit ausdrückt» (Hentschel, 2007, 1). Akribisch untersucht Hentschel alle entsprechenden Stellen und fasst ihren Befund so zusammen: «Das Lexem *diakoneo* wird im Neuen Testament in unterschiedlichen Kontexten verwendet, wobei es in der Regel um innergemeindliche Aufträge und Aufgaben in den Bereichen Gemeindeleitung, Organisation und Verkündigung geht.» (Hentschel, 2007, 7) Diese Aufgaben können als autorisierte Beauftragungen, als vollmächtige, zwischen Auftraggebenden und Empfangenden stehende Leitungs- und Vermittlungstätigkeiten beschrieben werden, in denen die Handelnden durchaus ein entsprechendes Selbstbewusstsein entfalten können.

Ohne hier die ganze Begriffsgeschichte von *diakonia* auszubreiten, wird aus den wenigen Hinweisen deutlich: Es gilt radikal zwischen dem neutestamentlichen Begriff *diakonia* und dem heutigen gesellschaftlichen Kontext von Diakonie zu unterscheiden.[3] Methodisch können durch eine begriffsgeschichtliche Herleitung keine direkt relevanten Erkenntnisse für heutiges soziales und diakonisches Handeln gewonnen werden. Wenn es inhaltlich um diakonisches Handeln geht, sollte auf den Begriff Diakonie verzichtet werden.[4] Die Gefahr ist zu gross, dass bei seiner

—

helfenden Liebestätigkeit am Nächsten ist, sondern als Vollzug eines ganzen Opfers, als Hingabe des Lebens verstanden wird, die ihrerseits Inbegriff des Dienens, des Für-die-anderen-da-Seins im Leben und Sterben ist. Damit erreicht der Begriff des *diakonein* seine letzte theologische Tiefe.» (Beyer, 1935, 85)

3 Vgl. zur Begriffsgeschichte: Rüegger/Sigrist, 2011, 79–85.

4 Da gerade in Deutschland Diakonie der Selbstbezeichnung eines der grössten Arbeitgeberverbände im sozialen Bereich dient, dem Diakonischen Werk Deutschlands, kann es nicht darum gehen, den Begriff gänzlich auszuschalten. Dies gilt auch im (deutsch)schweizerischen Kontext und da umso mehr, als die Deutschschweizerische Diakonatskonferenz wie auch der Berufsverband der Sozialdiakoninnen und Sozialdiakone sich auf die Berufstitel «Sozial-Diakonin» und «Sozial-Diakon» geeinigt haben. Im europäisch-deutschsprachigen Kontext wird der Begriff berufspolitisch nach wie vor eingesetzt, wenn mitmenschliches, helfend-solidarisches Handeln aus christlicher Motivation, vor christlichem Hintergrund oder in kirchlichem Kontext

Verwendung explizit oder implizit von einer Überlegenheit christlich-sozialen Handelns gegenüber helfendem Handeln ohne christlichen Hintergrund ausgegangen wird. Diese Annahme würde jedoch in einer pluralen und multikulturellen Gesellschaft ins Abseits führen. Die modernde Gesellschaft fügt sich angesichts religiöser Deutungsmuster für entsprechendes Verhalten aus lauter Minderheiten zusammen. Deshalb ist es für den interkulturellen und interreligiösen Dialog genauso wie für die «Tempelfunktion» konfessionell geprägter Kirchen nicht nur angemessen, sondern geradezu notwendig, in der Sache helfenden Handelns nicht vom zu engen Begriff Diakonie her zu argumentieren[5].

3.1.2. Diakonie im alttestamentlichen Kontext

Für vorliegenden, an der Sache der Diakonie und nicht an ihrem Begriff orientierten Ansatz ergibt sich von selbst, dass eine biblische Grundlegung nur mit Bezug auf den ganzen Kanon des Alten und Neuen Testamentes erfolgen kann. Die nach wie vor übliche Fokussierung auf die neutestamentlich-jesuanischen Kontexte «diakonischen» Handelns hat eine bedenkliche und zu verurteilende Spur christlicher Überheb-

---

beschrieben wird. Vgl. dazu das Merkblatt betreffend Wahlfähigkeit von Mitarbeitenden in den sozialen und diakonischen Diensten der Evangelisch-reformierten Kirche des Kantons St. Gallen, die als einzige Kirche der Deutschschweiz die Unterscheidung zwischen «Sozial-Diakon/Sozial-Diakonin» und «Diakon/Diakonin» vollzieht. (Vgl. dazu Evangelisch-reformierte Kirche des Kantons St. Gallen, 2012, 1.) Ebenfalls orientiert sich das Berufsbild des Dachverbands der kantonalen Zusammenschlüsse der Sozialdiakone und Sozialdiakoninnen in reformierten Kirchen der Deutschschweiz am Begriff, wenn es den Berufstitel so definiert: «‹Sozialdiakonin› ist die kirchliche Berufsbezeichnung für Fachpersonen im sozialdiakonischen Dienst (dem Diakonat), der dem Dienst am Wort (Pfarrdienst) gleichgestellt ist. Die Sozialdiakonin ist die professionelle Trägerin des diakonischen Auftrages in den Kirchgemeinden oder in anderen sozialdiakonischen Werken und Institutionen.» (Dachverband SozialdiakonIn, 2010, 2)

5 Es ist das Verdienst des Stadtarchitekten Martin C. Neddens, auf die Tempelfunktion von Stadtkirchen schon in den 1980er-Jahren hingewiesen zu haben und sie in ein Spannungsverhältnis zum Gebrauch der sogenannten Kerngemeinde zu setzen. «Die Tempel-Funktion von Citykirchen verbietet demgegenüber, sie durch Aktivitäten einer ‹privaten› Kerngemeinde zu füllen. Vielmehr ist Adressat der Tempel-Funktion stets eine zweite Art von ‹Gemeinde›, nämlich die anonyme Stadtöffentlichkeit. Diese muss die Kirche annehmen, wenn sie der Tempel-Funktion entsprechen will, die stets […] eine *darstellende* Aufgabe hat, demgegenüber die handelnde Gemeinde zurücktritt.» (Neddens, 1987, 25)

lichkeit gegenüber dem Judentum durch die Jahrhunderte gezogen, die zum Nährboden antijudaistischen und antisemitischen Gedankenguts wurde. Aus heutiger Sicht ist die vielzitierte These «Die Welt vor Christo ist eine Welt ohne Lieb» aus dem Standardwerk «Die Christliche Liebesthätigkeit» von Gerhard Uhlhorn (1895, 7) abzulehnen. Uhlhorn (1895, 35) behauptet, ohne auf die grosse Tradition der jüdischen Fürsorge einzugehen[6]: «Die Pharisäer geben Almosen, aber ohne Liebe.» Solche Behauptungen, vielleicht zeitgeschichtlich einzuordnen und so nachvollziehbar, jedoch keineswegs zu billigen, haben tiefe Spuren bis in die jüngste Zeit hinterlassen. Frank Crüsemann muss denn auch 1990 in seinem Grundlagentext zur alttestamentlichen Diakonie feststellen, dass eine solche Uhlhorn'sche Sicht «bis heute nachwirkt und in der nahezu ausschliesslich neutestamentlich bestimmten theologischen Grundlage von Diakonie nachhaltig zum Vorschein tritt». (Crüsemann, 2006, 59) Von demselben überheblichen und den jüdischen wie auch ausserbiblischen Kontext diffamierenden Geist beseelt sind denn auch die einleitenden Sätze aus dem Diakonie-Lehrbuch von Reinhard Turre. Turre gesteht zwar ein, dass «zur biblischen Grundlegung [der diakonischen Arbeit, erg. CS] auch die alttestamentliche, besonders die prophetische Mahnung gehört, dass der Glaube an Gott sich zu bewegen habe in der Hilfe an Schwachen und Kranken». Unmittelbar im Anschluss hebt er jedoch zum in vielen kirchlichen Kreisen nach wie vor als gültig akzeptiertem Votum an, dass «erst im Neuen Testament eine neue Qualität des Dienstes beschrieben und verlangt wird». (Turre, 1991, 1) Deshalb ist es Turres Ansicht nach legitim und der Sache der Diakonie entsprechend, mit der Darstellung der Diakonie im Neuen Testament zu beginnen. Der in vorliegender Arbeit vertretene Ansatz grenzt sich dezidiert von dieser Haltung ab. Auf der Suche nach biblisch-theologischen Perspektiven diakonischer Handlungen und Räume als Basis für helfendes Handeln in Kirchenräumen ist der alttestamentliche Kontext erkenntnisleitend. Seit dem letzten Jahrzehnt ist auch in der allgemeinen Forschung diesbezüglich ein Umdenken im Gang, mit ausgelöst durch

---

6 Vgl. zur Armenfürsorge in der jüdischen Diaspora-Gemeinde zur Zeit Jesu: Berger, 1990, 94–105.

die Grundlagenarbeit von Frank Crüsemann.[7] Im Zug dieses Umdenkens hat sich der Deutungshorizont diakonischen Handelns erweitert.

3.1.3. Schöpfungstheologische Sicht – nichtchristologische Begründung

Die Einnahme einer gesamttheologischen Perspektive hat deutlich gemacht, dass die Frage nach der theologischen Deutung helfenden Handelns – und dies ist neben dem Entscheid für die Sache anstelle des Begriffs und dem Entscheid, Diakonie aus dem alttestamentlichen Kontext zu interpretieren der dritte methodische Grundentscheid – ihren Gegenstand zunächst grundsätzlicher fassen muss als nur im christlich motivierten Helfen. Helfen ist zunächst etwas allgemein Menschliches, das in seinen vielfältigen Formen und religiösen, philosophischen wie auch ethischen Deutungskonzepten zu würdigen ist. Geholfen wird von Juden wie Christen, Hindus wie Muslimen, Agnostikern wie Atheisten. Der Begriff der Hilfe – im alltäglichen Sprachgebrauch wie auch in der sozialwissenschaftlichen Diskussion vielfältig an Bedeutungen (vgl. Albert, 2010, 61ff.) – kann mit Gerhard Schäfer als «anthropologische Universalie und Urkategorie des Gemeinschaftshandelns» (Schäfer, 2001, 21) verstanden werden.

Gefragt ist also ein Konzept theologischer Deutungsmuster, das befähigt, den multikulturellen gesellschaftlichen Horizont helfenden Handelns so einzubeziehen, dass einerseits christlich-jüdische Positionen vertreten werden können, ohne dass dadurch anders motivierte, begründete oder gedeutete Hilfe abgewertet, geschweige denn diskreditiert wird. Der diakonische Ansatz solidarischen Hilfehandelns vorliegender Arbeit geht explizit nicht von den meist als typisch christlich propagierten christologischen Deutungskonzepten aus, die Hilfe exklusiv als Ausdruck des Christusglaubens oder der Christusnachfolge konzipieren. Die Nachfolge Christi kann, muss jedoch nicht als Deutungskategorie christlicher Hilfe in Anspruch genommen werden.

---

7 Vgl. dazu die ausführliche Darstellung alttestamentlicher Grundlagen von Herbert Haslinger (2009, 218–237) in seiner «Theologie der Diakonie», ebenso den ausgezeichneten Ansatz von Manfred Oeming (2006, 95–114) in der Schrift «Das Alte Testament als Grundlage des diakonischen Handelns», vgl. zudem: Rüegger/Sigrist, 2011, 45–59.

Konstitutiv für eine theologische Deutung der Diakonie als helfendes Handeln ist die schöpfungstheologische Perspektive. Diese Aussage impliziert, dass die Fähigkeit zu helfendem Handeln in der schöpferischen Kraft selber liegt, die Gott allen Menschen unabhängig von ihrer Rasse, Klasse oder Religion mitgegeben hat. Einer der wenigen Exegeten, der den schöpfungstheologischen Ansatz mit Nachdruck in die theologische Diskussion der Diakonie gebracht hat, ist der Neutestamentler Gerd Theissen. In seinem für die Diakoniewissenschaft grundlegenden Aufsatz über die Legitimitätskrise des Helfens am Beispiel des barmherzigen Samariters hält Theissen «die schlichte Beobachtung» fest, «dass authentische Hilfe bei allen Menschen geschehen kann – unabhängig von Religion, Kultur, Bildung und Kontext. Sie ist (um den Begriff von Knud E. Logstrup […] zu verwenden) eine ‹souveräne Lebensäusserung›, die transkulturell verbreitet ist. Daraus folgt, dass über Hilfe zunächst im Rahmen der Schöpfung nachgedacht werden muss […]» (Theissen, 2006, 107). Folgerichtig hält Theissen programmatisch fest: «Weil Hilfe ein allgemein menschliches Phänomen ist und – theologisch gesprochen – zur Schöpfung gehört, sollte sich eine theologische ‹Theorie des Helfens› auch Gedanken über eine Begründung des Helfens machen, die für Nicht-Christen zugänglich ist. Sie könnte m. E von den Menschenrechten ausgehen.» (Theissen, 2006, 108)

Auch wenn Theissens Konstatierung der Legitimitätskrise des Helfens breiten Zuspruch und Aufnahme in viele Diakoniediskussionen fand, ist doch seine schöpfungstheologische Position bisher zu wenig wahrgenommen. Für das Diakonieverständnis vorliegender Arbeit ist sie jedoch massgebend.[8] Es wird hier keineswegs bestritten, dass im Neuen Testament auch andere Begründungszusammenhänge für helfendes Handeln explizit werden, doch im säkularen und pluralen gesellschaftlichen Kontext ist allein eine schöpfungstheologische Begründung, die Helfen als allgemein menschliches Phänomen beschreibt, tragfähig, denn nur mit ihr gerät die Argumentation nicht in die Falle nachzufragen, was religiös oder christlich motiviertes Helfen im Sinn von diakonischem

---

8 Theissen selber versucht, auf den letzten Seiten seines die Diakoniewissenschaft der letzten 20 Jahre prägenden Aufsatzes doch noch über die rein schöpfungstheologische Argumentation hinauszugehen und gewisse Aspekte des Helfens doch noch christologisch und eschatologisch aufzufangen. Meines Erachtens ist er damit aber nicht erfolgreich. Vgl. zur Diskussion: Rüegger/Sigrist, 2011, 35.

Handeln denn gegenüber allgemein-menschlichem Helfen auszeichne. Gerade aus der Sicht Jesu ergibt sich nämlich kein solcher Mehrwert aus religiös motiviertem Handeln. Dies zeigen die beiden neutestamentlichen Texte, welche die Wirkungsgeschichte der Diakonie am zentralsten geprägt haben.

Erstens wird im biblischen *Grundtext der Diakonie,* im Gleichnis vom barmherzigen Samaritaner (Lukas 10,25–37), deutlich, dass Jesus selber die erwartete, theologisch mit dem Doppelgebot der Liebe gedeutete Nächstenliebe in allgemein weltlicher Mitmenschlichkeit ohne jeglichen religiösen Mehrwert sieht. Herbert Haslinger ist darin zuzustimmen, dass sich das theologisch Bedeutsame der Tat des Samaritaners gerade in der weltlich-sozialen Dimension dessen Tuns auswirkt: Das diakonische Handeln «muss sich nicht, weil es *diakonisches* Handeln ist, durch *zusätzliche* explizit christliche Signaturen in seiner Christlichkeit legitimieren». (Haslinger, 2009, 251) Diakonisches Handeln als helfendes Handeln ist ein allgemein menschliches Phänomen.

Zweitens hat Heinz-Dietrich Wendland mit dem Verweis auf die *Magna Charta der Diakonie*, Jesus' Rede vom Endgericht (Mt 25,31–46), diesen auf das allgemein Humane ausgerichteten Ansatz schon 1962 vertreten. Es geht bei den dort aufgezählten guten Werken «um ganz *menschliche* Werke und Taten mit ganz menschlichen, irdischen Mitteln [...], dem Besuchen der Gefangenen, im Speisen der Hungernden und im Tränken der Dürstenden. Dies sind keine extremen christlichen Sonderleistungen, die sozusagen vom Himmel fielen, sondern es sind die schlichten, humanen, menschlichen Taten und Werke, zu denen der Christos Diakonos, Christos Doulos uns beruft und ermächtigt. Nichts anderes als die Menschlichkeit, die Humanität [...] ist es, was von uns in der Diakonie erwartet und verlangt wird [...].» (Wendland, 2006, 279) Diesen entscheidenden Aspekt hat Jahrzehnte später Ulrich Bach aufgenommen, indem er für eine Diakonie ohne Anspruch auf einen «religiösen Mehrwert» plädiert (Bach, 1998). Und jüngst hat die Diakoniewissenschaftlerin Anika Christina Albert in ihrer Untersuchung über Perspektiven einer Theologie des Helfens festgehalten, dass «Christen an den Taten der Liebe oder – neutraler formuliert – am Hilfehandeln [...] nicht zu erkennen sind, [...] einen äusseren Unterscheid weist es nicht auf» (Albert, 2011, 10). An einer Tagung deutschsprachiger Diakoniewissenschafter vom Januar 2014 in Zürich wurde hierzu festgehalten: «Der Wille Gottes im Sinne von Barmherzigkeit und Gerechtigkeit kann grundsätzlich von allen Menschen ungeachtet ihrer religiösen oder weltanschaulichen Prägung verwirklicht werden. Menschen ist (naturwissenschaftlich gesehen) von ihrer evolutionsbiologischen Entwicklung oder (theologisch gesprochen) von der Schöpfung her eine Disposition zu sozialem Verhalten und zu Empathie eigen. Insofern sind Nächstenliebe, Handeln aus Barmherzigkeit, Engagement für Gerechtigkeit, Frieden und ökologische Rücksichtnahme keine speziell christlichen, sondern allgemein-menschliche Phänomene. Christen sind nicht bessere, barmherzigere Helfende als andere Menschen. Umgekehrt gibt es auch Lieblosigkeit und Ungerechtigkeit unter Menschen jeglicher religiöser oder weltanschaulicher Ausrichtung. Hier besteht kein grundsätzlicher Unterschied zwischen Christen und Nichtchristen, glaubenden und nicht glaubenden Menschen.» (Rüegger/Sigrist, 2014).

3.2. Anthropologischer Ansatz: Hilfebedürftigkeit und Hilfefähigkeit als Naturell des Menschen[9]

3.2.1. Helfendes Handeln als anthropologische Grundstruktur

Formen prosozialen und solidarischen Handelns, das Helfen im Speziellen, sind nach der amerikanischen Anthropologin Sarah Blaffer Hrdy zutiefst menschlich. Evolutionsgeschichtlich gehört die Entwicklung eines «einzigartigen prosozialen Naturells» (Blaffer Hrdy, 2010, 48) zu den sich entwickelten Charaktereigenschaften, die den Menschen von anderen Primaten unterscheiden. Theorien zeigen auf, dass sich der Mensch innerhalb der Primatenfamilie erst durch die Entwicklung eines «Bündel(s) hypersozialer Merkmale» (Blaffer Hrdy, 2010, 22) als eigener Stamm, als *homo sapiens*, positionieren konnte.[10] Helfendes Handeln gehört demnach nicht nur zur kulturellen Fähigkeit, sondern explizit zur Natur des Menschen. Blaffer Hrdy kommt zum Schluss: «Diese Fähigkeit […] ist nicht bloss erlernt: Sie ist Teil von uns.» (Blaffer Hrdy, 2010,

---

[9] Diese Ausführungen beziehen sich im Speziellen auf die Darstellung von Rüegger/Sigrist, 2011, 115–145.

[10] Sarah Blaffer Hrdy beobachtet: «Schon von einem zarten Alter an und ohne in besonderer Weise geschult worden zu sein, identifizieren sich […] Menschen mit der Not von Artgenossen und sind von sich aus bereit, selbst fremden Menschen zu helfen und mit ihnen zu teilen. In dieser Hinsicht bildet die Linie von Menschenaffen, der wir angehören, eine Klasse für sich.» (Blaffer Hrdy, 2010, 15)

15) Nicht nur aus anthropologischer, sondern auch aus evolutionstheoretischer und neurobiologischer Sicht sind die früher stark prägenden Einsichten von Charles Darwin, dass sich im Überlebenskampf nicht Rücksichtnahme und Hilfsbereitschaft, sondern Kampf und Durchsetzungsvermögen auszahlten, zu revidieren beziehungsweise zu modifizieren. So gilt es heute als gesichertes Forschungsergebnis, dass Kampf und Konkurrenz nicht primäre Triebkräfte menschlichen Verhaltens sind, sondern eher menschliche Konzepte, die dem Wirtschaftsleben entnommen werden, um sie von aussen auf biologische Zusammenhänge zu übertragen. Nicht zuletzt dank Entdeckungen wie die von «körpereigene(n) ‹Antriebsaggregate(n)› für Zielstrebigkeit und Lebenswillen», die in der Fachliteratur als «Motivations-» beziehungsweise als «Belohnungssysteme» (*reward systems*) bezeichnet werden (Bauer, 2010, 25f.), lässt sich der aktuelle Forschungsstand so zusammenfassen: «Wir sind – aus neurobiologischer Sicht – auf soziale Resonanz und Kooperation angelegte Wesen. Kern aller menschlichen Motivation ist es, zwischenmenschliche Anerkennung, Wertschätzung, Zuwendung oder Zuneigung zu finden und zu geben. [...] Das Bild, das sich aus einer Reihe von neueren Beobachtungen ergibt, lässt den Menschen als ein in seinen sozialen Antrieben auf gelingende Beziehungen hin orientiertes Wesen erscheinen.» (Bauer, 2010, 23)[11]

Die Untersuchungen des Mediziners und Neurobiologen Joachim Bauer lassen aufhorchen: Nicht Konkurrenz und Kampf, sondern Kooperation und Hilfe gehören zu den natürlichen Zielen der Motivationssysteme.[12] Die Anerkennung als Person steht über dem Selbsterhaltungstrieb des Menschen[13], die Aktivierung zwischenmenschlicher Zuwen-

---

[11] Aus dieser Sicht ergeben sich aus evolutionsbiologischen Perspektiven, im Gegensatz zu Gerd Theissens Position des evolutionären Arguments, Hilfe als dysfunktionale Gegenselektion (vgl. Theissen, 2006, 91f., 103f.), nicht nur kritische Anfragen an helfendes Handeln. Vgl. zur radikalen Neueinschätzung des Hilfehandelns in der Evolutions- und Neurobiologie: Albert, 2010, 187–192; Schulte-Herbrüggen, 2005, 25–34.

[12] «Ob Konkurrenz und Kampf die primären inneren Triebkräfte sind, die das Verhalten lebender Systeme steuern, ist fraglich. Auf den Menschen bezogen sind diese Annahmen falsch.» (Bauer, 2010, 20)

[13] «Alle Ziele, die wir im Rahmen unseres normalen Alltags verfolgen, die Ausbildung oder den Beruf betreffend, finanzielle Ziele, Anschaffungen etc., haben aus Sicht unseres Gehirns ihren tiefen, uns meist unbewussten ‹Sinn› dadurch, dass wir damit letztlich auf zwischenmenschliche Beziehungen zielen, das heisst, diese erwerben oder erhalten wollen. Das Bemühen des Menschen, als Person gesehen zu werden,

dung und Hilfe gehören zu den Wirkungen der körpereigenen Botenstoffe wie Dopamin, Oxytozin und Opioiden.[14] Die Worte Ruth Jahns stehen für die sich immer breiter durchsetzende Erkenntnis: «Wer hilfsbereit ist, nützt nicht nur andern, sondern auch sich selbst. Deshalb ist kooperatives Verhalten in der Evolutionsgeschichte erfolgreich.» (Jahn, 2005, 26)[15] Anika Albert ist in Folgendem zuzustimmen: «Damit ist die Einsicht, dass der tiefste Grund aller Motivation in dem Streben nach gegenseitiger Akzeptanz und Anerkennung liegt, eine entscheidende Neuentdeckung der Neurobiologie der letzten Jahre.» (Albert, 2010, 191)

Helfendes Handeln, die Fähigkeit, sich empathisch in die Situation anderer einzufühlen, Mitleid zu empfinden, sich für das Recht anderer einzusetzen ist nicht von kulturellen oder religiösen Vorgaben abhängig, sondern jedem Menschen eigen. Der Mensch ist in seiner Grundexistenz ein «responsorisches, verantwortliches Wesen» (Morgenthaler)[16]. Er ist grundsätzlich ein «Beziehungswesen», ausgerichtet auf das hilfe-bedürf-

---

steht noch über dem, was landläufig als Selbsterhaltungstrieb bezeichnet wird.» (Bauer, 2010, 39)

14 «Pure zwischenmenschliche Zuwendung, verbunden mit dem Versprechen, Hilfe zu leisten, hatte also das körpereigene Opioid-System aktiviert und die Beschwerden der Betroffenen subjektiv wahrnehmbar gebessert.» (Bauer, 2010, 60)

15 Aus Sicht der Verhaltensbiologie können die Hilfe gegen Verwandte (Verwandtenselektion) wie auch die Hilfe gegen Nichtverwandte, in der beide Kooperationspartner durch ihr Kooperieren gegenseitig profitieren, nach dem Motto «wer selber hilft, dem wird geholfen» (Mutualismus) zur Erklärung beigezogen werden, «warum kooperatives Verhalten nicht schon längst auf einer Art roten Liste ausgestorbener Verhaltensweisen zu finden ist» (Jahn, 2005, 26). Die Kausalität «wer hilft, dem wird geholfen» kann beim gegenseitigen Lausen der Affen beobachtet werden. «Und vielleicht leisten wir aus diesem Grund Freiwilligenarbeit, giessen für den Nachbarn den Oleander oder backen Geburtstagskuchen für unsere Kinder. Solange die Kooperation entweder gleich oder später in irgendeiner Form erwidert wird, gewinnen beide.» (Jahn, 2005, 26) Diese grundlegende Einsicht aus der Verhaltensbiologie ermöglicht neue Perspektiven auf die unterschiedlichsten Formen von Tauschmodellen wie Zeit- und Pflegebörsen, wie sie in diakonischen Feldern seit einigen Jahren gerade in der Altersarbeit zu beobachten sind.

16 «Von der Not des Menschen geht ein Appell aus. [...] Der Mensch ist ein verantwortliches Wesen. Er antwortet als ethisches Wesen auf einen Appell, der vom Nächsten in Not ausgeht. [...] Christliche Seelsorge und Beratung als helfendes Handeln der christlichen Gemeinde [...] sind Ausdruck der responsorischen Fähigkeit des Menschen, auf die Not des anderen mit Barmherzigkeit zu antworten. Ihre Vertreter teilen eine allgemein-menschliche Begabung: Menschen sind fähig, herausgefordert, begabt zu Fürsorge, Helfen, Altruismus.» (Morgenthaler, 2005, 37 u. 44)

tige und helfens-bedürftige Sein (Dörner)[17]. Mit Blick auf christliche und kirchliche Kreise, die bis heute die jahrhundertalte, problematische, andere Religionen und Kulturen missachtende Vorstellung nicht überwunden haben, dass «richtige» Nächstenliebe erst seit Christus und nur auf der Grundlage christlichen Glaubens wirksam sei, kann nicht klar genug festgehalten werden: «Hilfe und Hilfsmotivationen sind und bleiben allgemein-menschliche Phänomene.» (Sigrist, 1995, 286)[18] Folgerichtig stellt Ingolf Dalferth fest: «Was immer an Lebensphänomenen genannt und angeführt werden kann, hilft nicht, Christen klar von anderen Menschen zu unterscheiden. Auch Christen essen, was andere essen, wohnen, wo andere wohnen, lesen, was andere lesen, handeln, wie auch andere handeln können. Auch Christen sind Menschen.» (Dalferth, 2002, 20)

Dieser radikale Ansatz hat nun theologisch zur Konsequenz, durch Jesus' Handeln begründetes helfendes Handeln als Ausdruck christlicher Mitmenschlichkeit schöpfungstheologisch zu deuten. Helfendes Handeln ist als Fähigkeit anzusehen, die bereits durch die Schöpfung allen Menschen gegeben ist, nicht als Verhalten, das erst durch Christus oder den christlichen Glauben erschlossen worden wäre. Ulrich H. J. Körtners Position ist zu bekräftigen: «Hilfsbedürftigkeit und Hilfsbereitschaft sind [...] allgemein menschliche Phänomene, kein christliches Spezifikum. Ein Mensch, der in Not gerät, fragt nicht danach, ob ihm aus christlicher, aus islamischer, buddhistischer oder aus einer säkular-humanistischen Motivation geholfen wird. Und umgekehrt ist es nicht allein ein Gebot des Glaubens, sondern schlicht der Menschlichkeit, anderen zu helfen.» (Körtner, 2007, 26)

---

17 Aus sozialpsychiatrischer Sicht stellt Klaus Dörner fest, dass Menschen nicht nur fähig sind, sondern geradezu ein Bedürfnis haben, zu helfen. Dadurch erlangen sie Bedeutung für andere. Fehlendes Helfen kann krank machen: «Wir hassen zwar mit Recht eine Überlastung durch Helfen, aber wir leiden auch, wenn wir in dieser Hinsicht unterlastet sind. Insofern sind grundsätzlich alle Menschen, zumindest potenziell, lebenslang helfens-bedürftig und daher auf Gelegenheiten angewiesen, dies in Tätigkeitsein umzusetzen; wir brauchen unsere Tagesdosis an Bedeutung für Andere [...]. Denn grundsätzlich sind die Menschen ebenso helfens-bedürftig wie hilfe-bedürftig, was sie fundamental zu Beziehungswesen macht.» (Dörner, 2007, 116)

18 Diesen Ansatz sieht Manfred Oeming (2006, 113) auch in den entsprechenden alttestamentlichen Texten: «Sozialhilfe in Form von Mildtätigkeit für die Unterschicht ist nichts Spezifisches für Israel, eher allgemein altorientalisch, besonders im Kontext der Königsideologie, ja allgemein menschlich.»

Auf der einen Seite kann bezüglich des helfenden Handelns von einem wirksamen intuitiven Reflex gesprochen werden, der auf wahrgenommene Not mit Einfühlsamkeit und Hilfsbereitschaft reagiert. Ralf Hoburg nennt diesen Reflex «anthropologischer Grundimpuls»: «Helfen lässt sich als Akt des sozialen Handelns mit einem anthropologischen Grundimpuls vergleichen, der sich als Reflex oder Intuition aus der Unmittelbarkeit einer Situation ergibt, die als *Not* wahrgenommen wird. Insofern ist es möglich, die Tätigkeit des Helfens als eine *Primärhandlung* zu beschreiben, die nicht unmittelbar während der Handlung vom Handelnden selbst auf seine Intention bzw. Gründe reflektiert wird. Helfen geschieht in der Regel spontan.» (Hoburg, 2008, 168) Diese Fähigkeiten sind im Menschen angelegt und durch die Erziehung und Reifung zu fördern. Denn es ist nicht zu übersehen, dass Menschen auch fähig sind, sich trotz dieser Anlagen lieblos und inhuman, egoistisch und menschenverachtend zu verhalten. Die in jedem Menschen angelegte Fähigkeit, Mitleid zu empfinden und zu helfen, muss immer wieder eingeübt, gefördert und eingefordert werden. Mit Anika Christina Albert gilt: «Es hängt also alles davon ab, ob Individuen in ihrer Kindheit gute Erfahrungen mit anderen Menschen machen. Bleiben diese aus, so sind fatale Folgen für ihre Beziehungsfähigkeit im späteren Leben zu erwarten.» (Albert, 2010, 191)

Auf der anderen Seite kann helfendes Handeln durch reflektierte, fundierte und differenzierte Begründungssystematiken in philosophischer, theologischer, religiöser oder weltanschaulicher Perspektive gedeutet werden. Dieser Deutungsvorgang kann im Unterschied zur Primärhandlung als *Sekundärhandlung* bezeichnet werden. Wie ist die wahrgenommene Not zu verstehen und wie ist ihr gegenüber angemessen zu reagieren? Die Unterscheidung zwischen primärer und sekundärer Ebene ist massgebend für den gelingenden Dialog zwischen Religionen und Kulturen: Konkrete Handlungskonzepte sind theologisch zu deuten, nicht zu legitimieren. Die Legitimation diakonischen Handelns geschieht durch das «soziale Naturell», sich von der Not anderer ansprechen zu lassen.[19]

---

[19] Damit setze ich mich explizit gegen die Position der Evangelischen Kirchen in Deutschland (EKD) ab, die in Perspektiven der Diakonie im gesellschaftlichen Wandel die theologische Grundlegung der Diakonie in der theologischen Legitimation und nicht im prosozialem Naturell sieht: «Die Bemühungen um eine theologische

3.2.2. Theologische Deutung: Gott ist Liebe (1. Joh 4,16)

Bisher wurde grundsätzlich säkular, anthropologisch und evolutionstheoretisch argumentiert, dass nämlich der Mensch im Verlauf der Evolution durch alle Kulturen und Religionen hindurch ein Naturell zu Mitgefühl, helfendem Handeln und prosozialem Verhalten entwickelt hat. In der theologischen Deutung wird aber der Mensch im Menschsein gegenüber Gott, dem Schöpfer allen Lebens, verstanden. Christliche Theologie deutet helfendes, solidarisches Handeln vor dem Hintergrund einer pluralen und damit multireligiösen Gesellschaft in der Grundüberzeugung, dass Gott, der Schöpfer der Welt, Liebe in Person ist (1Joh 4,16). Gott liebt alles, was er geschaffen hat: «Du liebst alles, was ist, und verabscheust nichts von allem, was du gemacht hast; denn hättest du etwas gehasst, so hättest du es nicht geschaffen.» (Weish 11, 24) Das Neue Testament kennt die Menschenfreundlichkeit, die Philanthropia Gottes (Tit 3,4), die allen Menschen schlechthin gilt, denn Gott lässt die Sonne aufgehen über Böse und Gute und lässt regnen über Gerechte und Ungerechte (Mt 5,43–48). Aus dieser indikativischen Aussage, Gottes Wesen sei Liebe, ergibt sich der Appell an den Menschen, im Leben und Glauben dieser Liebe zu entsprechen. «Ihr Lieben, wenn Gott uns so geliebt hat, sind auch wir verpflichtet, einander zu lieben.» (1Joh 4,11) Im liebenden Handeln entspricht der Mensch der vollkommenen Liebe Gottes: «Ihr sollt also vollkommen sein, wie euer himmlischer Vater vollkommen ist.» (Mt 5,48)

Der christliche Glaube geht davon aus, dass die Fähigkeit des Menschen zu lieben, Teil solcher göttlicher Vollkommenheit, Ausdruck der Gottebenbildlichkeit ist (Gen 1,27).[20] Prosoziales Handeln als Ausdruck

---

Grundlegung der Diakonie sind so alt wie die Geschichte der Inneren Mission [...]. Dabei war immer wieder der Spagat zu leisten, einerseits ihr ‹weltzugewandtes› Handeln grundsätzlich theologisch zu legitimieren, und anderseits die konkreten Handlungskontexte an dieser theologischen Legitimität zu messen.» (Becker, 2011,21) Genau durch die Legitimation gerät die theologische Grundlegung der Diakonie in jene Falle, die anders legitimierte Hilfe abwertet und diskreditiert, auch wenn dies selbstverständlich immer wieder in Abrede gestellt wird.

20 Lévinas (1983, 235) verbindet das Motiv der Gottebenbildlichkeit mit seinem grundlegenden Bild der Spur, wenn er mit Blick auf Exodus 33,22 festhält: «Der Gott, der vorbeigegangen ist, ist nicht das Urbild, von dem das Antlitz das Abbild wäre. Nach dem Bilde Gottes sein heisst nicht, Ikone Gottes sein, sondern sich in seiner Spur befinden.» In Aufnahme dieses Bildes kann die Fähigkeit des Menschen zu lieben als

der Liebe kann als schöpferische Auswirkung der Gottebenbildlichkeit und deshalb als Widerspiegelung der Liebe Gottes selber verstanden werden. Diese Deutung gilt auch für die Fähigkeit zu Solidarität und liebendem Handeln bei nichtchristlichen oder nichtglaubenden Menschen, auch wenn diese ihr prosoziales Verhalten niemals in christlichen Kategorien deuten würden. Nichtchristen, auch Atheisten, können in ihrem Engagement für Solidarität und Mitmenschlichkeit eine Haltung zeigen, die aus christlicher Sicht als Ausdruck und Auswirkung der Liebe Gottes, des Schöpfers, zu seinen Geschöpfen gedeutet werden kann, auch wenn Atheisten aus ihren eigenen Deutungskonzepten so nie argumentieren würden. Ulrich H. J. Körtner sagt diesbezüglich treffend: «Das Ethos der Christen kann und soll sich an der Menschlichkeit von Nichtchristen ein Beispiel nehmen, weil darin die Menschlichkeit des in Jesus von Nazareth Mensch gewordenen Gottes aufscheint.» (Körtner, 2007, 45) Wenn der erste Johannesbrief festhält, dass der in der Liebe bleibt, in Gott bleibt (1Joh 4,16), so muss dies auch für jene Menschen gelten, die aus Liebe, Solidarität und Empathie handeln, selbst wenn sie den christlichen Glauben ablehnen. Es gibt neben dem explizit zu bekennenden In-Gott-Sein, das sich durch ein glaubendes Vertrauen äussert, auch ein implizites In-Gott-Sein durch liebendes und helfendes Handeln und praktizierte Nächstenliebe, selbst wenn diejenigen, die solche Nächstenliebe zeigen, den Gottesglauben explizit ablehnen. Solches Handeln kann in Anlehnung an Karl Rahners Begriff vom «anonymen Christentum» (Rahner, 1965) als «anonyme Diakonie» beschrieben werden, die das Tun des andern nicht in einem christlich vereinnahmenden Sinn explizit in der Liebe Gottes harmonisieren möchte, sondern die Andersheit des Anderen bis hin in seine Deutungskategorien respektiert. Klaus Kohl formuliert prägnant: «Die Diakonie ist [...] da, seit es Menschen gibt [...]. Sie ist da, wo jemand Hilfe braucht und bekommt. Diakonie ist helfendes Handeln. Sie ist so da, seit Gott die Welt ins Sein gerufen hat. [...] Sie ist da, wo Menschen Menschen helfen.» (Kohl, 2007, 12f.)

Menschen helfen jedoch nicht nur in kirchlichen Räumen. Deshalb müssen Diakoniekonzepte vermehrt auch ausserkirchliche Handlungsräume und -kategorien in den Blick nehmen. Klaus Koch ist uneinge-

—

Verbleib in der Spur Gottes beschrieben werden. Die Gottebenbildlichkeit des Menschen hinterlässt Spuren von liebendem und deshalb helfendem Handeln.

schränkt zuzustimmen, wenn er sagt: «Diakonie muss nicht kirchlich sein. […] Das diakonische Handeln Gottes greift über die Grenzen der Kirche hinaus. Gottes Handeln ist der Grund allen helfenden Handelns. Alles helfende Handeln ist Diakonie.» (Kohl, 2007, 91)[21] Deshalb gilt es, endgültig Abstand zu nehmen von der aus theologischen Gründen bis heute in diakonischen und kirchlichen Kreisen verbreiteten Haltung, die Fähigkeit zu wahrhaftem Lieben sei nur Christen aus ihrem Glauben heraus zugänglich. Nichts spricht gegen, sondern alles für Ralf Hoburgs Feststellung, dass «heutige Theologie nicht mehr unbefangen vom christlichen Monopol der Nächstenliebe ausgehen und dieses für eine diakonische Identität reklamieren bzw. daraus monokausal helfendes Handeln begründen (darf), so als ob es andere Begründungen nicht gäbe» (Hoburg, 2008, 211).

3.2.3. Religiöse Diakonie

Eines ist deutlich geworden: Es gibt kein christliches Monopol von Nächstenliebe. Damit ist in keiner Weise bestritten, dass christlicher Glaube eine motivierende und kreative Kraft für Menschen sein kann, sich sozial zu engagieren. Glaube als existenzielle Realität, unabhängig davon, welcher Religion er angehört, ist sensibel gegenüber menschlichen Hilfsbedürftigkeiten und motiviert zu helfendem Handeln. Ob in westlichen Ländern im Sinn des Roten Kreuzes, im arabischen Raum im Sinn des Roten Halbmonds oder in Israel im Sinn des Roten Kristalls

---

21 Theodor Strohm geht in die ähnliche Richtung: «Die Diakonie Gottes ist weder Eigentum einer Kirche, noch steht sie in der Verfügung von Gruppen. Sie gilt vielmehr aller Welt und allen Menschen in gleicher Weise. Durch sie werden alle Menschen gleichermassen als Subjekte diakonischen Handelns angesprochen und zum wechselseitigen integrierenden Dienst bestimmt.» (Strohm, 2003, 151) Meines Erachtens schwingt in dieser Aussage auch die im Unterschied zur Schweiz in Deutschland sichtbare Grösse des Diakonischen Werks als institutionelle soziale Kraft mit, die ausserhalb kirchlicher Institutionen wirkt. Doch Strohms Aussage unterstreicht den hier entfalteten Ansatz der Diakonie klar: «Diakonie beschränkt sich nicht auf Kirchen und Christen. Gott ist in der Welt gegenwärtig und ausserhalb der Kirchen. Die Aufgabe der Humanisierung führt alle Bürgerinnen und Bürger zusammen, gleich welcher Weltanschauung sie sind. Diakonie verzichtet auf kirchliche Vereinnahmung und Bevormundung und fördert persönliche Verantwortung.» (Strohm, 2003, 153) Heutzutage muss aufgrund der gesellschaftlichen Veränderungen nicht nur eine kirchliche, sondern eine christliche Bevormundung und Vereinnahmung abgelehnt werden.

geholfen wird, macht keinen Unterschied. Der religiöse Hintergrund für die Motivation zu helfen ist unterschiedlich, die Begründung des Helfens in einer letztgültigen Transzendenz sowie die Art des Helfens ist jedoch weitgehend gleich, nämlich grundsätzlich ein alltägliches, profanes Engagement. Dies gilt auch für die kirchliche Diakonie. Diakonie als helfendes Handeln hat auch im kirchlichen Kontext grundsätzlich zum Ziel, Menschen in der Bewältigung ihres Alltags zu unterstützen.

Das schliesst jedoch nicht aus, dass es auch in Kirchgemeinden und diakonischen Werken Formen des Helfens gibt, die explizit religiösen Charakter haben. Das Beten und Klagen für Menschen in Not, das Anzünden einer Kerze angesichts von Lebensbedrohungen und Sinnkrisen, das seelsorgerliche Gespräch in Lebenskrisen oder die Riten des Segnens und des Salbens sind hier zu nennen, ebenso wie das Zusprechen von Vergebung in der Beichte oder Formen spiritueller Heilung und Begleitung. Leo Karrer spricht von «religiöser Diakonie», die «auf die Sinnfragen der Menschen und auf deren Suche nach Hoffnungsperspektiven» antwortet (Karrer, 2006, 45), Christoph Stückelberger von «glaubensorientierter Lebenshilfe» (Stückelberger, 2006, 197). Diese religiösen und spirituellen Formen von Diakonie als helfendes Handeln sind nichts exklusiv Christliches. Heilen, Beten, Salben, seelsorgerliches Zuhören – all dies kennen alle Religionen. Doch solche Aspekte gehören zweifellos ins Repertoire helfenden Handelns und lassen den Blick zum und in den Kirchenraum zurückkehren. Denn vielfach suchen Menschen nicht nur, jedoch auch Kirchenräume für solche Formen der Diakonie auf. Mit Leo Karrer gilt es festzuhalten, dass es sich in solchen Situationen «um zum Teil tabuisierte Fragen nach Lebensperspektiven und Identitätsfindung handelt, die an ihren Wurzeln oft religiöse Dimensionen offen legen und den Verlust an Lebenszuversicht an den Tag bringen» (Karrer, 2006, 45). Es hat sich gezeigt (vgl. Kapitel 2), dass Menschen gerade in solchen Situationen, in denen fundamentale Fragen aufbrechen, individuell oder kollektiv Kirchenräume aufsuchen, denn Räume allgemein, aber Kirchenräume im Besonderen sind konstitutiv für helfendes Handeln. Deshalb gilt es nun, den topologischen Bezug helfenden Handelns zu entfalten.

3.3. Topologische Differenzierungen: Zur Räumlichkeit helfenden Handelns[22]

3.3.1. Der Blick des Anderen: Helfen als ver-antwortet-es Handeln

Emanuel Lévinas schreibt in «Religion für Erwachsene» von einem Besuch in der Kirche St. Augustin in Paris zu Beginn des Zweiten Weltkriegs: «[...] die Ohren noch gleichsam zerschunden von der Phraseologie der ‹neuen Moral›, die seit sechs Jahren über die Presse und die Bücher heraufzog. Dort, in einem kleinen Winkel der Kirche, kam ich neben ein Bild zu stehen, das Hanna darstellte, wie sie Samuel in den Tempel führt. Ich erinnere mich noch, dass ich den Eindruck gewann, augenblicklich zum Menschlichen zurückzukehren, zur Möglichkeit, zu sprechen und gehört zu werden.» (Lévinas, 1996, 22) Lévinas vergleicht diese «Ergriffenheit» im Kirchenraum mit verschiedenen erlebten Situationen, so auch mit «derjenigen, die ich in einem Lager in Deutschland empfunden habe, als am Grab eines jüdischen Kameraden, den die Nazis wie einen Hund verscharren wollten, ein katholischer Priester, Pater Chesnet, Gebete sprach, die im absoluten Sinn des Wortes semitische Gebete waren» (Lévinas, 1996, 23).

Kirchenräume wie auch Friedhöfe sind Orte, die Rückkehrwege zum Menschlichen eröffnen. Konstitutiv für das Menschliche ist es, zu einem anderen zu sprechen und von einem anderen gehört zu werden. Diese intersubjektive Bestimmung des religiös ergriffenen Menschlichen ist das entscheidende Moment, das Lévinas veranlasst, ethisches Handeln und religiöses Erleben zu verbinden. Religion ist nach Lévinas «das Band, das zwischen dem Selben und dem Anderen entsteht, ohne eine Totalität auszumachen» (Lévinas, 1987, 46). Lévinas zeichnet gleichsam die Beziehungshaftigkeit als Empfangsraum für das Menschliche: «Das Äusserste ist die Beziehung des Selben zum Anderen, ist der Empfang, den ich dem Anderen bereite.» (Lévinas, 1987, 105) Lévinas geht vom Primat der ethischen Beziehung aus, die sich im Empfang zeigt und so dem Vorrang des Anderen entspricht. Zu sich selber gelangt der Mensch, indem er dem Anderen den Vorrang gibt. Christoph Morgenthaler schreibt in

---

22 Vgl. zu diesem Abschnitt den Aufsatz von Kathrin Busch (2010, 53–65) mit dem Titel «Kraft der Räume». Busch spricht im Zusammenhang mit den Kräften der Räume von einer «Topologie der Hospitalität». Vgl. Busch, 2010, 55. Mit dieser Begrifflichkeit entfaltet sie den Ansatz Lévinas'.

Anlehnung an Lévinas: «Helfende Identität erhält der Mensch zugesprochen, sie ist Gabe und erst dann Aufgabe [...]. Identität erhalte ich als Helfender im Blick dessen, der Hilfe benötigt. Ich erhalte sie zugesprochen.» (Morgenthaler, 2005, 39) Oder in der Interpretation von Kathrin Busch: «Der Erfahrung von Alterität kann sich niemand in der Begegnung mit einem anderen Menschen entziehen.» (Busch, 2010, 55)

Im Vorrang des Anderen zeigt sich nun nach Lévinas nicht nur die ethische, sondern auch die religiöse Beziehung, «dadurch, dass es [das Judentum, erg. CS] die Gegenwart Gottes in der Beziehung zum Menschen fühlt» (Lévinas, 1996, 27). Die Erfahrung von Alterität gilt auch für die Religion, denn im Angesicht des Anderen offenbart sich nach Lévinas «eine *reale* Transzendenz, eine Beziehung zu Demjenigen, den die Seele nicht enthalten kann und ohne Den sie sich in gewisser Weise nicht halten kann» (Lévinas, 1996, 28). Diese Transzendenz, die Gegenwart Gottes, weist den Menschen zum Blick des Anderen als Blick zum Fremden und verortet ihn beim Fremden selber: «Die Transzendenz des Anderen, die seine Eminenz, seine Erhabenheit, seine Herrlichkeit ausmacht, umfasst in ihrer konkreten Bedeutung sein Elend, seine Heimatlosigkeit und das Recht, das ihm als Fremdem zukommt. Den Blick des Fremden, der Witwe und des Waisen, ich kann ihn nur anerkennen, indem ich gebe oder verweigere.» (Lévinas, 1987, 104f.)

Das helfende Handeln gegenüber Fremden, Witwen und Waisen hat, will man Lévinas Gedanken folgen, in der Beziehung zum Anderen ihren eigentlichen Ort. Durch das Geben oder auch das Verweigern entsteht ein Raum, wo Bande zwischen dem Selben und dem Anderen geknüpft werden, es entsteht Distanz in gleichzeitiger Verbundenheit. Dadurch wird helfendes Handeln zu räumlichem Handeln. Es entsteht ein Raum, wo dem Anderen der Vorrang gegeben wird, indem er hereingebeten wird. Der Verräumlichung des helfenden Handelns entspricht eine «Topologie des Ethischen» (Busch, 2010, 56), die den Raum einer Gemeinschaft schafft, die keine Totalität wiederaufrichtet, sondern am radikalen Getrenntsein des Anderen auch in seiner Bezogenheit festhält. Dieses Aufbrechen von Totalität ist nach Lévinas keine Operation des Denkens, sondern im Angesicht des Anderen «besteht das Denken im Sprechen» (Lévinas, 1987, 46). Und menschlich ist es – so seine existenzielle Erfahrung in der Kirche St. Augustin in Paris –, zu sprechen und gehört zu werden.

Wie gestalten sich nun Räume, in denen zum Menschlichen zurückgekehrt werden kann? Wie gestalten sich Raumordnungen des Andersseins, der Alterität, der Hilfeleistung? Lévinas schreibt in «Totalität und Unendlichkeit», dass der Raum aus Sicht des Anderen nicht als das auftrete, «was man baut, sondern was man gibt» (Lévinas, 1987, 105). Mit Kathrin Busch muss Raum so von der Gabe und deshalb von der Gastlichkeit her interpretiert werden. Raum entsteht durch das Gewähren von Gastfreundschaft. Demnach sind Räume des Helfens zuerst einmal in profanen Wohn- und Gasträumen zu suchen. Dadurch, dass sich die Transzendenz des Anderen im Blick des Fremden ereignet, können jedoch auch Kirchen zu Gasträumen werden im Sinn von «heterologischen Räumlichkeiten, in denen sich die Relation einer Bindung ohne Aufhebung der Distanz und einer Gemeinschaft ohne Totalität verkörpern kann» (Busch, 2010, 56).

Die Idee der Gabe des Raums im Sinn von Gastlichkeit gegenüber dem Anderen und deshalb Fremden gründet nach Lévinas in einem Raumdenken, das sich grundsätzlich gegenüber Besetzung und Besitz von Raum wehrt. Raum ist vor allem und im Letzten Gabe. Interessant für den hier entfalteten diakonischen Ansatz argumentiert Lévinas an dieser Stelle jüdisch und schöpfungstheologisch, indem er mit Bezug auf den Talmud die Erschliessung von Nahrung, Getränk und Wohnen als Dinge bezeichnet, «die der Mensch braucht und die der Mensch dem Menschen anbietet. Dazu ist die Erde da. Der Mensch ist Ihr Herr, um dem Menschen zu dienen [...]» (Lévinas, 1996a, 176). Er geht vom Staunen aus, dass die Genesis mit dem Bericht der Schöpfung beginnt, obwohl für die Menschen in Bezug auf ihren Dienst nur die Gebote relevant sind. Warum muss der Mensch wissen, dass Gott die Erde geschaffen hat? Er muss es wissen, so Lévinas im Anschluss an eine rabbinische Auslegung aus dem 11. Jahrhundert, weil der Mensch erst dadurch des Geschenkcharakters der Erde gewahr wird. «Denn ohne dieses Wissen wird er nur durch Usurpation besitzen [...]. Kein Recht lässt sich also von der blossen Tatsache herleiten, dass die Person Lebensraum braucht [...]. Besitzen heisst immer empfangen.» (Lévinas, 1996, 28) Es gibt kein natürliches Eigentum, die Orte des Wohnens und Lebens sind dem Menschen gewährt. Das heisst, Raum zu haben heisst immer, ihn zuvor empfangen zu haben und durch die Geste der Gastlichkeit auch anzubieten. Konstitutiv für das Menschliche ist das Sein im Angesicht des Anderen. Deshalb läuft die Beziehung zum Raum nach Lévinas im Letzten über die Beziehung zum Anderen. Folgerichtig hält er fest: «Der jüdische Mensch entdeckt den Menschen, bevor er die Landschaften und die Städte entdeckt. Er ist in einer Gesellschaft heimisch, bevor er in einem Haus heimisch ist. Er begreift die Welt mehr vom Anderen her als die Gesamtheit des Seins im Bezug auf die Erde. In gewissem Sinn ist er Gast auf Erden, wie der Psalmist sagt, und die Erde gewinnt für ihn in einer menschlichen Gesellschaft Sinn.» (Lévinas, 1996, 35) Als Gast kann der Mensch kein territoriales Recht einfordern, er ist an keinem Ort verwurzelt. Deshalb ist die «Freiheit gegenüber den sesshaften Formen der Existenz […] vielleicht die menschliche Art und Weise, auf der Welt zu sein» (Lévinas, 1996, 36). Das menschliche Antlitz des Anderen konstituiert Welt und Menschsein und nicht Häuser, Kirchen und Tempel.[23]

Im Raum der Gastlichkeit ist demnach ein Raum der Sozialität auszubilden. Das Verhalten gegenüber einem Gast ist es, ihn hereinzubitten; so hilft man dem fremden Gast. Dem Vorrang des Anderen entspricht der Primat des Blicks des Anderen: «Es ist der Blick des Anderen, der mir Hilfe zutraut, der meine Handlungsfähigkeit begründet, dieser Blick kommt zuerst.» (Morgenthaler, 2005, 39) Lévinas hat diese elementare Erfahrung des menschlichen Antlitzes immer wieder formuliert.[24] Die Phänomenologie des Antlitzes spitzt sich in der Verantwortung für den Anderen zu, also in der ethischen Beziehung. Die Beziehung ist eine radikal asymmetrische Beziehung: Der Andere begegnet als Bedürftiger, ohne mit seinem Ausdruck die Freiheit zu begrenzen. Er ruft Güte hervor und fördert das Helfen. Die Güte besteht nach Lévinas darin, «sich im Sein so zu setzen, dass der Andere mehr zählt als ich selbst» (Lévinas, 1987, 364). Der Vorrang des Anderen kann sich demnach in der schlich-

---

23 «Für das Judentum wird die Welt durch ein menschliches Antlitz intelligibel und nicht, wie für einen grossen zeitgenössischen Philosophen, der einen wichtigen Aspekt des Abendlandes resümiert, durch Häuser, Tempel und Brücken.» (Lévinas, 1996, 36) Damit bezieht sich Lévinas auf Martin Heidegger mit seiner ontologischen Raumtheorie. Zwar lassen sich bei Heidegger auch Textstellen von einer Gabe des Raums finden. Doch für ihn ist die Freigabe nicht Folge des Zwischenmenschlichen, sondern architektonischer Setzungen. Vgl. zur ganzen Diskussion Heidegger-Lévinas: Busch, 2010, 53–56.

24 Vgl. dazu die relevanten Stellen in «Totalität und Unendlichkeit» (Lévinas, 1987, 280–289). Henning Luther bringt eine schöne Zusammenstellung der relevanten Stellen der «religiösen Dimension des Vom-anderen-her-Denken» bei Emmanuel Lévinas; vgl. Luther, 1988, 265.

ten Geste ausdrücken: «Bitte nach Ihnen!»[25] Die Verantwortung gegenüber dem Anderen kann einerseits nicht abgewiesen werden (Lévinas, 1987, 289). Anderseits stellt der Blick des Anderen den Menschen dorthin, wo die Unendlichkeit dieser Verantwortung spürbar und erfahrbar wird.[26] Lévinas kann das Verhalten, das dem Anspruch des Antlitzes entlockt wird, mit dem Begriff der Diakonie umschreiben: «Dia-Konie vor jedem Dia-Log: ich analysiere die zwischenmenschliche Beziehung so, als wäre in der Nähe zum *Anderen* (und in diesem Sinne ist mehr oder weniger der ganze menschliche Körper Antlitz) das, was mir *befiehlt,* ihm zu dienen.» (Lévinas 1992, 74)

Setzt Diakonie als helfendes Handeln nach Lévinas radikal beim Blick des Anderen, beim Antlitz des Anderen an, kann Helfen als Antwort auf den Ruf des Anderen beschrieben werden, ein Ruf, in dem sich der Andere in seiner Not und Nacktheit zeigt. Helfen ist ver-antwortet-es Handeln gegenüber dem Antlitz des Anderen, und dies in dreifacher Hinsicht: 1. Der Mensch kann sich diesem Antlitz in seiner Nacktheit, mit seiner runzligen Haut und der Helle seines Schreis nicht entziehen.[27] 2. Im Antlitz des Anderen sind Spuren des Unendlichen sowohl in seiner Präsenz als auch seiner Entzogenheit abzulesen.[28] 3. Mit dem Blick des

---

25 Vgl. zu dieser schlichten Geste «Bitte nach Ihnen»: Neumann, 2000, 1–12, 16.

26 «Die Unendlichkeit der Verantwortung bedeutet nicht ihre aktuelle Unermesslichkeit, sondern ein Anwachsen der Verantwortung in dem Masse, indem sie übernommen wird; die Pflichten erweitern sich in dem Masse, in dem sie erfüllt werden. Je besser ich meine Pflicht erfülle, umso weniger Rechte habe ich; je gerechter ich bin, umso schuldiger bin ich.» (Lévinas, 1987, 360)

27 «Ich kann mich dem Antlitz des Anderen in seiner Nacktheit ohne jede Zuflucht nicht entsagen: In der Nacktheit eines im Stich Gelassenen, die durch die Risse hindurchleuchtet, welche die Maske der Person oder seine runzlige Haut zerfurchen, in seiner ‹Zufluchtslosigkeit›, die man als Schrei vernehmen muss, der schon zu Gott hin geschrien ist [...].» (Lévinas 1981, 112)

28 Herbert Haslinger nimmt den für Lévinas zentralen Begriff der «Spur», mit der die Unendlichkeit des Andern gleichsam als «Epiphanie des Anderen» bezeichnet werden kann (Lévinas, 1987, 359), auf und umschreibt: «Im Angesicht des Anderen ist die Spur des Unendlichen wahrnehmbar, die Spur dessen, den wir in der jüdisch-christlichen Tradition ‹Gott› nennen. Spur ist eine Metapher, die Widersprüchliches vereint: Präsenz und Entzogenheit. Eine Spur zeigt an, dass es etwas gibt, und bedeutet gleichzeitig, dass in dem Augenblick der Wahrnehmung dieses gerade nicht vorhanden, nicht verfügbar ist.» (Haslinger, 2009, 208) Damit klingen Aspekte des Spurenmodells an (vgl. Kapitel 1.2.1.3), die dann auch in die diakonischen Funktionen des Kirchenraums (Kapitel 8.4, vgl. auch die Handreichung mit dem Titel «Der Spur fol-

Anderen eröffnet sich ein Raum, wo die konsequente Humanität des Menschlichen erfahrbar wird: sprechen zu können und gehört zu werden.

3.3.2. Der Blick zum Anderen hin: Helfen als Assistenz

Will man knapp und präzise definieren, worum es in der Diakonie geht, findet man Vorschläge wie denjenigen von Herbert Haslinger: «Diakonie ist das christliche Hilfehandeln zugunsten notleidender Menschen.» (Haslinger, 2009, 19) Es geht in der Diakonie fundamental um das Helfen in seinen vielfältigen Formen. Der Begriff des Helfens polarisiert; er wird seit den 1970er- und 1980-Jahren kontrovers diskutiert und teilwiese auch heftig kritisiert.[29] Aus Sicht der Sozialarbeiterschaft gilt der Begriff des Helfens prinzipiell als überholt und wird unter dem Gesichtspunkt der Dienstleistung durch den neutralen Begriff der «sozialen Hilfe» ersetzt (vgl. Hoburg, 2008, 18). Wissenschaftliche Infragestellungen des Begriffs Hilfe entstammen psychologischen, soziologischen und biologischen Sichtungen (vgl. Theissen, 2006, 88–116). Eine der nachhaltigsten und auch massivsten Kritiken erfuhr das Helfen durch die Theorie des Helfer-Syndroms, wie sie von Wolfgang Schmidbauer im Kontext verschiedener helfenden Berufe als Markenzeichen des «hilflosen Helfers» rezipiert worden ist (vgl. Schmidbauer, 2002). Ohne auf die einzelnen Aspekte einzugehen, kann mit Herbert Haslinger festgehalten werden: «Die Infragestellungen des Helfer-Ideals weisen als ihren gemeinsamen Nenner auf, dass sie das Helfen als Beziehungsgefüge der Über- und Unterordnung zwischen einem starken, helfenden und einem schwachen, abhängigen Partner problematisieren und jeweils auf bedenkliche Prozesse in diesem Beziehungsgefüge hinweisen.» (Haslinger, 2009, 340)

Damit scheint ein weiterer problematischer Grundzug auf, den Henning Luther als das «Defizit-Modell des Helfens» umschreibt und in Bezug auf die Seelsorge auf den Punkt bringt: «Unter der Defizitperspektive verstehe ich jenen Ansatz, der die Adressaten der Seelsorge prinzipiell als mit einem Mangel/Defizit behaftet ansieht, dem andere, die gleichsam defizitfrei sind, abzuhelfen suchen. Im Defizitmodell wird Seelsorge/Be-

---

gen» im Anhang) einfliessen. Ingrid Schoberth nimmt diese Metapher der Spur des Anderen auf, um so den «Alltag der Seelsorge» als helfendes Handeln zu analysieren (vgl. Schoberth, 2006, 264–274).

29 Vgl. zur ganzen Debatte: Haslinger, 2009, 334–345.

ratung in einer einlinigen, herablassenden Einstellung betrieben, in einem Oben-Unten-Gefälle, in dem Starke, Gesunde, Lebende […] sich helfend dem Schwachen, Kranken, Sterbenden […] zuwenden.» (Luther, 1986, 12f.) Luther kritisiert dabei den «diakonisch-seelsorgerlichen Blick», der einerseits die eigenen Schwächen ausblendet und anderseits den Anderen lediglich auf seine Defizite hin anspricht und wahrnimmt (Luther, 1988, 261).[30] Weniger mit Blick auf den Hilfeempfänger, denn auf den Helfenden stellt Herbert Haslinger jenen «Mechanismus» fest, den er «Attraktivitätskompensation» nennt: «Gemeint ist das allenthalben beobachtete Phänomen, dass sich in helfenden Berufen tendenziell […] ein Menschentypus findet, den man nach den weitgehend unreflektierten, aber gerade deshalb wirkungsvollen Schemata der Gesellschaft nicht den Erfolgstypen zurechnet.» (Haslinger, 2009, 342)

Lässt man sich auf diese Diskussion ein, so muss einerseits festgestellt werden: «Das Ideal des Helfens hat seine Plausibilität und Unschuld verloren.» (Haslinger, 2009, 342) Mit diesem Verlust der Unschuld ist in mehrfacher Hinsicht eine Entmythologisierung der religiösen und christlichen Deutungskraft verbunden. Einerseits hat Johannes Degen aufgezeigt, dass «traditionelle christliche Hilfekonzepte den Hilfebedürftigen nicht wirklich im Blick (haben), dieser steht entgegen allen Behauptungen gar nicht so selbstverständlich und tatsächlich im Mittelpunkt» (Degen, 2003, 54). Nach Degen ist der «religiöse Überschuss» christlicher Nächstenliebe aufgebraucht und als motivierende Kraft beim helfenden Handeln kaum noch wahrnehmbar (Degen, 2003, 57). In dieselbe Richtung zielt Niklas Luhmann in seinen Schlussfolgerungen über die verschiedenen Formen des Helfens im Wandel der Gesellschaft, wenn er formuliert: «Nach wie vor ist es möglich und sinnvoll, konkret zu helfen, etwa einem alten Menschen unter die Arme zu greifen und ihn über die verkehrsreiche Strasse zu geleiten. Nur mit dem Pathos des Helfens ist es vorbei.» (Luhmann, 2009, 181) Im Rahmen moderner Gesellschaften ist die Entscheidung zu helfen oder nicht, nicht mehr Sache des Herzens, sondern eine «Frage der methodischen Schulung und der Auslegung des Programms, mit dessen Durchführung man während einer begrenzten Arbeitszeit beschäftigt ist» (Luhmann, 2009, 178). Luhmann geht noch

---

30 Diese Kritik hat kürzlich Ulf Liedke (2012, 80–82) im Zusammenhang mit der Inklusionsdebatte aufgenommen und plädiert davon ausgehend für eine «Entdiakonisierung der Wahrnehmung behinderter Menschen».

weiter und konstatiert angesichts des Ausfalls gesamtgesellschaftlicher Regulierungen systemtheoretisch: «In der Form von Hilfe werden heute nicht mehr Probleme von gesamtgesellschaftlichem Rang gelöst, sondern Probleme in Teilsystemen der Gesellschaft. Damit ist das einheitliche Muster, eine religiöse oder moralische Formel entbehrlich geworden.» (Luhmann, 2009, 181)

Trotz dem Ende des Pathos des Helfens kann im ersten Jahrzehnt des 21. Jahrhunderts geradezu von einer «Re-Interpretation des Begriffs des Helfens» (Hoburg, 2008, 19) gesprochen werden. Helfen als «Inbegriff diakonischer Praxis» (Haslinger, 2009, 328), als Ausgangspunkt einer «Theologie der helfenden Berufe» (Hoburg, 2008), als «Habe und Gegenseitigkeit» (Albert, 2010) ist zumindest in der praktischen Theologie als Wortfeld wieder en vogue. Der diakonische Ansatz als helfendes Handeln reiht sich in diese «Rehabilitation» des Begriffs des Helfens ein, indem der Blick zum Anderen als Ausgangspunkt helfenden Verhaltens ganz und gar vom Blick des Anderen seine Zielausgerichtetheit bekommt. Diese grundlegende Wahrnehmung birgt einen Transzendenzcharakter der Situation in sich – so hat Lévinas aufgezeigt –, wo die Blicke sich begegnen. Aus theologischer Sicht scheint in solch transzendierenden Situationen die Liebe Gottes auf, die sich in der liebenden Zuwendung zum Anderen als Hilfe auf Augenhöhe zeigt. So entwickelt Dierk Starnitzke mit Blick auf das Liebesgebot als «zentrales Deutungsmuster christlicher Hilfe» eine entsprechende Variante zum kategorischen Imperativ: «Helfe so, dass Du dich selbst und den anderen Menschen als von Gott Geliebte achtest und dass dabei Zuwendung zum Nächsten der Zuwendung zu Dir selbst entspricht.» (Starnitzke, 2008, 134–136)

In dieser unbedingten Wahrnehmung des Anderen mit dem daraus resultierenden Aspekt der Alterität, der Differenzerfahrung trotz der zuwendenden Haltung, die im Horizont des «Unendlichen» (Lévinas) durch Transzendenzdeutung wie -erfahrung charakterisiert wird, kann diakonisches Handeln durchaus als Helfen beschrieben werden. Die anderen «grossen Wörter der Diakonie» (Haslinger) – Lieben, Heilen und Dienen – können unter dieser grundsätzlichen Blickrichtung interpretiert werden und zeigen je verschieden konturierte und gewichtete Aspekte dieser helfenden Zuwendung auf Augenhöhe.[31]

Das Helfen als Handlungskonzept unterliegt gegenwärtig grundlegenden Veränderungen. Nach Johannes Degen gehört dazu erstens die Einsicht, dass der Andere nicht länger als hilfsloses Objekt von Bedürfnissen, sondern als aktives Subjekt mit Fähigkeiten und Defiziten behandelt werden kann. Zweitens können nach Degen die dienenden und helfenden Tätigkeiten gerade auch im pflegerischen und sozialen Bereich nicht länger einseitig auf Frauen übertragen werden. Zum Dritten hat die Professionalisierung der sozialen Arbeit zur Versachlichung von helfenden Beziehungen und Handlungen geführt. Und schliesslich haben die gesellschaftlich organisierten Hilfesysteme zur rechtlich verfassten Hilfe beigetragen, die weg von der gnädigen Almosenverordnung das Recht auf Hilfe in der Gesellschaft dezidiert einfordert. (Vgl. Degen, 2003, 59f.) Angesichts dieser als Fortschritt gewerteten Veränderungen ist nach Degen das Handlungskonzept Helfen neu zu bestimmen. Für diese Neubestimmung setzt er – auf seine Erfahrung als Direktor der evangelischen Stiftung Ephata in Bethel zurückgreifend – die beiden Zielwerte Selbstbestimmung und Assistenz. Unter Selbstbestimmung versteht Degen: «Helfendes Handeln nimmt […] seinen Ausgang bei dem Gegenüber, sieht dessen jeweilige Fähigkeiten als das wichtigste Kapital an, denkt gross von der Würde und Selbstverantwortung des Anderen, und zwar, um es noch einmal zu unterstreichen, unabhängig von Behinderung und Krankheit, Verrücktheit und Unfähigkeiten mannigfaltigster Art. Selbstbestimmung zu ermöglichen, zu begleiten, zu fördern und zu stärken – dies muss ein vorrangiger Zielwert für das Handeln von Diakonie und Caritas werden.» (Degen, 2003, 61f.) Diesem Selbstbestimmungskonzept entspricht ein Hilfeverständnis der Assistenz: «Die Zeit der *Fürsorge* ist vorbei. Menschen wollen nicht bevormundet werden. Sie möchten ihre eigenen Kräfte nutzen und da, wo diese hinreichend sind, Beratung und Begleitung bekommen. […] Sie [die Assistenz, erg. CS] stellt eine Form der Begleitung dar, die Menschen auf ihrem Weg zu einem selbstbestimmten Leben unterstützt, Menschen, die nach ihren Möglichkeiten darüber entscheiden, wie viel und welche Assistenz sie benötigen.» (Degen, 2003, 62)

---

31 Vgl. dazu die ausführliche, kritische und vergleichende Darstellung dieser «leitenden Begriffe» in der Diakonie bei Haslinger, 2009, 328–352.

Selbstbestimmung und Assistenz zeichnen diakonisches Verhalten als helfendes Handeln aus. Und beide Zielwerte wirken sich in einer die Andersartigkeit des Anderen nicht nur respektierenden, sondern seine Fähigkeiten und Möglichkeiten unterstützenden Haltung aus. Damit ist einem helfenden Handeln die Absage zu erteilen, das den Anderen ausserhalb des «eigentlichen» Blickfelds in das eigene integrieren möchte und so dem Anderen vereinnahmend den eigenen Standpunkt als einzig richtigen proklamiert. Treffen sich die Blicke des Selben und des Anderen auf Augenhöhe, entsteht ein Raum, wo beide sich zusammen gleichzeitig als «drinnen» und «draussen» erkennen, drinnen beim Helfen und draussen beim Hilfe Empfangen; gleichzeitig helfens- wie auch hilfebedürftig. Im assistierenden Begleiten verschieben beide, Helfende wie Hilfsbedürftige ihre Standorte und treten in einen für beide neu erfahrenen Raum, wo keiner sich vom anderen ausgegrenzt weiss. Diese gleichzeitige Schau von «innen» und «aussen» entdeckt im Alltäglichen Aussergewöhnliches und kann, um einen Begriff von Bernhard Waldenfels aufzunehmen, «als schräger Blick» (Waldenfels, 1994, 53; 1989, 116) beschrieben werden.

3.3.3. Der «schräge Blick»: Helfen als inkludierende Kraft

Es wird geholfen, in mannigfaltiger Hinsicht und in unterschiedlichen Situationen, alltäglichen und ausseralltäglichen.[32] Nimmt man die Luhmann'sche Definition in den Blick, für die Helfen «zunächst einmal ein Beitrag zur Befriedigung der Bedürfnisse eines anderen Menschen» ist (Luhmann, 2009, 167), dann wird in Anlehnung an Bernhard Waldenfels das Helfen schon zum «Phänomen». Was heisst Helfen angesichts der Bedürfnisbefriedigung eines Sozialhilfeempfängers, eines unheilbar Erkrankten, eines Kinds mit Migrationshintergrund, eines arbeitslosen Managers? Allgemein plausibel scheint, dass Hilfe in vielen Situationen unterschiedlichster Art und Weise integrative Wirkung zeigt oder zeigen soll. Doch bleibt es im alltäglichen Vollzug von Hilfe unklar, wer denn wie wohin integriert werden soll, und ob überhaupt Integration die richtige Form von Hilfe leistet.

Wenn diese diffuse Sicht bezüglich dem Phänomen Helfen zutrifft, so ist mit Waldenfels festzuhalten: Wir «können […] dem Augenschein

---

[32] Einen Überblick über die verschiedenen Formen und Phänomene von Hilfe geben Rüegger/Sigrist, 2011, 38–39.

des Alltäglichen nicht mehr dadurch entfliehen, dass wir uns einem unumschränkten *Überblick* annähern, und wir können Konflikten nicht entgehen, indem wir uns einer *unumschränkten Überverständigung* nähern» (Waldenfels 1994, 53). Das komplexe Beziehungsgefüge zwischen Helfenden und Hilfebedürftigen, so die These, entflieht dem Alltäglichen nicht, sondern überschreitet es und korrespondiert mit Räumen von Lebenswelten, die jenseits von fundamentalistischen Absicherungen Spielräume unzähliger Möglichkeiten von helfendem Handeln in sich bergen. Wie sind solche Räume zu erkennen? Für Waldenfels ist klar: «Es bleibt nur der *schräge Blick* und die *schräge* Rede, die in ihrer verfremdeten Wirkung eine andere Welt anzielen, aber keine höhere.» (Waldenfels, 1994, 53)

Mit solch schrägem Blick versucht der Soziologe Martin Kronauer, auf Ausgrenzungsphänomene in andere «Welten» als die vom «Hier» oder «Dort» zu zielen, insbesondere wenn es um das Verstehen der in diesem Zusammenhang häufig gebrauchten Begriffe von Inklusion oder Exklusion geht.[33] Die Wurzeln des Inklusionsgedankens werden in der amerikanischen Independent-Living-Bewegung gesehen, die sich seit den 1960er-Jahren für die Autonomie von Menschen mit geistigen und körperlichen Behinderungen engagiert hat. (Liedke, 2012, 74) Der Begriff Inklusion selber, wie er heute in den Sozialwissenschaften und darüber hinaus in anderen Disziplinen benutzt wird, hat seinen Ursprung in den systemtheoretischen, soziologischen Konzepten und wurde vor allem durch Niklas Luhmann weiterentwickelt. Luhmann gelingt es, mit diesem Begriff zu zeigen, wie das Problem des Einbezugs von Menschen je nach Gesellschaftstyp zustande kommt.

Ursprünglich in «segmentären Gesellschaften» durch die Zuordnung in «Kleinsteinheiten der Wohn- und Lebensgemeinschaften» (Luhmann, 1995, 242) geschah Inklusion in den mittelalterlichen, sogenannt «stratifizierten Gesellschaften», durch die Einweisung in Stände, später dann in Klassen beziehungsweise in soziale Schichten. Heute, in den «funktional differenzierten Gesellschaften», scheinen diese ursprünglichen Zuordnungsmodelle nicht mehr zu greifen. Menschen besitzen theoretisch grosse Freiheiten, sich in verschiedene gesellschaftliche Teilsysteme hineinzubegeben. Andere Mechanismen beginnen zu spielen: «Inklusion

---

[33] Vgl. zum Ansatz Kronauers im Bezug auf das Inklusions-Exklusions-Phänomen im Kirchenraum: Sigrist, 2013, 216–218.

und Exklusion werden also nicht mehr durch Familienhaushalte, wohl aber durch das Netzwerk von Kontakten differenziert [...]. Mitmachen oder Herausfallen – das ist eine Entscheidung, die laufend getroffen und erneuert werden muss, und dies, ohne dass Aussenfaktoren (etwa durch Inflationierung der Möglichkeiten oder durch den Ressourcenentzug) entscheidend eingreifen könnten.» (Luhmann, 1995, 253f.)

Inklusion und Exklusion werden zu systemtheoretischen dichotomischen Komplementärbegriffen, die, losgelöst aus historischen Konstellationen, Exklusion als «äussere Seite» der Inklusion verstehen. «Inklusion bezeichnet dann die innere Seite der Form, deren äussere Seite ‹Exklusion› ist. Von Inklusion kann man also sinnvoll nur sprechen, wenn es Exklusion gibt.» (Luhmann, 1995, 241) Folgerichtig postuliert Luhmann, dass «das Gesellschaftssystem und dessen Funktionssystem auf Inklusion der Gesamtbevölkerung angelegt ist. Es gibt keine ersichtlichen Gründe, jemanden von der Verwendung von Geld, von der Rechtsfähigkeit oder einer Staatsangehörigkeit, von Bildung oder vom Heiraten auszuschliessen oder all dies von systemexternen Genehmigungen oder Sonderkonditionen abhängig zu machen. Bei prinzipieller Vollinklusion aller entscheiden die Funktionssysteme selbst, wie weit es jemand bringt [...]» (Luhmann, 1995, 142).

Ob die Gründe nun ersichtlich sind oder nicht, in modernen Gesellschaften gibt es trotz dem Postulat «Vollinklusion» den Ausschluss einzelner oder ganzer Bevölkerungsgruppen von der Teilhabe (Partizipation) und wechselseitiger Abhängigkeit (Interdependez). Dies hat Luhmann in der Begegnung in Favelas in südamerikanischen Grossstädten selber erkannt: «Zur Überraschung aller Wohlgesinnten muss man feststellen, dass es doch Exklusion gibt, und zwar massenhaft und in einer Art von Elend, das sich der Beschreibung entzieht.» (Luhmann, 1995, 147) Durch diese Beobachtung erkennt er das theoretische Problem: «Die Logik der funktionalen Differenzierung schliesst gesellschaftliche Exklusion aus, muss es dann aber erlauben, innerhalb der Funktionssysteme nach systemeigenen Kriterien zu differenzieren. Aber ist diese Logik haltbar? Wie kann es Inklusion geben, wenn es keine Exklusion gibt?» (Luhmann, 1995, 146f.) Für Martin Kronauer ist diese Logik nicht haltbar. Er geht angesichts der Ausgrenzungsmechanismen der hochentwickelten kapitalistischen Gesellschaften des Westens von der Erosion des Luhmann'schen Postulats der «Vollinklusion» aus und plädiert für einen Exklusionsbegriff, der nicht mehr dichotomisch als Drinnen/Draussen, als Entweder/Oder funktioniert. Der Begriff muss nach Kronauer davon ausgehen, «dass auch die Ausgegrenzten in die Gesellschaft einbezogen sind – allerdings in einer besonderen Weise und in spezifischen gesellschaftlichen Verhältnissen, die sie zugleich von sozialer Wechselseitigkeit, gesellschaftlicher Anerkennung und kulturell angemessenen Teilhabemöglichkeiten ausschliessen» (Kronauer, 2002, 146).[34]

Die Frage stellt sich nun angesichts der faktisch erwiesenen und empirisch feststellbaren Ausschlusssphänomene gerade in der Armutsdebatte, welche Anforderungen an einen neu gefassten Exklusionsbegriff richtet. Kronauer nennt vier solcher Anforderungen: «Er [der Begriff Exklusion, erg. CS] muss es erlauben, rechtliche und institutionelle Einschliessung und soziale Ausgrenzung zusammenzudenken. Er muss in der Lage

---

34 In solch kritische Distanz zu Luhmanns Systemtheorie aufgrund der faktisch feststellbaren Ausschlussphänomene und Armutsrisiken geht auch Dieter Gröschke, indem er in seiner Studie zu Arbeit, Behinderung und Teilhabe schon einleitend feststellt: «Zu Beginn dieses Abschnitts möchte ich klarstellen, dass ich im Folgenden den Begriff ‹Exklusion› als sozialen Ausschluss von gesellschaftlicher Teilhabe verwende und nicht als systemtheoretischen Komplementärbegriff zu Inklusion.» (Gröschke, 2011, 56) Ebenso kritisiert Ulf Liedke die «abstrakte Vision» im systemtheoretischen Gebrauch des Begriffs Inklusion: «Ohne Zweifel nährt sich auch das Inklusionskonzept an der Glut einer solchen konkreten Utopie [gemeint ist die von Theodor W. Adorno beschriebene Utopie einer emanzipierten Gesellschaft, in der man ohne Angst verschieden sein kann, erg. CS]. Es vertritt ein normatives Verständnis unmittelbarer Zugehörigkeit und unterscheidet sich darin von der deskriptiven, systemtheoretischen Analyse, die Exklusion als ‹Nebeneffekt der funktional differenzierten Gesellschaft› ansieht und ‹Inklusion nur vor dem Hintergrund möglicher Exklusionen› [Fremdzitat aus: Luhmann, 1998, 663] für denkbar hält. Die Auseinandersetzung zwischen beiden Perspektiven kann an dieser Stelle nicht geführt werden. Ihre schroffe Entgegensetzung lässt sich jedoch vermeiden. Der Inklusionsgedanke ist nämlich genau dann mehr als eine abstrakte Vision, wenn er als Weg zur Verminderung von Marginalisierungen verstanden sowie durch Handlungskonzepte konkretisiert und operationalisiert wird. Dazu liegen mittlerweile differenzierte Konzepte und aussagefähige Erfahrungen vor.» (Liedke, 2012, 75f.) Für Liedke liegen mit Konzepten wie ‹community Care›, ‹supported Living› oder ‹enabling Community›, wie sie in den USA, Großbritannien, den skandinavischen und weiteren europäischen Ländern schon weit entwickelt sind und nun auch im deutschsprachigen Raum entstehen, solche Erfahrungen vor. Martin Kronauers Kritik und Weiterentwicklung des Exklusionsbegriffs nimmt dieses normative Verständnis unmittelbarer Zugehörigkeit auf.

sein, Ausgrenzung aus gesellschaftlicher Ungleichheit zu erklären und zugleich als einen speziellen, von anderen Ausprägungen gesellschaftlicher Ungleichheit qualitativ unterschiedenen Fall von Ungleichheit zu charakterisieren. Er muss es ermöglichen, Ausgrenzung als abgestufter Prozess mit unterschiedlichen Graden von Gefährdung von Ausgrenzung als Zustand zu unterscheiden und gleichwohl auf beide zu beziehen. Er muss schliesslich den beiden modi gesellschaftlicher Zugehörigkeit, Interdependenz und Partizipation, Rechnung tragen.» (Kronauer, 2002, 146)

Wie ist nun dieses Zusammendenken von institutioneller Einschliessung und sozialer Ausgrenzung begrifflich zu fassen? Kronauer orientiert sich an dieser Stelle an den Analysen des Soziologen Georg Simmel, die den Armen in solcher Gleichzeitigkeit von Einschluss und Ausgrenzung beschreibt: «So ist der Arme zwar gewissermassen ausserhalb der Gruppe gestellt, aber dieses Ausserhalb ist nur eine besondere Art der Wechselwirkung mit ihr, die ihn in eine Einheit mit dem Ganzen in dessen weitestem Sinne verwebt.» (Simmel, 1992, 523) Die Gleichzeitigkeit von «drinnen» und «draussen», die simultane institutionelle Einbindung in die dem Bürger zugerechnete Armenfürsorge und der gesellschaftliche Ausschluss ist exemplarisch bei Kronauer dargelegt und birgt ihm nach hohe Aktualität: «Das Ziel der Armenfürsorge bleibt vielmehr ihrem Wesen nach die Aufrechterhaltung des gesellschaftlichen status quo: minimale Unterstützung der Personen statt Beseitigung der Verhältnisse, die Armut erzeugen.» (Kronauer, 2002, 148f.) Mit diesem nicht dichotomischen Exklusionsbegriff kann Kronauer präzise fassen, worin die soziale Ungleichheit des «Draussen» besteht: «An die Stelle der Einbindung in gesellschaftliche Wechselseitigkeit tritt ausschliessliche, einseitige Abhängigkeit […]. Ausgrenzung heisst, nicht einmal mehr ausgebeutet zu werden. Denn selbst die Ausbeutung beruht noch auf einem Abhängigkeitsverhältnis, das – obwohl von Grund auf ungleich angelegt – Wechselseitigkeit und damit Widerstandsmöglichkeiten einschliesst. Der Ausbeuter braucht den Auszubeutenden, so wie dieser sich bei jenem verdingen muss. Für den ‹Überflüssigen› des Arbeitsmarktes gilt dies nicht mehr.» (Kronauer, 2002, 149) Ausgrenzung ist deshalb für Kronauer ein Prozess, «eine zunehmende Machtverschiebung im Kontinuum wechselseitiger Abhängigkeitsverhältnisse zu Lasten einer Seite. Sein Fluchtpunkt und zugleich der Punkt des ‹Bruchs› zwischen drinnen und draussen ist das Ende aller Wechselseitigkeit – die Nutz- und Machtlosigkeit des einseitigen Objektstatus etwa in der Fürsorge» (Kronauer, 2002, 149).

Die Zeit der Fürsorge ist jedoch nach Johannes Degen endgültig vorbei. Diakonie als helfendes Handeln, das auf Selbstbestimmung und Assistenz beruht und durch die Tätigkeit des Begleitens Helfende wie Hilfeempfänger zu neuen Orten «auf den Weg schickt», kann nun qualitativ anders und präzis gefasst werden: Im helfenden Handeln zeigt sich eine inkludierende Kraft, die das unterschiedliche Potenzial und die individuellen Möglichkeiten der durch den Ausschluss von Teilhabe und wechselseitiger Abhängigkeit exkludierten Menschen stärkt. Kronauer ist in Folgendem zuzustimmen: «Selbst im Zustand der Ausgrenzung und in ihren Anstrengungen, sie zu bewältigen, sind die Betroffenen noch *Teil* der Gesellschaft und von ihr durchdrungen, auch wenn sie nicht mehr *teilhaben* an ihren Möglichkeiten und ihr *zugehören*. Sie sind zu ihrem Überleben auf den Markt (und sei es auch den illegalen), den Staat (in einer vielfach entwürdigenden Abhängigkeit) oder persönlichen Unterstützung (wie sehr die Einseitigkeit dabei auch zurückstossen mag) angewiesen.» (Kronauer, 2002, 212f.) Zu ergänzen ist hier, dass gerade Kirchen als Institutionen mit ihren Räumen und ihrem Freiwilligennetz ebenfalls Mitspielerinnen in diesen Räumen des Helfens sind.[35]

Als inkludierende Kraft grenzt sich das so verstandene helfende Handeln von einem Integrationsverständnis ab, das sozial, politisch oder kulturell marginalisierten Menschengruppen von «draussen» den Weg zur eigentlichen Gesellschaft «drinnen» eröffnen möchte. Die «draussen» gehören schon immer zu denen «drinnen»; ihre Begleitung und Unterstützung hat unter dem Gesichtspunkt ihrer Zugehörigkeit zu geschehen. Die inkludierende Kraft zieht beide, Helfende wie Hilfeempfänger, nicht in homogene, sondern in «heterologogische Räumlichkeiten» (Busch, 2010, 56) beziehungsweise heterogene diakonische Räume, wo Platz für ein Miteinander unterschiedlichster Minderheiten geschaffen wird und mit «schrägem Blick» und «schräger Rede» die Vielfalt von Potenzialen und Fähigkeiten all dieser je auf ihre Weise «schrägen Vögel» ins Spiel gebracht wird, um Diskriminierung, Marginalisierung, Benachteiligungen und Ausgrenzung abzubauen.[36]

---

35 Vgl. dazu: Rüegger/Sigrist, 2011, 241–256.

36 Ich gehe mit Ulf Liedke einig, wenn dieser sagt: «In Abgrenzung zum Mainstream des Integrationsverständnisses soll mit dem Inklusionsbegriff deutlich gemacht wer-

3.4. Fazit: Diakonische Räume als Heterotopien helfenden Handels

Helfendes Handeln eröffnet Räume, andere Räume als befehlendes oder unterdrückendes Handeln, Räume inmitten des Gefüges von anderen Orten mit anderen Wirkungen. In Anlehnung an Michael Foucaults Heterotopologie[37], die systematisch versucht, die Wirkungen von Orten und Räumen inmitten ihrer Vernetzungsstrukturen mit anderen Orten und deren Wirkungen zu beschreiben, können diakonische Räume als «Heterotopien» helfenden Handelns verstanden werden.

Heterotopien sind nach Foucault im Unterschied zu Utopien «reale, wirkliche Orte, zum institutionellen Bereich der Gesellschaft gehörige Orte, die gleichsam Gegenorte darstellen, tatsächlich verwirklichte Utopien, in denen die realen Orte, all die anderen realen Orte, die man in der Kultur finden kann, zugleich repräsentiert, in Frage stellt und ins Gegenteil verkehrt werden. Es sind gleichsam Orte, die ausserhalb aller Orte liegen, obwohl sie sich durchaus lokalisieren lassen. Da diese Orte völlig anders sind als all die Orte, die sie spiegeln, und von denen sie sprechen, werde ich sie im Gegensatz zu den Utopien als Heterotopien bezeichnen.» (Foucault, 2006, 320). Diakonische Räume, so kann nun unter Aufnahme der Foucault'schen Definition argumentiert werden, repräsentieren als «Andersorte» anders gestimmte und anders konstituierte Orte: reale Orte des Helfens, welche die anderen Orte infrage stellen und sie bisweilen ins Gegenteil verkehren. Gleichsam als Aspekte einer Heterotopologie helfenden Handelns kann aufgrund der Untersuchungen in diesem Kapitel festgehalten werden:[38]

– Diakonische Räume als Heterotopien des helfenden Handelns sind religiöse bzw. kulturelle Erzeugnisse, die Raum bieten für das anthropologische Grundphänomen. Sie repräsentieren das «pro-

---

den, dass sozial marginalisierte Menschengruppen immer schon zur Gesellschaft gehören und die Beseitigung von Diskriminierung deshalb als Grundlage der stets schon vorausgesetzten Zugehörigkeit erfolgen muss. Darüber hinaus geht das Inklusionsmodell nicht mehr von der Interaktion relativ homogener Personengruppen aus, sondern stellt die diversity, die Verschiedenheit, und Individualität der Menschen in den Mittelpunkt.» (Liedke, 2013, 20)

37 Vgl. Foucault, 2006, 317–327; 1991, 66–72.

38 Ich lehne mich in dieser Aufstellung an entsprechende allgemeine Grundsätze von Michel Foucault (2006, 321–327) an und übertrage sie im Speziellen auf das Handeln.

soziale Naturell» (Blaffer Hrdy) des Menschseins, hilfe-bedürftig und hilfe-fähig zu sein.

- Diakonische Räume als Heterotopien des helfenden Handelns tragen in sich zwei Brennpunkte: Der Vorrang des Anderen als Wahrnehmung seines Antlitzes in seiner Andersheit (Alterität) und Differenz (Heterogenität) auf der einen Seite, den Transzendenzverweis im Vollzug des Helfens auf der anderen Seite. Diakonische Räume stellen die Helferidentität, die sich auf ihr eigenes Tun gründen will infrage, indem sie Brüchigkeit, Kraft- und Mutlosigkeit oder aber Hilflosigkeit wahrnehmbar machen. Mit den zu glaubenden, zu bekennenden und immer wieder zu bezeugenden Hinweisen auf das Aufscheinen der Unendlichkeit Gottes im Antlitz des Anderen wird das Phänomen des Helfens bisweilen ins Gegenteil verkehrt: Es geht um den fundamentalen Perspektivenwechsel durch die Einsicht, dass nicht meine spontane menschliche Reaktionsfähigkeit das Helfen begründet, sondern der Blick des Anderen, der Hilfe zutraut. Im Blick des Anderen begegnet man nach christlichen Glauben Christus, und in Christus wird Gott mit seiner schöpferischen Kraft sichtbar. Diese wirkt sich in jedem Menschen mit seinem je religiös unterschiedlich motivierten oder weltanschaulich gedeuteten helfenden Handeln aus.
- Diakonische Räume als Heterotopien helfenden Handelns vermögen an einem Ort verschiedene Lebensräume, Lebenswelten zusammenzulegen, die an sich unvereinbar sind. Dadurch unterliegt das Helfen Veränderungsprozessen, bei denen die einzelnen Qualitäten der verschiedenen Lebenswelten auseinander gehalten werden, ohne die Beziehung zu trennen. Selbstbestimmung und Assistenz sind dabei Leitwerte, Begleitung ist die Grundhaltung.
- Diakonische Räume als Heterotopien helfenden Handelns setzten immer ein System von Öffnungen und Grenzen voraus, mit dem sie der Gleichzeitigkeit des Drinnen und Draussen Platz machen. Die in diesen Räumen wirkende inkludierende Kraft stellt die Diversität, also die Verschiedenheit und Individualität der Menschen in den Mittelpunkt und macht aus absolut gesetzten Grenzen durchlässige Schwellen oder Übergänge. Diese können einladend oder abschreckend wirken, sie überwinden jedoch Polarisierungen wie drinnen/draussen, behindert/nichtbehindert, arm/reich. An-

stelle solcher Polarisierungen tritt die Differenzerfahrung der grundsätzlichen Heterogenität.

- Diakonische Räume als Heterotopien helfenden Handelns haben eine ganz bestimmte, innerhalb der Gesellschaft genau festgelegte Funktion: Sie werden und sollen als Zeichen einer Vision von Gesellschaft wahr- und in Anspruch genommen werden, die Armut, Ausgrenzung, Diskriminierung, Rassismus, Marginalisierung und menschenverachtende Vereinnahmungen oder Übergriffe abbaut.

Zum Schluss seiner Heterotopologie kommt Foucault auf eine weitere Heterotopie: «[…] wenn man bedenkt, dass Schiffe ein Stück schwimmenden Raumes sind, Orte ohne Ort, ganz auf sich selbst angewiesen, in sich geschlossen und zugleich dem endlosen Meer ausgeliefert […], dann werden Sie verstehen, warum das Schiff für unsere Zivilisation vom 16. Jahrhundert bis heute nicht nur das grösste Instrument der wirtschaftlichen Entwicklung gewesen ist […], sondern auch das grösste Reservoir für die Phantasie. Das Schiff, das ist die Heterotopie *par excellence.*» (Foucault, 2006, 527) Ist es vermessen, im Schiff als grösstem Reservoir der Fantasie nun seinerseits das *Kirchen*schiff in seinen diakonischen Funktionen als Heterotopie helfenden Handelns *par excellence* mitzudenken?

Kapitel 4: Diakonische Funktionen des Raums Gottes in biblisch-theologischer Sicht

4.1. Der biblische Raum in seiner Bezogenheit auf Gott und den Menschen

Diakonische Orte als Heterotopien helfenden Handelns zeichnen sich aus Sicht der Bibel als besonders gestimmte und durch bestimmtes Verhalten konnotierte Räume aus. Einzusetzen ist bei der Feststellung, dass Raum nicht nur eine «Grundkategorie christlicher Weltdeutung» (Jooss, 2010, 67), sondern konstitutiv für das Leben überhaupt ist. «Ohne Raum kann kein Mensch leben.» (Moltmann, 2002, 41) Elisabeth Jooss hat in ihren Arbeiten verschiedentlich den Raum in seiner theologischen Interpretation beschrieben.[1] Nach ihr sind aus biblisch-theologischer Sicht zwei «Grundbeobachtungen» den Überlegungen zum Raum voranzustellen: «1. Raum wird in jüdisch-christlicher Tradition nicht als Grösse an sich behandelt. 2. Der Raum erscheint immer bezogen auf zwei andere Grössen, nämlich auf Gott und den Menschen. Raum, Mensch und Gott lassen sich nicht unabhängig voneinander aussagen, sondern nur immer in Bezogenheit aufeinander.» (Jooss, 2010, 67) Gott und Mensch sind ursächlich relational räumlich aufeinander bezogen. Mit dem gestalterischen Handeln des Menschen korrespondiert die schöpferische Tat Gottes. Die Tat Gottes ist sein schöpferisches Wort, das durch die Trennung der lebensermöglichenden Schöpfung von der lebensfeindlichen Zerstörung von Lebenswelt (Tohuwabohu) lebensdienlichen Raum ermöglicht (Gen 1,2f.). Für das allgemeine Raumverständnis kann aus biblischer Sicht demnach mit Jooss grundlegend festgehalten werden: «Der Raum als den Menschen vielfach und grundsätzlich bestimmende Grösse (als verheissenes Land, als Berg der Offenbarung, als Meer, als Tempel usw.) wird immer nur gedacht als ein auf Gott bezogener Raum. Menschliches Leben in seinen räumlichen Dimensionen ist Leben coram deo, was ja seinerseits schon wieder eine räumliche Bestimmung ist.» (Jooss, 2010, 68)

---

1 Jooss, Elisabeth, 2005; 2009, 386–399; 2010, 67–83.

4.1.1. *Der biblische Raum, von Menschen gestaltet, coram deo verortet*

Der biblische Raum kann aufgrund dieser Beobachtung als ein einerseits von Menschen gestalteter und anderseits als ein *coram deo* verorteter Raum beschrieben werden. Somit kann helfendes Handeln als ein Aspekt des Raum gestaltenden Menschen wie auch als ein solidarisches Hilfehandeln für und mit Menschen verstanden werden, das vor und in Gott Raum findet. Helfendes Handeln vor Gott findet im biblischen Horizont seine räumliche Bestimmung. Wie sind solche Räume zu beschreiben, in denen Hilfe *coram deo* geschieht? Diese Frage drängt sich umso mehr auf, als gerade in Kirchenräumen vielfach geholfen wird, und dies explizit *coram deo*.

Einzusetzen ist beim Handeln des Menschen. In seinem grundlegenden Artikel über den Raum in der Bibel setzt Jürgen Ebach das menschliche Handeln zum Raum selber in ein Spannungsverhältnis. Raum ist für den Alten Orient nicht schon gegeben, sondern wird durch Handeln, Räumen und Roden erschlossen und so auch erlebt. Durch Räumen wird Platz für das Leben eingeräumt.[2] Die Tätigkeit des Menschen wird in sumerischen und babylonischen Mythen durchwegs so beschrieben, dass die Götter die Menschen schufen, damit diese ihnen die Arbeit abnehmen sollten, die selber auszuführen sie vor der Schaffung des Menschen gezwungen waren. Nach Ebach knüpft die alttestamentliche Tradition an solche Vorstellungen an und widerspricht ihr: «Es gibt in der Bibel kein Menschsein *ohne* Arbeit, aber nicht Menschsein *durch* Arbeit.» (Ebach, 2009, 456) Nach Auffassung der biblischen Urgeschichte gehört es zu den grundlegenden menschlichen Aufgaben, den Lebensraum durch Arbeit zu gestalten (vgl. Gen 1,28; 2,5–15; 3,23; 4,2.20).

Zur Raumgestaltung durch menschliche Tätigkeit werden mentale Landkarten, Geschichten und Verteilungsstrategien zur Hand genommen. Das durch Arbeit und Handeln erschlossene Kulturland grenzt sich sowohl von lebensbedrohlicher Natur als auch von feindlicher Kultur ab. Es geht dabei nicht nur um Grenzen zwischen fremd und heimisch, Gegner und Freund, sondern auch um Grenzen zwischen dem Land der

---

2 Das Wortfeld «Raum» geht auf das Verb «räumen» zurück und bezeichnet den so bearbeiteten und ausgestalteten Raum; vgl. Pongratz-Leisten, 2001, 261–279, 264. Zum Thema biblischer Raum allgemein vgl. auch Wagner-Rau, 2002, 582f.; Von den Brom, 2004, 64f.

Lebenden und dem Land der Toten. Die über die real vorfindliche Welt hinausweisende, mit symbolischen und apokalyptischen Bildern konstruierte Umwelt zeigt sich in Visionen sich ablösender Weltenreiche (Dan 2), in Friedensbildern (Jes 11) oder in Form einer neuen Schöpfung als himmlische Stadt (Apk 22). Diese deutende Erschliessung erfolgt in Form einer *mental map*, «einer kognitiven, affektiven und religiös-symbolischen geistigen Landkarte. Die Verortung im Raum lässt dabei auch das zum Thema werden, was (noch) keinen Raum (topos) hat, das heisst die Utopie» (Ebach, 2009, 456).

Nicht nur zukünftige oder utopische Räume, sondern auch vergangene und real existierende werden in biblischer Tradition mit Geschichten und Erzählungen verbunden. Für die Fragestellung vorliegender Arbeit weiterführend ist die Tatsache, dass erfahrene und durch Leben und Arbeit erschlossene Räume als Texträume interpretiert werden können, die in anderen Kontexten weitergeschrieben und erzählt werden. Dies verdeutlicht Ebach am Beispiel Ägypten: Ägypten ist in der biblischen Erinnerung das Land der Versklavung des Volkes Israel und damit der Raum, aus dem dieses aus Knechtschaft und Unterdrückung befreit wurde. Damit wurde Ägypten zum Grund und Ursprung einer alttestamentlichen Theologie der Befreiung (Ex 15,1–15), was sich in späteren Epochen und Texten immer wieder niederschlägt (Ex 20,2; Lev 19,36; Dtn 26,1–11; Ps 114, Jer 2,6; Dan 9,5; Apg 7,36; Hebr 8,9). Ägypten ist auch der Raum, in dem Israels Erzväter und -mütter als Fremdlinge Heimat finden (Gen 12; 46; Ex 23,9; Lev 19,34; Dan 23,8). Ägypten kann zudem in mythischer Gestalt als Chaosdrache Rahab auftreten (Jes 30,7; Ps 87,4) und wird so Sinnbild für die Rettung: Gott wird aufgefordert, Israel aus dem Exil zu erretten, wie er einst den Drachen Rahab zerschlug, sodass die Befreiten hindurchziehen konnten (vgl. Jes 51,9f.). Das Schöpfungsmotiv des urzeitlichen Sieges Gottes über den Drachen und der Durchzug durch das Schilfmeer (Ex 14f.) verschmilzt im religiösen Symbol- und Deutungssystem zu einem Geschehen, das sich auch in Zukunft wiederholen wird und so zur geistigen Ausrichtung und zum geistlichen Trost (vgl. Jes 51,12) der glaubenden Existenz werden kann; zur handlungsleitenden Norm für die Gestaltung gegenwärtiger und zukünftiger Lebensräume. Ebach (2009, 456)[3] hält darüber hinaus grund-

---

3 Ebach (2009, 457) führt einige Beispiel an: Ninive im Jonabuch, Betlehem, Johannes in der Wüste – hier werden Räume genannt, die sich durch Erfahrungen und Bilder

legend fest, dass auch in anderen Kontexten Räume mit ihren Texten und Geschichten identitäts- und sinnstiftende «Raum-Figurationen» entwickeln.

Solche handlungsleitenden und sinnstiftenden Raum-Figurationen sind jedoch nicht nur auf das Handeln der Menschen untereinander bezogen, sondern auch auf die Verortung des handelnden Lebens *coram deo*. Damit werden die Bezogenheit zwischen Gott und Mensch und die Verortung dieser Beziehung lokal und konkret in den fortzuschreibenden und in den zeitgeschichtlichen Kontext zu integrierenden Prozess hineingezogen. Elisabeth Jooss unterscheidet vier verschiedene Raum-Figurationen oder -konzepte, «die jeweils Ausdruck des aktuellen Verständnisses der Gott-Mensch-Beziehung sind» (Jooss, 2009, 390f):

1. Stiftshütte,
2. Tempel,
3. Synagoge und
4. Haus.

4.1.2. Stiftshütte, Tempel, Synagoge, Haus

Stiftshütte: Das Alte Testament spricht nach Jooss von zwei grundlegenden Modellen eines überdachten Raums, der für die Präsenz Gottes bei den Menschen gebaut wurde: die «Stiftshütte» und der Tempel in Jerusalem. Im Buch Exodus sind für die Stiftshütte, das israelitische Zeltheiligtum, konkrete Bauanweisungen aufgeführt (Ex 26). Sie wird als portables Haus Gottes konzipiert, als «Wohnung des Zeltes der Begegnung» (Ex 40,1), das nach der Vollendung des Baus durch Mose von einer Wolke bedeckt wurde, «und die Herrlichkeit des HERRN erfüllte die Wohnung» (Ex 40,34). Die nach hierarchischen Strukturen und Ordnungen im Zelt eingerichteten Räume und die architektonische Nähe des Zeltbaus zur salomonischen Tempelanlage legen die priesterliche Urheberschaft nahe. Die Priester übertrugen das Modell des Tempels, aus eigener Erfahrung und Praxis bekannt, später auf die Exodus-Erfahrung des Volkes Israel.

---

für theologische Texte des Glaubens figurativ weiterentwickelt haben. Das Josuabuch selbst «folgt in seinem Aufbau gleichsam einer geographisch-geschichtlichen Reise auf einer *mental map*».

Tempel: Der Tempel in Jerusalem war für das Südreich bis zu seiner Zerstörung im Jahre 587 v. Chr. das kultische Zentrum schlechthin – das Zentrum für Gebet, liturgische und priesterliche Handlungen sowie für die Gottesverehrung. Die Gesamtarchitektur des Tempels, wie sie im 1. Buch Könige 6 beschrieben wird, spiegelt die kosmische Ordnung wider und verweist nach Jooss (2009, 390) auf den «transzendental-ontologischen Aspekt des Raumes».[4] Im Zentrum des Tempels war das Allerheiligste angelegt, mit einem mit Cherubinen flankierten leeren Thron, Symbol für die Unverfügbarkeit und Unsichtbarkeit Gottes (2Kön 19,15). Jooss beschreibt aufgrund der Eröffnungsszene der Thronratsvision des Jesaja (Jes 6,1–4) in der horizontalen und vertikalen Dimension dieses Raums die Beziehung zwischen Gott und Mensch. Die dritte Dimension, die sagittale, beschreibt sie als eine von Nähe und Distanz. Jooss entdeckt sie in der «Dialektik von Präsenz und Entzogenheit JHWHs» (Jooss, 2010, 72), eine Dialektik, die mit dem Bild des Rauchs beschrieben wird, der das Haus füllt (Jes 6,4b). In der Raumkonzeption des Tempels wird das Medium deutlich, «das an der göttlichen und an der menschlichen Sphäre teilhat: an der göttlichen durch die Anwesenheit Gottes und seines Glanzes, an der menschlichen durch seine konkrete Verortung auf dem Zion mit der impliziten Möglichkeit, diesen Ort aufsuchen zu können» (Jooss, 2010, 72).[5] Dieses Anteilnehmen an einer göttlichen und einer menschlichen Sphäre kann auch als Perichorese, als Verschmelzung oder gegenseitige Durchdringung ohne Verlust der eigenen Identität beschrieben werden.[6] «Somit stellt der Tempel das Paradigma eines theologischen Raumkonzepts dar, das den transzenden-

---

4 Vgl. weiter zur Auslegung von Jesaja 6 als «Wohnort Jahwes»: Umbach, 2005, 68–80.

5 Vgl. zur Beschreibung dieser drei grundlegenden Dimensionen mit Blick auf die Thronbesteigung Jahwes: Jooss, 2010, 70–72.

6 Mit diesem Hinweis von Jooss werden erste Verbindungslinien zum Raumbegriff eines trinitarischen Gottes aufgenommen. In der dogmatischen Diskussion war es vor allem Magdalene Frettlöh, die mit dem Sphärenbegriffs von Peter Sloterdjik und mit Bezug auf den rabbinischen Begriff des «Ortes Gottes» für die Aufnahme des trinitarischen Gottesbegriffs innerhalb einer «topologischen Trinitätslehre» plädiert. «Diese [die flüchtigen Anmerkungen von Peter Sloterdjik zur Trinitätslehre, erg. CS] sind vor allem durch Johannes von Damaskus' trinitarisch-topologische Reformulierung des *Perichorese*-Begriffs und die daraus resultierenden Beobachtungen zu den *Orten Gottes* angeregt und gehören m. E. zu den gegenwärtig anregendsten raumkategorischen Revisionen der Lehre von der immanenten Trinität.» (Frettlöh, 2005, 201f.) Vgl. weiter zum Begriff der Perichorese: Moltmann, 2002, 34.

talen und den anthropologischen Raumaspekt in seiner Baukonzeption vereint.» (Joos, 2009, 390)[7]

Paradigmatisch für dieses Raumkonzept ist die Erfahrung, dass sich Gott in der konkreten Begegnung an einem bestimmten Ort in der Spannung zwischen Nähe und Distanz ereignet: «Bin ich denn ein Gott der Nähe, Spruch des HERRN, und nicht auch ein Gott der Ferne? Kann sich einer in Verstecken verstecken, und ich würde ihn nicht sehen? Spruch des HERRN. Fülle ich nicht den Himmel und die Erde? Spruch des Herrn.» (Jer 23,23f.). Dieses Paradigma konkreter Verortung von göttlicher Transzendenz und Adessenz zeigt sich im Tempelraum in seiner verdichteten Form aller drei Raumdimensionen, der horizontalen, vertikalen und der sagittalen, im Motiv des Rauchs, der das ganze Haus erfüllt (Jes 6,4).

Die sagittale Verschränkung von Nähe und Distanz scheint auch an verschiedenen anderen bekannten Stellen auf (Gn 28,16; Ex 3,3–6, Ex 33,23; 1. Kön 8,27; Joh 1,14; Act 1,8). Die Himmelseiter Jakobs, die Unfassbarkeit des Raums, den Gott einnimmt, auch wenn es um das «Haus Gottes» geht, die universelle Wirkung der an die Zeugen gebundene Geistesgegenwart – all diese Motive, die ja in vielen Kirchenräumen malerisch oder anders ausgestaltet vorkommen, weisen auf diese sagittale Dimension göttlicher Einräumung hin, die sich durch die ganze biblische Tradition zieht. «Der am Ort anwesende Gott wird vom Ort nicht umschlossen oder begrenzt, sondern Gott *entschränkt* sich selbst auf seine Anwesenheit am Ort.» (Beuttler, 2010, 519)[8]

Synagoge: Nach der Zerstörung des Tempels zur Zeit des Exils und nachexilisch sind Synagogen entstanden. Diese Räume hatten zum Zweck, den versammelten Gemeinden Schutz zu gewähren und sie Riten

---

7 Vgl. zur Raumkonzeption des Tempels die Untersuchung von Elisabeth Jooss in ihrer Dissertation (2005, 142–152).

8 Elisabeth Jooss setzt diese im Alten Testament aufscheinenden Dimensionen in Verbindung mit Jesus Christus und sieht im Kreuzesgeschehen die «Zentralisations- und Verdichtungsstelle» auch der sagittalen Dimension: «Kreuz und Sagittale: Für die Sagittale gilt, was bereits für die beiden anderen Dimensionen gezeigt wurde: Das Kreuz stellt insofern den paradigmatischen Ort sagittaler Konzeption dar, als sich in der grösstmöglichen Abwesenheit Christi, dem Tod, seine intensivste Nähe konzeptualisiert findet, indem das Kreuz einerseits den Ansatz des Heilsgeschehens darstellt und anderseits als Garant für die immerwährende Nähe des Geistes fungiert.» (Jooss, 2010, 75–81, 80)

vollziehen zu lassen. Nach der Zerstörung des Zweiten Tempels 70 n. Chr. wurden Synagogen zu Symbolbauten der zentralen religiösen Institution. Thomas Erne (2007, 2) vergleicht diese beiden Traditionslinien der «räumlichen Gegenwart Gottes im repräsentativen Tempel» und der «kommunikativen Gegenwart Gottes in der Liturgie der Synagoge»: «Während die Tempeltradition die religiöse Kommunikation relativiert, wird umgekehrt in der synagogalen Traditionslinie der gebaute Raum marginalisiert, denn die Synagoge ist ein Funktionsraum, dessen Bedeutung in der Ermöglichung der liturgischen Feier aufgeht.»[9]

Haus: Im Blick auf die neutestamentlichen Überlieferungen gilt es festzuhalten, dass sich die Bewegung rund um Jesus in den traditionellen Kontexten der drei Räume zeitgenössischer jüdischer Glaubenspraxis, Tempel, Synagoge und Haus, bewegte. Die Verkündigung des Reichs Gottes ist für den Wanderprediger Jesus an keinen Raum gebunden. Dementsprechend ambivalent ist sein Verhältnis zum Tempel. Auf der einen Seite wird die Frömmigkeit der Familie Jesus' beim Tempel hervorgehoben (Lk 2,22–24.41), anderseits ist der zentrale Satz Jesus' über die kommende Zerstörung des Tempels und seine Neuerbauung (Mk 14,58) wie auch die Geschichte von der Vertreibung der Händler aus dem Tempelbezirk (Mk 11,15–17) grundlegend. Dieser kritischen Distanz Jesus' gegenüber ausgrenzenden Versammlungsorten entspricht die Beobachtung, dass im Neuen Testament keine speziell für den gottesdienstlichen Gebrauch gebauten christlichen Räume erwähnt werden. Die Vermutung liegt nahe, dass sich die Christen der ersten Jahrzehnte zwecks ihrer liturgischen Zusammenkünfte regelmässig ausserhalb Jerusalems in den privaten Häusern meist wohlhabender Mitglieder der neu entstandenen Gemeinschaften trafen. Aus ihrem Selbstverständnis heraus orientierten sie sich bei ihrer Zunahme später nicht am Modell des sakralen Tempels, sondern an den synagogalen Versammlungsräumen oder an der römischen Basilika, einem profanen Gebäude zum Zweck der öffentlichen Versammlung (Umbach, 2005, 138ff.; Jooss, 2009, 391).

In welcher Raum-Figuration sich auch das Leben des Menschen *coram deo* zeigt, für die Beschreibung der diakonischen Funktionen der Kirche als sichtbares Zeichen für die Gestaltung des Lebens vor Gott sind die

---

9 Thomas Erne (2007, 2) fügt Beispiele an, an denen deutlich wird, wie Exponenten der evangelischen Theologie diese synagogale Struktur des Funktionsraums übernehmen.

biblischen Raumkonzepte wegweisend, wie sie sich in der Krisenzeit, in exilischer und nachexilischer Zeit, herausgebildet haben. Es lässt sich deutlich zeigen, dass das prägende transzendentale und anthropologische Aspekte vereinende Raumkonzept vor allem in Krisenzeiten entscheidende Impulse für weitere Figurationen erfuhr.

4.2. Einwohnung Gottes bei den Menschen

Die Zerstörung von Kultmöglichkeiten vor allem im Nordreich gegen Ende des 8. Jahrhunderts und Beginn des 7. Jahrhunderts v. Chr. durch die assyrischen Feldzüge sowie die endgültige Zerstörung des Tempels und Exilierung des Volks durch die babylonischen Kriege im 6. Jahrhundert v. Chr. drängten auf neue theologische Lösungen für das Problem, wie Gott sich in der Welt verortet. Raumkonzepte neben dem Tempel als dem Zentralort der Verehrung Jahwes kamen jetzt zum Tragen: Der Himmel als durch Gott geschaffener Raum wurde als Ort gedacht, wo sich Gott selber aufhält, dem irdischen Tempel blieb die Funktion, Stätte für das Gebet zu sein. Der Himmel avancierte zum Ort, «von dem du gesagt hast: Dort soll mein Name sein. Und erhöre das Gebet, mit dem dein Diener zu dieser Stätte hin betet. Und erhöre das Flehen deines Dieners und deines Volkes Israel [...] erhöre es an der Stätte, wo du wohnst, im Himmel, erhöre es und vergib» (1. Kön 8,29.30).

Nach Jooss ist mit dieser Neukonzeptionalisierung der wesentlichste Schritt benannt, nämlich «die Übernahme der Vorstellung des himmlischen Thrones der Gottheit, wodurch Souveränität und Überlegenheit des göttlichen Handelns trotz Tempelzerstörung und Exilierung gewährleistet wird. Der irdische Tempel wird davon entlastet, alleiniger Wohnort der Gottheit sein zu müssen, indem ihm ein neues Verortungsmodell beigesellt wird, der Himmel [...]» (Jooss, 2010, 73).

Durch die Zerstörung von Heiligtümern, die Tempelzerstörung im eigentlichen Sinn und das Exil ist die räumlich-religiöse Glaubenskonzeption in ihre grösste Krise geraten. Wo ist Gott erfahrbar? In welcher Art und Weise kann aus dieser Erfahrung Lebensgestaltung und -bewältigung erfolgen, wenn das symbolische Kapital des Tempels, seine Verortung der Anwesenheit Gottes wie auch die Zentrumssymbolik, zerstört sind? Zwei Raum-Figurationen sind entstanden: zum einen die Vorstellung des Namens Gottes als räumliche Kategorie und zum anderen die das menschliche Beten und Handeln leitende Vorstellung des Wohnens Jahwes bei seinem Volk.

4.2.1. Schekina – ha maqom

Jooss setzt in Bezug auf das Motiv des Wohnens, der Einwohnung, der Schekina Gottes[10], bei der Verheissung im 1. Buch Könige 6,11–13 ein: «[...] ich will wohnen inmitten der Israeliten und will mein Volk nicht verlassen» (V 13). Sie sieht darin eine «grundsätzliche theologische Umorientierung der Heiligtumstheologie des Tempels: Der Tempel als räumlich klar zu bestimmender Ort der Anwesenheit JHWHs wird entgrenzt auf eine Gruppe von Menschen, die an verschiedenen Orten, sei es in Palästina, im Exil oder in der Diaspora lebt. JHWH wohnt den Israeliten selbst ein, das heisst, dass seine Gegenwart die Horizontale der Menschenwelt in der Ausdehnung durchdringt, in der sich Angehörige seines Volkes befinden [...]» (Jooss, 2010, 74).

In dieser Konzeption wird die Verortung Gottes nicht mehr lokal, sondern personal gedeutet. Der jeweilige Mensch wird «als irdisches Pendant zu Gottes himmlischem Thron» (Ego, 1998, 566) angesehen. In der Verheissung in Salomos Rede im 1. Buch Könige 6 scheint auf, was in neutestamentlicher Zeit zur paulinischen Konzeptionierung der Einwohnung von Gottes Geist im Menschen führte: «Wisst ihr nicht, dass ihr Gottes Tempel seid und dass Gottes Geist in euch wohnt? Wer den Tempel Gottes zerstört, den wird Gott zerstören; denn der Tempel Gottes ist heilig – und das seid ihr.» (1Kor 3,16) Die Würde des Menschen, die *communio sanctorum* als Ort der Gemeinschaft – auch mit dem Bild des Leibes Christi gedeutet (1Kor 12,12–31; Röm 12,2–4) – sowie das Verhalten des Menschen als Teil der geheiligten Gemeinde macht der Präsenz Gottes Platz. Gott räumt sich beim Menschen ein, wie er sich damals im Tempel eingeräumt hatte. Matthias Wüthrich ist zuzustimmen, wenn er im Neuen Testament die Tendenz beobachtet, «Gottes einwohnende Präsenz nicht von bestimmten gottesdienstlichen Räumen, sondern von der *glaubenden Gemeinde* her zu denken» (Wüthrich, 2007, 16).

Gottes Präsenz vor Ort erfährt durch diese theologische Umorientierung eine wegweisende konzeptionelle Neugestaltung, die die Frage nach dem Raum, der Bezogenheit zwischen Gott und den Menschen noch

---

10 Vgl. zum Thema der Einwohnung Gottes, der «Schekina-Theologie»: Janowski, 1993, 119–147; 2004, 1274f.

einmal neu und anders aufnimmt und überraschend beantwortet. Wichtiger Belegtext ist Deuteronomium 12,5: «Nur die Stätte [*ha-maqom*] sollt ihr aufsuchen, die der HERR, euer Gott, aus all euren Stämmen erwählen wird als seine Wohnung, um seinen Namen dorthin zu legen, und dorthin sollst du kommen, und dorthin sollt ihr eure Brandopfer und Schlachtopfer bringen, eure Zehnten und Hebopfer, was ihr gelobt habt und was ihr freiwillig gebt, und die Erstgeburten von euren Rindern und Schafen.» Wie ist diese von Gott erwählte «Stätte», *ha-maqom*, als weitere Raumkonzeption oder -figuration zu verstehen? Und welche Konsequenzen ergeben sich daraus für das Verständnis von Kirchenräumen?

Magdalene Frettlöhs Verdienst ist es, mit dem Begriff *ha-maqom* das Augenmerk auf die Raumkonzeption hinter der Benennung Gottes zu richten. Sie sieht in ihren umfassenden Studien im Wort *ha-maqom* die «geräumige Gottheit», also «ein Rufname Gottes, der im Exil und aus den Vergewisserungsbedürfnissen von Exilierten entsteht» (Frettlöh, 2009a, 86).[11] Frettlöh bezeichnet *ha-maqom* als «Exilnamen Gottes [...]. Nicht nur, weil es ein Gottesname ist, der im Exil, in der Diaspora, entstanden ist. Als der Tempel zerstört war und mit dem Zion für viele Juden und Jüdinnen der Ort verdichteter Gottesnähe unerreichbar geworden war, jener Ort, mit dem Israels Gott in besonderer Weise seinen Namen verbunden hatte, da lernten sie – weit weg von Jerusalem – Gott selbst als einen Raum kennen, in dem sie als Exilierte, als Heimatlose, sich bergen und bei dem sie Zuflucht finden konnten. [...] Sie lernten,

—

11 Vgl. Frettlöhs Aufsätze (2001, 86–124; 2009, 62–78; 2009a, 79–97; 2005, 197–232). Dabei entwickelt Frettlöh die Bedeutung des rabbinischen Gottesnamens *ha-maqom* «für eine topologische Lehre von der immanenten Trinität» (2005, 197), indem sie in Aufnahme der Arbeiten von Moltmann, Marquardt und Karl Barth den dogmatischen Fragen nach den Räumen Gottes und Gott im Raum nachgeht. Nach Frettlöh ist es die Lehre der immanenten Trinität, die, «mithilfe des *maqom*-Motivs reinterpretiert, neu zu sprechen beginnt und in ihrer nicht zuletzt ethischen Relevanz aufleuchtet. Die innertrinitarischen Beziehungen erschliessen sich als Beziehungs*räume*, die durch die perichoretische Durchdringung und wechselseitige Bewohnung der göttlichen Personen allererst entworfen werden [...]» (Frettlöh, 2005, 201). Frettlöh versteht die göttliche Dreifaltigkeit als geräumige und raumerschliessende Gottheit als «Urwohngemeinschaft» (damit nimmt sie einen Begriff von Peter Sloterdijk auf), als Herberge für die heimatlosen Menschen, aber auch als Rückzugsort für Gott selber, «ein Eigenraum Gottes, ein Ort der *Einung* Gottes mit sich selbst, an dem Gott aus der Welt auf sich selbst zurückkommt und aus mannigfaltiger Zerrissenheit mit sich selbst eins wird» (Frettlöh, 2009a, 93).

dass Gott in der Sprache im Namen wohnt und dass dieser Name ihnen zum Gotteshaus werden kann […]» (Frettlöh, 2009, 75f.).[12] Frettlöh geht einerseits von der rabbinischen Diskussion zum Vers in der Genesis 28,11,[13] aus. Die Frage, die dabei offen bleibt, ist die, ob Gott der Ort der Welt oder die Welt der Ort Gottes ist. Frettlöh entscheidet mit der rabbinischen Entscheidung zugunsten der ersten Variante. Mit Bezug auf Exodus 33,21[14] argumentieren die Rabbiner folgendermassen: Auf die Bitte Mose, Gott möge ihm seinen Glanz zeigen, bietet Gott ihm einen Platz bei sich an – Gott ist der Ort der Welt. Frettlöh fasst diesen Gedanken zusammen: «Nicht die Welt ist die Zuflucht Gottes, sondern Gott ist die Zuflucht der Welt.» (Frettlöh, 2009a, 86) Damit unterlegt sie den für die Diakonie wichtigen schöpfungstheologischen Gedanken, dass die grundlegende Wirklichkeit der Welt Gott in seiner schöpferisch tätigen Liebe ist und nicht die Welt selber mit ihrer grundsätzlichen Möglichkeit, Hilfe auszuüben: «Gott als Raum ist die Gottheit, die nicht *wir* verorten, der nicht *wir* Raum geben, sondern die uns, die die Welt verortet, ihr allererst eine *Wirklichkeit* im Raum gibt – in und bei sich. Die grundlegende Wirklichkeit ist die *verortende* Gottheit, nicht die *verortete* Welt.» (Frettlöh, 2009a, 89)[15]

Moltmann führt diesen Gedanken der verortenden Gottheit mit dem kabbalistischen Gedanken von Isaak Luria vom Zimzum, der Selbstbeschränkung Gottes zugunsten der Schöpfung, weiter. Der sich wechsel-

---

12 Moltmann (2002, 33) setzt den Begriff *Ha-maqom* ins palästinische Judentum des 1. Jahrhunderts [v. Chr., erg. CS] und interpretiert den Begriff *makom kadosch* in Anlehnung an rabbinische und kabbalistische Begriffsgeschichten als heiligen Bezirk der Schekina, als Begriff für die göttliche Gegenwart, wie sie in Psalm 139 aufscheint.

13 «Und er gelangte an einen Ort und blieb dort über Nacht.» (Gen 28,11)

14 «Siehe, da ist ein Platz bei mir, stell dich auf den Felsen.» (Ex 33,21)

15 Mit dem Gedanken «Gott als Raum» reiht sich Frettlöh in den dogmatischen Diskurs ein, der schöpfungstheologisch und trinitarisch versucht, Gott als Raum zu denken. Karl Barth hat dies beispielhaft gezeigt: «Gott ist ja so der Eine, dass er gegenwärtig ist. Er ist sich selbst gegenwärtig in der Dreieinigkeit seines einen Wesens. Und er ist allem Anderen gegenwärtig als der Herr alles Anderen. Gegenwart heisst dort wie hier, heisst nach innen und nach aussen nicht Identität, sondern Zusammensein in einer Distanz. […] Gegenwart schliesst als Zusammensein (im Unterschied von Identität) die Distanz in sich. Wo aber Distanz ist, da ist notwendig ein Ort und ein anderer Ort. Insofern bedeutet die Gegenwart Gottes notwendig, dass er einen Ort, nämlich seinen eigenen Ort, oder sagen wir ruhig: seinen Raum hat.» (Barth, 1982, 527).

seitig durch seine trinitarischen Personen oder «Räume» einwohnende Gott entspricht sich selbst, wenn er der Schöpfung Platz einräumt. «Gott gibt Raum, Gott macht Platz, Gott nimmt sich zurück, um eine nichtgöttliche Wirklichkeit mit sich und in sich existieren zu lassen [...]. Durch die Selbstbeschränkung des Ewigen entsteht der leere Raum, jenes nihil, in welchem der Schöpfer dann das Nichtsein ins Dasein rufen kann [...]. Die Vorstellung des Zimzum geht vermutlich auf die Kontraktion der Gebärmutter bei der Geburt des Kindes zurück, so wie das hebräische Wort *rächam*, das mit *misericordia* und Barmherzigkeit nur unzureichend wiedergeben wird, Geburtsschmerzen meint. Wo Gott sich auf sich selbst zurückzieht, kann er etwas schaffen, das nichtgöttliche Wesen, es erlösen und ihm neben sich Raum geben.» (Moltmann, 2002, 35) Von der kabbalistischen Zimzum-Vorstellung her kann Gott als verortende Gottheit gedacht werden, die durch das Prinzip des leeren Raums Spielräumen für neues Leben Platz macht. Von dieser biblischen Perspektive der verortenden Gottheit und der verorteten Welt her gewinnt die in der reformierten Tradition vehement durchgeführte «Leerung» und «Räumung» des Kirchenraums eine überraschende Tiefenschärfe (vgl. Kapitel 5.2.2).

Diesem Perspektivenwechsel der Verortung gesellt sich ein weiterer Punkt zu: Frettlöh verbindet diese Beobachtung der Einwohnung Gottes mit dem biblischen Anknüpfungspunkt im Esterbuch für den Begriff *maqom*: «Denn wenn du in dieser Zeit tatsächlich schweigen solltest, wird den Juden Befreiung und Rettung von anderer Seite [*mimmaqom 'acher*] erstehen» (Est 4,14). Mordechai versucht, seine Nichte Ester, die als Jüdin unerkannt im persischen Reich als Königin lebt, zu einer auch für sie lebensbedrohlichen Audienz beim König zu bewegen, damit ihr Volk nicht durch einen Pogrom vernichtet werde. Vieles spricht nach Frettlöh dafür, dass die Begriffsverwendung «von anderer Seite» nicht eine weltliche Macht meint, sondern auf die entsprechende rabbinische Gottesbenennung hinweist. In der Zeit der Gola wird während grösster Gefährdung des jüdischen Volks die Erinnerung an jene Orte wachgehalten, an denen Gott in der Spannung zwischen Transzendenz und Immanenz seinen Eigennamen, *ha-maqom*, ausgerufen und so seine Gegenwart zugesichert hat. Frettlöh spitzt diesen Sachverhalt zu: «Ist Gott selbst *ha-maqom*, dann braucht es nicht eigens einen innerweltlichen Ort, an den sich Gott bindet, sondern die als Raum benannte Gottheit wird selbst zum Ort heimatlos gewordener Menschen [...]. Der Name selbst wird zu einem Raum, den Menschen bewohnen, in dem sie Zuflucht finden.» (Frettlöh, 2009a, 88f.)

In dem Augenblick, in dem Zion, der Tempel als zentraler Ort, wo Gottes Name wohnt, in weite Ferne rückt, gewinnt in der Benennung als *ha-maqom* Gott selber Raum, jedoch nicht mehr im gebauten Stein, sondern im gesprochenen Wort: «Was räumlich unerreichbar ist, kommt in der Sprache nahe, findet *Sprachraum.*» (Frettlöh, 2005, 215) Diese Entschränkung der Gegenwart Gottes weg von konkret gebauten Orten führt jedoch nicht in ein unqualifiziertes «Überall und Nirgends»: «Überall, wo mit der Gottesbenennung *maqom* des einen besonderen Ortes der Gegenwart (des Eigennamens) Gottes gedacht wird, ist der ferne Gott zugleich nahe. In der Diaspora wird der *maqom*-Name zum utopischen Wohnort des Gottes Israels, zu seiner verhüllten Gegenwart in der Sprache.» (Frettlöh, 2005, 215) So wird *ha-maqom* als Benennung Gottes zum «Erinnerungs- und Hoffnungsname/n» (Frettlöh 2005, 204) heimatloser Menschen.[16] *Ha-maqom* wird zur Herberge, zur Arche des (auf)suchenden Menschen. Die Assoziation zum Kirchenraum als Arche, als Zufluchtsort, liegt auf der Hand.

In der Sprache ist Gott gegenwärtig, verhüllt zwar, doch lokalisierbar dort, wo sein Name benannt wird. Diesen Gedanken entwickelt Michaela Geiger weiter, indem sie die hinter der deuteronomischen Zentralisationsformel bei der erwähnten Stelle (Deuteronomium 12,5) liegende Raumkonzeption des Deuteronomium mithilfe raumtheoretischer Überlegungen zu erschliessen versucht, wie sie die Soziologin Martina Löw entwickelt.

---

16 Frettlöh versucht, verschiedene sachliche und theologische Entsprechungen zwischen den beiden Benennungen von Gott als «ha-maqom» und Gott als «Vater, Sohn und Heiliger Geist» aufzuzeigen und kommt zum höchst spannenden Schluss, dass in beide Benennungen krisenhafte Erfahrungen mit Gott eingeschrieben sind: «Die Gola-Existenz des Gottesvolks Israel und die irdische Heimatlosigkeit der HeidenchristInnen, die auf ihre Weise Exilerfahrungen sind. Wie Gott-*maqom* kann auch der Name des *dreieinigen Gottes* als ein exilischer Erinnerungs- und Hoffnungsname verstanden werden. Beide Namen wahren die Transzendenz Gottes, indem sie in mehrfacher Hinsicht zwischen der Welt als Ort Gottes und Gott als Ort der Welt unterscheiden. Beide reden utopisch von Gott, indem sie dem, was in der Welt keinen Ort hat, eine Herberge in Gott geben. In beiden Namen wird Gott zur Arche, zu einem Ort des Überlebens.» (Frettlöh, 2005, 227)

In einem nachfolgenden Kapitel wird vorliegende Arbeit die Einflüsse dieses Raumkonzepts auf das Verstehen des Kirchenraums untersuchen. Mit Blick auf die biblische Tradition kann das deuteronomische Raumkonzept wie folgt gedeutet werden: Einerseits ist es Gottes Sache, einen Ort zu wählen, zu platzieren und einzurichten, «um seinen Namen dort niederzulegen, dass er dort wohne» (Dtn 12,5). Dieses göttliche Verhalten kann – und da nimmt Geiger einen zentralen Begriff der Löw'schen Theorie auf – als *spacing* Gottes beschrieben werden. Anderseits haben die Hörenden des Deuteronomiums nun die Aufgabe, die Vorstellung der Präsenz des göttlichen Namens mit dem konkreten Ort zu verknüpfen. Diese als Syntheseleistung bezeichnete Handlung ist nach Löw der zweite analytisch unterscheidbare Prozess bei der Entstehung von Raum. Durch das Handeln Gottes einerseits wie auch das darauf antwortende Handeln der Israeliten wird der Ort der Gottespräsenz konstituiert und immer wieder neu auf zeitgeschichtliche Ereignisse hin figuriert: «Dieses handlungsorientierte Raumverständnis bildet die Basis für die Anpassungsfähigkeit des Konzeptes an unterschiedliche historische Kontexte.» (Geiger, 2010, 119)

Eine paradigmatische Konkretisierung dieser Anpassungsfähigkeit sieht Geiger in der Klagemauer in Jerusalem: «Die bleibende Bedeutung der Klagemauer als materielles Relikt des «Ortes, den Jhwh erwählen wird, ist zugleich ein Beleg für die Wandlungsfähigkeit wie für die Wirkmächtigkeit dieses Konzeptes der Gottespräsenz: der Ort der ‹Klagemauer› wird weiterhin durch die Handlungen der Glaubenden konstituiert, die dorthin kommen, um Gebete auf Zettelchen in die Mauerritzen zu stecken oder Rituale wie die Bar Mitzwa zu begehen.» (Geiger, 2010, 119)[17]

Die Klagemauer, Rest des zweiten zerstörten Tempels in Jerusalem, wird durch das Handeln des Menschen zum Raum, wo Gottes Präsenz wahrgenommen wird. Es bleibt architektonisch die Mauer aus dem 1. Jahrhundert n. Chr. Doch durch das Klagen des Glaubenden gewinnt die Klagemauer an Resonanz. Die Klagemauer wird gleichsam zur Resonanzwand, die dank der Sprache Raum gewinnt. Gott, räumlich uner-

---

17 Es lohnt sich, über die ganze Entwicklung dieser spannenden Erschliessung des deuteronomischem Raumkonzepts durch die Theorie Löws nachzudenken; vgl. Geiger, 2010, 205–221. Die Verbindungen zu Kapitel 6.2 vorliegender Arbeit sind offensichtlich und werden da auch aufgenommen.

reichbar, kommt in der Sprache nahe. Gottes Raum verortet den handelnden Menschen am Platz, wo sie auf Gottes Wort hören und in Gottes Namen klagen. Was für die Klagemauer gilt, gilt umso mehr auch für Kirchenräume. Kirchenräume können den Gedanken Geigers weiterführend als Raum-Figurationen der Klagemauer verstanden werden. Die Nähe zu reformatorischen Kirchenraumtheologie ist evident: Kirchenräume werden einerseits durch die Handlungen der Glaubenden konstituiert und anderseits dadurch, dass Gott selber diesen Ort erwählt, «denn das unser lieber Herr selbs mit uns rede durch sein heiliges Wort, und wir widerumb mit jm reden durch Gebet und Lobgesang» (Luther, WA 49, 588).[18]

In Gottes Raum verhalten sich die Menschen, indem sie hören, reden und sozial handeln. Denn Gottes Ort, sein *ha-maqom*, verbindet sich in der biblischen Tradition nicht nur mit dem handelnden Menschen, sondern auch mit dem Gesetz als Norm gottgewollten und menschendienlichen Handelns. Solidarisches Handeln gewinnt durch die Ha-maqom-Konzeption an Tiefe, indem soziales Handeln als von Gott ermöglichtes Handeln gedeutet wird. Daraus lassen sich diakonische Dimensionen solidarischen Handelns in Gottes Räumen erschliessen.

4.3. Solidarisches Hilfehandeln im Raum Gottes

An drei entscheidenden Stellen des Bundesbuchs, in Exodus 20–23, ist von dem Ort, *ha-maqom*, die Rede, der durch ein spezielles Handeln Gottes geprägt ist und die als Gottesrede konzipierte Sozialgesetzgebung einzigartig verortet. Alle drei Orte werden durch die Initiative Gottes begründet beziehungsweise konstituiert oder platziert. Es ist Frank Crüsemann (2005, 201) zuzustimmen, wenn er feststellt, dass in ihnen ein «Schlüssel» vorliegt, ohne den ein sachgemässes Verständnis des im Buch redenden Gottes [...] kaum möglich sein wird».[19] Die Entstehung des Bundesbuchs ist nach Crüsemann am Ende des 8. oder zu Beginn des 7. Jahrhunderts v. Chr. anzusetzen. «Damit ist das Bundesbuch die

---

[18] Nicht zufällig beginnt Michaela Geiger (2010, 106) ihre ausgezeichnete Studie mit einem Zitat Martin Luthers aus seiner Einweihungspredigt der Torgauer Schlosskirche von 1544 (Luther, WA 49, 588–615).

[19] Die Ausführungen in dieses Kapitels folgen den erhellenden Untersuchungen Crüsemanns (2005, 201–234).

wichtigste theologische Verarbeitung der Katastrophe des Nordreichs.» (Crüsemann, 2005, 230)

Noch einmal zeigt sich beim theologischen Denken das Schöpferische in grösstmöglicher Krise. Dieses Schöpferische wird darin deutlich, dass Gottes *ha-maqom* als rettende und befreiende Erfahrung aus Not Ausgangspunkt der Geschichte Israels, des biblischen Glaubens und des sozialen Handels wird. Die Zuwendung zu den Zerschlagenen und Gedemütigten gehört zum Raum Gottes, mehr noch, gehört zum Letzten, was über diesen Gott zu sagen ist: «Gott steht inmitten der Götterversammlung, inmitten der Götter hält er Gericht: Wie lange wollt ihr ungerecht richten und die Frevler begünstigen? Schafft Recht dem Geringen und der Waise, dem Elenden und Bedürftigen verhelft zum Recht.» (Ps 82,1–3).[20] Jedes menschliche helfende Handeln geschieht in einem Raum, wo Gott tut, was alle falschen Götter nicht tun: Er hilft dem Armen. Wird solidarisches Handeln so in Gott verortet, gehört menschliche Hilfe zum Letzten, denn es geht um das Letzte, die lebensbedrohliche Not zu wenden. Gottes Anwaltschaft für die Armen und die Rechtssetzung zum Schutz der Armen verbinden sich letztlich zu *ha-maqom*: Am Ort Gottes verortet sich der «Gott des Rechts» (Jes 30,18; Mal 2,18).[21] Crüsemann ist zuzustimmen, wenn er sagt: «An dem Zusammenhang des erfahrenen, bekannten und erhofften Handelns Gottes mit dem von Menschen geforderten Handeln lässt sich ein gutes Stück der Geschichte des theologischen Denkens wie der sozialen Entwicklung ablesen. Man hat etwa die Geschichte des israelitischen Rechts mit Grund als eine zunehmende Theologisierung des Rechts beschrieben, und das geht über die Tora hinaus.» (Crüsemann, 2006, 77f.) Nun zu den einzelnen Stellen.

---

20 Vgl. zur Exegese von Psalm 82: Crüsemann, 2006, 84f.

21 Crüsemann legt an anderer Stelle diesen Zusammenhang offen: «Mit ihr [die Bezeichnung Gottes als Anwalt, erg. CS] ist die Frage, was denn der biblische «Gott des Rechts» (Jes 30,18; Mal 2,18) konkret für die Rechte bestimmter Menschengruppen bedeutet, deutlich gestellt. Sollten derartige Formulierungen nicht uneingelöst und damit unglaubwürdig und letztlich rein ideologische Ansprüche bleiben, sind sie mit der biblischen Tradition zu verbinden. Gott wirkt als Anwalt der sozial Schwachen, indem er und die Seinen deren Rechte praktizieren und immer neu als Rechte durchsetzen.» (Crüsemann, 2003a, 42)

4.3.1. Präsenz

Zu Beginn des Bundesbuchs, bei den Anweisungen für den Altar, taucht zum ersten Mal der «Ort» Gottes auf: «Einen Altar aus Erde sollst du mir errichten und darauf deine Brandopfer und Heilsopfer, deine Schafe und Rinder, schlachten. An jeder Stätte, an der ich meinen Namen kundmachen werde, will ich zu dir kommen und dich segnen.» (Ex 20,24) Die Errichtung des Altars ist nicht das, was einen legitimen Ort Gottes als Kultort ausmacht. Da ist von Stätten die Rede, wo Gott seinen Namen kundtut, in Erinnerung (*zkr* hif) ruft. Altäre werden dort errichtet, wo Orte sich durch göttliche Offenbarung als heilig erweisen. Altäre müssen dem Wesen des zu verehrenden Gottes entsprechen.

Der Vers zeigt auf, was das Wesen solcher Orte ausmacht: Die Präsenz Gottes, seine Gegenwart. An seiner Ankunft, an seinem Kommen hängt sein Segen, der vom Besuch des Orts erwartet wird. Crüsemann weist auf eine wesentliche Einschränkung gegenüber dem traditionellen Verständnis von solch heiligen Orten hin: «Nicht der Ort als solcher, nicht einmal der legitime Altar und sein Kult bürgen für die göttliche Präsenz, sondern allein die Tatsache, dass Gott selbst dort seinen Namen in Erinnerung bringt, das heisst verkünden und ausrufen lässt.» (Crüsemann, 2005, 203)

In der Königszeit nach dem Untergang des Nordreichs, angesichts heftiger prophetischer Kritik am Kult und dem Faktum der assyrischen Besatzung sowie der Ansiedlung von Deportierten liegt die theologische Leistung auf der Hand: Nicht alle Jahwe-Heiligtümer sind per se Orte von Jahwes' Präsenz. An vielen werden andere Götter verehrt, viele unterliegen fremden Einflüssen. Nun geht es um eine Auswahl solcher Orte: Dort ist ein wahrhafter *ha-maqom* Gottes, wo sein Name verkündet wird. Zugespitzt formuliert Crüsemann: «Die göttliche Präsenz hängt allein am Zur-Sprache-Bringen des göttlichen Namens durch Gott selbst.» (Crüsemann, 2005, 203)

Der Präsenz Gottes als *deus loquens* entspricht die Präsenz des Glaubenden als *homo audiens*. In der Bezogenheit des sich selbst in Erinnerung rufenden Gottes und des auf den Namen Gottes hörenden Menschen verortet sich jene personale Kopräsenz, welche in der christlichen Überzeugung Jesus in Person repräsentiert. Er verkündete Gottes Anwesenheit ausschliesslich Anwesenden. Anders formuliert: Im Hören auf Gottes Namen gewinnt der Hörende jene Präsenz, die Gottes Anwesenheit erst erfahrbar macht.[22]

Einerseits ist die Klage verdichtete Sprachform solch erfahrbarer Präsenz. Denn der klagende Mensch sucht Ohren, die hören. Ohren, die hören, gehören zum Anderen, der mich in unbedingter Weise anspricht. Der Kopräsenz vom sprechenden Gott und hörenden Menschen entspricht die dialogische Präsenz. Das Hören des Namens Gottes eröffnet dem Notleidenden einen Raum, wo er sich nun seinerseits bei Gott in Erinnerung ruft und auf ein offenes Ohr hofft. Der *ha-maqom* als Ort der Präsenz Gottes eröffnet Raum für den *deus audiens* und den *homo loquens.* «Wie lange, Herr! Willst du mich vergessen? Wie lange verbirgst du dein Antlitz vor mir? Ich vertraue auf deine Güte, über deine Hilfe jauchze mein Herz. Singen will ich dem HERRN, denn er hat mir Gutes getan.» (Ps 13,1.6) Tempel, Synagoge, gottesdienstliches Haus, Klagemauer – all dies sind öffentliche Räume der Klage. Nach Crüsemann ist «für die Menschen der Bibel die Klage die erste, wichtigste und alles andere erst ermöglichende Reaktion auf sie treffende Nöte» (Crüsemann, 2006, 62). Der Ort, an dem Gott seinen Namen in Erinnerung ruft, wird zum Resonanzraum menschlicher Klage.

Anderseits ist das Gastrecht adäquate Verhaltensnorm an solch präsentischen Orten. Gottes Selbstverkündigung entscheidet über seine Präsenz. Erst sie lässt die traditionell als heilig genannten Orte zu dem werden, was Menschen erhoffen zu finden, nämlich Orte der Gegenwart Gottes. Was der Inhalt dieser Selbstverkündigung ist, lässt sich im Text nachlesen, der das Bundesbuch anführt. Eines der Hauptthemen des Bundesbuchs ist der Schutz des Fremden und des Armen (vgl. Crüsemann 2005, 213ff.): «Einen Fremden sollst du nicht quälen. Denn ihr wisst, wie dem Fremden zumute ist, seid ihr doch selbst Fremde gewesen im Land Ägypten.» (Ex 23,9) Gastfreundschaft und Fremdenrecht gehen zusammen.[23] «Leihst Du Geld dem Armen aus meinem Volk, der bei dir ist, so sei nicht wie ein Wucherer zu ihm. Ihr sollt ihm keinen Zins aufle-

---

[22] Vgl. zur personalen Kopräsenz zwischen Gott und dem Glaubenden die Reflexionen von Ingolf Dalferth (1994, 155–173, 159), in denen er die Vieldeutigkeit der Schrift Gottes zur Eindeutigkeit des Wortes Gottes durch die «kopräsentische Kommunikation mit Gott in der kopräsentischen Kommunikation mit ihm» in Spannung setzt.

[23] Vgl. zu diesem Zusammenhang von Gastfreundschaft und Fremdenrecht: Crüsemann, 2003a, 28.

gen. Nimmst Du den Mantel deines Nächsten zum Pfand, sollst du ihm diesen vor Sonnenuntergang zurückgeben. Denn er ist die einzige Decke, die Hülle für seine nackte Haut. Worin sonst soll er sich schlafen legen? Wenn er schreit, werde ich es hören; denn ich bin gnädig.» (Ex 22,24) Fremde wie Arme sind zu achten und nicht zu ächten. Gäste achtet man, sie haben ein Recht, nicht gequält noch missbraucht zu werden. Inhaltlich ist die Präsenz Gottes klar lokalisierbar: Gott wird da präsent erfahren, wo Fremden eine Herberge und Armen ein Mantel bereitet wird. Armutsbekämpfung geschieht coram deo. Von solch konnotierter Präsenz ist es ein kleiner Schritt zur Einrichtung von Asylorten.[24]

4.3.2. Asyl

In der Tat verbindet sich der von Gott bestimmte Ort beim Altar mit dem Gedanken eines Fluchtorts im Bundesbuch: «Wer einen Menschen schlägt, sodass er stirbt, muss getötet werden. Hat er ihm aber nicht nachgestellt, sondern hat Gott es seiner Hand zustossen lassen, so will ich dir eine Stätte [maqom] bestimmen, wohin er fliehen kann. Wenn aber jemand gegenüber einem anderen vorsätzlich handelt und ihn heimtückisch umbringt, sollst du ihn vor meinem Altar wegholen, damit er stirbt.» (Ex 21,12–14) Für die Instanz, der die Rechtsprechung obliegt,

---

24 Nicht nur das Bundesbuch selber, sondern das ganze Alte Testament hat nach Manfred Oeming «eine hohe Sensibilität [...] für Menschen in Armut». Spannend für unseren Ansatz ist, dass nach ihm die Armen im Alten Testament *coram deo, sub specie dei* bedacht werden und so dem Nachdenken über den Raum entsprechen. Gleichsam eine «theologische Pauperologie» wurde entwickelt, in der – vor allem in den Psalmen – der Arme vielfach mit dem Frommen identifiziert wird. Doch letztlich geht es um die Überwindung von Armut. Dabei unterscheidet Oeming verschiedene «ethisch-diakonische Strategien»:

«1. Die Landgabe durch Gott eröffnet Landbesitz für jedermann und sichert durch kontinuierliche Landreform (Landreform/Erlassjahr/Jobeljahr) diese Grundlage;

2. die elementare soziale Fürsorge durch Grossfamilie (und Freunde): Krankenpflege, Altenpflege, Behindertenarbeit; die Leviratsehe, das Erbrecht der Frauen;

3. die Pflichten des guten Königs, der vor allem zur Bekämpfung der Armut Politik machen soll; Mindestanforderungen in der Armenfürsorge; korrekte Lohnzahlungsmoral; Pfandrecht; Verbot der Nachlese;

4. Ansätze organisierter Diakonie: der Sabbat als Anspruch auf einen arbeitsfreien Tag pro Woche; der Zehnte, insbesondere der Armenzehnte; der Schuldenerlass, das Zinsverbot.» (vgl. Oeming, 2006, 95–114, bes. 112f.) Vgl. weiter zur Armutsthematik: Rüegger/Sigrist, 2011, 51–54.

also für einen Richter, die Gemeinde oder jeden freien Israeliten, wird Gott eine Stätte bestimmen (*sim*), zu welcher der Täter hinfliehen darf. Die Flucht erfolgt vor dem Bluträcher (vgl. Num 35,12; Dtn 19,6; Jos 20,3 u. a.).

Nach Crüsemann liegt hier ein aufschlussreiches Zusammenspiel von kultischen und rechtlichen Instanzen vor. Religionsgeschichtlich verbreitet war die Sitte, dass der Tempel und der Altar in diesem Zusammenspiel besonders Asyl gewährt. Die rechtsprechende Instanz, nicht das Heiligtum und seine Instanzen, entscheidet im Namen Gottes offenbar darüber, ob zu Recht oder zu Unrecht Asyl beansprucht wird. Damit wird massiv in das Asylrecht der einzelnen heiligen Orte eingegriffen. Nicht per se werden Heiligtümer als Asylorte gesetzt. Allzu stark sind Tempel für Diebe und Mörder zu Fluchtburgen geworden, zu «Räuberhöhlen», wie es in Jeremia 7,11 formuliert ist. Hier wird im Namen eines Gottes geredet, der nicht auf Heiligtümer als Orte seiner Gegenwart beschränkt ist. Ihm untersteht auch die nichtkultische Gerichtsbarkeit. Crüsemann hält fest: «Rechtlicher Sachverstand und rechtliche Kompetenz müssen mit der Möglichkeit, im Namen Gottes zu formulieren, zugleich einhergehen.» (Crüsemann, 2005, 208)

Erst in späteren Texten wurde dieser Gedanke des Asylorts auf ganze Städte ausgeweitet: Deuteronomium 19, Johannes 20, Numeri 35. Hier geht es nicht mehr um Heiligtümer oder Altäre, sondern um Städte, in denen theologische, rechtliche und kultische Kompetenzen zusammenfallen. Es ist anzunehmen, dass neben solchen Städten vor allem der Jerusalemer Tempel Asyl bot. *Maqom* als Ort Gottes räumt demnach neben der Präsenz Gottes auch die Möglichkeit ein, Menschen Asyl zu gewähren. Gottesräume werden so als Schutzorte erfahren, die im Zusammenspiel von theologischen, kultischen sowie rechtlichen Instanzen und Kompetenzen Menschen auf ihrer Flucht zur Seite stehen. Nach Crüsemann sind einige der schönsten Psalmen solchen Asylflüchtlingen zu verdanken. «Sie haben dankbar den besungen, der ihnen den Tisch im Angesicht ihrer Feinde gedeckt hat (Ps 23,5) […]» (Crüsemann 2005, 208).

4.3.3. Begleitung

Zum dritten und letzten Mal wird vom durch Gott bereiteten Ort am Schluss des Bundesbuchs geredet. Crüsemann stellt als älteste Textschicht fest: «Sieh, ich sende einen Boten vor dir her, dich auf dem Weg zu behüten und dich an die Stätte [maqom] zu bringen, die ich bereitet habe. Sei achtsam vor ihm, und höre auf seine Stimme, verbittere ihn nicht [...], denn mein Name ist in ihm. Wenn du aber auf seine Stimme hörst und alles tust, was ich sage, werde ich der Feind deiner Feinde sein und der Bedränger deiner Bedränger. Denn mein Bote wird vor dir hergehen und dich zu den Amoritern und den Hetitern und den Perissitern und den Kanaanitern und den Chiwwitern und den Jebusitern bringen.» (Ex 23,20.23) Für Crüsemann ist aufgrund der Untersuchungen klar, dass der Bote Gottes, menschliche Gestalt oder Engel Gottes, den Menschen nicht auf seinem Weg ins verheissene Land begleitet. Es geht auch hier um den *ha-maqom* der Lade, des Altars, des Tempels. Der Bote begleitet den Menschen auf dem Weg zum Heiligtum und mit Vers 23 wird klar, dass derselbe Weg auch in der anderen Richtung gemeint ist. Es geht um die Begleitung von dem Ort, wo Gott durch die Selbstverkündigung seines Namens präsent ist, nach Hause. Die Angeredeten leben in dieser Zeit potenziell mit Menschen zusammen, die andere Götter verehren. Die Begleitung geschieht in multikulturellen und pluralen gesellschaftlichen Verhältnissen.

Überblickt man die drei entscheidenden Stellen, in denen vom *ha-maqom* als Ort Gottes die Rede ist, geht es in dieser Begleitung um die Verbindung zum Raum, an dem Gott in besonderer Weise präsent ist: «Der Engel ist die Gestalt, in der Gott mitgeht und seinen Schutz gewährt. Seine Präsenz in ihm ist nicht dieselbe wie bei seinem Kommen ins Heiligtum (20,24). Auf den Boten zu hören bedeutet, auf das zu hören, was Gott selbst gesagt hat (23,22). Und der im Heiligtum vermittelte Segen (20,24) findet seine Gestalt in eben dem Schutz, den Gott beim Hören auf den Boten vor Feinden und Bedrängern gewährt (23,22).» (Crüsemann 2005, 212)

Das Motiv der Begleitung weitet den Ort, an dem Gott in besonderer Weise durch das Kundtun seines Namens anwesend ist, hin zu Wegen, Schwellen und Übergängen, die der diesen Ort aufsuchende Mensch unter die Füsse nehmen und bewältigen muss. Mit dem Bild des Engels verändert sich der Ort zu einem dynamischen Raum, wo das segensreich Verortete sich zum schützenden Begleitenden wandelt. Der Mensch erfährt sich in dieser Weitung in einem Raum dazwischen, zwischen Feinden und dem eigentlichen Ort der Präsenz Gottes. Wie mit einem Faden wird seine Existenz mit der des Boten verknüpft. So entstehen für den sich auf dem Weg befindenden Menschen Spielräume, um in Begleitung des Engels mit den Seinen inmitten feindlicher Welt das Leben schöpferisch zu gestalten.

Solidarisches Hilfehandeln konturiert sich mit Blick auf den Ort, den Gott als seine Wohnung erwählen wird, um seinen Namen dorthin zu legen, in dreierlei Verhalten der Menschen: 1. Präsenz, 2. Asyl und 3. Begleitung. Ein offenes Ohr haben und bekommen, Schutz erhalten, und Begleitung erfahren auf den Wegen zu und weg von solchen Orten der Gottespräsenz – dies sind Aspekte solidarischen Hilfehandelns mit Blick auf die verschiedenen Raum-Figurationen im Alten Testament, die die Bezogenheit Gottes auf den Menschen beschreiben.

In vorliegender Untersuchung wird sich im Weiteren zeigen, dass dieselben Aspekte auf ihre Weise auch für die Frage der diakonischen Nutzung von Kirchenräumen von Bedeutung sind. Das mag damit zusammenhängen, dass auch Kirchenräume zu *ha-maqom* Gottes werden, wo Menschen in ihren Bedürftigkeiten und Nöten der Präsenz Gottes begegnen und darin Zuflucht und begleitende Stärkung für den weiteren Weg ihres Lebens finden. Fast könnte man von einer biblischen Präfiguration diakonischer Nutzung von Kirchenräumen sprechen.

4.4. Fazit: «So kommt zu mir in mein Haus …» (Apg 16,15)

Aus den neutestamentlichen Schriften lässt sich erschliessen, dass sich die ersten christlichen Gemeinden in den Häusern einzelner Mitglieder zu Gottesdiensten und Zusammenkünften trafen (vgl. Apg 16,15). Aufgrund der Naherwartung des Reichs Gottes spielte die Frage nach der Ausgestaltung und Form des gottesdienstlichen Raums keine grosse Rolle. Im Gegenteil: Die jesuanische Kritik am jüdischen Tempel in Jerusalem als Ort der Gegenwart Gottes wurde von Generation zu Generation weiterüberliefert (vgl. Apg 7,47–50; Joh 4,20–24). Zudem wurde der Gedanke der «Einwohnung Gottes» im Tempel, durch die Offenbarung in Christus vermittelt, auf die versammelte Gemeinde in ihren Häusern übertragen: Das Bild des realen Tempels als Haus Gottes draussen vor Ort wird zum Symbol für die konkreten Menschen drinnen im Haus (1Kor 3,16). Es ist Matthias Wüthrich (2007, 16) zuzustimmen, wenn er im Neuen Testament die Tendenz beobachtet, «Gottes einwohnende Präsenz nicht von bestimmten gottesdienstlichen Räumen, sondern von der glaubenden Gemeinde her zu denken». Noch schärfer und wohl konfessionell polarisierender formuliert Stephan Schaede (2009, 53) diesen Gedanken mit Blick auf die Stephanusrede (Apg 7), die die alttestamentliche Tempelkritik aufnimmt: «Eine Theologie des Kirchenraumes, die dessen Heiligkeit wie eine an ihm anklebende Monstranz vor sich herträgt, wird es nach biblischer Überlieferung nicht geben.»

Wenn der Tempel als Ort der Präsenz Gottes zum Symbol für die konkreten Menschen drinnen im Haus wird, kann das Verhalten der Purpurhändlerin aus Thyatira, einer Gottesfürchtigen namens Lydia, als weiterführende Geschichte angeführt werden, die noch einmal die Raumkonstellation zwischen Gott und Mensch figuriert: In der Apostelgeschichte wird geschildert, wie Paulus und die Seinen in Philippi am Sabbat vor das Stadttor hinaus an einen Fluss gingen, um zu beten. Frauen fanden sich ein, auch Lydia. Sie hörten Paulus zu: «Ihr tat der Herr das Herz auf, und sie liess sich auf die Worte des Paulus ein. Nachdem sie sich samt ihrem Haus hatte taufen lassen, bat sie: ‹Wenn ihr überzeugt seid, dass ich an den Herrn glaube, so kommt zu mir in mein Haus und bleibt da›, und sie bestand darauf.» (Apg 16,14f.) Ivoni Richter Reimer stellt in ihrer Untersuchung zu den Frauen in der Apostelgeschichte mit Bezug auf den Nötigungscharakter des Verhaltens Lydias den Solidaritätsaspekt hervor, indem diese den Missionaren durch das Gewähren von Schutz vor den römischen Behörden zu helfen versucht. Richter Reimer interpretiert solches Verhalten als Gastfreundschaft, «die auch die Gewährleistung von Schutz für die Gäste einschloss Anders gesagt: Die Gastfreundschaft löst sich nicht auf, wenn Gefahr droht, sondern erweist sich erst und gerade dann als wahre Gastfreundschaft» (Richter Reimer, 1992, 155). Solches Handeln entspringt aus der Gottesfurcht, und diese Gottesfurcht führte Lydia an einen bestimmten Ort. Der Herr selbst öffnete Lydia das Herz beim Hören der Worte des Paulus. Die Selbstmitteilung Gottes in der Ha-maqom-Raumkonzeption ist deutlich. Durch das geöffnete Herz liess sich Lydia auf die Worte des Paulus ein. Sie und ihr Haus liessen sich taufen.

Magdalene Frettlöh sieht im Taufakt mit seiner profanen Grundbedeutung von *baptizein*, eintauchen, bildhaft das Eintauchen in den trinitarischen Namen Gottes. Gottes Name selber wird Raum; dem *ha-maqom* aus jüdischer Tradition entspricht der christliche trinitarische Name. Frettlöh hält fest: «Mit der Rede vom Eintauchen in den Namen Gottes ist Gottes Fürsorge ins Bild gesetzt. Das Eingetauchtwerden in den Namen Gottes kann als Versiegelung im Schutzraum des Namens verstanden werden. Zwischen dem dreieinigen Gott und den Getauften besteht eine von Gott eröffnete *namhafte Wechselbeziehung:* Die Getauften gehören zu Gott, weil Gott sie bei ihrem Namen gerufen hat (Jes 43,1), und sie beantworten diesen göttlichen Namensruf, indem sie ihrerseits Gott beim Namen nennen und in Gottes Namen Zuflucht finden.» (Frettlöh, 2009, 75f.)

Kann nun Lydias Haus als Zentrum christlichen Lebens in Philippi beschrieben werden (vgl. Richter Reimer 1992, 157), wird es zum Haus Gottes und zum Sinnbild für den Kirchenraum, indem erstens durch die Verkündigung des Namens Gottes Gott selber Raum findet und vor Ort präsent ist. Zum Zweiten finden Menschen durch den Übertritt der Schwellen dieses «geräumigen Gotts» Schutz im Haus des Herrn, der Lydias Herz geöffnet hat. Und schliesslich beinhaltet diese als Schutzgewährung ausgestaltete Gastfreundschaft die Begleitung der Anvertrauten auf ihren Wegen von Haus Gottes zu Haus Gottes durch die Nähe von Boten, deren Fantasie vertrauensvoller und wirksamer Handlungen keine Grenzen gesetzt sind. Für Lydia ist es die nötigende Solidarität mit müden Missionaren, für Paulus das nimmermüde Schreiben von aufbauenden Briefen.

Solidarisches Hilfehandeln verortet sich neutestamentlich im Raum Gottes, dessen Name im Kirchenraum verkündet wird. Diakonische Funktionen des Kirchenraums verorten sich in dieser raumöffnenden Benennung Gottes und entsprechen in besonderer Art dem Welt- und Selbstverständnis eines Hauses wie desjenigen von Lydia, «in dem Menschen nicht auf sich selbst zurückgeworfen, sondern in Beziehung hineingestellt sind, die sie schützt und ihnen Zukunft eröffnet, sie aufnimmt und über sich hinausbringt, sie beheimatet, aber auch orientiert und erneut auf den Weg schickt. In diesem Raum konzentriert sich der Glaube, dass die Welt insgesamt in einer freundlichen Beziehung gehalten ist. Im Kleinen bildet der Kirchenraum ein freundliches Universum ab, in dem der Mensch zu Hause sein kann […]» (Wagner-Rau, 2010, 162). «So kommt zu mir ins Haus […]»

Kapitel 5: Diakonische Funktionen des Kirchenraums aus reformatorisch-kirchen(raum)geschichtlicher Sicht

5.1. Einleitung: Die reformierte Stimme

In vorliegendem Kapitel wird analysiert, inwiefern diakonische Funktionen des Kirchenraums, die sich an einem anthropologisch begründeten, in biblisch-theologischer Tradition einladenden, bergenden, schützenden und begleitenden Handeln orientieren, durch das reformatorische Erbe reformierter Prägung genauer qualifiziert werden können.

Aus dieser Problemstellung heraus fallen drei durchaus auch mögliche und sinnvolle Fragestellungen aus dem Blickfeld der Untersuchung: Es geht erstens nicht um eine Darstellung der Geschichte des protestantischen Kirchenbaus in Europa, Deutschland oder der Schweiz mit den an und für sich interessanten architektonischen Bau- und Strukturfragen.[1] Zum Zweiten erfolgt hier keine allgemeine Beschreibung des evangelischen Kirchenraums in dessen enger architektonischer und liturgischer Verschränkung, wie sie in eine «Theologie des Gottesdienstraumes» (Reymond, 2002) fliesst.[2] Und schliesslich wird von einer (bildlichen) Darstellung des reformierten Kirchenraums in der Schweiz mit der Beschreibung der einzelnen baulichen Eigenheiten, Güter und Einrichtungen abgesehen.[3]

Bezüglich des Kirchenraums gibt der Blick auf die reformatorische Veränderungskraft zwei Einsichten frei: Zum einen begannen die Reformatoren, den Kirchenraum aus einer grundsätzlich anderen Perspektive zu interpretieren als ihre Vorgänger. Der Paradigmenwechsel von

---

1 Vgl. dazu die einschlägigen Artikel und Aufsätze von: German, 1963; Beyer, 2009, bes. 80–139; Strohmaier-Wiederanders, 2002, 67–92; zum reformierten Verständnis im Speziellen: Reymond, 1996, 44–71; Merten, 2009, 296–309; Machat, 1986, 17–42; Raschzok, 2007, 566–577. Mit Blick auf den «reformierten Kirchenbau» im Kanton Zürich, vgl. Gubler, 1984, 141–148.

2 Vgl. zu diesem Aspekt: Reymond, 2002, 13–29; Bürgel, 1997, 1–19.

3 Vgl. dazu: Schneider, 2000; Rauhaus, 2007.

der «Wohnung Gottes» zum «Zweckgebäude»[4] für die glaubende und feiernde Gemeinde wurde sowohl theologisch als auch baulich vollzogen.[5] Dabei ist festhalten, dass dem reformierten Kirchenraum über die Jahrhunderte hindurch weiterhin religiöse Konnotationen zugemessen werden. Zum anderen gilt die Einsicht von Matthias Wüthrich allgemein für das reformatorische Erbe: «Systematische und umfangreiche Äusserungen zum Thema Kirchengebäude und Kirchenraum sind bei den Reformatoren reformierter Prägung nicht auszumachen. Es gibt keine ‹Lehre› dazu.» (Wüthrich, 2007, 17)

Auch wenn es keine zusammenhängende «reformierte Kirchenraumtheologie» (vgl. zum Ausdruck: Plüss, 2010, 43) zu entfalten gibt, so werden hier doch im Folgenden Bausteine einer reformierten Theologie des Kirchenraums erörtert. Ausgangspunkt für die zwei Perspektiven, die eingenommen werden, ist die Darstellung des «Urbildes des reformierten Kirchenraums in Zürich» (Beyer, 2009, 109), das Grossmünster. Zum einen werden die Transformationen des Kirchenraums in den Kontext der verändernden Gestaltungskraft der Reformation in Zürich gestellt. Zum andern werden die baulichen Veränderungen, die der Reformator Huldrich Zwingli mit der Obrigkeit und seinen Mitstreitenden während den entscheidenden Jahren zwischen 1524 und 1526 im Kirchenraum Grossmünster umgesetzt hat, im Detail nachgezeichnet. Da das Grossmünster geradezu paradigmatisch als «Urbild» des reformierten Kirchenbaus gelten kann, beschränkt sich die weiterführende Untersuchung darauf, die reformatorische Umnutzung am Beispiel dieses Kirchenraums nachzuzeichnen. Daran schliesst eine zusammenfassenden Schau auf die einschlägigen theologischen Schriften der Reformatoren refor-

---

4 Vgl. dazu den Titel der Impuls-Broschüre des Schweizerischen Evangelischen Kirchenbunds (SEK), 2007: Wohnung Gottes oder Zweckgebäude? Ein Beitrag zur Frage der Kirchenumnutzung aus evangelischer Perspektive.

5 Ich stimme der Analyse von Beyer in Teilen zu: «Im Mittelalter wurde der Kirchenraum durch die bischöfliche Weihe zur ‹Wohnung Gottes›; ihm war eine besondere Qualität eigen. Der protestantische Kirchenraum begründet seine Existenz allein in der Funktionsbestimmung, den Raum für die Feier des Gottesdiensts bereitzustellen.» (Beyer, 2009, 80) Zu hinterfragen ist der Exklusivpartikel «allein». Ich gehe mit Matthias Wüthrich einig, dass gerade das reformierte Verständnis des Kirchenraums zwei «typologische Linien», die der Funktionalität und – wie ich die zweite Linie im Folgenden nennen werde – der Symbolität zu untersuchen und zu beschreiben hat (vgl. Wüthrich, 2007, 25f.).

mierter Prägung, Huldrich Zwingli, Jean Calvin und Heinrich Bullinger an, unter Beizug der Schriften späterer reformierten Theologen in Zürich. Diese Schau mündet in den Versuch, die zentralen Aspekte reformierter theologischer Kirchenraumreflexion herauszuarbeiten. Dabei wird der Fokus auf der diakonischen Funktion liegen. Erhellend für die Bedeutung des reformatorischen Erbes hinsichtlich seiner Gestaltungskraft ist der Blick auf den reformierten Kirchenbau in der Schweiz nach dem Zweiten Weltkrieg. In dieser zeitgeschichtlichen Phase zeigt sich besonders deutlich die assoziative, diakonisch zu deutende Kraft im Raum und in der Raumhülle. Hiervon ausgehend werden in Aufnahme des Kapitalbegriffs von Pierre Bourdieu (vgl. Kapitel 1.2.1.2.) die für die Frage von Kirchenraum und Diakonie massgebenden Erkenntnisse zusammenfassend dargelegt. Dabei wird in Hinblick auf die Grundproblematik von Kirchenraum und Diakonie zweierlei einsichtig: Erstens ist rückschliessend für das Verständnis der diakonischen Funktion von Kirchenräumen die reformierte Stimme von Bedeutung. Zweitens ergeben sich aus der Untersuchung der reformatorischen und reformierten Quellen Problemstellungen, die es sinnvoll machen, raumwissenschaftliche Theorien einzubeziehen.

5.2. Das «Urbild» des reformierten Kirchenraums: Das Grossmünster in Zürich im Zentrum des gestalterischen Veränderungsprozesses

5.2.1. Funktionalität und Symbolität: Zur Gestaltungskraft der Reformation in Zürich

Der Kirchenraum bildet Tendenzen, Wandlungen und Ausgestaltungen des kirchlichen und religiösen Lebens in transformierter Gestalt ab. Im Wissen um diese Transformations- und Gestaltungsprozesse stellt sich bei der hermeneutischen Reflexion über den reformierten Kirchenraum die Frage nach der religiösen beziehungsweise theologischen Bedeutung «überkommener» (Geyer, 2002)[6] Kirchen. Baugeschichtlich stammen

---

[6] Hermann Geyer verwendet die Formel, «um damit auszudrücken, dass solche Kirchen baugeschichtlich zwar einer bestimmten Epoche (oder auch mehreren) entstammen, aber deshalb nicht einfach ‹alt› oder ‹mittelalterlich› sind, sondern zugleich den Menschen jeder Zeit, die mit und in ihr leben, auf ihre Weise gegenwärtig sind. Als ‹Heterotopie›, das heisst als Raum, der verschiedene Räume in sich birgt, den Re-

Kirchen aus einer bestimmten Epoche, doch sie werden allgemein nicht als «veraltet» oder «vergangen» erfahren. Die jeweiligen Sichtweisen bestimmen nachhaltig, wie Kirchenräume erfahren werden. Sie können als «Tempel der anonymen Stadtöffentlichkeit», als «religiöse Räume», «Gemeindehäuser», «heilige Räume» und als vieles mehr beschrieben werden.[7] Die Vielzahl der möglichen Metaphern lenkt den Blick auf Kirchen, die aus dem Mittelalter oder einer anderen Epoche stammen – auch mit der Absicht, aus diesem Blickwinkel deskriptive wie normative Kriterien für die aktuelle oder zukünftige Nutzung von Kirchenräumen zu gewinnen.

Bei der Betrachtung des «Urbilds» eines reformierten Kirchenraums, dem Grossmünster in Zürich, ist für das Verständnis einer «Raumhermeneutik» mit ihren Normvorstellungen, Bau- und Theologiekonzepten der Blick auf vergangene Vorgänge grundlegend. Hermann Geyer ist zuzustimmen, wenn er fordert, der Blick sei gerade in Bezug auf reformierte Kirchen auch auf vorreformatorische Vorgänge zu weiten.[8] Reformierte Kirchen sind in ihren Anfängen aus dem Mittelalter überkommene Kirchen. Neubauten entstanden erst Mitte des 16. Jahrhunderts; 1564 in Lyon mit dem «Temple de Lyon Nommé Paradis» (vgl. Germann, 1963, 25ff.), 1585/86 in Rafz und Rorbas zum ersten Mal im Kanton Zürich (vgl. Gubler, 141ff.).

Werden Kirchenräume als Räume eines enormen Potenzials an transformativer Kraft verstanden, die den Raum umzudeuten, umzubauen und neu auszurichten vermag, hat sich eine Raumhermeneutik der ge-

---

alraum, imaginären Raum, die zugleich Zeit-Räume und überzeitliche Räume sind, und als Symbol der Religion steht der Kirchenraum *gleichermassen* für die Dimensionen des Vergangenen, Gegenwärtigen und Zukünftigen [...]» (Geyer, 2002, 95, Anm. 83). Dieser Aspekt überlagernder und deshalb auch Zeiträume übergreifender Wirkungen fliesst in die zusammenfassende Schau diakonischer Funktionen ein, die mittels der Begrifflichkeit von «Gastraum», «Schutzraum» und «Zwischenraum» präziser gefasst werden (vgl. Kapitel 7.2).

7 Vgl. dazu die verschiedenen Theoriemodelle in Kapitel 1.2.2.2.

8 «Die Raumhermeneutik hat sich gegenüber heute aktuellen Normvorstellungen und Kirchenbaukonzepten auch für vorreformatorische Formen eines Kirchenbauverständnisses zu öffnen, die – samt den überkommenen Kirchen – entgegen einem verbreiteten Missverständnis nicht einfach ‹katholisch› im Sinne der erst durch die Reformation entstandenen Konfessionen sind, sondern gemeinchristliches Erbe auch der reformatorischen Kirchen, deren Beginn von der Urkirche her datiert.» (Geyer, 2002, 61)

schichtlichen Pluralität verschiedener deutungsrelevanter Wandlungsprozesse zu stellen. Mit solchen Wandlungsprozessen ist eine Suchbewegung innerhalb verschiedener Begriffsfelder verbunden: Ist von «heiligen» oder «religiösen» Räumen zu sprechen? Angesichts der Pluralität ist Hermann Geyer zuzustimmen, wenn er sagt: «Nicht nur eine ‹aktuelle Physiognomie religiöser Raumkultur› [Fremdzitat Mertin, 1997, 10, erg. CS] aus Sicht heutiger ‹religiöser Räume› gilt es daher ernst zu nehmen; ebenso ist den *pluralen* ‹Physiognomien religiöser Raumkultur› aus denjenigen Epochen nachzuspüren, die in ehedem ‹heiligen Räumen› sichtbare bzw. nachwirkende Spuren hinterlassen haben.» (Geyer, 2002, 61).[9] Stadtkirchen mit ihren pluralen Physiognomien werden von den Besuchenden selbst plural und divergent wahrgenommen und mit unterschiedlichen Metaphern beschrieben. Stadtkirchen werden gleichzeitig und gleichräumlich als «heilige» und «religiöse» Räume, als «Tempel» und «Gemeindehaus» erfahren (vgl. Kapitel 2.1).

Um den Kirchenraum in seiner evangelisch-reformierten Form wahrzunehmen, hat vorliegende Untersuchung sich also nicht nur mit heutigen, aktuell den Kirchenbau – und die Liturgie – prägenden Konzepten zu befassen, sondern sich auch den reformatorischen Transformationsprozessen zu öffnen. Die historisch-kritische Wahrnehmung der Wandlungskraft, mit der die Reformatoren ihre Kirchenräume aufgrund theologischer und gesellschaftspolitischer Notwendigkeit umbauten, gibt den Blick für aktuelle Gestaltungskräfte frei, die die Kirchenräume heute neu bauen, umwandeln und anders nutzen wollen. Was heisst es, das Grossmünster in Zürich als gemeinchristliches Erbe seit Beginn der Urkirche einer solchen Wahrnehmung zu unterziehen?

---

9 Auf ein interessantes Beispiel einer solch pluralen Physiognomie in nachreformatorischer Zeit weist Hans Martin Gubler mit Blick auf die 1620 in Angriff genommene Renovation der Stadtkirche in Winterthur hin, in der, dem Zeugnis des Grossmünsterpfarrers Johann Jakob Breitinger nach, vorreformatorische Zeichen und Gegenstände vorhanden waren. Erst bei der Erstarkung der Orthodoxie und der damit strengeren Kirchenordnung wurden diese altkirchlichen Zeugnisse wie Kruzifixe und Wappen weggeschafft (vgl. Gubler, 1994, 142). Klaus Raschzok weist darauf hin, dass der mittelalterliche Kirchenraum mit solch pluraler Physiognomie auch verschiedene Handlungsräume gleichzeitig aufweist: «Der mittelalterliche Kirchenraum stellt damit keinen einheitlichen Handlungsraum mehr dar, er tendiert zu eigenständigen gottesdienstlichen Subräumen im Kirchenraum für die einzelnen soziologischen Gruppen wie den Klerus, die verschiedenen Laienbruderschaften, Zunft- und Ordensgemeinschaften.» (Raschzok, 2003, 393)

Der Ereignisbericht weniger Tage aus dem Jahre 1526 hält hier bereits Antworten bereit: In den Septembertagen, wenn man dem Chronisten Bernhard Wyss Glauben schenken mag[10], oder schon im Juli, liest man in der Reformationsgeschichte Heinrich Bullingers[11], wurden in den Kirchen der Stadt Zürich die Altarrentabeln und Sakramentshäuser abgebrochen und für den Kanzellettner im Grossmünster verwendet.[12] Nachdem während zwei Jahren Restbestandteile vom Altarsockel und ganze Altäre und Altarmensen im Kirchenraum stehen blieben, auch dann noch, als die neue Form des Abendmahls eingeführt worden war (Gründonnerstag/Karfreitag 1525) (vgl. dazu: Abegg, 2007, 146. 129), beschreibt Heinrich Bullinger den Vorgang in seinem Rückblick prägnant und aussagekräftig: «Und am 8. July namm man die fronaltarstein zuo dem Frowenmünster, zuo Predigern, Barfüsseren und Augustinern, und fürt sie zuo dem grossen Münster. Da ward ein nüwe Cantzel, uss ermellten setinen gebuwen: und ward der alltarstein von den predigern, alls der längist was, in mitten geleit, das er fürgieng, in die Cantzel daruff jetz und der predicant stadt.» (Bullinger, RG I, 368). Das Phänomen an sich ist nicht reformatorisch. Schon früher waren christliche Kirchen aus den Trümmern heidnischer Tempel gebaut worden. Innert kürzester Zeit – hinter verschlossenen Türen? – wurde der Lettner aufgezogen, der Boden am 1. September aus den Altarplatten gelegt, sodass am Kirchweihfest der Stadtheiligen Felix und Regula, dem 11. September, «tett meister Ulrich Zwingli die erst predig im nüwen predigstuel»[13] halten kann. Peter Jezler hat diese einzigartige «Desakralisierung von Heiligenfesten» (Jezler, 1990, 308) in seiner räumlichen, transformierten Gestalt analysiert und beschrieben. Die Verwendung der Altarsteine aller drei Stadtkirchen als Baumaterial für den Kanzellettner erfolgt nach ihm nicht pragmatisch, sondern symbolträchtig als Boden für den Prediger: «Das Bild vom Sieger, der mit den Füssen über den unterworfenen Gegner hinwegschreitet, hat Wurzeln in der Antike, ist im Mittelalter in der Hadesfahrt Christi geläufig und bleibt in der reformatorischen Flugschriftenpolemik noch lange wirksam.» (Jezler, 1990, 311) Auch beim Einreis-

---

[10] Vgl. Wyss, 1901, 70f.

[11] Bullinger, RG I, 368.

[12] Vgl. zu dem Aufbau des Lettners: vgl. Gutscher/Senn, 1984, 109–116; auch, Abegg, 2007, 147.

[13] Wyss, 1901, 70.

sen der Sakramentshäuser spielt der Symbolcharakter eine Rolle: «Das Sakramentshaus verwies auf ein komplexes System eucharistischer Frömmigkeit, es wehrte der Gefahr des Hostienfrevels und stand für die pfarramtliche Sakramentsverwaltung.» (Jezler, 1990, 312)

Die Funktionalität, mit der die «mobile» und multiperspektivische Liturgie durch den «statischen» und zentralperspektivischen Predigtgottesdienst abgelöst wurde, ist die eine Seite der Medaille. Die andere Seite ist die Symbolität, wie sie im Bild der die Feinde niederhaltenden Füsse des Predigers Huldrich Zwinglis, die auf denjenigen Flächen standen, auf denen Priester früher Messopfer gefeiert hatten, zum Ausdruck kommt. Der innere theologische und seelische Wandel von einer Kirche des Sakraments zur Kirche des Worts Gottes ist damit äusserlich, baulich und räumlich vollzogen. Durch diese Dialektik von Geist und Form ist ein Raum entstanden, der mit seiner Gestaltungs- und Transformationskraft die Zuhörenden in diesen Wandlungsprozess förmlich hineinzog. Hier ist in nuce sichtbar, was Fulbert Steffensky in seinem wegweisenden Artikel über die Theologie des protestantischen Kirchenbaus auf den Begriff bringt: «Der Raum baut an meiner Seele. Die Äusserlichkeit baut an meiner Innerlichkeit. Das ist die Erkenntnis eines älter gewordenen Glaubens.» (Steffensky, 2003, 191)[14]

Dieses Ineinander von Funktionalität und Symbolität zeigt sich auch in der Beibehaltung des Heiligentags. Bedenkt man, dass mit dem Ratsprotokoll 1526 dreissig Heiligentage gestrichen worden waren (Jezler 1990, 309), stellt sich die Frage, wieso der 11. September als Heiligentag beibehalten wurde. Nach Jezler spielt der Umstand eine Rolle, dass mit dem symbolträchtigen sakralen Termin ein profaner, funktionaler Staatsakt zwischen Stadt und Land verbunden war. «Untervögte und ländliche Notabeln brachten Personenlisten ihres Gebietes, wofür im Gegenzug

---

14 Steffensky (2003, 192) setzt diese Haltung einem jungen Glauben gegenüber, «der mit prophetischer Geste» die alten Bilder, Einrichtungen stürmt: «Die Priester bauen Kirchen. Die Propheten setzen sie in Brand.» Dies bestreitet Wolf Krötke. Nach ihm ist diese kritische Haltung nicht nur eine Wirkung des «jungen» Glaubens, sondern dem Glauben selbst inhärent: «Er [der Grund für das ‹Nicht-Fördern› des Bestrebens der Christenheit, Kirchen zu bauen, erg. CS] liegt vielmehr im Wesen dieses Glaubens selbst, das heisst in dem, was ihn als Glaube, den der spezifisch hauslose, unbehauste Gott selbst geweckt hat, ausmacht. Die Frage an uns, die wir Kirche erhalten und bauen wollen, ist darum, ob wir vom Wesen des Glaubens nicht etwas Wesentliches abgemarktet haben, wenn wir das tun.» (Krötke, 2006, 69)

von gmeiner stadt einem jeden ein quärtli wins desselbigen jars gewachsen zugeteilt wurde.» (Jezler, 1990, 312) 1526 schien demnach der Felix- und Regula-Tag nicht mehr nur von seiner symbolisch aufgeladenen Spiritualität Wirkung zu erzeugen: Kreti und Pleti aus dem Umland bis hin nach Schaffhausen und Baden waren vor Ort. Die gleichsam anonyme Öffentlichkeit von Stadt und Land strömte in den Stadtraum mit seinen Kirchgebäuden. Diese Funktionalisierung des Heiligentags zugunsten des gesellschaftlich-politischen Lebens wurde von den reformatorischen Kräften als Symbol dafür gebraucht, aller Welt den unglaublichen Profanisierungsprozess der alten Ordnung vor Augen zu führen; zu zeigen, dass der alte Glaube an das göttliche Messopfer nun endgültig zugunsten des neuen Glaubens an das göttliche Wort überwunden sei. Zwingli stand erhöht, zentral auf der Mittelachse des Kirchenschiffs. Seine Predigt galt nicht dem Martyrium der Heiligen, sondern reihte sich in die neu eingeführte *lectio continua* ein, die seit dem 1. Juli 1526 Bücher des Alten Testaments auslegte.[15] Jezler spitzt die ungeheure Dynamik dieser Tage im September 1526 zu: «Deutlicher liess sich kaum demonstrieren, dass das Messopfer mit seinem ganzen System von Seelendiensten und Heiligenkult durch das Predigtwort überwunden sei. Der Destruktion ist hier ein solches Mass an konzeptioneller Dichte eigen, dass sie selbst schon wieder bildschöpferischen Charakter gewinnt.» (Jezler, 1990, 313)

Dieser bildschöpferische Charakter, dieses Ineinander von Dekonstruktion und Konstruktion, von bilderstürmischen und bildschöpferischen Prozessen, diese den Bogen fast überspannende Dynamik zwischen der Funktionalität des Abbaus des sakramentalen Kirchenraums und der Symbolität der Einräumung neuer Güter und Zeichen von Gottes Wort gilt nicht zufällig und einmalig für die Tage im September 1526. Vielmehr verdichtet sich in diesen Tagen das theologische und räumliche Programm der Reformatoren zum hermeneutischen Gestaltungsprinzip: Der Kirchenraum soll gemeinschaftlich zentral ausgerichtet wahrgenommen werden. In dieser Wahrnehmung soll in neuer Weise, nämlich in der Volkssprache, Gottes Wort zu hören sein. Diesem Wort wird von nun

---

15 Gutscher/Senn (1984, 110f.) zeigen zwei Bilder des Lettners aus den Jahren 1572 und 1586, welche die symbolträchtige Position der Kanzel herausstellen.

an ein leerer Raum geschaffen, damit es sich dieses zentralen Raums bemächtigt.[16]

Die Lektüre der genauen Beschreibungen der 1520er-Jahre macht zudem deutlich, dass neben dem Raumprogramm mit seinen theologischen Implikationen auch andere Konstrukte schöpferische Gestaltungskraft in sich trugen. Nicht nur im Nacheinander, sondern auch im Miteinander gestalteten verschiedene Theologie- und Liturgiekonzepte den Raum, legen Spuren bis heute und werden von Epoche zu Epoche bis heute wiederholt.

Kirchenräume sind per se von pluraler Gestalt. Sie sind versehen mit Zeichensystemen aus verschiedenen Zeiten und aus unterschiedlich prägenden Traditionen. Die in vorliegender Arbeit nachzuzeichnende Entstehungsgeschichte des reformierten Kirchenraums in Zürich unterstreicht den Wahrheitsgehalt von Hermann Geyers Erkenntnis: «Ein dem geschichtlichen Denken wie der Religiosität verpflichteter hermeneutischer Ansatz ist für ein in sich plurales Verständnis von Kirchenräumen offen, das nicht nur zur Kenntnis nimmt, dass es einen Konsens über ‹die› normative Gestalt ‹des› Kirchengebäudes weder gab noch gibt, sondern auch anerkennt, dass sich innerhalb ein und derselben Kirche von den sie prägenden Traditionen her unterschiedliche ‹Theologien des Kirchenraumes› spiegeln können, die einander komplex überlagern.»[17] (Geyer, 2002, 64)

---

16 Peter Jezler zeigt noch ein schönes Beispiel dieses schöpferische Ineinander von Dekonstruktion und Konstruktion. Bei der Abschaffung des Heiligenkults spielten neben der theologischen Kritik auch wirtschaftliche Konsequenzen eine gewichtige Rolle: «Der Heiligenkult entfällt nicht nur, weil er angeblich unchristlich ist, sondern weil die Heiligen das in ihnen angelegte Gut nicht vergelten […]. Die Entsakralisierung der Heiligen eröffnet den Weg zu gewaltigen Einsparungen, zur Verlängerung der Produktionszeit und zur lukrativen Auflösung von stillen Reserven, welche über Generationen zur Verehrung der Heiligen angelegt worden waren.» (Jezler, 1990, 315) Der Dekonstruktion des himmlischen Verdiensts entspricht die Konstruktion des Werte schaffenden und die Armut bekämpfenden Verdiensts auf Erden (vgl. dazu Kapitel 5.3.4).

17 Dieser Erkenntnis entspricht die Tatsache, dass das theologische Bauprogramm eines Kanzellettners sich nicht als typisch reformierte Tradition durchsetzte. Dies war auch nie die Absicht der Reformatoren: «Bezeichnenderweise hat Zwingli aus der neugewonnen Form kein architektonisches Traktat oder gar eine reformierte Bauschrift abgeleitet.» (Gutscher/Senn, 1984, 114) Die Stadtkirche St. Johann in Schaffhausen,

Die heutige Offenheit und Pluralität von verschiedenen Deutungshorizonten in der Wahrnehmung gerade von Stadtkirchen mit ihrem hohen Alter lassen sich auch in der Entstehungszeit des reformierten Kirchenraums entdecken. Die Reform des Kirchenraums im 16. Jahrhundert brachte eine Reihe von Veränderungen mit sich, die bis heute auf die Wahrnehmung und Nutzung des Kirchenraums einwirken.[18]

5.2.2. Die Veränderungen im Kirchenraum Grossmünster zwischen 1524 und 1526

Das Grossmünster in Zürich ist die Mutterkirche der schweizerischen Reformation, sie ist jedoch auch die Kirche der Stadtheiligen Felix, Regula und Exuperantius. Die These Daniel Gutschers (1983, 38–41) überzeugt; nach ihr begann die Geschichte des grossmünsterlichen Kirchenraums mit der Entdeckung eines spätantiken Grabs auf einem ehemals römischen Friedhof oder einem alemannischen Gräberfeld vor Mitte des 8. Jahrhunderts.[19] Wegen seiner Auffälligkeit mag das Grab bald als Märtyrergrab an Bedeutung gewonnen haben. Vorerst mündlich und lokal überliefert, wurde die Verehrung des Wegs des enthaupteten thebäischen Geschwisterpaars Felix und Regula vom Ort ihrer Hinrichtung bis zu ihrem zukünftigen Grab als Kephalophoren durch die Niederschrift der «Passio» ab Mitte des 8. Jahrhunderts in kirchliche Bahnen gelenkt. Ein verehrtes Grab auf dem Münsterhügel setzt eine Kirche, Kapelle oder «einen Überbau» (Gutscher, 1983, 38) voraus, ebenso Kleriker, die für dessen Unterhalt sorgen. Über eine Stiftungsurkunde verfügte das Grossmünster – im Gegensatz zum Fraumünster auf der anderen Seite der Limmat, das von Ludwig dem Deutschen 853 als Frauenkloster für dessen Töchter erbaut worden war – nicht. Deshalb musste ein zweiter Legendenkranz zuhilfe genommen werden, der in die Zeit vor Ludwig zurückreichte. Die Legende beinhaltet die sogenannte Hirschlegende,

---

die St.-Peter-Kirche in Zürich oder das Münster in Schaffhausen sind Beispiele für die Aufnahme des Kanzellettners. (Vgl. Gutscher/Senn, 1984, 114–116.)

18 Bemerkenswerterweise erkennt Elsi Mc Kee die schöpferische Kraft der Analyse reformatorischer Vorgänge auf aktuelle soziale Fragestellungen, wenn sie zu Beginn ihrer Ausführungen festhält: «Die Reform der Wohlfahrtspflege im 16. Jahrhundert brachte eine Reihe von praktischen Veränderungen mit sich, die die soziale Arbeit schon ein wenig mehr der heutigen Praxis gleichen liessen.» (Mc Kee, 1996, 78)

19 Urs Baur (1988, 28–31) prüfte verschiedene Varianten und priorisierte die These Gutschers.

wonach Karl dem Grossen die Gräber von Einsiedlern während eines Jagdausflugs – das legendarische Gründungsdatum der Kirche – gezeigt worden waren.[20]

Auf die Zeit um 1000 n. Chr. geht ein Vorgängerbau des heutigen Grossmünsters zurück.21 Wenige archäologische Befunde aus den 1930er-Jahren evozieren die Vorstellung einer dreischiffigen Pfeilerbasilika, die um einiges kleiner war als das heutige Münster. Der Baubeginn des romanischen Münsters kann ungefähr auf das Jahr 1100 n. Chr. datiert werden. Um 1220 bis 1230 n. Chr. darf das mittelalterliche Grossmünster, vom Bautypus her eine dreischiffige Pfeilerbasilika, als vollendet betrachtet werden. Es wurde zwar immer wieder umgebaut, zurückgebaut und verändert, seinen grundlegenden Charakter behielt es aber bis heute. Vor der Reformation war der Kirchenraum voller Ältäre,[22] Heiligengräber und Reliquiensärge ein bedeutender Ort für Pilgerreisen und Prozessionen, verwaltet und gestaltet durch 24 Chorherren und 34 Kapläne.[23]

Die Besonderheit der Zürcher Reformation liegt darin, dass erstmals in der Reformation eine städtische Ratsversammlung den Prozess der Veränderung beschloss, die theologischen Grundentscheide fällte, den Umbau der Kirchen umsetzte, den kirchenrechtlichen Schutz der Heiligenbilder ausser Kraft setzte sowie selber die Zerstörung der Bilder verfügte und koordinierte. Mit dem Berg an überlieferten Akten[24], den

---

20 Vgl. zur Legendbildung: Gutscher, 1983, 36–42. Weitere Literatur zum Felix- und Regula-Kult findet sich in: Jezler, 1990, Anm. 1, 316. Zur «Passio» siehe Müller, 1971, 132–187 (darin die kritische Edition in lateinischer Sprache: 138–144; die deutsche Übersetzung in Etter, 1988, 11–18). Die durch Heinrich Brennwald vor der Reformation geschriebene Schweizerchronik ergänzt den Legendenkranz des Geschwisterpaars durch die Figur von Exuperantius, die Hirschlegende wird durch die Legende von der Schlange mit dem Edelstein beim Haus zum Loch erweitert: vgl. Brennwald 1908, 74–81, 88f.

21 Zur Geschichte, Baugeschichte und Ausstattung des Grossmünsters vgl. im Folgenden auch: Gutscher, 1983; Abegg, 2007; Gysel, 2010; Hafner, 2007a, bes. 52ff.

22 Gerold Edlibach zählte 21 Altäre, 24 Chorherren und 34 Kaplane, vgl. Jezler, 1984, 71f.

23 Vgl. zur Innenausstattung des Kirchenraums: Gutscher, 1983, 134–157, aufschlussreich besonders sein Rekonstruktionsversuch des Erdgeschosses und der Empore. Gutscher (1983, 136–137) macht damit die unzähligen Altäre und Sakralgegenstände mit ihren Verortungen im Kirchenraum ersichtlich.

24 Die entsprechenden Akten sind ediert in: Egli, 1879.

Schriften von Huldrich Zwingli und Heinrich Bullinger, den Chroniken des altgläubigen Gerold Edlibach[25] und des reformationsfreundlichen Bernhard Wyss[26], ist die Dokumentation der Jahre von 1519 bis 1526 vergleichsweise gut gesichert. Nach Peter Jezler kam die reformatorische Bewegung für Zürich überraschend und war nicht vorauszusehen gewesen: «Eine vorgängige Opposition gegen die Kirche ist – von den üblichen Rechtshändeln abgesehen – kaum auszumachen.» (Jezler, 2000, 75) Keine Inquisitionsprozesse, keine Ketzerverbrennungen, keine überhitzten Frömmigkeitsereignisse sind vorreformatorisch festzustellen.[27] Die meisten der Kirchengebäude Zürichs waren gebaut; kein repräsentativer spätgotischer Bau hat damals in der Bauphase gestanden. Die Stadt Zürich war, was die Sakraltopografie betrifft, gebaut.

Im Gegensatz dazu war die Zürcher Landschaft in vorreformatorischer Zeit geradezu von einer «aussergewöhnlichen Bauwut ergriffen» (Jezler, 2000, 75). Fünfzig der gut hundert Landgemeinden erstellten zwischen 1468 und 1523 neue Kirchenräume oder erneuerten wesentliche Teile bestehender Bauten. Erhalten gebliebene Gerichtsakten erhellen die Gründe dafür: Generell wollten die Bauern den Neubau, die Zehntherren sträubten sich dagegen. Neubauten und Neuausstattungen wurden von der Mehrheit der Untertanen einer Pfarrei beschlossen: «Die Bauern [...] bekannten sich unmittelbar vor der Reformation zur herkömmlichen Frömmigkeit. Sie leisteten mehr, als von ihnen gefordert worden wäre. Durch ihre Anstrengungen im Gemeinwerk, die Bauorganisation und die Vertragsabschlüsse mit Werkmeister und Handwerker gewannen die Kirchgenossen aber auch an Selbstbewusstsein. Der Schritt zur selbständigen Regelung kirchlicher Angelegenheiten war vorbereitet.» (Jezler 2000, 75)

5.2.2.1. Die Phase der Dekonstruktion zwischen 1519 und 1525

Die Veränderungsvorgänge innerhalb der Kirchenräume stehen in der Spannung zwischen der Dekonstruktion bestehender Raumbeschaffen-

---

25 Vgl. Jezler, 1984, 41–74.

26 Vgl. Wyss, 1901.

27 Die erste Hinrichtung aufgrund der Abweichung vom Glauben erfolgte in Zürich erst nach der reformatorischen Wende, als man den Täufer Felix Manz in der Limmat ertränkte: vgl. Baumann, 2007a, 18–23. Als Beispiele für überhitze Frömmigkeitsäusserungen führt Jezler (2000, 75) an: «Jetzerhandel in Bern, zum Leben erweckte Totgeburt in Oberbüren».

heit und der Konstruktion neuer Räumlichkeiten. Huldrich Zwingli wurde am 1. Januar 1519 zum Leutpriester an Zürichs Hauptkirche gewählt und begann sogleich seine Predigt- und Publikationstätigkeit. Er gewann schnell starken Einfluss auf den Rat, auf die Streitgespräche (Disputationen) und auf den Klerus des Zürcher Herrschaftsgebiets. Reformwillige vermittelten die neue Lehre in ihren Predigten, sodass die Stimmung in der Landbevölkerung plötzlich vom Kirchbaufieber in Kirchenkritik und Freiheitsforderungen umschlug.[28]

Erste Phase: Altarbilder[29]*: 1523 und 1524*

In Zürich selber begann der offene Kampf zwischen Traditionalisten und Reformwilligen 1522 mit Schmähungen und Störungen der Predigten. Der öffentliche Verstoss gegen das Fasten kam hinzu. Zur Klärung, ob Zwinglis Lehren ketzerisch seien, lud der Rat am 29. Januar 1523 den Klerus des eigenen Herrschaftsgebiets sowie eine Vertretung des Bischofs von Konstanz zur ersten Disputation ein, bei der Zwingli seine 67 Artikel vor über 600 Teilnehmern vortrug. Ein halbes Jahr später publizierte Zwingli am 14. Juli den Kommentar zu den Artikeln «Usslegen und gründ der schlussreden oder artickeln» (Zwingli, II, 14ff.). Sie betrafen die wichtigsten reformatorischen Themen.

Ein grosser Teil der bisherigen Lehren wurde abgelehnt, nicht wenige davon waren für den Kirchenraum mit seinen Bildern und Altären entscheidend. Peter Jezler weist diesbezüglich auf die theologischen Hintergründe hin: «Leisteten die Heiligen keine Fürbitte, braucht man sie auch nicht mehr in Bildern zu verehren. Wenn die Messe kein Opfer mehr war, entfielen Privat- und Seelenmessen, und ohne Fegefeuer bestand kein Anlass mehr zu Donationen und Seelenstiftungen. Damit erübrigt sich der grösste Teil der Altarausstattungen.» (Jezler, 2000, 298) Die Bilderfrage selbst stand noch nicht im Zentrum, doch die Heiligenbilder wurden schon jetzt sprachlich heruntergerissen: «Und wir haben ein sölchen huffen götzen! […] Die säligen wyber gstaltet man so hurisch, so

---

28 Jezler (2000, 77 u. 117) erwähnt ein Beispiel: In Russikon haben die Bauern mit dem Kirchenneubau 1519 begonnen, doch als 1523 der Bildschnitzer Heinrich Gassmann mit dem Abschluss der Arbeiten für den Hochaltar in Verzug war, wollten sie nichts mehr von diesem Auftrag wissen.

29 Vgl. zur Chronologie der Ereignisse: Jezler/Jezler/Göttler, 1984, 83–102; Jezler, 1990, 297–306.

glat und usgestrichen, sam sy darumb dahyn gestelt syind, das die mann an inen gereitzt werdind zu uppikeit.» (Zwingli, II, 218) Zwingli ruft zum Bildersturm auf: «Ach herr! Verlych uns einen unerschrockenen man, wie Helias was, der die götzen vor den ougen der gleubigen dennen thue.» (Zwingli, II, 218)[30] Zwei Monate später – nach einer ikonoklastischen Predigt von Zwinglis Kollegen, Leo Jud, am 1. September in der St.-Peter-Kirche und der Publikation von Ludwig Hätzers Bildtraktat «Ein Urteil gottes unsres eegemahels, wie man sich mit allen goetzen und bildnussen halten soll, us der heiligen schrifft gezogen»[31] am 24. September – fanden die ersten Zerstörungen statt.[32] Der Zürcher Rat fürchtete sich vor den Eidgenossen aus der Innerschweiz und verfolgte die Übergriffe mit Strafuntersuchung und Haft. Von Anfang an waren die Angriffe auf die Bilder mit sozialen Forderungen verbunden: Die gestifteten Güter sollen den wahren Abbildern Gottes, den Armen, zukommen. In der vielfach in Armut lebenden Landbevölkerung war es vor dem Bauernaufstand 1525 schon dreimal zu Aufständen gekommen. Hinzu gesellte sich die Opposition der Altgläubigen in der Stadt. Diese Drucksituation veranlasste den Rat, eine zweite Disputation über die Bilder und die Messe einzuberufen, die zwischen dem 26. und dem 28. Oktober 1523 stattfand (Zwingli, II, 664–803) und ab Weihnachten 1523 erhebliche Einschränkungen des Kultus mit sich brachte. In der Bilderfrage liess man sich Zeit bis zum Pfingstmontag 1524. Die Unruhe im Volk wuchs, in Zollikon zerstörte man während der Pfingsttage Bilder und Altäre in der Kirche (vgl. Egli, 1879, Nr. 535).[33] Nachdem binnen dreier Tage beide Bürgermeister gestorben waren, entschied der Rat, die Flucht nach vorne anzutreten: Am 15. Juni beschloss er, «dass man

---

30 Vgl. zur Bilderfrage und zur theologischen Interpretation von Zwingli: Stirm, 1977, 130–160, bes. 130–133.

31 Siehe den Abdruck in Jezler, 2000, 295.

32 Zwei Beispiele: Niklaus Hottinger hatte Ende September 1523 in Stadelhofen vor Zürichs Toren ein grosses Wegkruzifix zerstört. Er wurde verhaftet, verbannt, in Klingnau vom bischöflichen Vogt gefangen genommen und in Luzern enthauptet. Aus derselben Zeit, so vermutet Jezler (2000, 77), stammen auch die «wilden Kratzspuren auf dem Stadtpanorama mit der Felix-und-Regula-Legende von Hans Leu».

33 Die Zerstörungen wurden als Freiheitsforderungen gedeutet: Der Rat bildete eine Kommission unter Leitung von Zwingli, um ein theologisches Gutachten zu Leibeigenschaft und Bildern zu verfassen (Zwingli, III, 114–131). Am 8. Juni entschied der Rat, die Beseitigung der Bilder zu erlauben, die Bevölkerung übte dagegen Widerstand (vgl. Jezler, 2000, 78).

die götzen und bilder mit züchten hinweg thun sölle, damit dem wort gottes statt gegeben werde». (Zwingli, III, 114f.) Vom 20. Juni bis zum 2. Juli wurden die städtischen Kirchen geschlossen. Die Bilder, die geschenkt worden waren, durften von den Donatoren abgeholt werden. Peter Jezler fasst das Geschehen im Kirchenraum folgendermassen zusammen: «Unter der Aufsicht von Vertretern der Zünfte trafen die drei Leutpriester Zwingli, Jud und Engelhard die Wahl darüber, was zerstört werden sollte. Ausschlaggebend für die Zerstörung waren Nützlichkeit und Aufwand. Die Glasfenster blieben verschont (eine Neuverglasung hätte enorme Kosten verursacht), ebenso die Schlusssteine an den Gewölben, für deren Beseitigung aufwändige Gerüste notwendig gewesen wären. Verwertbares Kultgerät und das Stadtpanorama mit der Felix-und-Regula-Legende [...] gelangten vorerst in die Sakristei. Hingegen hatten städtische Werkleute (Steinmetzen, Zimmerleute und sogenannte ‹Ruchknechte›) den Auftrag, die Steinskulpturen soweit wie möglich zu zerschlagen, alle Altarretabeln und Holzbildwerke zu verbrennen und die Wandgemälde zu übermalen.[34] Zwingli wird die getroffene Auswahl 1525 dahingehend verteidigen, dass verbliebene Bilder sofort zerstört würden, wenn eine Verehrung einsetzen sollte.» (Jezler, 2000, 79)

Ein interessantes Detail ist zu beachten: Nach der Öffnung der Türen am 2. Juli stürmte eine aufgebrachte Menge in den Kirchenraum und riss die privaten Kirchenstühle nieder. (Jezler, 1990b, 156–163) Persönliche Kirchenstühle waren herausragende Repräsentationsmittel der Oberschicht und der führenden Klasse. Die soziale Unterscheidung zwischen Oberschicht und gemeinen Gläubigen hatte angesichts eines christlichen Kults aufrechterhalten werden können, der alle Stände und Schichten in demselben Raum vereinigt und theologisch begründet. «Spätestens jetzt war die Bilderfrage nicht mehr nur eine Frage von Bildern, sondern eine Frage der Repräsentationsmittel von Mächtigen und der Befreiung aus Armut und Untertanenschaft.» (Jezler, 2000, 79) Diese Beobachtung zeigt, dass eine nur auf den funktionalen Aspekt der Reformation angelegte Interpretation zu kurz greift, scheint doch schon in der Dekonstruktion die Konstruktion einer neuen sozialen Einräumung auf.

Der Abbruch des Grabs der Stadtheiligen wurde in der Adventszeit 1524 verfügt. Am 8. Dezember wurde der Taufstein von seiner traditio-

---

[34] Chronist Bernhard Wyss (1901, 54,1) hält fest, dass man die Wände «geweisselt» habe.

nellen Position hinter der Säule an der Westseite der Kirche in die Zwölf-Boten-Kapelle versetzt und der Zugang mit einer neuen Tür versperrt (Jezler 1984, 58, 14–23). Sollte damit der unkontrollierte Kontakt mit dem Heiligengrab unterbunden oder die Benutzung des Taufwassers zu sakramentalen Zwecken verunmöglicht werden (vgl. Jezler, 1990, 303)? Am 12. Dezember 1524 erfolgte der Abbruch der Heiligengräber (vgl. Jezler, 1984, 59, 1–12). In der gleichen Woche, am Samstag, den 17. Dezember, beschloss der Rat den Abbruch von fünf oder sechs Altarsteinen auch des Felix-und-Regula-Altars (vgl. Jezler, 1984, 59, 18–24). Die Grabkapelle, die einst *sancta sanctorum* genannt worden war, war vollends von Kultinventar geleert und zum nüchternen Taufraum umgebaut worden.

Zweite Phase: Kirchenschatz, 1525 und 1526[35]

Peter Jezler würdigt die zweite Phase der Reformation wie folgt: «Zürich gelang mit der Säkularisierung der Kirchenschätze, Kapellen und Klostergüter ein Husarenstreich, mit dem es seine Macht und seine Erträge bedeutend erweitern konnte.» (Jezler 2000, 80) Wie sah dieser Husarenstreich aus? Der Rat setzte hinsichtlich der Auflösung des Klosterguts anstelle des kanonischen Rechts die eigene Souveränität. In dieser Souveränität übertrugen der Probst von Embrach im September 1524 und die Äbtissin des Fraumünsters, Katharina von Zimmern, am 30. November 1524 eigenmächtig ihre Institutionen der Stadt. Am 3. Dezember übernahm der Rat selber die Bettelordenklöster. Jeder Stiftungszweck war aufgehoben, deshalb waren neue Ordnungen nötig: Am 5. Januar 1525 verordnete der Ratsbeschluss das Verbot der Rückgabe von Kelchen und Renten an Donatoren und Stifter. Am 15. Januar 1525 wurde die eine umfassende Almosenordnung in Kraft gesetzt, die die Gewinne aus den Klosterngütern der städtischen «gemeinsamen Truhe» zukommen liess.[36] Die Massnahmen waren aus reformatorischer Perspektive konsequent: Der Predigtgottesdienst blieb, Seelenmessen und klösterliche Fürbitten für die Stifter wurden nutzlos, die gestifteten Mittel fielen daher ins Armengut. Im Herbst 1525 wurden – gegen den Widerstand des Probsts des Grossmünsters – die Kirchenschätze auf dem ganzen Stadtgebiet eingezogen. Die Sakristei des Grossmünsters wurde geleert: Zuerst, im

---

[35] Vgl. dazu: Jezler, 1990, 304ff.; Gutscher, 1983, 158ff.; Jezler, 2000, 80ff.

[36] Vgl. zur Almosenordnung: Klein, 2004, 100–107.

Nachhall zur Abendmahl-Einführung am 13. April 1525, wurden liturgische und traditionell theologische Schriften und Bücher im Wert von 10 000 Gulden ausgesondert. Ein halbes Jahr später wurde darüber hinaus das kirchliche Edelmetall ausgeräumt.[37] Doch nicht nur in der Stadt, auch in Klöstern und Pfarreien der Landschaft wurden die Kirchenschätze beschlagnahmt. Dies führte zu grossen Spannungen zwischen der Stadt und dem Untertanengebiet. Am 24. Februar 1526 übergab der Rat das Edelmetall dem Münzmeister. Nach dem Bericht von Jezler (1984, 66, 1–10) waren dies: 90 Mark Gold (20,7 kg), 663 Mark Silber (152,5 kg). Das Silber entsprach einem Wert von 5967 Gulden. Insgesamt stellte sich ein Liquidationserlös von mehr als 16 000 Gulden ein. Das Geld sollte ursprünglich dem Almosen überwiesen werden. Heinrich Bullinger gesteht später ein, dass das Geld gebraucht wurde, um «den grossen kosten, den en statt mitt der enderung und reformation, mitt dem tagen und sunst hatt, zu ersetzen» (vgl. Escher, 1930, 134 u.135, Anm. 4).

Die katholische Seite reagierte heftig. Zürich wurde des Kirchenraubs bezichtigt. Bilder zeigten den Anführer Zwingli am Galgen. Laut Bullinger war die Verärgerung der fünf katholischen Orte so gross, «das ettliche zu Lucern und Zug, der Statt Zürych zur schmach und zu tratz, stämpfili rüsten liessend, daruf kelchlj geschnitten warend, wo inen dann Zürych obgemelte batzen oder s wurdent, schlugend stampfftend oder prägetend sy die kelch in den Zürych schillt, namptend ouch die genampten Zürych batzen und schilling, kelchbatzen und schilling» (Bullinger, RG I, 383).

Eine letzte demonstrative Aktion zur Zerstörung des Kirchenraums wurde von Zwingli und dem Rat ein paar wenige Tage vor dem Fest der Stadtheiligen am 11. September 1526 in Angriff genommen: Die Ereignisse um die in höchster Eile erfolgte Errichtung des schwungvollen Lettners sind in vorliegendem Kapitel bereits dargestellt worden. In den Randregionen wurde in den Jahren 1528 bis 1830 die Zerstörung der Bilder in Kirchenräumen ultimativ verlangt. Statt der Befreiung aus römischen Dogmen erfolgte nun die Durchsetzung der Glaubenssätze der eigenen Staatsreligion. Jezler bilanziert diese Phase der Zerstörung, Ausräumung und Leerung des Kirchenraums so: «Gewinner war der Staat.

---

37 Gutscher (1983, 159) führt eine Liste der eingezogenen Güter an, die am 2. Oktober aus der Sakristei des Grossmünsters entfernt wurden.

Der Regierung und Zwingli war es gelungen, den Machtapparat der katholischen Kirche im eigenen Herrschaftsgebiet auszuschalten, mit der Säkularisierung von Kirchen- und Klostergütern einen grossen Herrschaftsgewinn zu verbuchen und durch den Ausbau einer reinen ‹Staatskirche› alle Untertanen auf die eigene Lehre zu verpflichten.» (Jezler, 2000, 83)

Zwingli hat das Spiel um die reale gesellschaftliche Macht gegenüber der Institution der Altgläubigen gewonnen. Sein Sieg über die Altgläubigen zeigt sich einerseits darin, dass er die alte Institution symbolisch im Kirchenraum vollständig ausräumen liess; Zwingli dekonstruierte damit die altkirchliche Macht. Auf der anderen Seite setzte er Zeichen einer neuen Macht im Kirchenraum; diese waren als Zeichen menschlicher Arbeit auf die Macht Gottes hin konstruiert. Es waren drei machtvolle Zeichen, die der Reformator baulich ins Licht des Kirchenraums setzte: 1. die Bibel im Chor, 2. den Abendmahltisch im Schiff und 3. den Taufstein im ehemaligen Heiligenraum.

5.2.2.2. Die Phase der Konstruktion in den Jahren 1525 und 1526

Die Bibel im Chor: Der Chor der Kirche war vor der Reformation der Geistlichkeit vorbehalten gewesen, während das Kirchenschiff für das gemeine Volk bestimmt gewesen war. Diese überkommene Tradition wurde auch von Zwingli weitergeführt. Die Art und Weise aber, wie er sie aufnahm und umformte, ist für den nachfolgenden Prozess grundlegend.

Nachdem bis Ende 1524 vor allem eines im Kirchenraum geschah, nämlich die Räumung zum leeren Raum, kam es im Frühjahr 1525 zu ersten praktischen Schritten der Neugestaltung: Die «Prophezei», Lateinschule, Seminar für philologische und exegetische Studien, löste den alten Chordienst der Chorherren im Chor des Grossmünsters ab. Die Kirchenordnung von 1535 hält fest: «So hat man das verlönet tempelgebätt unnd das latinisch choorgesang abgethon und an desselben statt die prophecey nach der leer pauli verordnet. [...] Man hebt vor an der bibli unnd lisst sy mit grossem flyss inn etlichen jaren nach irer ordnung uss. Darzuo gebrucht man alle tag die zyt und wyl, die man vorhin zuo der prim, tertz und sext gebrucht hat.» (Zwingli, IV, 701)

Doch der Reihe nach:[38] Nachdem der Traditionalist und Chorherr Johann Niessli am 3. April 1525 gestorben war, wurde Zwingli das Mandat der Leitung der Lateinschule übertragen.[39] Er reorganisierte das Schulwesen rasch und effizient: Der Rat ernannte eine Aufsichtsbehörde für das gesamte zürcherische Schulwesen, Zwingli stellte im April mit Jakob Ceporin einen neuen Hebräisch- und Griechischlehrer an. Durch freigewordene Chorherrenpfründen konnten weitere bekannte Lehrer wie der ehemalige Franziskaner Konrad Pellikan, der sich als Verfasser einer hebräischen Grammatik und als Mitarbeiter des Erasmus von Rotterdam einen Namen gemacht hatte, angestellt und bezahlt werden. «Mit der Neubildung des Unterrichtsprogramms der Lateinschule konnte Zwingli die bisher in Zürich nur nebenbei geübte Praxis kursorischer Bibelexegese auf eine institutionelle Basis stellen.» (Gäbler, 2004, 92) Einige Quellen lassen vermuten, dass Zwingli neben der öffentlichen Predigtreihe seit Sommer 1520 im privaten Kreis exegetische Übungen abgehalten hatte. Er behandelte dabei die Psalmen (Zwingli, VII 345, 14–16, 24. Juli 1520 an Oswald Myconius). Myconius war Schulmeister am Fraumünster und hielt seit Juli 1524 täglich neutestamentliche exegetische Lesungen. Im Juni 1525 baute man in den Unterricht der obersten vier Klassen der Lateinschule exegetische Vorlesungen ein, die allen Besuchenden offenstanden.

Am 19. Juni 1525 wurde die Bibelschule offiziell eröffnet (vgl. Zwingli, IV, 361–365). Sie erhielt im Anschluss an den 1. Korintherbrief 14,26–33 den Namen «Prophezei»: «Von den Propheten aber mögen zwei oder drei reden, die anderen sollen es prüfen. Wenn aber ein anderer, der dasitzt, eine Offenbarung empfängt, soll der erste schweigen» (1Kor 14,29f.). Die Aussage dieses Satzes wurde nicht nur von Zwingli, sondern von den Reformatoren allgemein zum hermeneutischen Prinzip im Umgang mit der Bibel erhoben.[40] Die Kenntnisse der biblischen Spra-

---

[38] Vgl. zur Entstehung der Prophezei: Gäbler, 1983, 92f.; Stephens, 1997, 37ff.

[39] Zwingli übersiedelte in diesem Zusammenhang in die Amtswohnung des Schulherrn: vgl. Gäbler, 1983, 92.

[40] Johann Goeters hält bei der Frage nach der Rolle der Bibel für die reformatorische Theologie und Predigt fest: «Luther versteht diese Stelle als kirchlichen Grundsatz. Gegenüber einem in der gottesdienstlichen Versammlung oder der Kirche Lehrenden und Amtierenden besitzt auch der Sitzende, der Hörer und Laie sein Recht, nämlich wenn er eine Offenbarung, eine in der Hl. Schrift begründete Erkenntnis hat.» (Goeters, 1994, 18)

chen verstanden die Reformatoren als Entsprechung zur Gabe der Zungenrede. Mit Bibelkenntnissen konnte nach Zwingli ein Prediger oder Gelehrter die Irrtümer vermeiden, die sich auf menschliche Lehren zurückführen liessen. Dies galt gegenüber den Konservativen mit ihrer Lehre der Kirche genauso wie gegenüber den Schwärmern mit ihrer Berufung auf den heiligen Geist.

Gäbler beschreibt die Arbeit der Schule: «Ausser freitags und sonntags versammelten sich täglich am Morgen Chorherren, Stadtgeistlichkeit, Lateinschüler der obersten Klasse und auswärtige gelehrte Gäste im Chor des Grossmünsters. Zu Lebzeiten Zwinglis hat man dort allein das Alte Testament ausgelegt. Üblicherweise begann nach einem Eröffnungsgebet (Abdruck vgl. Zwingli, IV, 365, 1–6) der Hebräischdozent mit der Erläuterung des Urtextes, hierauf legte Zwingli den Abschnitt aufgrund der Septuaginta lateinisch aus, worauf schliesslich durch einen Prädikanten, meistens Leo Jud, eine Ansprache in deutscher Sprache folgte. Mit ihr wurde das durch die Gelehrten Dargelegte für das Volk verständlich gemacht.» (Gäbler, 1983, 93)[41]

Ein Jahr lang war der Chor zum Schiff hin offen geblieben. Durch die Errichtung des Kanzellettners wurde er räumlich vom Kirchenschiff abgetrennt. Die Kanzel war die Tür zwischen der Werkstatt der Auslegung und der Verkündigung des ausgelegten Worts Gottes für das Volk. Ein einzigartiges theologisch-räumliches Programm: Der Chor wie auch das Kirchenschiff wurden zu zwei unterschiedlichen «Sprachräumen» für die Sprache Gottes (vgl. Sigrist, 2011, 8–16).

Der Abendmahlstisch im Schiff:[42] Der Satz von Schmidt-Clausing (1952, 63), «Luther hat bereinigt, Zwingli hat geschaffen!», gilt nicht nur für Zwinglis schöpferische, liturgische Arbeit in seinem zweiten Entwurf der Abendmahlfeier: «Action und bruch des nachtmahls, gedechtnuss oder dancksagung Christi, wie sy uff Osteren zuo Zürich angehebt wirt im jar als man zalt MDXXV» (Zwingli, IV, 1–24), sondern auch für die Umformung des Kirchenraums.[43] Das Grossmünster ist eine romanische

---

41 Am Nachmittag behandelte man unter Leitung von Myconius im Fraumünster das Neue Testament. Mindestens einmal pro Woche legte Zwingli auch im Fraumünster in lateinischer Sprache das Neue Testament aus (vgl. Gäbler, 1983, 93).

42 Vgl. zu diesem Abschnitt: Germann, 1963, 17–20; Brathe, 1906, 143–157; Opitz, 2010, 45–58.

43 Zur liturgischen Umformung und schöpferischen Tätigkeit vgl. Kunz, 2001, 59–61.

Pfeilerbasilika mit stark erhöhtem, einschiffigem Chorraum. Gewöhnlich wurde für die Kommunion der Laien im hohen und späten Mittelalter der meist unter dem Triumphkreuz am Choreingang stehende Altar benutzt. Nach Gutscher (1983, 135) stand der Hochaltar nicht beim Eingang, sondern unter dem zweiten Chorbogen im Sanctuarium. Als im Frühjahr 1525 Zwingli sein Abendmahlformular abfasste, war die Messe bereits seit einem Jahr rätlich verboten. Der radikale Flügel, die Täufer, hatten in der Zwischenzeit begonnen, die Kommunion als frühchristliches Liebesmahl bei den privaten Zusammenkünften in ihren Häusern um die Tische herumsitzend zu feiern. Von ihnen übernahm Zwingli die Idee der sitzenden Kommunion. Seiner Vorstellung nach sollten jedoch die Frauen und Männer getrennt im Kirchenschiff auf dem Boden knien, wo Brot und Wein von Hand zu Hand gereicht würden. Als Abendmahltisch diente ein Holztisch, der nach der vorausgehenden Predigt in den Kirchenraum getragen wurde. Am «hohen Donnerstag», dem Gründonnerstag, dem 13. April 1525, wurde zum ersten Mal auf diese Weise im Grossmünster Abendmahl gefeiert.

Zwingli beschreibt den Vorgang sehr anschaulich: «[...] so söllend sich uff den hohen donstag das jüngste volck, das yetz glöubig unnd in erkantnuss gottes und sines worts kommen, und diese dancksagung unnd nachtmal began will, in das gefletz [das Kirchenschiff], so zwüschend dem chor und dem durchgang ist, fuegen, die mansbild zuo der gerechten, die wybsbild zuo der lincken hand, unnd die andren sich uff dem gewelb [gewölbt zwischen den Bogen eingebauten Emporen], borkilchenn [Empore] unnd anderen orten enthalten.

Und so die predigt beschicht, wirt man ungeheblet [ungesäuertes] brot und wyn ze vorderst im gefletz uff einem tisch haben, und dannach den vergriff [Begriff, Inhalt] unnd handlung Christi, wie er diese widergedächtnuss yngesetzt hat, mit offenlichen [klaren], verstentlichen, tütschen worten – wie härnach volgt – erzellen, unnd demnach durch verordnete diener das brot in höltzenen, breiten schüsslen harumbtragen von einem sitz zuo dem anderen, und da einen yeden mit siner hand lassen einen bitz [Bissen] oder mundvoll abbrechen unnd essenn, ouch demnach mit dem wyn glycherwyss harumbgan, also, das sich nieman ab sinem ort muoss bewegen.

Unnd so das beschähen ist, wirt man mit offnen [klaren], hällen worten gott lob und danck sagen mit hoher [lauter], verstentlicher stimm. Da sol dann die gantze mengy unnd gemeynd zuo end dess beschlusss

‹Amen› sprechen. – Am Karfrytag söllend sich die, so mittels alters sind, an das genant ort des gefletzes fügen und die dancksagung glycherwyss beschähen, doch wyb unnd man geteylt, wie obstadt. – Am ostertag derglychen die aller eltisten.

Die schüsslen und bächer sind höltzin,[44] damit der bracht nit wider kömme. Und diese ordnung werdend wir, so veer es unseren kilchen gefallen wirdt, vier mal im jar bruchen: zu ostern, pfingsten, herbst, wienacht.» (Zwingli, IV, 15ff.)

Der Bruch war vollzogen: «Der Altar ist mensa, nicht ara.» (Schwebel, 1997, 381) Diese Verschmelzung von theologischer Reflexion und räumlicher Gestaltung zu einem einheitlichen Prozess war entscheidend für die Veränderung des Kirchenraums. Sie verdichtete sich in der Frage nach Art und der Stellung des Tischs. Ludwig Lavater hat 1559 die Überlagerung von funktionalem und symbolischem Handeln in seinem Werk «De ritibus et institutis ecclesiae tigurinae» festgehalten: «Finita concione, mensa portatilis a ministris templo infertur, et ante chorum (ut vocant) collocatur: quae sternitur mundissima mappa. In canistro panis infermentatus mensae huic imponitur. Pocula lignea munda vino implentur. Nullus hic auri vel argenti gemmarumve splendor ac luxus conspicitur, omnia tenuia, sed tamen munda sunt, et primitivae ecclesiae simplicitati respondentia.» (Lavater, 1559, 11–11a) // «Ist die Predigt zu Ende, so wird ein tragbarer Tisch von den Dienern in die Kirche getragen und vor dem, sogenannten Chor aufgestellt; er wird mit einem sauberen Tischtuch bedeckt. In einem Korb wird ungesäuertes Brot auf diesen Tisch gestellt, saubere, hölzerne Becher werden mit Wein gefüllt. Kein Glanz und Luxus von Gold, Silber und Edelsteinen ist zu sehen, alles ist schlicht, aber sauber, und entspricht der Einfachheit der Urkirche.» (Lavater, 1987, 63) Die Flexibilisierung des Tischs und die Verortung am ursprünglichen Ort des Altars fallen ineinander. Die Veränderung verortet sich in der Tradition; beides bildet eine Einheit transformativer Kraft für den Raum mit seinen Gegenständen und Menschen

---

44 Der Gebrauch von hölzernen Tellern und Kelchen bei den Abendmahlsfeiern hat sich lange in der Stadt Zürich erhalten. In der Predigerkirche seit 1882, im Grossmünster seit 1885, im St. Peter seit 1898 und im Fraumünster seit 1899 wird wieder mit Silberkelchen und -tellern gefeiert (vgl. Zwingli, IV, 17, Anm 1).

und Worten.[45] Diese Kraft zeigt sich in theologischer wie auch archäologischer Hinsicht.

Theologisch gedeutet beauftragt – nach Zwingli – Christus die Gemeinde, diese Feier zu vollziehen. So sucht Zwingli in seinem Entwurf die aktive Beteiligung der Gemeinde am liturgischen Geschehen, aber auch in der räumlichen Ausgestaltung. Peter Opitz hält fest: «Aber bereits die Art und Weise des Essens des Brotes und des Trinkens des Weines lässt das Moment des Teilens der Gemeinde – im Unterschied zu einem Austeilen durch die Kirche und Entgegennehmen durch das Volk – in den Vordergrund treten: Da die Gemeinde nicht an einem Tisch Platz hat, bleibt sie auf den Bänken sitzen und nimmt dort das Mahl ein – eine Konzession an die praktische Durchführung, die das Ideal einer sitzenden Tischgemeinschaft noch durchscheinen lässt. Nicht nur die Feier in beiderlei Gestalt, auch dass das Brot in einer breiten Schüssel herumgereicht wird, damit jeder sich ‹mit seiner eigenen Hand› ein Stück nehmen oder gar abbrechen kann, war im Vergleich zur spätmittelalterlichen Messfeier, aber auch im Vergleich zu der durch Luther inaugurierten Tradition, eine Revolution.» (Opitz, 2010, 51) Mit Peter Opitz' Worten kann die Aufhebung der Trennung zwischen einem profanen und einem sakralen Raum als revolutionär bezeichnet werden. Die bauliche Trennung zwischen sakralem Chor und profanen «Gefletz» wurde durch die theologische Neuausrichtung des Abendmahls überwunden. Der ganze Raum ist neu auf die Funktion ausgerichtet, Raum für den Tisch zu schaffen und den Chor für die Lehre zu leeren. Die ganze Brot und Kelch teilende *communio sanctorum*, Gemeinschaft der Heiligen, ist «sakral». Ein neues Verständnis von sakral und profan wird räumlich verordnet und in den theologischen Schriften gedeutet (vgl. Kapitel 5.3.2).

Archäologische Argumente benutzt Zwingli in seiner theologischen Argumentation für die Richtigkeit seines Abendmahlverständnisses: Am 28. Februar 1527 schreibt er an Luther: «Der Umstand, dass in allen

---

45 Germann hält fest, dass diese Einheit schon früh auseinanderfällt: «Entweder hält man daran fest, dass der Abendmahlstisch die Stelle des Alten Kreuzaltars einnimmt: dann wird man fast zwingend zum steinernen Abendmahlstisch oder Altar zurückkehren, so zum Beispiel in den Münstern von Basel (1850) und Bern (1561/1563); oder man hält für entscheidend, dass der Tisch beweglich und von einem Altar möglichst verschieden ist; dann wird man ihn, wo es nottut, auch anderswo aufstellen dürfen. Diesen zweiten Weg haben die protestantischen Niederlande beschritten und so die Voraussetzung für den Querkirchentypus geschaffen.» (Germann, 1963, 19)

Tempeln und Basiliken diesseits des Rheins die Sakramentshäuschen nicht älter als zweihundert Jahre oder weniger mehr sind, beweist, dass man es mit dem Sakrament der Eucharistie damals nicht anders hielt als heute. Als dieses Jahr in Zürich, einer sehr alten Stadt, alle Altäre weggeräumt wurden, fand man alle jünger als die jeweilige Kirche. Wie? Sollte das nicht hinlänglich beweisen, dass es vor achthundert Jahren noch keine Altäre gab?» (Zwingli, V, 599–601)[46] Ebensolche archäologischen Gründe gegen das hohe Alter der Messe hat Zwingli bei seiner überlieferten Predigt vom 19. Januar 1528 im Berner Münster angeführt: «Zuo dem allein sind unseren Landen vil coniecturae und signa, das ist: ungezwyflete Wön und Zeychen, als dass alle alten Stifftbrieff, die nit me dann 300 Jar alt sind in Stifften und Klösteren der Mäss gar nit gedenckend, da glych Singens und Lesens gedacht wirt: das [...] kein Altar, ouch die Fronaltär, mit den alten Kirchen gebuwen: daas der Fronaltar im Grossen Münster zuo Zürich erst gewycht ist von Hartmann, Bischoff zuo Ougsburg, als man zelt hatt 1278 Jar.»[47] Heinrich Bullinger, Zwinglis Nachfolger, nimmt diesen Gedanken auf: «So habend ettliche Kylchen anfangs dhein [keine] Steinine alltär gehept, sunder höltzine disch, zum gebruch des Herren nachtmals. Un da man den alltar Zürych zuo dem grossen münster abbrach, fand man das pflaster darunder gantz, das also der alltar mitt der kylchen nitt uffgebuwen, sunder erst hernach uff das pflaster gesetzt ist.» (Bullinger, RG I, 367) Im Weihedatum 1278 des im Juni 1524 zerstörten Altars sahen Zwingli und Bullinger einen Beweis dafür, dass in der Zürcher Kirche erst in den vergangenen 250 Jahren der Verrat am wahren Verständnis des Abendmahls stattgefunden hatte.

Zwingli und seine Nachfolger liessen die Überlieferung gelten, solange sie im Einklang mit Gottes Wort in der Schrift standen. Dieselbe Haltung hatten sie auch gegenüber dem überlieferten Kirchenraum. So war es klar, dass in der Kirchenordnung von 1535 unmissverständlich

---

46 Quod per omnia templa et basilicas, quae cis Rhenum sunt, domilicia, in quibus sacramenta custodiuntur, non vetustiora sunt ducentis annis aut paulo plus, signum est ante tot annos eucharistie sacramentum pro eo habitum loco, quo non habemus. Tigueri, urbe vetustissima, cum hoc anno arae omnes tollerunt, nulla prorsus inventa est, quae cum templo excitata esset. Quid? An hoc signum non est, ad octingentos hinc annos ara nondum fuisse? (Zwingli, V, 599–601, Übersetzung durch Germann: 1963, 19, 178)

47 Zwingli, 1941, 60f.

vorgeschrieben wurde, dass der Tisch aufzustellen sei «vor in der kilchen an dem ort, da ettwan die mässischen altär gestanden sind» (Zwingli, IV, 704).

Die liturgische Form bestätigt die kirchenräumliche Dimension.[48] Das zeigt sich sehr deutlich in den schöpferischen Veränderungen des Kirchenraums aufgrund theologischer und liturgischer Entscheide. Opitz bringt diese Einsicht auf den Punkt: «Im Gefälle eines solchen Abendmahlsverständnisses liegt es, dass nicht ein Raum oder Gebäude eine Feier zu einem christlichen Gottesdienst machen kann, sondern umgekehrt ist es die wahre, nach Christi Wort und Willen gestaltete Feier der Gemeinde, die einen Raum zu einem Gottesdienstraum macht. Entscheidende Elemente dieses Raumes sind die erhöhte Kanzel und der im ‹Gefletz›, auf der Ebene der Gemeinde stehende Abendmahlstisch. Ein vom ‹Kirchenschiff› unterschiedener, einige Treppenstufen höher liegender ‹Chor› gehört nicht dazu. Ein einziger, möglichst runder, und gleichzeitig der Kanzel einen prominenten Platz ermöglichender Gottesdienstraum wäre wohl die angemessene architektonische Umsetzung dieser Abendmahlskonzeption. Denn es ist der Tisch mit Brot und Wein in der Mitte der versammelten Gemeinde, nicht einfach die Elemente Brot und Wein als solche, der Christi Einladung, und damit Christi Gemeinschaftsverheissung, repräsentiert. Die gleichzeitig geforderte Schlichtheit der Feier, die sich in der Schlichtheit der Abendmahlgefässe und im Fehlen von Bildern und Kreuz ausdrückt, ist keineswegs Zeichen einer Abwertung der Mahlfeier, sondern im Gegenteil Ausdruck ihrer rechten Würdigung: Sie steht nach Zwinglis Verständnis im Dienst der Transparenz der Feier auf den hin, der gefeiert wird, auf Christus selbst. Sie dient dazu, dass die feiernde Gemeinde während des Mahls ihr Herz auf den gekreuzigten Erhöhten richten kann.» (Opitz, 2010, 57)

Der Taufstein anstelle des Heiligenschreins:[49] Das Taufbecken stand bis zur Reformation unter der Westempore, nahe der Mittelsäule (Abegg, 2007, 96; 121). Nach dem *liber ordinarius* hatten Chorherren und Kanoniker von Ostersonntag bis zum darauf folgenden Samstag Prozessionen vom Chor zum Taufstein und von dort zur Zwölf-Boten-Kapelle durchgeführt. (Abegg, 2007, 121) Zum Taufritual selber hält Gutscher (1983, 138) fest, dass nach Befragungen der Täuflinge im Kreuzgang sich Pro-

---

48 Vgl. Courvoisier, 1962, 415–426.

49 Vgl. dazu: Abegg, 2007, 121; Jezler, 1990, 303f.

zessionen vom Taufbecken hin zum Chor formiert hatten. Am 8. Dezember 1524 wurde der Taufstein in die leergeräumte Zwölf-Boten-Kapelle versetzt.[50] Wird darin der theologische Gedanke räumlich sichtbar, dass die Kinder Gottes ohne Vermittler zu Gott gehören und die Bewegung in der Taufe aus dem Tod Christi in sein Leben allein durch Gottes Geist bewirkt wird? (Vgl, Stephens, 1997, 119.)[51]

Ein Gedanke hat sich im Verlauf der Jahre durchgesetzt: Die Taufe von Kindern wie Erwachsenen bedeutet die Aufnahme in die Gemeinde der Heiligen. Die räumliche Verortung dieser Deutung hatte in der Mitte des Kirchenschiffs zu geschehen. Dies war auch Zwingli bewusst. In der Predigt am 17. Januar in Bern, in der er von dem unberührten Pflaster unter dem Altar im Grossmünster erzählte, erklärte Zwingli, «dass, do der Fronaltar zuo Sant Peter Zürich geschlissen ward und man demnach im 1527. Jar den Touffsteyn an die Statt thon wolt, so man rumpt, findt man, dass eben der selben Touffstein vor ouch da gestanden und ein Sumpff des verlorenen Wassers, wie gemeinlich bruucht wirdt (was die Zyt under dem Fronaltar vermuret gewesen).»[52] So erstaunt es nicht, dass man bei der Errichtung des neuen Taufsteins 1598 vor dem «Kanzelboden» den alten Taufstein als Fundament verwendete. Bei der Romanisierung des Kirchenraums zwischen 1851 und 1853 wurde der alte Taufstein entdeckt, jedoch wieder zugeschüttet. Erst 1913/1915 grub man das schmucklose achteckige Taufbecken aus Kalkstein wieder aus und stellte es zuerst in die wiederhergestellte Krypta. Seit der Restaurierung zwischen 1931 bis 1941 steht der Taufstein, der vermutlich aus dem 14. Jahrhundert (Gutscher, 1983, 177f.; Gutscher, 1995, 16) stammt, wieder an seinem ursprünglich reformatorischen Ort, der Zwölf-Boten-Kapelle. Der neue Taufstein steht bis heute an dem Ort in der Mitte des

---

50 Gerold Edlibach schildert diesen Vorgang plastisch: «Uff donstag nach sant Nicklus, ouch im obgemelten jar, ward ab geschlissen der touff setin, der da anne allen zwiffel vil hundert jaren [was], dass niemand wol verdencken mocht. Der stund bin der sul, die das gwelb und den altar corpi Criste treitt, da hinden der mitte der kilchen, und ward gesetze (!) für das grab unsers herren, da man us dem kor die stegen in der zwölffboten kapel gatt. Und selbig grab ward ouch mit dem costlichen werck, das er nüw, bin zweig oder dry jarren, gemach ward, hin und abgeschlissen, des glichen der zwölff boten alter ouch, und ein nüwe tür gemacht etc.» (in: Jezler, 1984, 58). Vgl. zum Datum: Göttler/Jezler, 1984, 156.

51 Vgl. weitere Interpretationsmöglichkeiten bei Jezler (1990, 303) in Kapitel 5.2.2.1.

52 Zwingli, 1941, 60f.

Kirchenschiffs, was vielen Kirchen in der Ostschweiz als Vorbild gedient hat.

5.3. Bausteine einer reformierten Theologie des Kirchenraums: Aus den theologischen Schriften der Reformatoren[53]

Bei den drei grundlegenden Einrichtungen der Zürcher Reformation, der Predigt, den Streitgesprächen (Disputationen) und der Bildungsarbeit der Prophezei, stand für Huldrich Zwingli die Bibel im Zentrum. Konstitutiver Raum für die Arbeit mit der Bibel war hier – im Unterschied zu den Täufern – nicht die Stube zum persönlichen Schriftstudium, sondern die öffentliche Auseinandersetzung um das rechte Verstehen und die Verkündigung des Worts Gottes im Angesicht des anwesenden Volks. Folglich war für die Bibelauslegung der öffentlich zugängliche Kirchenraum mit den täglichen Gottesdiensten konstitutiv. Damals fanden im Grossmünster 13 wöchentliche Gottesdienste mit Predigten statt; der Kirchenraum war ein «durchgepredigter», für die anonyme und bekannte Stadtöffentlichkeit offener Raum.[54] Die Veränderung des Chors vom Klangraum der singenden Chorherren zum Studiersaal der debattierenden Theologen und Schüler, der Wechsel vom multifunktionalen Gebrauch des Kirchenschiffs mit seinen 24 Altären und den unzähligen Seelen- und Totenmessen hin zur zentralen Ausrichtung auf den Kanzellettner mit der Auslegung der Schrift und dem Holztisch mit der feiernden Gemeinde als Liturgin des Abendmahls sowie die Absage an Vermittlungsinstanzen oder -medien beim Glaubensbekenntnis durch die Taufe in der Zwölf-Boten-Kapelle oder später inmitten der feiernden Gemeinde – all diese Dekonstruktionen und Konstruktionen sind mit dem Gottesdienst und den damit verbundenen theologischen Grundentscheidungen aufs Engste verbunden. Die im Grossmünster entscheidenden Jahre 1525 und 1526 lassen Gerlinde Strohmaier-Wiederanders (2002, 68) zum Teil

---

53 Im Zusammenhang mit der Frage des Heiligen Raums nach lutherischem Verständnis findet sich bei Klaus Raschzok eine ausgezeichnete Zusammenstellung der relevanten Texte bei Martin Luther. Vgl. Raschzok, 2002, 99–105.

54 Eine schöne Zusammenstellung der Gottesdienste im reformierten Zürich geben Ludwig Lavater und Johann Baptist Ott für den Zeitraum von 1559 bis 1602 (vgl. Lavater, 1987, 42–53).

zu Recht festzuhalten: «Die Gestalt des Kirchengebäudes wird entscheidend bestimmt durch den Gottesdienst, der sich in ihm vollziehen soll. Mit der mittelalterlich-katholischen Messlehre haben alle Reformatoren auch den Kirchenbau als ‹Bedeutungsträger› […] abgeschafft.» Im Unterschied zur Auffassung von Strohmaier-Wiederanders haben die Ausführungen zum Umbau des Grossmünsters jedoch klar gezeigt, dass der Kirchenraum seine Funktion als Bedeutungsträger ganz und gar nicht verloren hat. Im Gegenteil: Auch wenn sich die Reformatoren zu Fragen des Kirchenraums «wortkarg» (Merten, 2009, 296) verhielten, lassen sich aus ihren Predigten und Bekenntnisschriften – die bezüglich der Baugesinnung zu den frühsten Quellen gehören (Germann, 1963, 11) – zum Teil überraschende Inhalte herausarbeiten. Gleichsam als Bausteine einer reformierten Kirchenraumtheologie werden im Folgenden fünf solche Bedeutungsinhalte des Kirchenraums theologisch genauer erfasst.[55]

5.3.1. Funktionaler Raum

Der Kirchenraum hat die *Funktion,* öffentlicher Raum für die sich versammelnde Gemeinde zu sein. Für Zwingli ist durch den öffentlichen Charakter Raum für das Gemeinsame geschaffen.[56] Diese Betonung des gemeinsamenen öffentlichen Zusammenkommens der Glaubenden im Kirchenraum wird im Ersten Helvetischen Bekenntnis aufgenommen,

---

[55] Ich knüpfe mit dieser Systematik an die Raumhermeneutik von Rainer Volp an, der im Zusammenhang mit der Frage nach den Profilen von Citykirchen vier verschiedene «Bedeutungsachsen» von Citykirchen definiert: die soziologische, psychologische, ästhetische und religiöse Achse (vgl. Volp, 1997, 26).

[56] «So ich nun mich davon ze reden undernimm, weiß ich wol, das ich's darheben muoß denen, die darvon redend uß menschlichem tant, das aber mich gar wenig bekümmeren muoß; dann ich nit min, sunder gottes wort, nit menschenleer, sunder die meinung des geysts gottes davon herfürbringen wil. Find also, das vil im alten testament das, so wir die kilchen nennen, kahal [קָהָל] oder makhal hebraisch, griechisch ecclesia, latinisch concio genent würt. Und heißt aber den Tütschen kirck oder kilch nun das huß, darinnen man pfligt das gotswort der versamlung ze verkünden, touffen, spysen, etc., welches tütsch dheinem vorgezelten wort dient; […] Dannenhar etwan das wort «volck» in der gschrifft gebrucht würt für das wort «gemeind». Dise also gemeinsame oder gemeind würdt in der gschrifft in zwey gar nach glychen bedütnussen gebrucht. Zum ersten für die gantzen gemeinsame aller dero, die in einem glouben uff den herren Jhesum Christum erbuwen und ggründt sind.» (Zwingli, II, 56)

das 1536, fünf Jahre nach der Niederlage Zwinglis in Kappel, entstanden ist und die inneren Schwierigkeiten gegenüber den Täufern widerspiegelt: Die Versammlung soll an einem öffentlichen Ort stattfinden, nicht wie bei den Täufern – teils freiwillig, teils der Verfolgung wegen – im abgeschlossenen Zirkel.[57] Für Calvin ist die Einrichtung des funktionalen, öffentlichen Raums grundlegend für die Friedensarbeit in der Stadt. Er hält in der ersten Fassung seiner Institutio 1536 denn auch fest: «Dagegen, dass es bestimmte Tage sowie festgesetzte [festgelegte] Stunden gebe, ist erforderlich, und auch einen für die Aufnahme aller [Gemeindeglieder] geeigneten Ort, wenn man der Erhaltung des Friedens Rechnung trägt.» (Calvin, 2008, 315) Mit Blick auf die ersten Christen, die zwar ihre Gottesdienste im Wohnhaus, jedoch nicht in «verborgenen oder dunklen Winkeln» gefeiert hätten, unterstreicht Heinrich Bullinger den öffentlichen Charakter des Kirchenraums. Zudem hält er 1551 in seinen «Lehrpredigten» – den sogenannten Dekaden[58] – wie Calvin die Relevanz der für die Menge der Glaubenden unabdingbaren Raumgrösse fest: «Ein Gotteshaus ist dann gross und herrlich genug, wenn es all die aufnehmen kann, welche zu dieser Ortskirche gehören. Für die Menschen nämlich, nicht für Gott, wird der Raum geschaffen.» (Bullinger, B V, 548)[59]

Diese reine Funktionalität des Kirchenraums als öffentliches Zweckgebäude für die Versammlungen liess die Kirchen- und Gebäudeformen zu sogenannten Mitteldingen (*adiaphora*) werden.[60] *Adiaphora* sind gleich-

---

57 «Wir haltend, das die heiligen samlungen und zemenkomen der gläubigen dermas sollen begangen werden, das man vor allen dingen dem volck dass Wort gottes an einem gemeinen und darzu bestimpten ort teglich fürtrage, das die heimlichen verstend der gschrifft durch geschickte diener teglich ussgeleyt und erclert werdend […]» (Müller, 1903, 108)

58 Vgl. zum Kontext und gesamten Werk der Dekaden Bullingers: Bullinger, 2008, XIff.

59 Diesen Gedanken nimmt Calvin in der letzten Fassung seiner Institutio von 1559 auf: «Wie nun Gott den Gläubigen das gemeinsame Gebet in seinem Wort gebietet, so müssen auch öffentliche Gebäude da sein, die zum Vollzug dieser Gebete bestimmt sind. Wer sich nun weigert, dort mit dem Volke Gottes zusammen gemeinsam zu beten, der kann nicht missbräuchlich den Vorwand für sich in Anspruch nehmen, er gehe eben in sein Kämmerlein, um dem Gebot des Herrn zu gehorchen! […] Nur muss dabei alles Gepränge und alles Haschen nach menschlichem Ruhm wegbleiben, und es muss lautere, wahre Andacht herrschen, die im Verborgenen des Herzens wohnt. Dies ist also sicherlich der rechte Gebrauch der Kirchengebäude.» (Calvin, 2009, 494, III, 20, 30)

60 Vgl. zur Bedeutung der *Adiaphora*: Bullinger, 1967, 132.

gültig zu behandeln. Die Folge dieser Haltung war, dass man Kirchen verfallen liess. 1577 fehlten in der Genfer Kathedrale noch immer die Scheiben; den Reformierten wurde vorgeworfen, sie hätten «kylchen glych den rossställen», deren Öffnungen besser zugemauert werden sollten (vgl. Germann 1963, 12f.).[61] Bullinger reagierte auf darauf im Zweiten Helvetischen Bekenntnis von 1566. Nachdem dort die reine Funktionalität des Kirchenraums beschrieben wird[62], geht der Autor einen Schritt weiter: «Wie wir aber glauben, dass Gott nicht wohne ‹in Tempeln von Händen gemacht›, so wissen wir doch aus Gottes Wort und aus den heiligen Gebräuchen, dass die Gott und seiner Anbetung gewidmeten Stätten nicht gewöhnliche [*prophana*], sondern heilige [*sacra*] Orte sind, und wer sich darin aufhält, soll sich ehrerbietig [*reventer*] und geziemend [*modeste*] benehmen, da er ja an heiligem Orte ist, vor Gottes und seiner heiligen Engel Angesicht.» (Bullinger, 1967, 119f.)[63]

Als *loca sacra* standen die Kirchenräume als profane Versammlungsräume enwicklungsgeschichtlich zwischen den alten geweihten «heiligen» (*sancta*) Kirchen und den *temples* der Hugenotten. Diese Linie zeichnet der Zürcher Theologe Rudolph Hospinian in seiner 1587 erschienenen Abhandlung «de templis», weiter, indem er dazu auffordert, mit den Gotteshäusern achtsamer umzugehen als mit privaten Häusern: «Denn die Tempel sind wahrhaftig nicht weniger, als ihr Name besagt: Gottes Häuser, wo er mit seinem Wort, seinen Sakramenten, der Gegenwart seines Geistes, mit seinen Gaben und in der Vermittlung seiner Gnade wohnt.»

—

61 Nur konsequent empfiehlt Martin Luther aus dieser grundlegend funktionalen Sichtweise des Raums heraus, Kirchen abzureissen, wenn die drei Elemente, die den Kirchenraum begründen, nämlich die Versammlung der Christen, das Hören auf Gottes Wort und die Antwort der Gemeinde, nicht mehr gegeben sind: «Denn key andre ursach ist kirchen zu bawn, sso yhe eyn ursach ist, denn nur, das die Christen mugen tzusammenkommen, bitten, predigt horen und sacrament empfahen. Und wo dieselb ursach auffhoret, sollt man dieselben kirchen abbrechen, wie man allen anderen hewssern thutt, wenn sie nymmer nütz sind.» (Luther, WA 10/I, 1,252)

62 «Die Stätten, an denen die Gläubigen zusammenkommen, sollen aber würdig und der Kirche Gottes in jeder Hinsicht angemessen sein. Dafür sind geräumige Gebäude und Kirchen zu wählen. Sie sind jedoch rein zu halten von allen Dingen, die der Kirche nicht wohl anstehen. Es soll aber auch alles angeordnet werden, was zur Schicklichkeit, zum notwendigen Bedarf und zum frommen Anstand gehört, damit nichts fehle, was man für die gottesdienstlichen Handlungen und die kirchliche Tätigkeit überhaupt benötige.» (Bullinger, 1967, 119)

63 Zur lateinischen Übersetzung vgl. Müller, 1903, 213.

(Hospinian, 1603, 47; Übersetzung: Germann 1963, 14) In diesen Zeugnissen scheint neben der funktionalen eine religiöse Deutung des Kirchenraums auf, wie sie schon in den frühen Schriften der Reformatoren zu finden ist.

5.3.2. Religiöser Raum

Der Kirchenraum ist ein *religiöser Raum*, indem er als «heilig» beschrieben und erfahren wird. Es war Heinrich Bullinger, der die religiöse Deutung des Kirchenraums mit dem Begriff «heilig» zu umschreiben versuchte. In seinen Dekaden erörtete er die theologischen Aspekte des Kirchenraums: Ein Gotteshaus, und dies ist eine Kirche, ist der Versammlungsraum der heiligen Kirche. Deshalb wird im Kirchenraum das heilige Wort Gottes verkündet, da werden die heiligen Sakramente empfangen und hier werden gottfällige Gebete gesprochen.[64] Doch die so verstandene «Heiligkeit» entsteht nicht länger über die Riten zur Weihung von Gegenständen und Altären, sondern durch die Handlung der feiernden Gemeinde: «Der Ort an sich ist nicht heilig, doch insofern diese heiligen Verrichtungen an dem Ort geschehen, wird auch der Ort selbst heilig genannt.» (Bullinger, B V, 548) Dass diese theologische Deutung gegen die katholische Theologie gerichtet ist, wird in seiner Schrift «Gegensatz und kurzer Begriff» deutlich, die er im Oktober 1551 als theologische Untermauerung der Antwort auf eine an die Eidgenossen gerichtete Einladung des Papsts zum Konzil in Trient schrieb. Kurz und bündig hielt Bullinger die reformierte Seite fest: «Der Ort, an dem sich die Gemeinde versammelt, ist heilig, und zwar nicht aufgrund der bischöflichen Weihe, sondern weil die Heiligen – Gläubigen – Gottes dort versammelt werden und aufgrund der heiligen Dinge, die sie dort verrichten.» Mit Blick auf die katholische Kirche fasst Bullinger (B I, 598f.) zusammen: «Der Ort, an dem sich die Kirchgemeinde versammelt, ist heilig aufgrund der bischöflichen Weihe und der Gegenwärtigkeit der Reliquien.»

---

64 Hier liegt Bullinger sehr nahe bei Luther mit dessen berühmten Dictum bei der Einweihung der Schlosskirche zu Torgau am 5. Oktober 1544, wenn Luther festhält: «Meine lieben Freunde, wir sollen jtzt dis newe Haus einsegnen und weihen unserm Herrn Jhesu ChRisto, Welches mir nicht allein gebuert und zustehet, Sondern ir solt auch zu gleich an den Sprengel und Reuchfass greiffen, auff das dis newe Haus dahin gericht werde, das nichts anders darin geschehe, denn das unser lieber Herr selbs mit uns rede durch sein heiliges Wort, und wir widerumb mit im reden durch Gebet und Lobgesang.» (Luther, WA 49, 588)

Der Autor kommt zum Schluss: «Das Gotteshaus soll geheiligt oder geweiht werden, nicht – wie manche abergläubisch glauben – durch das Aussprechen von irgendwelchen Worten oder indem Zeichen aufgedrückt werden, nicht mit Öl und Sühnefeuer, sondern nach dem Willen und dem Gebot Gottes, der uns befiehlt, zusammenzukommen, und uns seine Gegenwart verheisst, wird es durch den heiligen Gebrauch geweiht.» (Bullinger, B V, 548)

Nicht durch eine bischöfliche Weihe, sondern durch seinen Gebrauch wird ein Raum «heilig». Klarer kann der Paradigmenwechsel in der theologischen Bedeutung von «Heiligkeit» kirchlicher Räume nicht beschrieben werden. «Heilig» werden Kirchenräume durch das «heilige» Handeln der versammelten Gemeinde, das heisst vor allem im gottesdienstlichen Gebrauch. Durch das Zusammenwirken von Mensch und Raum entsteht «Heiligkeit». Nach reformiertem Verständnis ist die «Heiligkeit» eines Raums ein sich dauernd wiederholender Prozess individueller und kollektiver Praxis, in der das heilige Wort Gottes die Menschen im Verkündet- und Gehörtwerden selber heiligt.[65] Dieser Prozess beinhaltet einerseits eine scharfe Absage an die statische Verortung der Heiligkeit Gottes in «Wohnstätten» Gottes; Gottes Ort ist dort, wo sein Wort ausgelegt und gehört wird.[66] Anderseits ist für Bullinger der Begriff

---

65 Damit nehme ich die Einsicht Reymonds auf: «Während die katholische Frömmigkeit gerne bestimmte Orte, Stätten, Bilder oder Skulpturen als heilig betrachtet, ist die Heiligkeit für den Protestantismus vor allem ein Geschehen, ein Prozess, wo die Heiligkeit Gottes, der allein wirklich heilig ist, die Menschen heiligt.» (Reymond, 2002, 19)

66 Diesen Aspekt betont auch Luther immer wieder: «Got ist nicht, do die heiligen begraben ligen, sondern wu ehr redt, wu sein wortt ist, do ist ehr auch.» (Luther, WA 14, 393) Luther kämpfte gegen eine dingliche und veräusserlichte Praxis von Frömmigkeit. In diesem Zusammenhang gehört auch das berühmte Schweinstall-Zitat aus dem «Sermon von den guten Werken»: «Denn furwar die Christlich kirch auff erden nit grosser macht noch werk hat, dan solch gemein gebet widder alles, was sie anstosen mag. Das weisz der bose geist wol, drumb thut er auch alles, was ehr mag, disses gebet zuvorhindern. Da lesst ehr uns hubsch kirchen bawen, vil stifften, pfehffen, lesen und singen, vil mesz halten unnd des geprengs on alle masz trehben: dafur ist hhm nit lehde, ja er hilfft darzu, das wir solche weszen das beste achten und uns dunckenn, wir habens damit wol aufzgericht, aber das disz gemein, stark, fruchtbar gebet daneben untergeht und durch solchs glehssen unvermerglich nachblehbt, da hat er was ehr sucht. Dan wo das gebet ernhder ligt, wirt hhm niemant etwas nehmen, auch niemandt widderstehen: wo er aber gewar wurd, das wir disz gebet wollten uben, wen es gleich were unter einem strodach odder sew stal, wurd er es furwar nit

heilig nicht nur auf den Kirchenraum anwendbar. Er vergleicht die Ehrerbietung dem Kirchenraum gegenüber mit dem Rathaus, das von den Menschen auch als «heilig» empfunden werde. Die Qualität der «Heiligkeit» wird vom ehrbaren Handeln der Menschen und vom «heiligen» Wort, das sich Raum verschafft, bestimmt. Weil es im Rathaus bei all den Streitigkeiten nur um hinfällige Dinge geht, folgert Bullinger: «Wie viel grössere Ehre schuldet man aber den Gotteshäusern, in denen die Kinder Gottes zum Gottesdienst zusammenkommen, um die Worte Gottes zu hören und seine Sakramente zu empfangen!» (Bullinger, B V, 548) Das Wort Gottes ist nicht mit Ratsherrenworten aufzuwiegen.

Zwei Fragen schliessen an die Bullinger'schen Abhandlungen an: 1. Was wird unter den «heiligen Verrichtungen» verstanden? 2. Wie ist sie mit dem Kirchenraum in Einklang zu bringen, die enge Verbindung zwischen dem heiligen Gott und den durch dessen heiliges Wort geheiligten Menschen?

Zu den «heiligen Verrichtungen»: Neben der Verkündigung des Worts in der Predigt, dem Feiern der Sakramente und dem (in späteren Jahren) Lobgesang «mit Mass» (Bullinger, 1967, 121) wird vor allem das Gebet hervorgehoben. Calvin verbindet mit dem Gebet das paulinische Bild des Menschen als Tempel Gottes (1Kor 3,16), sodass der Glaubende mit dem Beten «im Geist und in der Wahrheit» (Joh 4,23) selber in Gottes heiligen Tempel eintritt. Im Akt des Betens wandelt sich der Ort, an dem der Betende steht, in den Tempel Gottes. Und dieser Ort kann sich innerhalb oder ausserhalb des Kirchenraums befinden (vgl. Calvin, 2009, III, 20; 30).

Für Calvin ist die Kirche im Wesentlichen ein Ort des gemeinsamen Gebets. Nichts darf den betenden Menschen ablenken. Ablenkung kann jedoch von Bildern kommen; sie könnten die Menschen von der Verehrung Gottes abhalten. Calvins kritische Haltung gegenüber Bildern gründet im zweiten Gebot (vgl. Calvin, 2009, I, 11, 1). Für ihn ist klar: «Gott in sichtbarer Gestalt abzubilden, halten wir für unrecht.» (Calvin, 2009, I, 11; 12). Darin geht er mit Zwingli einig. Zwingli fügt theologisch noch einen weiteren Gedanken an: Einerseits gegen die bilderfreundliche Posi-

---

lassen gehen, sondern sich weht mehr fur dem selben sewstal furchten, den vur allen hohen, grossen, schonen kirchen, turnen, glockenn, die hrgent sein mugenn, wo solchs gebetn nit drinnen were.» (Luther, WA 6, 239)

tion Luthers polemisierend[67] bringt er schon 1524 in seiner Schrift «Der Hirt» ein theologisches Argument vor: «[…] sölichen wercken beschetzt wirt, so sind vil der unwüssendenn, die da redend: Sich, man halt nit mess; man kluegt die bilder nit; man halt nütz uff das gsang imm tempel, nütz uff den ablas; man gibt den münchen, den nonnen, den […] frowen gebätt etc. Wenn sy aber wüsstind, das gott das verlonet messhalten so übel gefalt; und das man die läbenden bilder gottes, die armen Christen, nit die hültzinen und steininen götzen zuo der eer gottes bekleiden sol […]» (Zwingli, III, 51) Zwingli gelingt es hier, die Bilderfrage und das damit zusammenhängende Zweite Gebot des Dekalogs eng mit dem diakonischen Auftrag der Kirche in Zusammenhang zu bringen – statt tote, steinerne und hölzerne Altarbilder gilt es, Arme als lebende Bilder Gottes zu bekleiden.

Diese Diakonisierung der Bilderfrage wirft ein noch einmal anderes Licht auf die grundsätzliche reformierte Bilderablehnung, mit der kunsthistorisch oft die Zerstörung von Kunstwerken und der Bildersturm verbunden wird (vgl. Machat, 1986, 17). Durch die Räumung des Kirchenraums von Schmuck und Bildern geschah zweierlei: Erstens entstand ein ästhetischer Raum, der sich durch Leere und Schlichtheit auszeichnet. In dieser Leere wurde zum Zweiten Platz frei für einen diakonischen Raum, indem durch den theologischen Perspektivenwechsel weg von den Bildern hin zu den Menschen in Not die Heiligung des Menschen in den Vordergrund und so in den Kirchenraum gerückt wurde. Der heilige Gott heiligt Menschen in heiligen Räumen, indem diese arme Christen als lebendige Bilder Gottes bekleiden. Beides, die Leere des

---

67 In seiner Schrift «Über D. Martin Luthers Buch, Bekenntnis genannt, von Johannes Oekolampad und Huldrich Zwingli» vom 1528 hält er fest: «Zum zehenden spricht Luter: ‹Bilder, glocken, mäßgewand, kirchenschmück, alter, liecht und dergleychen halt ich frey. Wär da wil, mag's lassen› etc. Sehend, fromme fürsten, wie unnser widersecher, der tüfel [vgl. 1. Petr. 5.8], mit uns umbgadt. Bilder sind in nüwem unnd altem testament so vilvaltig verbotten und verworffen, das kein glöubiger gottes wort also verachten kan, das […] er doch gottes wort? Ja, spricht er, Luter, daselbst: ‹Wiewol bilder auß der gschrifft und von guoten historien ich fast nutzlich, doch frey und willkörig halte› etc. Ich frag hie Lutern, uß welcher geschrifft die bilder nutzlich sin mögind bewärt werden? Uß heiliger? So sagt er uf gott und alle syne diener in himmel und erden, das nit ist; dann weder gott noch sy die bilder mit eynem wort nie nachgelassen noch duldet habend, sunder allweg zum höchsten verbotten und ouch gestürmt. Man weyßt wol, das wir von den verereten bilden reden.» (Zwingli, VI, II, 240–241)

Raums und die Not des Menschen, Ästhetik und Ethik werden zu weiteren prägenden Bedeutungsträgern des reformierten Kirchenraums.[68]

5.3.3. Ästhetischer Raum

Der Kirchenraum in seiner Leere ist ein *ästhetischer Raum*, erfüllt mit Würde und Schlichtheit. Die Räumung von Bildern geschah einerseits aufgrund der theologischen Debatte über die Störung von Gebet und Auslegung der Schrift durch sie. Anderseits war der Rückbezug auf die ersten Christen ein wichtiger Begründungszusammenhang. In der Kirchenordnung von 1525 wird in Zürich festgehalten: «Das kein ussere zierd mit syden, gold und silber, gemeld, gschnitztem und ergrabnem werck in iro kilchen ist, kumpt dahar, das es die allt kilch nitt nun nitt gehept, sunder ouch verworffen hat. Dieselb allte erste kilch hat wenig, ja gar keine wytere oder kostlichere ceremonien gehept. Darumb sich ouch die kilch Zürich der ceremonien entschüttet unnd sich zuo allter einfallte gehalten hat. [...] Gott will nitt mit usserem schin vereeret sin, sunder mit glouben, liebe und unschuld imm geyst und inn der warheyt.» (Zwingli, IV, 696) Dieser Bezug zu «allter einfallte» war radikal. In seiner Antwort an Valetin Compar begründet Zwingli, dass gerade aufgrund des Missbrauchs des Bilds Christi auch auf ein Kreuz zu verzichten sei: «Und in den templen hab ich ghein fürgesetzt crütz nie gsehen, man hatt es für einen götzen gemacht. Denn einer sprach: ‹Diß crütz dunkt mich das gnadrychest›, der ander nampt ein anders. Sy wurdend ouch alle vereret mit besundrer zier und er. Wo nun der götzendienst ist, da sol man diem götzen nit haben, gott geb, was sy sigind.» (Zwingli, IV, 120)

Die radikale Angst, durch Bilder, Gegenstände, Riten, Gesang und Musik werde die Konzentration auf das Hören und die Auslegung des Worts sowie auf die Anbetung Gottes gestört und abgelenkt, wirkt sich in der prinzipiellen Reduktion auf den leeren Raum aus, die Zwingli nicht nur theologisch, sondern auch baulich umsetzte. Die Ästhetik des reformierten Raums gestaltet sich in einer Ästhetik des leeren Raums aus, der in keiner Weise als «leer» erfahren wird. Die «Leerung» von allem «Überflüssigen», das durch die Masslosigkeit des Menschen hervorgerufen wird, wird zum Gestaltungsprinzip, das räumlich einfordert, was

---

68 David Plüss weist im Zusammenhang mit dem Zweiten Helvetischen Bekenntnis darauf hin: «Raumästhetik und Körperlichkeit, Theologie und Ethik werden eng aufeinander bezogen.» (Plüss, 2010, 44)

inhaltlich vorgegeben ist. Bullinger wehrt sich in seinen Dekaden für eine «bescheidene» Reinheit und vergleicht die Bauwut mit dem «Wahnsinn der Babylonier»: «Der Überfluss in den Gotteshäusern gefällt Gott nicht, der seine Kirche ohne Gepränge aus dem ganzen Erdkreis gesammelt und sie zur Bescheidenheit und zur Verachtung des Überflusses angehalten hat.» (Bullinger, B V, 547f.) Nicht nur die Raumhülle, auch die «Gerätschaften» unterliegen diesem Gestaltungsprinzip: Kanzel, Sitzgelegenheiten, Taufstein und Abendmahltisch sind schlicht zu halten, Kelch und Teller sind aus Holz gefertigt: «Die schüsslen unnd bächer sind hölztin, damit der pracht nit wider kömmt.» (Zwingli, IV, 17)[69] Kerzen sind für die Helligkeit im Raum, nicht für die Verehrung Gottes bestimmt; die Glocken für das Zusammenrufen der Gemeinde, nicht als geweihte Bannkraft gegen Unwetter (vgl. Bullinger, B V, 550).[70] Und die vorgeschriebene Kleiderordnung als Ausdruck der Demut, Zucht und Bescheidenheit ist Wirkung einer Ästhetik bescheidener Reinheit des Raums (vgl. Bullinger, 1967, 120).

Der Entsakralisierung des Raums entspricht einer Haltung der Einfachheit und Genügsamkeit «allzu viel ist ungesund» (Hospinian), die in eine typisch reformierte Würdigung des Raums fliesst. Durch das Konzept des Masshaltens verbinden sich Form und Inhalt zur ästhetischen Grundschwingung des leeren und auf diese Weise geisterfüllten Raums. Calvin fordert, dass die Ausschmückung des Kirchengebäudes in einem

---

69 Bullinger nimmt dieses Argument in seiner Schrift «Der Ursprung des Irrglaubens» aus dem Jahr 1539 auf: «Dass in der frühen apostolischen Kirche auch keine kostbaren Gefässe für das Abendmahl des Herrn verwendet wurden, kann daraus geschlossen werden, dass die Menschen zur Zeit der Apostel in allen anderen Dingen Mässigkeit geliebt und die überflüssige Pracht verabscheut haben. Deshalb hatten sie keine anderen Gefässe als hölzerne Schüssel oder Schüsselchen, die man heute Patenen nennt, die aber nicht einmal genug sind, um so viel Brot des Herrn aufzunehmen, dass es für die ganze Kirche genügte, wenn das Abendmahl richtig gehalten würde, und hölzerne oder gläserne Kelche oder Becher.» (Bullinger, B I, 329)

70 Rudolph Hospinian nimmt dieses Prinzip des Masshaltens im Bezug auf den Kirchenraum 1587 auf, indem nach ihm die Räume «brauchbar für einen würdigen Gottesdienst» sein müssen und schliesst diese Überlegungen ab: «So ziemt es sich und gehört es sich, dass auch die äusseren Tempel und Gotteshäuser den Vorzug haben vor privaten Gebäuden und dass sie mit Anstand schön und prächtig sind, damit nicht aus anständigen Tempeln unmässige heidnische Paläste werden, immer eingedenk des Sprichworts: ‹Allzu viel ist ungesund› [servetur itaque illud poëtae: NE quid NIMIS].» (Hospinian, 1603, 47, Übersetzung: German, 1963, 14)

Mass erfolgt, wie es durch die Kirchenväter vorgelebt und gezeigt werde (Calvin, 2009, IV, 5; 18). Nach Bullinger besteht der wahre Kirchenschmuck nicht in Glanz und Glamour, sondern in der einfachen und tugendhaften Haltung der Anwesenden. Anstand und Ordnung ermöglichen im Raum die Erbauung der Glaubenden. Hierzu gehört auch die Volkssprache, die es ermöglicht, dass die Menschen alles auch verstehen (vgl. Bullinger, 1967, 120).

Diese typisch reformierte Patina des Kirchenraums hat sich in den ersten Jahrzehnten der Reformation gebildet und zeigt sich deutlich in der paradigmatischen Beschreibung des Kirchenraums durch Ludwig Lavater 1559: «Die Zürcher Kirchen sind von allen Gemälden und Standbildern gereinigt. Sie weisen keine Altäre auf, sondern nur die notwendigen Geräte, wie eine Kanzel, Bänke, ein Taufbecken, einen Tisch, der jeweils zum Abendmahl aufgestellt wird, und Lampen, die im Winter, wenn die Tage kürzer sind, während der Frühgottesdienste gebraucht werden. Die Kirchen blitzen nicht von Gold, Silber, Edelsteinen und Elfenbein, denn dies ist nicht der wahre Schmuck eines Gotteshauses. Orgeln und andere Musikinstrumente gibt es in den Kirchen nicht, weil ihr Klang nichts zum Verständnis von Gottes Wort beiträgt. Auch Fahnen und andere Weihgeschenke sind aus den Kirchen entfernt worden.»[71] (Lavater, 1987, 35)

Jahrzehnte später bringt Johann Baptist Ott dieses «Urbild» reformierter Ästhetik noch deutlicher auf den Punkt: «Die Kirchen weisen keinen Schmutz auf, ebenso aber auch keine Pracht, sie blitzen nicht von Gold und Silber, sie passen für fromme Versammlungen, die Verkündigung des Gotteswortes und die Spende der Sakramente.» In diese Ästhetik mit eingebunden ist der Klang – auch er in typisch reformierter Prägung: «Die Orgel hat man aus den Kirchen entfernt, nicht weil ihr Gebrauch gänzlich missbilligt würde; denn neben sehr zahlreichen musikalischen Bemühungen Privater existieren einige gut besuchte öffentliche Vereinigungen für Vokal- und Instrumentalmusik, sondern weil man die Erfahrung gemacht hat, dass die Orgeln in der Kirche mehr die Ohren als die Seelen treffen. Dagegen wird bei uns um so stärker und allgemeiner der Psalmengesang gepflegt, welcher zum Erstaunen der Fremden Laien und niederes Volk ohne Unterschied aufs beste beherrschen; in dem Sinne jedoch, wie wir keine andern Kirchen verurteilen, wünschen

---

[71] Das Original in Latein: Lavater, 1559, 3a.

wir ebenso, uns möge unsere Freiheit unangetastet belassen werden.» (Lavater, 1987, 35; 37)

In diesen Zeilen treten zwei zusätzliche Qualitäten des leeren Raums hervor. Zum einen macht ein solch geräumter Raum der Begegnung zwischen Laien, niederem Volk und Pfarrern als einer Gemeinde auf Augenhöhe Platz. Dem reformatorischen Priestertum aller Gläubigen entspricht ein grosser Raum des gemeinsamens Hörens und Betens ebenso wie der Akt des geteilten Brots. Zum andern entstehen im geräumten Kirchenraum Spielräume für jene reformiert geprägte Freiheit, die nun ihrerseits Mögliches wie Unmögliches situativ und gemeindebezogen in Kirchenräume einbezieht. Sie kann in Bezug auf die Lesbarkeit des Kirchenraums als dessen Stärke wie auch als dessen Schwäche gedeutet werden.

Neben liturgischen und theologischen Fragen sind in Bezug auf den Kirchenraum auch solche nach seiner Bedeutung und seiner Funktion notwendig,[72] denn der Kirchenraum ist konstitutiv für die Liturgie und die Frömmigkeit. Oder mit den Worten Fulbert Steffenskys gesagt: «Der Mensch baut sich nicht nur von innen nach aussen. Er wird auch von aussen nach innen gebaut. Der Geist kommt nicht mit sich selber aus, und er lässt sich nicht in die Innerlichkeit verbannen. Was nicht nach aussen dringt; was nicht Form, Aufführung, Geste, Inszenierung, Haus und Figur wird, bleibt blass und ist vom Untergang bedroht.» (Steffensky, 2003a, 189)

5.3.4. Der diakonische Raum

In Anlehnung an Fulbert Steffenskys Wort kann der Kirchenraum als *diakonischer Raum* beschrieben werden, in dem der Geist des Helfens «i gotts name» nicht mit sich selber auskommt. Als solcher lässt er sich auch nicht in die Innerlichkeit einer Gesinnung oder Geistlichkeit verbannen, sondern dringt im Alltag in materieller und ideeller Hinsicht als «Gottesdienst» nach aussen. Die Reformatoren haben Gestaltung und Unterhalt des Kirchenraums in engster Weise mit der Diakonie verbunden – in theologischer, ästhetischer, ökonomischer und räumlicher Hinsicht.

In *theologischer Hinsicht* birgt der Kirchenraum nach Zwingli eine transformative Kraft, die unmittelbar mit der Bilderfrage zusammenhängt.

---

[72] Vgl. zur Lesbarkeit von Kirchenräumen: Huber, 2006, 40ff.

Zwingli behandelt die grundsätzlich diakonische Bilderfrage unter anderem 1524 in seiner Abhandlung «Der Hirt» und 1525 in seiner Antwort an Valentin Compar. Bilder sind nach Zwingli als ästhetische Kunstwerke und sinnvolle Hilfsmittel durchaus für das Gedächtnis sowie zur Steigerung der Lesefreude geeignet.[73] Sobald Bilder jedoch in den Kirchenraum gelangen, wird die Gefahr gross, dass sie sich über ihre Verehrung in «Götzen» verwandeln: «So man aber mit bilden leren wil, so wirt man all weg die bilder hochschetzen und vereren und götzen uß inen machen. Bilder sind eintweders zuo zier gemacht oder zuo gedächtnus, und wenn man sy in den templen hat, macht man von stund an götzen darus, daß man sy vereret. Darumb sol man sy nienen in den templen noch gheinen orten, da gevar des vererens ist, dulden.» (Zwingli, IV, 122) Die den Bildern inhärenten pädagogischen und ästhetischen Qualitäten transformieren sich, sobald sie in den Kirchenraum gestellt werden, in eine häretische Wirkung. Sie entsteht durch den faktischen Gebrauch der Menschen und ist für Zwingli nicht tolerierbar. Deshalb gilt es, den Kirchenraum radikal von Bildern zu räumen.

In die Leere des geräumten Kirchenraums hinein treten die Menschen. Mit ihrem Eintritt verwandeln sich die Menschen und werden, wie schon aufgezeigt, ihrerseits zu lebendigen Bildern Gottes. Für Zwingli bekommen diese Bilder durch Christus eine besondere Qualität: Weil Christus sich in den Armen gezeigt hat, bilden die Armen die lebendigen Bilder Gottes. Aus diesem Grund manifestiert sich die wahre Verehrung Christi im helfenden Handeln gegenüber den Armen.[74] Helfendes Handeln kann nun hermeneutisch in Anlehnung an das Verhalten gegenüber den Bildern und Figuren als «Bekleiden der Menschen» um-

---

73 Im Vorwort der Erstausgabe der Froschauer Bibel von 1531 mit kolorierten Holzschnitten von Hans Holbein d. J., äussert sich Zwingli zu den Bildern: «Zu disem Werck habend wir einen schoenen lieblichen buechstaben gegossen, der sich alten unnd jungen wol fuegt, unnd damit wir der gedaechtnuss bulssind und den laeser etwas lustig machtind, habend wir die figuren nach einer yerlichen geschicht gelaegenhyet hinzue gedruckt, verhoffend, es werde lustig und angenaem sein.» (Zwingli, 1531, 4)

74 «Derglychen wenn sy sprechend: «Christus hatt geredt: ‹Was ir eim miner der kleinsten thuon werdend in minem namen, das habend ir mir geton›, Mat. 25. *[Matth. 25.40]*. So wir nun die heligen erend, so wirt 's uns gott verrechnen, als ob wir 's imm selbs ton hettind». Muoß ye einer anzeigen, das Christus hie *[sc. Matth. 25.* (Z *40]* und Mat. 10 *[Matth. 10.42]* nit von eer embieten der seligen redt, sunder von hilff der dürfftigen in disem zyt?» (Zwingli, IV, 144)

schrieben werden: «Ist es umb des geltes willen ze thuon, so ist es der recht uppig bapstbschiß, damitt man die narren umb die müler salbet, das sy gold und gelt gebind, das er damit die mulesel mit syden und gold beschleuffe. Welchs aber wir den dürfftigen bilden gottes, den armen menschen, geben soltend, so henckend wir's an des menschen bildnus; denn die götzen sind bildnussen des menschen, aber der mensch ist ein bildnus gottes.» (Zwingli, IV, 107f.) Für Zwingli ist der Kirchenraum für die theologische Reflexion konstitutiv. Im Kirchenraum erkennen Menschen in den von ihnen gestalteten Bildern das Gefahrenpotenzial einer von solchen Bildern abhängig machenden Frömmigkeit.

Durch das Räumen der Bilder wird Freiraum für die Entdeckung des wahren Bilds Gottes geschaffen: das des Mitmenschen in seiner Bedürftigkeit. Verehren heisst jetzt helfen. Das helfende Handeln, das «drinnen» im Kirchenraum die wahre Verehrung Gottes ausmacht, zeigt sich «draussen» als echte Wahrnehmung des Menschen. Folgerichtig erfährt sich der Glaubende simultan «drinnen» wie «draussen»: «drinnen» im Kirchenraum betend und hörend, «draussen» helfend und bewahrend. Die Verehrung im Kirchenraum und die Hilfe im Stadtraum sind die zwei Seiten derselben Medaille, des einen wahren Gottesdiensts. In der Auslegung seiner Schlussreden hält dies Zwingli so fest: «Also: Ist Benedictus für üch crützget? Oder wer hat üch den ungeteilten rock Christi geheissen zerteilen? Warumb habend ir üch gsünderet? Gotsdienst ist nit hinder den muren fysten. Warer gotsdienst ist: witwen und weysen – verstand daby alle dürfftigen – heimsuochen in irem truebsal und sich unvermaßget verhueten vor dieser welt Jac. 1.» (Zwingli, II, 260). Das diakonische Potenzial des Kirchenraums kann aufgrund der theologischen Argumentation in jener transformativen Kraft gesehen werden, die das Fasten hinter den Mauern in praktische Frömmigkeit vor den Mauern wandelt, ins Helfen.

Mit der Diakonisierung des Gottesbilds ist eine Diakonisierung des Gelds verbunden, die sich auf die soziale Dimension ökonomischen Handelns auswirkt. Bullingers formuliert es so: «Die Kirche hat Gold, aber nicht, um es aufzubewahren, sondern um es in Notlagen auszugeben und damit zu helfen. Die Sakramente verlangen kein Gold, denn was nicht mit Gold erkauft werden kann, wird auch nicht des Goldes wegen für gut befunden. Die Zierde der Sakramente ist die Befreiung der Gefangenen.» (Bullinger, B I, 329) Die Ästhetik des Kirchenraums erschliesst sich aus der Diakonie. Bei Calvin wird diese *ästhetische Argumen-*

tation besonders deutlich. Calvin prangert angesichts der Verwaltung der Kirchengüter nicht nur die «heiligtumsschänderischen Ausraubungen» an (Calvin, 2009, IV, 5; 16), sondern sieht in der Diakonie das tradierte Kirchenerbe des Korrektivs zur künstlerischen Ausgestaltung des Kirchenraums samt den Sakralgeräten: «Was man auf die Ausschmückung der Kirchengebäude verwendet, das ist, so behaupte ich, falsch angewandt, wofern nicht das Mass gehalten wird, das die Natur der Heiligtümer vorschreibt und das uns die Apostel und andere heilige Väter durch Unterweisung wie durch ihr eigenes Vorbild vorgezeichnet haben. Aber was bekommt man heute in der Kirche zu sehen? [...] Unterdessen ist man so weit davon entfernt, die gehörige Fürsorge für die lebenden Tempel walten zu lassen, dass man lieber viele tausend Arme am Hunger zugrunde gehen lassen würde, als auch nur den geringsten Kelch oder das geringste Krüglein zu zerbrechen, um ihren Mangel zu beheben.» (Calvin, 2009, IV, 5, 18)

Wie sieht dieses «Mass, das die Natur der Heiligtümer vorschreibt» konkret aus? Nach Bullinger gilt es, das Gleichgewicht zwischen der Ausstattung des Kirchenraums mit seinen Angestellten und der Unterstützung der Armen zu halten. Die Würde des Raums soll nicht auf Kosten der Würde der Armen gehen: «Darum soll man nicht dem Armen etwas wegnehmen und es den Dienern der Kirche geben, und ebenso wenig soll man den Dienern der Kirche ihren Anteil und das Nötige entreissen, damit die Armen davon etwas zum Leben haben.» Explizit hält Bullinger fest, dass das Geld der Diener für den Unterhalt der Kirchengebäude und für das, «was im Gotteshaus geschieht oder wie es dort zu und her geht», aufgewendet werden soll (Bullinger, B V, 551).

Der Kirchenraum dient nach Bullinger nicht nur der Verkündigung, dem Gebet und der Feier von Abendmahl und Taufe. Es braucht ihn auch, um für «alle nötigen Aufwendungen der Kirche und zur Aufrechterhaltung der gebräuchlichen kirchlichen Tätigkeiten Beiträge zu sammeln» (Bullinger, 1967, 119). In *ökonomischer* Hinsicht verbinden sich Diakonie und Kirchenraum in der Kollekte als gottesdienstlichem Geschehen, denn Kirchen sind nach Bullinger explizit auch wegen den Armen nötig. Arme haben nach ihm konkrete Gesichter: Witwen, Waisen, Findelkinder, Alte, Kranke mit Aussatz, Wahnsinn, Demenz, Syphilis, indischer oder neapolitanischer Krätze, Lähmung, Gicht, Fremde, Einheimische, Heimatlose, Glaubensflüchtlinge, von Armut Betroffene durch Gefangenschaft, Kriege, Überschwemmungen, Feuersbrünste,

Hagel, Schnee, Unwetter (vgl. Bullinger, B V, 543). Die Sammlung für die Unterstützung der Armen wurde in der Almosenordnung von 1525 bis ins Detail geregelt. Dabei kam dem Kirchenraum im Allgemeinen und dem Grossmünster im Speziellen eine bedeutende Stellung zu. Pfarrer haben von der Kanzel das Thema der Almosen zu behandeln. An jedem Sonntag haben sie zudem in den einzelnen Kirchgemeinden bei den Kirchtüren das Almosen als Kollekte einzusammeln. Einmal pro Monat kommen der für die finanzielle Abwicklung eingesetzte Obmann und seine vier Helfer zusammen. Sie haben den Auftrag, das Geld in der «gemeinsamen Truhe» und in den Kollektensäcken nach Listen und Urkunden den Bedürftigen zu verteilen. Diese werden während der Woche von dafür ausgewählten Pfarrern in den sieben Kirchenbezirken der Stadt Zürich («Wachten») besucht und begleitet (vgl. Strohm, 2004, 102ff.; Lavater, 1987, 94ff.). Johann Baptist Ott hält fest, dass die Bürger der Stadt ermahnt werden, «die milden Gaben, die sie spenden wollen, lieber nach der Sitte der Apostel an den Sonntagen für die Kollekte an den Kirchentüren ins Säckli zu legen, als sie bei sich zuhause an Vagabunden und Unbekannte auszugeben». (Lavater, 1987, 96f.)[75]

Neben der Kollekte erfolgte eine sichtbare Veränderung des Kirchenraums durch die Einschmelzung von Sakralgeräten wie Kelchen, Monstranzen und allgemeinem Kirchenschmuck. Aus der Schmelze wurden Münzen hergestellt und dem Armengut hinzugefügt. Diese radikale Ökonomisierung des Sakralen im Kirchenraum zugunsten der Diakonie polarisierte die Gesellschaft, verletzte religiöse Gefühle und löste Unsicherheiten aus. Kirchliche Besitztümer für soziale Zwecke einzusetzen, gehört zu den Grundeinsichten der Reformatoren in Zürich. Gleichsam als Programm hält Zwingli in der Erklärung der 23. These fest, das der Kirche zukommende Kapital gehöre den Armen (Zwingli, II, 239–244). Nicht rechtmässig erworbenes Kapital müsse den Eigentümern zurückerstattet, oder wenn diese nicht bekannt seien, der Diakonie zukommen (Zwingli, II, 292–298).

Die Kirchenschätze weckten Begehrlichkeiten. Um einen finanziellen Kollaps des zürcherischen Staatshaushalts abzuwenden, beschloss der Rat im Februar 1526, kirchliches Sakralgut einschmelzen zu lassen und Münzen zu prägen. Das «neue» Geld sollte für die Tilgung von Staats-

---

75 Noch heute werden die Kollekten im Grossmünster am Ende des Gottesdiensts bei der Ausgangstüre in schwarzen «Kollektesäckli» eingesammelt.

schulden gebraucht werden. Tatsächlich wurde daraufhin durch die Unterstützung von Behörden verschiedentlich das Almosenamt übergangen. Zwingli billigte dieses Vorgehen aufgrund der hohen mit der Einführung der Reformation entstandenen Kosten. Als aber 1528 der Rat beschloss, auch den Erlös aus den verkauften Stiftshäusern dem Staatshaushalt zuzuführen, protestierten die Zürcher Theologen erfolgreich. (Vgl. dazu: Mühling, 2006, 17f.)

Ein weiterer Aspekt gilt es nach zwei Seiten hin zu beleuchten, nämlich derjenige des Kirchenraums in seiner *diakonischen Räumlichkeit.* Auf der einen Seite geht es um die diakonische Einräumung des Gottesdiensts, auf der anderen um die diakonische Umnutzung der Kirchenräume, wie sie paradigmatisch in den Klöstern zum Ausdruck kommt. Hinsichtlich des Gottesdiensts beschreibt Ludwig Lavater detailliert, wie vor dem eigentlichen Beginn des Gottesdiensts, unterbrochen durch drei Zeichenläuten[76], der Gottesdienstraum genutzt wird, um das gesellschaftliche Leben zu ordnen und zu gestalten. Der Gottesdienst wird in den Kontext der Alltagsbewältigung gestellt, und beide gleichsam als liturgische Rituale zu deutenden Handlungen werden über den Kirchenraum zu einem Ganzen verbunden: Lavater beschreibt dies 1559 so: «Dabei wird folgende Ordnung eingehalten: An Sonntagen wird das Volk durch drei Zeichen, die mit den Glocken geläutet werden, zusammengerufen. Kurz vor dem dritten Zeichen zeigt irgend ein junger Mann dem Volk es an, wenn Häuser, Grundstück, Äcker oder Weinberge zu verkaufen sind, ebenso, wenn etwas verloren oder gefunden worden ist. Es werden auch die aufgerufen, die ihre Frauen oder Männer verlassen haben, damit sie sich dem Ehegericht verantworten. Nachdem das dritte Zeichen geläutet worden ist, geben die Behörden hie und da ihre Verordnungen bekannt, wenn ihnen daran gelegen ist, dass das gesamte Volk damit vertraut sei. Darauf besteigt der Pfarrer die Kanzel und beginnt den Gottesdienst mit folgenden Worten: ‹Die Gnade, der Frieden und die Barmherzigkeit Gottes des Allmächtigen sei uns armen Sündern allzeit gewährt.› […] An dieser Stelle [nach dem Unservater, erg. CS] werden die Bedrängten, welche die Gebete der Gemeinde erfordern, vom Pfarrer der Fürbitte der ganzen Gemeinde empfohlen.» (Lavater, 1987, 42f.) Markt, Moral und Sitte werden zu Zeichen einer ethischen Klammer um das gottesdienstliche Geschehen. Der Kirchenraum wird

---

76 Auch dieses Zeichenläuten findet heute noch in den Altstadtkirchen von Zürich statt.

so zur ethisch und moralisch konnotierten Räumlichkeit der Diakonie, die Alltag und Sonntag, Markt und Kirche, Geld und Geist, Beten und Arbeiten in einem gesellschaftsbildenden und -gestaltenden Spannungsbogen zusammen bringt. Allgemein helfendes Handeln wird mit spezifisch religiösen Formen der Diakonie (Fürbitte)[77] verbunden. Die Diakonie des Raums zeichnet sich in den ersten Jahrzehnten der Reformation in Zürich als simultanes Feiern und Handeln einer sich versammelnden Gemeinde im Kirchenraum aus. Die feiernde Gemeinde wird dabei als *simul orandum et laborandum* erfahren.

Die diakonische Räumlichkeit zeigt sich aber auch in der Umnutzung von Kirchengebäudekomplexen der unzähligen Klöster in den Städten. Ihre theologische und diakonische Begründung wird in den Schriften von Zwingli deutlich. Klöster sind für ihn nichts anderes als Herbergen und Spitäler der Armen: «Uß den nonnenklösteren lassend niemant, sy habind denn erbere herbergen. Luogend aber, das sy zuo spitälen der armenn gemacht werdind. Ob denenn halte man mit sölcher ordnung, das die gueter den armenn oder gemeinen durfften dienind. Wellend aber ye döchtren sich absündren vonn der welt, so sol ir guot nit in iren hendenn sin, sunder bewar man die mit zimmlicher noturfft, und lasse sy nit one arbeit, und gebe man inen gwalt zuo verhüren; oder aber ghein kloster wirt so wol nimmer reformiert, es kumpt mit der zyt widrumb in die alten geyle.» (Zwingli, III, 450f.)

Klöster als Herbergen oder Spitäler der Armen – mit diesem Programm wurden in Zürich diakonische Umnutzungen der Klosteranlagen vorangetrieben und in der Almosenordnung festgesetzt: In den Klosteranlagen der Predigerkirche wurde der Mushafen eingerichtet, eine «Stadtküche» für die Armen. Zusätzlich wurde das Kloster in ein Spital verwandelt, «damit die Stuben und Gemächer als Elendenherbergen benutzt werden können» (Strohm, 2004, 106).[78] Das Kloster zu Ötenbach wurde zum Obdachlosenheim und zur ambulanten medizinischen Versorgungsstation umfunktioniert, das Augustinerkloster wurde zur «Armenküche»[79], in dem auch jene Unterstützung organisiert wurde, die

---

77 Vgl. zu den religiösen Formen der Diakonie: Kapitel 3.2.3.

78 Im Kanton Bern wurde der Augustinerkonvent in Interlaken nach der Reformation zum Spital für Arme umgewandelt (vgl. Ehrensperger, 2011, 44).

79 In Bern wurde das Klunianzenser-Priorat Hettiswil ab 1532 als «Mushafen» gebraucht (vgl. Ehrensperger, 2011, 36).

heutzutage als Projekt «Tischlein deck dich» weiterlebt: «Im Augustinerkloster, das in eine Armenküche umgewandelt worden ist, wird zu festgesetzter Stunde an die Armen eine Mahlzeit und Brot ausgeteilt, und so werden viele arme Familien ernährt. Einigen werden nur Brote abgegeben, manchen aber auch Geld, Kleider, Butter, Wein und andere notwendige Dinge.» (Lavater, 1987, 95) Die Wasserkirche nahe beim Grossmünster stand nach der Räumung der Bilder einige Jahre leer. Dann wurde die Kirche als Lagerhaus und Vorratskammer genutzt. 1634 wird im Kirchenraum die Stadtbibliothek, die «Gemeine Bürger-Bücherei», eingerichtet.[80]

Zusammenfassend kann festgehalten werden, dass die Klöster im Zug der Reformation verkauft, geplündert und geschlossen wurden. Ihr Vermögen und das Klostergut wurden meist der Armenfürsorge zugewiesen. Klöster wurden abgerissen, verödeten oder wurden wie das zum Grossmünster gehörende kleine Chorherrenstift St. Martin auf dem Zürichberg durch ein Lehenhaus (Bauernhof) ersetzt.[81] Klosterkirchen wurden zu Spitalkirchen umgebaut oder zur Kornkammer umfunktioniert.[82] Dies alles entspricht der diakonischen Nutzung oder Diakonisierung von Kirchen- und Klosterräumen.

5.3.5. Assoziativer Raum

In den theologischen Schriften und Predigten wird ein weiterer Bedeutungsaspekt des Kirchenraums deutlich: seine *assoziative Räumlichkeit.* Mit den auf den Kirchenraum übertragenen biblisch tradierten Bildern

---

80 Vgl. zur Geschichte der Wasserkirche: Schneider/Nievergelt, 1988.

81 Nach der Aufhebung des Stifts 1525 durften die Chorherren noch im Kloster bleiben. Nachdem der letzte Chorherr das Kloster verlassen hatte, wurde es abgerissen. Die letzten Reste verschwanden 1847. (Vgl. Baumann, 1994, 58f.)

82 Vgl. zur Geschichte der Klöster in Bern: Ehrensperger, 2011, 28–72; in Basel: Ehrensperger, 2010, 26–47; in Zürich: Baumann, 1994, 53–118. Vgl. allgemein zum Abbau und Umbau der Kirchen in Bern: Ehrensperger, 2011, 201f. Alfred Ehrensperger zeichnet anhand des Anoniterhauses in Bern diese Nutzungsverschiebung nach: Noch vorreformatorisch wurde die Kirche im Sinn einer «pluralen Physiognomie» des Kirchenraums (Geyer) einerseits als Spitalkirche genutzt. Die Kranken waren im offenen Kirchenschiff durch Vorhänge abgetrennt untergebracht. Auf diese Weise konnten sie gleichzeitig mit Blick zum Hochaltar der Messfeier beiwohnen. Der Hochalter als zweite Ausgestaltung des Kirchenraums ist so im Einklang mit dem Krankenbett im Kirchenschiff. Nach der Reformation wurde der Kirchenraum als Kornkammer genutzt (vgl. Ehrensperger, 2011, 61f.).

wird eine performative Kraft freigesetzt, die zusätzliche Bedeutungsinhalte über das konkret Räumliche generiert. Mensch, Raum und Gott verschmelzen zu einem räumlich gezeichneten Beziehungsgeschehen geistgewirkter Gegenwart. Heinrich Bullinger zeigt dies 1527 programmatisch in seiner Schrift «Gegen den unverschämten Kelchstempel». Ausgangspunkt ist das Einschmelzen des kirchlichen Edelmetalls zugunsten der Armenfürsorge. Diese diakonische Ausrichtung der Sakralität des Kirchenraums begründet Bullinger theologisch, indem er assoziativ Texte des Alten und Neuen Testaments aufführt, die von Gottes Einräumung in der Welt handeln. Da der Himmel Gottes Thron und die Erde der Schemel seiner Füsse sei (Jes 66,1), benötige dieser unaussprechliche und höchste Gott die Kirchen mit ihrem Gold und Schmuck nicht. Darauf werden die Stellen aus Psalm 50 (10–12), dem 1. Buch Könige (7, 48–51; 8,27) und dem 2. Buch Chronik (4,19–5,1) angefügt, um über die jede Raumvorstellung sprengende Grösse Gottes nachzudenken. Das Bild des Kirchenraums als Tempel wird aufgrund der paulinischen Vorstellung folgerichtig auf den Menschen selber übertragen und diakonisch mit dem Bild der Einwohnung Christi im Armen nachgezeichnet: «Deshalb wissen wir Christen, dass das Herz der Gottesfürchtigen der wahre ‹Tempel Gottes› genannt wird (vgl. 1Kor 3,16ff.). Und wir wissen auch, dass diejenigen kostbare Kleinodien von Edelstein, Gold und Silber in den Tempel bringen und opfern, welche den Bedürftigen – unter denen Christus wohnt und von denen er sagt (Mt 25,40): ‹Was ihr dem geringsten meiner Brüder getan habt, das habt ihr mir getan.› – Gutes tun, sie mit Speise und Trank versorgen, bekleiden und beherbergen.» (Bullinger, B VI, 22f.) Calvin selber assoziiert mit der Tempelmetapher nicht das helfende Handeln, sondern das Beten der Menschen: «Denn wir sind doch selbst Gottes wahre Tempel, und deshalb müssen wir in uns selber beten, wenn wir Gott in seinem heiligen Tempel anrufen wollen! Wir, die wir die Weisung haben, den Herrn ohne jeden Unterschied des Orts ‹im Geist und in der Wahrheit anzubeten› (Joh 4,23).» (Calvin, 2009, III, 20, 30).

Das Wortfeld «Kirche» wird zu einer verschiedenste Assoziationen auslösenden Metapher für die glaubende Gemeinde. Mehrmals betont Bullinger, dass er unter Kirche nicht «ein steinernes Haus» versteht, sondern die Versammlung der Glaubenden (vgl. Bullinger, B VI, 26; B IV, 131). Neben dem Bild des Tempels überträgt er auch das des Zelts auf die Kirche.[83] In seinen Ausführungen über das Zeremonialgesetz im alten Israel, die sich in Bullingers Dekaden finden, verschmelzen beide Bilder zu einer grossartigen Metapher für die Gemeinde. Assoziativ und kreativ zugleich werden konkrete Raumvorstellungen zu Raummetaphern, und diese fliessen in die Bedeutung und Beschreibung von Menschengruppen mit ihren Funktionen ein: Raum und Körper verschmelzen zur Gemeindewerdung als relationalem Prozess mit transzendierender Ausrichtung, indem in das Werden der Gemeinde das Kommen Gottes gleichsam räumlich hineingedacht wird. Bullinger schreibt: «Paulus bezeichnet uns [...] als Tempel Gottes und unsere Leiber als Zelte (vgl. 1Kor 3,16f.; 6,19; 2Kor 6,16). Denn der Herr will in uns wohnen. Die Bretter des Zeltes sind aber gleichsam das Bauholz, die Balken und die Säulen des heiligen Gebäudes. Auch die Kirche hat Säulen, nämlich ihre Lehrer und andere Männer, die mit einem heldenhaften oder herrscherlichen Geist begabt sind und die einzelnen Gläubigen sind die vergoldeten Balken, wenn sie die Wahrheit des Glaubens bewahren und in seiner Einheit bleiben. Die einzelnen Bretter waren mit Türriegeln verbunden; denn durch eine feste Lehre muss man die Gläubigen in der Pflicht und Einheit halten. Obwohl die Vorhänge zahlreich waren, wurden sie durch goldene Spangen gleichsam zu einem einzigen Gewebe verbunden. Daher muss man auch die einzelnen Glieder der Kirche durch die Liebe so sammeln und verbinden, dass sie unter sich eins und eine Decke der Gerechtigkeit in der Kirche sind. Das Dach ist der Glaube der Kirche, die Bussfertigkeit und das Streben nach Unschuld. Der Grundstein ist Christus selbst (1Kor 3,11).» (Bullinger, B II, 600f.)

Indem Bilder wie Tempel oder Zelt auf Kirchenräume projiziert werden, werden sie zu Metaphern für die feiernde Gemeinde. Die Folge davon ist eine Ortsungebundenheit und Ortsfreiheit, die pneumatologisch – meist mit dem Verweis auf die Stelle in Johannes 4,21ff. – nicht

---

83 Martin Luther assoziiert die Kirche ausgehend von Exodus 27,21 ebenfalls mit dem Bild des «Zelts», jedoch konkret als Kirchenraum und Ort der Versammlung der Glaubenden. In der ersten deutschen Bibel von 1534 übersetzt er die Stelle mit «in der Hu(e)tten des Stiffts» und erklärt den Begriff in einer Randglosse: «Das Ebreisch wort Moed, haben wir nicht anders wissen noch wollen deutschen. Es soll aber so viel heissen, als ein gewisser ort oder stete, wie eine Pfarrkirche oder Stifft. Dahin das Volck Israel komen vnd Gottes wort hören sollten. Da mit sie nicht jrer eigen andacht nach, hin vnd widerlieffen, auff Bergen, in Gründen vnd andern Orten, Gott zu opffern.» (Luther, DB 8, 285)

mehr lokal, sondern aktional verankert wird: «Den Ort für den Gottesdienst und die Ausübung des Glaubens hat der Herr freigestellt, da er ja im Evangelium des Johannes gesagt hat (Joh 4,21.23f.): […] Gott ist Geist, und die ihn anbeten, müssen ihn in Geist und Wahrheit anbeten.» (Bullinger, B IV, 98) Durch den Geist Gottes wird nach Zwingli die *ecclesia catholica*, die nach ihm ins Deutsche übersetzt als allgemeine Versammlung als Kirche Christi umschrieben werden muss, in einen Glauben vereint. Und diese Vereinigung begründet Zwingli (II, 62) pneumatologisch: «Wir sind nit got, aber wo unser concilium ordenlich versamlet würt, da ist der geist gottes, und sind wir ein gestalt der allgemeinen kilchen, ecclesia representativa.» Ihm gelingt es mit diesem Ansatz, den Raum der Kirche in der Aktion und nicht in der Lokalität der Gemeinde zu verorten mit der berühmt gewordenen Frage: «Frag: Wo ist die kilch? Antwurt: Durch das gantz erdrich hin. Wer ist sy? Alle gleubigen. Ist sy ein versamlung, wo kumpt syzemen? Antwurt: Hie kumpt sy durch den geist gottes zemen in einer hoffnung und dört by dem einigen got. Wer kent sy? Got.» (Zwingli, II, 57f.) Globalität und Lokalität, Gott und Mensch zerfliessen zu dem einen Raum hoffnungsvoller Repräsentation. In solch geistgewirktem Raum wirkt assoziative Kraft und wird zum assoziativen Raum: Zwingli (II, 422f.) assoziiert mit grosser Fantasie die Beschreibung dieses repräsentativen Auftrags mit Raum- und Baubildern: Der Glaubende ist «mitwerker», «handgeschirr Gottes», die Mitglieder der Gemeinde sind «buwlüt Christi», «die sat unnd buw gottes». Er unterscheidet in dem repräsentativen Bauen der Gemeinde in der Welt fundamental zwischen der Tat Gottes und der Wirkung des Menschen: Gerade als Bauleute Gottes sollen die Menschen lernen, «das got alles das würcke in uns, das guot ist; und wir würckend's nit, sunder sind nüt anderst dann instrument unnd handgeschirr, durch die got würckt; denn uß im und durch inn und in im sind alle ding» (Zwingli, II, 186). Die Folge dieser Unterscheidung ist einerseits die globale Verortung der Kirche «durch das ganze Erdreich hindurch», anderseits die Verräumlichung menschlichen Handelns in die göttliche Tat: Dem Ort der Welt wird in Gott selber Raum geschaffen.[84]

---

84 Damit argumentiert Zwingli in überraschend grosser Nähe zum biblischen Gedanken, das menschliche Handeln werde im göttlichem Raum verortet. (Vgl. Kapitel 4.2.)

Auch Bullinger skizziert das Leben immer wieder mit der Raummetapher des «Kircheseins»: Die Kirche kann als Haus vorgestellt werden. Der Zweck des Hauses besteht darin, von Menschen bewohnt zu werden. Da die Kirche das Haus Gottes ist, kann Gott als Baumeister verstanden werden, der typologisch mit den Bildern von Tempel und Zelt arbeitet und baut. Wie Menschen das Haus bewohnen, bewohnt Gott seine Kirche. Und weil die Kirche die glaubende Gemeinde ist, wohnt Gott in der Gemeinde. Das Fundament ist Christus, nicht die sterblichen Menschen. Das Baumaterial, die Wände sind die glaubenden Menschen. Christus fügt als Eckstein die Wände zusammen, damit das Haus nicht zusammenfällt. Er ist zugleich auch das Dach der Kirche, Schutz der Kirche (vgl. Bullinger, B V, 106ff.). Immer wieder interpretiert Bullinger die überlieferten Bilder anders, gewichtet verschieden, zieht neue Metaphern hinzu (Weinberg, Leib Christi) und assoziiert mit dem Raum der Kirche verschiedenste Aspekte des christlichen Lebens. So oder so wird durch den Raum der Kirche ein fruchtbarer, kreativer, assoziativer Prozess in Gang gesetzt.

5.4. Reformierter Kirchenraum: Zur Wirkungsgeschichte des reformatorischen Erbes[85]

5.4.1. Wechselvolle Wirkungsgeschichte: Versammlungsraum – Sakralbau – Wohnstube der Gläubigen

Die Adaptierung des vorreformatorischen Kirchenraums durch die Reformatoren war, fokussiert auf die Verhältnisse in Zürich, in zweierlei Hinsicht ein «schöpferischer Akt» (Senn, 1983, 30).[86] Einerseits ver-

---

[85] Vgl. zu diesem Kapitel den grundlegenden Artikel «Kirche als funktionaler Raum» von Johannes Stückelberger (2011, 219–228), der die entscheidenden Fragen zu Kirchenbau und -raum, wie sie zwischen 1950 und 1970 in der Schweiz diskutiert worden sind, zusammenfasst. Diesem Aufsatz verdankt der Autor vorliegender Arbeit wertvolle Hinweise und Zugänge zu historischen Dokumenten. Eine interessante Zusammenfassung der wesentlichen Fragestellungen gibt Benedikt Huber (1959, 2). Mit Blick auf die Basler Situation bietet Kohler (1979, 35ff.) eine systematische Zusammenschau der zwischen 1952 und 1964 errichteten Kirchenbauten.

[86] Nach Otto H. Senn wird mit Adaptierung «die Indienststellung des vorreformatorischen Kirchenbaus durch die Kirchen der Reformation bezeichnet. Der Vorgang ist von grundlegender Bedeutung als Ausdruck der spontanen Abkehr von der mittelalterlichen Kirche, als Vorwegnahme der konstitutiven Züge der eigenständigen Ent-

schmolzen Dekonstruktion und Konstruktion zu einem innovativen Prozess funktionaler und symbolischer Gestaltkraft, die den Kirchenraum zum Versammlungsraum der auf Gottes Wort hörenden Gemeinde zentrierte. Es wurde nicht nur der Kirchenraum zugunsten der Konzentration auf das Wort geleert. Man legte auch den Grundstein für dessen Auslegung durch die Anordnung von Kanzel, Abendmahltisch und Taufstein sowie durch die Umnutzung von Chor und Zwölf-Boten-Kapelle. Anderseits zeigt dieser Adaptierungsprozess ein schöpferisches Potenzial für die nachfolgende eigenständige Entwicklung des protestantischen Kirchenbaus.

Im Folgenden geht es mit Blick auf die Frage nach den diakonischen Funktionen des Kirchenraums nicht darum, die verschiedenen Epochen des protestantischen Kirchenbaus bis heute nachzuzeichnen.[87]

Das kirchenbauliche Erbe der Reformation scheint, formuliert mit den Worten Markus Landerts, klar: «Aus einem stimmungsvollen Sakralraum war ein Versammlungsraum geworden.» (Landert, 1987, 154) Bei allen nachreformatorischen Gestaltungsprozessen und Neubauten ging es darum, das Erbe der Reformation räumlich auf die aktuelle Gemeindesituation zu übertragen. So wurden die ersten reformierten Neubauten als funktionale Gemeindesäle im 17. und 18. Jahrhundert konzipiert und gebaut, nüchtern als Zentralbau oder als Querkirche konzipiert, oder festlich wie in der am 14. November 1706 eingeweihten neu errichteten

---

wicklung des protestantischen Kirchenbaus, schliesslich als radikaler Gegensatz zum modernen Verständnis des mittelalterlichen Kirchenbaus.» (Senn, 1983, 14) Diese Adaptierung kann durch die Übernahme eines bestehenden Bauwerks oder durch einen nach dem Schema des mittelalterlichen Baus erstellten Neubaus erfolgen.

87 Vgl. zur Entwicklung des evangelischen, protestantischen Kirchenbaus: Germann (1963, 25–39) bespricht die Hugenottenkirchen im 16. und 17. Jahrhundert; Senn, 1983, 39–43; Landert (1987, 154–157) fokussiert auf den Kanton Zürich; Beyer (2009, 80ff.) unterscheidet folgende Epochen: das Kirchengebäude in konfessioneller Zeit (16. bis 18. Jahrhundert), Kirchengebäude der grossen Konfessionskirchen bis zum Ende des Staatskirchentums (von der Aufklärung bis 1918), Kirchengebäude, Synagogen, Kapellen und Bethäuser in Deutschland – monumentale Zeichen einer kulturellen Modernisierung in der letzten Phase des Staatskirchentums (1803 bis 1918), städtebauliche Dominante, Sakralbau, zeit- und menschengerechter Raum – Aspekte des Kirchenbaus nach dem Ende das Staatskirchentums; allgemein: Lieb, 2010.

St.-Peter-Kirche in Zürich im Barockstil.[88] Das Baukonzept war so angelegt, dass das Hören auf die Auslegung des Worts Gottes und das Feiern von Abendmahl und Taufe durch die Raumgestaltung optimiert und unterstützt wurden. Grundlegend gilt wohl die Einsicht des Basler Architekten Otto H. Senn, der 1952 bezüglich des protestantischen Kirchenbaus festhält: «Antrieb und Ziel des Kirchenbaus wäre also nicht die eigenständige Äusserung, das Bauwerk als Selbstzweck, sondern dies: den besonderen Auftrag zu erfüllen beim Hören des Wortes und dem Gottesdienst Raum zu bieten.» (Senn, 1952, 34)

Die Überzeugung, der Kirchenraum sei frei von Selbstzweck, wurde allerdings nicht immer aufrechterhalten. Im 19. Jahrhundert wandte sich der reformierte Kirchenbau wieder in Richtung Sakralbau mit vom verkündenden Wort Gottes unabhängigem «Selbstzweck», angereichert durch die prägende Kraft des Kulturprotestantismus mit seinem idealisierenden Kirchenverständnis. Der versammelten Gemeinde wurde hör- und sichtbar bewusst, wie die sittliche Idee in unendliche Ferne rückt. Das geschichtlich verankerte Evangelium wurde zur zeitlosen Wahrheit, die in sakrale Höhe empor- und dahinschwebt.

Im 20. Jahrhundert fand wiederum eine Umkehr zum funktionalen Kirchenraum statt, vor allem nach dem Zweiten Weltkrieg. Ein neuer Bautyp entstand, das Kirchgemeindezentrum, wie es zwischen 1950 und 1980 der dominierende Kirchenbau wurde. Johannes Stückelberger beschreibt diesen so: «Das Kirchgemeindezentrum vereinigt unter einem Dach oder im gleichen Baukomplex verschiedene Räume, einen Raum für den Gottesdienst, einen Gemeindesaal, Räume für den Unterricht, Jugendräume, eine Küche, oft auch noch Büros, das Pfarrhaus und die Sigristenwohnung.» (Stückelberger, 2011, 220) Otto H. Senn hält in seinem flammenden Plädoyer für den «evangelischen Kirchenbau im ökumenischen Kontext» 1983 programmatisch fest:

«1. Gestalt gehört zum Wesen der Kirche. Der Kirchenbau hat der Ordnung der Verkündigung, der Liturgie, strukturell zu entsprechen [...].

2. Die funktionelle Eingleisigkeit der religiösen Spezialisierung des Kirchenraumes ist nicht länger haltbar. Für die Kirche ist es zur Lebensfrage geworden, ‹Kirche für die anderen› zu sein, sich der Welt zu öff-

---

88 Eine typische Querkirche ist die Kirche in Thalwil, gebaut von Ulrich Grubenmann zwischen 1764 und 1767; vgl. dazu: Landert, 1987, 155.

nen, die Schranken einer ausgesonderten Kirchlichkeit niederzulegen, sich der durch den Pluralismus gekennzeichneten heutigen Gesellschaft zuzuwenden, wobei der Sakralismus als Funktion des Kirchenbaus hinfällig wird.

3. Der ökumenische Anspruch der Kirche ist von der Erneuerung des Kirchenbaus nicht zu trennen. Konfessionalistisches Romantisieren ist ein Anachronismus. Die zu Anfang des 19. Jahrhunderts angebahnte Wendung zum modernen Kirchenbau hat sich quer durch die Konfessionen, deren Besonderheiten überspielend, ereignet [...]. Die ökumenische Dimension gilt es im Hinblick auf Neuanlagen wie auf das weiterzugebende Erbe zu beachten [...].

4. Der Kirchenbau ist als Ausdruck der Gegenwärtigkeit der Kirche in der Welt zu verstehen. Er bedient sich der Architektursprache der Zeit, lässt sich aber nicht als Zweckbau im Sinne eines Liturgismus funktionell bestimmen [...].

5. Der Raum der gottesdienstlichen Versammlung selber ist der Raum der Verkündigung. ‹Die Richtung nach oben ist nicht zu trennen von der zum Nächsten hin.› [Fremdzitat: Bonhoeffer, 1960, 218]. [...]

6. Die Freiheit der Gestaltung, nicht deren Willkür hat die Sachbezogenheit zur Voraussetzung und ist durch sie gewährleistet. [...] Mit dem Stichwort der Flexibilität des gottesdienstlichen Versammlungsraums sind die Dispositionen der zu ermöglichenden Freizügigkeit und Anpassungsfähigkeit an sich ändernden Benutzungsweisen und an unterschiedlichen Platzbedarf bezeichnet [...]. Die Integrierung des kirchlichen Bauens will besagen, dass die Kirche, ihre Eigenständigkeit behauptend, sich doch nicht absondert und in einem Inseldasein genügt. Sie ist offen zur Welt, solidarisch mit den Zeitgenossen, verwendet deren bauliche Ausdrucksmittel, gliedert sich in deren Umwelt ein, wobei sie grundsätzlich den Öffentlichkeitsanspruch wahrt.» (Senn, 1983, 41ff.)

Innerhalb dieser «Grundzüge» für den «erneuerten baulichen Anspruch der Kirche» (Senn, 1983, 41) scheinen zwei Brennpunkte auf, die im Wirkungskontext des reformatorischen Erbes hinsichtlich der diakonischen Frage von Bedeutung sind. Die Wahl des Untersuchungsgegenstands fällt deshalb auf den paradigmatischen Bautyp des reformierten

Kirchenraums nach dem Zweiten Weltkrieg.[89] Einerseits birgt der unaufhaltsame Zug der in der Kirche sich unter dem Wort Gottes versammelten Gemeinde hinaus in die Welt, wie er in den 1980er-Jahren von Otto H. Senn scharf formuliert wird, in sich einen grundsätzlichen Anspruch an öffentliche Relevanz. Dieser Anspruch steht in grosser Spannung zur Funktion eines Kirchgemeindezentrums, wie sie Johannes Stückelberger (2011, 222) mit Rückbezug auf den Architekten Werner Moser als «Wohnstube der Gläubigen» zusammenfasst[90] Anderseits kontrastiert Senns radikale und zugespitzte Absage an jede Sakralität des Kirchenraums mit dem empirisch feststellbaren Bedürfnis der Menschen nach «sakralen» Räumen. Senn verbietet die Aussonderung aller Sakralzonen im Kirchenraum, bezieht sich dabei auf ein Zitat des Exegeten Oscar Cullmanns («*In* der Kirche ist die Schrift auszulegen, nicht *durch* die Kirche») und auf den nach diesem erfolgten reformatorischen Wechsel von der «Pfarrerkirche» zur «Laienkirche» (vgl. Senn, 1969, 39). Wolfgang-Eckart Failing stellt aufgrund empirischer Untersuchungen fest, dass das Konzept der Flexibilisierung des Gottesdienstraums nicht funktionieren kann. Die «Resakralisierung» des Mehrzweckraums für den einen Zweck, den Gottesdienst, durch die faktische Nutzung des Raums durch die Gemeinde war die Folge. Das Konzept des Gemeindezentrums mit flexibler Multifunktionalität des gottesdienstlich genutzten Saals ist nach Failing (1998, 93–95) deshalb «ein bedenkenswerter Fehlschlag mit langer Vorgeschichte». Und Thomas Sternberg (1996, 144)

---

89 Vgl. zur Geschichte des evangelischen Kirchenraums nach 1945 mit Blick auf Deutschland: Raschzok, 2010, 49–69; mit Blick auf das 20. Jahrhundert: Wittmann-Englert, 2009, 33–40; Lieb, 2010, 125–146.

90 Vgl. dazu auch den Ausdruck «Gemeinschaftsästhetik» von Kerstin Wittmann-Englert (2009, 36). Otto H. Senn beschreibt diese «Wohnstuben»-Funktion als geradezu paradigmatisches Kirchesein, wie es bei den ersten Christen schon nachgelesen werden kann: «Die morgendlichen Gottesdienste finden keinen Anklang mehr und sind entsprechend spärlich besucht, der Abendmahlsgottesdienst liegt der Jugend schon gar nicht mehr. Dagegen trifft sich die Gemeinde in wachsender Zahl an den Teeabenden, wo sich ein zwangloses Gemeindeleben entfalten kann. Steht nicht gerade ein solches Aufblühen im Einklang mit dem urchristlichen Gemeindeleben, wie es sich auf das abendliche Liebesmahl zentrierte? Es geht darum, den Gemeindesaal um den Kirchenraum zu erweitern, und nicht umgekehrt.» (Senn 1952, 40) Klarer lässt sich diese grundlegende Sichtweise wohl kaum zum Ausdruck bringen: Der Kirchenraum ist Teil des Wohnraums der Gemeinde.

bezeichnet diese «radikale Umsetzung der Entsakralisierungsthese in Form von Mehrzweckräumen» schlicht als «Irrweg».

In den letzten Jahrzehnten wird das Gewicht wieder vermehrt auf eine wie immer zu deutende sakrale Ausstrahlung des Kirchenraums gelegt. Diese bis in die Gegenwart hineinragende Bewegung fasst Kerstin Wittmann-Englert knapp und klar zusammen: «*Der Weg vom Heiligen über das Sakrale zum Weltlichen zurück zum Sakralen.* Will man es schlagwortartig ausdrücken, so lässt sich im Kirchenbau eine Bewegung ausmachen vom heiligen Raum mittelalterlicher und neuzeitlicher Bauwerke zum Sakralraum des Historismus im 19. Jahrhundert, mit welchen der Begriff des Sakralen als deutliche Abgrenzung zum Profanen, das heisst Weltlichen, verbunden ist. Dem folgen Tendenzen zur Entsakralisierung und gestalterischen Verweltlichung in den Gemeindezentren der 1960er-Jahre und eine erneute Sakralisierung im Kirchenbau unserer Zeit.» (Wittmann-Englert, 2009, 38) Die Professorin für Kunstgeschichte Stefanie Lieb belegt diese Zunahme von sakralen Tendenzen aus dem 21. Jahrhundert mit Beispielen wie der Bruder-Klaus-Kapelle in Wachendorf-Mechernich (Eifel) von Peter Zumthor. Sie hält fest: «Dennoch [trotz der Tendenz, Kirchen abzureissen, zu schliessen oder umzunutzen, erg. CS] gibt es einige wenige, im ersten Jahrzehnt des neuen Jahrtausends fertiggestellte Kirchengebäude und Kapellen von namhaften Architekten, die aufgrund ihrer hohen künstlerischen Qualität das nach wie vor vorhandene Bedürfnis einer Gesellschaft nach sakralen Versammlungs- und Besinnungsräumen signalisieren.» (Lieb, 2010, 146)[91] Thomas Sternenberg seinerseits macht auf die «hemmungslosen Versuche» von Resakralisierung bei Kirchenumnutzungen aufmerksam, «die oft keine andere Wurzel hat als die völlige Unkenntnis der ästhetischen Postulate vor allem der fünfziger Jahre» (Sternberg, 1996, 144).

Inwiefern diese erneute Sakralisierung des Raums sich auf die diakonischen Funktionen auswirkt, wird später aus raumwissenschaftlicher Perspektive genauer betrachtet (vgl. Kapitel 6). An dieser Stelle interessiert die Ausgestaltung jenes Kirchengebäudetyps, der explizit aufgrund des reformierten Erbes für eine Gemeinde gebaut ist, die sich nicht absondert und sich in einem Inseldasein genügt, sondern für die Welt offen

---

91 Ein weiteres herausragendes Beispiel solcher sakraler Signale ist die Kirche San Giovanni Battista (1986–1998) im schweizerischen Mogno, erbaut von Mario Botta. Vgl. Botta, 2010, 16–23.

ist und sich so räumlich und diakonisch in die Umwelt einordnet.[92] Es geht nicht darum, die verschiedenen Kirchenbautypen der 1950er- bis 1980er-Jahre darzustellen.[93] Aufschlussreicher ist es, den theologischen Ausführungen Ernst Hurters, des damaligen Pfarrers der neu errichteten Markus-Kirche in Zürich-Seebach, zu folgen, denn er schreibt nach Vollendung und Einweihung der Kirche selbstbewusst: «Wir sind der Überzeugung, dass damit ein echter Typus einer reformierten Kirche geschaffen worden ist.» (Hurter, 1950, 14) Es gilt nun, diesen «echten Typus» einer reformierten Kirche aus der Zeit nach dem Zweiten Weltkrieg in Beziehung zum «Urbild» des reformierten Kirchenraums zu setzen und nachzufragen, ob und in welcher Art «reformierte» Aspekte des Kirchenraums bei neu gebauten reformierten Kirchenräumen zum Ausdruck kommen und in welcher Weise in ihnen diakonische Funktionen erkennbar sind.

5.4.2. «Ein echter Typus einer reformierten Kirche»: Die Markus-Kirche in Zürich Seebach[94]

Albert Heinrich Steiner hat die Markus-Kirche mit Gemeindesaal und Pfarrhaus in Zürich-Seebach während seiner Amtszeit als Stadtbaumeister 1948/1949 aufgrund eigener Pläne von 1938 gebaut und um die Realisierung des Unterrichtsgebäudes 1955 ergänzt. Steiner wurde dafür lokale und internationale Anerkennung zuteil.[95] Die Kirche erhebt sich

---

92 Senn spitzt diesen Gedanken zusätzlich zu: «Mit den Stichworten der Flexibilität und der Variabilität des Versammlungsraumes sind die Dispositionen der Erweiterungsfähigkeit entsprechend dem Platzbedarf sowie der Freizügigkeit und Anpassungsfähigkeit an verschiedene Arten der Benutzung bei mobiler Einrichtung und geeigneter Lichtführung bezeichnet. Die Integration des Raums will besagen, dass die Kirche sich nicht absondert und genügt einem Inseldasein; sie ist offen zur Welt, solidarisch mit den Zeitgenossen und gliedert sich deshalb auch räumlich in die Umwelt ein, sei es in die allgemeinen Räume einer Hausgemeinschaft, sei es auf städtebaulicher Ebene, in einem Gemeinschaftszentrum oder in den Kern einer Siedlung.» (Senn, 1969, 39f.)

93 Vgl. dazu die typologisierende Zusammenstellung mit gezeichneten Grundrissen von einschlägigen Beispielen bei: Senn, 1983, 44–116.

94 Vgl. dazu: Steiner, 2001, 194ff; Meyer, 1950, 1–14; Senn, 1983, 92.

95 Ein Beispiel internationaler Würdigung findet Werner Oechslin in der Zeitschrift «Baumeister» von 1950: «Steiner hat die offenbar so einzuhaltende Mittellinie zwischen der Verpflichtung zur sakralen Wirkung und der modernen, wirklich sachlichen Schmucklosigkeit und Einfachheit vorzüglich getroffen, jene Linie, die zwi-

aus einem achteckigen Grundriss als Dominante in einem baulichen Ensemble auf dem Buhnhügel oberhalb von Seebach. Südöstlich wird sie von einem freistehenden Turm flankiert, nordöstlich ist der Gemeindesaaal zugeschaltet, nordwestlich das Pfarrhaus. Kirche und Kirchenturm sind durch Konstruktion und Materialien gegenüber den anderen Bauten abgesetzt, sichtbares Eisenbetonskelett, mit Sandsteinquadern ausgefacht. Für Otto H. Senn ist die Markus-Kirche ein Beispiel für den modernen Kirchenbau, der sich durch «die Emanzipation der Architektur vom Stilbau» auszeichnet, und zwar in zweifacher Hinsicht: Einerseits fanden während dieser Bauphase ein Aufbruch aus Konventionen starrer Formen und eine schöpferische Befreiung in der Wahl der Gestaltungsmittel statt. Anderseits behielt man den liturgischen Funktionalismus: «‹Bauherrin ist die Liturgie› lautete die Losung.» (Senn, 1983, 86) Nicht zuletzt dank diesem liturgischen Funktionalismus ist es einsichtig, wenn Ernst Hurter in seinen theologischen Ausführungen kurz nach der Kircheneinweihung am umgesetzten Bestreben festhält, «eine echt reformierte Kirche zu schaffen»: «Dem Bau der Markuskirche in Zürich-Seebach ging eine umfassende theologische Besinnung voraus.» (Hurter, 1950, 12) Diese «theologische Besinnung» hat es in sich, denn Hurter schafft insofern ein einzigartiges zeitgenössisches Dokument, als er mit ihrer Erläuterung eine reformierte Kirchenraum-Theologie in nuce formuliert, die sich explizit oder implizit auf das reformatorische Erbe reformierter Ausprägung bezieht.

5.4.3. Versammlungsraum als Gemeinschaftsraum: Kein Chor!

Hurter setzt mit dem Begriff Gotteshaus ein: «Eine reformierte Kirche darf nur mit Vorbehalt als ‹Gotteshaus› aufgefasst werden. Diese Bezeichnung ist missverständlich, denn es heisst ausdrücklich: *Gott, der Herr des Himmels und der Erden, wohnt nicht in Tempeln, die mit Händen gemacht sind.*» (Hurter, 1950, 12) Damit nimmt Hurter ein theologisches Argument aus dem 1. Buch Könige (8,27) beziehungsweise aus der Apostelgeschichte (7,48) auf, das für die Reformatoren zentral war und bei der biblisch-theologischen Betrachtung die nachexilisch sich ausprägende vertikale Dimension des Gott-Raums fundierte (vgl. Kapitel 4.1). Darauf

---

schen dem ‹Seelensilo› und der denkmalhaft anspruchsvollen ‹Stilkirche› verläuft [...]. Wir haben ihr [der Markuskirche] in Deutschland bis jetzt nichts an die Seite zu stellen.» (Oechslin, 2001, 194)

folgt bei Hurter die grundlegende Einsicht in die reformatorische Funktionalität des Raums, die den Kirchenraum vor allem und hauptsächlich als Versammlungsraum der Gemeinde definiert; eine Gemeinde, die zusammenkommt, um Gottes Wort zu hören, zu beten und zu loben. Hurter nimmt die Polarität des gottesdienstlichen Geschehens in Wort und Sakrament auf und betont gut reformiert den Gemeinschaftscharakter dieser liturgischen Handlung. Die ganze Anordnung des Raums wird dieser «Einheit» und «Zusammengehörigkeit» untergeordnet. Anstelle des langgezogenen Kirchenschiffs fördern die um den Abendmahltisch und die Kanzel zentrierten Sitzreihen den gemeinschaftlichen Charakter; keine Wände, Nischen, kein «Separatismus», keine Emporen mit separaten Aufgängen finden Platz. «Aber auch kein besonderes Gestühl für ‹ausgezeichnete› Gemeindeglieder und selbstverständlich keine hohen Säulen, die den Raum unnötig unterteilen und ihm die Einheit und Geschlossenheit nehmen» (Hurter, 1950, 14). Es ist klar: Der Kirchenraum hat dem Menschen zu dienen, nicht seine Macht zu demonstrieren.[96]

Anordnung, Platzierungen und Raumeinteilungen sind ganz diesem Gedanken der Einheit und der Gemeinde als einer hörenden Gemeinschaft untergeordnet. Daher erstaunt es nicht, dass Hurter in zwei grundlegenden baulichen Fragen klar Stellung bezieht: Die Debatte darüber, ob Längs- oder Zentralbau vorzuziehen sei, wurde damals in reformierten Kreisen zum Teil kontrovers geführt und hatte mit Karl Barth einen überzeugten Vertreter des Zentralbaus. Hurter entscheidet ebenfalls für diese Variante, die der Gemeinde nach Eduard Schweizer weit mehr als der Längsbau dazu verhilft, «Leib» zu werden.[97] Bei der zweiten Grund-

---

96 Johannes Stückelberger fügt in diesem Zusammenhang ein eindrückliches Zitat von Heinrich Baltensweiler aus dem Kirchenbote Aargau an: «Die Zeiten sind vorbei, in welchen die Kirche mittels grossartiger Kirchenbauten ihre Macht demonstrieren wollte. Heute soll die Kirche dem Menschen dienen. Die Alternative zum herkömmlichen Kirchenbau kann darum nicht darin liegen, dass man auf jeglichen Neubau verzichtet, sondern darin, dass man mehr funktionell baut.» (Stückelberger, 2011, 222) Anlässlich der ersten ökumenischen Tagung für Kirchenbau in Bossey hielten Architekten und Theologen fest: «Die dienende und nicht die herrschende Rolle der Kirche muss dabei bedacht werden. Sie wird nicht nur durch das kirchliche Gebäude selbst, sondern auch durch seine Beziehung zu dem gesamten Stadtplan veranschaulicht. Der Kirchenbau sollte nicht Demonstration gewollter Originalität oder rein ästhetisches Kunstwerk sein.» (Redaktion Kirchenbote, 1961, 4)

97 Karl Barth (1959, 271): «‹Das Zentralbauprinzip› halte ich, weil es die Bestimmung des Kirchengebäudes als Ort der zur Verkündigung des Wortes Gottes und zum Ge-

frage, nämlich derjenigen, ob eine Kirche mit oder ohne Chor zu bauen sei, lehnt Hurter den Chor mit der konfessionellen Spitze ab, dass der Chorbau als Ort des Abendmahltischs als «Gegenüber» der Gemeinde, die im Unterschied zum Liturgen in der Zuschauerrolle verharrt, «einen teilweisen Rückfall in den Katholizimus» bedeuten würde. Dadurch, dass die Gemeinde liturgisches Subjekt des Abendmahls wird, ist nach Hurter in enger Anlehnung an Zwinglis Argumentation die Sitzanordnung um den Tisch und die Kanzel zentral und damit der Chor überflüssig. «Es entstand dadurch das Gegenteil eines Chors, nämlich ein erhöhter Platz für Kanzel und Abendmahlstisch, der vom übrigen Chorraum nicht abgetrennt ist, sondern in diesen hineinragt. Das ‹Chor› ist gleichsam nach vorn verlegt. Statt Absonderung – Umschliessung desselben durch die Gemeinde.» (Hurter, 1950, 14) Typisch reformiert ist demnach für Hurter die bis in die letzten Mauerritzen ausgestaltete Funktionalität des Kirchenraums als Gemeinschaftsraum für die sich sammelnde und feiernde Gemeinde. Kein grundlegendes Gegenüber von Liturg und Gemeinde findet mehr statt. Dem entspricht, dass die Kanzel freistehend seitlich neben dem Abendmahltisch steht. Nach Hurter verträgt das Wort Gottes keine «Anlehnung». Und der Pfarrer ist Teil der Gemeinde. Er «schreitet durch die Gemeinde hindurch zur Kanzel und kommt nicht als ‹deus ex machina› durch ein separates Türchen in die Kirche hinein» (Hurter, 1950, 14).[98]

---

bet versammelten Gemeinde sichtbar macht, für *richtig*. Ich hoffe, dass es sich fernhin durchsetzen wird.» Eduard Schweizer (1961, 4): «Grundsätzlich meine ich also, dass man nur so bauen darf, dass die Gemeinde zu einem ‹Leib› werden kann, der zusammengehört, also so, dass man auch das Gesicht des andern sieht und nicht nur seinen Rücken oder nur seinen Kragen und Haarschopf. Dass die Gemeinde sich, etwa im Halbkreis sitzend, zugleich öffnet zu dem hin, was ihr vom Abendmahlstisch und von der offenen Schrift her zukommt, muss sicher mitberücksichtigt werden.»

98 Zieht man diese Linie zum liturgischen Geschehen hin aus, gilt es zu erwähnen, dass der Segen am Schluss des Gottesdiensts bis weit in die 1980er-Jahre der Gemeinde nicht vom Liturgen zugesprochen worden ist, sondern dass vielmehr der Pfarrer als Teil der Gemeinde um den Segen bat: «Gott, segne uns und behüte uns, lass leuchten Dein Angesicht auf uns und sei uns gnädig, erhebe dein Angesicht auf uns und schenke uns Frieden.» Bis heute wird so im Grossmünster in Zürich der Schlusssegen nicht «erteilt», sondern erbeten.

5.4.4. Gottesdienstraum als «anspürender Raum»

Doch dieser Gemeinschaftsraum ist nicht einfach «Zweckraum» oder gar «Mehrzweckraum» für die Gemeinde, der neben der gottesdienstlichen Feier auch noch für weitere Tätigkeiten des Gemeindelebens geöffnet werden kann. Hurter nimmt die schon andiskutierte Alternative zwischen reinem Gottesdienstraum oder Mehrzweckraum indirekt auf, wenn er explizit betont, dass für die Versammlung unter dem Wort Gottes ein «besonderes Haus» mit einem «besonderen Charakter» zu bauen sei. Nüchterner kann ein in der Zwinglistadt lebender Theologe denjenigen Aspekt, den Bullinger mit dem Begriff *loca sacra* umschrieben hat, nicht beleuchten (vgl. Kapitel 5.3.1./5.3.2.). Hurter tut sich schwer mit der Beschreibung solcher Räume und ist in dieser Hinsicht ein beredtes Beispiel für die Schwierigkeiten der Protestanten, mit Räumen umzugehen (vgl. Beier, 1995, 39).

So sehr seine Argumentation fasziniert und provoziert, wirft sie auch grundlegende Fragen auf: Der «echte Gottesdienst» sei «von eindeutiger Klarheit». – Ist denn diese Klarheit einfach gegeben? Was heisst «echt» im Unterschied zu «unecht»? Und drückt die Verdoppelung von «eindeutig» und «Klarheit» nicht eher den Wunsch als die erfahrene Realität aus? «Auch der der Gottesdienstraum» habe «lichtvoll und klar zu sein». – «Lichtvoll» und «klar»? Diese Begriffe sind in sich diffus und entbehren jeder Eindeutigkeit. Sie lehnen sich jedoch an die Suchbewegungen von Bullinger und Hospinian im 16. Jahrhundert an. «Die Liturgie» sei «Bauherrin». – Werfen unter diesem Postulat Wortsuchbewegungen wie «lichtvoll», «klar», «würdig», «anständig», «schlicht», «massvoll», «demütig» nicht ihrerseits wiederum ein schiefes Licht auf die «Klarheit» liturgischen Geschehens?

In der Tat bringt Hurter eine neue Kategorie von Raumerfahrung ins Spiel, die erstaunt und doch in sich schlüssig ist: «Das schliesst eine schlichte Erhabenheit nicht aus. Im Gegenteil: Man darf es dem Raum anspüren, dass hier die Anbetung Gottes Platz hat.» (Hurter, 1950, 12) Von Spuren ist die Rede, von Spuren der Anbetung Gottes, die erspürt, wahrgenommen werden kann. Diese Erfahrungsfelder entstammen jedoch nicht funktional der Eindeutigkeit und Klarheit des reformierten (Predigt)Gottesdiensts, sondern gründen in atmosphärischen Raumerlebnissen. Eine neue Gastlichkeit, in der die Spuren der Anbetung Gottes zu erspüren sind, findet sich auch nach Hurters Typisierung des reformierten Kirchraums nicht in einem Mehrzweckgebäude, sondern in einem wie auch immer zu bezeichnenden «sakralen», «besonderen», «gestimmten», «heiligen», «nicht alltäglichen», «anziehenden» Raum.[99]

5.4.5. Die drei reformierten «Prinzipalstücke»: Kanzel, Abendmahltisch, Taufstein

Die Gewichtung der Zweiheit von Wort und Sakrament hat ihre Entsprechung im Verzicht auf die drei «Prinzipalstücke» reformierten Kirchenraums: Kanzel, Abendmahltisch und Taufstein. Im Unterschied zur evangelisch-lutherischen Tradition, die ihre Prinzipalstücke seit dem 17. und 18. Jahrhundert in Altar, Kanzel und Orgel sieht[100], radikalisiert hier Hurter noch einmal das reformierte Verständnis. Es bleiben der Tisch aus Stein und die Kanzel. Der Tisch ist – durch Taufschale *und* Kelch – verschieden nutzbar. Sachlich und emotionslos begründet Hurter diesen Entscheid: «Zudem hat bei uns der Taufakt eine derart rudimentäre Form angenommen – vom Tauchbad bis zu den drei Tropfen ist ein weiter Weg! – dass eine Taufschale auf dem Abendmahlstisch ihren Zweck vollauf erfüllt.» (Hurter, 1950, 14) Vielerorts wurde die reformierte Tradition in den 1950er- und 1960er-Jahren auf diese Weise umgesetzt. Karl Barth spitzt entsprechendes Schema zu, indem er beim Zentralbau überhaupt für nur noch einen Tisch plädiert: Predigt. Abendmahl und Taufe werden so von demselben einen Tisch aus vollzogen. «Die Trennung von ‹Kanzel›, Abendmahlstisch und ‹Taufstein› kann in jeder denkbaren Variation ihrer Anordnung nur zerstreuen und verwirren, wie sie denn auch theologisch nicht zu begründen ist.» (Barth, 1959, 271) Dass innerhalb dieser Ordnung der Orgel kein prinzipiell gewichtiger Platz zukommt, ist plausibel. Für heutige Ohren unglaublich scharf und schwer ertragbar erklingen die absoluten Sätze Hurters: «Die *Orgel* gehört nicht ins direkte Blickfeld der Gemeinde. […] Ihre seitliche Anordnung entspricht der Bedeutung, die ihr im Gottesdienst zukommt.» (Hurter, 1950, 14) Als Pendant zur Orgel wäre der Kirchenchor auf die andere Seite zu verschieben gewesen. Diese nach Hurter «ideale Lösung» wurde zum Bedauern Hurters wegen «musikalischer Notwendigkeiten» nicht realisiert.

---

99 Mit «Gastlichkeit in kirchlichen Räumen» nehme ich einen Begriff auf, den Johannes Stückelberger (2011, 223) in Bezug auf den Mehrzweckraum des Kirchgemeindezentrums aus zeitgenössischen Dokumenten zitiert.

100 Vgl. Raschzok, 2003, 392.

5.4.6. Keine Bilder, dafür Assoziationen

Auf Bilder wurde, aufgrund der bisherigen Argumente durchaus einsichtig, überhaupt verzichtet. Stattdessen erhebt sich ein zehn Meter hohes Kreuz hinter Tisch und Kanzel, das aber keine Imitation des Kreuzes auf Golgata darstellt. «Der rein symbolische Charakter ist gewahrt.» (Hurter, 1950, 14) Doch die Dominanz ist auffällig. Aus der christologischen Grundentscheidung Hurters heraus, «nichts zu wissen als Jesus Christus, den Gekreuzigten», ist sie nicht nur verständlich, sondern geradezu vorgegeben. Nicht Bilder, jedoch «in Stein gemeisselte» Bibelworte kommen in «einprägsamer Weise zur Geltung». Das erste und letzte Wort der Bibel werden über den beiden Hauptportalen der Kirche gesetzt, dazwischen – als Überleitung zum Kreuz – befinden sich auf vier Tafeln die zehn Gebote eingeritzt. Vor der Kanzel befindet sich ein «Antipendium» mit symbolischen Assoziationen des Pfingstereignisses: «Die Hand – als Symbol für Gott, den Spender des Geistes; die Taube – den heiligen Geist darstellend; die zwölf Flammen – als Hinweis auf die zwölf Apostel, die als erste den heiligen Geist empfangen haben – und schliesslich sechs Ketten, die Gemeinde versinnbildlichend, wie sie sich auf Grund des Heiligen Geistes gebildet hat.» (Hurter, 1950, 14) Ob hier Ernst Hurter Karl Barths radikale Ablehnung der Bilder im Blick hat, entzieht sich der Kenntnis des Autors vorliegender Arbeit. Nach Ansicht des Autors geht Barth weiter als Hurter: «Bildliche und symbolische Darstellungen sind an *keiner* Stelle des protestantischen Kirchenraumes am Platz. (Auch sie können nur zerstreuen und verwirren. Der Wirklichkeit der Person und des Werkes Jesu Christi kann nur die in Gebet, Predigt, Taufe und Abendmahl und also im ‹Gottesdienst› im engeren Sinn des Begriffs, dann aber und vor allem die im Leben handelnde Gemeinde selbst entsprechen: Kein Bild und kein Symbol!).» (Barth, 1959, 271) Diese schon in den reformatorischen Schriften beschriebene Diakonisierung der Bilderfrage in Richtung handelnde Gemeinde als «Bild» der Kirche (vgl. Kapitel 5.3.5) wird bei Hurter durch die Präsenz der Zehn Gebote aufgenommen. Hurter assoziiert im Kirchenraum biblische Bilder, indem der deskriptiven Beschreibung durch «reine Symbolhaftigkeit» eine ethische Normativität eingezeichnet wird, die bei den Besuchenden bildhaft und wörtlich Türen öffnen oder auch schliessen kann.

Von diesem Punkt aus ist der Schritt klein, nicht nur Objekte im Raum, sondern den Raum selbst als «Bild» aufzufassen und assoziativ biblische Sprachbilder in den Raum zu übertragen. Was bei den Reformatoren innerhalb des Adaptionsprozesses des mittelalterlichen Kirchenraums lediglich in Sprachbildern möglich war, verwandelte sich in den 1950er- und 1960er-Jahren zu figürlichen und materiellen Leitbildern, die nun nicht mehr in Stein gemeisselt, sondern in Stein gebaut wurden. Kerstin Wittmann-Englert (2008, 79ff.) fasst unter dem Stichwort «Assoziationen» solche Leitbilder in den vielfach als Schutzräume gedachten und gebauten Leitideen wie Zelt, Schiff, Arche, Höhle, Burg zusammen. Im Unterschied zu den frühchristlichen, mittelalterlichen und reformatorischen Topoi, die – wie oben dargestellt – assoziativ für die Beschreibung der Gemeinde als Kirchesein dienten, erfolgt in der Nachkriegsmoderne die Umsetzung solcher Denkbilder in ausgestalteten Räumen und Formen, die – ebenfalls assoziativ erfasst – nun Bedeutungsüberschüsse für die Menschen «drinnen» wie «draussen» ermöglichten. «Etwa als Reminiszenz an eine Zeltstadt, in Gestalt von Firstdach- und Pyramidenzelten oder auch als weitgehend geschlossene ‹Schutzräume› mit bugartig emporragenden Apsiden [...]» (Wittmann-Englert, 2008, 80f.). Erstaunlich ist dabei die Ausrichtung auf Raumvorstellungen, die den Menschen bergen, schützen, sichern und retten. All diese Tätigkeiten sind aber Sinn- und Sprachbilder helfenden Handelns, wie es im Kontext der Diakonie verstanden wird. Wird das Bild zum Bau, schreitet die Diakonisierung der Bilder «in» den Raum «hinein», verräumlicht sich – um ein Wort von Wolf-Eckart Failing aufzunehmen – in «Szenarien neuer religiöser Raumnutzung». Failing (1998, 107ff.) nennt einige Beispiele von Kirchenraumnutzungen wie Klageraum, Arche, Hüttenkirche, Asyl oder Hospiz.[101] Es wird offensichtlich, dass die in der Reformationszeit angelegte Spur der assoziativen Kraft biblischer Bilder produktive diakonische Gestalt- und auch Handlungskraft in sich bergen. Es sind Bilder, die sich in Leitvorstellungen des Kircheseins der Gemeinde verräumlichen; in «Stein gemeisselte» Symbolworte für das Gemeindeleben in Kirchenräumen oder schliesslich selber Bild-Texte. Als gebauter Text des Glaubens werden die Räume von der Gemeinde drinnen «umschlossen» und öffnen sich zum Raum aussen; offen für die

---

[101] Die bekannten Kirchenburgen in Siebenbürgen nehmen in einem anderen kulturellen und konfessionellen Kontext dieses Bild-Bau-Programm der Arche oder eben der Burg in eindrücklicher Weise auf. (Vgl. Tiplic, 2008.) Dieser assoziative Prozess vom Bild zum Bau wird in vorliegender Arbeit später in der Kriteriologie diakonischer Funktionen entfaltet (Kapitel 7.2.2).

Welt. In Aufnahme der Begrifflichkeit von Pierre Bourdieu wird das diakonische «Kapital», das als «echter Typus» einer reformierten Prägung bei der Adaptierung, dem Um- oder Neubau von Kirchenräumen eingesetzt wird, offensichtlich.

5.5. Fazit: Reformierte Kirchenräume als Heterotopien der Diakonie

Überblickt man den reformatorisch-kirchen(raum)geschichtlichen Kontext, wird die Grundtextur der anders genutzten oder neu gebauten Kirchenräume überdeutlich. Kirchenräume sind erstens und grundsätzlich für die unter dem Wort Gottes versammelte Gemeinde gebaut und tragen deshalb den Zweck in sich, Raum für diese Gemeinschaft zu schaffen. Kirchenräume haben die Funktion, Raum für Verkündigung und Versammlung zu sein. In ausladenden Wiederholungen mit Rückbezug auf die einschlägigen biblischen Bilder ist dieser Grundtext mannigfaltig begründet und bis in jüngste Zeit je konfessionalistisch eingefordert worden. Doch diese funktionale Sichtweise des Kirchenraums, die vom deutschsprachigen evangelisch-lutherischen Diskurs her als typisch reformierte Sicht vielfach auch mit abwertendem Unterton beurteilt, wenn nicht gar übersehen wurde (vgl. Kapitel 1.2.2), ist nur die eine Seite der Wahrheit. Was in der engen Verbindung von Funktionalität und Symbolität als die zwei typologisch prägenden Linien des reformierten Verständnisses beschrieben wurde, hat sich durch die Adaptierung des mittelalterlichen Kirchenraums, wie er im Grossmünster Zürich durch die Quellenlage detailliert nachvollzierbar ist, bis hin zu echten reformierten Kirchen im letzten Jahrhundert weitergezogen. Reformierte Kirchen haben nicht ausschliesslich «funktionale» Funktionen.

Diese Spannung zwischen funktionaler und «anders» genannter Interpretation des Kirchenraums wurde im Verlauf der Jahrhunderte heftig und kontrovers diskutiert und trägt bis heute Konfliktpotenzial in sich. Die Erfahrung des Kirchenraums ist für die Menschen nicht unwichtig, auch wenn er aus reformatorischer Sicht zu den Adiaphora gehört, also jenen «Mitteldingen», denen man gleichgültig zu begegnen hat. Kirchenräume sind «nicht nur» Hörsäle für das Ohr; Kirchen sind «mehr» als «Garagen» für die Seele. Bis in jüngste Zeit wird in Kirchgemeinden und kirchlichen Leitungsgremien gestritten, wie dieses «mehr» oder «nicht nur» zu beschreiben sei. Dabei bündelte schon Heinrich Bullinger den Streitpunkt in der Frage, wie dieses «Mehr» mit Begriffen des «Sakralen» oder «Heiligen» gefasst werden könne. Ist der Kirchenraum als «heiliger» Raum und daher als Sakralraum zu bezeichnen oder nicht? Dies ist die Gretchenfrage. Zur Klärung dieser Frage tragen – das ist offensichtlich – nicht nur praktisch-theologische, exegetische, dogmatische oder architektonische Argumente bei: Ob und wie ein Raum als «heilig» empfunden werden soll oder wird, hat fundamental mit der Erfahrung des Raums zu tun und führt unweigerlich in raumwissenschaftliche und phänomenologische Zusammenhänge.

Hinzu kommt ein weiterer Punkt, der bezüglich des Adaptionsprozesses des Grossmünsters in den Schriften der Reformatoren wie auch in der Kirchenraumdebatte zwischen 1945 und 1980 deutlich hervortritt: Wie auch immer im Vergleich mit profanen Häusern wie Wohnhaus oder Rathaus die Definition des anders gestimmten Raums der Kirche ausfällt, der Blick zum Anderen hin und vom Anderen her als Grundzug menschlicher Verantwortung und Hilfe und also als Ausdruck der Diakonie bestimmt in unbedingter Weise die Stimmung in diesem Raum. Dies kommt in den Teilzwecken zum Ausdruck, denen der Kirchenraum zu dienen hat und in denen diese diakonische Grundierung, die in der Begrifflichkeit Bourdieus als diakonisches Kapital verstanden werden kann, sichtbar wird:

- Der Kirchenraum hat die Versammlung der Glaubenden zu beherbergen.
- Der Kirchenraum hat die Gemeinschaft zu schützen.
- Der Kirchenraum hat dem Menschen zu dienen, nicht der Mensch dem Raum.
- Der Kirchenraum hat die Menschen auf die wahren Bilder Gottes, die Armen, zu konzentrieren.
- Der Kirchenraum hat die Verantwortung des Einzelnen und der Gemeinde gegenüber dem Mitmenschen zu fördern.
- Der Kirchenraum fördert diese Verantwortung einerseits durch «in Stein gemeisselte» Bibelworte, durch das Sammeln der Kollekte und das Öffnen des Kirchenraums zur Aussenwelt hin. Anderseits wird der Zweck verfolgt, die Welt mit ihrer Not in den Kirchenraum selbst hineinzulassen: Kirchliche Räume können Spitäler für Arme sein.

In all diesen Punkten erweist sich der reformierte Kirchenraum als Heterotopie der Diakonie. Er wurde in der Reformationszeit in Dekonstruktions- und Konstruktionsakten vom Altarraum zum Gemeinderaum umgebaut. In Anlehnung an Bourdieu stellt vorliegende Arbeit die sich darin äussernde Heterotopie im Folgenden über die Begrifflichkeit des diakonischen Kapitals reformierter Kirchenräume anhand der drei Stichworte Sakralität, Atmosphäre und Krümmung des Raums dar.

5.5.1. Sakralität

Es ist das Verdienst von Asha De und Johannes Stückelberger, in jüngster Zeit den Diskurs über die grundlegende Frage, ob ein Kirchenraum ein sakraler oder funktionaler Raum sei, kontrovers und doch in vielem übereinstimmend zu führen. (Vgl. De, 2011; 2011a; Stückelberger, 2011; 2011a) An dieser Stelle soll diese Debatte nicht im Einzelnen nachgezeichnet werden. Wegweisend für die Herausstellung der diakonischen Heterotopie des Kirchenraums ist die grundsätzliche Infragestellung der Polarität zwischen sakralem und funktionalem Raum, die nach Asha De in der These mündet: «Ein Kirchenraum, der seine Funktion optimal erfüllt, ist sakral.» (De, 2011, 230) Ihren Ausgangspunkt nimmt die These Asha Des im Befragen von drei Voraussetzungen, die sich hinter der polaren Denkstruktur verbergen. Erstens: Entspricht der Gottesdienst in seiner konkreten Form der immer wieder geforderten Klarheit und Eindeutigkeit, die mit Bezug auf das Neue Testament ausschliesslich in Predigtwort und Sakrament zu praktizieren sind? Sind Architektur oder Kunst nicht dazugehörend, und ist die Konstituiertheit der Glaubenserfahrung durch materielle und architektonische Ausdrucksformen als «eigentliches Tabu des Protestantismus» zu sehen? (De, 2011, 234) Zum Zweiten gilt es nach Asha De im Kontext der neutestamentlichen Aufhebung der Grenzen zwischen sakralem und profanem Raum das Deutungsmuster zu hinterfragen, dass alles entweder sakral oder profan interpretiert wird. Das reformatorische Prinzip der Hinwendung zum befreienden Wort birgt nach De die Hinwendung zum fleischgewordenen Wort, «welches nicht anders kann, als Grenzen zu ziehen. Der Mensch ist und bleibt ein Wesen, das Grenzen zieht» (De, 2011, 235). Als haptisches und visuelles Wesen ist der Mensch deshalb immer auch «Teil eines grösseren Raumes und erfährt Räume durch seine Bewegung in ihnen» (De, 2011, 236). Deshalb sind nach De Ausdrucksformen für Erfahrungen immer auch Grenzziehungen: «Denn ob ich Worte wähle oder eine Raumform, ich grenze immer aus. Nur so erhalten Worte und Räume ihre besondere Bedeutung.» (De, 2011, 236) Als Drittes sieht Asha De aufgrund der ersten beiden Punkte in der «funktionalen Position» des Kirchenraums mit dem Zweck, dem Gottesdienst beste Realisierungschancen zu schaffen, die entscheidende Erweiterung: «Der funktionale Kirchenraum kann mit dem Gottesdienst der Gemeinde zum sakralen Raum werden.» (De, 2011, 237)

In dieser erweiterten Bedeutung wird der Kirchenraum auch in seiner Funktionalität als sakraler Raum gefasst. Dabei können die diakonischen Teilfunktionen, denen der Kirchenraum zu dienen hat, nicht ausser Acht gelassen werden. Denn es zeigt sich gerade als Erbe der reformierten Tradition, dass gottesdienstliches Geschehen nicht ohne diakonische Praxis zu vollziehen ist. Somit kann in Anlehnung und Erweiterung zu Asha Des These, ein Kirchenraum sei sakral, wenn er seine Funktion optimal erfülle, folgende These formuliert werden: Ein Kirchenraum, der zum sakralen Raum wird, ist diakonisch. Diakonisch ist der Kirchenraum durch die Menschen, die sich in ihm aufhalten. Zum Wesen des Menschen gehört es, Grenzen zu ziehen.

Es ist Asha De zuzustimmen, wenn sie schreibt: «Auf der steten Suche nach seiner Mitte erfährt der Mensch sich als Wesen, das Grenzen zieht, Nähe und Distanz zu seiner Umwelt. Unsere Sinne sind Wächter unseres Inneren und Tore nach aussen.» (De, 2011, 236) Ermöglicht und unterstützt der Kirchenraum den Menschen in seiner Suche, muss der Raum die Qualität in sich tragen, Nähe und Distanz so in Schwingung zu bringen, dass der Mensch in ihm Grenzen überschreiten kann, ohne jedoch aus dem «Rahmen» des ihn bergenden Raums zu fallen. Das leistet die Heterotopie der Diakonie des reformierten Kirchenraums.

Abgesehen davon, ob der Mensch in solch bergenden Momenten den ihn umgebenden und durch ihn gestaltenden Raum «sakral» erfährt oder das Bedeutungsvolle mit dieser Begrifflichkeit bezeichnet[102], hält Asha

---

102 Asha De gibt in ihrer Antwort auf Johannes Stückelberger äusserst interessante Einblicke in die durch sie durchgeführten Interviews zur «Sakralen Atmosphäre öffentlicher Gebäude». Ein Aspekt nimmt die Spannung zwischen Öffentlichkeit und Existenz auf und beschreibt den seltsam die Intimität bergenden anonymen, grossen Raum: «Der sakrale Raum wird als öffentlich empfunden. Gleichzeitig ist es ein Schutzraum, in dem der Einzelne seiner Existenz gewahr wird. Seine privatesten Gefühle sind an diesem Ort aufgehoben und werden in grossen Dimensionen, denen sie anvertraut werden – unbedeutend in einem positiven Sinne.» (De, 2011a, 244)

De mit Recht fest, dass solche Grenzüberschreitungen in Form von Lauten, Worten und Sprache geschehen, mit denen der Mensch Kontakt zum Anderen aufnimmt und diesem Bedeutung zuspricht (vgl. De 2011, 236). Zusätzlich ist nun der Blick auf Formen des helfenden Handels zu lenken, mittels derer der Mensch durch das Überschreiten von Grenzen Nähe und Distanz zum Anderen justiert. Was für Worte und Raumformen gilt, gilt ebenso für helfendes Handeln: Ich grenze aus. Nur so, nun über Asha De hinausführend, erhält neben den Worten und Bedeutungen auch helfendes Handeln seine besondere Bedeutung. Indem der Mensch Grenzen zieht, kann er nicht anders, als besondere Räume auszugrenzen. Durch helfendes Handeln grenzt er besondere Räume aus, indem er sich selber in seiner eigenen Leiblichkeit und Räumlichkeit im Angesicht des Anderen wahrnimmt. Damit werden seine Abgrenzungen durch Kleidung oder Behausung luzid und durchlässig zum Anderen hin.[103] Die Sinne werden zum Fenster, das den Blick nach drinnen und draussen ermöglicht. Der Mantel als erste und nächstliegende Grenze wird geteilt und die Behausung als Methapher für die Gastlichkeit der eigener Identität gegenüber wird zum Gasthaus des «unbehausten Menschen», der nicht nur im Kirchenraum, jedoch da besonders als wahres Bild des «unbehausten Gottes» gedeutet wird.[104] Zwischen ihm und dem Anderen entsteht ein Raum im Raum, der drinnen und draussen, Nähe und Distanz, den Anderen und einen selbst umschliesst. Dass dies im reformierten Kirchenraum möglich wird, ist durch die Heterotopie des helfenden Handelns bedingt.[105]

---

103 Asha De beschreibt in Aufnahme von Einsichten der philosophischen Anthropologie den haptischen und visuellen Menschen als Teil eines grösseren Raums. «Das Grenzen ziehende Wesen Mensch nimmt seine Leiblichkeit als Räumlichkeit wahr, die er mit der Kleidung als nächster Grenze umgibt. Als nächstes kommt die Behausung. Sie bietet Schutz, Gastlichkeit und Unterstützung privater Erfahrung.» (De, 2011, 236)

104 Vgl. zum Bild des «Unbehausten Menschen» Hans Egon Holtshusen Essayband mit dem gleichnamigen Titel (Holtshusen, 1951). Zum daran anschliessenden Begriff des «unbehausten Gottes» vgl. den Aufsatz von Wolf Krötke (2006, 64–78): «Der unbehauste Gott und der Gott seines Hauses».

105 Wie sind nun solche durch helfendes Handeln Grenzen ziehende, sie überschreitende und neu definierende Räume zu beschreiben, in denen der Mensch auf der Suche nach der eigenen Mitte zu sich selber findet und in der eigenen Identität reift? Es wird sich zeigen, dass gerade die Überlegungen von Donald W. Winnicott zum Raum als «potential space» wegleitende Einsichten vermitteln und ein zusätzliches Licht auf die diakonischen Funktionen des Kirchenraums werfen (vgl. Kapitel 6.4).

5.5.2. Atmosphäre

Dass der Kirchenraum «anders» als eine Garage erfahren wird, ist auch jenen reformierten Theologen einsichtig, die mit dem Kirchenraum ihre liebe Mühe haben. Wie ist nun, die Worte Ernst Hurters aufnehmend, diese «schlichte Erhabenheit» zu verstehen, wie das dem Raum «Anspürbare», dass hier die Anbetung Gottes einen Platz hat?

Eine Spur zur Beantwortung dieser Frage legte Pfarrer Paul Frehner aus Männedorf bei Zürich bei der Kirchenbau-Tagung 1969 in Boldern, die er selber mitverantwortet hatte und die er mit einer Gesamtschau über die wichtigsten Problemstellungen des reformierten Kirchenbaus beschloss. Sachlich, schlicht und knapp hält Frehner fest: «Kirchliche Räume sind nicht einfach nichts, nachdem wir den Sakralraum als solchen abgelehnt haben. Es gibt ein ganz anderes Verständnis des Wortes sakral, das mit dem eben aufgezeigten ursprünglichen Sinne gar nichts mehr zu tun hat. Wir können am besten von der Atmosphäre eines Raumes sprechen. Die Atmosphäre eines Raumes ist sehr ernst zu nehmen, auch wenn wir nicht von einem Sakralraum im engeren Sinne des Wortes reden.» (Frehner, 1969, 59) Den Begriff der Atmosphäre ernst genommen, schlug ihn der Philosoph Gernot Böhme 2009 am Kunstsymposium in der evangelisch-lutherischen St.-Jakobus-Kirche Aschaffenburg als Schlüsselbegriff für die Beschreibung von Kirchenraumerfahrungen vor (vgl. Böhme, 2009, 42–48). Böhmes geht davon aus, «dass Räume eine Stimmung haben können, und zwar als solche». In Abgrenzung gegen den, wie er es nennt, «geometrischen Raum», der gleich einem Container beschrieben wird, in dem der Mensch ungesehen bleibt, definiert Böhme den «Raum leiblicher Anwesenheit». Diese Vorstellung, die die Anwesenheit des Menschen mit seinem Befinden im Raum in den Blick nimmt, zentriert den ganzen Raum und verleiht ihm natürliche Richtungen wie oben – unten, links – rechts, hinten – vorne. Die ursächliche Bezogenheit von Raum und Mensch ermöglicht nach Böhme, und hier argumentiert dieser nahe bei Asha De, dass der Mensch mit seinen Sinnen den Raum leiblich erspürt. In einem eindrücklichen Wortspiel verdeutlicht Böhme diesen Sachverhalt: «Man spürt an sich im eigenen Befinden, in welchem Raum man sich befindet. Das ist eine wunderschöne Struktur der deutschen Sprache, das man das selbe Wort *sich befinden* so verwenden kann – ich befinde mich hier im Raum oder ich befinde mich wohl oder nicht wohl und kann dieser Befindlichkeit nachgehen und sie als Befindlichkeit benennen. Das Spüren ist eigentlich der

Sinn, mit dem man die Atmosphäre eines Raumes ausmacht. Man spürt sie an sich selber und spürt den Raum, in dem man sich befindet, im eigenen Befinden.» (Böhme, 2009, 46)

Die Nähe zum Spurenmodell von Klaus Raschzok (vgl. Kapitel 1.2.1.3) ist erkennbar. Im Sichbefinden im Raum lassen sich Spuren finden, die mich in einer bestimmten Befindlichkeit leiten. Böhme beschreibt die Atmosphäre eines Kirchenraums gemäss den Kategorien heilige Dämmerung und diafanes Licht, Stille und Erhabenes, das Steinerne und der Raum (vgl. Böhme 2009, 47f.). Im Blick auf diakonische Wahrnehmung und Nutzung des Kirchenraums wäre eine Atmosphäre des Beherbergenden und Helfenden wesentlich, die als bergend und schützend erfahren wird. In dieser Atmosphäre begegnen sich Hilfeempfangende und Hilfeleistende. Es ist die Atmosphäre, die im reformierten Kirchenraum die Heterotopie der Diakonie zeigt.[106]

5.5.3. Krümmung des Raums

Nach dem Zweiten Helvetischen Bekenntnis und in den Worten Heinrich Bullingers sind die Kirchen mit ihrem Raum schlicht für die «Armen» da. Dieser Blick zum Armen als wahrem Bild Gottes hin hat sich als eine der grundlegenden Einsichten des reformierten Kirchenraumverständnisses herausgestellt und damit die Heterotopie helfenden Handelns zum Ausdruck gebracht. Gleichsam mit diesem «schrägen Blick» (Waldenfels) zum Armen hin hat sich die Wahrnehmung des Kirchenraums grundlegend verändert: Statt dem Bild, das zu individueller Andacht und Frömmigkeit anregt, wird nun das Antlitz des Anderen richtungsweisend und gestaltet förmlich den Raum. Inwiefern? Der Anspruch dieses Antlitzes verunmöglicht jene Haltung, bei der man dem Anderen den Rücken zukehrt. Das Antlitz des Anderen kehrt den Menschen zu sich und zieht ihn in einen Raum, in dem die Begegnung auf Augenhöhe, von Antlitz zu Antlitz möglich wird. Folgerichtig verändert sich in diesem Prozess der Raum der Kirche. In der Umgestaltung des mittelalterlichen Kirchenraums zentrierte sich die versammelnde Gemeinde um die Kanzel und den Abendmahltisch. Die zentrale Ausrichtung auf Tisch, Kanzel und Taufstein liess gleichsam einen «gekrümmten» Bezirk entstehen, der

---

106 Die Relativität des Raums und deren Konsequenzen für diakonische Funktionen des Kirchenraums ist Thema desjenigen Kapitels vorliegender Arbeit, das sich mit dem raumtheoretischen Ansatz von Martina Löw befasst (vgl. Kapitel 6.2).

die verschiedenen Teilräume des Kirchengebäudes umnutzte oder überflüssig machte. Dieser um das Zentrum sich anschauender und einander Kelch und Brotteller reichender Menschen gebaute, runde und deshalb «gekrümmte» Raum wurde bald zum typisch reformierten prägenden Raumprogramm. Die diakonische Ausrichtung auf den Armen hat einen «gekrümmten» Raum diakonischer Heterotopie zur Folge.

Diesen Gedanken des gekrümmten Raums hat Emanuel Lévinas in seinen Ausführungen über den unbedingten Anspruch des Anderen aufgenommen. Lévinas meint damit nicht den Raum der Astrophysik; vielmehr dient ihm der Begriff als Metapher für ein «Feld», in das hinein wir durch die Nähe eines Menschen gezogen werden, den wir nicht aussuchen, der jedoch uns meint, weil er Hilfe braucht. Durch diese Nähe wird das subjektive Feld «deformiert», es entsteht eine «Krümmung des intersubjektiven Raumes». Für Lévinas ist klar, dass in diesem Raum sich nur Begegnungen auf Augenhöhe einstellen: «Die ‹Krümmung des Raumes› drückt die Beziehung zwischen menschlichen Seienden aus. Dass der Andere höher stehe als ich – wäre schlicht und einfach ein Irrtum, wenn der Empfang, den ich ihm bereite, darin bestünde, eine Natur ‹wahrzunehmen›.» (Lévinas, 1987, 402f.) Die Wahrheit, die es wahrzunehmen gilt, liegt nach Lévinas nicht in der Natur des Anderen, sondern in seinem Von-aussen-Kommen als Anderer, als Getrennter, als Heiliger, als Antlitz. «Seine Exteriorität – das heisst sein Appell an mich – ist seine Wahrheit.» (Lévinas, 1987, 421) Da in dieser Wahrheit Gottes Unendlichkeit aufscheint, liegt in der Krümmung des Raums «vielleicht die eigentliche Gegenwart Gottes.» (Lévinas, 1987, 421)[107] Eine eindrückliche Formulierung von Heterotopie der Diakonie.[108]

—

[107] Die nach Lévinas (1987, 421) «letzte und nicht reduzierbare Beziehung», die Beziehung von Angesicht zu Angesicht, verortet sich im gekrümmten Raum und verleiht ihm eine besondere Dignität. Dignität bekommt der Raum, indem der Andere empfangen und in diesem Empfang Gottes Gegenwart erfahrbar wird. Die Krümmung des Raums wird durch die letztgültige Beziehung von Angesicht zu Angesicht bewirkt. Der «schräge Blick» kann als bestmögliche Art verstanden werden, den gekrümmten Raum wahrzunehmen. Mit Thomas Sternberg ist deshalb festzuhalten: «Die soziale Relevanz christlicher Existenz steht somit nicht im Gegensatz zur Sakralität des Raumes.» (Sternberg, 1996, 147) Mehr noch: Das sich in der sozialen Relevanz christlicher Existenz auswirkende helfende Handeln weitet das Feld eines «sakral» empfundenen Raums um die Dimension des Sozialen. In der Metapher des gekrümmten Raums ist jene Kraft eingezeichnet, die Raum und Handlung des Menschen aufs Engste wechselseitig verbindet. Indem die Handlung des Menschen durch

---

seine Ausrichtung auf den Empfang des Andern eine nicht reduzierbare soziale Wirkung zeigt, bekommt der Kirchenraum, der durch die Handlung des Menschen im Gottesdienst zum sakralen Raum wird, eine nicht reduzierbare Sozialität. Der Kirchenraum ist gerade durch seine Sakralität in grundlegender Weise ein sozialer Raum.

108 Die Raumtheorie Pierre Bourdieus vom sozialen Raum schliesst an diese Einsicht an (vgl. Kapitel 6.3).

Kapitel 6: Diakonische Funktionen des Kirchenraums aus raumwissenschaftlicher Sicht

6.1. Die Komplexität von Raumerfahrung und Raumkompetenz

6.1.1. Synästhetische und diakonische Prozesse

Die Untersuchungen zur Frage nach den diakonischen Funktionen des Kirchenraums haben die Komplexität der Problemstellung bisher in drei Punkten deutlich aufgezeigt: Erstens weisen empirischen Einblicke (vgl. Kapitel 2) auf das Konfliktpotenzial differierender Besucherwahrnehmungen hin. Besuchende nehmen den Kirchenraum verschieden wahr, dementsprechend unterschiedlich deuten sie den Ort als «religiösen», «spirituellen», «heiligen» oder «sakralen» Raum. Nicht nur die aktive Wahrnehmung des Raums im Ausloten von Distanzen und Tiefen, Klängen und Tönen, Licht und Schatten ist ein komplexer Prozess, sondern auch das passive Eintauchen in den Raum, das durch vergangene und aktuelle Erfahrungspotenziale geprägt ist und sich so auch different zu der anderer Besuchenden zeigt. Die Kompetenz, Räume für sich und andere zu erschliessen, zeichnet nicht Architekten, Theologen oder Kirchenleitungen aus. Jeder Besuchende verfügt über sie. Sie zeigt sich als äusserst differenzierter Wahrnehmungs- und Handlungsprozess. Der Kulturwissenschaftler Andreas Mertin (2002, 2) fasst diesen Prozess mit Recht folgendermassen zusammen: «Raumkompetenz ist das Resultat eines komplexen synästhetischen Prozesses, den man am eigenen Leib erfahren muss.»

Doch nicht nur Tanzende, Singende oder Kunstschaffende machen solche körperbezogene und am eigenen Leib wahrnehmbare Erfahrungen.[1] Raumkompetenz ist ebenso das Resultat komplexer diakonischer

---

[1] Für Andreas Mertin (2002, 1f.) sind diese Wahrnehmungsformen zentrale Aspekte einer Raumkompetenz: «Sie [die Raumkompetenz, erg. CS] beinhaltet auch so komplexe Prozesse wie die Wahrnehmung der Spiritualität eines Raumes, das Ausfüllen mit dem eigenen Körper (wie man es bei den Tänzern studieren kann), die Auslotung des Raumklangs durch die Stimme (wie es einem Sänger vermitteln), die Beeinflussung durch Farbe und Licht (wie wir es bei Künstlern erfahren können).» Nach Er-

Prozesse, die am eigenen Leib im Begleiten, Assistieren oder durch Präsenz des Anderen erfahren werden. Wenn jemand im Kirchenraum strauchelt, zusammenbricht oder schreit, wird anders oder intensiver als in anderen Räumen darauf reagiert: Der reale oder scheinbare Anspruch des Anderen ist in den klanglichen, farblichen, bewegenden Spuren eines Kirchenraums eingeprägt und hinterlässt seinerseits Spuren. Der unbedingte Anspruch auf Hilfe wird als Abdruck sichtbar. Synästhetische und diakonische Prozesse sind nicht gegeneinander auszuspielen. Doch manchmal gewinnt man den Eindruck, für manche Vertretenden der Hochkultur es sei ungleich attraktiver, im Kirchenraum Musik zu hören, im Chor einen Tanz zu initiieren, als sich mit Sans-Papiers auseinanderzusetzen, die im Kirchenraum Platz einnehmen, um so auf ihr Recht auf Bleibe im Land hinzuweisen.[2]

Die Ausweitung auf diakonische Aspekte der Raumgestaltung und -nutzung führt zum zweiten Punkt der komplexen Problemstellung. Trotz ihres theologischen Ansatzes sind in vorliegender Arbeit schon früh Hinweise auf Erkenntnisse anderer Disziplinen deutlich gemacht worden. Diakonie als helfendes Handeln setzt bei der anthropologischen Erkenntnis an, dass solidarisches Hilfehandeln zum grundlegenden *humanum* (prosozialem Naturell [Blaffer Hrdy]) des Menschen gehört (vgl. Kapitel 3.2.1). Ebenso zeigten die Analysen zu den Vorgängen in der Reformation wie auch zu deren Wirkungen insbesondere bei Kirchenbauten in der Schweiz nach dem Zweiten Weltkrieg, dass Fragen nach Raumerschliessung und -deutung sowie «Raum-Lektüren» (Mertin, 2008, 1) über Kompetenzen und Wissen theologischer Kontexte hinausgreifen.

«Wie kann angesichts der faktischen Nutzung von Kirchenräumen mit der Dipolarität zwischen sakraler und funktionaler Sichtweise sinnvoll umgegangen werden? Mit welcher Begrifflichkeit ist das Andere, das

---

achten des Autors vorliegender Arbeit gehört – über Mertin hinausgehend – ein weiterer Aspekt zu diesem komplexen Wahrnehmungsgeschehen, nämlich derjenige der Diakonie: Die achtsame und präsente Zuwendung zum Hilfebedürftigen wie auch die Ermöglichung der Hilfeleistung wird in einem Kirchenraum auf je spezielle Weise wahrgenommen.

2 Diese Erfahrung hat der Autor während der Ereignisse in Zürich in den Jahren 2007 (Grossmünster) und 2008 (Predigerkirche) persönlich gemacht. Sie wird in der Synthesis vorliegender Arbeit (Stichwort: der Kirchenraum als Schutzraum) den empirischen und hermeneutischen Hintergrund bilden, vor dem die diakonische Funktion der Asylgewährung genauer gefasst wird (vgl. Kapitel 7.2.2).

‹Mehr› und ‹Nicht-nur› des Kirchenraums klärend zu beschreiben? Welchen Einfluss hat die unbedingte Ausrichtung auf den Anderen auf den Kirchenraum selbst?»[3] Hier können Theoriemodelle und Deutungskategorien nichttheologischer, insbesondere raumsoziologischer und psychoanalytischer Perspektiven hilfreiche Klärungen bringen. Deshalb ist es sinnvoll, sie im Blick auf das Verstehen des Kirchenraums aufzunehmen (vgl. Kapitel 5.5). Der Autor vorliegender Arbeit stimmt als Betroffener Andreas Mertin (2002, 1) durchaus zu, wenn dieser mit harten Worten konstatiert: «Zunächst einmal halte ich Theologen in dieser Frage überfordert.» Auf der anderen Seite darf durchaus kritisch angeführt werden, dass sich auch andere Berufsgruppen dieser Überforderung ausgesetzt sehen.

Im bisher Gesagten wurde deutlich, dass der Mensch den Raum leiblich erspürt.[4] Dieser subjektiv erfahrenen Leibbezogenheit der Raumerschliessung ist eine grundlegende Unschärfe inhärent, die kreatives Potenzial und die Notwendigkeit zur dialogischen Wahrnehmung und auch Wahrheitsfindung freisetzt. Unschärfe meint dabei zweierlei: Einerseits entsprechen die unterschiedlichen, meist nicht deckungsgleichen und sich deshalb überlagernden Raumwahrnehmungen der Individualität der Personen. Anderseits sind die individuellen Erfahrungen selbst von solch diffuser Natur, dass sie begrifflich schwer zu fassen sind. Mehr noch: Oft verschlägt es einem die Stimme, und es fehlen die Worte.

Die schwierige Aufgabe der Kommunikation und Verständigung über individuelle wie auch über kollektive Raumerfahrungen trägt zur Komplexität des Problems bei. Die Leistung, genau hier eine Lösung anzubieten, erbringt nach Henning Luther die Praktische Theologie. Er hält fest: «Theologie formuliert nicht den Einheitskonsens der Glaubenden, sie formuliert nicht jenes inhaltliche Einverständnis, auf das alle zu verpflichten wären, sondern klärt – auf hermeneutische und empirische Weise – die Bedingungen, unter denen sich Verständigungen zwischen den religiösen Subjekten vollziehen kann […]. Was und wie zu glauben ist, klären die einzelnen Subjekte.» (Luther, 1992, 13)

Was und wie in Bezug auf diakonische Funktionen von Kirchenräumen zu glauben ist, klären demnach die einzelnen Subjekte. Dies führt

---

3 Hier werden die grundlegenden Fragen, die sich aus den kirchengeschichtlichen Untersuchungen ergeben, aufgenommen: vgl. Kapitel 5.5.

4 Vgl. dazu die Ausführungen von Gernot Böhme in Kapitel 5.5.2.

zur dritten Einsicht: Nach Matthias Zeindler «ist das Subjekt kirchlicher Gestaltung theologisch betrachtet die Gemeinde [...]. [Deshalb] muss die Gemeinde Verfahren der Planung und Realisierung entwickeln, in denen grundsätzlich alle Gemeindeglieder die Chance haben, ihre Vorstellungen in den Gestaltungsvorgang einzubringen und so ihre gestalterische Verantwortung wahrzunehmen, in denen aber gleichzeitig der Tatsache Rechnung getragen ist, dass es für den Umgang mit Fragen der Architektur – und der Ästhetik – unterschiedliche Kompetenzen gibt, bedingt durch Talent und Bildung [...]» (Zeindler, 1993, 411f.)

Nun ist das Subjekt der Gemeinde zwar theologisch eine klare Grösse, die mit den Begriffen Gemeinschaft der Heiligen oder Leib Christi zu fassen ist. Soziologisch hingegen ist die Gemeinde eine höchst diffuse Grösse. In Stadtkirchen wird ihr diffuser Charakter zusätzlich durch die Anonymität der Stadtöffentlichkeit, die den Kirchenraum besucht und deshalb auch «besitzt», potenziert.[5] Was dieses Konglomerat von Subjekten als eine sich situativ immer wieder neu bildende «Gemeinde» vor Ort glaubt und wie es glaubt, unterliegt den Veränderungsprozessen in der Raumwahrnehmung allgemein und im Speziellen in derjenigen von Kirchenräumen.

6.1.2. Vom heiligen zum religiösen Raum

Andreas Mertin weist in seinen Untersuchungen mit Blick auf die Veränderung der Wahrnehmung vom «heiligen» Raums zum «religiösen» Raum auf fünf Aspekte hin, die grundlegend auch auf Kirchenräume bezogen werden können: 1. Kirchenräume gelten nicht mehr ontologisch als Wohnung des Heiligen. 2. Die Menschen wollen bei der Gestaltung des Raums mitbestimmen. 3. Raumformen und Gestaltungselemente sind nicht mehr zwingend. 4. Der Raum muss den verschiedenen Bedürfnissen der Besuchenden Platz einräumen. Das zieht nach sich, dass – 5. – die Prozesse der Raumgestaltung partizipativ aufgrund der im Dialog erarbeitenden Vereinbarungen gestaltet und entschieden werden müssen.[6] Nicht nur die Besuchenden von Kirchen, sondern auch die

---

[5] Vgl. zum Begriff der anonymen Stadtöffentlichkeit als Gemeinde von Stadtkirchen Martin C. Neddens, Kapitel 3.1.1).

[6] In verschiedenen Aufsätzen weist er auf diese Veränderungsprozesse vom «heiligen» zum «religiösen» Raum hin und fasst sie mit den Begriffen De-Ontologisierung,

Mitglieder von Kirchgemeinden und Pfarreien sind im Begriff, sich von jener Vorstellung zu verabschieden (oder haben sich schon längst von ihr verabschiedet), die Andreas Mertin rücksichtsvoll als Verdacht formuliert, die jedoch vielerorts Realität ist: «Der Gottesdienstraum wird als Wohnung Gottes verstanden, die Gottesdienstbesucher als seine Gäste und die Pfarrer als die den Hausherrn vertretenden Geschäftsführer. In dieser Perspektive gibt es dann ‹legitime› und ‹illegitime› Umgangsformen, eine dem Raum entsprechende und eine den Raum missachtende Erfahrungsweise. Über Legitimität und Illegitimität entscheidet der Pfarrer.» (Mertin, 2002, 5) Die Demokratisierung und Individualisierung religiöser Raumerfahrungen und -deutungen kann als Folge jener «Individualisierung von Religion» (Luther, 1992, 13) verstanden werden, die einerseits zur Überforderung nicht nur von Theologen, sondern auch von Kirchenleitungen als Besitzerinnen von Kirchgebäuden führt. Anderseits prallen bei Veränderungsprozessen von Wahrnehmung und Gestaltung zwei grundsätzliche Raumvorstellungen aufeinander, die gleichzeitig vom Subjekt, der Gemeinde, vertreten wird.

Der Kirchenraum wird entweder als ontologische Vorgabe eines «heiligen» Raums verstanden, der sich – theologisch als «Wohnung» Gottes gedeutet – für den religiös empfindenden Menschen klar von einem profanen Raum unterscheidet. Zum Verstehen dieser Position hilft eine Annäherung an die Beschreibungen des heiligen Raums bei Mircea Eliade. Für Eliade erlebt der religiöse Mensch den Raum nicht homogen, sondern in Brüchen und Rissen und – ausgehend vom «heiligen Boden», auf dem Mose seine Schuhe nach göttlicher Anordnung ausziehen muss (vgl. Ex 3,5) – in der grundlegenden Spannung zwischen «heiligen», «bedeutungsvollen» und nichtheiligen, «strukturlosen» und «amorphen» Räumen.[7] Der religiöse Mensch lebt in diesem Gegensatz und bekommt

---

Kommunikationsverflüssigung, Pluriformität, innere Differenzierung, empirische Orientierung, Demokratisierung zusammen (vgl. Mertin, 2002, 8; 1997, 10).

7 «Für den religiösen Menschen ist *der Raum nicht homogen;* er weist Brüche und Risse auf: er enthält Teile, die von den übrigen qualitativ verschieden *sind. ‹Komm nicht näher heran!›, sprach* der Herr zu Mose, ‹Leg deine Schuhe ab; denn der Ort, wo du stehst, ist heiliger Boden.› *(Ex 3,5)* Es gibt also einen heiligen, das heisst ‹starken›, bedeutungsvollen Raum, und es gibt andere Räume, die nicht heilig und folglich ohne Struktur und Festigkeit, in einem Wort amorph sind. Mehr noch: diese Inhomogenität des Raums erlebt der religiöse Mensch als einen Gegensatz zwischen dem heiligen, das

durch die Offenbarung des heiligen Orts Orientierung und Zentrierung im Chaos. Kirchen in modernen Städten sind für Eliade ausgezeichnete Beispiele dieser grundlegenden Inhomogenität des Raums: «Für die Gläubigen hat diese Kirche an einem anderen Raum teil als die Strasse, in der sie steht. Die Tür, die ins Innere der Kirche führt, zeigt einen Bruch in der Kontinuität an. Die Schwelle, welche die beiden Räume trennt, bezeichnet den Abstand zwischen beiden Seinsweisen, der profanen und der religiösen. Die Schwelle ist die Schranke, die Grenze, die zwei Welten trennt und einander entgegensetzt, und zugleich der paradoxe Ort, an dem diese Welten zusammenkommen, an dem der Übergang von der profanen zur sakralen Welt vollzogen werden kann.» (Eliade, 1990, 26) Kirchenräume sind weit mehr als nur ontologisch bestimmte feste Orientierungspunkte. Doch Eliade geht noch einen Schritt weiter: Nur eine solch geheiligte Welt, ein solch heiliger Raum oder Boden hat am Sein teil und existiert wirklich. Das religiöse Bedürfnis, an solchen Orten zu sein, drückt nach ihm einen «unstillbaren ontologischen Durst» aus.[8] Dieser ontologische Durst treibt den Menschen ins Zentrum und zum Nabel der Welt, dorthin also, wo man dem Göttlichen am nächsten ist und mit dem Heiligen kommunizieren kann – so wie Mose beim Dornbusch. Der Autor vorliegender Arbeit widerspricht der Behauptung Andreas Mertins (2002, 8), die heutigen Menschen seien «davon um Welten entfernt». Ein Besuch in den Stadtkirchen wie auch ein Verweilen und Beobachten in diesen Räumen lehrt, dass viele Menschen in ihren religiösen Empfindungen den Raum gerade in dieser ontologisch gedeuteten und erfahrenen Dimension wahrnehmen. Mertin hat jedoch recht in dem Sinn, dass sich neben der besprochenen Eliad'schen Vorstellung in den letzten Jahrzehnten jene andere Vorstellung ausgebreitet hat, die den Kirchenraum erst im «Rezeptionsprozess der beteiligten Menschen» als «heilig» oder «religiös» wahrnimmt (Mertin 2002, 8). In dieser Spannung bricht das Dilemma zwischen dem Kirchenraum als sakralem und als funktionalem Raum auf. Sieht man ihn als «heiligen», göttlich determinierten Behälter und deshalb als absolut gesetzten Con-

---

heisst dem allein *wirklichen, wirklich existierenden* Raum und allem übrigen, was ihn als formlose Weite umgibt.» (Eliade, 1990, 23)

8 «Der religiöse Mensch dürstet nach dem *Sein*». Verirrt er sich in die profanen Räume der Welt, «dann fühlt er sich seiner ‹ontischen› Substanz entleert, so als löse er sich im Chaos auf, und erlischt schliesslich.» (Eliade, 1990, 59)

tainer oder als «heiliges» Beziehungsgeschehen zwischen feierndem Menschen und Raum, das sich relational und relativ in den Prozessen immer wieder neu einstellt? Die Reformatoren haben in diesem Dilemma entschieden (vgl. Kapitel 5.3.1). Doch die aktuell geführte Diskussion über Funktionalität und Sakralität des Kirchenraums zeigt deutlich die Notwendigkeit, beide fundamentalen Sichtweisen des Raums mit ihrem Erfahrungspotenzial auszuhalten.

6.1.3. Absolutistisches Raumverständnis (Container) und relationale Raumauffassung (Beziehungsräume)

An diesem Punkt setzt die soziologische Raumwissenschaft an. Nach Markus Schroer übernimmt die Soziologie aus der Physik und Philosophie die zentrale Unterscheidung zwischen einem absolutistischen Raumverständnis (Container) und der relationalen Raumauffassung (Beziehungsräume). Für unsere Fragestellung aufschlussreich hält der Soziologe angesichts der vielfach vertretenen Auffassung aus seiner Disziplin fest, dass sich nur derjenige auf der Höhe der Zeit befinde, der den Nachweis einer relationalen Raumauffassung erbringe, dass keineswegs von einer «sukzessiven Durchsetzung des relationalen Raumverständnisses und einer Überwindung absolutistischer Raumvorstellungen» (Schroer, 2006, 174) die Rede sein könne.[9] Schroer wehrt sich in verschiedenen Entwürfen gegen das Ausspielen beider Raumvorstellungen gegeneinander.[10] Er sieht in der Abkehr von einem radikalen Determinismus, der die Raumerfahrung von Krafteinwirkungen des Raums selber her festsetzt, die Gefahr eines «Raumvoluntarismus». Dieser würde Raum in enger Weise mit Kreativität und Chancen, mit dem willentlichen Aufbau und der Gestaltung der Akteure konstituieren.[11]

---

9 Markus Schroer schreibt mit Blick auf die relevanten Vertreterinnen und Vertreter vom Lackmustest solcher Nachweise: «Ja, der Nachweis einer relationalen Raumauffassung ist gewissermassen zum Lackmustest avanciert, um zu entscheiden, ob man es mit einem Raumkonzept zu tun hat, das sich auf der Höhe der Zeit bewegt.» (Schroer, 2009, 357)

10 Vgl. Schroer, 2009, 264f.; 2006, 174ff.

11 «Die Wendung gegen einen *Raumdeterminismus,* der von den Wirkkräften des Raums selbst ausgehen soll, wird in diesen Arbeiten so entschieden verfolgt, dass die umgekehrte Gefahr eines *Raumvoluntarismus* womöglich unterschätzt wird. So richtig die Betonung der aktiven Hervorbringung sozialer Räume ist, so notwendig ist es für eine umfassende Raumanalyse, die bei dieser Einsicht nicht stehen bleiben will, auf

Warum wehrt sich Schroer so sehr gegen eine Desavouierung der Position, die die Eigengesetzlichkeit und Wirksamkeit räumlicher Anordnungen als Rückfall in die zu überwindende Container-Metapher mit ihrer ontologischen Schlagseite interpretiert? Ähnlich wie Mircea Eliade greift auch Markus Schroer auf den Kirchenraum zurück, um die Plausibilität dieser Raummetapher aufzuzeigen, denn: «Empirisch lässt sich die Attraktivität dieses Raumbegriffs jedenfalls vielfältig nachweisen.» (Schroer, 2006, 175) Deshalb gilt es nach ihm, das Konzept des absoluten Raums nicht einfach als antiquiert abzulehnen, sondern nach der Funktion zu fragen, die ein solches Verständnis erfüllt. Denn gerade Kirchen zeigen nach Schroer jene Defizite auf, die im Konzept des relationalen Raums verborgen sind, «nämlich dass es Räume gibt, die Verhalten und Handlungen sowie Kommunikationen prägen und vorstrukturieren: etwa in der Kirche […]. So gehen wir in Kirchen langsam und mit Bedacht, wir senken die Stimme und nehmen den Hut […]. Die Predigt des Pastors ist ebenfalls an einen bestimmten, sakralen Raum gebunden, der erst geschaffen sein will. Findet das Ritual in dem für die Predigten angestammten Raum statt, kann es leichter vollzogen werden, ist eine Anerkennung der verschiedenen zu verteilenden Rollen einfacher herzustellen.» (Schroer, 2006, 176)

Nicht nur der Kirchenraum, aber gerade dieser Raum weist auf die Erfahrung hin, dass Räume menschliche Erfahrungen prägen, dem Menschen Orientierungshilfen und Entscheidungsgrundlagen liefern, etwas zu tun oder zu lassen. Dabei betont Schroer in Abgrenzung gegen das Missverständnis einer ontologischen Engführung der absoluten Raumauffassung, dass nicht der physikalische Raum an sich, sondern die Wertigkeiten und Bedeutungen, die Menschen Räumen, Strukturen und Orten zuschreiben, bestimmende Wirkung zeigen und das entsprechende Verhalten nahelegen. Solche Bedeutung gewinnende Prozesse sind nicht

---

die Wirksamkeit räumlicher Arrangements hinzuweisen, wenn sich diese erst einmal geformt haben.» (Schroer, 2006, 175) Und Schroer konstatiert zusammenfassend mit Blick auf die Soziologie einleuchtend: «Ziel einer raumsoziologischen Perspektive ist es meines Erachtens nicht, die lange Zeit vorherrschende Containertheorie durch eine relationale Raumauffassung schlicht zu ersetzen. Wichtig wäre es vielmehr, dem Raumdeterminismus des Behälterkonzepts ebenso zu entgehen wie dem Raumvoluntarismus des relationalen Raumkonzepts, indem Soziologie beobachtet, in welchen Situationen Raum von wem wie wahrgenommen und gestaltet wird.» (Schroer, 2009, 366)

in jeder Situation neu zu vollziehen, weil bei solchen «räumlichen Arrangements» «Bedeutungen und Wertigkeiten der Akteure bereits in sie eingeschrieben sind» (Schroer, 2006, 177). Kirchenräume werden kommunikativ und über Handlungen der Menschen hergestellt und gebaut. Doch in Aufnahme der klärenden Sicht Schroers erhärtet sich eine Theorie von Spuren, die in vorliegender Arbeit schon theologisch und philosophisch interpretiert wurden (vgl. Kapitel 1.2.1.3) und jetzt soziologisch als Deutungsstrukturen beschrieben werden können.

Die Spuren zeichnen sich in Räume von Kirchgebäuden, in ihre Wände, Decken, Fenster, Böden, Krypten, Leere, Menschen, Bücher, Kerzen usw. ein. Eingeschrieben oder eingeritzt materialisieren sie gleichsam die in den kommunikativen und dialogischen Prozessen verhandelten Werte und Überzeugungen, die das Beziehungsgeschehen zwischen Gott, Mensch und Mitmensch bestimmen. Die Spuren werden sichtbar und zeichnen den Kirchenraum in bestimmter Weise so, dass der Raum selber soziale, religiöse und emotionale Wirkungen auslöst. Fürbittegebete, die im öffentlichen Gebetsbuch von der erhofften und dann auch erfolgten Rettung aus einer Notsituation zeugen, oder Gedenktafeln, die auf die Aufnahme von Flüchtlingen im Kirchenraum hinweisen, sind Spuren jener materiellen Seite des Raums, die gerade in Kirchen die Raumerfassung stark prägen. Mit Schroer gilt gerade auch für den Kirchenraum: «Es geht nicht nur darum zu sehen, wie der Raum sozial hergestellt wird, sondern auch darum zu berücksichtigen, was der Raum selber vorgibt.» (Schroer, 2006, 178)

Nun stellt sich die Frage, was der Raum tatsächlich vorgibt. Zuerst einmal ist Schroer darin zuzustimmen, dass wir es heute nicht mit einem Raum, sondern mit verschiedenen Räumen und Raumkonzepten zu tun haben.[12] Je nachdem, in welchen Kontexten oder mit welchen Fragestel-

---

12 «Wir haben es mit den verschiedensten Raumbildern, Raumkonzepten und Raumauffassungen zu tun, die einander nicht mehr ablösen, sondern nebeneinander existieren.» (Schroer, 2006, 179) In einem anderen Zusammenhang hält Schroer fest: «Was wir derzeit erleben, ist deshalb nicht das Ende des Raums, sondern eine Diversifizierung räumlicher Bezüge.» Schroer unterscheidet zwischen geografischem/sozialem Raum, Behälterraum/relationalem Raum, Gesellschaft/Raum, Raum/Gesellschaft, Raum/Zeit. Zusammenfassend konstatiert er: «Die Rede vom *spatial turn,* der oft als Ablösung des *linguistic turn* angeführt wird, sollte nicht darüber hinwegtäuschen, dass wir es auch hinsichtlich der verschiedenen *turns,* die in den vergangenen Jahren für Aufsehen in den Sozial- und Kulturwissenschaften gesorgt haben, nicht mehr länger

lungen der Raum im Kontext des *spatial turn* ins Blickfeld kommt, gewinnen unterschiedliche Raumkonzepte an Plausibilität.[13] Unter *spatial turn* versteht die Soziologie die «Erkenntnis, dass gesellschaftlicher Wandel ohne eine kategoriale Neukonzeption der räumlichen Komponente des sozialen Lebens nicht hinreichend erklärt werden kann». (Löw, 2008, 66)

In den nachfolgenden Analysen ist exemplarisch zu zeigen, dass die Leitperspektiven Relationalität, Sozialität und Potenzialität des (Kirchen-)Raums Bedeutungen und Wertemuster von Akteuren in sich tragen, die auf die diakonischen Funktionen einwirken und diese prägen. Diese Leitperspektiven können als diakonische Schlüsselbegriffe verstanden werden, von denen her sich die Vielfalt der Raumerfahrungen strukturieren lässt, die auf helfendes Handeln ausgerichtet sind. Diese gewichten in unterschiedlicher Weise die ganzheitlich erlebten Wechselwirkungen zwischen Mensch und Raum. In ihrer Deutungsoffenheit sind sie dazu geeignet, als verbindende Schnittstellen zwischen theologisch-kirchengeschichtlichen, raumwissenschaftlichen und – darüber hinausführend – psychoanalytischen Reflexionsfeldern zu fungieren. Das Aushalten des raumsoziologischen Dilemmas schärft nicht nur die Augen des Soziologen für das, was der Raum vorgibt, sondern auch diejenigen des Theologen. Auf unsere Frage nach der Diakonie im Kirchenraum hin fokussiert sind es vor allem drei Raumvorgaben, die interessieren: Relationalität, Sozialität und Potenzialität.

---

mit einander ablösenden *turns* zu tun haben, sondern mit einem Nebeneinander verschiedener *turns,* die gleichzeitig diskutiert werden. Neben dem *spatial turn* sind es dabei vor allem der *pictoral turn,* der *somatic turn* oder *body turn.* Mit gleichem Recht liesse sich wohl auch von einem *nature turn,* einem *thing turn* oder einem *material turn* sprechen.» (Schroer, 2008, 125–148, 144) Ob im Zusammenhang mit dem Kirchenraum von einem *church turn* zu reden ist, überlässt der Autor vorliegender Arbeit den Lesenden. Die Wende zum Kirchenraum stellt jedoch eine Tatsache der letzten Jahrzehnte dar (vgl. Kapitel 1.1.2).

13 Stephan Schaede (2009, 57–69) legt mit Blick auf den Kirchenraum einen guten Überblick über die verschiedenen Raumkonzepte vor. Er unterscheidet, ausgehend von Martin Luthers funktionalem Raumverständnis, zwischen dem gruppierten oder multifunktionellen Raum, Ausdrucksraum, subjektivistisch konstituierten Raum, konfessionell-orthodoxer Raumauffassung, dem auratischen Raum. Zielpunkt ist die Entwicklung der Vorstellung des Kirchenraums als «potenziellem religiösen Performativ».

6.1.4. Vorgaben des Raums: Relationalität – Sozialität – Potenzialität

Zuerst gilt es festzuhalten, dass der Raum und das Handeln des Menschen angesichts der gesellschaftlichen Veränderungen, die die Komplexität der Verräumlichung des Menschen und seiner Güter tagtäglich vor Augen führen, in unbedingter und notwendiger Weise aufeinander bezogen sind. Daraus folgt, und hierin ist Martina Löw zuzustimmen, «dass der Wandel der räumlichen Vergesellschaftung nur dann erfasst werden kann, wenn Raum nicht als Hinter- oder Untergrund des Handelns verstanden wird, sondern Raum in den Handlungsverlauf eingerückt wird» (Löw, 2001, 268). Wird der Raum in den Handlungsverlauf eingerückt, verschmelzen Handeln und Raum zu einem Identität und Gemeinschaft stiftenden Beziehungsgeschehen. In Anlehnung an das bekannte Wort Descartes' ausgedrückt, heisst das zugespitzt: Ich handle, also räume ich. Der räumlichen Vergesellschaftlichung entspricht eine «räumliche Vermenschlichung». Mit diesem Begriff wird ein solidarisches Hilfehandeln, ein grundlegendes menschliches Handeln verstanden, das im Akt des Handelns zugleich Räume des Helfens konstituiert. Die Frage nach diakonischen Funktionen des Kirchenraums und die Frage nach diakonischen Dimensionen menschlichen Handelns sind ursächlich relational aufeinander bezogen. In diesem Zusammenhang ist die Frage zu klären, was der Kirchenraum im Hinblick auf seine Relationalität für die diakonische Funktion vorgibt.

Die zweite Vorgabe lehnt sich an die Vermutung Schroers an, dass angesichts der Globalisierung mit der scheinbaren Auflösung von Raum und Zeit das sichtbare und empirisch erwiesene Auftauchen des Raums mit dessen Rolle zusammenhängt. Die Rolle des Raums besteht darin, Sicherheit, Kontinuität und Beständigkeit dadurch zu geben, dass er bewahrend wirkt. «Oftmals ist dies vielleicht nicht mehr als ein Versprechen, sodass in Raum gegossene soziale Verhältnisse sich als ebenso flüchtig und kurzlebig erweisen wie andere auch. Doch es ist nicht länger zu übersehen, dass räumliche Bezüge eben nicht obsolet geworden sind.» (Schroer, 2006, 280)

Weit mehr! Die Zunahme der Besuchenden in Kirchenräumen, die vorliegende Arbeit zur Darstellung gebracht hat – vor allem in den Städten mit ihren City-Bereichen, unterfüttert die Vermutung Schroers empirisch und argumentativ. Auch wenn mit den Worten Martina Löws heute von einer «verinselten Vergesellschaftung» zu reden ist, «die Raum als einzelne funktionsgebundene Inseln erfahrbar macht» (Löw, 2001, 265), üben die in Kirchenräume gegossenen sozialen Verhältnisse auf die Besuchenden anziehende Wirkung aus. Das Feiern von Gottesdiensten angesichts von Katastrophen, das konkrete Aufsuchen von Kirchenräumen bei gleichzeitigem Surfen im Internet macht in grosser Klarheit deutlich, dass kirchenräumliche Bezüge keineswegs obsolet geworden sind. Im Gegenteil werden sie konstitutiv für die individuelle und kollektive Bewältigung des Lebens. In diesem Kontext wird zu klären sein, was der Kirchenraum hinsichtlich seiner Sozialität für die diakonische Funktion vorgibt.

Schliesslich reduziert – dies die dritte Vorgabe – der Raum nach Markus Schroer (2006, 180) Komplexität, indem er «Übersicht in einer unübersichtlichen Welt» nicht nur verspricht, sondern tatsächlich auch erwirkt. Schroer verdeutlicht die Funktion, mittels des Reduktionsprinzips Orientierungshilfe zu leisten, am Beispiel des Internets.[14] Diese gilt jedoch auch im höchsten Mass für Kirchenräume und insbesondere für den reformierten Kirchenraum. Die Darstellung der Veränderungen im Kirchenraum in den entscheidenden Jahren zwischen 1524 und 1526 weisen eindeutig darauf hin, dass das Prinzip der Reduktion für die theologische und bauliche Raumgestaltung denk- und handlungsleitend war und so entscheidende Orientierungshilfe für die Neuausrichtung der menschlichen und glaubenden Existenz darstellte. Orientierung verschaffte dieses Prinzip deshalb, weil es wagte, Linien und Grenzen neu in den Kirchenraum zu legen, zu bauen und zu ziehen (vgl. Kapitel 5.2).

Im Ziehen von Grenzen liegt jedoch genau die dem Prinzip der Reduktion entsprechende Funktion des Raums. «Raum ermöglicht Grenzen, besteht aus Grenzen, zieht Grenzen, stellt Zugehörigkeiten her, regelt Zugänge usw.» (Schroer, 2006, 180) Schroer ist darin zuzustimmen, dass zwar die kulturell definierten Grenzen zwischen innen und aussen, privat und öffentlich, eigen und fremd, auch sakral und profan diffuser werden, jedoch nie ganz verschwinden. Er hält fest: «Sie bleiben weiterhin gültig, verlieren aber ihre Exaktheit und Klarheit. Und gerade diese Unklarheit provoziert Anstrengungen, wieder zu klaren Grenzziehungen zu kommen. Die *Investitionen in eine Linie im Raum* zeugen vom

---

14 «Die auffällige häufige Verwendung räumlicher Metaphern im scheinbar grenzenlosen Raum des Internets verdeutlich die Funktion, die räumliche Bezüge haben.» (Schroer, 2006, 180)

grossen Bedürfnis nach klaren Trennungen und Unterscheidungen.» (Schroer, 2006, 180) Die Anstrengungen von Kirchenleitungen, ein klares Profil mit «Suchbildern reformierter Identität» (vgl. Krieg, 2002) zu erarbeiten, wie auch die Aufforderung, die «Lesbarkeit» von Kirchenräumen wieder zu stärken (Huber, 2006, 40ff.), können als Investitionen in eine «Linie im Raum» verstanden werden.

Doch gerade Begriffe wie «Suchbild» und «Lesbarkeit» weisen neben der Anstrengung auf eine weitere Wirkung hin, die die Unschärfen heutiger Grenzen mit ihren Investitionen freilegt: Wer sucht, der findet, wer liest, versteht. Verstehende und Findende sind auf der Spur nach potenziellen Grenzziehungen und versuchen, Räume anders und neu zu erfahren. Mehr noch, bei Suchprozessen und «Raum-Lektüren» (Mertin, 2008) ermöglicht der Raum den Suchenden wie Lesenden, Freiräume zu erschliessen. Solche Freiräume tragen in sich das Potenzial, Schwellen zu überwinden und Grenzen neu zu definieren. In diesem Zusammenhang wird zu klären sein, was der Kirchenraum angesichts seiner Potenzialität den diakonischen Funktionen vorgibt.

6.2. Relationalität des Raums

6.2.1. Raum als relationale (An-)Ordnung: Das Raumkonzept Martina Löws

Der soziologische Raumbegriff Martina Löws, den sie 2001 als «Raumsoziologie» entworfen hat, erfreut sich grosser Beliebtheit, auch bei theologischen Autoren.[15] In ihrer Ausgangshypothese definiert Löw den Raum «als relationale (An-)Ordnung von Körpern, die unaufhörlich in Bewegung sind, wodurch sich die (An-)Ordnung selbst ständig verändert. Das bedeutet, Raum konstituiert sich in der Zeit. Raum kann demnach nicht der starre Behälter sein, der unabhängig von den sozialen und materiellen Verhältnissen existiert, sondern Raum und Körperwelt sind verwoben» (Löw, 2001, 131). Wird das theologische Interesse vom Bedürfnis genährt, angesichts der Tristesse der protestantischen Theologie nicht in der Lage zu sein, ein theologisches Verständnis des Kirchenraums zu entwickeln und deshalb angesichts der theologischen Bedeutung einen anderen, neuen Raumbegriff zur Hand zu haben? (Wüthrich,

---

15 Vgl. dazu: Woydack, 2005; Brandi-Hinnrichs, 2003, 66–78; Wüthrich, 2010.

2010, 75) Oder liegt in der Breite, in der Vielschichtigkeit des Raumbegriffs solch grosses Potenzial an Plausibilität verborgen, dass er sich geradezu zur Klärung des Verständnisses von Kirchenräumen aufdrängt (vgl. Woydack, 2005, 10)?

Das diakonische Interesse an Löws Theorie ist anders begründet: Angesichts der aufgezeigten Relationalität des helfenden Handelns, die Mensch und Raum als Beziehungsgeschehen versteht, das Hilfeempfangende und Hilfeleistende in Raum und Atmosphären verbindet, können die konkreten Beziehungsaspekte und Atmosphären in vorliegender Arbiet mit der Theorie Löws des relationalen Raums analytisch schärfer und umfassender gefasst werden als bisher.

Martina Löw entfaltet ihr eigenes Raumkonzept vor dem Hintergrund einer kritischen Bilanz über Raumkonzepte aus verschiedenen Disziplinen aus der Vergangenheit und der Darstellung wichtiger Schritte zu einem soziologischen Raumbegriff im Kontext des sogenannten *spatial turn*.[16] Ihren Ansatz entfaltet Löw anhand einer autobiografischen Skizze

---

[16] Auch wenn zu einer umfassenden Darstellung der Raumtheorie Löws die Beschreibung ihrer Kritik an Raumvorstellungen gehört und Brandi-Hinnrichs (2003, 66) durchaus darin zuzustimmen ist, dass für den Nachvollzug von Löws Gedankengang die Erläuterung ihrer Kritik notwendig ist, wird an dieser Stelle auf eine weitere zusammenfassende Schau verzichtet. Einerseits sei auf die drei ausgewiesenen Zusammenfassungen der theologischen Entwürfe hingewiesen (Brandi-Hinnrichs, 2003, 66–72; Woydack, 2005, 21–25; Wüthrich, 2010, 75–82) anderseits auf Löws Entwicklung: Ihr Ausgangspunkt sind die klassischen philosophischen und naturwissenschaftlichen Raumtheorien von Isaak Newton, Gottfried Wilhelm Leibniz und Immanuel Kant, die das Feld zwischen absolutistischen und relativistischen Raumvorstellungen eröffnen (vgl. Löw, 2001, 24–35). Löw bilanziert: «Meine Analyse der in der Soziologie üblichen Verwendung des Raumbegriffs – [...] – zeigt, das absolutistische Raumbegriffe in drei verschiedenen Variationen gebildet werden: der ortsbezogene Raumbegriff, der territoriale Raumbegriff und der Kantische Raumbegriff.» (Löw, 2001, 63f.) Seit Ende der 1980er-Jahre ist eine wachsende wissenschaftliche Aufmerksamkeit gegenüber Raumfragen zu beobachten, die ihre ersten Impulse von der angelsächsischen postmodernen Humangeografie und Städteplanung gewann. Parallel dazu lässt sich die Bildung theoretischer Ansätze bei den Soziologen Pierre Bourdieu, dem Martina Löw (2001, 179–183) explizit einen Exkurs widmet, Erving Goffmann, Anthony Giddens u. a. nachzeichnen. Im Kapitel über die Sozialität des Raums mit Blick auf das Theoriemodell von Pierre Bourdieu zeigt sich die Sensibilisierung auf den räumlichen Aspekt sozialer Beziehungen. Diese Entwicklung wurde bald in Aufnahme eines Begriffs Edward W. Sojas als *spatial turn* zusammengefasst (vgl. zur Genese: Wüthrich, 2010, 79). Als Vordenker dieser Bewegung werden meist

des jüdischen Pianisten, Hochschullehrers und Komponisten Josef Tal. Aufschlussreich ist, dass auch Martina Löw, wie Emanuel Lévinas und Mircea Eliade, ihre Konzeption mit einem religiösen Text unterlegt. Darüber hinaus wird der Bedeutungsprozess der Klagemauer in Jerusalem, wie Michaela Geiger ihn in biblisch-theologischer Perspektive darstellte, von Martina Löw als Basistext für ihre Theorie der Raumkonstitution aufgenommen.[17] Sie zitiert Tal: «Noch in der britischen Mandatszeit, vor Ausbruch des Zweiten Weltkrieges, konnte ich unter der Führung zweier hoher Regierungsbeamter die Klagemauer im Herzen der arabischen Altstadt sehen. Man ging durch ein engmaschiges Netz verwinkelter, enger Gässchen und stand dann plötzlich vor einer steilen Wand riesiger Quadersteine. Hoch oben blieb ein schmaler Streifen blauen Himmels zwischen dem engen Gemäuer des Gässchens. Die Enge liess die Quadersteine noch viel grösser und mächtiger vor dem kleinen Menschen erstehen. Davor konnte man nur zur Allmacht beten, die unerreichbar über dem unermesslichen Gestein schwebte. Nach dem Sechstagekrieg von 1968 wurde das Gässchengewirr vor der Klagemauer

---

zwei französische Philosophen aufgeführt: Michel Foucault mit seinem berühmten, 1967 gehaltenen, 1984 ins Deutsche übersetzten Vortrag «Des Espace autres» (vgl. Foucault, [1967, 1984] 2006, 317–329), und der marxistische Philosoph Henri Lefebvre mit seinem Buch «La production de l'espace» ([1974], 2006, 330–342). (Vgl. zur Darstellung der beiden Entwürfe: Wüthrich, 2010, 79f.) Die einführenden Sätze von Michel Foucault können aus heutiger Sicht als Fanal des *spatial turn* interpretiert werden: «Die grosse Obsession des 19. Jahrhunderts war bekanntlich die Geschichte: Themen wie Entwicklung und Stillstand, Krise und Zyklus, die Akkumulation des Vergangenen, die gewaltige Zahl der Toten, die bedrohliche Abkühlung des Erdballs. Das wichtigste Reservoir, aus dem das 19. Jahrhundert seine Mythen schöpfte, war der Zweite Hauptsatz der Thermodynamik. Unsere Zeit liesse sich dagegen eher als Zeitalter des Raums begreifen. Wir leben im Zeitalter der Gleichzeitigkeit, des Aneinanderreihens, des Nahen und Fernen, des Nebeneinander und des Zerstreuten. Die Welt wird heute nicht so sehr als grosses Lebewesen verstanden, das sich in der Zeit entwickelt, sondern als ein Netz, dessen Stränge sich kreuzen und Punkte verbinden.» (Foucault, 2006, 317). Brandi-Hinnrichs fasst die Position Löws aufgrund ihrer kritischen Bilanz zusammen: «Räume sind keine Behälter, die etwas beinhalten, bergen oder aufbewahren. Räume sind nach Löw keine ‹Container›. Jede Einheitlichkeitskonstruktion von Raum wird hinterfragt, vielmehr ist ihr das Prozesshafte von Raumkonstitution wichtig.» (Brandi-Hinnrichs, 2003, 72)

17 Dieser Bedeutungsprozess zeigt sich in der Bedeutungsvielfalt und Wirkungsgeschichte der im deuteronomistischen Kontext entwickelten *maqom*-Theologie (vgl. Kapitel 4.2).

freigelegt. Heute nähert man sich der Mauer über ein weites, grosses Gelände, das Tausenden von Besuchern Platz bietet, um zu beten und auch religiöse Feste zu feiern. Natürlich sind es dieselben Quadersteine von ehedem, aber die Sprache hat sich durch die Umgebung verändert. Der weite Raum, der sie aus den engen Gässchen befreit hat, führt ihr klagendes Echo in die Breite und nicht in die Höhe und gibt so dem Gebet einen anderen Sinn. Ich werde mich hüten, die Klagemauer blasphemisch mit einem Museumsobjekt zu vergleichen, dazu sprechen diese Steine eine zu lebendige Sprache. Aber Raum und Materie wirken zusammen in der Bildung des Sinns.» (Tal 1987, 87, zit in Löw, 2001, 152) Grundlegend ist dieser Text für Martina Löw, weil die Schilderung Josef Tals die meisten Faktoren ihres Raumbegriffs auf sich vereint, den sie definitorisch so zusammenfasst: «Raum ist eine relationale (An-)Ordnung von Lebewesen und sozialen Gütern an Orten. Raum wird konstituiert durch zwei analytisch zu unterscheidende Prozesse, das Spacing und die Syntheseleistung.» (Löw, 2001, 271)

Mit all seinen Sinnen und dem Verstand nimmt Josef Tal den Raum rund um die Klagemauer anders wahr. Inhalt und Sinn des Raums werden mit der Änderung der Zeiten verändert. Durch das Ein- und Ausräumen, das Anordnen und Verschieben einzelner Güter wie Steine, Strassen, Plätze und Menschen verändert sich der Raum oder das, was unter «Raum» vorgestellt wird. Dieser in der Schilderung Tals verborgene und dem Raumkonzept Löws zugrunde liegende Gedanke ist nachvollziehbar auch am Kirchenraum. Diesen nehmen wir je anders wahr, wenn wir ihn vollbesetzt am Heiligabend als Schlusspunkt der alljährlichen Familienfeier besuchen oder wenn wir ihn während eines Wochentags allein angesichts der Schwere einer bevorstehenden Aufgabe betreten. Wir erleben zwei verschiedene Räume, die sich dank unserer Erinnerung und auch dank unserer intellektuellen Leistung zu einem einzigen Raum verknüpfen lassen. Situativ aus einem Konglomerat von physischen, psychischen und emotionalen Erfahrungsmomenten heraus bauen wir den Raum um uns auf, und der Raum baut sich in uns weiter. Dabei wird Potenzial angehäuft, das uns in unserer Erinnerung leitet; bei guten Erfahrungen zieht es einen wieder hin, bei negativen Erlebnissen meiden wir den Raum fortan.

Für Martina Löw entsteht Raum durch das Handeln des Menschen. Raum wird durch den Menschen konstituiert und so sozial produziert. Raum ist relational, indem Menschen Güter in ihrer Relation zum Menschen als «sozial» umschreiben und auch Menschen platzieren (*spacing*). In der Schilderung Tals wird evident, dass Raum durch Wahrnehmungen, Vorstellungen, Erinnerungen, Erzählungen und Verknüpfungen entsteht, mit den Worten Löws: Raum wird (zum Zweiten) synthetisiert (Syntheseleistung) (Löw, 2001, 158–161; 2008, 63–65).

6.2.2. Konkretisierung von Raum als «Spacing» und «Syntheseleistung»

Unter *spacing* versteht Löw das Anordnen von Gütern, Bauen von Häusern, das Sich-Aufstellen von Menschen gegenüber anderen Menschen, Vermessen von Landesgrenzern, das Vernetzen von Computern. (Löw, 2008, 64) Diese räumliche Handlungsstruktur wird mit Blick auf die Veränderungen des Kirchenraums durch Huldrich Zwingli evident: Durch die Ausräumung von Altären und Bildern, das Abbrechen der Grenzlinien zwischen profanem Kirchenschiff und sakralem Chor sowie durch den Einbau neuer Linien in Form des Kanzellettners wurde der Raum fortan nicht nur als ein anderer wahrgenommen, sondern der Sinn und der Inhalt veränderte sich bis ins Gegenteil. Der ursprüngliche Klangraum des Chors, bespielt mit den Gesängen der Chorherren, wird zum Lernraum der Studierenden und Lehrraum der Dozierenden, ausgefüllt mit Debatten und Diskussionen. Und mit dem Einbau des zentralen Steins im Kanzelboden positionierte Zwingli eindeutig den reformatorischen Gedanken im Raum und «meisselte» damit die Veränderung der Kirche des Sakraments zur Kirche des Worts gleichsam «in Stein» (vgl. Kapitel 5.2.2.2). Um im Bild Josef Tals zu bleiben: Nach dem Sechstagekrieg veränderte sich die Anordnung der Gassen und Häuser vor der Klagemauer so, dass auch Sinn und Inhalt des Raums geändert und deshalb fortan anders wahrgenommen wurden.

Raum entsteht neben dem *spacing* durch Syntheseleistung, dadurch also, dass Güter, Menschen und bestimmte Wahrnehmungs- und Erinnerungsprozesse miteinander verbunden werden. Diese Prozesse der Raumkonstitution werden nach Löw in der geschilderten Szene von Josef Tal exemplarisch als «Werkstattpapier im Forschungsprozess» sichtbar: «Josef Tal synthetisiert, während er durch die Jerusalemer Altstadt geht, im Handlungsvollzug enge Gässchen, steile Wände, Quadersteine und einen schmalen Streifen blauen Himmel zu einem Raum. Seine Schritte nehmen Bezug auf die zum Raum verknüpften Objekte. Schliesslich platziert er sich vor der Klagemauer, dem wesentlichen Element dieser Raumkonstruktion, zum Beten. Die Quadersteine der Klagemauer bilden zwar das symbolisch prägnanteste Element der Raumkonstruktion, sie wirken jedoch nicht für sich, sondern nur in der vorgefundenen (An-)Ordnung. Tal erzählt, wie sich das Beten infolge der Sprengungen verändert. Ab da konstituiert sich der Raum über die Verknüpfungen von Klagemauer, Fundament und Menschen.» (Löw, 2001, 160f.) Aufgrund der Plausibilität der Übertragung des Theoriekonzepts auf die Erfahrungswelt Tals konstatiert Löw folgerichtig, dass sich alle wesentlichen Dimensionen der Konstitution von Räumen in diesem Text finden lassen: «die routinierten Bahnen des Handelns, die strukturelle Dimension des Räumlichen, der Einsatz des Körpers, der Habitus, die Veränderungspotenziale, die Bedeutung von Symbolik und Materie, schliesslich auch die Konstitution von Orten und die Herausbildung von Atmosphären». (Löw, 2001, 161)

Auch die oben dargestellten Vorgänge in Zürich können als «Werkstattbericht im Forschungsprozess» gelten. Die Erfahrung und das Wissen um die vorläufige und erst wenige Jahrhunderte alte Tradition der Position des Altars erlaubten Huldrich Zwingli, in seiner Predigt die theologische Begründung mit der räumlichen Neuausrichtung zu einem einsichtigen Gedanken zu verknüpfen. Archäologisches Wissen und theologische Überzeugungen legen den verschütteten Sinn des Abendmahls offen und lassen sich zur zentrierten und durch das Aufstellen von Holztischen flexiblen Raumaufteilung verknüpfen (vgl. Kapitel 5.2.2.2, Stichwort: Abendmahlstisch im Kirchenschiff). Josef Tals Wissen machte es ihm möglich, in dem neu angeordneten Raum vor der Klagemauer den verschütteten Sinn auszugraben und die Vorstellung und Wahrnehmung des Raums einzulagern. Wem die Erfahrung der Klagemauer vor dem Sechstagekrieg fehlt, wird andere Erinnerungsprozesse benützen und denselben Raum der Klagemauer anders verbinden und wahrnehmen. Erst durch unsere leiblich und im Gedächtnis gespeicherten und abgelagerten Erinnerungen werden die einzelnen sozialen Güter wie Tisch, Kerze, Kanzel, Orgel als einzelne Teile innerlich zusammengefügt und der so entstandene Raum als Kirchenraum wahrgenommen. Die Erkenntnisse dieser Syntheseleistung bei der Konstituierung von Raum sind im Blick auf die diakonische und liturgische Nutzung von Kirchenräumen relevant.

Der Begriff (An-)Ordnung weist auf den inneren Zusammenhang zwischen Handeln und (räumlichen) Strukturen beziehungsweise zwischen subjektiver Raumgestaltung und kollektiver Raumkonstellation hin. Einerseits liegt im Begriff der Prozess des Anordnens und Ordnens verborgen, der durch das Handeln bestimmt wird. Anderseits bezeichnet der Begriff die Ordnung und Struktur, die durch Räume hergestellt wird. Die räumlichen Strukturen, von denen Löw im Zusammenhang mit der Konstitution von Raum spricht, sind in Regeln eingeschrieben und durch Ressourcen abgesichert. Sie sind rekursiv, zurückgehend auf die Institutionen, und in diese eingelagert. Diese Raum konstituierenden Prozesse beobachtet Löw im Verhalten Tals: «Tal lässt keinen Zweifel daran aufkommen, dass andere in gleicher Weise diesen Raum konstituiert hätten. Er nutzt für seine Schilderungen das verallgemeinernde ‹man›. Damit bringt er sowohl zum Ausdruck, dass er sich jedes Mal in gleicher Weise zum Beten oder zum Feiern religiöser Feste der Klagemauer nähert, als auch, dass er annimmt, jeder Jude und jede Jüdin würden dies in gleicher Weise vollführen.» (Löw, 2001, 161) Löw folgert daraus, dass Menschen in der Regel «repetitiv» handeln. Sie denken nicht lange über die Entscheidung nach, die sie wählen, wo sie sich platzieren, wie sie Güter und Waren lagern und in welcher Weise sie Menschen mit Dingen verknüpfen. Solch alltägliches, repetitives Handeln und räumliche Strukturen sind fortschreibend aufeinander bezogen. Der Dualität von Handeln und Struktur entspricht eine Dualität von Handeln und Raum: Raum, und diese Einsicht ist Löw wichtig, Raum existiert nicht einfach so, sondern er wird durch ein in der Regel repetitives Handeln geschaffen. Als räumliche Struktur, eingelagert in Institutionen, steuert der Raum das Handeln, mehr noch, bringt ein Handeln hervor, das in Raumkonstitutionen diese räumliche Struktur reproduziert.[18] Sprachlich dichter kann diese

---

[18] «Von räumlichen Strukturen kann man sprechen, wenn die Konstitution von Räumen, das heisst entweder die Anordnung von Gütern bzw. Menschen oder die Synthese von Gütern bzw. Menschen zu Räumen (das Wiedererkennen, Verknüpfen und Erspüren von (An-)Ordnungen), in Regeln eingeschrieben und durch Ressourcen abgesichert ist, welche unabhängig von Ort und Zeitpunkt rekursiv in Institutionen eingelagert sind […]. Räumliche Strukturen müssen, wie jede Form von Strukturen, im Handeln verwirklicht werden, strukturieren aber auch das Handeln. Die Dualität von Handeln und Struktur stellt sich damit als die *Dualität von Raum* heraus. Das bedeutet, dass räumliche Strukturen eine Form von Handeln hervorbringen, welches in der Konstitution von Räumen eben jene räumlichen Strukturen reproduziert.» (Löw, 2001, 171f.)

prozessbezogene und schöpferische Relation zwischen Raum und Mensch nicht gefasst werden.

Im Kirchenraum lassen sich diese Strukturen durchaus in der Beobachtung von durchbeteten Räumen festmachen, die Kirchenräume als Kirchenräume platzieren. Beten als Urform des repetitiven Handelns schreibt sich in den Kirchenraum ein und zeigt sich als räumliche Struktur in Gebetsecken und Gebetsbüchern oder repetitiven Ansammlungen von Menschen. Und dieses «verräumlichte Gebet» wiederum, eingelagert in den institutionalisierten Raum, steuert das Handeln der Menschen, indem es sie achtsam auf Betende hin fokussiert, die Stimme dämpfen oder auch selber Gebetshaltung einnehmen lässt. Mit dem Begriff der institutionalisierten Räume beschreibt Löw die Situation, dass Räume stehen und erhalten bleiben, auch wenn Teilgruppen sie nicht mehr – beispielsweise durch repetitives Handeln wie Beten – reproduzieren: «Als institutionalisierte (An-)Ordnung wird der Raum zur Objektivation, das bedeutet, dass er – ein Produkt der menschlichen Tätigkeit – als gegenständlich erlebt wird.» (Löw, 2001, 164) Was Löw am Beispiel des Gerichtsraums deutlich macht, kann leicht im Kirchenraum nachgezeichnet werden. Da ist klar geregelt, wie sich Pfarrpersonen, Lektoren und Lektorinnen, Hörende, Tauffamilien, Brautpaare oder Leidtragende zu platzieren haben. Und diese Anordnungen gelten nicht nur für das Grossmünster, sondern sind in gleicher oder ähnlicher Weise in allen Kirchen zu finden. Die einzelnen Personen und Gruppen «synthetisieren», konstituieren, «stellen» den Raum der Kirche in Routinen und repetitivem Handeln «her», indem sie sich hinstellen, Platz einnehmen und in Ritualen wie auch Liturgien kollektiver oder individueller Art die zugewiesene und akzeptierte Position einnehmen.

6.2.3. Macht und Atmosphäre bei der Konstitution von Räumen

Zwei Beobachtungen sind bei der Konstitution von Räumen bedeutungsvoll. Einerseits weist Löw (2001, 164) mit Recht daraufhin, dass mit Platzierungsprozessen auch Machtverhältnisse ausgehandelt werden. Macht wird in diesem Kontext als eine relationale, in jede Beziehung eingelagerte und immanente Kategorie verstanden, die dieselben Räume unterschiedlich konstituieren lässt. Aus der Position des Glaubenden, der den Gottesdienst besucht, konstituiert sich der Kirchenraum anders als aus der Position der Pfarrperson. Beide akzeptieren jedoch in der Regel die institutionalisierte (An-)Ordnung als Raum.

Macht kommt jedoch nicht nur bei der Positionierung von Machtbezirken und -positionen ins Spiel. Löw folgert einsichtig als Konsequenz relationaler Anordnung von sozialen Gütern, dass Zugang zu diesen Gütern zu gewähren sei. Weil bereits die Zugangschancen asymmetrisch verteilt sind, sind die Möglichkeiten der Raumgestaltung oder Veränderung von Anfang an ungleich. Löw unterscheidet vier Ebenen von sozialer Ungleichheit: Reichtum, Wissen, Hierarchie und Zugehörigkeit/Nichtzugehörigkeit (Assoziation). Die der Raumkonstituierung zugrunde liegenden Prozesse von *spacing* und Syntheseleistung sind nicht nur abhängig von Faktoren, die dem Handeln vorgegeben sind – Faktoren symbolischer Art wie Werte, Normen, Rollenverhalten oder auch materieller Art wie Naturvorgaben oder der physische Organismus (Löw, 2001, 191f.) –, sondern ebenso von den Ressourcen Reichtum, Wissen, Hierarchie und Assoziation. Wenn nach dem Verteilungsprinzip Räume hergestellt werden, wird der, die oder das, was nicht relational mit einbezogen wird, ausgeschlossen. Mit der Konstitution von Raum wird immer auch Inklusion und Exklusion konstituiert, und zwar dadurch, dass durch Wahrnehmungs- und Erinnerungsprozesse Rang und Zugehörigkeiten reproduziert werden können. Solche Strukturprinzipien werden körperlich einverleibt und prägen den Habitus, das heisst die Wesensart, Prägung und Disposition des Handelnden. Wie Räume synthetisiert, also durch Erinnerungsprozesse konstituiert werden, ist von solchem geschlechts- und klassenspezifischem Habitus abhängig. «Einschluss und Ausschluss muss deshalb in vielen Räumen nicht über Verbot oder physische Gewalt organisiert werden, sondern geschieht über den Selbstausschluss durch Habitusreferenzen.» (Löw, 2001, 215) Diesen Zusammenhängen wird bei der Untersuchung von grenzüberschreitenden und transformierenden Kriterien diakonischer Funktionen von Kirchenräumen nachgegangen. Die Vesperkirchen zeigen in ihren Versuchen, die habituell gesteuerten Ausschlussprozesse in Kirchenräumen zu durchbrechen, dass diese tatsächlich vorhanden sind (vgl. Sigrist, 2013, 231–235).

Mit Ressourcen wie Reichtum oder Assoziationen verbunden ist – und dies ist die zweite grundlegende Beobachtung Löws – die Entstehung von Atmosphären (vgl. Löw, 2001, 204ff.). Löw knüpft an die Bestimmungen Gernot Böhmes an. Diese verbinden die eigene Produktivität von Atmosphären, die Menschen in Stimmung versetzen, mit der gezielten Machbarkeit von Atmosphären. Löw würdigt Böhmes Ansatz,

Dinge, Güter und Menschen mit Aussenwirkungen zu verstehen.[19] So gesehen können nach Löw Atmosphären als «sekundäre Objektivationen» (Löw, 2001, 229) verstanden werden, von Menschen produziert und gegenständlich, eben «objektiv» erfahren.

Neben den erwähnten Ressourcen wie Reichtum oder Wissen steht dem Menschen das Prestige als habitusprägender Faktor für die Konstituierung von Räumen zur Verfügung. Durch das Ineinandergreifen von inszenierten Platzierungen und des durch kulturelles und soziales Prestige geprägten Habitus desjenigen, der verknüpft und verbindet, eben «synthetisiert», entstehen demnach Atmosphären, die wahrgenommen werden. Über solch erfahrene Atmosphären bilden sich atmosphärische Qualitäten wie Wohlbefinden und Unbehagen, Sicherheit und Angst und Gefühle wie Zugehörigkeit und Fremdheit (Löw, 2001, 216).

Das grundlegende Gefühl, dazu zu gehören oder abgewiesen zu werden, hängt demnach vom Zusammenwirken vom Habitus des Raumkonstituierenden und dem Erzeugen von Atmosphären zusammen. Zusammenfassend erweitert Löw ihre definitorische Bestimmung: «*Die Aussage, Raum sei eine relationale (An-)Ordnung der sozialen Güter und Menschen an Orten, beinhaltet also auch, dass diese Anordnungen Atmosphären entwickeln, die im Verlauf des Handelns wieder in die Synthese einfliessen.* Atmosphären basieren auf den Lokalisierungen der Güter und Menschen, sind aber selber nicht lokalisiert.» (Löw, 2001, 229) Welch überraschende Nähe zur theologischen Aussage eines funktionalen Kirchenraums: Atmosphären, die gottesdienstliches Feiern erzeugen und unterstützen, basieren auf den Lokalisierungen von Feiernden, Tisch, Schmuck, Musikinstrumenten, Kleidung und Predigtort, sind aber nicht selber im Kirchenraum lokalisiert. In Alphütten oder Sauställen können sich gottesdienstliche Atmosphären genauso einstellen, wie es umgekehrt möglich ist, dass atmosphärisch in Kirchenräumen während des Gottesdiensts trotz aller Insze-

---

19 Nach Löw lässt jedoch Böhme ausser Acht, dass Atmosphären keine immer und überall gleicherweise gültige Kategorie darstellen, sondern unter dem Einfluss von Kultur und Sozialisation stehen. Sie sind die in der Wahrnehmung realisierten Aussenwirkungen sozialer Güter und Menschen in ihren räumlichen (An-)Ordnungen. Das Wahrgenommene wird dabei nicht nur als einfach so platziert und hingestellt gesehen, sondern diese Platzierungsprozesse sind Produkt von Inszenierungsarbeit. Das inszenierte und gestaltete Aussehen der sozialen Güter und Menschen bereitet die Aussenwirkung als Versuch vor, die beabsichtigte und zu realisierende Atmosphäre zu erzeugen.

nierung wenig «Gottesdienstliches» erspürt werden kann (vgl. Kapitel 5.3.1).

6.2.4. Atmosphären helfenden Handelns: Offenheit, Respekt und Präsenz

Wie der Kirchenraum im Verständnis eines relationalen Raums theologisch zu beschreiben ist, haben Tobias Woydack und Matthias Wüthrich aufgezeigt. Wüthrich (2010, 85ff.) weist auf drei Aspekte hin: 1. Der Kirchenraum ist relational auf das Wortgeschehen im Gottesdienst bezogen insofern, als er durch den Gemeindegottesdienst (re)konstituiert wird. 2. Der Kirchenraum kann als «heilig» gedeutet werden, indem er durch die subjektive oder kollektive Produktion von Raum «heilig» wird. «Heiligkeit» wird nicht substanz-ontologisch, sondern als Beziehungsqualität verstanden. 3. Aus der Raumtheorie Löws lässt sich die Erkenntnis gewinnen, dass die Konstitution des Kirchenraums nie geschlechtsneutral ist. Vielmehr werden bewusst oder unbewusst soziale und geschlechtsspezifische Machtverhältnisse (re)produziert.

Mit dem Fokus auf die Machtverhältnisse lässt sich in einem weiterführenden Schritt der Raumbegriff von Löw auf die Frage nach dem diakonischen Verständnis des Kirchenraums anwenden. Der diakonische Ansatz geht von einem Verständnis helfenden Handelns aus, das in Aufnahme von Lévinas' Ansatz als ein durch das Antlitz des Anderen verantwortetes Handeln verstanden wird. Helfen ist eine relationale wie machtkritische Kategorie. Denn im Antlitz des Anderen wird der Ruf eines Menschen in seiner Nacktheit und Not hörbar. Der Kirchenraum kann mit Blick auf den relationalen Raumbegriff nun nicht mehr als neutrale, rein funktionale Grösse beschrieben werden. Mit dem Bild des rufenden Anderen wird der Kirchenraum zum Klangraum, der durch die (An-)Ordnung von sozialen Gütern und Menschen an Orten so konstituiert ist, dass Menschen sich diesem Ruf nicht entziehen können. In diesem Ruf ist die Stimme des Unendlichen in seiner Anwesenheit und Entzogenheit vernehmbar. Es stellen sich Atmosphären ein, die Gewissheit ausstrahlen, gehört und gesehen zu werden (vgl. Kapitel 3.3.1). Der Kirchenraum enthält *diakonische* Bedeutung, weil er nicht mehr von der Diakonie am Anderen losgelöst werden kann. Der Kirchenraum ist nicht mehr neutral gegenüber der Art und Weise, wie der Ruf des Anderen von der Gemeinde oder einem Gast leiblich und räumlich erfahren wird. Was beim Helfenden wie auch Hilfeempfangenden vor sich geht, verändert den Raum und konstituiert diesen als diakonischen Raum. Der Zugang zu Reichtum, Wissen, Hierarchie und Assoziationen sind dem Blick des Anderen in seiner Ohnmacht nicht zu entziehen.

Aus dieser diakonischen Perspektive lässt sich ein machtkritischer Blick auf den Kirchenbau als Ostentation gewinnen, wie ihn Andreas Mertin (2006) entfaltet hat. Mertin weist in einem kunsthistorischen Überblick auf die jahrhundertelange ostentative Wirkung von Kirchenräumen hin, die weniger den Bedürfnissen der Menschen, geschweige denn denjenigen von Menschen in Not, als der Aufrechterhaltung von Prestige und Status dienten. Kirchenbauten und -räume sind – nicht nur, aber auch – seit jeher imperiale Gesten, die dem unbedingten Anspruch des Anderen ins Gesicht schlagen.[20] In ihren diakonischen Funktionen haben Kirchenräume dem Menschen und nicht dem Prestige oder der Sicherung von Ressourcen und Machterhaltung zu dienen.[21]

Atmosphärische Qualitäten werden sozial produziert und in räumliche Strukturen eingeschrieben. Mithilfe der Raumtheorie Löws sind Atmosphären helfenden Handelns im Kirchenraum beschreibbar. Sie sind sozial produziert und werden als «sekundäre Objektivationen» gegenständlich, also «objektiv» erfahren. Es lassen sich drei verschiedene Qualitäten jener Art von Atmosphäre beschreiben, die helfendes Handeln erzeugen, fördern und in räumlichen Strukturen einschreiben: *Offenheit, Respekt und Präsenz*.

Offenheit als erste atmosphärische Qualität entspricht dem Helfen als verantwortete Handlung dem Ruf des Anderen gegenüber und schreibt

---

[20] Doch nicht nur in der Vergangenheit, vermehrt auch in der Gegenwart lässt sich nach Mertin dieser ostentative Zug beobachten: «Erst in den letzten Jahren und angesichts des sich angeblich abzeichnenden Kampfes der Kulturen werden Kirchenbauten als ostentatives Zeichenensembles wieder entdeckt. Und wiederum ist es nicht die Religion und der Glaube [und die Diakonie, erg. CS], die hier zum Ausdruck kommen sollen. Vielmehr handelt es sich auch hier [...] um eine politische Strategie. Während viele Gemeinden und Kirchenvorstände sich eine Kirche wünschten, in der man ‹die Predigt allenthalben hören könnte› und in der ‹dieser gantzen Commun zu höchster Nothdurft› geistlich gedient werden könnte, geht es bei der symbolischen Besetzung von Räumen und Orten nicht um Predigt und Seelsorge, sondern um politische Theologie im Sinne der Funktionalisierung theologischer Gehalte zur Legitimierung politischer Positionen in der gegenwärtigen globalen Auseinandersetzung.» (Mertin, 2006, 5)

[21] Vgl. zur Problematik von Kirchenräumen und Macht: Sigrist, 2010a, 7–19.

sich relational leiblich wie räumlich in die Menschen und den Kirchenraum ein. Denn Helfen ist nicht möglich, wenn der Mensch verschlossen ist, das heisst in sich gekehrt und auf sich bezogen. Der Offenheit entspricht eine Haltung, die vom eigenen Wesen absieht, auf den Anderen zugeht und sich so dem Anspruch des Anderen öffnet. Folgerichtig werden Ressourcen für diakonische Raumkonstituierung nicht für sich gehortet, sondern mit anderen geteilt. Das Prestige zeigt sich im Antlitz des Anderen, die Macht spiegelt sich in der Ohnmacht des Antlitzes, das in seiner Nacktheit und Not ruft. Da Mensch und Raum relational aufeinander bezogen sind, vermag ein offener Mensch nichts in einem geschlossenen Raum. Einer offenen Haltung des helfenden Menschen entspricht der offene Kirchenraum als öffentlich wahrgenommener Raum. Atmosphärische Qualität von Offenheit wird nicht mit geschlossenen Kirchentüren erzeugt. Soziale Güter wie Bänke, Türen, Fenster, Stühle, Teppiche, geöffnete Bibeln und Gebetsbücher, sich öffnende und zugleich bergende Winkel für Einkehr und Orientierung genauso wie Verknüpfungen mit Erinnerungen und Wahrnehmungen von öffnender Haltung gegenüber Anklopfenden und Notleidenden konstituieren den Kirchenraum als diakonischen Raum.

Dazu kommt die Qualität des *Respekts*. Kirchenräume erzeugen Respekt nach innen wie nach aussen. Werden Atmosphären sozial produziert, so ist der Blick zurück auf den Anderen das Produkt des helfenden Menschen. Er wird durch die institutionalisierte Anordnung des Kirchenraums zu diesem respektvollen Blick bewegt. So, wie die Klagemauer bei Josef Tal mit ihrem weiten Raum ihr klagendes Echo in die Breite und nicht in die Höhe führt und dem Gebet einen anderen Sinn verleiht, verbreitet der Kirchenraum seine nach innen und aussen ausstrahlende Atmosphäre, die das Gefühl von Respektiertsein in dem, was jemand ist und hat, erzeugt. Mit der eingelagerten Erinnerung an den «Respekt des Unendlichen» gegenüber den Menschen verleiht der Kirchenraum dem Respekt einen tieferen Sinn, indem er den Menschen die Augen für das transzendierende respektvolle Wirken Gottes am Menschen öffnet.

In und rund um Kirchen konstituierten sich immer auch Räume respektvollen Umgangs. Waren es früher Spitäler und Armenküchen, sind es heute Plakate, Fahnen und Menschenansammlungen, die auf die Not und Nacktheit derer hinweisen, deren Respekt mit Füssen getreten wird. Im Kirchenraum selbst sind Güter und Menschen so zu platzieren und durch Syntheseleistungen zu verbinden, dass Schreie nicht überhört und leidende Menschen nicht übersehen werden. Damit Menschen gesehen und gehört werden, braucht es Stille und Ruhe, Reinheit und Ordnung, Würde und Anstand. Dem respektvollen Umgang mit dem Menschen entspricht eine Ästhetik der Achtsamkeit, die in den räumlichen Strukturen des Kirchenraums eingelagert ist. Die Atmosphäre des Kirchenraums erzeugt beim Menschen das Gefühl, sich dem Respekt heischenden Blick des Anderen nicht entziehen zu können.

Offenheit und Respekt sind angewiesen auf Atmosphären, die das Gefühl von wohltuender *Präsenz* erzeugen. Kirchenräume erzeugen mit ihren Atmosphären Präsenz durch die (An-)Ordnung von Gegenwart. In vielen Kirchen ist in den letzten Jahren ein Präsenzdienst eingerichtet worden. Gegenwärtig positionieren sich Freiwillige mit ihren Ressourcen an Zeit und Wissen, um für den Besuchenden auf Augenhöhe präsent zu sein. Präsent ist der Präsenzdienst dadurch, dass er den Anderen geistesgegenwärtig wahrnimmt und ihn in die Gegenwart von Raum und Mensch aufnimmt. Dazu gehören der Hinweis auf ein Seelsorgegespräch genauso wie die Toilettenbegleitung, das Vermitteln von sozialen Institutionen wie das Öffnen von Klage- und Gebetsräumen, die Information über das nächste Stadtfest wie die Vermittlung historischer Daten über den Kirchenbau.

Dem Kirchenraum wird die zentrale Qualität dieser Präsenz über die Erinnerung an die Präsenz Gottes eingeschrieben. Präsenz wird durch Angesprochenwerden und die Möglichkeit, auf das Angesprochensein zu reagieren, erzeugt. Menschen sind im Kirchenraum anzusprechen und ansprechbar. Im Präsenzdienst wird die Erinnerung an die Möglichkeit, angesprochen zu werden, mit der Begegnung des Anderen verbunden. Durch das Einräumen von Orten und Gütern für die Klage und das Lob gegenüber Gott eröffnet der Präsenzdienst im Kirchenraum Räume für das transzendierende Wirken Gottes am Menschen. Die Freiwilligen erzeugen durch Verhalten, Habitus und Einrichtungen eine Atmosphäre, auf die der Andere sich subjektiv mit der Zuversicht bezieht, dass wenigstens einer ihn hört, Gott, auch wenn niemand sich um ihn kümmert. Wenn jedoch einer hört, ist er präsent, gegenwärtig.

Durch das Transzendieren der Gegenwart stellt sich jene Geistesgegenwart ein, die über die Vorstellung des Raums als relationale (An-)Ordnung von sozialen Gütern und Menschen hinausführt und Geisterfahrungen über soziale Konstruktionen hinaus an Vertrauensaspekte des

Glaubens knüpft.[22] Durch die Erinnerung an den präsenten Gott, der mich anspricht und meine Klage hört, gelingt es, die Relationalität des Raums auf den Gottesgedanken selber und damit auf den leiblich erfahrenen Glaubenshabitus auszuweiten. Löw ist darin zuzustimmen, dass auf der Wahrnehmungsebene oft nicht die (An-)Ordnung, sondern die atmosphärische Qualität eines Raums erfahrbar ist (vgl. Löw 2001, 229). In der Wechselwirkung zwischen konstruierenden, so wahrnehmenden Menschen und der symbolisch-materiellen Wirkung des Wahrgenommenen entsteht im Kirchenraum in der Tat eine eigene Potenzialität, die als Atmosphäre jedoch – Löw weiterführend – transzendierende, performative, Grenzen überschreitende Wirkungen erzeugt.[23] In Anlehnung an Lévinas ist zu formulieren: Diese Potenzialität in der *diakonischen* Dimension bewirkt, anstatt der Spur zu Gott hin zu folgen, auf jene zuzugehen, die sich in der Spur halten. Auf die anderen zugehen heisst jedoch, ihnen *offen, respektvoll* und *präsent* zu begegnen. So begegnen Menschen Gästen. Der Kirchenraum in seiner Relationalität konstituiert sich als gastlicher Raum.

---

22 Michael Mayerfeld Bell sieht den Gedanken des «Geistes» als Zeichen eines früher anwesenden Dritten und definiert ihn als soziale Konstruktion, über die Erinnerungen an nicht mehr anwesende Menschen und vergangene Handlungen wachgerufen werden. «A crucial aspect of how we experience the person is our sense that the person has an animating spirit, a ghost, within. We also experience objects and places as having ghosts. We do so because we experience objects and places socially; we experience them as we do people. Through ghosts, we re-encounter the aura of social life in the aura of place.» (Bell, 1997, 821) Durch die Wahrnehmung der früheren Anwesenheit von Personen wird ein Ort als heiliger oder profaner Raum erfahren. Auf diese geistgewirkten Lokalisierungen von Räumen weist Stoetzer (2010, 97–99) hin. Doch Geisterfahrungen sind nicht ausschliesslich menschlich-soziale Konstruktionen. Auf diesen Punkt ist in Kapitel 7.3.3 vorliegender Arbeit noch einzugehen.

23 Auf diese weiterführenden Überlegungen weist Wüthrich mit dem Hinweis hin, dass eine theologische Verarbeitung der Löw'schen Raumtheorie noch zu leisten sei: Wüthrich, 2010, 87.

6.3. Sozialität des Raums

6.3.1. Der soziale Raum als Verobjektivierung sozialer Ungleichheiten: Zum Raumkonzept Pierre Bourdieus

Die Analyse der Veränderungsprozesse des Kirchenraums aus reformatorisch-reformierter Perspektive führte zum Zusammenhang zwischen sozialem Handeln des Menschen und physischem Kirchenraum als sakralem Raum in seiner nicht reduzierbaren Sozialität: Die diakonische Ausrichtung hat einen gekrümmten Raum zur Folge (vgl. Kapitel 5.5.3). Hinzu kommt die Beobachtung, dass trotz dem Trend zu virtuellen Räumen das Aufsuchen von Kirchenräumen für individuelle und kollektive Kontigenzbewältigungen zunehmend konstitutiv wird. Die Sozialität des Menschseins räumt sich ein.

Die sich gegenseitig beeinflussende Abhängigkeit zwischen dem sozial existierenden Menschen und dem physischen Lebensraum hat Pierre Bourdieu zum Gegenstand seiner wissenschaftlichen Arbeit gemacht. Dabei entwickelte er keine in sich geschlossene Raumsoziologie, sondern bildete seine theoretischen Ansätze aus immer wieder anderen Perspektiven heraus.[24] Bourdieu setzt bei Erfahrungen wie derjenigen algerischer Familien an, die – aus ihrem Elendsviertel in eine Sozialwohnung umgezogen – mit den impliziten Ansprüchen ihrer Umgebung überfordert sind, auch durch ihr fehlendes Wissen über den dem neuen Wohnviertel eingeschriebenen Lebensstil.[25] Oder Bourdieu erkennt in den Strukturen einer kabylischen Gesellschaft, insbesondere in deren geschlechterbezo-

---

24 Markus Schroer weist auf diesen Sachverhalt hin: Schroer, 2006, 82.

25 «Man kann durchaus ein Wohngebiet physisch belegen, ohne wirklich und streng im Sinne darin zu wohnen; wenn man nämlich nicht über die stillschweigend geforderten Mittel dazu verfügt, angefangen mit einem bestimmten Habitus. Das trifft etwa auf jene algerischen Familien zu, die aus einem Elendsviertel in eine Siedlung des sozialen Wohnungsbaus gezogen waren und sich wider Erwarten in der Situation wiederfanden, dass die so lange ersehnte Wohnung ihnen gleichsam ‹über den Kopf wuchs›, da sie ausserstande waren, ihren impliziten Ansprüchen nachzukommen, mangels der erforderlichen finanziellen Mittel, um die neu anfallenden Kosten zu decken (für Konsum, Gas, Elektrizität wie für Transport, Einrichtungen und so weiter), aber auch, weil ihnen der gesamte zumal auf die Frauen bezogene Lebensstil fehlte, der diesem scheinbar universellen Raum unterschwellig eingeschrieben war, angefangen mit dem Bedürfnis und der Kunst, Vorhänge anzubringen, bis hin zur Fähigkeit, in einer sozialen Umgebung von Unbekannten ungezwungen und frei zu leben.» (Bourdieu, 1991, 31)

genen Zweiteilung im Hausinnern, paradigmatische Ordnungsprinzipien und grundlegende Unterscheidungskriterien der Gesellschaft.[26] Wechselspiele und Veränderungsprozesse im gesellschaftlichen Leben sind nicht einfach Glückspiele wie beispielsweise Roulette. Letzteres wäre nach Bourdieu ein Bild «vollkommener Konkurrenz und Chancengleichheit, einer Welt ohne Trägheit, ohne Akkumulation und ohne Vererbung von erworbenen Besitztümern und Eigenschaften» (Bourdieu, 1997, 50). Eine solche Chancengleichheit existiert nicht.

Die Struktur sozialer Ungleichheiten konstituiert sich in räumlichen Gegensätzen und bildet den «sozialen Raum», «diese unsichtbare, nicht herzeigbare und nicht anfassbare, den Praktiken und Vorstellungen der Akteure Gestalt gebende Realität» (Bourdieu, 2006, 362). Die Menschen gestalten den sozialen Raum sowohl durch ihren «Habitus» als auch durch ihr Kapital. Mit dem Konzept des Habitus[27] verknüpft Bourdieu den sozialen Raum mit seinen Dichotomien von Nähe und Ferne, drinnen und draussen, Mann und Frau. Der Habitus umfasst Lebensgewohnheiten, die im Leben gelernt, angeeignet oder erarbeitet wurden. Er prägt so den Menschen als «Person» mit Gaben, Talenten und Fähigkeiten. Die Person verbindet sich mit anderen ähnlichen «Habitanten».[28] Die Wahrnehmung sozialer Nähe oder Ferne ist davon abhängig, wie vergleichbar die eigenen kulturellen und sozialen Vorstellungen oder Verhaltensweisen mit anderen sind. Der handelnde Mensch nimmt je nach Ausstattung mit seinen körperlichen Wahrnehmungs-, Einordnungs- und Handlungskonzepten einen bestimmten Platz ein. Diese «körperlichen Einschreibungen der Strukturen der sozialen Ordnung vollziehen sich sicher zu einem Grossteil vermittels der Verlagerungen und Bewegungen des Körpers, vermittels körperlicher Stellungen und Körperhaltungen, die durch jene in Raumstrukturen umgewandelten sozialen Strukturen organisiert und sozial qualifiziert werden als Aufstieg oder Abstieg, Eintritt (Einschluss) oder Austritt (Ausschluss), Nähe oder Ferne zu einem aufgewerteten Zentralort (denken wir an die Metapher des ‹Herdes›, dem Mittelpunkt des kabylischen Hauses) [...]» (Bourdieu,

---

26 Vgl. Bourdieu, 1991, 27. Vgl. auch seine Ausführungen zum kabylischen Haus als «verkehrte Welt»: Bourdieu, 1976, 48–65.

27 Vgl. zur Geschichte und theoretischen Einbettung des Begriffs Habitus bei Bourdieu: Rehbein/Saalmann, 2009, 110–113.

28 Vgl. Bourdieu, 1976, 189f.

1991, 27). Die inkorporierte Lebensweise prägt das Denken, Handeln und Wahrnehmen so stark, dass das «inkorporierte Kapital» nicht mehr als Besitz, sondern zum konstitutiven Bestandteil der «Person» wird: «‹Haben› ist ‹Sein› geworden» (Bourdieu, 1997, 56). Der innere Kern des Habitus zeigt sich im Stil der Person.[29]

Stil verbindet: «Der Begriff Habitus hat unter anderem die Funktion, die stilistische Einheitlichkeit zu erklären, die die Praktiken und Güter eines einzelnen Akteurs oder einer Klasse von Akteuren miteinander verbindet [...].» (Bourdieu, 2006, 359f.) Diese stilistische Vereinheitlichung bildet individuelle und kollektive Identität im Wechselspiel von Ein- und Ausschluss und hängt von den intrinsischen und relationalen Merkmalen eines Ensembles von ausgewählten Personen, Gütern und Praktikern ab. Der je unterschiedlich gestaltete Kirchenraum als «Wohnstube» (vgl. Kapitel 5.4.1) ist ein Beispiel für eine solche in den je eigenen Lebensstil der Kirchgemeinde rückübersetzte Position.[30]

Der soziale Raum manifestiert sich nicht nur, jedoch auch durch den Habitus aus räumlichen Gegensätzen oder Teilräumen. Bourdieu spricht in diesem Zusammenhang von einem «Ensemble von Subräumen oder Feldern» (Bourdieu 1991, 28). Diese Manifestation hat für Bourdieu zwei Effekte, die nach Markus Schroer (2006, 82) «als eine Art Grundmelodie sein gesamtes Werk begleiten». Einerseits ergibt sich aus ihr eine «Trägheit der für den sozialen Raum konstitutiven Strukturen». Diese sind das Resultat davon, «dass sie dem physischen Raum eingelagert sind und nur um den Preis zwangsläufig aufwendiger Umsetzungsarbeit verändert werden können: Durch Versetzung von physischen Gegenständen [...]» (Bourdieu, 1991, 26). Die gewaltigen Anstrengungen der Reformation, den Kirchenraum aufgrund der sozialen und theologischen Veränderungen physisch anzupassen, werden hier in Erinnerung gebracht. Anderseits ruft die «Einschreibung der sozialen Realitäten in die physische Welt» einen «Naturalisierungseffekt» hervor, der vorgibt, die aus sozialer

---

29 Weil sich der Habitus im «Stil» einer Person konturiert und artikuliert, kann das sich im Stil einer Person ausgestaltete inkorporierte «Kulturkapital» (Bourdieu 1997, 55) «nicht durch Schenkungen, Vererbung, Kauf oder Tausch *kurzfristig* weitergegeben werden» (Bourdieu, 1997, 56).

30 «Der Habitus ist das generative und vereinheitlichende Prinzip, das die intrinischen und relationalen Merkmale einer Position in einen einheitlichen Lebensstil rückübersetzt, das heisst in das einheitliche Ensemble der von einem Akteur für sich ausgewählten Personen, Güter und Praktiken.» (Bourdieu, 2006, 360)

Logik geschaffenen Unterschiede gingen «aus der Natur der Dinge hervor» (vgl. Bourdieu, 1991, 27). In Schroers prägnanten Worten lässt sich das so sagen: «Die räumliche Verobjektivierung sozialer Tatbestände verfestigt also nicht nur bestehende soziale Ungleichheiten, womit sie sich als Hemmschuh für sozialen Wandel erweisen, sie tragen zusätzlich noch zur Verschleierung sozial hergestellter Realitäten bei, in dem diese der ‹Natur der Dinge› […] zugeschrieben werden.»[31]

Jeder handelnde Mensch bezieht im sozialen Raum jeweils nur eine Position. Damit ist nach Bourdieu gegeben, dass der Raum die Funktion erfüllt, Unterscheidungen und Unterteilungen so vorzunehmen, dass Menschen mit ungleich ausgestattetem Kapital und Habitus sich nicht begegnen können. «Sozialer Raum: das meint, dass man nicht jeden mit jedem zusammenbringen kann – unter Missachtung der grundlegenden, zumal ökonomischen und kulturellen Unterschiede.» (Bourdieu, 1985, 14) Der Raum stabilisiert bestehende und manifestierte Ordnungen, die sich vielfach «vorhersagen» lassen. Wird der Kirchenraum in vorliegendem Kapitel unter dem Aspekt der Sozialität im Sinn des sozialen Raums analysiert, offenbart sich in der ordnenden und auch differenzierenden Funktion des Raums kritisches Potenzial. Die soziale Ausrichtung des theologischen Grundsatzes des Priestertums aller Gläubigen, das die Schranken zwischen profanem Kirchenschiff der Laien und sakralem Hochchor der Priester zugunsten des liturgischen Gemeindesubjekts hat fallen lassen, trägt in sich den Anspruch, im gleichen Raum gleichzeitig unterschiedliche Teilräume überlappend miteinander in Beziehung zu bringen. Zusätzliches Gewicht gewinnt dieses kritische Potenzial durch die egalitäre Ausrichtung der Glaubenden hinsichtlich der Christus-Orientierung, die jeden Unterschied relational zu Christus hin ausgleicht (vgl. Gal 3,28).

Die Einsicht Bourdieus, dass Menschen sich mit ihren Dispositionen positionieren[32], trägt klärend zur Frage nach den hierarchiekritischen

---

31 Man wird unweigerlich an die Argumentation Huldrich Zwinglis erinnert, der die archäologischen Ergebnisse des nachträglichen Altareinbaus im Grossmünster als weiteres Indiz für seine theologische Position des Abendmahls sah. Die von der Altkirche vertretene Position liegt nicht in der Natur der Sache, sondern ist nachträglich durch die soziale und theologische Logik räumlich eingebaut worden. (Vgl. Kapitel 5.2.2.)

32 Bourdieu beschreibt den Zusammenhang zwischen Dispositionen (Habitus) und Position so: «Vermittelt über den Raum der Dispositionen (oder Habitus) der Akteu-

theologischen Strukturen bei, die sich im Kirchenraum eingeschrieben haben und ihre Spuren hinterlassen. Die These Bourdieus (1991, 26f.) lautet: «In einer hierarchisierten Gesellschaft gibt es keinen Raum, der nicht hierarchisiert ist und nicht die Hierarchien und sozialen Distanzen zum Ausdruck bringt [...].» Stimmt diese These auch für den evangelisch-reformierten Kirchenraum?[33] Oder müssten da nicht eher mit Markus Schroer (2006, 102) auf die «ethnologisch-strukturalistischen Wurzeln der Behandlung des Raumproblems» hingewiesen werden, nämlich dass die Strukturen einer kabylischen Gesellschaft mit ihrer dichotomischen Unterteilung in oben, unten, innen, aussen, Mann und Frau nicht auf eine funktional differenzierende, Exklusion und Inklusion gleichzeitig in verschiedenen Teilräumen erfahrbaren (post)moderne Gesellschaft übertragbar sind?

Die Geschichtslosigkeit des strukturalistischen Ansatzes, den schon Martin Kronauer mit Blick auf die Luhmann'sche Dichotomie von Exklusion und Inklusion herausgehoben hat, ist auch bei Bourdieu zu finden, wenn dieser behauptet, dass die von ihm untersuchte «Zweiteilung des Inneren des kabylischen Hauses» als «paradigmatisch [...] für alle Teilungen innerhalb gesonderter Räume (in Kirche, Schule, öffentliche Räumlichkeiten und selbst noch Privathaus) gelten dürfte» (Bourdieu, 1991, 27). Auch wenn Bourdieu (1991, 27) einräumt, dass sich räumliche Repräsentationen sozialer Verhältnisse auf immer «diskretere Weise» niederschlagen, bleibt er seinem Grundsatz treu. Doch gerade Kirchenräume sind lebendige Beispiele für die Auflösung räumlicher Ordnungen in einer zunehmend funktionalisierten Gesellschaft, die sich an einem unscheinbaren Detail zeigt: Während früher im Kirchenraum Frauen links und Männer rechts Platz nahmen, schlägt sich die Zusammensetzung der sich als Gemeinde zusammenfindenden Menschen in vielen Kirchen heute nicht mehr unmittelbar in Raumstrukturen nieder. Bei

---

re, wird der Raum der sozialen Positionen in einen Raum der von ihnen bezogenen Positionen rückübersetzt; oder, mit anderen Worten, dem System der differentiellen Abstände, über das sich die unterschiedlichen Positionen in den beiden Hauptdimensionen des sozialen Raums definieren, entspricht ein System von differentiellen Abständen bei den Merkmalen der Akteure (oder der konstruierten Klassen von Akteuren), das heisst bei ihren Praktiken oder bei den Gütern, die sie besitzen.» (Bourdieu, 2006, 359)

33 Vgl. dazu die Ausführungen zu den Kriterien Egalität (Kapitel 7.3.1.1) und Optionalität (Kapitel 7.3.2.2).

Kasualien wie Beerdigungen und Trauungen spielt das individuelle oder kollektive Gedächtnis in der Frage nach Platzierung und Bewegung noch eine Rolle, bei Christnachtfeiern und Konfirmationen zeigt sich dessen Fehlen und die Überforderung, den Kirchenraum zu verstehen, im lauten Gerede noch während des Eingangsspiels oder im Wunsch, auf der Kanzel Platz zu nehmen, weil alle anderen Plätze belegt seien.[34]

Ist bisher der Fokus der Erläuterungen auf den sozialen Raum gelegt worden, so geht es Bourdieu grundlegend um die Bestimmung des Verhältnisses von sozialem und physischem Raum und deren Zusammenspiel. Programmatisch hält er fest: «Der soziale Raum ist nicht der physische Raum, realisiert sich aber tendenziell und auf mehr oder minder exakte und vollständige Weise innerhalb desselben […]. Der physische Raum lässt sich nur anhand einer Abstraktion […] denken, das heisst unter willentlicher Absehung von allem, was darauf zurückzuführen ist, dass er ein bewohnter und angeeigneter Raum ist, das heisst eine soziale Konstruktion und eine Projektion des sozialen Raums, eine soziale Struktur in objektiviertem Zustand (zum Beispiel kabylisches Haus oder Stadtplan), die Objektivierung und Naturalisierung vergangener wie gegenwärtiger sozialer Verhältnisse.» (Bourdieu, 1991, 28) Beide sind ihm nach abstrakt und real zugleich.[35]

—

34 Der kritischen Würdigung Markus Schroers ist zuzustimmen, wenn er in ihr festhält: «Aus Bourdieus Festhalten an einer stratifikatorisch gegliederten Gesellschaft und dem nur angedeuteten Hinweis auf eine abnehmende Deutlichkeit des räumlichen Ausdrucks der Gesellschaft ergibt sich die Frage, ob eine funktional differenzierte Gesellschaft überhaupt eine räumliche Ordnung annimmt und, falls ja, welche. Das Typische der funktional differenzierten Gesellschaft könnte gerade darin bestehen, dass sich ihre Zusammensetzung nicht mehr unmittelbar in Raumstrukturen niederschlägt.» (Schroer, 2006, 103)

35 An dieser Stelle wird nicht auf die in der Raumsoziologie heftig umstrittene Debatte eingegangen, ob sich nun der soziale, metaphorisch interpretierte relativistische Raum in den angeeigneten physischen, absolutistischen Raum einschreibt im Sinn des viel zitierten Bourdieu'schen Satzes «Kurzum, es ist der Habitus, der das Habitat macht, in dem Sinne, dass er bestimmte Präferenzen für einen mehr oder weniger adäquaten Gebrauch des Habitats ausbildet.» (Bourdieu, 1991, 32) Diese Meinung vertritt Martina Löw. Sie kritisiert die Einseitigkeit der Beziehung zwischen sozialem und physischem Raum. Ihrer Meinung nach nimmt sich Bourdieu mit ihr «die Möglichkeit, Wechselwirkungen zu untersuchen. Obwohl er selbst von räumlichen Strukturen spricht, gelingt es ihm nicht, die strukturierte Wirkung von Räumen zu berücksichtigen, […] Raum (ausser im metaphorischen Sinn) relativistisch oder relational zu denken.» (Löw, 2001, 183) Gilt es vielmehr zwischen beiden Räumen eine Wechsel-

6.3.2. Raumprofite

Der Zusammenhang zwischen Raum, Macht und sozialer Ungleichheit ist ein für die Frage nach der Sozialität des (Kirchen)Raums grundlegender Zusammenhang, mit dessen Hilfe sich die diakonischen Funktionen analytisch genauer fassen lassen. Auf diesen eingehend unterscheidet Bourdieu unterschiedliche Formen von «Raumprofiten», die aufgrund sozialer Auseinandersetzungen einzelnen Menschen oder Gruppen als objektivierter Zustand und lokal verortet zukommen. Drei Formen solcher «Lokalisierungsprofite» führt Bourdieu auf: 1. «Situationsrenditen», welche die Nähe oder Ferne zu den erwünschten beziehungsweise unerwünschten Menschen und Dingen bezeichnen. 2. Die «Okkupations- oder Raumbelegungsprofite», die eine Verfügungsmacht in Form von Besitz an physischem Raum zuspielt. Menschen oder Dinge, die stören, fallen in Misskredit. 3. «Positions-» und «Rangprofite» in Form einer renommierten Adresse als Form des symbolischen Profits oder Kapitals (vgl. Bourdieu, 1991, 30f.). Durch dieses Profitieren im Raum positionieren sich die Akteure, und durch die Position markieren sie «die feinen Unterschiede»[36] (vgl. Bourdieu, 1987). Der Mensch kann sich mit «feinen» Positions- und Rangprofiten wie dem des «demonstrativen Konsums» (Veblen, 1958, 79ff.) im Macht- und Verteilungskampf Raum

---

wirkung zu postulieren, sodass mit Recht die Formulierung umgekehrt werden kann? «Es ist das Habitat, das den Habitus macht», so die Meinung Martin Schroers (2006, 89). Festzuhalten bleibt Schoers grundlegender Ansatz, dass sich soziale Verhältnisse in räumliche Strukturen einschreiben und deshalb vom physischen Raum her die sozialen Strukturen herauszulesen sind. Auf den Kirchenraum übertragen heisst das: Der Kirchenraum erzählt gleichsam von den Machtverhältnissen, die er zum Ausdruck bringt mit der Position der Kanzel und hervorgehobenen Plätzen sowie mit der sozialen ungleichen Verteilung von Gütern und Menschen.

36 Unter diesem Titel fasst Bourdieu (1987, 784ff.) die Ergebnisse der Untersuchung zusammen, die 1963 bei 692 befragten Männern und Frauen aus Paris, Lille und einer anderen Kleinstadt durchgeführt wurde. In der Einleitung geht er auf zwei grundlegende Aspekte ein, die die Befragten im Bereich von Kunst und Konsum äusserten. Kunst und Konsum eignen sich für Bourdieu (1987, 27) glänzend «zur Erfüllung einer gesellschaftlichen Funktion der Legitimierung sozialer Unterschiede». Damit kann er als Vorreiter der Vertreter einer milieusensiblen Wahrnehmung der Gesellschaft angesehen werden, wie sie nun auch 50 Jahre später im religionssoziologischen Kontext Fuss zu fassen scheint. Erste «Gehversuche einer milieusensiblen Kirche» sind erfolgt (vgl. Ebertz/Hunstig, 2008; Krieg/Diethelm/Schlag, 2012).

aneignen.[37] Dafür ist Kapital notwendig, das ungleich verteilt ist. So entsteht die soziale Ungleichheit im sozialen Raum, die sich in räumlichen Gegensätzen konstituiert und Unterscheidungen erwirkt. «In Wirklichkeit ist der zentrale Gedanke, dass in einem Raum existieren, ein Punkt, ein Individuum in einem Raum sein, heisst, sich unterscheiden, unterschiedlich sein.» (Bourdieu, 2006, 361) Im Kirchenraum als sozialem Raum sind solch feine Unterschiede eingeschrieben, durch Kleidung, Stil, Habitus, Position des angeeigneten Platzes, etwa in der Kirchenbank.

Profitieren kann der handelnde Mensch im Raum, indem er sein Kapital als Verfügungsgewalt über den Raum einsetzt. Menschen und Menschengruppen stehen im ständigen Verteilungskampf um ihr ökonomisches, kulturelles und soziales Kapital. Und sie alle verschaffen «wiederum soziales, symbolisches Kapital – vermittels des Klub-Effekts, der sich aus der dauerhaften Zusammenfassung innerhalb desselben Raums (dem schicker Viertel oder dem Luxus-Wohngebiet) von Personen und Dingen ergibt, die sich darin ähneln, dass sie sich von der grossen Masse unterscheiden, denen gemein ist, nicht gemein zu sein [...]» (Bourdieu, 1991, 32). Der Ghetto-Effekt ist infolge dessen genau das Gegenteil des Klub-Effekts: «Während das Nobelviertel wie ein auf aktiven Ausschluss unerwünschter Personen beruhender Klub funktioniert und jeden seiner Bewohner symbolisch erhöht, indem es ihm erlaubt, am akkumulierten Kapital aller in ihm Wohnenden zu partizipieren, degradiert das Ghetto symbolisch seine Bewohner, indem es in einer Art Reservat Akteure sammelt, die, aller Trümpfe ledig, deren bedarf, um bei den diversen sozialen Spielen mitmachen zu können, nichts anderes gemeinsam haben als ihre gemeinsame Exkommunikation.» (Bourdieu, 1991, 32f.).

Doch gerade bei dieser Unterscheidung zwischen Klub- und Ghetto-Effekt, die beide in Kirchenräumen und Kircheninstitutionen durchaus auch feststellbar sind und auf die Spannung innerhalb einer Kirchgemeinde zwischen Offenheit und Abgeschlossenheit gegenüber Andersdenkenden und -glaubenden verweist, wird deutlich, dass Bourdieu hier nur mit Blick auf die exklusiven Räume argumentiert: Die einen haben

---

[37] Bourdieu (2006, 105) selber weist auf die Analyse von Thorstein Veblen hin. Diese Diskussion wird im Zusammenhang mit den ostentativen Wirkungen des Kirchenraums von Andreas Mertin (2006) aufgenommen und fliesst in vorliegender Arbeit in die Überlegungen zu den Wirkungen des Schutzraums ein (vgl. Kapitel 7.3.2).

Zugang zu Kapital, den anderen ist dieser grundsätzlich verwehrt. Im Anschluss an die Inklusions-Exklusions-Debatte (vgl. Kapitel 3.3.3) ist jedoch mit Markus Schroer anzunehmen, dass es in beiden Räumen beides gibt, Ausschluss- und Aneignungsmechanismen, die auf andere Räume Privilegierter oder Marginalisierter übergreifen: «Deutlich würde, dass sich marginalisierte Gruppen Raum auf ihre Weise aneignen, bereits bestehende Räume umdeuten und dass es zu einer Zweitaneignung von vorhandenem Raum in einer Weise kommt, die sich die auf Besitz und dessen Verwaltung konzentrierten kapitalstarken Gruppen womöglich gar nicht vorstellen können.» (Schroer, 2006, 104) Solche Aneignungsprozesse können in zugewiesenen Räumen[38] oder auch in situativ neu besetzten, fremden Räumen geschehen. Kirchenräume als öffentliche Zeichen der Religion sind dafür sehr attraktiv. Beispiele, die das bezeugen, sind die Besetzung solch privilegierter öffentlicher Räume durch nichtprivilegierte exkludierte Gruppen wie Sans-Papiers,[39] das Aufhängen von Transparenten an Kirchtürmen[40] oder das Sprayen von Graffiti

---

38 Claudia Schulz zeigt solche Aneignungsprozesse, in denen sich soziale Verhältnisse in die ihnen zugewiesenen räumlichen Strukturen einschreiben, am Beispiel Hamburgs auf (vgl. Schulz, 2007, 111–124).

39 Das Grossmünster wie auch die Predigerkirche sind in den Jahren 2007 und 2008 von Sans-Papiers besetzt worden. Daraus entwickelte sich eine intensive Zusammenarbeit zwischen Staat und Kirchen. Es wurde das Solidaritätsnetz Zürich gegründet, das alle kirchlichen und nichtkirchlichen Initiativen und Gruppen zusammenfasst. Der Offene St. Jakob mit seiner Citykirchenausrichtung veranstaltete mehrmals öffentliche Anlässe zum Thema Asyl und Sans-Papiers. Vgl. auch Kapitel 7.2.2.

40 Beobachtungen aus Zürich: Im Zusammenhang mit der sogenannten Minarett-Initiative wurde beim Offenen St. Jakob ein Transparent mit der Aufschrift: «Bin auch ich ein Minarett?» aufgehängt (vgl. Sigrist, 2010, 9). Jüngstes Beispiel am Grossmünster: Am 20. August 2012 hängten Aktivisten vom Karlsturm ein Transparent im Zusammenhang mit der Verurteilung der Punkband «Pussy Riot» in Russland mit der Aufschrift auf: «Free pussy riot. Fuck Putin now!» (vgl. Tages-Anzeiger, 21. August 2012, S. 17). Karikaturist Felix Schaad potenziert diese Aussage zusätzlich mithilfe des symbolischen Kapitals der Grossmünster-Türme als «Ausrufzeichen» und Garanten für die Wahrnehmung der Öffentlichkeit, indem er die öffentliche Debatte um die Herausgabe von Mitarbeiterdaten durch die Banken an die USA in ein zweites fiktives Transparent mit den Worten fliessen lässt: «Gegen die Auslieferung von Mitarbeiterdaten!» Am Turm hängend sieht man einen Aktivisten rufen: «Sorry die Störung – aber wir haben auch gerade ein Problem mit dem Rechtsstaat […]!» (Tages-Anzeiger, 21. August 2012, 1).

an Kirchenmauern.[41] Eine symbolische, ästhetische, sprachliche oder grafische Aneignung des Raums muss in diesem Zusammenhang genauso in den Blick genommen werden wie die Inanspruchnahme des Raums durch den eigenen Körper oder durch Güter und Menschen.[42]

Von der Sozialität des Raums kann insofern gesprochen werden, als sich trotz der angeführten kritischen Beurteilung des grundlegenden Ansatzes von Bourdieu soziale Verhältnisse in räumlichen Gegensätzen manifestieren. Der Blick des Anderen, dem man sich nicht entziehen kann, hat den gekrümmten Raum zur Folge, indem einander nicht der Rücken, sondern das Gesicht zugekehrt wird. Der räumlichen Anordnung der zentralen Perspektive entspricht die Integration des Anderen, seine Aufnahme in die Mitte. Bestimmte Räume fordern bestimmte Kapitalien ein. «Neben ökonomischem und kulturellem Kapital erfordern bestimmte Räume, insbesondere die geschlossensten, die ‹exklusiven›, auch soziales Kapital.» (Bourdieu, 1991, 32).

Der Kirchenraum ist ein derart bestimmter Raum. Wie diese Kapitalformen mit Blick auf den Kirchenraum als «symbolisches» Kapital verstanden werden können und als Theorieansatz dem Verständnis des Kirchenraums in seiner diakonischen Dimension dienen, wurde einführend aufgezeigt (vgl. Kapitel 1.2.1.2). Im Zusammenhang mit dem «exklusiven» Kirchenraum tritt das soziale Kapital in den Vordergrund. Durch die genaue Analyse des sozialen Kapitals werden Aspekte sozialen Verhaltens deutlich, mit denen helfendes Handeln als diakonische Funktion des Kirchenraums analytisch besser gefasst werden kann.

---

41 Immer wieder werden Graffiti an die Mauern des Grossmünsters gesprayt.

42 Die so verstandene Inanspruchnahme des Kirchenraums erlebt der Autor vorliegender Arbeit wiederholt bei Konfirmationen. Eltern, Paten und Patinnen kämpfen um die besten Plätze, reservieren Bänke und belegen diese mit persönlichen Gegenständen. Sie vertreiben so die «Stammgäste» der Gottesdienstgemeinde, die sich durch das Jahr hindurch am Sonntagmorgen versammelt. Konflikte und Spannungen vor dem Beginn des Gottesdiensts gehören zum Alltag. Sie lösen bei anderen vielfach Kopfschütteln aus: «Beim Gottesdienst sollte doch nicht gestritten werden, schon gar nicht in einer Kirche!» Das soziale Kapital wird zum symbolischen Kapital, mithilfe dessen Konflikte innerhalb des Kirchenraums anders zu lösen wären als ausserhalb.

6.3.3. Soziales Kapital: Grenzen, Beziehung, Delegation, Repräsentation

In Kapitel 1.2.1.2 vorliegender Arbeit wurde mit Blick auf eine diakonische Kirchenraumnutzung bereits auf die Relevanz von Bourdieus Begriff des «symbolischen Kapitals» hingewiesen. Das ist nun genauer auszuführen. Nach Bourdieu ist Kapital «akkumulierte Arbeit» in Form von Materie oder in «verinnerlichter», «inkorporierter» Form. Auf drei Arten kann das Kapital auftreten: «Das *ökonomische Kapital* ist unmittelbar und direkt in Geld konvertierbar und eignet sich besonders zur Institutionalisierung in der Form des Eigentumsrechts; das *kulturelle Kapital* ist unter bestimmten Voraussetzungen in ökonomisches Kapital konvertierbar und eignet sich besonders zur Institutionalisierung in Form von schulischen Titeln; das *soziale* Kapital, das Kapital an sozialen Verpflichtungen oder «Beziehungen», ist unter bestimmten Voraussetzungen ebenfalls in ökonomisches Kapital konvertierbar und eignet sich besonders zur Institutionalisierung in Form von Adelstiteln.» (Bourdieu, 1997, 52f.) Kapital, das von Akteuren als selbstverständlich erkannt und anerkannt wird, kann zum symbolischen Kapital werden. Jede Art von Kapital kann durch solche «performative Wirksamkeit» zu symbolischem Kapital werden.

Was mit Blick auf den Kirchenraum in seiner allgemeinen Wahrnehmung für die Beschreibung einsichtig war, gewinnt nun hinsichtlich der Frage nach der Sozialität des Raums an Relevanz. Bourdieu definiert soziales Kapital als «die Gesamtheit der aktuellen und potenziellen Ressourcen, die mit dem Besitz eines dauerhaften Netzes von mehr oder weniger institutionalisierten *Beziehungen* gegenseitigen Kennens oder Anerkennens verbunden sind; oder, anders ausgedrückt, es handelt sich dabei um Ressourcen, die auf der *Zugehörigkeit zu einer Gruppe* beruhen» (Bourdieu 1997, 63). Die Gruppe besitzt dieses Kapital als Sicherung; es verleiht ihr «Kreditwürdigkeit». Nur in symbolischen und materiellen Austauschbeziehungen kann Kredit und Würdigkeit hergestellt werden, deshalb hängt der Umfang des Sozialkapitals von der Ausdehnung des Netzes und dem Umfang des Kapitals in seiner dreifachen Ausrichtung ab. Menschen profitieren dank ihrer Zugehörigkeit. Diese Profite sind Grundlage für Solidarität, die wiederum diese Profite ermöglicht (vgl. Bourdieu 1997, 64). Soziales Kapital als Ressourcen einer Gruppe trägt vier unterschiedliche Qualitäten in sich, die in gegenseitiger Wechselbeziehung Kreditwürdigkeit und Profite sichern. Diese Qualitäten sind

Grenzen, Beziehung, Delegation und Repräsentation. Die Analyse Bourdieus eröffnet klärende und überraschende Perspektiven für die Beschreibung des helfenden Handelns im Kirchenraum unter dem Blick der Sozialität des Raums. Eine kleine Kriteriologie sozialen Kapitals wird im Folgenden in wenigen Strichen nachgezeichnet.

6.3.3.1. Kirchenraum: Grenzen werden entgrenzt

Die Existenz eines Beziehungsnetzes ist nach Bourdieu weder natürlich noch sozial einfach so «gegeben», sondern das Produkt der Arbeit an Institutionalisierung mittels Institutionalisierungsriten. Das Netz von Beziehungen ist «das Produkt individueller oder kollektiver Investitionsstrategien, die bewusst oder unbewusst auf die Schaffung und Erhaltung von Sozialbeziehungen gerichtet sind, die früher oder später einen unmittelbaren Nutzen versprechen» (Bourdieu, 1997, 65). Zufällige Beziehungen werden so in nachhaltige und dauerhafte umgewandelt, die Verpflichtungen nach sich ziehen. Bourdieu (1997, 65) spricht in diesem Zusammenhang von bestimmten sozialen Institutionen, die «eine symbolische Wirklichkeit schaffen, die *den Zauber des Geweihten* in sich trägt». Dieser Zauber erzeugt «weihevolle Atmosphären», die durch den Austausch ständig reproduziert werden und Tauschgegenstände zu Zeichen der Anerkennung machen. Diese gegenseitige Anerkennung reproduziert die Gruppe und bestätigt ihre Grenzen, ausserhalb derer Austauschbeziehungen nicht stattfinden können und sollen. Die Folge davon ist: «Jedes Gruppenmitglied wird so zum Wächter über die Gruppengrenze.» (Bourdieu 1997, 66)[43]

Institutionen bedienen sich für das Zusammentreffen von Menschen, die mit Blick auf das Gruppenüberleben und -leben möglichst homogen sein sollen, mit Anlässen, dem Einrichten von Orten und Praktiken (vgl. Bourdieu, 1997, 66f.). Die Nähe zur Institution Kirche ist mit Händen zu greifen: Kirchen organisieren Gemeindeanlässe, Mittagstische, Seniorennachmittage und Ferienwochen, richten «ihre» Kirche exklusiv und auf die Mitglieder ihrer Kirchgemeinde abgestimmt ein und bieten Gottes-

---

[43] Bourdieu fügt hier mit Blick auf den systemischen Ansatz das Heiraten als Beispiel eines solchen Wächteramts an, «denn mit der Einführung neuer Mitglieder in eine Familie, einen Clan oder einen Club wird die Definition der ganzen Gruppe mit ihren Grenzen und ihrer Identität aufs Spiel gesetzt und von Neudefinitionen, Veränderungen und Verfälschungen bedroht» (Bourdieu, 1991, 66).

dienste, Rituale bei Übergängen und «religiöse Zeremonien» (Bourdieu, 1997, 67) zu bestimmten Tageszeiten oder Ereignissen in Gesellschaft und Familie an. In Kirchgemeinden mit ihren Räumen wird die Zugehörigkeit zur Gemeinde durch den Austausch verschiedenster Güter reproduziert, die Atmosphären mit dem Gefühl der Zugehörigkeit und der gegenseitigen Hilfe erzeugen. Ja, es liegt ein Zauber auf diesem Zugehörigkeitsgefühl, einem Gefühl, das die Mitglieder in besonderem Mass weiht und lesbar macht. Menschen, die im Kirchenraum zusammenfinden, erfahren diese Weihe und Lesbarkeit darin, dass sie augenblicklich Mitglieder der einen Familie Gottes werden. Sie werden Schwestern und Brüder genannt. Das geschwisterliche Verhalten innerhalb von Familien wird auf das Verhalten dem Nächsten gegenüber ausgeweitet: So, wie ich einem Bruder und einer Schwester zu begegnen habe, habe ich mich auch gegenüber meinem Nächsten zu verhalten. Ich verhalte mich innerhalb der Familie jedoch so, dass ich einerseits helfe und anderseits zulassen darf, auf Hilfe selbst angewiesen zu sein. Hilfsbedürftigkeit und Hilfsbereitschaft werden ausgetauscht und dabei die Anerkennung als Familienmitglied reproduziert.

Diese Übertragung des Modells familiärer Zugehörigkeit auf das helfende Handeln liegt implizit dem Gleichnis des barmherzigen Samaritaners zugrunde und ist vom Neutestamentler Gerd Theissen nachhaltig aufgedeckt worden.[44] In dieser Übertragung liegt in zweifacher Weise ein kritisches Potenzial gegenüber Grenzziehungen als Gruppenidentität stiftendes und -erhaltendes soziales Kapital. Mit der Übertragung des

---

44 Gerd Theissen weist im Zusammenhang mit dem evolutionären Argument, das Hilfe als dysfunktionale Gegenselektion beschreibt, darauf hin: «Indem Menschen Verwandschaftsbegriffe wie ‹Bruder› und ‹Schwester› oder soziale Kategorien wie ‹Nächster› und ‹Nachbar› in ihrer Sprache auf andere übertragen, wird es möglich, auch das Brüdern und Schwestern geltende Verhalten auf andere zu übertragen. Die Ausweitung von Begriffen und Verhalten geht Hand in Hand. Man kann hier von einem ‹Wortgeschehen› sprechen, das die Wirklichkeit verändert. Genau an dieser Stelle wird Religion wirksam: Ihre Bilder und Metaphern lassen uns den anderen Menschen als ‹Nächsten› und als ‹Bruder› und ‹Schwester› sehen. Wo in vollem Ernst geglaubt wird, dass in Notleidenden die ‹geringsten Brüder› begegnen, mit denen sich der Weltenrichter selbst identifiziert (Mt 25, 31–46), da werden Energien für fremde Menschen mobilisiert, die nach soziobiologischen Erkenntnissen dauerhaft *nur* durch allernächste Verwandte aktiviert werden können.» (Theissen, 2006, 105) Mit dem Sprachgeschehen ist die Nähe zum Begriff des Performativ mit Händen zu greifen: vgl. Kapitel 6.4.2.

symbolisch aufgeladenen Bilds der Familie Gottes ereignet sich einerseits eine Ausweitung der Grenzen hin zum Fremden, der seinen Anspruch auf Zugehörigkeit zur Gruppe durch den Übertritt in den Kirchenraum stellt. Anderseits wird das durchaus einsichtige Bedürfnis nach Sicherheit und Kreditwürdigkeit durch die Verletzlichkeit des Anderen irritiert, der alles andere als Sicherheit, Kredit und Würdigkeit ausstrahlt noch sie besitzt. Kirchenräume sind Orte, wo die ausgetauschten Verletzlichkeiten zu Zeichen der Anerkennung gemacht werden und jedes Gruppenmitglied in die Verantwortung genommen wird, als Teil des «Wächteramts» über Grenzen und damit über exkludierende und inkludierende Kräfte zu wachen, und zwar nach innen: innerhalb des Kirchenraums und – ausserhalb des Kirchenraums – innerhalb der Gesellschaft.[45]

6.3.3.2. Kirchenraum: Beziehungen entschränken

Für Bourdieu ist eine «unaufhörliche Beziehungsarbeit» für die Reproduktion von Sozialkapital notwendig. Diese Arbeit an der Beziehung ist von einem ständigen Austausch, auch von Geld und Zeit, und gegenseitiger Anerkennung begleitet. Mit Blick auf den Kirchenraum ist der Hinweis auf eine spezielle Kompetenz interessant, die diese Arbeit erfordert, «nämlich die Kenntnis genealogischer Zusammenhänge und reeller Beziehungen sowie die Kunst, sie zu nutzen» (Bourdieu, 1997, 67). Diese Kompetenz ist Teil des Sozialkapitals und wirkt sich direkt auf den Ertrag der Beziehungsarbeit aus. Je höher die Kompetenz, desto grösser wird das soziale Kapital, denn die durch ererbtes Sozialkapital erworbenen Kompetenzen wandeln Gelegenheitsbeziehungen in dauernde und verlässliche Beziehungen um und tragen so zur Sicherheit und auch zur Kreditwürdigkeit einer Gruppe bei. Menschen mit solcher Kompetenz zu kennen, lohnt sich.[46]

---

45 Mit diesem Aspekt des «Wächters» und des «Wächteramts» wird eine zentrale Einsicht Evangelisch-reformierter Kirche aufgenommen: «Die Landeskirche nimmt das prophetische Wächteramt wahr. In der Ausrichtung aller Lebensbereiche am Evangelium tritt sie ein für die Würde des Menschen, die Ehrfurcht vor dem Leben und die Bewahrung der Schöpfung.» (Art. 4, Abs. 2 in: Evangelisch-reformierte Landeskirche des Kantons Zürich, 2010, 26)

46 Bourdieu erklärt diesen Sachverhalt am Beispiel des Familiennamens: «Deshalb sind die Träger eines berühmten Familiennamens, der auf ein ererbtes Sozialkapital deutet, in der Lage, alle ihre Gelegenheitsbekanntschaften in dauernde Beziehungen umzuwandeln: Wegen ihres Sozialkapitals sind sie besonders gefragt. Weil sie bekannt

Wird diese Einsicht auf das soziale Kapitals helfenden Handelns in Kirchenräumen bezogen, gewinnt man einen überraschenden Blick auf die theologische Kompetenz der Reformatoren, das wahre Bild des Menschen im Kirchenraum als Ebenbild Gottes zu entdecken. Mit den Worten Bourdieus veränderten sich so die Kapitalarten im Kirchenraum auf eine geradezu dramatische Art und Weise zu jenem symbolischen Kapital, das helfendes Handeln entlockt und bewirkt. Das kulturelle Kapital, gemalt und sichtbar gemacht in den Altären und Bildern, verwandelte sich in soziales Kapital einer zielgerichteten Gruppenzugehörigkeit von Menschen. Die Beziehungsarbeit erzeugt durch Investitionsstrategien wie Geld (Kollekte) und Zeit (Gottesdienste), jedoch auch durch die Kompetenzaneignung, in der Muttersprache die theologischen Einsichten in die «genealogischen Zusammenhänge» der Geschichte Gottes mit den Menschen einzuschreiben, in zweierlei Hinsicht zielgerichtete Wirkung. Einerseits geschieht in der Umwandlung von kulturellem in soziales Kapitel eine Transformation von ästhetisch rezeptiver in ethisch konstruktive Arbeit, indem anstelle des statischen Altars der dynamische Gemeinschaftstisch tritt, statt meditativer Einkehr angesichts des Heiligen diakonische Hinkehr zum Anderen als Ebenbild Gottes. Dieser auf die konkrete Aktion ausgerichteten Arbeit ist anderseits eine theologisch bestimmte Wahlkompetenz inhärent, die handlungsleitend in der für die Sozialiät eines Raums so wichtigen Beziehungsarbeit ist. Theologisch wird besagte Kompetenz reformatorisch durch die aus der Bibel gewonnene Einsicht unterlegt, dass die wahren Bilder Gottes nicht die von Menschenhand gefertigten Bilder der Heiligen, sondern die Menschen als Ebenbilder Gottes sind. Doch es sind nicht einfach die Menschen, sondern es sind die Menschen in ihrer Armut und Bedürftigkeit, weil Christus sich in ihnen zeigt. Prioritär wird der Mensch in seiner Armut; das Ziel der Beziehungsarbeit ist deshalb der Arme. Im Übergang vom Verehren zum Helfen liegt die Option für den Armen, nicht als Chiffre befreiungstheologischer oder politischer Ausrichtung, sondern als funktionale Beschreibung der Ausrichtung. Kirchenräume sind Orte, wo die Wahl zugunsten von demjenigen getroffen wird, der keine Wahlmöglich-

---

sind, lohnt es sich, sie zu kennen. Sie haben es nicht nötig, sich allen ihren ‹Bekannten› selbst bekanntzumachen, denn es gibt mehr Leute, denen sie bekannt sind, als sie selber kennen.» (Bourdieu, 1997, 67)

keiten und daher kein soziales Kapital hat, derjenige, der keine Sicherheit und Kreditwürdigkeit für Zugehörigkeit und Teilhabe besitzt.

6.3.3.3. Kirchenraum: Delegation zum Hilfehandeln

In allen Gruppen – und kirchliche Gruppen sind dazu zu zählen – gibt es «institutionalisierte Formen» der Delegation. «Dadurch wird es möglich, das gesamte Sozialkapital, aufgrund dessen die Gruppe (Familie, Nation, oder auch Verband oder Partei) existiert, in den Händen eines Einzelnen oder einiger Weniger zu konzentrieren. Der mit ‹plena potestas agendi et loquendi› ausgestattete Bevollmächtigte wird beauftragt, die Gruppe *zu vertreten,* in *ihrem Namen* zu handeln, zu sprechen, und so, aufgrund des allen gehörenden Kapitals, eine Macht auszuüben, die in keinem Verhältnis zu seinem persönlichen Gewicht steht [...]» (Bourdieu, 1997, 68)

Die institutionalisierte Delegation konzentriert soziales Kapital durch Abgrenzung von Verantwortungsbereichen und die Aufnahmeregelung der Gruppenmitglieder und Beauftragten. In Bezug auf dieses Delegationsprinzip stellt Bourdieu die «paradoxe Eigenschaft» fest, «dass der jeweilige Mandatsträger die im Namen einer Gruppe angesammelte Macht auch über und bis zu einem gewissen Grad auch gegen diese Gruppe ausüben kann». Damit trägt das Delegationsprinzip das «Prinzip der *Zweckentfremdung»* in sich, indem Delegation und Beauftragung bei grösseren Gruppen «Voraussetzung für die Konzentration von Sozialkapital» und damit zweckentfremdet werden (Bourdieu, 1997, 68f.).

Das Delegationsprinzip, wird es auf das soziale Kapital helfenden Handelns im Kirchenraum übertragen, eröffnet zusätzliche Perspektiven auf den Raum selber, auf die Angestellten und Freiwilligen, die den Raum erschliessen, sowie auf die Zweckentfremdung der Macht des Helfens. Über Bourdieu hinausgehend kann man mit Blick auf den relationalen Raum und auf die Wechselwirkung zwischen dem Sozialen und dem Räumlichen, wie sie Martina Löw in ihrer Kritik Bourdieus hervorgehoben hat, diese Einsicht auch dem Kirchenraum einschreiben. Kirchenräume als öffentliche Zeichen der Religiosität (Hoburg) vertreten in der Tat gleichsam in personalisierter Art und Weise die *plena potestas agendi et loquendi* in dem Sinn, dass die differenzierte und differenzierende Gesellschaft den Kirchenräumen folgende Wirkung zuschreibt: Wenigstens hier, in Kirchenräumen, bekommt der Mensch in seiner Würde und das Leben in seiner transzendierenden Kraft Platz.

Kirchenräume schreiben in ihrer performativen Kraft stellvertretend für andere Räume helfendes Handeln in Menschen ein. Nehmen Kirchenräume solche delegierende Aufgaben nicht mehr wahr, verlieren sie ihre Lesbarkeit. Irritation und Orientierungslosigkeit ist die Folge. Zum Zweiten tragen Angestellte und Freiwillige mit ihrem Dienst im Kirchenraum durch ihre Delegation zur Konzentration des sozialen Kapitals helfenden Handelns bei. Wie bei der Analyse des diakonischen Ansatzes ersichtlich, kann diese im Delegationsprinzip eingelagerte Beauftragung mit dem griechischen Lexem *diakonia* übersetzt werden (vgl. Kapitel 3.1.1). Dem diakonischen Auftrag entspricht in engster Weise also die den Kirchen delegierte Aufgabe, dem aufsuchenden Menschen rund um den Kirchenraum zu helfen. Dieses Mandat bedeutet auch Macht. Dieses Machtverständnis wirft den Blick ein weiteres Mal auf deren Zweckentfremdung zugunsten ostentativer Wirkung von Raum wie auch von Personal. Im Unterschied zu anderen Gruppen und Institutionen bleibt sich die Kirche mit ihren Räumen und Mitgliedern bewusst, dass sich die «Endlichkeit des menschlichen Lebens und die körperliche Gebundenheit an Raum und Zeit» trotz des Prinzips der Machtdelegation an eine Person gerade *nicht* überwinden lässt (vgl. Bourdieu, 1997, 69).

6.3.3.4. Kirchenraum: Repräsentation der Hilfebedürftigen

Dass soziales Kapital zweckentfremdet werden kann, beruht nach Bourdieu auf der Tatsache, «dass eine Gruppe in ihrer Gesamtheit von einer klar abgegrenzten und jedermann deutlich sichtbaren, von allen gekannten und anerkannten Teil-Gemeinschaft *repräsentiert* werden kann». Modell für diese Art der Repräsentation ist für Bourdieu der Adel: «Der Adelige ist die zum Individuum gewordene Gruppe. Er trägt den Namen der Gruppe, sie den seinen.» (Bourdieu, 1997, 69) Diese Logik kann auf die Identifikation einer Person wie auch von Parteien, Gewerkschaften oder sozialen Bewegungen übertragen werden.

Potenziell gilt diese Logik auch für Kirchenräume und Mitglieder von kirchlichen Institutionen. Der Kirchenraum ist die zum einen Raum gewordene Kirche. Er trägt den Namen der kirchlichen Gruppen, sie den seinen. Diese Übertragungsmechanismen tragen performative sprachliche Macht in sich, die in Verlautbarungen wie «Ja, wissen Sie, Herr Pfarrer, ich bin schon Christ und zähle mich auch dazu. Ich zahle auch Kirchensteuern, doch ich gehe halt nicht in die Kirche» zum Ausdruck kommen. Mit derartigen Aussagen ist in erster Linie der Besuch des

Gottesdiensts am Sonntagmorgen gemeint, doch wird der Kirchenraum als solcher meist mitimpliziert. Doch nicht nur auf den Kirchenraum, sondern auch auf das Personal und insbesondere auf die Pfarrperson übertragen Mitglieder von Gruppen repräsentative Macht: «Sie sind doch die Kirche!» ist ein viel gehörter Satz im Berufsleben eines Pfarrers. Die Gefahr der Logik der Repräsentation liegt nach Bourdieu im Phänomen des «Personenkults» als Wirkung der Gruppenidentifikation mit dem jeweiligen Führungspersonal. Diese Wirkung erzeugt jene symbolische Macht, die dank der Logik des Kennens und Anerkennens soziales Kapital in symbolisches Kapital verwandelt.

Die Reformatoren waren sich dieser Logik sehr wohl bewusst. Die Denkstruktur des «Priestertums aller Glaubenden», assoziativ mit Bildern wie dem des Leibs Christi unterlegt, wirkte als symbolische performative Kraft gegen den Personenkult von Heiligen und Kirchenfürsten. Der Gefahr des Heiligenkults in Form von Bilderverehrung und Altarmessen wurde mit der theologischen Metapher des armen Menschen als wahres Bildnis Christi begegnet. Damit ist das Potenzial der Repräsentation göttlicher Macht von den Altar- und Heiligenbildern zum verarmten Christen als wahrem Repräsentanten christlichen Lebens transferiert. Darüber hinaus wurde der Kirchenraum leergeräumt, um der Zweckentfremdung sozialen Kapitals in ostentative Machtzeugnisse räumlicher Strukturen zu entkommen. Der leere Raum trägt in sich das Potenzial, dem Nichtrepräsentativen und deshalb Ohnmächtigen Raum zu verschaffen. Dadurch präsentiert nun jene Gruppe, die solch Nichtrepräsentatives an sich hat, als klar abgegrenzte und von allen gekannte und anerkannte Teilgemeinschaft die Gesamtheit der Menschen und wird so zur Trägerin symbolische Macht.

6.4. Potenzialität des Raums

6.4.1. Potenzieller Raum (potential space): Zum Raumkonzept Donald W. Winnicotts

Mit der Potenzialität kommt neben der Relationalität und Sozialität jene dritte Leitperspektive in den Blick, die als Vorgabe des Raums eng mit Grenzerfahrungen, Grenzziehungen und Grenzüberwindungen verbunden ist. Im Zusammenhang mit der Frage nach der Sakralität des Kirchenraums als dessen ursächliche Funktion wurde die Notwendigkeit zur Reflexion angesichts des Wesens des Menschen, Grenzen zu ziehen, auch im Hinblick auf diakonisches, das heisst helfendes Handeln erkannt (Kapitel 5.5.1). Diakonie als helfendes Handeln – so haben wir gesehen – verbindet in seinem topologischen Ansatz die Frage nach Grenzen mit der Beobachtung inkludierender Kräfte, die die Menschen aus der Dichotomie von «drinnen» und «draussen» heraus in Räume gleichzeitiger Erfahrung von «innen» und «aussen» ziehen (vgl. Kapitel 3.3.3). Solche Räume liegen dazwischen, zwischen dem Innen und dem Aussen, sind Zwischenräume und erzeugen unterschiedliche Potenziale, in physischer, emotionaler und sozialer Art, Widerstände zu setzen oder sie zu überwinden.[47] Somit führt die anthropologische Grundkategorie des Menschen als Grenzen ziehendes Wesen nicht nur zum Raum als solchem. Mit Ulrike Wagner-Rau (2010, 154) taucht nämlich eine zweite bedeutungsvolle Dimension von Raumerfahrung auf, die sich in demjenigen verdichtet, «was in ihm – oder einem ähnlichen, an ihn erinnernden Raum – erfahren wurde».

Damit verlassen wir die raumwissenschaftlichen Reflexionen im engeren Sinn und wenden uns den Forschungsergebnissen des Psychoanalytikers Donald W. Winnicott zu. Da geht es nicht nur um relationale und soziale Beziehungsmuster zwischen platzierenden und verknüpfenden Menschen und Gütern, durch die Raum konstituiert wird. Vielmehr geht es darum, dass Beziehungsqualitäten selber zu Raummetaphern werden und innere Erfahrungsräume bilden. «Was geschieht zum Beispiel in uns», fragt der Psychoanalytiker Donald W. Winnicott, «wenn wir eine Symphonie von Beethoven hören, in eine Gemäldegalerie gehen, abends im Bett ‹Troilus und Cressida› lesen oder Tennis spielen? Was geschieht in einem Kind, das auf den Boden sitzt und im Schutz der Mutter mit seinem Spielzeug spielt? Was geschieht in Teenagern, die an einer Pop-Veranstaltung teilnehmen?» (Winnicott, 2010, 123) Daran anknüpfend lässt sich fragen, was in einem Besuchenden geschieht, der im Kirchenraum sitzt und das Spiel von Licht, Farben, Dämmerung und Klang auf sich wirken lässt. Die Frage nach dem inneren Geschehen lässt sich nicht von derjenigen nach dem Ort, an dem wir uns befinden, abkoppeln.[48]

---

47 Nach Thomas Fuchs (2000, 30ff.) bezeichnet die Grenze eine Linie oder einen Bereich, der Lageänderungen im Raum (Fuchs nennt sie Lokomotion) Widerstände in physischer, emotionaler oder sozialer Art entgegensetzt.

48 Dabei wird der «Ort», über Winnicott (2010, 121) hinausführend, nicht nur als «Bereich, in dem wir die meiste Zeit unseres Lebens verbringen» verstanden, sondern

Angesichts solcher Beobachtungen fragt Winnicott (2010, 123), ob sich «das Leben möglicherweise an einem Ort ereignet, der durch die Begriffe ‹innen› und ‹aussen› nicht hinreichend gefasst wird».[49] Mit Blick auf die ersten Lernprozesse des Säuglings entwickelt der Psychoanalytiker die Theorie des *potential space*. Mithilfe dieser Begrifflichkeit lässt sich auch der Kirchenraum hinsichtlich seines diakonischen Potenzials genauer beschreiben und verstehen. In einem ersten Schritt wird in vorliegender Arbeit zuerst Winnicotts theoretischer Ansatz referiert, um dann in einem zweiten Schritt zu zeigen, welche der entsprechenden Einsichten im Blick auf diakonische Kirchenraumfunktionen relevant werden.[50]

Winnicott setzt wie Löw und Bourdieu bei der Beobachtung an, dass Beziehungen mehr sind als eine unterschiedliche und wechselseitige Beeinflussung, Bindung und Trennung von Menschen. Dieses «Mehr» liegt für ihn im Zusammenhang mit der Reifung der Persönlichkeit des Menschen in der bedeutsamen Realität des «Dazwischen». Im Augenblick, in dem der Mensch sich als umfassende und abgegrenzte Einheit wahrnimmt, erlebt er eine Innen- und eine Aussenwelt, aber auch eine innere Welt, erlebt sich als reich oder arm, friedlich oder in sich zerstritten. Diese innere Realität bezeichnet Winnicott als «den dritten Bereich des Lebens», einen «intermediären Raum von *Erfahrungen,* in denen in gleicher Weise innere Realität und äusseres Leben einfliessen» (Winnicott, 2010, 11). In diesem Zwischenraum hält der Mensch inne, um sich von der dauernden Aufgabe, innere und äussere Realität voneinander getrennt und doch miteinander verbunden zu halten, auszuruhen. Es ist ein Ort zwischen beiden Realitäten, der in der frühkindlichen Entwicklung für die Reifung der Persönlichkeit des Säuglings von zentraler Bedeutung und durch «Übergangsobjekte» und «Übergangsphänome» gekennzeichnet ist. Solche Objekte und Phänomene sind nicht Teil des kindlichen Körpers, werden von diesem jedoch auch noch nicht «völlig als zur Aussenwelt gehörig erkannt» (Winnicott, 2010, 11). Konkret sieht Winnicott solche Übergangsphänomene im Lallen des Säuglings oder im Sich-in-

---

nun als Bereich, wo Menschen prägende und intensive Augenblicke des Lebens verbringen und zu dem sie deshalb immer wieder hingezogen werden.

49 Mit dieser Beobachtung kann eine Linie zur Gleichzeitigkeit von «drinnen» und «draussen» in der Theorie Martin Kronauers gezogen werden (vgl. Kapitel 3.3.3).

50 Vgl. zu Winnicotts Ansatz: Winnicott, 2010, 10–36, 121–127; Wagner-Rau, 2010, 154–156; Davis/Wallbridge, 1983, 104–117, 243–256.

den-Schlaf-Singen, im Leintuchzipfel, der in den Mund geführt wird, in Fäden der Kuscheldecke, die zum Streicheln gebraucht oder in «Mum-Mum»-Lauten mit entsprechenden Mundbewegungen. Für die Erwachsenen gehören sie zur Aussenwelt; für das Kleinkind tun sie das noch nicht. Sie können jedoch auch nicht zu dessen innerer Welt gezählt werden, da es sich bei ihnen nicht um Halluzination des Säuglings handelt. Übergangsobjekte verlieren im Verlauf der Jahre für das Kleinkind ihre Bedeutung, werden nicht vergessen aber auch nicht betrauert; sie verschwinden in der Rumpelkammer. Allgemein werden sie zur räumlichen Metaphorik kulturellen Verhaltens: «Es [das Übergangsobjekt, erg. CS] verliert im Laufe der Zeit Bedeutung, weil die Übergangsphänomene unschärfer werden und sich über den gesamten intermediären Bereich zwischen ‹innerer psychischer Realität› und ‹äusserer Welt, die von zwei Menschen gemeinsam wahrgenommen wird›, ausbreiten – das heisst über den ganzen kulturellen Bereich. Damit umfasst mein Thema auch das Spiel, künstlerische Kreativität und Kunstgenuss, das Phänomen der Religion, das Träumen, aber auch Fetischismus, das Entstehen und Erlöschen zärtlicher Gefühle, Drogenabhängigkeit, Zwangsrituale usw.» (Winnicott, 2010, 15)

Die Nähe des Gesagten zur Religion wie auch zum Kirchenraum ist offensichtlich. Kirchenräume können in Aufnahme der Begrifflichkeit Winnicotts und in Anlehnung an die aus der Systemtheorie gewonnenen Umschreibung kirchlicher Institutionen als «intermediäre Institutionen» mit der Begrifflichkeit des «intermediärer Raums», genauer mit Blick auf die Qualität von Beziehungen zwischen Menschen und Kirchenräumen, gefasst werden.[51] Glaubende nehmen Kirchen wie Übergangsräume wahr, während es sich für Nichtglaubende bei diesen um Räume handelt, die der Aussenwelt angehören. Für Letztere sind sie Objekte kunsthistorisch und archäologisch interessanter Geschichtsphasen oder von architektonischer Bedeutsamkeit. Für Glaubende gehört der Raum jedoch auch nicht einfach zu inneren, zur nur privaten oder rein innerseelischen Welt; der Kirchenraum ist keine Halluzination. Man tritt aus der Welt des Alltags draussen in eine Welt drinnen. Diese ist ein Raum «dazwi-

---

[51] Ulrike Wagner-Rau bezieht sich auf Winnicotts intermediären Raum bei der Beschreibung des biblischen Raumbegriffs (vgl. Wagner-Rau, 2002, 582). Vgl. zur Kirche als «intermediäre Institution»: Schlag, 2012, 45ff.; Berger/Luckmann, 1995, 77; Huber, 2000.

schen», der zwischen dem Selbst und dem Anderen in der konkreten Gestalt eines Mitmenschen oder in seiner transzendierenden Form mit dem Du Gottes vermittelt. Dieser Vermittlung entspringt helfendes Handeln von Unheil zu Heil, von Not zu Rettung, vom Nicht-Mehr zum Noch-Nicht. Was in der griechischen Begrifflichkeit *diakonia* mitschwingt, erhält seine Resonanz im Kirchenraum: Vermittelndes Handeln und Dazwischenstehen können als Übergangsphänomene im intermediären Raum verstanden werden (vgl. Kapitel 3.1).

Übergangsobjekte, die mehr bedeuten als sie scheinen, können im Kirchenraum entdeckt werden: Der Platz auf der Kirchenbank, jeden Sonntag von der gleichen Person besetzt und dadurch unsichtbar gekennzeichnet, das geheimnisvolle Bild im Kirchenfenster, die für sich selbst oder für den Nächsten entzündete Kerze, der Ehering in der Kollektenbüchse, die in Stein eingeritzten Buchstaben, Figuren, aufgeschlagene Bibeln und Bilder, die regelmässig berührt werden, Altäre und Reliquien, Hostien und Gewänder, die geküsst werden, lassen erkennen, dass Teilobjekte durch Symbolisierungsprozesse auf das Ganze verweisen. Solche Bedeutungsbildung in Symbolisierungen ist immer offen und unterscheidet sich von Mensch zu Mensch. «Denken wir zum Beispiel an die Hostie beim Abendmahl», wagt Winnicott sich in den Kirchenraum vor, «die den Leib Christi symbolisiert, so drücke ich es wohl richtig aus, wenn ich sage, dass sie für die Katholiken der Leib Christi *ist,* während sie für die Protestanten ein dem Gedenken dienendes Substitut darstellt und ganz entschieden nicht der Leib selbst ist. Dennoch handelt es sich in beiden Fällen um ein Symbol.» (Winnicott, 2010, 16)[52] In solchen Symbolbildungen liegt die Spannung zwischen kreativem, schöpferischem Potenzial und kritischer Realitätsprüfung verborgen. Sie beruht auf objektiver, vernunftbezogener Wahrnehmung und ist zugleich durch Illusion und Desillusionierungsprozesse gekennzeichnet. Nach Winnicott gehören Übergangsphänomene in den Bereich der Illusion, «die den An-

---

52 Als nähme er den konfessionellen Streit um das Abendmahlverständnis zwischen Zwingli und Luther auf, unterscheidet Winnicott bei *esse* die Bedeutungen von «sein» und «bedeuten». Er tut dies im Kontext seiner Beschreibung des Zipfels als kleinkindlichem Übergangsphänomen: «Dass es [das Übergangsobjekt, hier in Form des Zipfels einer Kuscheldecke, erg. CS], obwohl es real ist, *nicht* die Brust (oder die Mutter) *ist* – die Tatsache ist ebenso wichtig wie die andere, dass es die Brust (oder die Mutter) *bedeutet.»* (Winnicott, 2010, 15)

fang jeder Erfahrung» (Winnicott, 2010, 24), auch der Glaubenserfahrung bildet.

Was Grund für die jahrhundertelange Debatten über das Abendmahlverständnis war, ist nach Winnicott konstitutiv für den Reifungsprozess des Kleinkinds: «Der intermediäre Bereich [...] ist jener Bereich, der dem Kind zwischen primärer Kreativität und auf Realitätsprüfung beruhender, objektiver Wahrnehmung zugestanden wird.» (Winnicott, 2010, 21) Der Potenzialität des Kirchenraums entspricht die grosse Variabilität der Wirkmöglichkeiten, die erfahren werden. So ist der intermediäre Raum der Ort, wo das Kleinkind die grundlegenden Erfahrungen macht, die als Erfahrungsmatrizen sein ganzes Leben begleiten und strukturieren. Die Übergangsobjekte, die für das Kleinkind immer das Mehr, das Ganze repräsentieren, konstituieren dessen Grundfähigkeit, zu symbolisieren und damit zu transzendieren. Übergangsobjekte haben die Kraft zu trösten. Sie stiften Vertrauen, füllen Phasen des Alleinseins mit Fantasie, Spiel und kreativem Tun aus und spielen Geborgenheit ein. Das alles sind grundlegende Erfahrungen, die sich auf das ganze Leben auswirken.

Diese ihm inhärente Fülle von Erfahrungen, Möglichkeiten und Entwicklungsschritten machen den intermediären Raum zum *potential space.* Die Vielfalt dieser Potenzialität eignet Räumen, die dem Menschen im Lauf seines Lebens immer wieder die Möglichkeit geben, die ursprünglich im intermediären Raum gemachten Erfahrungen lebendig werden zu lassen, sich zu entwickeln und neues Erfahrungspotenzial offenzulegen. Für viele Menschen sind Kirchenräume Räume mit grosser Potenzialität. Das hängt damit zusammen, dass in ihnen frühe Erfahrungen anklingen, ursprüngliche Erfahrungsmatrizen Raum und Erfahrungen strukturieren und vielfältige Symbolisierungsprozesse, spielerisch-kreative Verarbeitungsmöglichkeiten sowie Erlebnisse von Transzendenz Nahrung erhalten.

Wagner-Rau formuliert dies auf ihre Weise in Aufnahme des Modells der *Representations of Interactions that have been Generalized* (RIG) des amerikanischen Psychoanalytikers Daniel Stern:[53] «Was das Kind immer wie-

---

[53] Mit dem Modell der «Generalisierten Interaktionsrepräsentationen» versucht Säuglingsforscher Daniel Stern, die individuellen Verarbeitungsformen von den unzähligen Sinneseindrücken in der Begegnung mit der interaktiven Umwelt zu fassen: Er spricht von RIGs, von *Representations of Interactions that have been Generalized*, und erklärt

der und vorherrschend in den Interaktionen erlebt hat, lernt es auch in neuen Begegnungen zu erwarten. Das Gedächtnis, das sich in den RIGs strukturiert, erzeugt Vorstellungen von dem, was weiterhin kommen wird. Anfangs muss man sich diese ‹Vorstellungen› in der Gestalt eines präverbalen, existentiellen Erlebens denken, später kann mit wachsender Symbolisierungsfähigkeit auch vieles, aber längst nicht alles verbalisiert und reflektiert werden.» (Wagner-Rau, 2010, 154f.)[54]

Im Kirchenraum als einem *potential space* liegt einerseits das Potenzial eingelagert, über die Verlässlichkeit der und im Vertrauen auf die Bezie-

---

den Sachverhalt anhand eines Versuchs mit zehnmonatigen Säuglingen. Ihnen wurden schematische Bilder von Gesichtern gezeigt. Am Schluss wurden sie «gefragt», welche Zeichnung die komplette Serie am besten repräsentiere. Sie wählten eine Zeichnung, die ein Durchschnittsgesicht zeigt und die sie vorher noch nie gesehen hatten. «Daraus dürfen wir schliessen, dass Säuglinge die Fähigkeit besitzen, Erfahrungen zu aggregieren und einen durchschnittlichen Prototyp aus ihnen herauszudestillieren (oder zu abstrahieren).» (Stern, 2010, 143) Diese Fähigkeit setzt nach Stern schon in einem früheren Alter ein und prägt die Interaktionserfahrungen. Interaktionen zwischen Säugling und Mutter sind voller Muster und «Durchschnittsstrukturen», die wiederkehrend in der Alltagsbewältigung eingelagert sind, die Erfahrung grundieren und so lesbar machen. Aus der Gesamtheit der Eindrücke und Erlebnisse formen sich grundlegende Muster, RIGs, die prägende Erfahrungen konsolidieren und im repetitiven Gebrauch «eine Grundeinheit der Repräsentation des Kern-Selbst bilden» (Stern, 2010, 143). Sie integrieren die unterschiedlichen Attribute von Handlungs-, Wahrnehmungs- und Affekteindrücken in diesem Kern-Selbst zu einem Ganzen und dienen künftig der Orientierung.

54 In dieser Reflexion kann bei aller Vorsicht gegenüber den methodischen Differenzen zwischen psychotherapeutischem und theologischem Arbeiten eine überraschende Nähe zur religiösen Interpretation des Kirchenraums assoziiert werden, wie sie in reformatorischer Zeit Theologen mit der – der Ausdruck sei gewagt – generalisierten Interaktionsrepräsentation des Armen als «wahrem Bild Gottes» vorgenommen haben (vgl. Kapitel 5.3.4). Sie wählten anstelle der weggeräumten Heiligenbilder ein Bild, das sie in Wirklichkeit noch nie gesehen hatten. Es war ein Bild, Christus im Gesicht des Armen, das als Durchschnitt alle in der Stadt sichtbaren Armen zu repräsentieren vermochte. Dieses Gesicht des armen Christus wurde nicht aus den konkreten Gesichtern der armen Menschen der Umgebung gewonnen, doch die theologische Denkstruktur, in der Bibel eingeschrieben, dass sich im Armen Christus zeigt, befähigte die Theologen, Erfahrungen helfenden Handelns zu aggregieren und einen Prototyp, theologisch gesprochen: den Erstgeborenen, als Orientierungshilfe zu abstrahieren. Nicht mehr die unzähligen Heiligenbilder sollten in die Mauern eingeschrieben werden. Vielmehr repräsentiert das eine Gesicht Christi jede Form des Antlitzes der Armut, die überwunden werden soll. Das Antlitz des armen Christus – Übergangsphänomen im Kirchenraum mit generalisiertem Repräsentationspotenzial.

hung zwischen Gott und Mensch oder Mensch und Mitmensch, wie sie in den Raum eingeschrieben sind, Trennungs- und Verlusterfahrungen als Teil der geistlichen und seelischen Reifung zu verstehen. In freien und spielerischen Assoziationen von Bildern und Symbolen, in Körper, Leib und Gedächtnis eingelagerten Erinnerungen an diesen oder einen anderen Kirchenraum kann es dem Besuchenden gelingen, sich in der Suche nach sich selbst zu entspannen. Er wird in ein Stadium der Ruhe geführt, «aus dem heraus sich ein schöpferisches Aus-sich-Herausgehen entwickeln kann» (Winnicott, 2010, 68).

Dem potenziellen Raum eignet solche schöpferische Kreativität.[55] Das Potenzial schöpferischer Kreativität hängt von Erfahrungen ab, die Vertrauen schaffen. In diesem Zusammenhang spricht Winnicott von heiligen Räumen: «Das Spannungsfeld zwischen Kleinkind und Mutter, zwischen Kind und Familie, zwischen den Einzelnen und der Gesellschaft oder der Welt hängt von Erfahrungen ab, die Vertrauen schaffen. Es ist für den Einzelnen gewissermassen etwas ‹Geheiligtes›, denn in diesem Bereich erfährt er, was kreatives Leben ist.» (Winnicott, 2010, 119) Kirchenräume können als «Schlüsselräume» (Wolfgang Huber) verstanden werden, weil in Erfahrungen mit und in ihnen die Schlüssel für neues, kreatives Leben bereitliegen – kreatives Leben auch in seiner sozialen Ausrichtung.[56]

Kreatives Leben, diakonisch gefasst, wird unter anderem auch deshalb als etwas Geheiligtes erfahren, weil durch es Heilung an Körper, Geist und Seele geschieht. Heilung als Grundbegriff für helfendes Handeln[57] öffnet die Tür zum Heil. In Kirchenräumen wird vom «Geheiligten» gesprochen. Im Folgenden sollen aus dem Potenzial des *potential*

---

[55] Diese schöpferische Kreativität ist für Winnicott (2010, 66) für die psychotherapeutische Situation grundlegend.

[56] «Die Kirchengebäude sind die Schlüsselräume für die Zukunft der Kirche. Darum ist auch eine geschickte Beleuchtung der Kirchen, innen und aussen, eine die Dimension des Raums im wahrsten Sinne des Wortes ‹erhellende› Beleuchtung, ebenso wünschenswert wie eine in und an den Kirchen eingerichtete soziale Arbeit, die Menschen in ihrem Kummer nicht nur als Bittsteller, sondern als ‹Gäste Gottes› wahrnimmt.» (Huber, 2006, 37)

[57] Vgl. zu den vier Grundbegriffen Heilen, Lieben, Dienen und Helfen: Haslinger, 2009, 328–352.

space einige Charakterzüge der Kreativität helfenden Handelns besonders hervorgehoben werden.[58]

6.4.2. Kreativität helfenden Handels im potential space des Kirchenraums

6.4.2.1. Variabilität helfenden Handelns

Der Kirchenraum, seine Ausstattung, Gegenstände und Symbole sind Gestalt gewordene Erfahrungen von Menschen mit dem, was Tagesereignisse übersteigt und sich für sie zu einem umfassenden Ganzen gefügt hat und fügt. Der Kirchenraum als Raum zwischen draussen und drinnen sowie das, was sich in ihm findet, verdankt sich dem menschlichen Vermögen, das sich nach Winnicott im intermediären Raum des Säuglingsalters gebildet hat. Ohne dieses Vermögen gäbe es keine Symbole, keine Ahnung des Ganzen, keine Transzendierungen. Kirchenräume sind als Räume durchtränkt, in reichem Mass gefüllt mit Erfahrungen vorangegangener Geschlechter, die von diesen im Vertrauen oder aufgrund von Angst auf die eine oder andere Weise symbolisiert und transzendiert und so «verarbeitet» wurden. Das half ihnen, die Kirche anders zu verlassen als sie diese betreten hatten: Als Hilfebedürftige hatten sie hier Hilfe erfahren.

Wenn Menschen heute Kirchenräume besuchen und betreten, erleben sie, dass ihr inneres Vermögen, wie es sich einst im intermediären Raum ihres Säuglingsalters gebildet hat, im Kirchenraum in besonderem Mass angeregt und aktiviert wird. Es aktiviert zu eigenen Symbolisierungen, zum schweifenden, kreativen Ins-Spiel-Bringen eigener glücklicher oder belastender Erfahrungen. Es entwickelt sich ein Erfahrungsdialog zwischen eigenen fragmentarischen Erfahrungen und den Erfahrungen früherer Generationen, die sinnenhaft oder atmosphärisch im Kirchenraum und demjenigen, das in ihm Gestalt gewonnen hat, präsent sind. Auf diese Weise wird die im Kirchenraum verbrachte Zeit zu bedeutungsvoller Zeit.

---

58 Im Wissen des Autors vorliegender Arbeit war Wolf-Eckart Failing (1998, 103f.) der erste, der die Theorie Winnicotts als einen der wichtigen und möglichen Ansätze auf die Beschreibung des Kirchenraums übertrug. Ulrike Wagner-Rau (2010, 155) nimmt den Gedanken im Zusammenhang mit ihren Ausführungen zum Segensraum auf.

Menschen machen im gleichen Raum Erfahrungen von grosser Variabilität; sie erfahren den den Kirchenraum je unterschiedlich.[59] Sie können sich bergen, finden Ruhe, erfahren Anregung, geraten auf einen Weg des Erspürens, des Sich-Einfühlens in Räume, die sich ihnen öffnen. Oder sie werden irritiert, unruhig, suchen nach Ankern und Hilfe, fühlen sich isoliert, gelangen so oder anders zur Begegnung mit sich selbst, mit dem Unerledigten in sich selbst und werden in der Begegnung mit eigener Identität erschüttert oder gestärkt. Oder sie entdecken in Seitenkapellen und -räumen Schutzorte, wo sie ihren Ärger ausagieren oder hinausschreien können. Auf solche und manch andere Weise variabel zeigt sich die Wirkung des Kirchenraums als *potential space*.[60]

Oft ist diese Wirkung eine segensreiche, helfende.[61] Diese kann verstärkt werden, wenn Besuchende des Kirchenraums von Menschen emp-

---

59 Im Unterschied zur äusseren Realität, die nach Winnicott eine eigene Dimension hat, objektiv erfasst werden kann und trotz unterschiedlicher Erfahrungsmöglichkeiten konstant ist, und der inneren, psychischen Realität, die durch das Erbgut und den Persönlichkeitsaufbau, introjizierte Anteile der Umwelt und projizierte Anteile der Persönlichkeit, fest vorgegeben ist, ist der dritte Handlungsbereich als potenzieller Raum, Übergangsbereich oder intermediärer Bereich höchst variabel (vgl. Winnicott, 2010, 123f.): «Es wird darauf aufmerksam gemacht, dass dieser potenzielle Raum bei verschiedenen Menschen sehr unterschiedlich sein kann, während die beiden anderen Bereiche, die persönliche, psychische Realität und die wirkliche Welt, relativ konstant sind, da der eine biologisch vorgegeben, der andere Allgemeingut ist.» (Winnicott, 2010, 119)

60 Stephan Schaede knüpft an die Potenzialität des Kirchenraums an und bezieht diese nun seinerseits auf sprachwissenschaftliche Theoreme. Damit gelangt er zur Deutung des Kirchenraums als «potenziellen religiösen Performativ» (Schaede, 2009, 67). Diese Deutung ist insofern eine erhellende Weiterführung Winnicotts, als mit ihr die erkenntnisleitenden Räume des Kinderbetts, aus denen Winnicott seine Theorie entwickelt, durchaus in dessen Sinn ausgeweitet und auf kommunikative und sprachliche Interaktionen im Kirchenraum bezogen werden können. Schaede nimmt die Grundierung der Potenzialität auf und versetzt diese in den Sprechakt als Wirkung erzeugendes Kommunikationsgeschehen. Denn unter Performativ versteht er das Zusammenfallen von Sagen und Tun in einem Sprechakt, der, während er statthat, das vollzieht, was er aussagt. «Unter Performativ versteht man in der Sprachwissenschaft einen Sprechakt, in dem Sagen und Tun zusammenfallen und der in dem Augenblick, in dem er vollzogen wird, bei dem Angesprochenen das auslöst, was er sagt.» (Schaede, 2009, 67)

61 Die Verbindung von segensreicher, helfender und performativer Wirkung zeigt Ulrike Wagner-Rau auf. Eine Segenshandlung kann nach ihr eine performative Kraft in sich tragen, die den Angesprochenen in einen intermediären Raum zwischen Gott

fangen werden, die sie einfühlend begleiten, als potenzielle Gesprächspartner und -partnerinnen präsent sind oder den Besuchenden durch Zuhören helfen, sich aufzuschliessen oder den lebendigen symbolisierenden Austausch mit Symbolisiertem zu finden. Auch Menschen mit Katastrophenerfahrungen können das heilende Potenzial des Kirchenraums erleben. Ausgestossene, Diskriminierte und Heimatlose wie Sans-Papiers finden wenigstens auf Zeit einen Ort um zu sein, zu klagen, ihrer Wut Ausdruck zu geben und sich wieder zu finden. So wird der *potential space* Kirchenraum zum diakonischen Raum des vielfältigen Hilfehandelns und Hilfeerfahrens.[62]

---

und Menschen zieht, wodurch ein schöpferischer Spannungsbereich zwischen Gebundenheit und Freiheit entsteht: «Der Segensraum ist der intermediäre Raum zwischen Gott und Mensch, in dem das Leben seinen tragenden Grund wie auch seinen Entfaltungsspielraum findet: angewiesen auf das Gegenüber und zugleich freigesetzt zum eigenen Leben.» (Wagner-Rau, 2010, 157) Während die Sprachwissenschaft beim performativen Geschehen, bei dem Sagen und Tun zusammenfallen, den Fokus auf das Sprechen legt, nimmt die Diakoniewissenschaft das Tun in den Blick, ohne den engen Zusammenhang zwischen Sagen und Tun auszublenden oder ausserhalb der Theorie des helfenden Handelns zu belassen. Helfendes Handeln kann als potenzieller religiöser Performativ insofern gedeutet werden, als im Augenblick, in dem Sagen und Tun zusammenfallen und gemeinsam zur Wirkung kommen, beim Notleidenden das erfolgt, was in Gottes Namen in Aussicht gestellt wurde, nämlich die Not abwendende Hilfe. So können die Wirkungen des Segens und der Diakonie als zwei Seiten einer Medaille betrachtet werden, die sich als Segensraum oder als diakonischer Raum mit unglaublichem Potenzial verräumlichen: «Mit dem Segensraum ist die haltende Qualität der Beziehung zu Gott angesprochen: Im Segensraum weiss ich mich freundlich angesehen. In ihm will mich die Gewissheit erreichen, dass mein Dasein vor und nach allem, was ich tue, Akzeptanz findet. Zugleich konstituiert er das förderliche Umfeld kreativer Selbstgestaltung und Gestaltung der Welt.» (Wagner-Rau, 2010, 158)

62 Diese diakonische Funktion kann bei den unterschiedlichen Gruppen und Menschen mit ihren Bedürfnissen und Erwartungen Konfliktpotenzial in sich bergen. Die Variabilität des Helfens in Not stösst mit der Stabilität der ritualisierten Frömmigkeit dann zusammen, wenn Obdachlose oder alkoholisierte Sozialhilfeempfänger mit der feiernden Gemeinde während des Gottesdiensts durch das irritierende Paradox in Konflikt geraten, dass genau diejenigen, um die es bei der Verkündigung des Evangeliums geht, diese Verkündigung stören. Dieses Störpotenzial zeigt angesichts der verschiedenen Ansprechgruppen in Kirchenräumen in sich wieder grosse Variabilität.

6.4.2.2. Veränderung als Wirkung des helfenden Handelns

Es gehört zum Wesen des Erfahrungsdialogs zwischen den Kirchenbesuchenden und dem Kirchenraum mit seiner Ausstattung, nicht auf distanziertes objektivierendes Wahrnehmen zu zielen. Im sich ereignenden Dialog geschieht etwas; es ist performatives Geschehen.[63] Das je neue eigene Symbolisieren dessen, was real und symbolhaft im Kirchenraum anwesend ist, verändert denjenigen Menschen, der sich aufgrund seiner Situation darauf einlässt, der «mitspielt». So, wie nach Winnicott der kreative Umgang mit Übergangsobjekten zu Entwicklungen, Reifungen, Veränderungen, zur Konstituierung von Ich und Identität führt, so verändert, entwickelt und klärt der Erfahrungsdialog des Menschen im Kirchenraum diesen selbst und das, was er mit sich bringt. Da im Kirchenraum alles im religiösen Sinn Repräsentation des göttlichen Wirkens und Handelns, der Transzendenz in der Immanenz ist, erweist sich besagter Erfahrungsdialog offen für das Gewinnen transzendenter Tiefe. Das ist letztlich wohl das, was Menschen in den Kirchenraum führt und sie dann sagen lässt, es sei wie ein Moment in einer anderen Welt gewesen, und sie träten verändert in den Alltag hinaus. Diese zur Veränderung helfende Kraft ist helfendes Handeln.

Menschen, die für oder in Kirchenräumen Verantwortung tragen, sollten sich bewusst sein, dass dieser Raum verändernde Kraft hat. Daraus ergibt sich für ihr Verhalten und ihre Haltung zweierlei: Erstens brauchen sie nicht zu erschrecken, wenn sie Menschen begegnen, deren Not manifest wird im hinter der Säule verborgenen Weinen, in der Angst während des Eintrags ins Gebetbuch, im Schwall von Anschuldigungen

---

63 Performative Sprache und Handlung sind in sich auf Veränderung angelegt. Nach Schaede (2009, 67) zeigt sich die Kirche performativ als Raum, «der denjenigen, der ihn betritt, in dem Moment, in dem er eintritt, durch die Raumtexturen, also das, was die Formen, Farben, Geräusche und Durchblicke sagen, verändert». Diese Erfahrung verdichtet sich in der Aussage vieler, sie seien anders hinausgekommen als sie eingetreten seien. Diese Veränderungen sind zukunftsoffen und leiblich, körperlich erfahrbar und werden in Kirchenräumen religiös gedeutet. Deshalb verändern Kirchenräume als religiöser Performativ auf religiöse Weise (Schaede, 2009, 67), indem sie dem Ankommenden im Horizont des Reichs Gottes Veränderungsprozesse bedeutsam als Umkehr zusprechen. Das Reich Gottes, nicht von dieser Welt und doch in dieser Welt, wird in solchen Veränderung erwirkenden Augenblicken als potenzieller Raum erfahren, in dem Gott und Mensch sich in einem schöpferischen Spannungsbereich kopräsentisch begegnen.

oder Selbstvorwürfen, bedingt durch verletzte Gefühle. Auf Veränderung gefasst sein, auf Veränderung vertrauen, macht geduldig, lässt ruhig zuhören, lässt schweigend mittragen oder auch das rechte Wort finden; dies alles ist helfendes Handeln. Zweitens verleiht das Wissen um die verändernde Kraft des Kirchenraums den Verantwortlichen den Freimut, den Kirchenraum in zugespitzten gesellschaftlichen oder politischen Situationen als Asylort zur Verfügung zu stellen, auch wenn dieser in rechtlichem oder polizeilichem Sinn kein exempter Raum ausserhalb der Rechtsordnung ist. Das, was als Summe des über die Zeit Geglaubten, Gehofften, Gebeteten, Symbolisierten und Erfahrenen im Kirchenraum präsent ist, wirkt sich bei aller Auseinandersetzung so aus, dass die Gesetzesanwendung oder das Eingreifen der Polizei verzögert oder gemindert wird. Dies geschieht deshalb, weil die Menschen aus dem unbestimmten Gefühl heraus den Kirchenraum als Zwischenraum wahrnehmen, in dem ein vom Alltäglichen verschiedenes Vorgehen angemessen ist – auch dies Ausdruck der im Kirchenraum präsenten, auf Veränderung hin ausgelegten Wirkkraft. Wer die schwierigen Tage der «Besetzung» von Kirchen durch Sans-Papiers erlebt hat, kennt diese in mancher Hinsicht verändernde Kraft und wird mutiger, auch in schwierigen und umstrittenen Situationen auf das Risiko zu setzen, das mit helfendem Handeln verbunden ist.[64]

6.4.2.3. Bitten als Charakter helfenden Handelns

Der Kirchenraum ist ein religiöser Raum. Durch die Verschränkung von religiöser und diakonisch-performativer Wirkung lässt er sich von anderen diakonischen Räumen unterscheiden. Auch eine Sozialhilfestelle oder eine Kindertagesstätte haben diakonisch performative Kraft. Sie wirken schon dadurch, dass sie die Erwartung auf Unterstützung und Hilfe auslösen. Dies zeigt, dass die Bestimmung der Diakonie nicht an Kirchenräume gebunden ist. Dazu kommt, dass die performative Kraft weder in religiöser noch in diakonischer Hinsicht aus sich heraus und automatisch geschieht. So, wie eine Kirche auch als potenzieller religiöser Performativ nicht schon der Himmel auf Erden ist, ist sie auch als potenzieller diakonischer Performativ nicht schon die Realisierung des barmherzigen Samaritaners in der Welt. Dennoch ist mit Schaede (2009,

---

64 Vgl. zur Besetzungsthematik von Sans-Papiers auch die Ausführungen in Kapitel 7.2.2.

67) festzuhalten, dass ein Kirchenraum «ein Stück gewendete Welt, die die Alltagswelt unterbricht und zu neuen Erfahrungen mit Gott und Welt provoziert» ist.[65]

Der Kirchenraum provoziert, fordert heraus, lockt und bittet. Er zwingt jedoch nie. Schaede ist zuzustimmen, wenn er festhält: «Sie [die Kirche, erg. CS] ist nicht zwingend, sondern potenziell ein Performativ. Ich werde, wenn ich eine Kirche betrete, einem Eindruck ausgesetzt, dem ich mich nicht entziehen kann. Aber wie dieser Eindruck auf mich wirkt, das ist auch von mir abhängig. Das bestimmt nicht der Raum selbst […]. Die individuelle Prägung der Person, ihre kirchliche Sozialisation, ihr Milieu, ihr Alter, was sie gerade durchmacht, sind von Bedeutung dafür, wie ein Kirchenraum sie anspricht.» (Schaede, 2009, 67) Die Nähe zur Einsicht Winnicotts, die äussere wie auch die innere Realität seien im Unterschied zum potenziellen Raum konstant und determiniert, ist offensichtlich.[66]

Am angemessensten ist es, davon zu sprechen, dass der Kirchenraum mit allem, was er in sich trägt, den Eintretenden bittet, sich auf den inneren Erfahrungsdialog einzulassen. In der Begrifflichkeit des Bittens wird deutlich, dass es bei allem Performativ nicht um Magie, Manipulation oder Konditionierung geht. Auch der hilfebedürftige Mensch ist autonom; seine Freiheit ist zu respektieren. Der Kirchenraum ermöglicht einen Spielraum, in dem Menschen kreativ zu sich selber finden und als Einheit existieren können, «und zwar nicht als Angstabwehr, sondern als

---

65 Wird der Kirchenraum als gewendete Welt beschrieben, kann das Bild auf die Grenzthematik assoziativ weitergezogen werden: Grenzen zwischen drinnen und draussen werden durcheinandergewirbelt, und es findet eine Gleichzeitigkeit von drinnen und draussen statt. Mehr noch, der Grenzen ziehende Mensch findet sich in der gewendeten Welt in der Situation, dass seine notwendigen Grenzziehungen in eine seltsame Durchlässigkeit geraten, sodass sich trotz Abtrennung keine Trennung vom Anderen einstellt. Fenster, offene Türen sind die in seinem Gedächtnis eingelagerten Übergangsobjekte, die Grenzüberschreitungen und Grenzziehungen in eine schöpferische Spannung bringen, jedoch auch Kreuz und Kerze, Bibelvers oder Weihwasser. Diese grenzdurchlässige Gleichzeitigkeit des «Drinnen» und des «Draussen» erzeugt Unterbrechungen im alltäglichen dichotomischen System von aussen und innen. Diese in solche Unterbrechungsprozesse hineinziehenden inkludierenden Kräfte schaffen Raum für die Gleichzeitigkeit von Exklusion und Inklusion in dem Sinn, dass sie den Menschen provozieren, die subjektiven Eckpunkte von «draussen» und «drinnen», Gott und Welt neu zu ordnen.

66 Vgl. Anm. 60.

Ausdruck des ‹Ich-bin›, ‹Ich lebe›, ‹Ich bin ich› [...]. Unter diesen Bedingungen ist alles kreativ» (Winnicott, 2010, 69) – also auch ein Kirchenraum, der den freien Menschen bittet, sich einzulassen. Denn beim Spielen ist das Kind oder der Erwachsene frei «um schöpferisch zu sein» (Winnicott, 2010, 65).

Was im Blick auf den Kirchenraum formuliert wurde, gilt viel direkter für diejenigen Menschen, die den Eintretenden im Kirchraum erwarten und empfangen. Auch sie tun das nicht, indem sie über den Kirchenraum als Performativ verfügen, sondern in der Haltung der Bittenden. Hier ist an Lévinas zu erinnern: Wenn mir der Eintretende als der Andere begegnet, kann und will ich nicht über ihn verfügen. Wenn ich ihm in seiner Nacktheit und Not begegne, kann ich mich dem Eindruck nicht entziehen. Aber was dieser Eindruck in mir auslöst, ist auch in hohem Mass von mir abhängig. Es geht nicht vom Anblick des Anderen aus. Die eigenen biografischen Erlebnisse und Prägungen, die eigene kirchliche und diakonische Sozialisation, das Herkunftsmilieu, die aktuelle Situation und Gestimmtheiten spielen eine grosse Rolle und können darüber entscheiden, ob ich die Anliegen und den Anspruch des Anderen sehe oder nicht. Die Haltung, die dieser Lage der Dinge entspricht, ist diejenige der Bitte – zugewandt und offen für das, was Not tut und geschehen will.

Ähnliches liesse sich über den Menschen sagen, der den Kirchenraum aufsucht. Auch er ist erwartungsvoll, offen. Was auch immer ihn in den Kirchenraum geführt hat – die bittende Haltung ist wohl angemessen wie auch verheissungsvoll. Denn es ist offen, was in der Begegnung mit dem Kirchenraum aus dem Lebensfundus auftaucht und erst recht offen, ob es zum Erfahrungsdialog zwischen Raum und Leben kommen wird. Geschieht dieser, so hat sich auf die eine oder andere Art helfendes Handeln ereignet.

6.5. Fazit: Kirchenräume aus raumwissenschaftlicher Sicht als Heterotopien der Diakonie

Dass diakonische Räume als Heterotopien helfenden Handelns verstanden und im Rahmen des topologischen Bezugs genauer bestimmt werden können, ist in vorliegender Arbeit gezeigt und entfaltet worden (vgl. Kapitel 3.4). In diesem Zusammenhang war der Begriff von Michel Foucault wesentlich, der in kirchlichen Kreisen einen Siegeszug durchlief und vor allem in der Citykirchenarbeit seinen festen Ort gefunden hat: «Kirchen sind Heterotopien, Gegenorte zum Chaos, Symbolorte der Transzendenz, Orientierung stiftende Zentren. Sie sind Orte des kulturellen Gedächtnisses. Zugleich sind sie Orte des gelebten Glaubens im Horizont von Vergangenheit, Gegenwart und Zukunft.»[67] Ist die Unschärfe der Begrifflichkeit, die Faszination am immer je Anderen, die semantische Nähe zur Utopie als profaner Ausdruck christlicher Sehnsucht, das «Noch-nicht-und-doch-schon» des Reichs Gottes zu erspüren? Wie dem auch sei, aus kirchenraumtheologischen wie diakonischen Perspektiven heraus drängt sich der Begriff der Heterotopie geradezu auf. Im Anschluss an den Begriff Foucaults kann es dem Bau von Kirchenräumen mit Andreas Mertin geradezu als Aufgabe übertragen werden «bewusst Heterotope [...] zu schaffen – und damit Alteritätserfahrungen zu ermöglichen, die als solche gar nicht geschaffen werden können, sondern allenfalls das Ergebnis eines Zufalls oder einer längeren Entwicklung sind» (Mertin, 2004, 1).

Die raumwissenschaftliche und psychoanalytische Untersuchung verschiedener Aspekte des komplexen Beziehungsgeschehens bei der Raumkonstitution hat gezeigt, dass Menschen in Kirchenräumen zum Erleben von Alterität mit sich und andern geführt werden. Solches Erleben von Alterität kann theologisch mit der Begrifflichkeit Gerhard Ebelings als «Erfahrung mit aller Erfahrung» und somit als Glaubenserfahrung gefasst werden. Diese vermag, aus sich herausführend, durch das Ex-istieren im Anderen zum Finden von sich selbst zu führen.[68] Alteri-

---

67 Gisela Gross und Tobias Woydack stellten diese These im Jahr 2002 bei der Beschreibung des Kirchenraums auf: vgl. Gross/Woydack, 2003, 151. Rolf Schieder versucht anhand der Foucault'schen Typologie, die Matthäus-Kirche in München heterotopologisch zu beschreiben: vgl. Schieder, 1995, 88f.

68 Im Zusammenhang mit dem Gegensatz von Schrift und Erfahrung und mit Blick auf die darin liegende Spannung hält Ebeling fest, die innerliche Verarbeitung sei konstitutiv für die eigenen Erfahrungen. «Hier vollzieht sich dann beides zugleich: Glaube und Erfahrung geraten in schroffsten Gegensatz und gelangen doch zu innerster Übereinstimmung. Denn Glaube, wenn anders er nicht bloss gedacht, sondern gelebt wird, ist die gottgemässe Erfahrung mit aller Erfahrung.» (Ebeling, 1995, 19) Dieser enge Bezug und das Ineinander von Leben und Glauben ist für Ebeling grundlegender Ausgangspunkt jedes theologischen Denkens. Ebeling schreibt denn auch zu Beginn seiner Dogmatik: «Vom Lebensbezug des Glaubens zu reden, ist darum im Grunde eine Tautologie. Der Glaube besteht im Lebensbezug. Und der gelebte

tätserfahrungen sind weder in der äusseren noch in der inneren Realität anzusiedeln, sondern stellen sich im intermediären Raum als zugespielte offene Möglichkeiten ein. Wer in solchem Spiel «verloren geht», indem er sich ganz einlässt, findet sich dadurch wieder, dass er jenes Geists gewahr wird, der ihn über soziale Konstruktionen hinaus an Glaubenserfahrungen verweist, die Vertrauen bilden und schenken. Wer Vertrauen zwischen sich und den anderen erfährt, der kann sich in Kirchenräumen dem Spiel von Alterität öffnen und lässt sich so provozieren, bitten und bewegen.

Wenn nun zusammenfassend Kirchenräume als Heterotope der Diakonie bestimmt werden, sind die sich einstellenden Alteritätserfahrungen – die in andere und deshalb oft überraschende Räume führen, Räume, die zwar anders, jedoch nicht ausserhalb von «Raum» lokalisiert sind – von den Grundierungen her zu befragen, die die drei Leitperspektiven raumwissenschaftlicher Sicht, Relationalität, Sozialität und Potenzialität, in getrennter Färbung und doch überlappend bewirken. Gleichsam mit drei Pinselstrichen zu atmosphärischen Qualitäten, sozialem Kapital und kreativem Potenzial wird der Kirchenraum in seiner diakonischen Ausrichtung in drei unterschiedlichen Tönungen sichtbar. Diese sollen in demjenigen, was ihren heterotopischen Charakter zum Ausdruck bringt, hier in aller Kürze nachgezeichnet werden.

6.5.1. Gastlichkeit

Eine erste Grundierung des Kirchenraums als Heterotopie der Diakonie zeigt sich in jenen atmosphärischen Qualitäten, die Gastlichkeit und Gastfreundlichkeit ausstrahlen und ausströmen. Nach Löw konstituiert sich Raum primär über Platzierungen und Syntheseleistungen. Dadurch entstehen Atmosphären, die gegenständlich und objektiv erfahren werden. Über solche Atmosphären bilden sich nach Löw (2001, 216) Gefühle wie Zugehörigkeit und Fremdheit heraus. So werden beim Besuchenden Wohlbefinden oder Unbehagen, Sicherheit oder Angst erzeugt. Die Diakonie mit der Konzentration auf den Blick des Anderen, der hereingelassen werden möchte, und dem der Blick zum Anderen entspricht, richtet sich insbesondere auf atmosphärische Qualitäten, die beim Besuchenden das Gefühl des Willkommenseins auslösen: «Bitte, kom-

---

Glaube ist nichts anderes als geglaubtes Leben.» (Ebeling, 1982, 109) Vgl. zur Externität dieses Lebensbezugs: Ebeling, 1982, 110.

men Sie herein!», soll die Atmosphäre des Raums und der Menschen für die Eintretenden ausstrahlen. Empirisch hat es sich gezeigt, dass Gefühle wie «Respektiertsein», auf offene Türen und Arme zu stossen oder durch präsente Menschen wahrgenommen und aufgenommen zu werden Qualitätsmerkmale sind, durch die die Heterotopie des Kirchenraums zum Ausdruck kommt. Das eigene Haus, die eigene Wohnung möchte man so einrichten, dass Besuchende sich willkommen fühlen. Darum bemüht man sich um Stil, Anordnung und Kombination der Einrichtung. Kirchenräume sind etwas anderes als Privatwohnungen. Grundsätzlich stellt sich jedoch auch hier die Frage, wie der Kirchenraum gestaltet oder präsentiert werden kann, damit Eintretende mit Gastfreundschaft und Gastlichkeit aufgenommen, provoziert sowie zu Schritten nach innen und ins Offene hinaus ermutigt werden. Darum gilt: Kirchenräume als Heterotopien der Diakonie sind gastliche Räume.

6.5.2. Verbindlichkeit

Zur Gastlichkeit diakonischer Räume gesellt sich eine weitere Grundierung, die sich in Rückgriff auf das Theoriemodell Pierre Bourdieus aufgrund des dort dargelegten Zusammenhangs zwischen Raum, Macht und sozialer Ungleichheit auf die Analyse des sozialen Kapitals erhellend ausgewirkt hat. Auch hier soll an die entscheidende Stelle erinnert werden: Im Zusammenhang mit der Existenz von Beziehungsnetzen als Produkt fortlaufender Institutionalisierungsarbeit legt Bourdieu das Augenmerk auf jene Institutionen, ohne dabei die Kirche zu erwähnen, die Menschen zu Adligen, Erben, Ältesten stempeln und damit «eine symbolische Wirklichkeit schaffen, die *den Zauber des Geweihten* in sich trägt» (Bourdieu, 1992, 65). Natürlich fallen auch kirchliche Institutionen darunter, die Menschen als Schwestern und Brüder im Herrn ansprechen. Damit werden sie im Sinn eines performativen Sprechakts mit dem Zauber des «Heiligen» geweiht, der sie als Teil der einen, heiligen, apostolischen, katholischen Kirche im Sinn der allgemeinen Gemeinschaft der Heiligen (*communio sanctorum*) ausweist.[69] Diese weihevolle Atmosphäre – und man denke hier durchaus an einen dämmrigen, stillen, vom

---

[69] Vgl. dazu den dritten Artikel des Glaubensbekenntnisses: «Credo in Spiritum Sanctum, sanctam Ecclesiam catholicam, sanctorum communionem.» – Ich glaube an den heiligen Geist, die heilige, allgemeine, christliche Kirche, Gemeinschaft der Heiligen. Zit in: Gesangbuch (1998), Nr. 263.

Klang einer h-Moll-Messe Bachs erfüllten Kathedralbau – wird durch ständige Kommunikation und ständigen Austausch, durch Blicke, Gegenstände, Aktionen und Positionen reproduziert. Dadurch werden die ausgetauschten Dinge zu Zeichen der Anerkennung und Wertschätzung. Mit dieser gegenseitigen Anerkennung werden das Gefühl wie auch das Erleben, zur feiernden, klagenden, sich erneuernden Gruppe zu gehören, reproduziert. Diese Reproduktion kann kollektiv durch Rituale und Gottesdienste oder individuell erfolgen, indem der im Kirchenraum allein sich befindende Mensch Spuren der anderen entdeckt und sich so als Teil der nicht anwesenden und doch sichtbaren Gemeinschaft verstehen lernt. Gleichzeitig werden Grenzen bestätigt, die jedoch durch die Übertragung der familiären Verhaltensmuster auf den Fremden als Nächsten gerade über biologische oder soziale Gruppenzugehörigkeit hinausführen. Es kommt das schwächste Glied in den Blick, und die Perspektive fällt auf dieses.

Spricht nun Bourdieu in diesem Zusammenhang davon, jedes Gruppenmitglied werde zum Wächter über die Gruppengrenzen (Bourdieu, 1997, 66), wird – auf den Kirchenraum bezogen – damit jene Verbindlichkeit ins Zentrum gerückt, die Kirchenräume lesbar macht. Verbindlich werden Menschen wachsam gegenüber solchen Menschen gemacht, die aus der Zugehörigkeit herausgefallen sind und allein dadurch am Menschsein teilhaben, dass sie Mensch sind und theologisch gesprochen als Bild Gottes besondere Bedeutsamkeit tragen. Jedes Gruppenmitglied wird so zum Wächter gegenüber natürlich und menschlich empfundenen Lebenssituationen, in denen der Mensch aus dem Rahmen des gesellschaftlich normierten Bilds des flexiblen und leistungsfähigen Gesellschaftsmitglieds fällt. Anderseits zeigt sich die Verbindlichkeit darin, dass sich in Kirchenräumen Menschen mit jenen verbinden, die gerade durch Beziehungslosigkeit in Gefahr stehen, vor Not zu sterben. Der Tod als verdichtete existenzielle Erfahrung von Verhältnislosigkeit (Jüngel)[70] gerät im Kirchenraum als «gewendete Welt» (Schaede) in den Strudel jener Kraft, die aus dem Nichts verbindlich Beziehung knüpft und des-

---

[70] Jüngel (1985, 145) fasst das Wesen des Todes zusammen: Der «Tod ist das Ereignis der die Lebensverhältnisse total abbrechenden *Verhältnislosigkeit.* Als dieses Ereignis der Verhältnislosigkeit ist er das Ende einer Lebensgeschichte, das Ende der Geschichte einer Seele und ihres Leibes, das Ende also der ganzen Person und eben darin Ausdruck der Endlichkeit des menschlichen Lebens.»

halb den Zauber des Göttlichen in sich trägt (vgl. Röm 4,10). Kirchenräume schützen diesen Zauber gerade bei solchen, die durch das Leben entzaubert werden, indem ihnen verbindliche Zusagen gegeben werden. Kirchenräume als Heterotopien der Diakonie sind verbindliche Räume.

6.5.3. Befreiung

Die dritte Grundierung rückt faszinierend und einleuchtend zugleich die triadische Beziehungsstruktur in den Mittelpunkt. Diese lässt zwischen zwei interagierenden Subjekten jenen dritten Raum entstehen, der von Winnicott ein potenzieller Raum genannt wird. Zur Erinnerung: *potential space* als dritter Ort, als intermediärer Raum ermöglicht beiden Subjekten, im Interaktionsprozess Sinn und Bedeutung für sich und den Anderen neu zu erfahren. Potenzielle Räume schützen einerseits das Individuum, indem sie es in vertrauenserfüllte Beziehungsnetze einbinden. Sie sind zugleich aber auch Spielräume, die besonders in Phasen «des Alleinseins in Gegenwart eines Anderen» Freiräume bieten, die kreatives Potenzial freisetzen. Beim Spielen geht nach Winnicott (2010, 59) die Seele des erwachsen gewordenen Menschen wie das Kind früherer Zeiten davon aus, «dass der Mensch, von dem es geliebt wird und den es deshalb für zuverlässig hält, erreichbar ist und es auch bleibt, wenn es sich an ihn erinnert, selbst wenn es ihn vergessen hatte». Kirchenräume sind Spielräume, jedoch mehr als nur Räume für «Spielleute» wie Kinder und Künstler.[71] Winnicott (2010, 78) unterstreicht explizit, dass Spielen wie auch Kreativität für ihn «als Tönung der gesamten Haltung gegenüber der äusseren Realität» erscheinen. Kirchenräume als Spielräume gehören weder der äusseren noch der inneren Realität an. Sie liegen als Übergangsbereich mit seinen Übergangsphänomenen und -objekten irgendwo dazwischen. Wo sie auch anzusiedeln sind, dadurch, dass Menschen sich auf das Spiel einlassen, werden sie im Kirchenraum im ursächlichen Sinn frei für Alteritätserfahrungen, die ihr Leben vielfach auf den Kopf stellen und sie die Kirchenräume verändert verlassen lassen. Alteritätserfah-

---

[71] Wolfgang Grünberg und Ralf Meister wendeten den Begriff des Spielraums – dem Wissen des Autors vorliegender Arbeit nach – im Zusammenhang mit den Thesen zur Citykirchenarbeit zum ersten Mal explizit auf den Kirchenraum an, indem sie Künstlern und Kindern die Hofnarrenrolle zusprachen, mit der es möglich sei, dem «Auseinanderdriften der ‹gespaltenen Stadt› und den indifferent nebeneinander lebenden Milieus» entgegenzuwirken (vgl. Grünberg/Meister, 2003, 157).

rungen führen zu Alteritätsexistenz als einer Form glaubender Existenz, die befreit wird, das eigene Leben und dasjenige anderer anders zu sehen. Kirchenräume als Heterotopien der Diakonie sind befreiende Räume.

Kapitel 7: Diakonische Funktionen des Kirchenraums: Entwurf einer Kriteriologie

Im Folgenden geht es darum, die verschiedenen interdisziplinär gewonnenen Erkenntnisse über diakonische Funktionen des Kirchenraums kritisch zu beurteilen, systematisch zu ordnen und praxisrelevant aufzuarbeiten.[1] Der praxistheoretische Ansatz der Praktischen Theologie versucht aufgrund der Wahrnehmung des Kirchenraums, das «Diakonische» im Kirchenraum zu verstehen. In der kritischen Sichtung von diakoniewissenschaftlichen, biblisch-theologischen, kirchengeschichtlichen und raumwissenschaftlichen Untersuchungen haben sich unterschiedliche Akzente diakonischer Kirchenraum-Dimensionen gezeigt und verschiedenen Begrifflichkeiten herausarbeiten lassen.

Mit dem Begriff der «Heterotopie» konnte analytisch beschrieben werden, was Menschen in Kirchenräumen in welcher Art erfahren. Auch konnte herausgestellt werden, welche «Qualitäten» des Raums mitwirken und Gefühle des Geholfenwerdens, des Wohl- und des Willkommenseins erzeugen. Kirchenräume als Heterotopien der Diakonie können – müssen aber nicht – als gastliche, verbindliche und befreiende Räume erfahren werden. Persönliche Dispositionen, biografische Prägungen und momentane Einstellungen bestimmen Kirchenraumerfahrungen genauso wie Veranstaltungen, Organisationen und Interessen. Kirchenräume können aus liturgischen, musikalischen, kunsthistorischen, pädagogischen, religiösen, spirituellen und diakonischen Interessen heraus aufgesucht werden. Aus solch unterschiedlichen, empirisch nachgewiesenen Interessen, die von Neugier, Bedürfnissen, Gewohnheiten und Verordnungen geleitet werden, lassen sich Funktionen ableiten, die Kirchenräume für Besuchende und Nichtbesuchende haben.

Kirchenräume wirken nach innen und nach aussen. Sie erfüllen ihre Funktionen bei den sich in ihnen versammelnden Menschen wie auch bei der Raumgestaltung ausserhalb des Kirchenraums. Doch was heisst «Funktion», und welche «Kriterien» lassen sich herausarbeiten, um Perspektiven für ein adäquates Handeln zu gewinnen?

---

1 Vgl. dazu Kapitel 1.3.

Hier, an der Schnittstelle zwischen dem Verstehen und der Anwendung, stellt vorliegende Arbeit ein Instrumentarium bereit, um der Diakonie Beurteilungskriterien zur Hand zu geben, wenn es um Fragen der künftigen Neu-, Um- und Fremdnutzung von Kirchenräumen geht. Zunächst sollen zu diesem Zweck die Begriffe «Funktion», «Kriterium» und «Handlungsperspektiven» theoretisch bestimmt und in ihrem Verhältnis zueinander geklärt werden (Kapitel 7.1). Diese Bestimmung bildet die Grundlage für den Entwurf einer Kriteriologie diakonischer Kirchenraumfunktionen, wie sie für die systematische Bündelung der interdisziplinär gewonnenen Erkenntnisse aufschlussreich sind.

Die Kriteriologie, die in vorliegender Arbeit entwickelt wird, ist darauf ausgerichtet, eine einsichtige und für andere nachvollziehbare Argumentation für eine diakonische Nutzung des Kirchenraums vorzuzeichnen. Die einzelnen Kriterien orientieren sich dabei an den drei zentralen Ausrichtungen, also der gastlichen, verbindlichen und befreienden Dimension des diakonischen Kirchenraums. Diese werden anhand einer vertieften Analyse in ihrer inhaltlichen Bestimmung konkretisiert (Kapitel 7.2). Daraufhin werden den Funktionen je zwei Kriterien zugeordnet, die für den kritischen Verstehens- und Beurteilungsprozess der jeweiligen Funktion hilfreich sind (Kapitel 7.3).

Der Entwurf einer Kriteriologie diakonischer Kirchenraumfunktionen zeigt, wie sehr die unterschiedlichen Aspekte helfenden Handelns in Kirchenräumen ineinandergreifen, ohne ihre Schärfe und Eigenheit zu verlieren. Die in vorliegender Arbeit entwickelte Kriteriologie ist darauf ausgerichtet, eine angemessene Verhältnisbestimmung und Zuordnung der theologischen, geschichtlichen und raumwissenschaftlichen Erkenntnisse vorzunehmen (Kapitel 7.4). In einem weiteren Kapitel werden Handlungsperspektiven für Verantwortliche in Kirchgemeinden und Kirchenleitungen entworfen, die aufzeigen, wie Kirchenräume aktuell oder zukünftig diakonisch zu nutzen sind (Kapitel 8).

7.1. Funktionen – Kriterien – Handlungsperspektiven: Begriffs- und Verhältnisbestimmung

7.1.1. Funktion

Im Zusammenhang mit dem Begriff des funktionalen Kirchenraums wurde als Funktion des Kirchenraums bestimmt, die Versammlung der Gemeinde zu beherbergen, zu schützen, zu konzentrieren und in ihrer individuellen Glaubenserfahrung zu unterstützen.[2] Nach Asha De heisst «Funktion» allgemein, «einem Zweck dienen»[3]. Der Kirchenraum hat demnach nicht nur den Zweck, vor Wind und Wetter zu schützen, sondern hat in anspruchsvoller Weise den Menschen und ihren Ritualen zu dienen. Der Kirchenraum hat keinen Selbstzweck, sondern dienende Funktion. Durch sie wird der funktionale Kirchenraum zum sakralen Raum, auch und gerade mit seinen diakonischen Funktionen.[4] Die Unterscheidung zwischen sakral und profan nimmt der Artikel «Kirchenbau» des Lexikons Religion in Geschichte und Gegenwart (RGG) auf. Christian Freigang (2001, 1059) definiert darin: «K[irchenbau, erg. CS] bedeutet die räumliche Umhüllung der gemeinschaftlichen christl[ichen] Abendmahlsfeier [...], um diese zu schützen bzw. auch hervorhebend vom Aussen abzusondern.»

Der Zweck des Kirchenraums, also seine Funktion, erweitert sich mit der Grenzziehung zwischen innen und aussen. Jene Formulierung von Kirchenraumfunktionen, die Freigang grundlegend in Relation zum Gottesdienst bestimmt[5], nimmt einerseits die anthropologische und soziologische Einsicht auf, dass der Mensch ein Grenzen ziehendes Wesen ist, und die Tatsache, dass sich soziale Gruppen über Grenzen bilden.[6] Anderseits entspricht sie im Kern Michael Foucault Bestimmung der Heterotopie: «Heterotopien setzen stets ein System der Öffnung und Abschliessung voraus, das sie isoliert und zugleich den Zugang zu ihnen ermöglicht. Einen heterotopen Ort betritt man nicht wie die Mühle.

---

2 Vgl. Kapitel 5.5.

3 Nach Asha De hat das Kirchgebäude aufgrund der oben beschriebenen Aspekte «anspruchsvolle Funktion. Es hat nicht lediglich den Zweck, vor schlechter Witterung zu schützen. «Wenn Funktion allgemein heisst, einem Zweck zu dienen, dann sind es die genannten Teilzwecke, dem das Gotteshaus zu dienen hat» (De, 2011, 237).

4 So die These Asha Des. Vgl. De, 2011, 237; vgl. ebenso Kapitel 5.5.1.

5 «Die generellen Funktionen [des Kirchenbaus, erg. CS] sind die Beherbergung der gemeinsamen Messfeier und der individuellen Andacht sowie je nach Rangstellung (Pfarr-, Kloster-, Bischofskirche) auch, Rahmen verschiedener kirchlicher Amtshandlungen (Sakramentsspendungen; Sakramente) zu sein [...]. Grundsätzlich tritt also die Baulichkeit immer in eine spezifische Relation zum Gottesdienst, sei dies in funktionaler, symbolischer und/oder ästhetischer Hinsicht.» (Freigang, 2001, 1060) Zu ergänzen wäre hier noch die diakonische Perspektive des Gottesdiensts: vgl. dazu Sigrist, 2011b, 137–143.

6 Vgl. dazu die Ausführungen Asha Des und Pierre Bourdieus in Kapitel 5.5.1 und Kapitel 6.3.3.

Entweder wird man dazu gezwungen wie im Fall der Kaserne oder des Gefängnisses, oder man muss Eingangs- und Reinigungsrituale absolvieren. Man darf sie nur mit Erlaubnis betreten und nachdem man eine Reihe von Gesten ausgeführt hat.» (Foucault, 2006, 325f.)

Einleuchtend hat Frank Mathwig das Machtpotenzial herausgearbeitet, das in dieser trennenden, absondernden und unterscheidenden Struktur der Kirchenraumfunktionen, wie sie im Inneren wie auch im Äusseren dieser Räume zum Tragen kommen, liegt: «Der Türvorsteher hat die Macht, nicht nur an der Himmelspforte oder vor der Disco. Strukturierter Raum als ein abgegrenzter Ort entsteht durch Diskriminierung im ursprünglichen Sinne von ‹trennen›, ‹absondern›, ‹unterscheiden›.» (Mathwig, 2010a, 112f.)

Diese schon mehrmals zur Sprache gekommene Innen-Aussen-Struktur (vgl. Kapitel 3.3.3) wird materialiter mit der Frage nach der Funktion des Zwischenraums wie auch mit dem Kriterium der Optionalität genauer analysiert. Hier interessiert die Qualität von Funktionen, die einerseits Räume strukturieren, anderseits in Gestalt von Tätigkeiten innerhalb eines grösseren Zusammenhangs[7] Bezugsprobleme zurücklassen, die aber mehrere Problemlösungen erlauben. Genau an diesem Punkt setzt Niklas Luhmanns systemtheoretischer Ansatz ein.[8] Was biblisch-theologisch in Psalm 24, 3f. überliefert ist («Wer darf hinaufziehen zum Berg des HERRN, wer an seine heilige Stätte treten? Wer reine Hände hat und ein lauteres Herz, wer nicht auf Nichtiges seinen Sinn richtet und nicht falsch schwört.») wird systemtheoretisch zur Grundstruktur von Funktionen: «In der Abstraktion bleibt als Funktion ein Bezugsproblem zurück, das mehrere Lösungen annehmen kann. Da es andernfalls kein Problem wäre, kann man Funktion auch als Einheit der Differenz von Problem und mehreren, funktional äquivalenten

---

7 Vgl. dazu die Begriffsbestimmung von lat. *functio, fungi*, verrichten, vollbringen, gelten, «fungieren», in: Duden, Bd. 2, 1976, 920.

8 Es geht an dieser Stelle nicht um den methodischen Diskurs der Frage, inwiefern der systemtheoretische Ansatz Luhmanns als Ganzes zu beurteilen ist. Dies erfolgte mit Blick auf die dichotomische Struktur in der Problematisierung der grundlegenden Trennung von «innen» und «aussen» hinsichtlich der inkludierenden Kraft helfenden Handelns mit der Aufnahme der Theorie Martin Kronauers (vgl. Kapitel 3.3.3). Niklas Luhmann hat mit seinem Funktionsbegriff einen Referenzrahmen geschaffen, der es erlaubt, die diakonische Funktion des Kirchenraums analytisch schärfer und umfassender zu differenzieren.

Problemlösungen definieren, gleichviel ob eine oder mehrere Problemlösungen schon bekannt sind oder nicht.» (Luhmann, 2000, 116)

Das Problem der Entscheidung darüber, wer in den Tempel einziehen darf, wird in verschiedene Problemlösungen wie Sich-ein-lauteres-Herz-Bewahren oder Nicht-Schwören differenziert. Der Tempel hat die Funktion, den Menschen zu empfangen, der ein reines Herz hat. Nach Luhmann kann das Erfüllen eines Zwecks ein Problem lösen. Der durch die Funktionalisierung angestrebte Gewinn liegt in der Etablierung von Alternativen, die als Anreiz für die Suche nach weiteren Möglichkeiten dienen. Daraus sind zwei Schlüsse zu ziehen: Einerseits wird in funktionalistischer Perspektive alles, was integriert werden kann, kontingent, «nämlich dem Vergleich mit anderen Möglichkeiten ausgesetzt» (Luhmann, 2000, 117). Anderseits wird im Funktionsbezug das Paradox «der Selbigkeit des Verschiedenen» erkennbar. Das Nicht-Schwören ist vom lauteren Herzen verschiedenen und doch dasselbe, wenn es um die spezifische Funktion des Tempels geht: Beides knüpft den Einlass des Menschen an Bedingungen. Solche Räume mit Bedingungen und Sachzwängen sind nicht unumstösslich naturgegeben, sondern «hausgemacht». Deshalb hält Luhmann folgerichtig fest: «Wer sich in eine solche Welt einlässt, muss sich auf seine eigenen Operationen verlassen können. Er verzichtet auf Sicherheiten, die einst der Naturbegriff geboten hatte.» (Luhmann 2000, 117)[9]

Der in Aufnahme von Luhmanns systemtheoretischem Ansatz beschriebene Funktionsbegriff führt in eine Welt der Räume. Diese werden durch Operationen geordnet und angeordnet. In der ordnenden Funktion von Räumen wie in den strukturbildenden Handlungsprozessen des Anordnens sind die beiden Grundprinzipien des relational verstandenen Raums eingelagert. Sie fassen den Raum als Beziehungsgeschehen zwischen Menschen und sozialen Gütern auf.[10] In diesem Beziehungsgeschehen muss sich nicht nur der Mensch auf seine Operationen verlassen

---

9 Hier wird der Streit besonders deutlich, der zwischen Luhmann und Habermas aufbrach und bis heute in der sozialphilosophischen Diskussion zu keinem Ende gekommen ist. Nach Luhmann sind Funktionen systemstrukturierend und deshalb den Kriterien vorgeordnet. Für Habermas gilt umgekehrt die absolute Geltung von Kriterien als Ausgangspunkt für die daraus folgenden Funktionen. Vgl. dazu die grundlegende Debatte zwischen beiden in Habermas/Luhmann, 1971.

10 Vgl. dazu die Darstellung des relationalen Raums in der Raumsoziologie Martina Löws in Kapitel 6.2.1.

können, sondern er hat sich in diesen Ordnungsprozessen selber zu orientieren.

Ingolf Dalferth (2005, 245) ist zuzustimmen, wenn er schreibt: «Menschen existieren nicht nur in der Welt, sondern leben in ihr. Das können sie nicht, ohne sich in ihr zu orientieren, sie also in einer für sie sinnvollen Weise zu *ordnen* sowie sich individuell und gemeinsam in ihr zu *orten.*» Für solche Orientierung – um sich im Leben in neuen Situationen zurechtzufinden – braucht es ein Regel-Repertoire.[11] Es wird zu zeigen sein, inwiefern Handlungsperspektiven, die aufgrund der in vorliegender Arbeit entwickelten Kriteriologie gewonnen werden, ein solches Regel-Repertoire in sich tragen. Für die Entwicklung des Funktionsbegriffs ist die Beobachtung bedeutsam, dass die Verortung in der Ordnung zwingend zur Orientierung gehört. Jede Ordnung ist von einem Standpunkt ausserhalb seiner selbst entworfen und ist deshalb nie absolut, sondern nur in Entwürfen ausgestaltbar. Dabei gilt, dass der Standpunkt, der den Entwurf der Ordnung des Kirchenraums geprägt hat, selten der Standpunkt desjenigen ist, der den Kirchenraum zur Orientierung in seinem Leben braucht. Deshalb ist der «Gebrauch» des Kirchenraums zu lernen. Das Regelwerk von Funktionen kann dabei dienlich sein.[12]

Ausgehend von den Operationen, auf die man sich in einer funktionalen Welt verlassen muss, wird die beobachtende Person mit Blick auf die Orientierung im Handlungsprozess von Ordnen und Verorten inner-

---

11 «So ist eine Welt für uns geordnet, wenn wir über ein *Regelrepertoire* verfügen, das uns ermöglicht, uns in immer neuen Situationen zurechtzufinden: und wir können uns in ihr orten, wenn wir diese Regeln im Leben und Handeln *gebrauchen,* sie also zur Orientierung in neuen Situationen anwenden können. Um menschlich leben und verantwortlich handeln zu können, bedarf unsere Lebenswelt einer verständlichen Ordnung, in der wir uns und anderes auf verständliche Weise orten können.» (Dalferth, 2005, 245)

12 «Keine Ordnung kann alles ordnen. Jede Ordnung ist von einem Standpunkt aus entworfen, der sich nicht *in* dieser Ordnung befindet, sondern der Ort ist, von dem aus sie konzipiert ist. Orientierungstaugliche Ordnungen (der Welt, des Lebens, einer lokalen Umgebung, eines sozialen Feldes usw.) gibt es nur in Gestalt von *Ordnungsentwürfen* (Orientierungsschemata). Diese lassen den Standpunkt, von dem aus sie entworfen sind, meist nur in der Art der Strukturierung ihres Phänomenfeldes erkennen. Und der Standpunkt, der einen Ordnungsentwurf prägt, ist nur selten auch der Standpunkt des Gebrauchs dieser Ordnung zur Orientierung im Leben. (Deshalb muss man den Gebrauch von Karten lernen, geographischen nicht weniger als sozialen oder religiösen.)» (Dalferth, 2005, 247)

halb des Bezugsproblems konstitutiv. «Wie kann man etwas weit Entferntes genauer erkennen? Durch Hingehen oder durchs Fernrohr», stellt Niklas Luhmann fest und macht klar: «Funktionen sind immer Konstruktionen eines Beobachters.» (Luhmann, 2000, 118) Damit stellt sich – wenn nach den Funktionen des Kirchenraums gefragt wird – die Frage, wer diese beobachtende Person ist. In den Worten Luhmanns: «Wessen Interesse reguliert die Reichweite des beabsichtigten Vergleichs? Wer unterscheidet welches Bezugsproblem? Wer traut sich, auf die Paradoxie durchzugreifen, und welche Unterscheidungen werden dann aktiviert, um sie zu entfalten?» (Luhmann 2000, 118) Die Frage nach den Funktionen ist grundlegend mit der Frage nach der beobachtenden Person und ihren Möglichkeiten der Kontigenzbewältigung und der Entfaltung von Paradoxien verbunden.

Im Bezug auf den Kirchenraum hat vorliegende Arbeit diese Einsicht empirisch durch den Ausweis unterschiedlicher Nutzungsbedürfnisse fundiert (vgl. Kapitel 2.1 und 2.2). Die Frage, welche Funktion der Kirchenraum vor Ort hat, wird durch die beobachtende aufsuchende Person bestimmt, die situativ im Zusammenfallen ähnlicher und doch unterschiedlicher Problemlösungen für sich und andere Sinn findet: «Religion ist aber zuständig für das Konstitutionsproblem von Sinn, für eine jeweils fällige Umfundierung, wenn diese den Umweg über die Paradoxie nimmt.» (Luhmann 2000, 138) Der Kirchenraum als öffentliches räumliches Zeichen von Religion wird in der Selbigkeit des eigenen profanen Hauses doch von diesem verschieden, nämlich «sakral» erfahren. Es stellt sich, die Luhmannsche Position aufnehmend und weiterführend, nun die Frage, wer die beobachtende Person ist, wenn es um die Funktion des Kirchenraums geht: Der Kirchenraum selber, die wissenschaftliche Reflexion als externe Beobachterin oder der den Kirchenraum konkret aufsuchende Mensch?

So fruchtbar der in vorliegender Arbeit folgende Entwurf einer Kriteriologie diakonischer Kirchenraumfunktionen für die theologische Reflexion des Kirchenraums und die diakonisch-praktische Nutzung und Nutzungsänderung auch sein mag, so ist doch Dalferths Einsicht nicht aus den Augen zu lassen, dass die Vorstellungen von Raumordnungen mit ihren Funktionen notwendig mit einem «blinden Flecken» behaftet sind, «insofern der Ort, von dem aus sie konzipiert sind, nicht Teil dieser Ordnung selbst ist. Der Gesichtspunkt, von dem aus die Welt gesehen wird, gehört nicht zum Gesichtsfeld, das sich von ihm aus erschliesst.

Die Welt kommt für uns daher stets standpunktbezogen in den Blick. «Gehört aber jeder mögliche Gesichtspunkt zur Welt, weil die Welt der Inbegriff aller möglichen Standpunkte ist, dann gibt es diese für uns nur in einer nicht reduzierbaren Pluralität von Weltperspektiven, die von verschiedenen Standpunkten entworfen sind» (Dalferth, 2005, 247f.).

Kommen jedoch Funktionen in ihren diakonischen Qualitäten in den Blick, so hat sich gezeigt, dass der diakonische Blick genau den Standpunkt des Anderen als handlungs- und erkenntnisleitend anvisiert, um sich dann in seiner Orientierung am Anderen begleitend und assistierend zu verhalten. Der diakonische Blick zeigt sich als «schräger Blick» (Waldenfels), der keinen abschliessenden Überblick über die pluralen und verschiedenen Weltperspektiven verspricht, sondern sich in Ausschnitten und Teilhorizonten bewegt und sich so grenzdurchlässig und grenzüberschreitend am Gesicht des Andern orientiert. In diesem diakonischen Perspektivenwechsel gelingt es nicht immer, doch dann und wann, den «blinden Fleck» des eigenen Standpunkts im Blick des Anderen zu erkennen (vgl. Kapitel 3.3.3).

Mit diakonischen Funktionen wird strukturierend und ordnend beschrieben, welchen Zwecken der Kirchenraum als Beziehungsgeschehen von Mensch und Gütern dienen kann, wenn Personen im Raum Hilfe suchen, erwarten und finden. Mit Blick auf die Relationalität des Raums als komplexes Beziehungsgeschehen zwischen Mensch, Raum und Gott fliessen dabei die von Albert Gerhards unterschiedenen impliziten, den Raum als solchen betreffenden, und expliziten, die liturgischen und diakonischen Handlungen der Menschen wie Gebete, Gottesdienste, Gemeindeleben, Musik, Einrichtung von Hilfsangeboten betreffenden, Dimensionen des Diakonischen ineinander.[13] Der mit dieser Funktionalisierung angestrebte Gewinn liegt in der Etablierung von Alternativen helfender Erfahrung und mag als Anreiz für die Suche nach anderen Nutzungsmöglichkeiten dienen.

Da Funktionen immer Konstruktionen der beobachtenden Person sind, werden Funktionskriterien bedeutsam. Anhand solcher Kriterien ist es den Beobachtenden leichter möglich, sich auf ihre eigenen Operationen zu verlassen. Sie zeigen ihm an, ob und wie sich helfendes Handeln als diakonische Funktion im Kirchenraum einstellen kann.

---

[13] Vgl. Gerhards, 2006, 246–260. Zur diakonischen Dimension des Gottesdiensts: Sigrist, 2011b, 137–143 (mit weiteren Literaturangaben).

7.1.2. Kriterium

Kriterien sind kennzeichnende und unterscheidende Merkmale, die der Prüfung, Beurteilung und Begutachtung als kritisches Instrumentarium dienen.[14] In der Sozialforschung wird der «Prüfstein» des Kriteriums gleichbedeutend mit «Indikator» benutzt. Das Kriterium gibt an, «unter welchen beobachtbaren Bedingungen beziehungsweise an welchen Eigenschaften oder Relationen beobachtbarer Phänomene ein theoretisch behaupteter oder erwarteter Zustand als tatsächlich vorhanden oder als nicht existent festgestellt werden kann» (Hartfiel/Hillmann, 1982, 412f.). Es geht demnach bei den Kriterien im Kontext der vorliegenden Arbeit um Indikatoren, die auf diakonische Funktionen im Kirchenraum hinweisen. Soll der Kirchenraum sich für den Anderen öffnen, sind offene Kirchentüren Indizien, kennzeichnende Merkmale einer solchen Offenheit. Die Evangelisch-reformierte Kirche des Kantons St. Gallen hat einen Kriterienkatalog einer solch «offenen» Kirche erarbeitet und die Öffnung der Kirchenräume als kirchenpolitisches Ziel bestimmt.[15] Asha De hat mit Blick auf die Sakralität auch von funktionalen, reformierten Kirchengebäuden folgende Kennzeichen und Merkmale aufgeführt: Die mit Worten nicht einholbare Gestalt, berührende Widerständigkeiten der Materialisierung oder Spuren des Handwerks als gebaute Ausdrucksformen von Glaubenserfahrungen.[16] Im Entwurf einer Kriteriologie werden in vorliegender Arbeit nun sechs Merkmale oder Indikatoren dargestellt, die auf diakonische Funktionen hinwiesen, diese einer Prüfung unterziehen und sie dadurch klarer konturieren. Mit solchen, ihnen nachgelagerten Prüfsteinen gewinnen die Funktionen an Tiefenschärfe und können so einsichtiger und wirkungsvoller in ihrer handlungsleitenden Teilfunktion wahrgenommen werden.

Der einladenden Funktion des Kirchenraums werden die Kriterien von Egalität als Gleichheit von unten und Solidarität als konvivale Gemeinschaft zugeordnet. Der schützenden Funktion des Kirchenraums sind die Kriterien der Vulnerabilität (Resilienz) und Optionalität (Parteilichkeit) zugewiesen. Der ermutigenden Funktion des Kirchenraums

---

14 Vgl. zur Definition des Kriteriums als kennzeichnendes Merkmal: Duden, Bd. 4, 1978, 1587.

15 Vgl. dazu die Broschüre «Offene Kirchentüren – eine Handreichung», Evangelisch-reformierte Kirche des Kantons St. Gallen, 2005. Vgl. auch Landwehr, 2013, 20–22.

16 Vgl. dazu die Ausführungen in: De, 2011, 237.

werden die Kriterien der Sakralität (Segnen und Heilen) und Transformität (Verwandlung) unterlegt.

Es wird sichtbar, dass sich diese Kriterien in hohem Mass als Indikatoren für die ihnen zugewiesenen Funktionen ausweisen. Die Kriteriologie schärft den Blick auf die diakonischen Funktionen des Kirchenraums und hält kennzeichnende Merkmale bereit, die für Beurteilung und die Umsetzung von Handlungsperspektiven von Nutzen, weil klärend sind. Die Entfaltung der einzelnen Kriterien wie auch der Funktionen wird in vorliegender Arbeit durch Praxisbeispiele – meist aus der Erfahrung des Autors – unterlegt.

7.1.3. Handlungsperspektive

Die menschliche Praxis als Ausdruck der *vita activa* unterteilt die Philosophin Hannah Arendt in Arbeit, Herstellung und Handlung im engeren Sinn. Ihre sozialphilosophische Theorie, die das Handeln weit über die arbeitend-kommunikative Beziehung des Menschen zu seinem Mitmenschen hinausgehend begreift[17], fasst theoretische Aspekte der konkreten Handlungsperspektiven genau und analytisch scharf. Es sind Aspekte, die Verantwortliche in Kirchenleitungen mit Blick auf die diakonische Um-, Fremd- und Neunutzung des Kirchenraums wahrnehmen können oder auch müssen.

Die Person konstituiert sich nach Arendt im Handeln wie auch im Sprechen als «Faktum menschlicher Pluralität». Diese Pluralität manifestiert sich nach ihr auf zweierlei Arten, als Gleichheit und Verschiedenheit, und zeigt sich als Vielheit mit der paradoxen Eigenschaft, «dass jedes ihrer Glieder in seiner Art einzigartig ist» (Arendt, 1994, 165)[18]. Im

---

17 So definiert das Lexikon der Ethik: «Die menschliche H[andlung, erg. CS] *(Praxis)* lässt sich nur zureichend bestimmen, wenn man anthropologische, sozialphilosophische u. e[thische, erg. CS] Gesichtspunkte zusammen berücksichtigt. Anthropologisch nennen wir H[andlungen, erg. CS] ein leibliches Verhalten des Menschen, in dem er wissentlich-willentlich Ziele verfolgt, um seine Bedürfnisse zu befriedigen. Sozialphilosophisch ist die H[andlung, erg. CS] als arbeitend-kommunikative Beziehung des Menschen zu seinem Mitmenschen zu begreifen. E[thisch, erg. CS] gesehen tritt an der H[andlung, erg. CS] der Aspekt der wertenden Stellungnahme in den Vordergrund.» (Höffe, 1977, 97) Vgl. zur Definition auch Duden, Bd. 3, 1977, 1144.

18 Zur Verhältnisbestimmung zwischen Gleichheit und Verschiedenheit: «Ohne Gleichheit gäbe es keine Verständigung unter Lebenden, kein Verstehen der Toten und kein Planen für eine Welt, die nicht mehr von uns, aber doch immer noch von unseresgleichen bevölkert sein wird. Ohne Verschiedenheit, das absolute Unterschiedensein

Handeln und Sprechen stellt sich diese Einzigartigkeit dar und hebt den Menschen von seiner Tätigkeit als arbeitendes oder herstellendes Wesen ab. Wenn der Mensch nicht mehr handelt und nicht mehr spricht, dann lebt er nicht mehr. Sprechend und handelnd schaltet sich der Mensch in die Welt ein, als zweite Geburt, «in der wir die nackte Tatsache des Geborenseins bestätigen, gleichsam die Verantwortung dafür auf uns nehmen» (Arendt, 1994, 165). Dieses sprechende und handelnde Sich-Einschalten in die Welt zeigt sich einerseits darin, dass der Antrieb zum Handeln in der Geburtlichkeit des Menschen liegt und entsprechend als Initiative zu etwas Neuem wirksam wird. Begabt mit der Fähigkeit neu anzufangen, entzieht sich der handelnde Mensch der determinierten Absehbarkeit und Berechenbarkeit, und er wir offen für das schlechthin Unvorhersehbare. Arendt (1994, 167) sieht in dieser «Natalität», «Gebürtlichkeit» die Wiederholung und Bestätigung des Schöpfungsakts Gottes. In der Geschöpflichkeit des Menschen liegt seine Einzigartigkeit begründet, die ihn mit allen Menschen gleich und doch von jedem Menschen verschieden macht.[19] Handeln hat immer grundsätzlich und grundlegend mit Perspektiven, nach vorne gerichteten offenen Ausgängen zu tun. Handlungsperspektiven sind im engeren Sinn Tautologien.

Anderseits ist Handeln existenziell mit dem «Bezugsgewebe menschlicher Angelegenheiten» verknüpft. Hanna Arendt hält fest: «Handeln, im Unterschied zum Herstellen, ist in Isolierung niemals möglich; jede Isoliertheit, ob gewollt oder ungewollt, beraubt die Fähigkeit zu handeln. So wie das Herstellen der Umgebung der Natur bedarf, die es mit Material versorgt, und einer Umwelt, in der das Fertigfabrikat zur Geltung kom-

---

jeder Person von jeder anderen, die ist, war oder sein wird, bedürfte es weder der Sprache noch des Handelns für eine Verständigung; eine Zeichen- und Lautsprache wäre hinreichend, um einander im Notfall die allen gleichen, immer identisch bleibenden Bedürfnisse und Notdürfte anzuzeigen.» (Arendt, 1994, 164)

19 «Wegen dieser Einzigartigkeit, die mit der Tatsache der Geburt gegeben ist, ist es, als würde in jedem Menschen noch einmal der Schöpfungsakt Gottes wiederholt und bestätigt; will man den Jemand, der einzigartig in jedem neuen Menschen in die Welt kommt, bestimmen, so kann man nur sagen, dass es in Bezug auf ihn vor seiner Geburt «Niemand» gab. Handeln als Neuanfang entspricht der Geburt des Jemand, es realisiert in jedem Einzelnen die Tatsache des Geborenseins; Sprechen wiederum entspricht der in dieser Geburt vorgegebenen absoluten Verschiedenheit, es realisiert die spezifisch menschliche Pluralität, die darin besteht, dass Wesen von einzigartiger Verschiedenheit sich von Anfang bis Ende immer in einer Umgebung von ihresgleichen befinden.» (Arendt, 1994, 167)

men kann, so bedarf das Handeln und Sprechen der Mitwelt, an die es sich richtet. Das Herstellen vollzieht sich in und für die Welt, mit deren dinglichem Bestand es in ständigem Kontakt bleibt; das Handeln und Sprechen vollzieht sich in dem Bezugsgewebe zwischen den Menschen, das seinerseits aus Gehandeltem und Gesprochenem entstanden ist, und muss mit ihm in ständigem Kontakt bleiben.» (Arendt, 1994, 180)

Kirchenräume können als Teile des Bezugsgewebes verstanden werden, das Menschen verbindet und in Beziehung setzt. Wenn in ihnen Gehandeltes und Gesprochenes so zusammenfällt, dass im Augenblick beim Angesprochenen sich das einstellt, was gesprochen wurde, dann zeigt sich das als performativer Sprech- und Handlungsakt.[20] Kirchenräume als diakonischer Performativ unterstützen das Bezugsgewebe handelnder und sprechender Menschen, indem in ihnen die «Zerbrechlichkeit menschlicher Angelegenheiten» (Arendt, 1994, 180) häufiger ins Spiel kommt als an anderen Orten. Diese Zerbrechlichkeit liegt nicht in der Natur der Geschöpflichkeit, sondern in der Flut von neuen Menschen mit neuen Ideen und Anfängen begründet und wirkt sich im Erdulden von Leiden aus, der Kehrseite des Handelns.[21]

Als Handelnder ist der Mensch zugleich auch ein Erduldender. «Handeln und Dulden gehören zusammen, das Dulden ist die Kehrseite des Handelns; die Geschichte, die von einem Handeln in Bewegung gebracht wird, ist immer eine Geschichte der Taten und Leiden derer, die von ihr affiziert werden.» (Arendt, 1994, 182) Leiden und Erdulden sind deshalb die Kehrseiten der Medaille des Handelns, weil dem Handeln die eigentümliche Fähigkeit eigen ist, Beziehungen zu stiften, Schranken, die vorgegeben oder eingerichtet sind, zu sprengen und Grenzen zu überschreiten. Schrankenlosigkeit, Hybris und Masslosigkeit sind folgerichtig «die Versuchungen, die allem Handeln als solchem eigen sind» (Arendt, 1994, 183).

---

20 Damit werden Einsichten des Kirchenraums als religiöser Performativ, wie ihn Stephan Schaede entwickelt hat und wie er auf den Kirchenraum als diakonischer Performativ übertragen wurde, aufgenommen (vgl. Kapitel 6.4.2).

21 «Die Zerbrechlichkeit der Einrichtungen und Gesetze, mit denen wir immer wieder versuchen, den Bereich der menschlichen Angelegenheiten halbwegs zu stabilisieren, hat mit der Gebrechlichkeit oder Sündhaftigkeit der menschlichen Natur nichts zu tun; sie ist einzig dem geschuldet, dass immer neue Menschen in diesen Bereich fluten und in ihm ihren Neunanfang durch Tat und Wort zur Geltung bringen müssen.» (Arendt, 1994, 183)

In Übertragung der Theorie Arendts kann Folgendes gesagt werden: Handlungsperspektiven gestalten sich in Wort und Tat, Kommunikation und Handlung als Faktum menschlicher Pluralität. Sie manifestieren sich als performativer Akt in zweierlei Art: als Gleichheit und als Verschiedenheit. Handlungsperspektiven nehmen das Bezugsgewebe menschlicher Angelegenheiten in den Blick und lassen sich vom offenen Ausgang überraschen. Ihre Offenheit gründet in der gegenseitigen Bezogenheit der Menschen aufeinander. Die Bezogenheit aufeinander zeigt sich sprachlich, indem Handlungsperspektiven anhand der Kriterien diakonischer Funktionen nach dem Er-Dulden und Handeln der Menschen fragen. Sie blenden die Versuchungen des handelnden Menschen nicht aus – Versuchungen, die mit dem Willen zur Macht zusammenhängen. Diese theoretischen Bestimmungen wirken sich faktisch auf die Anlage wie auch auf die Auswahl und Ausrichtung der inhaltlichen Bestimmung der Handlungs- und Kommunikationsprozesse aus.

7.2. Die diakonischen Funktionen des Kirchenraums

7.2.1. Kirchen laden ein: Gastraum

Frank Mathwig bringt es auf den Punkt: «Kirche hat nichts zu verstecken, keinen Ort zu verteidigen und ist nicht Selbstzweck. Kirchenmauern dienen nicht nur zur Einzäunung, sondern sind Zeichen der einladenden christlichen Gemeinde.» (Mathwig, 2010a, 119) Knapper und präziser kann man es nicht ausdrücken: Kirchenräume haben schlicht den Zweck, Menschen einzuladen. Diese erste diakonische Funktion zeigt sich hier im Zeichen der einladenden Gemeinde. Der Kirchenraum kann aus diakonischer Sicht deshalb zuerst als Gastraum beschrieben werden. Die folgende Darstellung knüpft an schon erfolgte Beobachtungen an, geht dann der Idee der Gastfreundschaft nach, fragt nach der Ausgestaltung des Raums und schliesst mit der Frage, wer der Gast ist, der die Einladung, den Kirchenraum zu betreten, annimmt.[22]

—

22 Wie die Handlungsperspektiven für Kirchenleitungen, Pfarrämter und Kirchgemeinden als Eigentümerinnen von Kirchenräumen aussehen, die zu solch gastlichen Räumen in Kirchen führen, wird in Kapitel 8 vertieft untersucht. An dieser Stelle geht es nur um die Beschreibung der diakonischen Funktion der Einladung.

Anknüpfungspunkte
Nach Emanuel Lévinas konstituiert – präziser: artikuliert – sich der Raum in der Gastlichkeit, die dem Anderen gewährt wird. Im Antlitz des Anderen besteht das Denken im Sprechen. Im Anspruch des Anderen zeigt sich das Antlitz des Fremden; im Blick des Fremden scheint die Unendlichkeit Gottes auf (vgl. Kapitel 3.3.1). Gastlichkeit heisst Geben und Nehmen; man schafft Raum und nimmt Platz. Raum entsteht somit nicht dadurch, dass man ihn baut, sondern dadurch, dass man ihn gibt. Der Gastraum ist hier Gabe und nichts anderes als der soziale relationale Raum, insofern er sich in, mit und durch die Beziehung zum Anderen als fremdem Gast konstituiert. Diese raumbildende Beziehung besitzt die einzigartige Qualität, die Radikalität des Getrenntseins vom Anderen in dessen Bezogenheit zu sich selbst räumlich auszugestalten. Soziale Räume schreiben sich in physische Räume ein. Sie können als heterologisch in dem Sinn bezeichnet werden, als sie eine Relation von Bindung ohne die Aufhebung der Distanz unterstützen und nähren. In dieser Relation zeigt sich nach Lévinas eine Gemeinschaft ohne Totalität.

Die Einsicht, dass Raum sich relational und sozial bildet, ist von der Raumsoziologie vor allem durch Martina Löw aufgenommen und vertieft worden. Ihr nach ist der Raum selber nicht länger ausserhalb der Handlungsprozesse, sondern als deren konstitutiver Teil gedacht (vgl. Kapitel 6.2). Nach Löw konstituiert sich Raum als komplexes Beziehungsgeschehen einerseits dadurch, dass Menschen und soziale Güter platziert werden. Anderseits schafft der Mensch durch die Verknüpfungen mit Wertvorstellungen und Erinnerungszusammenhängen Räume, in denen sich durch solche Prozesse Atmosphären bilden, die als gegenständlich und objektiv erfahren werden. Über solche Atmosphären wiederum entstehen Gefühle wie Zugehörigkeit oder Fremdheit. Vorliegende Arbeit hat deutlich herausgearbeitet, dass Qualitäten wie Offenheit, Respekt und Präsenz Gefühle des Willkommenseins im Raum erzeugen. Kirchenräume als gastliche Räume materialisieren gleichsam gastfreundliche Atmosphären und erzeugen einladende Wirkungen. Mit den gastfreundlichen Atmosphären gestaltet sich die Idee von Gastfreundschaft räumlich aus.

7.2.1.1. Die Idee der Gastfreundschaft

Die Spannung zwischen der Idee und der tatsächlich eingerichteten Gastfreundschaft betont Jacques Derrida in seinen Vorlesungen über die

Gastfreundschaft.[23] Derrida nimmt den Gedanken Lévinas' auf, dass Räume in Relation zum Anderen zu denken sind, setzt jedoch bei der performativen Kraft gebauter Räume an, die in ihrer Architektur den Raum für die Ankunft des Anderen offen lässt: «Um den Raum eines bewohnbaren Hauses und eines Zuhauses zu schaffen, braucht es auch eine Öffnung, eine Tür und ein Fenster, muss man dem Fremden einen Durchgang anbieten. Es gibt kein Haus oder Innen ohne Tür oder Fenster.» (Derrida, 2001, 49) Dem Fremden einen Durchgang bieten heisst, bei Grenzen und Abgrenzungen Schwellen und Übergänge als Öffnungen bereitzustellen. Gastfreundschaft setzt Schwellen und offene Türen voraus, und damit auch die Tatsache, dass sich Menschen bewegen.

Das Überqueren der Schwelle für den Eingeladenen, so spitzt Derrida zu, bedeutet stets ein Schritt der Überschreitung. Der Schritt in die konkrete und bedingte Gastfreundschaft überschreitet stets die Idee, das grundlegende Gesetz, den kategorischen Imperativ der unbedingten Gastfreundschaft. Die Grenzen, Befugnisse, Rechte und Pflichten markieren jene Bedingungen, die die grundlegende Idee der Gastfreundschaft, nämlich die bedingungslose Aufnahme des Angekommenen, herausfordern und übertreten[24]. Derrida folgert, dass diese reine Gastfreundschaft nur jener gewähren kann, der keinen Ort in der Welt hat.[25]

---

23 Vgl. dazu: Derrida, 2001; Bischof, 2004, 430–468.

24 «Wohin führen diese seltsam-befremdlichen Prozesse der Gastfreundschaft? [...] Es ist, als wäre die Gastfreundschaft unmöglich: als würde das Gesetz der Gastfreundschaft diese Unmöglichkeit selbst definieren, als könne man es nur übertreten, als würde *das* Gesetz der absoluten, *unbedingten*, hyperbolischen Gastfreundschaft, als würde der kategorische Imperativ der Gastfreundschaft erfordern, all *die* Gesetze der Gastfreundschaft zu übertreten, das heisst die Bedingungen, Normen, Rechte und Pflichten, die sich sowohl Gastgebern und Gastgeberinnen als auch Gästen, denen, die Aufnahme gewähren wie denen, die Aufnahme finden, auferlegen. Es ist, als würden *die* Gesetze der Gastfreundschaft, indem sie Grenzen, Befugnisse, rechte und Pflichten markieren, darin bestehen, *das* Gesetz der Gastfreundschaft herauszufordern und zu übertreten, jenes Gesetz, das fordert, dem *Ankömmling* bedingungslose Aufnahme zu gewähren.» (Derrida, 2001, 60)

25 «Muss man, um Gastfreundschaft zu gewähren, von einer gesicherten Bleibe ausgehen oder erschliesst sich die wahre Gastfreundschaft nur ausgehend von der Auflösung des Ortes *(dislocation)* im Obdachlosen, im fehlenden Zuhause? Vielleicht kann nur derjenige Gastfreundschaft gewähren, der die Erfahrung auf sich nimmt, des Hauses beraubt zu sein.» (Derrida, zit. in: Dufourmantelle, Einladung, 2001, 123)

Denn seine Überzeugung ist, dass der Ort der unbedingten Gastfreundschaft weder dem Gastgeber noch dem Gast gehört. Dieser Ort entsteht aus der Geste des Empfangens.[26]

Die Idee der unbedingten Gastfreundschaft und die bedingte Gastfreundschaft sind miteinander verbunden, bedingen sich gegenseitig und zeigen sich in Gesten des Empfangens. Welches sind solche Gesten der Gastfreundschaft? Leonardo Boff gewinnt Aspekte aus dem «Mythos» der Gastfreundschaft, den Metamorphosen von Publius Ovidius Naso, und zwar aus der Erzählung von Philemon und Baucis.[27] Gesten der Gastfreundschaft sind ihm nach das Gespür, die Sensibilität für das, was dem andern fehlt: Mitleid, Aufnahme, die Einladung, sich zu setzen, das Anbieten von frischem Wasser, Feuer machen, die Füsse waschen, zu essen geben, Wein zu trinken geben, einen gedeckten Tisch anbieten, Tischgemeinschaft miteinander pflegen, das eigene Bett zum Schlafen anbieten.[28] So jedenfalls lebte das alte Ehepaar seine Gastfreundschaft gegenüber den Göttern Jupiter und Hermes aus, die sich in der Geschichte der Metamorphosen Ovids als arme Leute verkleidet hatten.

Die Reibung zwischen der reinen Idee und der tatsächlich gelebten Gastfreundschaft erzeugt eine Spannung, die Geschichten freisetzt. Gastfreundlicher Raum artikuliert sich narrativ, indem im Antlitz des Anderen Geschichten reiner Gastfreundschaft freigesetzt werden. Solche Geschichten können zu guten Gesetzen verhelfen, zu einer grosszügigen Politik gegenüber dem Fremden anregen oder offene Räume für die Aufnahme des Anderen einfordern. Poetische Sprache wird durch solche Reibung im Alltag zur prophetischen Einforderung von dem, was gesagt und erzählt ist.

Diese Einsicht verändert das Denken und mit dem Denken auch den Raum. Am Beispiel des Grossmünsters von Zürich in reformatorischer Zeit konnte dies in vorliegender Arbeit besonders deutlich nachgezeich-

---

26 «Nun kann aber Gastfreundschaft nur hier und heute, an irgendeinem Ort, gewährt werden. Die Gastfreundschaft erweist diese schwierige, ambivalente Beziehung zum Ort als in ihrer ‹Nacht› ungedacht. Als ob der Ort, um den es in der Gastfreundschaft geht, ein Ort wäre, der ursprünglich weder zum Gastgeber noch zum Gast gehörte, sondern zu einer Geste, durch die der eine den andern empfängt – sogar und vor allem dann, wenn er selbst ohne Bleibe ist, von der aus dieser Empfang gedacht werden könnte.» (Derrida, zit. in: Dufourmantelle, Einladung, 2001, 124)

27 Vgl. die bei Boff (2009, 60–64) zitierte Erzählung.

28 Vgl. dazu die Ausführungen Boffs (2009, 75–81).

net werden (vgl. Kapitel 5.2.2). Die Idee der reinen Gastfreundschaft ist nicht nur anhand römischer Mythen und säkularer Räume zu gewinnen: Indem Huldrich Zwingli den Chorraum des Grossmünsters vom Klangraum in den Studierraum der Prophezei umbauen liess, entstand ein auf die Kanzel zentrierter Raum. In der Auslegung des Worts Gottes, niedergeschrieben in der Heiligen Schrift mit ihren Geschichten, wird im Kirchenraum der Mythos der Gastfreundschaft mit der christlich-jüdischen Tradition verwoben. Hier soll nicht auf die grosse Tradition der Gastfreundschaft in der Bibel genauer eingegangen werden[29] – die Parallelitäten zwischen der Geschichte Abrahams und seinen drei Gästen und der genannten Geschichte in den Metamorphosen Ovids sind offenbar (vgl. Gen 18,1–15). Bei der Geschichte um Abraham sind es Engel als Boten Gottes, die als Fremde verkleidet beim alten Ehepaar Einlass begehren. Viele der Gesten gastfreundlicher Haltung werden auch hier erwähnt. Statt Götter zu verehren gilt es, ihnen zu helfen. Nur wird diesmal mit dem Bild der Metamorphose nicht die Tod und Leben überschreitende göttliche Verheissung gezeichnet, sondern die Zusage der Geburt des Sohns als Stammvater für das Volk Gottes.

Zudem wurde deutlich, dass bei den ersten Christen die gottesdienstlichen Feiern in ihren Häusern und noch nicht in extra dafür gebauten Kirchen stattfanden. Dabei wurden ihre Wohnhäuser zu Gasthäusern. In ihnen wurden Geschichten wie die einer Lydia erzählt. Letztgenannte sagt zu den Gästen: «So kommt zu mir in mein Haus.» (Apg 16,15; vgl. Kapitel 4.4).

Die Frage nach der Idee der Gastfreundschaft führte vom gastfreundlichen Handeln zum Erzählen von Gastfreundschaftsgeschichten. Diese auf den ersten Blick überraschende Wende erweist sich auf den zweiten, zu Hannah Arendt hingerichteten Blick durchaus plausibel und in sich schlüssig.[30] Gastgebende wie Gäste sind in einem Bezugssystem miteinander verwoben. Mehr noch: Weil jeder Mensch in «eine schon bestehende Menschenwelt geboren» wurde, geht das Bezugsgewebe jedem einzelnen Handeln und Sprechen voraus. Die Gesten der Gastfreundschaft können als Fäden beschrieben werden, die in das Muster

---

29 Vgl. dazu: Gerber/Vieweger, 2009, 181f. Vgl. allgemein zu Gastfreundschaft in der Antike und im Mittelalter: Hiltbrunner/Gorce/Wehr, 1972, 1061–1123; vgl. zur sozialgeschichtlichen Perspektive Kreuzer/Schottroff, 2009, 167–170.

30 Vgl. zum folgenden Gedanken: Arendt, 1994, 173ff.

eingewoben sind und das Muster verändern. Sind diese Fäden zu Ende gesponnen und gewoben, ergeben sich wieder klare Muster. Sie sind nach Arendt als «Lebensgeschichten» nun erzählbar. Was vom handelnden Gastgeber oder Gast am Schluss bleibt, sind nicht die Impulse und Motivationen, die in Bewegung gesetzt und zur Begegnung geführt haben, sondern die Geschichten, die diese verursacht haben. Arendt ist der Meinung, dass «nur diese [...] am Ende in Urkunden und Denkmälern verzeichnet werden, in Gebrauchsgegenständen und Kunstwerken sichtbar gemacht werden, im Gedächtnis der Generationen wieder und wieder nacherzählt und in allen möglichen Materialien vergegenständlicht werden» können (Arendt, 1994, 174). Über Arendt hinaus können Kirchenräume jetzt als Vergegenständlichung von Geschichten gastfreundlicher Begegnungen zwischen Menschen beschrieben werden, im Zug derer transzendierend die Begegnung vom einkehrenden Gott und einladenden Menschen zwischen den Zeilen geschrieben, in die Steine geritzt oder in das Gewebe gewoben wird.

Kirchenräume als Gasträume weisen hör- und sichtbar Spuren solcher Geschichten der Gastfreundschaft auf. Das Erzählen von Geschichten und das entsprechende Handeln verweben sich zum diakonischen Performativ[31] gastfreundlicher Grundhaltungen und Verhaltensweisen. Was aber sind solche Verhaltensweisen gastfreundlicher Gesinnung? Und wie ist ihnen entsprechend der gastfreundliche Raum strukturiert?

Zuerst zu den Grundhaltungen. Boff zeichnet ausgehend von der Geschichte von Philemon und Baucis in Ovids Metamorphosen folgende Aspekte nach: Der unbedingte gute Wille, die grossherzige Aufnahme, das aufmerksame Zuhören, das offene Miteinanderreden, das ehrliche Verhandeln, das Zurückstellen eigener Interessen, das bewusste Verantwortungübernehmen, mutig die eigene Position zu relativieren, auf kluge Weise Veränderungen herbeizuführen.[32] Diese Konkretionen können mit Benjamin Simon in dem Sinn als «Chancen der Integration» verstanden werden, als in allen Aspekten die inkludierende Kraft wirksam ist, die Grenzen zwischen fremd und heimisch durchlässig werden lässt, zwischen draussen und drinnen, göttlich und menschlich, bedingt und unbedingt. Simon selber beschreibt die Gastfreundschaft als «erste(n)

---

[31] Vgl. zum diakonischen Performativ Kapitel 6.4.2.

[32] Vgl. dazu die ausgezeichneten Ausführungen von Boff, 2009, 122–131.

Schritt auf dem Weg zur Integration» über folgende Tätigkeiten: Dem Fremden Raum gewähren, Schutz gewähren, gemeinsames Gestalten des Zusammenseins, gegenseitiges Interesse und gemeinsames Essen und Trinken.[33]

Aus welcher Perspektive die Verhaltensweisen auch immer gewonnen werden, jeder der hier angeführten Aspekte ist in Kirchenräumen umsetzbar. Der in den letzten zehn, zwanzig Jahren in den meisten Stadtkirchen eingeführte Präsenzdienst sammelt Freiwillige und Ehrenamtliche, die in diesen Grundhaltungen gastfreundlicher Gesinnung aus- und weitergebildet werden. Im Präsenzdienst der Kirchen verkörpern sich im Sinn Arendts die Geschichten gastfreundlicher Begegnungen.[34] Solch gastfreundliches Verhalten ist durch die Gastgebenden und Gäste situativ unterschiedlich gestaltet, orientiert sich jedoch an der Idee der Gastfreundschaft.

Allen Verhaltensweisen eingelagert ist eine präsentische Grundhaltung, die im Raum eine spezifisch gestimmte Atmosphäre gegenwärtiger Achtsamkeit erzeugt. Verschiedentlich ist in vorliegender Arbeit diese Präsenz, die Gegenwart schafft, deutlich geworden (vgl. Kapitel 4.3.1 und Kapitel 6.2.4). Jetzt kann der Kirchenraum als Gastraum zugespitzt als Präsenzraum bezeichnet werden, in dem sich Gastgebende und Gäste mit Respekt und Offenheit gegenwärtig werden und begegnen. Gegenwärtig begegnen sich Menschen, indem ihre Anwesenheit gegenseitig wahrgenommen wird. Gegenseitige Wahrnehmung artikuliert sich im Raum, der den Anderen empfängt. Das französische Wort für Empfang, *acceuil*, schreibt Lebensgeschichten, die in allen möglichen Materialien vergegenständlicht werden, auch in den Stühlen und Tischen, auch in den Tischen beim Eingang oder versteckt in einem Winkel der Kirchen.

In seinem Eröffnungswort zu einer Veranstaltung anlässlich des Todestags von Emanuel Lévinas hebt Derrida den «Empfang» als «ersten Antrieb» für alle anderen Gesten der Gastlichkeit hervor.[35] Zuerst er-

---

33 Vgl. dazu: Simon, 2005, 202–207.

34 Der Präsenzdienst ist eine besonders eindrückliche Form von Engagement sogenannter «neuer» Freiwilliger und kann als Indikator des in der Forschung proklamierten Paradigmenwechsels in der Freiwilligenarbeit gesehen werden: vgl. Sigrist, 2011d; Sigrist, 2011a, 81–89.

35 «Doch ist der Empfang überhaupt eine Geste? Eher wohl erster Antrieb, und ein anscheinend passiver Antrieb, aber *richtiger* Antrieb. Der Empfang leitet sich nicht ab, sowenig wie das Antlitz, und ohne Empfang gibt es kein Antlitz. Es ist, als ob der

scheint die Möglichkeit des Empfangs, bevor man an den Anderen denkt und die Art und Weise, wie man ihm begegnen soll. Dem *accueil* entspricht die offene Tür, «eine Art zu reden», durch die mit dem Empfang des Gasts die Idee der Unendlichkeit eintritt. Diese durchschrittene Tür wird zur Metapher für die vernünftige Seite der Gastlichkeit: «Eine Vernunft, die *fähig* ist *aufzunehmen*: was kann sie, diese Gastlichkeit der Vernunft, geben, die Vernunft als *Aufnehmen-Können* («*fähig aufzunehmen*»), diese Vernunft unter dem Gesetz der Gastlichkeit?» (Derrida, 1999, 46f.) Es ist vernünftig, in Kirchenräumen Orte des Empfangs einzurichten, *accueil* als Ort, Geschichten, Menschen, Nöte, Fragen, Sorgen, Hunger, Leid und Freude aufnehmen zu können. Erst durch den Antrieb des Empfangs überschreiten Menschen die Tür zur Gegenwart und zur Präsenz gegenseitiger Achtsamkeit. Der Empfang strukturiert den Kirchenraum als Gastraum. Wie ist ein solcher Raum beschaffen?

7.2.1.2. Struktur des Gastraums

Noch einmal ist bei Lévinas' Bestimmung des Raums einzusetzen, die das radikale Getrenntsein vom Anderen und die Bezogenheit verbindet. Diese paradoxe Verschmelzung von Nähe und Distanz strukturiert den Raum nach Derrida mit einer Architektur, die den Raum für das Kommen des Anderen öffnet. Mit dem Kommen des Anderen betreten Ungefügtes und Disparates den Raum und machen eine architektonische Offenheit nötig, die dank der Kraft des Raums und der Veränderlichkeiten die traditionellen Bestimmungen der Architektur wie Stabilität und Ordnung überschreitet. Derrida spricht von der «Verrücktheit der Architektur» die sich in den Tritten, Schwellen, Stufen des Hotels einschreibt, und wohl auch in Kirchen. Eine solche «Architektur des Anderen» (Derrida, 1994, 231) strukturiert den Kirchenraum heterotop, indem er offen genug wird, die Lebensgeschichten des Anderen hörbar

---

Empfang genauso wie das Antlitz, genauso wie das Vokabular, das ko-extensiv mit ihnen, also zutiefst synonym ist, eine erste Sprache wäre, eine aus quasi primitiven – und quasi transzendentalen – Worten geformte Gesamtheit. Erst einmal muss man die Möglichkeit des Empfangs denken, noch bevor man das Antlitz denkt und alles, was mit ihm eröffnet oder verschoben wird, die Ethik, die Metaphysik oder die erste Philosophie – in dem Sinn, den Lévinas diesen Worten verliehen hat. Der Empfang bestimmt die Aufnahme, die Rezeptivität des Aufnehmens als ethische Beziehung.» (Derrida, 2001, 44) Vgl. zur Ethik der Gastfreundschaft Lévinas' in der Bearbeitung Derridas weiter: Bischof, 2004, 448ff.

zu machen, indem den Differenzen der eigenen Geschichten der versammelten Menschen sowie dem Fremden gegenüber dem Heimischen der Vorzug gegeben wird.

Es ist Kathrin Busch zuzustimmen, wenn sie die Meinung vertritt, dass eine solche Verräumlichung des Anderen «nicht nur anders Raum [gibt]», sondern «regelrecht einen anderen Raum» gibt (Busch, 2011, 62). Dieser andere Raum erweist sich als Gastraum und verortet sich bisweilen auch im Kirchenraum. Wie erleben Menschen die gemeinsame Zeit, die sie darin verbringen? Wie sind die Strukturen eines miteinander geteilten Raums zu beschreiben? Roland Barthes hat in seinen raumtheoretischen Überlegungen jenen Sachverhalt nutzbar gemacht, der unter Einbezug von Differenzen auch in den Kirchenraum des Grossmünsters führt.[36]

Vorreformatorisch praktizierten die Chorherren eine Mischform aus individueller Lebensgestaltung ausserhalb des Kirchenraums in ihren Pfründen und dem gemeinschaftlichem Leben im Grossmünster und den angebauten Räumlichkeiten.[37] Diese Verbindung von individuellem, eigenem Rhythmus, unterbrochen durch die gemeinsamen Tageszeiten, kann mit dem Begriff der Idiorhythmie beschrieben werden und stellt den Ausgangspunkt von Barthes' Überlegungen dar. Barthes (2007, 184) fragt nach Lebensvorstellungen, die sich durch eine «Dialektik der Distanz», «eine auf geregelte Weise unterbrochene Einsamkeit» oder als «ein utopischer Sozialismus der Distanz» (Barthes, 2007, 42) auszeichnen. Barthes sieht eine mögliche Form der Raumordnung, in der sich die Idiorhythmie ausgestaltet in der Cella, «(also des individuellen Zimmers als symbolischer Ort): die Eremitenhütte (in der Wüste). Im pachomitischen Kloster: Zellen, keine Schlafsäle» (Barthes, 2007, 104).[38]

Gasträume sind durch «Zellen» strukturiert, die die Bezogenheit mit anderen durch die Diskretion des Anklopfens schützt und die Gemein-

---

36 Vgl. zu Barthes, 2007.

37 Vgl. zur Situation der Chorherren, Gysel, 2010, bes. 176f.

38 Kathrin Busch fasst die Reflexionen von Barthes wie auch von Edward T. Hall hinsichtlich der Proxemie als Theorie über die «menschliche Handhabung des Raums» mit Halls Unterscheidung von intimer Distanz (15 bis 45 Zentimeter), persönliche Distanz (45 bis 120 Zentimeter), soziale Distanz (120 bis 360 Zentimeter) und öffentlichen Distanz (360 bis 750 und mehr Zentimeter) als weiterführende Positionen zu Heidegger, Lévinas und Derrida zusammen. Vgl. Busch, 2011, 62f. Vgl. zu der Theorie Edward Halls (1976, 15; 118–133).

schaft unter Wahrung von gebührender Distanz zusammenhält. Kirchenräume haben oft solche gastfreundliche Strukturen: Pfeiler und Kirchenbank, Winkel und Krypta, Gebetsnischen und Tageszeiten gestalten «Zellen» im Raum und erlauben so ein sich immer wieder neu einzustellendes Verhältnis von Nähe und Distanz. Die «anonyme Stadtöffentlichkeit» als Gast sucht die bergende Anonymität der Stadtkirchen als Gastgeberin. Der bergenden Anonymität öffentlicher Kirchen entspricht die situative Unterscheidung zwischen intimer, persönlicher, sozialer und öffentlicher Distanz (Eduard Hall), zwischen Empfangenden und Gästen. Solche Distanzen unterbrechen auf geregelte Weise die Einsamkeit des anonymen Anderen. So stellt sich die Frage, wer denn diese Anderen, wer die Gäste sind.

7.1.2.3. Der Gast

Der Mangel an Gastfreundschaft begründet sich nach Boff darin, dass «der Andere faktisch niemals erkannt und der Andersartige niemals konsequent respektiert wurde» (Boff, 2009, 89). Die Aufzählung Boffs ist hilfreich zur Beantwortung der Frage nach dem Gast in den Kirchenräumen im europäischen Kontext: Boff subsumiert unter dem Anderen die Frau, den Homosexuellen, den an HIV, dem Down-Syndrom, der Alzheimer-Demenz und an schweren psychischen Störungen erkrankten und leidenden Menschen, die andere Generation, den Ungebildeten, die andere soziale Klasse der Unterschicht, den Ausgegrenzten, die Aussenseiterin und den Fremden in seiner kontextuellen und kontinentalen Verschiedenheit. Unter dem Begriff der «neuen Anderen» fasst er diejenigen, die über Massenvernichtungswaffen und Macht verfügen, auch über «ein Anderes, das immer vorhanden war, das aber nun mehr und mehr das kollektive Unbewusste durchdringt: Die Natur und die Erde» (Boff, 2009, 108).[39] Der Gast ist demnach der Andere in seiner Andersartigkeit. Was Boff im globalen Kontext ausführt, hat jede Kirchgemeinde sozialräumlich lokal vor Ort vorzunehmen.

Will die Kirchgemeinde eine einladende christliche Gemeinde sein, hat sie den Kirchenraum als Gastraum so einzurichten, dass erstens der «Ankömmling» als Gast anerkannt und deshalb erkannt wird. Diese banal anmutende Beobachtung gewinnt ihre Bedeutsamkeit beim Kirchenkaffee nach dem Gottesdienst im Kirchenraum, in dem der Gast als

---

[39] Vgl. zur Beschreibung der verschiedenen Anderen: Boff, 88–111.

Anderer meist unerkannt bleibt, weder angesprochen, geschweige denn beachtet wird. Zweitens hat sie die Andersartigkeit des Anderen konsequent zu respektieren und zu achten. Gasträume schaffen Platz für die Alterität von Individuen und Gruppen. Drittens wird es durch die Anerkennung der Einladenden christlichen Gemeinden möglich, Nähe herzustellen ohne distanzlos zu werden und Beziehungen zu knüpfen ohne das Getrenntsein des Anderen zu vereinnahmen. Viertens hat sich die Kirchgemeinde in ihrer Gastfreundschaft darauf auszurichten, dass sie die «undeutlichen Gäste» (Steffensky) nicht nur aufnimmt, sondern erträgt. Ein fremder Gast ist nie deutlich konturiert, birgt mit seiner Unschärfe von Herkunft und Person immer Unvorhergesehenes und Unsicheres. Doch gerade in der Aufnahme des Undeutlichen wird der Gastraum eindeutig.[40] Wie dieses komplexe Beziehungsgeschehen konkret vor Ort einzurichten ist, zeigt sich in den Handlungsperspektiven einer gastfreundlichen Gemeinde innerhalb ihres Kirchenraums.

Mit dem Mythos von Philemon und Baucis in den Metamorphosen Ovids wie auch in der Erzählung der abrahamitischen Gastfreundschaft ist das Bewusstsein in unser Bezugsgewebe eingewoben, dass mit der Aufnahme des fremden Gasts Gott selbst aufgenommen wird. Boff ist zuzustimmen, wenn er festhält: «Der Gastfreundschaft eignet die innere Qualität der Heiligkeit. […] Sie [die Menschen, erg. CS] alle sind potenzielle Tempel, in denen wir unerkannt den Herrn der Geschichte und des Universums aufnehmen und ihm dienen können.» (Boff, 2009, 150f.) Präziser kann nicht auf den Punkt gebracht werden, was auf dem Spiel steht, wenn Kirchen einladen.

7.2.2. Kirchen schützen: Schutzraum

Der Kirchenraum als Binnenraum mit starker Ausstrahlung in den Gesellschaftsraum verfolgt den Zweck zu schützen. Eine seiner diakonischen Funktionen ist die schützende und bergende Wirkung, wenn der Aussenraum bedrohlich erfahren wird. Die jüdische Schriftstellerin Jenny Aloni erfuhr den Paderborner Dom als ihren eigenen Schutzraum, als ihre existenzielle Situation immer bedrohlicher wurde und sie auf der

---

40 «Die Gastlichkeit der Kirche besteht darin, dass sie deutlich sie selber ist; nicht darin, dass sie sich verundeutlicht und versucht, wie alles andere zu sein. Je deutlicher eine Kirche ist, innerlich und äusserlich, umso mehr kann sie undeutliche Gäste ertragen.» (Steffensky, 2005, 208)

Suche nach der eigenen Identität den Raum aufsuchte. Aloni beschreibt dieses Erleben in der erst 1963 veröffentlichten Erzählung «Die Synagoge und der Dom» anhand ihrer Protagonistin: «Da war der Dom, an dessen langgezogenem Kirchenschiff die Bürger der Stadt Jahrhunderte hindurch in den wechselnden Stilen der Zeit gebaut hatten. In ihm fand sie die ersehnte Sammlung. Die hoch aufstrebenden Säulenbündel schienen in den spitzen Bögen keinen Abschluss zu finden und sich im Ungewissen zu verlieren. Zwischen ihnen lag die Stille als ein zu ihnen Gehöriges, noch unterstrichen vom Echo der vereinzelten Schritte. Nicht als eine Abtrünnige oder auf der Suche nach einem neuen Gott trat sie in das gedämpfte Licht der weiten Hallen. Aus dem Verlangen nach einem Ort der Sammlung kam sie hierher. Sie vermied die Zeiten gemeinsamer Andachten. Um das Weihbecken beschrieb sie einen weiten Bogen, als bedeute es Gefahr. Niemals wagte sie, sich vor einem der vielen Betpulte niederzusetzen. Sie schritt hin und her durch die Bogenhallen an Kapellen und Seitennischen, an Statuen und Bildern vorbei. Sie ging vorsichtig, instinktiv bemüht, den lauten Nachhall ihrer Schritte zu dämpfen. Und wie sie ihrer Fremdheit immer eingedenk blieb, ja, vielleicht weil sie sich stets bewusst war, nur Gast und nicht zugehörig zu sein, verebbte der Sturm in ihr um ein Geringes, war es ihr vergönnt, den Schmerz in ihrem Herzen, seine Sehnsüchte und seine Bitterkeit zu mildern. Draussen in der Grelle des Marktplatzes lag die Welt der Erwachsenen verlogen und unbarmherzig, keine Rücksicht nehmend auf Gefühle, Sehnsüchte entfachend und ihnen die Richtung versagend. Hier drinnen zwischen den Gebilden hoch getürmter Steinblöcke sammelten sich die zerfahrenen Wesensstränge des Seins. Sie schienen ein Ziel zu spüren und sich nach ihm auszurichten gleich den Schiffen des Domes, die in dem in mattes Kerzenlicht getauchten Altar zu ihrem natürlichen Abschluss gelangten.» (Aloni, 1995, 42f.)

Anknüpfungspunkte

Die Textpassage von Jenny Aloni knüpft in verschiedener Weise an den «undeutlichen Gast» der anonymen Stadtöffentlichkeit an. Kirchenräume üben ihre starke Wirkung auch auf Angehörige nichtchristlicher Religion aus. Beim jüdischen Mädchen sind es vor allem die architektonischen Qualitäten des Raums, die auf ihr aufgewühltes Inneres wirken. Sie suchte «Sammlung» unter den in die Höhen der ausgezogenen Steinbögen, in denen Spuren des transzendierenden und fragmentierenden Seins eingeritzt sind. Der Raum selber nimmt diese Sehnsucht auf, das Mädchen wird auf den in der Mitte stehenden Altar hin orientiert. Es ist, wie wenn der Kathedralraum sich um diese sichtbare und zugleich unsichtbare Mitte krümmte. Der «gekrümmte» Raum umschliesst die suchende Seele. Und dies «entlastet» die junge Jüdin. Entlastung ist demnach der Fund auf der Suche nach Sammlung im Raum, der sich um die Schutz suchende Seele gleichsam «krümmt».

Der gekrümmte Raum entsteht, so wurde bei Lévinas deutlich, durch die Orientierung am Antlitz des Anderen, indem die zerfahrenen Wesensstränge menschlicher Beziehungen den Raum selber auf diesen Anderen konzentrieren. Der gekrümmte Raum zeigt sich als sozialer Raum (vgl. Kapitel 5.5.3). Nach Pierre Bourdieu schreibt sich der soziale Raum in den physischen Raum ein; die Krümmung um den Suchenden gestaltet sich in der Ausrichtung des Domschiffs auf die junge Frau hin aus. Mit dieser Ausrichtung wird Verbindlichkeit erzeugt, an einem Ort zu sein, wo man sich gehalten und sicher fühlen darf. Dem sozialen Raum, der sich um den Hilfe suchenden Anderen krümmt, entspricht die «versammelnde Kraft des christlichen Kirchenraums» (Gerhards, 2006, 251) als physischer Raum (vgl. Kapitel 6.5.2)[41]. Oder mit den Worten Hans-Georg Soeffners gesagt: «Versammeln sich im mittelalterlichen Städtebild die Häuser um ihre Kirche als Zentrum, so sammelt sich die Gemeinde ihrerseits in ihrem sakralen Mittelpunkt. Der Raum gliedert sich in konzentrische, symbolische Ringe.» (Soeffner, 2003, 45)

Diese Sammlung bewirkende Kraft des Kirchenraums bringt Entlastung. Entlasten bedeutet, dass Druck weggenommen wird, druckfreie Zonen eingerichtet werden, die den Be- und Unterdrückten vor dem Zugriff der unterdrückenden Macht schützen. Assoziativ werden Bilder und Metaphern für die Schutzfunktionen gebraucht: Kirchenräume sind Burgen, Archen, Oasen, Inseln, Zelte. Von Asyl sprechen die Menschen dann, wenn vor lebensbedrohenden Mächten Schutz gesucht wird. Das jüdische Mädchen sucht Entlastung von der Bedrohung durch den Na-

---

41 Eine Form solch versammelnder Kraft kann sich auch in der Musik zeigen, die Menschen an speziellen Orten des Kirchenraums gleichsam durch unsichtbare Fäden zu Gruppen zusammenzieht und so einen «gekrümmten» Raum im Raum konstituiert. Marc Zollinger beschreibt dies am Beispiel des Grossmünsters eindrücklich (vgl. Kapitel 2.2.3).

tionalsozialismus. Es sucht Asyl im Kirchenraum – Kirchenasyl als Kirchenraumasyl.

Wird nun die Funktion des Schutzraums innerhalb des Kirchenraums in seiner diakonischen Funktion genauer untersucht, muss in vorliegender Arbeit die Bedeutung und der Gebrauch des «Kirchenasyls» analysiert werden. Auf diese Analyse folgt eine genauere Beschreibung der Qualitäten des Kirchenraums als Schutzraum anhand verschiedener Reaktionen auf tatsächliche oder befürchtete Kirchenbesetzungen in Zürich und Bern in den vergangenen 25 Jahren. Davon ausgehend stellt sich die Frage nach der Vielfalt von Bedürfnissen und Nöten, die Menschen dazu bringen, sich im Kirchenraum Schutz zu erhoffen.

7.2.2.1. «Kirchenasyl»

Auf den religionssoziologischen Hintergrund der Schutzfunktion des für Gott geweihten Tempels in der Antike wurde in vorliegender Arbeit bereits hingewiesen (vgl. Kapitel 4.3.2).[42] Nach Frank Crüsemann zeigt sich die bedeutendste Funktion der Asylorte im bis heute wichtigen Punkt: «Sie entziehen die Bedrohten und Verfolgten unmittelbarem Zugriff und machen dadurch Besinnung und Nachdenken, Gespräch und Verhandlung nötig und möglich.» (Crüsemann, 2003, 33) Mit der Profanisierung des Asylgedankens durch die Ausweitung der heiligen Stätten auf ganze Städte fand das Judentum durch die Kultzentralisation, das Exil und die Zerstörung des Zweiten Tempels 70. n. Chr. eine Form von religiöser Organisation, die ohne heilige Orte auskam. Synagogen sind genauso wie christliche Kirchenräume funktionale Versammlungsräume und hängen nicht an der Sakralität des Orts. Die später auf die Kirchenräume übertragene Asylfunktion stammt entsprechend eher aus der heidnischen Tradition als aus der Bibel.[43] Die alttestamentlichen Rechtsetzungen übernahmen stattdessen die Asylfunktion. Insbesondere der Fremde erfuhr nun verstärkten Rechtschutz, der theologisch mit der liebenden Zuwendung Gottes gegenüber dem Flüchtling begründet wurde (vgl. Dtn 10,17). Crüsemann bringt es auf den Punkt: «Gottes Tun und menschliches Tun liegen hier unvermischt und ungetrennt ineinander. Israel ist durch Befreiung und Landbesitz bestimmt und kann deshalb

---

[42] Vgl. zum biblischen Asylbegriff allgemein: Crüsemann, 2003, 31–49; Falk, 1979, 318–319.

[43] Vgl. Landau, 1979, 319–327.

auch materiell dem fremden Flüchtling Heimat geben, wie es selbst solches von Gott erfahren hat.» (Crüsemann, 2003, 46f.) Dieses Ineinander von menschlichem und göttlichem Tun wird im Neuen Testament zugespitzt in der Aussage, mit dem Fremden würden unwissentlich Engel aufgenommen (Hebr 13,1), und Christus suche als Fremder Schutz und erfahre ihn nicht immer (Mt 25,31ff.).

Die alte Kirche hat die vom Neuen Testament herkommende Interzessio als Fürsprache unter Anerkennung der Schuldbestände in Form der appellativen Bitte bewusst in die Asylpraxis integriert, um so die Barmherzigkeit innerhalb der Strafverfolgung zu stärken. Die Verbindung des christlichen Asylbegriffs mit dem durch das römische Rechtssystem vom Staat gewährten Immunitätsprivileg engte die Asylfrage auf ihren Machtaspekt ein. Infolge der im hohen Mittelalter und der Reformationszeit erfolgten Säkularisierung der Kirchengüter wurden Asylrecht und Asylraum profanisiert. Damit verfiel das vorher kaum bestrittene Kirchenmandat, sodass seit dem 17. Jahrhundert von einer Asyltradition des Kirchenraums nicht mehr die Rede sein kann[44], sehr wohl jedoch von einer Begriffstradition. Wie ist nun mit diesem Erbe «Kirchenasyl» umzugehen?

Andreas Lob-Hüdepohl hat in seinen theologisch-ethischen Überlegungen zu Verantwortlichkeiten beim «Kirchenasyl» einen Weg zu skizzieren versucht.[45] Ausgangspunkt seiner Argumentation ist der Begriff der «kirchlichen Nothilfe», die bei Asylsuchenden bei «Gefahr im Verzug» greift und nichts zu tun hat mit einem verbrieften Recht der Kirchenleitungen, Flüchtenden in Kirchenräumen und an «heiligen Orten» rechtsverbindlich auch gegen den Willen der staatlichen Macht Asyl zu gewähren.[46] Lob-Hüdepohl (2003, 62) bilanziert: «Der zivile Ungehorsam ‹Kirchenasyl› ist – ethisch betrachtet – die Nothilfe einer Kirchgemeinde für einen verfolgten Menschen bei der Ersatz-Beschaffung unaufschiebbarer Menschenrechtsansprüche, die die staatliche Autorität aufgrund menschenrechtsethischer Prinzipien wie aufgrund ihrer eigenen Verfassungsgrundsätze zu gewähren hat.» Vor diesem Hintergrund stellt sich die Frage nach der Verantwortlichkeit, die Lob-Hüdepohl einerseits

---

44 Vgl. zum Überblick bis in die neuer Zeit: Theologische Fakultät der Universität Zürich, 1981, 1f. Vgl. Landau, 1994, 47–61.

45 Vgl. Lob-Hüdepohl, 2003, 50–69.

46 Vgl. als Überblick: Landau, 1994, 47–61.

mit dem Auftrag Gottes biblisch-schöpfungstheologisch in Einklang bringt[47], anderseits in der Gewichtsverschiebung vom Verursacherprinzip zum Mächtigkeitsprinzip verankert haben will.[48] Bei der Frage nach den konkreten Handlungsmöglichkeiten richtet sich nun folgerichtig der Blick auf die Kirchgemeinden und Pfarreien, die mit ihrem sozialen Kapital in besonderem Mass ermächtigt sind, Unterstützung und Hilfe zu bieten: Wenn es um den Zauber der Zugehörigkeit geht, um die Frage, wie Beziehungen geknüpft, Verantwortlichkeiten delegiert und konkretes Verhalten repräsentiert werden sollen (vgl. Kapitel 6.3.2), können sich Kirchgemeinden ihrem aus biblischer Tradition ererbten Auftrag, den Fremden Schutz zu gewähren, nicht entziehen.[49] An dieser Stelle ist Lob-Hüdepohl in Aufnahme von Wolfgang Hubers Aussagen ausdrücklich zuzustimmen, dass das «Kirchenasyl» in seinem innersten Wesen als Asyl der ganzen Gemeinde, also als Nothilfe einer ganzen institutionell verfassten Kirche zu beschreiben ist: «Es sind gerade die konkreten Kirchgemeinden, die als Gemeinschaften der Glaubenden die – wenn man so will – für ‹Kirchenasyl› notwendige technische, soziale, ethische und religiöse Infrastruktur besitzen. Das fängt bei den Räumlichkeiten an und hört bei der spirituellen Verwurzelung des Asylengagements in die

---

47 «Gerade das biblische Verantwortungsverständnis, das Gesamt der Schöpfung für alle lebensdienlich zu bebauen und behüten, zu besorgen und bewahren, kommt hier [Abschiebung eines Asylsuchenden, erg. CS] zu seiner besonderen Geltung: Moralische Verantwortung ist der Auftrag Gottes an jeden Menschen, Hüter aller seiner Schwestern und Brüder zu sein (Gen 4,9), unabhängig davon, ob er in einer misslichen Lage seiner ihm zur Sorge anvertrauten Geschwister selbst verursacht und auch in diesem Sinne zu verantworten hat oder nicht.» (Lob-Hüdepohl, 2003, 63)

48 «Dieses spezifisch ethische Interesse gibt der Frage nach den Verantwortlichkeiten für ‹Kirchenasyl› andere Gewichtungen. Wer verfügt über welche Mittel, einen abgelehnten, gleichwohl in seinem Rückkehrland an Leib und Leben bedrohten Asylsuchenden vor der drohenden Abschiebung zu schützen und Zeit für eine neuerliche Prüfung des Asylbegehrens zu gewinnen? Das ist die Gretchenfrage der Verantwortung im Zusammenhang jeder ‹Kirchenasyl›-Praxis. Dieser Frage müssen sich alle Beteiligten stellen. Und das entscheidende Kriterium ist hier nicht das *Verursacherprinzip*, also die Suche nach den Verursachern des Übels, sondern allein das *Mächtigkeitsprinzip*.» (Lob-Hüdepohl, 2003, 63)

49 Den Aspekt der Delegation oder Stellvertretung nimmt Steffensky auf, wenn er schreibt: «Wenn sich auch nicht alle Gemeinden dazu entschliessen können, in solchen Konfliktfällen Obdach und Asyl in den Kirchen zu geben, so sollten sie und sollte die Kirche als Ganzes wissen, welche Aufgabe der Stellvertretung die Gruppen und Kirchen auf sich nehmen, die Kirchenasyl gewähren.» (Steffensky, 2003, 12)

geistliche, feierlich lobpreisende Gottesdienstgemeinschaft auf.» (Lob-Hüdepohl, 2003, 66) Zu ergänzen wären mit Blick auf die Reformationsgeschichte die finanziellen Strukturen wie der Wert von Liegenschaften (Armengut) (vgl. Kapitel 5.3.4).

Zu den Räumlichkeiten gehört nun im Speziellen der Kirchenraum als Schutzraum und so verstanden als «Kirchenasyl». Beispiele aus jüngerer und jüngster Zeit aus Zürich und Bern zeigen deutlich auf, welche Rolle der Kirchenraum innerhalb der Argumentation von Nothilfe einnimmt. Der Fokus liegt auf dem Raum selber, nicht auf der Frage, wie die Rolle von Kirchgemeinden und Pfarrpersonen in der Findung «kooperativer Gewissensentscheide» (Lob-Hüdepohl, 2003, 67) zu beschreiben ist.[50] Anhand verschiedener Beispiele aus jüngerer Zeit wird deutlich, warum der Kirchenraum als «Asylort» in der Bevölkerung nach wie vor zentrale Bedeutung innehat, spätestens dann, wenn er in Gebrauch genommen wird.[51]

7.2.2.2. Kirchenraum als Asylraum – Praxisbeispiele

Kirchenraum als seelsorgerliches Asyl der Zeitgewährung

Mitten in den Zürcher Jugendunruhen 1980 im Juli hat Pfarrer Hans Roy in der Johannes-Kirche Zürich einigen Demonstranten Zuflucht gewährt. Er wurde daraufhin wegen Begünstigung angeklagt. Dieses Ver-

---

50 Aus eigener Erfahrung weiss der Autor vorliegender Arbeit, wie schwierig sich das Zusammenspiel zwischen persönlichem Gewissensentscheid, innergemeindlicher Debatte, Kirchenleitung auf kommunaler und kantonaler Ebene und dem gemeindlichen und konzertanten Leben im Kirchenraum gestaltet, wenn die mediale Öffentlichkeit Druckwellen aufbaut und die Asylsuchenden aus ihren kontextuellen Hintergründen zwar verständliche, jedoch im schweizerischen Staat unmögliche Erwartungen hegen und Forderungen erheben. Vgl. zum Zusammenspiel: Lob-Hüdepohl, 2003, 66ff.

51 Aufgrund seiner persönlichen Erfahrung stimmt der Autor vorliegender Arbeit nicht mit Lob-Hüdepohl überein, wenn dieser sagt, das Ansinnen zur Gewährung von Kirchenasyl werde nicht von aussen aufgenötigt. Lob-Hüdepohls Einsicht geht auf das Jahr 2003 zurück. Aufgrund der beiden Kirchenbesetzungen von Sans-Papiers in Zürich im Dezember 2007 im Grossmünster, im Dezember 2008 und Januar 2009 in der Predigerkirche, müsste Lob-Hüdepohl seine Einschätzung wohl korrigieren. Dass die Frage nach dem Signal von aussen in der Mitte von Kirchgemeinden, und insbesondere in der sonntäglich sich versammelnden Kerngemeinde heftig aufbricht, entspricht hingegen sehr wohl der Erfahrung des Autors vorliegender Arbeit. (Vgl. Lob-Hüdepohl, 2003, 66.)

fahren wurde von der Bezirkanwaltschaft jedoch bald darauf eingestellt. Zwei Kollegen reichten im Dezember in der Synode eine Anfrage an den Kirchenrat ein, «wie sich der Kirchenrat zum Asylrecht der Kirche» stelle.[52] Daraufhin hat der Kirchenrat die Theologische Fakultät der Universität Zürich um eine Stellungnahme gebeten. Unter Leitung des Dekans, Theodor Strohm, wurde dieser Bericht mit dem Titel «Kirchlicher Raum – Asylraum – Freiraum» dem Kirchenrat im Januar 1981 vorgelegt.

Die Fakultät setzt in reformierter Manier beim funktionalen Kirchenraumverständnis ein, wenn sie in einem ersten Punkt lapidar festhält: «Der Kirchenraum ist kein sakraler Bezirk.»[53] Sie weitet den Asylraum, indem sie bei der seelsorgerlichen Situation «auch bei denen, die gegen das Gesetz verstossen haben», von «geistlichem» Asyl spricht, das «der Rechtsstaat abendländischer Tradition» aufgrund des Seelsorgegeheimnisses immer respektiert habe. Die zentrale Passage für den Kirchenraum ist auch vom Kirchenrat aufgenommen worden[54]: «Es ist allerdings möglich, dass eine besondere turbulente Situation sofortiges Handeln verlangt, dass also beispielsweise ein Kirchenraum als Schutzort aufgesucht wird. Generelle Regelungen sind hier nicht möglich, vielmehr ist der gewissenhaften Entscheidung einzelner, namentlich einzelner Pfarrer, ein freier Spielraum zu gewähren. Jedoch ist dann, wenn sich solche Fälle wiederholt ereignen, mit besonderer Sorgfalt darauf zu achten, dass der Schutzcharakter kirchlichen Handelns letztlich nur darin besteht, menschliche Begegnungen zu ermöglichen. Wo immer also die Kirche ihre Gebäude für Gefährdete öffnet, müssten die Glieder der Gemeinde bereit sein, mit den Schutzsuchenden die Lage im Gespräch zu klären und sie, wenn nötig, zur Einsicht zu bringen. Ein gleichzeitig zu führendes Gespräch mit den möglichen Verfolgern müsste darauf aus sein, Zornes- und Racheaktionen zu verhindern, um die Verhältnismässigkeit von Einsätzen zu erwirken. Der Kirchenraum wäre dann zu verstehen

---

52 Kirchenrat der Evangelisch-reformierten Landeskirche des Kantons Zürich, 1981.

53 Genau diese Sakralität beschäftigt Kurt Marti im Zusammenhang mit den Ereignissen im Sommer 1980 sehr. In der Zeitschrift Reformatio stellt Marti (1990, 88–92) seine Unentschlossenheit unmittelbar nach dem Vorfall eindrücklich dar. Seine Argumentation wird unter dem Kriterium der Sakralität aufgenommen: vgl. Kapitel 7.3.3.1.

54 Vgl. Kirchenrat der Evangelisch-reformierten Landeskirche des Kantons Zürich, 1981, 2.

als ein seelsorgerliches Asyl der Zeitgewährung.» (Theologische Fakultät der Universität Zürich, 1981, 9).

Wolf-Eckart Failing hat 15 Jahre später diesen Gedanken der Zeitgewährung im Blick auf die Migrationsbewegung in den 1990er-Jahren in Deutschland aufgenommen: «Das Kirchenasyl hat somit heute in erster Linie die Funktion des vorläufigen Schutzes und des öffentlichen Protestes, um Zeit für eine erneute Überprüfung des Asylgesuchs zu finden: Raum gewähren und Zeit gewinnen. Damit werden althergebrachte Kirchen als Gebäude zu symbolischen Räumen ziviler Einmischung engagierter Christen: Das ethische Motiv verräumlicht sich.» (Failing, 1997, 381f.) Zu ergänzen ist, dass sich durch das symbolische Kapital von Kirchenräumen auch das diakonische Motiv verräumlicht und bei der Frage der Asylgewährung mehr als sonst offenbar und immer wieder auf den Prüfstand gesetzt wird. *Kirchenraum als besonderer ästhetischer Raum erfordert «geziemende Haltung der besonderen Rücksichtsnahme».*

Noch einmal ist die Markus-Kirche in Zürich-Seebach in den Blick zu nehmen. Diesmal geht es nicht um ihre typisch reformierte Bauweise (vgl. Kapitel 5.4.2), sondern um ihr traditionelles Engagement gegenüber Flüchtlingen und Asylsuchenden. Schon Ende der 1930er-Jahre hatte der damalige Seebacher Pfarrer Paul Vogt vereinzelte Stellungnahmen betreffend Flüchtlingen veröffentlicht[55], beim Chef der eidgenössischen Fremdenpolizei, Heinrich Rothmund, interveniert, Kontakte mit Gertrud Kurz, der Miterfinderin des sogenannten Flüchtlingsbatzens[56], gepflegt sowie den beginnenden Nachrichtenfluss über die Judenverfolgung gestärkt.[57] Vogt hat für landesweites Aufsehen gesorgt, indem er sich in der Frage um die Aufnahme jüdischer Flüchtlinge mit dem damals zuständigen Bundesrat Eduard von Steiger angelegt hatte. Am 5. Juni 1943 wurde er in der Wasserkirche Zürich ins Amt als Flüchtlingspfarrer eingesetzt. In verschiedenen autobiografischen Notizen hielt Vogt fest, was ihn zur Verpflichtung gegenüber den Flüchtlingen gedrängt hat. Eines der beschriebenen Ereignisse ist mit dem Grossmünster verbunden: Vogt besuchte die Enthüllung des Bullinger-Denkmals an der Aussenwand des Grossmünsters am Reformationssonntag 1941. Hermann Kocher schreibt in seiner ausführlichen Studie über die Flüchtlingsarbeit des schweize-

---

55 Vgl. Kocher, 1996, 117–119.

56 Vgl. zum Flüchtlingsbatzen: Kocher, 1996, 164–167.

57 Vgl. Kocher, 1996, 197–297.

rischen Protestantismus zwischen 1938 und 1948: «Im Verlauf dieses Aktes vergegenwärtigte er sich, wie Bullinger in Zürich im Jahr 1555 die vertriebenen Evangelischen aus Locarno aufgenommen und wie Zürich später hugenottischen Glaubensflüchtlingen Asyl gewährt hatte. Sollte diese Verpflichtung jüdischen Flüchtlingen nicht gelten?» (Kocher, 1996, 287)[58] Kann eindrücklicher beschrieben werden, wie das ästhetische Kapital des Grossmünsters – als symbolisches Kapital in der Gestalt Bullingers – historische Erinnerung mit sozial-diakonischem und politischem Engagement im gesellschaftlichen Raum verbindet?

In nächster Nähe zur Kirchgemeinde Seebach fand am 30. August 1942 im Hallenstadion die sogenannte «Landsgemeinde» der Jungen Kirche mit rund 6000 Personen statt, bei der Walter Lüthi zum Römerbrief 8,31–39 predigte: «Widersteht!» – und am Nachmittag Bundesrat von Steiger ans Rednerpult trat.[59] Jahrzehnte später, zu Beginn der 1980er-Jahre, gerieten die Kirchgemeinde und die Markus-Kirche selber wieder in den Fokus der Öffentlichkeit, als Pfarrer Peter Walss chilenischen Asylsuchenden den Kirchenraum für ihren Hungerstreik öffnete. Johannes Georg Fuchs, Professor für Römisches Recht, Privat- und Kirchenrecht in Basel, ging nicht auf die dramatischen Entwicklungen zwischen Peter Walss, dem aufgewühlten Quartier und den sich dahinter verbergenden Fragen bezüglich des Zusammenspiels von Kirche und Politik ein, die zur Abwahl von Peter Walss 1984 führten[60], als er 1985 eine Argumentationskette bezüglich des Kirchenraums als Schutzraum darlegte. Fuchs orientiert sich in dieser Argumentation nahe an der reformierten Beschreibung des Kirchenraums hinsichtlich seines ästhetischen Aspekts, wie sie Bullinger im Zweiten Helvetischen Bekenntnis entfaltet hatte (vgl. Kapitel 5.3.3 und 5.3.4): «Obgleich die Staaten das Asylrecht zu respektieren nicht mehr bereit sind, so besitzt doch der Kirchenraum als Ort des Gottesdienstes wie auch der stillen Andacht bei beiden Konfessionen eine besondere Würde, den man mit Ernst, Respekt und Zurückhaltung betritt. Diese ‹geziemende› Haltung besteht trotz des anderen Kirchenbegriffs auch auf evangelischer Seite. So muss und soll bei polizeilichen Massnahmen in Kirchengebäuden schon unter

---

58 Vgl. zur ganzen Entwicklung des Flüchtlingspfarramts von Paul Vogt: Kocher, 1996, 285–308.

59 Vgl. zur Landsgemeinde: Kocher, 1996, 220–222.

60 Vgl. dazu: Ortsgeschichtliche Sammlung Seebach (o. D.).

dem Gesichtspunkt des öffentlichen Interesses und der gebotenen Verhältnismässigkeit besondere Rücksicht genommen werden [...]. Auffällig ist, dass selbst in der Deutschen demokratischen Republik die Kirchen eine Art Freiraum gegenüber dem Staat bilden und gerade von jungen Leuten aufgesucht werden, weil hier eine besondere Zurückhaltung des Staates erwartet wird. Wenn die Kirchengebäude noch heute eine Sonderstellung einnehmen, so haben die kirchlichen und weltlichen Behörden die schwere Verantwortung, angemessene Entscheidungen zu treffen. Es kann möglicherweise einfacher sein, Asylanten die Kirchentüre zu öffnen, als die rechtlich geforderten Unterscheidungen zwischen echten und unechten Asylanten vorzunehmen [...]. Wenn nun Asylanten Zuflucht in einer Kirche gewährt wird, so erscheint dies durchaus vertretbar, will man damit die Behörden um nochmalige Überprüfung der Lage der Betroffenen veranlassen. Die Kirche muss sich immer, wenn sie Kirche Christi ist, auf die Seite der Schwächeren stellen. Auch der Rechtsstaat kann irren.» (Fuchs, 1985, 3) Kirchen in ihrer Sonderstellung können – mit Hans-Georg Soeffner – demnach nicht als rechtsfreie Räume, jedoch als Räume mit «ausserweltlichem Recht» beschrieben werden.[61] Im Zusammenhang mit den Vorfällen in der Johannes-Kirche 1980 schreibt Fuchs von der «‹geziemenden› Haltung der besonderen Rücksichtsnahme», die aufgrund der besonderen «Würde» des Kirchenraums einzunehmen sei. Diese Haltung entspricht dem Prinzip der Verhältnismässigkeit, dem auch ein allfälliger Polizeieinsatz unterliegt.[62]

---

61 Die Kirchenräume signalisieren nach Soeffner nur eines: «ihre Besonderheit, ihre Andersartigkeit gegenüber Alltags- und Arbeitsräumen, allgemein: gegenüber ‹pragmatisch› orientierten Funktionsräumen. Nicht zuletzt auch deswegen können Kirchen – bis heute – zu gesellschaftlich und politisch anerkannten Schutzräumen für Asylsuchende werden: nicht zu rechtsfreien Räumen, sondern zum Raum mit ‹ausserweltlichem› Recht [...]» (Soeffner, 2003, 45) Wolf-Eckart Failing (1997, 381) unterstreicht im Zusammenhang mit dem Aufkommen der «Sanktuariumsbewegung» im südlichen Nordamerika und später zu Beginn der 1990er-Jahre auch in Europa eine Art «Gegenbewegung zu der zunehmenden Abschottungstendenz der reichen Länder» im Bereich der Migration den Aspekt, dass Kirchen «keine rechtsfreien Räume» seien.

62 «Als schwerer Eingriff in die Privatsphäre muss die Hausdurchsuchung entsprechend dem Proportionalitätsprinzips ‹schonend› vorgenommen werden. Wenn der Inhaber des Hausrechts – hier die Kirchenbehörden – einwilligen, ist sie freilich immer zulässig. Unter dem Gesichtspunkt der Verhältnismässigkeit scheint es sehr fraglich, ob die Polizei derart in die Kirche eindringen soll. Sie sollte möglichst vor der Kirche

Das Prinzip der Verhältnismässigkeit forderte der Sozialethiker Hans Ruh im Zusammenhang mit dem Hungerstreik der Chilenen in der Markus-Kirche: «Wir müssen in einem ersten Schritt von den Regeln ausgehen, die der Rechtsstaat für die Flüchtlinge aufgestellt hat, also vom Asylrecht. Dieses schützt den Flüchtling vor der Gefährdung. Im zweiten Schritt müssen wir den Tatbestand prüfen: Sind diese Menschen gefährdet? Der Bund verneint die Frage, Erzbischof Arns und die Hilfswerke bejahen sie. Was stimmt? Meines Erachtens müssten die Kirchen und ihre Hilfswerke da eigene Abklärungen treffen. Kommt heraus, dass die Leute wirklich gefährdet sind, so ist Widerstand gegen die Heimschaffung geboten. Die Kirche ist nicht irgendwer. Auch ihr Widerstand muss sich in geordneter, würdiger Form und ohne Hurra zeigen. Das Kirchenasyl wäre eine denkbare Form.» (Walther, 1985, 17)

Kirchenraum als Forum für Verfolgte und Gefährdete
Im Jahr 2001 besetzten Sans-Papiers Kirchen in Freiburg und Bern. Aus diesem Anlass hat der Berner Synodalrat eine «Hilfestellung für die Mitglieder von Kirchgemeinderäten» verfasst. Der damalige Synodalratspräsident, Samuel Lutz, hält fest: «Es handelt sich bei den Richtlinien nicht um eine Abwehrdisposition. Wir möchten vielmehr die Kirchenexekutiven in den Gemeinden im Falle einer Besetzung mit ihren Problemen nicht allein lassen und sie auf alle Eventualitäten vorbereiten.» (Lutz, zit. in: Senz, 2001, 9) Angesichts der Besetzung und Störung weist der Rat auf die «verständliche Tendenz, mit Machtgehabe zu reagieren» hin. Doch – und dies ist die entscheidende Textpassage: «In dieser Situation tut der Kirchgemeinderat gut daran, sich Rechenschaft darüber zu geben, dass es zwar sicher um Recht und Ordnung, Sauberkeit und um einen ungestörten Betrieb geht, aber nicht ausschliesslich. Unserer Kirche muss es ebenfalls darum gehen, mitzuhelfen, Gefahr abzuwenden und Raum zu schaffen für alle Bedrängten, damit

---

warten, ohne einfach einzudringen, und die kirchlichen Behörden allenfalls um deren Intervention ersuchen [...]. Der Kirchenraum soll wenn immer möglich mit Respekt betreten und behandelt werden.» (Fuchs, 1981, 5) Genau dieser Aspekt wurde bei den beiden Kirchenbesetzungen durch Sans-Papiers im Grossmünster und der Predigerkirche aktuell, indem die Unmöglichkeit, uniformierte Polizeitrupps am Heiligabend in die Kirche zu kommandieren, von den Kirchenleitungen und den entsprechenden staatlichen Organen intensiv beraten wurde, was auch zu Vereinbarungen führte.

diese für ihre Anliegen Gehör finden. Der Kirchenraum steht nicht nur den ‹normalen Benützern› offen, sondern auch den direkt Verfolgten und Gefährdeten und jenen, die ein Forum brauchen, um ihre Nöte und die Nöte ihrer Nächsten darzulegen. Dies gilt auch in bezug auf kirchenferne Menschen und auf Angehörige fremder Religionen [...]. Wer eine Kirchenbesetzung – zumindest vorläufig – toleriert, drückt damit zwar aus, dass er das Anliegen der Gruppierung oder der Person ernst nimmt. Er nimmt aber damit, um dies deutlich zu machen, nicht auch schon Partei für sie.»[63] Im Dezember der Jahre 2007 und 2009 besetzten Sans-Papiers das Grossmünster wie auch die Predigerkirche in Zürich. In beiden Kirchen wurden die Kirchenräume als Forum für die Anliegen der Sans-Papiers benutzt. Die Grenze zwischen «ernst nehmen» und «für sie Partei ergreifen» ist dabei durchlässig geworden und stellte eine Herausforderung für Pfarrpersonen wie auch für Kirchenleitungen dar.[64]

Überblickt man die unterschiedlichen Argumente, wird das Unterbrechungspotenzial deutlich, das Kirchenräume – für das Mächtigkeitsprinzip signifikant – in sich tragen: Kirchenräume unterbrechen Zeitdruck zugunsten der Möglichkeit erneuter Reflexion, entschärfen Gewaltpotenziale durch ihre Ausstrahlung als besonderer Raum und lockern Blockierungen durch das Einrichten von Kommunikationsforen zwischen Betroffenen. Kirchenräume sind mit Steffenskys Worten offene Räume und als offene Räume «Orte des Erbarmens»[65]. Dies gilt jedoch nicht nur für die Situation von Sans-Papiers. Was in Grenzsituationen medialer und politischer Öffentlichkeit den Kirchenraum auszeichnet, prägt sich auch den Besuchenden von Kirchenräumen ein. Nicht nur die Rituale in den Kirchenräumen, sondern der Raum selber kann als Alltags- und Normalitätsunterbrechung Schutz gewähren. Dies geschieht in vielfältiger Weise.

—

63 Synodalrat der Reformierten Kirchen Bern-Jura-Solothurn, 2001, 2. Der Synodalrat gibt unter «Organisatorische Massnahmen» und «Erste Kontakte» eine hilfreiche Massnahmenliste, wie nun der Kirchenraum als Forum hinsichtlich der Kommunikation mit den Betroffenen wie auch der Gemeinde und der Öffentlichkeit zu gestalten ist.

64 Vgl. dazu: Landolt, 2009, 3. Vgl. mehr beim Kriterium «Optionalität»: Kapitel 7.3.2.2.

65 «Eine offene Kirche ist ein ‹Ort des Erbarmens›, wie eine Erklärung aus Hamburg Altona die Kirche nennt. Ich denke an den besonderen Fall der Asylgewährung in einer Kirche. Solche Fälle und Konflikte haben sich in letzter Zeit gehäuft und werden sich häufen.» (Steffensky, 2003, 11)

7.2.2.3 Schutzfunktionen des Kirchenraums

Dach und Schirm: Gutscher vermutet, dass die ersten Mauern des Grossmünsters im 8. Jahrhundert über den Gräbern der Stadtheiligen von Felix und Regula deshalb gebaut wurden, weil die Menschen Schutz vor Wind und Wetter suchten.[66] Diese Funktion tragen Kirchenräume bis heute in sich. Besuchende fliehen im Sommer vor der Hitze in die kühlenden Räume, bei Gewitter, Sturm und Regen sind die öffentlichen Räume von Kirchen, wo für den Zutritt kein Eintrittsgeld verlangt wird, willkommen.[67]

Ruhe und Stille: Menschen suchen in Kirchenräumen Ruhe von der Hektik, Stille gegenüber dem Lärm. Kirchenräume sind Oasen für die gehetzte Seele, laden zum Innehalten im Tageslauf und Lebenslauf ein, sind Orte der Entschleunigung und Beruhigung. Kirchgemeinden verstärken durch Angebote wie «Stille über Mittag» oder «Meditation für NachtschwärmerInnen» sowie Kunstinstallationen diese Schutzfunktion, die im Raum eingeschrieben ist. Funktional installiert der Kirchenraum «religiöse Chill-out-Szenarien» (Mertin, 2008, 4).

Gehör und Augenmerk: Kirchen sind «Räume des Hörens» (Steffensky, 2003, 7) und Räume des Sehens. Sie sind es nicht nur in dem Sinn, dass Kirchen viel zum Hören und viel zum Sehen bieten. In Kirchen wird der Mensch gehört, auch wenn es ihm die Stimme verschlagen hat. Er wird gesehen, auch wenn er sich vor sich selber verstecken möchte. Im Schutz des Gefühls, gehört und gesehen zu werden, wird der Mensch entlastet, sich immer selber artikulieren zu müssen, um ernst genommen zu werden. In Kirchen geht der Schutzsuchende davon aus, dass jemand, letztendlich Gott, ihn in seiner Not und seinen Anliegen ernst nimmt. Hilfesuchenden Gehör verschaffen, das Augenmerk auf sie richten – dies tun die Menschen in den Kirchen – Freiwillige und Angestellte. Diese Funktion erfüllt der Binnen- wie auch der Aussenraum. Kirchtürme sind Mahnzeichen dafür, dass es Menschen gibt, die im Stadtraum übersehen und nicht gehört werden. Plakat- und andere Aktionen wie Selbstverbrennungsversuche in Kirchtürmen sind verdichtete Notschreie, ausgelöst durch Notsituationen in Lebens- oder Arbeitsverhältnissen. Die Ver-

---

[66] Vgl. Gutscher, 1983, 38; vgl. Kapitel 5.2.2.

[67] Vgl. dazu das Beispiel des Manns mit dem orangen Pullover, den der Journalist Marc Zollinger im Grossmünster beschreibt (Kapitel 2.2.3).

antwortung für sie wird an die Kirche delegiert.[68] Kirchenräume sind Zeichen dafür, dass Religion nicht folgenlos bleiben darf (vgl. Mertin, 2008, 2). In ihnen wird nach Karl Barth in dreifacher Gestalt Gottesdienst gefeiert: mit dem kirchlichen Gottesdienst im engeren Sinn als göttliches Handeln, mit dem Gottesdienst der christlichen Lebensführung als menschliches Handeln und mit dem politischen Gottesdienst.[69]

Sammlung und Entlastung: Kirchenräume verhelfen Menschen dazu, sich in ihrem Leben und Glauben zu arrangieren, zu ordnen und sich ihrer selbst neu gewahr zu werden. Diese ordnende Funktion stärkt gleichsam aus der Vogelperspektive die Ausrichtung und die Konzentration auf das, was vor einem liegt. Die Konzentration entlastet und lässt Steine vom Herzen fallen, lässt zum Steineerweichen weinen und ausatmen. Kirchenräume üben diese Wirkung – das jüdische Mädchen im Paderborner Dom aus Jenny Alonis Erzählung zeigt dies deutlich – auf Menschen unterschiedlicher Religion und Kultur aus. Kirchenräume, im Besitz von Kirchgemeinden oder dem Staat, sind interreligiös gestimmte Räume individueller und kollektiver Exerzitien und Meditationen.

Beistehen und Loslassen: Kirchenräume schützen, indem sie aufsuchenden Menschen beistehen. Menschen beistehen heisst, ihnen in ihrer Suche nach Autonomie und Selbstbestimmung zu assistieren (vgl. Kapitel 3.3.2). Dieses Gefühl, in der Suche Assistenz zu erfahren, kann der Kirchenraum selber erzeugen, jedoch dienen auch Präsenz- und Seelsorgedienst diesem Zweck. Damit wird die Arbeit der Freiwilligen qualifiziert.

—

68 Vor Jahren besetzte ein Mann mit Migrationshintergrund gegen Abend den Turm des Grossmünsters, indem er mit zwei offenen Flaschen, gefüllt mit Benzin, auf der Treppe des obersten Abteils Platz nahm und dem letzten Besucher einen Brief in die Hand drückte. Er wünsche das Gespräch mit dem Pfarrer und bleibe hier sitzen, bis er vom Bundespräsidenten Recht in seiner tiefen Verletzung gegen das seiner Meinung nach falsche Urteil bekomme. Im Zusammenspiel mit Schutz und Rettung, der Polizei und dem psychologischen Dienst der Polizei gelang es, ihn nach Stunden zu überwältigen und in eine psychiatrische Klinik einzuweisen.

69 Vgl. Barth, 1938, 183–216. Zum politischen Gottesdienst hält Barth fest: «Das ist die Heiligung der Welt durch die Existenz der Kirche. Das ist die Antizipation, die die Kirche der Welt gegenüber damit vollzieht, dass sie ihr das Wort Gottes verkündet; sie nimmt auch ihre Ordnung, die politische Ordnung, in Anspruch als eine *gottesdienstliche* Ordnung […]. Aber eben in diesem Zusammenhang ist es von Gott geboten, in der Welt solches Recht, solchen Frieden und solche Freiheit zu schaffen und zu erhalten, gibt es also auch einen Gottesdienst in der *Welt*, einen *politischen* Gottesdienst.» (Barth, 1938, 206f., zit. nach Mathwig, 2010, 117)

Nicht eine vereinnahmende und so verstanden missionarische Haltung ist gefragt, sondern die Begleitung im Loslassen. Dazu braucht es Fingerspitzengefühl und Diskretion. Der in unterschiedliche Teilräume differenzierte Kirchenraum verhilft zu solcher Anonymität wahrenden Assistenz.

Verbindlichkeit und Sicherheit: Menschen, die Kirchenräume als Schutzräume aufsuchen, suchen Verbindlichkeiten und Sicherheit. Wenn schon draussen alle Hilfe undeutlich und zweifelhaft ist; im Kirchenraum soll sie deutlich und glaubhaft sein. Verbindlichkeit wird durch klare Lesbarkeit erzeugt. Zu dieser Klarheit gehören offene Türen, einladende Eingänge, die offenen Gesichter des Präsenzdiensts, klare Beschilderungen und deutliche Hinweise, wo und wie die Seelsorgeperson zu erreichen ist, wo das öffentliche, das behindertengerechte WC und die nächste Einkaufstelle liegen, genauso wie die sichtbar aufgelegte Bibel in verschiedenen Sprachen, das Gebetbuch und die Kerzen.

Wenn Kirchenräume schützen, dann befrieden sie für einen Augenblick in Gottes Namen den Raum um die Schutzsuchenden, indem sie sich – wie die Schiffe des Paderborner Doms aus Jenny Alonis Erzählung – auf diese konzentrieren und sich zu ihnen hinkrümmen. Schutzräume sind gekrümmte Räume, in denen Menschen dem Anderen in seiner Not nicht den Rücken zukehren, sondern ihm am Tisch des geteilten Brots ihr Gesicht zuwenden. Der Tisch in der Mitte ist Orientierungspunkt im Kirchenraum (vgl. Kapitel 5.2.2.2). Als gekrümmte Räume sind Kirchenräume Orte des göttlichen Friedens, Raum des Gottesfriedens.

Es ist nicht erstaunlich, dass Wolfgang Huber wie auch Fulbert Steffensky diese aus dem Hochmittelalter stammende «grosse menschheitliche Tradition» (Steffensky) des Gottesfriedens oder der *treuga dei* im Zusammenhang mit der Schutzfunktion der Kirche aufnehmen.[70] Mit der aus dem Burgund stammenden Idee besannen sich die Menschen seit der Mitte des 11. Jahrhunderts auf die allen Personen auferlegte Friedenspflicht. Sie beinhaltete unter anderem ein Verbot jeglicher Waffengewalt für bestimmte Zeiten und Orte.[71] Kirchenräume wurden so zu «Inseln des Friedens», zu «geschützten Oasen», zu «räumlichen Schutz-

---

70 Vgl. dazu: Steffensky, 2003, 12; Huber, 2006, 30–33.

71 Vgl. zur Entstehung und Entwicklung der Gottesfried-Bewegung im Zusammenhang mit der Volksbewegung und dem (weltlichen) Recht: Goetz, 2002, 31–54.

zonen, in denen die Menschen leben konnten, in denen sie den Begehrlichkeiten und der Willkür der Mächte entkamen und den Mut fassten, zuversichtlich in die Zukunft zu schauen» (Huber, 2006, 31). Die These Hubers wird in Zukunft an Aktualität gewinnen: «Wir brauchen auch heute Zeiten und Orte des Gottesfriedens. Wir brauchen Unterbrechungen des hyperdynamisierten Alltags, Auszeiten aus dem Hamsterrad des Wirtschaftens, Freiräume zum Atemschöpfen.» (Huber, 2006, 32)

7.2.3. Kirchen ermutigen: Zwischenraum[72]

Im Kirchenraum erfahren Menschen Ermutigung, einen Schritt, wenn auch nur einen Zwischenschritt, zu wagen. Kirchenräume ermutigen Menschen und zeigen sich so als Zwischenraum, zwischen dem Vorher und dem Nachher, zwischen Gott und der Welt, zwischen drinnen und draussen, zwischen dem Selbst und dem Anderen – der dritten diakonischen Funktion. Christoph Schwöbel beschreibt in der theologischen Interpretation die Kirche als «Interims-Institution» zwischen den Zeiten, zwischen der Zeit des Kommens Jesu und der Wiederkunft, zwischen Inkarnation und Eschatologie (vgl. Schwöbel, 2003, 373). In der diakonischen Interpretation der Kirche tritt der Kirchenraum als «intermediärer Raum» (Winnicott, 2010, 11) in Erscheinung, in dem sich der helfens- und hilfebedürftige Mensch mit dem helfenden Gott trifft; wo Diakonie auf Theologie trifft. In Kirchenräumen lokalisiert sich das, was Wolfgang Huber der Institution Kirche als «intermediäre Institution» zuschreibt: Vermittlung, Deutung, Interpretation und Weiterentwicklung.[73] Im intermediären Raum ereignen sich jene heilsamen Prozesse, die dazu führen, dass sich ein Mensch in der modernen Welt nicht mehr

---

72 Nach dem Wissen des Autors vorliegender Arbeit war Wolf-Eckart Failing (1998, 103) der Erste, der im Rahmen seiner theoretischen Untersuchung den Begriff des Zwischenraums auf den Kirchenraum übertragen hat.

73 «Die Kirche kann sich neu als intermediäre Institution verstehen. Damit ist folgendes gemeint: Für die Einzelnen leistet sie einen Dienst der Vermittlung zwischen der geglaubten und erfahrenen Wirklichkeit. Sie bietet einen Deutehorizont an, der die verschiedenen Felder persönlichen und gesellschaftlichen Lebens in einem inneren Zusammenhang erkennen lässt. Als Interpretationsgemeinschaft ermöglicht sie es den Einzelnen, selbst die Deutung der gesellschaftlichen Wirklichkeit mitzuprägen und an der Weiterentwicklung gesellschaftlicher Sinnmuster mitzuarbeiten. So schafft sie Verbindungen zwischen den Einzelnen und vermittelt zwischen ihnen und dem Leben in der Gesellschaft, ja im Kosmos. In diesem – durchaus anspruchsvollen – Sinn kann man die Kirche als ‹intermediäre Institution› bezeichnen.» (Huber, 2000, 4)

gänzlich als Fremder fühlt und etwas heimischen Boden unter den Füssen spürt, Prozesse, die nach Peter Berger und Thomas Luckmann als Vermittlungsleistung die intermediären Institutionen kennzeichnen.[74]

Zuerst sollen nun die Einsichten der bisherigen Untersuchung in Erinnerung gerufen werden. Daraufhin wird der Zwischenraum in seiner Ausgestaltung beschrieben. Es folgen vier grundlegende Aspekte, die den Kirchenraum als Zwischenraum qualifizieren und ihn in das Spannungsfeld fremder Heimat einordnen.

Anknüpfungspunkte

Diakonie als helfendes Handeln kann als inkludierende Kraft beschrieben werden, die Menschen in ein Raumsystem von Öffnungen und Grenzen zieht, in dem sich mit der Wahrung der Diversität menschlicher Existenz das gleichzeitig gefühlte Empfinden von «drinnen» und «draussen» in der Schwebe hält (Kapitel 3.3.3). Mit dem biblischen Bild des den Pilger begleitenden Engels weitet sich dieser Raum: Der den Tempel aufsuchende Pilger bewegt sich zwischen den Feinden und dem vor Ort präsenten Gott. Verbunden mit dem göttlichen Begleiter entsteht ein Zwischenraum zwischen dem Wohnort und dem Ort, wo Gottes Namen wohnt, ein Raum voller gesalbter Steine, wo Himmel und Erde sich berühren (Kapitel 4.3).

Der vom hintersten Teil des Grossmünster-Kirchenschiffs in die leergeräumte Zwölf-Boten-Kapelle versetzte Taufstein verortet die Vermittlung zwischen Gott und Mensch im leeren Raum als individuelle Reifung des getauften Gotteskinds hin zum zeugnisfähigen Erwachsenen (Kapitel 5.2.2.2). Der engen Verschränkung der Leere des Raums mit der Not des Menschen als prägendem Merkmal reformierten Kirchenraums entspricht das Beten der Gemeinde und das Bekleiden der Armen (Kapitel 5.3.2). In der liturgischen wie diakonischen Funktion kann der Kirchenraum zum sakralen Raum werden, wo Grenzüberschreitungen zwi-

---

[74] Huber (2000, 4) wie auch jüngst Schlag (2012, 45) beziehen sich dabei auf die Aussagen von Peter Berger und Thomas Luckmann. Nach ihnen wird die Leistung intermediärer Institutionen «darüber entscheiden, ob moderne Gesellschaften die ständig latente Sinnkrise in der Regel […] im Zaume halten können. Nur wenn intermediäre Institutionen dazu beitragen, dass die subjektiven Erfahrungs- und Handlungsmuster der Individuen in die gesellschaftliche Aushandlung und Etablierung von Sinn mit einfliessen, wird verhindert werden, dass die einzelnen sich in der modernen Welt als gänzlich Fremde wiederfinden.» (Berger/Luckmann, 1995, 77)

schen innerer Realität und äusserem Leben möglich werden (Kapitel 5.5.1). Solche Räume, in denen innere und äussere Wirklichkeiten ineinanderfliessen, zeigen sich nach Donald W. Winnicott als *potential spaces*, Räume also, die das Potenzial, in spielerischer Kreativität Alterität neu zu erfahren, freilegen (Kapitel 6.4).

Potenzielle Räume sind gewendete Welten, in denen Grenzen durcheinandergewirbelt und durchlässig werden, und die weder der äusseren noch der inneren Realität angehören; sie liegen dazwischen. In Kirchen als solchen Zwischenräumen können Menschen zur glaubenden Existenz verwandelt werden, die dazu befreit, das Leben von sich und anderen auch anders zu sehen. Im Grossmünster heisst dies: «Loslassen, leer machen, den Kopf abgeben, um einen neuen zu empfangen! Das ist das Geheimnis der Geköpften.» (Kapitel 2.2.3) Die Kirchenbesuchenden erleben sich in einem befreienden Raum des Dazwischen (Kapitel 6.5.3).

7.2.3.1. Der Zwischenraum als Schwellenraum

Was ist ein Zwischenraum?[75] Es ist ein Raum, der «dazwischen» liegt, zwischen zwei Orten, Punkten oder – metaphorisch gesprochen – zwischen zwei Zeiten. Der Begriff «zwischen» wird verwendet, um einen Ausgangspunkt mit einem Endpunkt zu verbinden oder eine Bewegung zwischen einem «Vor(her)» und einem «Nach(her)» zu kennzeichnen. Ein weiterer Gebrauch des Wortfelds zeigt sich in der Leerstelle, die zwischen zwei klaren Vorstellungen, Punkten oder Orten liegt, und lässt Rückschlüsse auf die Unsicherheit der Sprechenden zu: Nur unscharf und ungenau ist zu erahnen, was an diesem Ort geschieht.

Nun drängt sich die Frage auf, was zwischen dem gebauten Kirchengebäude und dem Haus Gottes geschieht, passiert, stattfindet. Der «Weg in das Leben» (Josuttis, 1991) wird in Kirchenräumen von der Wiege bis zur Bahre begangen. Er wird vom Menschen begangen, der seinem Wesen nach Grenzen setzt. Wer sein Leben «begeht», kommt an Orte, wo Grenzen überschritten und neu definiert werden. Leben begehen setzt Bewegung voraus und löst Grenzerfahrungen aus. Innere und äussere Begrenztheiten gehören zur Existenz. Sie lassen den Menschen immer wieder neu als nach Ruhe, Sicherheit, Sinn und Erfüllung Suchenden

---

[75] Die Analysen des Zwischenraums von Frank Mathwig (2010, 9–22) sind in die Überlegungen eingeflossen.

zurück[76] und machen mit Tillichs Worten die Grenze «zum eigentlich fruchtbare[n] Ort der Erkenntnis» (Tillich, 1971, 13).

Grenzen setzen im Sprachgebrauch Eindeutigkeit voraus, sind aber unter Umständen weitaus unschärfer, als sie gezeichnet und proklamiert werden. Tatsächlich werden Grenzerfahrungen nicht als punktuelle Augenblicke, sondern als sich über mehrere Lebensphasen hinziehende Prozesse erlebt. Selten kann im Erleben der genaue Anfang oder das präzise Ende erkannt werden. Solche im Begehen des Lebens gezogene Grenzen sind präziser mit Walter Benjamin als «Schwellen»[77] oder mit Jean-François Lyotard als «Zonen» zu begreifen.

Zonen sind nach Loytard «Gürtel», Vor-städte um die Stadt, ein Ort voller Klagen derjenigen die in den Randzonen und damit im Nirgendwo wohnen, «weder drinnen noch draussen», derjenigen, die nichts zählen. Dies ist das Schicksal in der Zone: «[…] man betritt sie, man verlässt sie, man geht durch sie hindurch.» Das düstere Bild verdunkelt sich vollends, wenn die Megapolis die Stadt entgrenzt, sodass der Mensch als Vagabund in der Stadt kein Aussen und Innen hat, «weil sie beides zugleich ist, wie eine Zone» (Lyotard, 1998, 23f.; 28).

Zonen sind aber nicht nur negativ konnotiert. Fussgängerzonen zum Beispiel sind geschützte Räume, in denen die Menschen zwischen Arbeitsort und Wohnort am Abend nach der Arbeitszeit und vor der Nachtzeit flanieren. Der Flaneur ist das Gegenbild zum Vagabunden. Menschen flanieren oder vagabundieren zwischen Strassen und Gassen.

—

76 Auf diesen Sachverhalt weist Tillich hin, wenn er schreibt: «An vielen Grenzen stehen, heisst in vielerlei Formen, die Bewegtheit, Ungesichertheit und innere Begrenztheit der Existenz zu erfahren und zu dem Ruhenden, Sicheren und Erfüllten, das auch zu ihr gehört, nicht gelangen zu können.» (Tillich, 1971, 67f.)

77 Benjamin (1982, 618) selber verbindet Schwelle und Zone: «Die Schwelle ist ganz scharf von der Grenze zu scheiden. Schwelle ist eine Zone, Wandel, Übergang, Fluten liegen im Worte ‹schwellen› und die Bedeutung hat die Etymologie nicht zu übersehen.» Benjamin (1982, 617) beobachtet zudem: «In dem modernen Leben sind diese Übergänge immer unkenntlicher und unerlebter geworden. Wir sind arm an Schwellenerfahrungen geworden. Das Einschlafen ist vielleicht die einzige, die uns geblieben ist. (Aber damit auch das Erwachen.)» Hier ist vom Kirchenraum und dem Begehen der Rituale im Kirchenraum her dem Philosophen Widerspruch entgegenzuhalten. Gerade in der zunehmenden Inanspruchnahme der Kasualien von Taufe, Konfirmation, Firmung, Hochzeit, goldener Hochzeit und goldener Konfirmation oder Beerdigung wird nicht nur ein stärkeres Bedürfnis, sondern ein deutlicheres Erleben von solchen Schwellen sichtbar.

Sie brauchen Haltepunkte und Orientierungszeichen. Nach Wolfgang Grünberg liegt in solchen «Rastpunkten» eine «der zentralen Aufgaben kirchlicher Präsenz im Netzwerk der Stadt» (Grünberg, 2003, 189). Beim genaueren Hinsehen zeigen sich solche Rastorte als Schwellen, als Zonen, die man betritt und verlässt. Zonen sind Übergänge, die verschiedene räumlich getrennte Orte oder zeitlich unterschiedliche Phasen miteinander verbinden. Sie können als Metapher für biografische Reflexionen oder für jenen sozialen Raum verwendet werden, in dem Übergänge im Leben öffentlich individuell oder kollektiv begangen werden. In Übergängen erfährt der Mensch beim Überschreiten der Grenzen und Betreten neuer Räume die Grenzen des Lebens. Grenzüberschreitungen transzendieren den erlebten Raum so, dass im Durchschreiten solcher Zonen die von der Transzendenz berührten Menschen vom Himmel sprechen, der die Erde nicht allgemein, sondern genau am Ort, wo sie schreiten oder stehen, berührt. Sie berichten vom Verstandenwerden durch Menschen und Getragenwerden durch die Gemeinschaft.

Wenn über Diakonie und Begleitung nachgedacht werden soll, bewegt man sich in diesem Zwischenraum – unabhängig davon, wo man sich befindet. Die Berührung von Himmel und Erde, die Zugehörigkeit zum Gemeinsamen verortet sich nicht in einer räumlich abgegrenzten oder sozial vollzogenen Dichotomie von «draussen» und «drinnen». Mit Mathwig gilt es festzuhalten, dass solch spezifische Orte als Zwischenräume «in den *Beziehungen zwischen Menschen,* unabhängig von ihrer räumlichen *Anwesenheit an einem bestimmten* Ort (vgl. Mt 18,20) bestehen: Zugespitzt: Nicht wo ein Kirchgebäude steht, sondern wo ‹der Wind weht› (Joh 3,8), da ist christliche Gemeinde im Geist Gottes versammelt [...]» (Mathwig, 2010, 115) Manchen fällt es schwer, die Schwellen in Kirchen zu überwinden. Sie erfahren in Kirchenräumen zu oft, dass der Himmel sich mit der Erde nicht an demjenigen Ort berührt, wo sie stehen. Trotz der offenen Kirchentür bleibt der Raum ihnen verschlossen, der Wind Gottes bleibt aus. Alle in vorliegender Arbeit gemachten Äusserungen zum Thema des einladenden, schützenden und ermutigenden Kirchenraums stehen unter diesem Vorbehalt, nämlich dass dieser als Zwischenraum an ganz anderen Orten Raum bekommt als in Kirchgebäuden, in diesen jedoch auch.

Zwischenräume sind keine behaglichen Räume. Zwischen Stühle und Bänke zu fallen tut weh, dem lieben Gott die Zeit wegzustehlen angesichts des nahen Vorstellungsbeginns macht ungeduldig. Der Zwischenstopp setzt Ärger frei. So wie nach Winnicott Übergangsobjekte weder vergessen noch betrauert werden, sondern nach Gebrauch in der Rumpelkammer verschwinden, sind Übergangsphasen Zeiten, die auf das Ziel der angestrebten Veränderung hin durchwandert und beim Austritt in die Schubladen des Gedächtnisses versorgt werden. Im gegenständlichen Sinn sind Schwellen vielfach Bestandteile von Türrahmen. Und Türen sind da, um von da nach dort zu gelangen. Im Türrahmen und auf Schwellen stehen zu bleiben widerspricht dem Ort, an dem man sich befindet. Sich in den Zonen und über die Schwellen zu bewegen, darin zu wandeln und sie abzuschreiten hat einen Wert im Hinblick auf das Ziel, das erhofft und erwartet wird. Chronisches Flanieren wird zum ewigen Vagabundieren, bei dem sich der Übergang als Haus und Rastort des «unbehausten» und rastlosen Menschen erweist.

In Kirchenräumen verbleibt man nicht ewig. Bisweilen sind Kirchenräume mit ihren harten Kirchenbänken, dem chronischen Durchzug und den feuchtkalten Temperaturen keine komfortablen Räume. Sie sind wenig behagliche Zwischenräume und deshalb auch keine komfortablen «Wohnstuben»: Man betritt sie, man verlässt sie, man geht durch sie hindurch. «Alles ist fremd, und nichts ist fremd.» (Lyotard, 1998, 26) Raum und Zeit, Kausalität und Determinierung fliessen ineinander, Übergänge öffnen sich. Raumerfahrungen besonderer Art müssen sich nicht, können sich jedoch im Kirchenraum einstellen. Kirchenräume ziehen an. Trotz Unbehaglichkeit behagt es dem Besuchenden, wegzutauchen in andere Zeiten und Räume. Auch wenn er nicht ewig im Raum bleibt, sehnt er sich im Raum nach Augenblicken, die ewig dauern.[78]

7.2.3.2. Aspekte des Kirchenraums als Zwischenraum

Die diakonische Bedeutung des Kirchenraums als Zwischenraum zeigt sich in vier Aspekten: 1. Kirchenräume bauen Brücken für Menschen in Übergängen. 2. Sie bauen Schwellen ab und ermöglichen so neue Raumerfahrungen. 3. Kirchenräume lassen Grenzen durchlässig werden und

---

78 Anregend für die Entdeckung der verschiedenen Aspekte des Kirchenraums waren die Gedanken Mathwigs (2010, 12ff.) zum Zwischenraum zwischen Tod und Leben. Das kommt nicht von ungefähr, sind doch Kirchenräume öffentliche Zeichen für die schöpferische Kraft Gottes, die zwischen Leben und Tod wirkt; über das Leben dazwischen und den Tod hinaus. Grenzerfahrungen von Leben und Tod verorten sich im Kirchenraum in verdichteter Art und Weise.

werden als zugleich befreiend und haltend erlebt. 4. Kirchenräume verbinden die menschlichen Grundeinstellungen von Aktivität und Passivität zur glaubenden Existenz, die Mögliches als wirklich wahrnimmt.

Brücken bauen

Menschen, die in Kirchen Hilfe erwarten und suchen, befinden sich in Übergangssituationen. Reifungs- und Selbstfindungsprozesse des Menschen, die in Bezogenheit gründen, ereignen sich in intermediären Räumen. Am Anfang liegt dieser Raum zwischen dem Kleinkind und der Mutter. Auf den Kirchenraum übertragen eröffnet sich den (Be)Suchenden ein Raum zwischen sich selber und dem Anderen. So wird der Kirchenraum zur Brücke. Der Ort hat eine biografische, eine gemeinschaftliche und eine transzendierende Dimension. Er ist *biografisch* durch Identität, Ablösung und Persönlichkeit gekennzeichnet. Darin stimmt der Kirchenraum mit dem eigenen Raum überein, in dem Schwellen der Bildung und Reifung des eigenen Selbstverständnisses überschritten werden.

Die Betonung des *gemeinschaftlichen, sozialen* Raums richtet sich gegen ein isoliertes, auf sich selbst bezogenes Verständnis von Reifung. Auch wenn jeder Mensch seine eigenen Schuhe finden muss, folgt daraus nicht die Einsamkeit der Wanderung durch das Leben. Die seelsorgerliche Nähe, das wohltuende Eintauchen in die Masse, die Begleitung durch eine Vielzahl von Menschen beim Abschiednehmen einer nahen Person, die Spuren von Suchenden beim Anblick angezündeter Kerzen, das Hinterlassen von Spuren beim Schreiben der Gedanken in das Fürbittebuch sind «Fussabdrücke», die die eigenen Abdrücke begleiten.

Die *transzendente* Dimension solcher Übergänge zeigt sich in Geschichten wie derjenigen, dass in schweren Zeiten im Sand nur ein einziges Paar Fussabdrücke zu sehen seien. Auf die Frage an Gott, weshalb er den Menschen denn nicht sichtbar begleite, erklärt Gott die einzelne Spur folgendermassen: «In der Zeit, in denen es dir schlecht ging, habe ich dich getragen.»[79] In diesem Sinn wird die Welt des Übergangs im göttlichen Raum verortet und zentriert.[80] Der Mensch im Übergang, in der Spannung zwischen exkludierender Einsamkeit und sozialer Zugehörigkeit, wird im orientierungslosen Herumvagabundieren nicht sich selbst

---

[79] Vgl. dazu die bekannte Geschichte «Spuren im Sand»; Margaret Fishback, 1996.

[80] Damit wird die Einsicht aus der biblischen Reflexion aufgenommen: vgl. Kapitel 4.2.

überlassen.[81] Der Kirchenraum verortet diese Übergänge in einer weiteren Dimension. Zeichen, beispielsweise ein Händedruck, ein Farbenspiel im Fenster, die Klangwelt der Musik oder der offene Blick des Gegenübers, sind Türen zur Aussenwelt. Sie werden zu Gesten segensreichen Verhaltens. Kirchenräume bauen Brücken für Menschen in Übergängen. Ein erster Aspekt.

Schwellen abbauen
Menschen, die in Kirchen Hilfe erwarten und suchen, haben vor Schwellen Angst und wollen diese überwinden. Die technischen, medizinischen und biotechnologischen Handlungsmöglichkeiten lassen einerseits die Zwischenräume des Lebens in einem neuen Licht erscheinen. Die Räume zwischen den stabilen Lebensphasen werden immer seltener als Abschnitte, Zäsuren oder Schwellen erfahren. Was geschieht mit den Übergängen im Leben, wenn die Jugendlichen immer früher erwachsen und die ältere Generation immer jünger werden? Frank Mathwig (2010, 13) vermutet, dass Krankheit und Tod die einzigen Schwellenerfahrungen sind, die Menschen heutiger Zeit in ihrem Leben noch als solche Zäsuren erfahren. Je perfekter die verschiedenen Sicherungssysteme Planbarkeit und Kontinuität im Leben ermöglichen, desto bedrohlicher müssen jene Diskontinuitäten und «Schicksalsschläge» erscheinen, die sich jeder Absicherung und Planung verweigern. Obwohl der Mensch es je länger je besser versteht, sich über längere Zeit auf Schwellen und in Zwischenräumen zu bewegen, ereignen sich Zäsuren, die er nicht im Griff hat und die ihm Angst machen. Gebetsbücher lassen erahnen, dass Menschen gerade in solchen Augenblicken Kirchenräume aufsuchen. Der Kirchenraum wird ihnen zum «Raum der Kreativität» (Wagner-Rau, 2000, 135). Mit dem Überschreiten der Schwellen wird ein Raum betreten, der zum Spielen und Staunen einlädt.[82] In solchen Räumen wird

---

81 Damit lehnt sich der Autor vorliegender Arbeit an die vierfache Spannung an, die nach Mathwig (2010, 12) den Zwischenraum bei Entscheidungen am Lebensende kennzeichnet und die eine Orientierungshilfe auch für den Kirchenraum darstellt.

82 Albert Gerhards interpretiert die Textpassage Jenny Alonis vom jüdischen Mädchen im Paderborner Dom (vgl. Kapitel 7.2.2) auf diesen Aspekt der Schwelle hin. Für ihn ist beim Eintritt des Mädchens in den Dom Folgendes wichtig: « […] die Erfahrung der Schwellenüberschreitung von der ‹Grelle des Marktplatzes› in das gedämpfte Licht und die Stille. Von daher wird die Bedeutung der Schwellensituation als Übergang und Trennung zugleich deutlich […]» (Gerhards, 2006, 250)

nicht gerannt und geschrien, sondern auf unsichtbaren Wegen flaniert und auf Zwischentöne gelauscht.

Ein typisches Bild solcher spielerischer Räume zeigt sich im Labyrinth im Eingangsbereich der Kathedrale von Chartres. Das Hin- und Herflanieren führt zu neuen Wegen und Kehrtwendungen mit der Erwartung, auch in der Umkehr vorwärts zu kommen und zum Ziel zu gelangen. Nicht das zielstrebige Durchschreiten der Passagen, sondern das Verweilen und Flanieren in den Passagen ist diakonisch-theologisch relevant. Henning Luther (1992, 254) qualifiziert dieses Flanieren so: «Dies wäre ein Verweilen, das das Subjekt vom Stress befreit, möglichst reibungslos in die neuen sozialen Identitäten zu schlüpfen, und Luft lässt für Fragen, Erinnerungen, Wünsche. War's das? Worauf will ich hinaus? Was wird mit uns?» Solches Durch-den-Raum-Flanieren, das Luft dafür lässt, sich spielerisch auf die Fragen an den Rändern des Lebens einzulassen, macht aus dem Gang durch den Kirchenraum eine «Schwellenkunde» (Luther, 1992, 254). Schwellen verlangen nach Spielräumen, in denen Menschen ermutigt werden, den ersten Schritt zu wagen, auch auf die Gefahr hin, sich nicht oder nur als Fragment zu finden und den Schmerz, sich verloren zu haben, aushalten zu müssen.

Ein solches Abschreiten oder Flanieren muss der Kirchenraum ermöglichen. Was heisst das konkret? Unmittelbar ist an den vollen Kirchenraum zu denken: Platz ist zu schaffen, Kirchenbänke sind, wo nicht gebraucht, zu entfernen, Ecken sind einzurichten, Labyrinthe zu zeichnen. Nur ein leerer Raum lässt Luft, um neue Lebensgeschichten zu (er)finden und zu erspielen. Diakonische Kirchenräume sollten leere Räume sein.[83] Denk- und Beträume sind vom Besucherstrom zu trennen und deutlich anzuzeigen. Dem Präsenz- und Sigristendienst ist aufzutragen, durch Anmahnungen und Hinweise Atmosphären zu erzeugen, die zum Nachdenken, Umkehren, Ausprobieren und Lauschen führen: kein Lärm, kein gleissenden Licht, keine Hektik, kein Konsum, sondern Stille,

---

83 Den Begriff des leeren Raums hat Regisseurs Peter Brook (1983, 9) geprägt. Er nennt ihn «nackte Bühne»: «Ein Mann geht durch den Raum, während ihm ein anderer zusieht; das ist alles, was zur Theaterhandlung notwendig ist.» Brook (1983, 9ff., 53ff, 84ff., 129ff.) unterscheidet vier verschiedene Dimensionen des leeren Raums: das tödliche, heilige, derbe und unmittelbare Theater. Fulbert Steffensky (2003, 12) nimmt diesen Begriff auf und setzt ihn zu den Räumen des Schweigens und dem «kargen» Gottesdienst in Beziehung.

Dämmerung, Ruhe – sich verschenken, so, dass Schwellenängste abgebaut werden können.

Weiter ist an die Einrichtung von Präsenzzeiten für Seelsorgende zu denken. Auch hier gibt es viele Möglichkeiten: In einem Verbund mit anderen Kirchgemeinden und Pfarreien sind ökumenisch und konfessionsübergreifend Personen zu gewinnen, die präsent vor Ort da sind. Dabei gilt es auch die Adressen von Imamen und Rabbinern zu kennen. Meditationsecken können einladend oder abweisend geschmückt und eingerichtet sein. Bibeln in verschiedenen Sprachen mit ansprechenden Sesseln zum Lesen liegen sichtbar auf, Kinderecken mit Spielsachen und Malstiften und spontane Kinderhüteorganisation ermöglichen Müttern und Vätern, Augenblicke des Zur-Ruhe-Kommens für sich allein zu gewinnen. Hier geht es darum, im Kirchenraum spezifisch und in geeigneter Weise Schwellen abzubauen. Gerade für Menschen, denen der Kontext kirchlichen Lebens fremd ist, kann es eine gute Erfahrung sein, wenn es im Kirchenraum wider Erwarten gelingt, Möglichkeiten und neue Wege zu finden. Erzwingen lassen sich solche Erfahrungen, die in der Spannung von natürlich mitgegebenen Bedingtheiten menschlicher Existenz und den darin angelegten Spielräumen wurzeln, nicht. Kirchenräume bauen Schwellen ab und ermöglichen so Zugänge in neue Räume. Ein zweiter Aspekt.

Befreien und halten

Menschen, die Hilfe in Kirchen erwarten und suchen, erleben sich und andere in Grenzsituationen und wollen darin begleitet sein. Grenzsituationen wie Leiden, Sich-schuldig-Fühlen, Schuldigwerden, Sterben, Versöhnen, Trennen oder Widerstehen sind Ausnahmesituationen, die die menschliche Grundsituation im Augenblick oder über eine Phase hinweg prägen, indem sie den Betroffenen Unausweichlichkeit und die Grenzen menschlicher Existenz vor Augen führen. Im Alltag werden solche Grenzsituationen aufgrund ihrer Unaushaltbarkeit oft verdrängt oder verschleiert.[84] An dieser Stelle soll lediglich auf einen Punkt hingewiesen

---

84 Die Beschreibung lehnt sich an die Definition der Philosophin Thea Rehbock, die im Kontext der Medizinethik Grenzsituationen so beschreibt: «Grenzsituationen des Sterbens, Leidens, Kämpfens, Schuldigwerdens werden *als Ausnamesituationen* erfahren, prägen aufgrund ihrer Unausweichlichkeit aber zugleich die *menschliche Grundsituation*, in dem sich in ihnen die konstitutiven und unveränderlichen Bedingungen und

werden, der die Besonderheit des Kirchenraums als Grenzen überschreitender und neue Grenzen setzender Raum ausmacht. Diese Besonderheit besteht darin, dass im Kirchenraum mit dem Gegenüber Gottes gerechnet wird. «Wo mit dem Gegenüber Gottes gerechnet wird», hält Wagner-Rau im Blick auf den Segensraum fest, «müssen Menschen sich nicht selber zu Gott machen, denn sie finden an diesem Gegenüber ihre Grenzen und die Bejahung ihrer Unvollkommenheit.» (Wagner-Rau, 2000, 172) Damit treten Menschen in jene paradoxe Situation, dass sie in Kirchen Grenzen zu überschreiten wagen, und sich bei solchen Überschreitungen, die sich in einem ersten Schritt, einem zaghaften Beginn oder einer unsicheren Geste zeigen, neu einer Grenze bewusst werden, die befreit und ermutigt. Menschen erfahren sich noch drinnen in der Ausnahmesituation und doch schon draussen, ausserhalb von Hoffnungs- und Perspektivenlosigkeit.

Nicht immer stellen sich Grenzverschiebungen ein, doch Kirchenräume erzeugen diese Hoffnungen, indem sie das Potenzial für solche Erfahrungen in sich bergen. Was heisst das konkret? Die Winnicott'sche Terminologie bezeichnet in potenziellen Räumen mit Übergangsobjekten jene Gegenstände, die dem Kleinkind zur Reifung, Ablösung und der Veränderung der Beziehung zur Mutter dienen. Für den Hilfe suchenden Menschen im Kirchenraum, der sich auf der Grenze zwischen Vertrautheit und fremd anmutender Gefährdung bewegt, übernehmen verschiedene «Objekte» solche begleitende Funktionen. Auch hier sind der Fantasie der Verantwortlichen keine Grenzen gesetzt. Ein Beispiel aus dem Erfahrungsschatz des Autors vorliegender Arbeit soll hier genannt sein: Im Grossmünster liegen neben dem Gästebuch Karten mit dem bekannten Gebet Niklaus von der Flües in verschiedenen Sprachen auf.[85] Diese

---

Grenzen menschlicher Existenz manifestieren. Im normalen Alltagsleben werden Grenzsituationen aufgrund ihrer Selbstverständlichkeit gar nicht oder unangemessen [...] thematisiert und damit [...] verdrängt oder verschleiert.» (Rehbock, 2005, 20) Vgl. auch dazu: Mathwig, 2010, 13f.

85 Auf der Vorderseite steht: «Mein Herr und mein Gott, nimm alles von mir, was mich hindert zu Dir. Mein Herr und mein Gott, gib alles mir, was mich fördert zu Dir. Mein Herr und mein Gott, nimm mich mir und gib mich ganz zu eigen Dir.» (tägliches Gebet des Niklaus von Flüe). Auf der Rückseite steht: «Liebe Besucher. Herzlich willkommen im Grossmünster. Sie betreten hier die Kirche, in der die Schweizer Reformation ihren Anfang genommen hat. Seit Jahrhunderten haben sich Menschen hier zum Gottesdienst und zum Gebet versammelt. Darum ist dieser Ort ein Ort der

Karten werden wöchentlich neu aufgelegt, und nicht selten tauchen sie in Wohnstuben und Krankenzimmern wieder auf, oft mit Worten begleitet wie: «Wissen Sie, Herr Pfarrer, ich halte mich an dieser Karte fest. Ich weiss, ich kann momentan nicht in die Kirche kommen, doch mit der Karte ist er ist ja auch da bei mir.» Wo mit dem Gegenüber Gottes gerechnet wird, werden die Grenzen der Kirchenmauern selbst durchlässig. Die Erfahrung des Autors ist es, dass nicht nur Karten, auch Kerzen, Gegenstände jeglicher Art bis hin zu Fotografien, Kirchenfenstern oder wöchentlichem Üben der Orgelschüler als solche «Übergangsobjekte» dienen können. Mit ihnen bringt sich der Mensch in seiner Begrenztheit neu in ein Verhältnis zum Gegenüber.

Auch der Taufstein kann zum Übergangsobjekt werden. Dazu ein weiteres Beispiel: Seit zehn Jahren ist die Zwölf-Boten-Kapelle im Grossmünster als Rumpelkammer geleert und der Öffentlichkeit zugänglich gemacht. An jener Stelle des vorderen, lichtdurchfluteten Teils, wo ursprünglich der Altar der beiden Apostel Petrus und Paulus gestanden hatte, steht nun der Taufstein aus dem 15. Jahrhundert. Der Taufstein ist gefüllt mit Wasser; Schwimmkerzen liegen daneben bereit. Im Zug der Arbeit mit Menschen in Grenzsituationen wurde dieser Raum des Grossmünsters derart ins helfende Handeln integriert, dass Hilfesuchende den Seelsorgenden zu gewissen Gesprächen am Taufstein treffen. Auch besteht die Möglichkeit, dass sich Betroffene zu bestimmten Zeiten allein im Raum aufhalten können. Die Rückmeldungen lassen die Bedeutung erahnen, die der Taufstein dieser Kapelle, verbunden mit den Bildern des Auferstandenen, des Abendmahls und der Fusswaschung aus dem frühen 13. Jahrhundert, in die Situation der Betreffenden einzuzeichnen vermag. In Kirchenräumen liegt ausserhalb der Kasualien und Gottesdienste unglaublich viel Potenzial diakonischer Begleitung. Ulrike Wagner-Rau hat dieses ins Zentrum ihrer Untersuchung gestellt. Dennoch wird es immer noch kaum oder zu wenig ausgeschöpft. Kirchenräume lassen Grenzen durchlässig werden und werden so zugleich zu befreienden und haltenden Räumen. Ein dritter Aspekt.

Kraft. Mögen auch Sie hier Ruhe und Frieden finden. Es segne Sie Gott, der Vater, der Sohn und der Heilige Geist.»

Aktivität und Passivität verbinden

Menschen, die Hilfe in Kirchen suchen, erwarten, dass das Mögliche wirklich wird. Ingolf Dalferth beschreibt diese Wirklichkeit von Möglichkeit so: «Die Welt, in der wir leben, ist nicht nur das, was der Fall ist, sie ist immer auch das, was der Fall sein könnte. Und nur indem wir das Wirkliche vor dem Hintergrund des Möglichen verstehen, werden wir handlungsfähig.» (Dalferth, 2005, 245f.) Mit Recht hat Mathwig (2010, 14) auf die Differenzierung hingewiesen, dass nicht die mögliche Option, sondern deren Verlust, «das Umschlagen von der Aktivität des Entscheiden-Könnens in der Passivität des Geschehen-Lassens» das eigentliche Problem darstellt. Nach Mathwig (2010, 14) markiert die Wirklichkeit des Möglichen mit Blick auf Sterben und Tod den Zwischenraum «zwischen den zukünftigen Handlungsoptionen und der ganz anderen Möglichkeit des Verlustes von Handlungsfähigkeiten». Insofern kommt dem Kirchenraum eine zusätzliche Besonderheit zu.

In Kirchenräumen wird mit der schöpferischen Kraft Gottes gerechnet, unabhängig von religiöser Prägung und spiritueller Ausrichtung. Es ist die Kraft Gottes, die Mögliches wirklich macht, damit bietet der Kirchenraum eine alternative Form der Anbindung des wirklich Möglichen. Zukünftige Handlungsoptionen müssen nicht in letzter Weise an die Handlungsfähigkeit des Menschen gebunden werden, sondern werden als Geschenk der Handlungskraft Gottes gedeutet und erfahren. Die Wirklichkeit des Möglichen hängt so nicht länger vom menschlichen Handlungsvermögen ab, sondern wird im Vertrauen in die Kraft Gottes wahrgenommen und als wahr erfahren: «Jesus aber sagte zu ihm: Was soll das heissen: Wenn du etwas vermagst? Alles ist möglich dem, der glaubt.» (Mk 9,24) Die Erfahrung des Andersartigen, nämlich dass Möglichkeit wirklich wird, steht im Kirchenraum in der Spannung zwischen menschlicher Tat und göttlichem Handeln. Alteritätserfahrungen führen im Kirchenraum zur Alteritätsexistenz als einer Form glaubender Existenz. Wie nimmt konkret der Kirchenraum diese Funktion wahr? Unmittelbar ist hier an all die beschriebenen Formen religiöser Diakonie zu denken (vgl. Kapitel 3.2.3).

Dazu ein Beispiel aus der persönlichen Erfahrung des Autors vorliegender Arbeit: Am Heiligabend 2008 wurden nach dem Gottesdienst im Grossmünster den herausströmenden Menschen durch die Konfirmandinnen und Konfirmanden kleine Glöcklein verteilt. Am Schluss der Predigt hatte der Priester dieses Glöcklein mit der Kindheitserfahrung der – noch verschlossenen – weihnächtlich geschmückten Stube verbunden, die auf den Glockenschlag hin und mit dem Lied «Stille Nacht, heilige Nacht» geöffnet wird.[86] Auf dem Vorplatz der Kirche, so erzählten die Jugendlichen später, begannen die Menschen, mit den Glöcklein zu spielen, Fremde miteinander zu reden, sich auszutauschen und sich Geschichten zu erzählen. Während des kommenden Jahreslaufs wurde der Priester bei seinen Besuchen nicht selten mit Glöckleingeläut begrüsst: «Das hat einen besonderen Platz, es verbindet mich mit dem übervollen Raum im Grossmünster am Heiligabend, und ich nehme es mit, wenn ich schwierige Entscheide fällen muss. Und das Schöne ist, durch das Glöcklein bekomme ich viele weitere Geschichten geschenkt.» Wer erinnert sich hier nicht an die Übergangsobjekte Winnicotts, die die Nähe und Distanz zur Mutter in der Loslösung und Selbstfindung beschreiben, oder an das Bezugsgewebe zerbrechlicher, menschlicher Angelegenheiten Hannah Arendts, in das der Mensch hineingeboren wurde und sich mit dem eigenen Lebensfaden in die Geschichten hineinknüpft?

Das Bezugsgewebe zwischen dem Kirchenraum und dem ihn aufsuchenden Menschen kann vielfältige Formen und Farben annehmen. Beziehungsfäden verknüpfen Aktivität und Passivität zu einer neuen Dimension kreativer Passivität oder passiver Kreativität, die der glaubenden Existenz entspricht. So binden Erfahrungen mit Kirchenräumen Menschen an diese Räume selber. Es sind Räume, die dazwischen liegen, zwischen der Aktivität der Lebensgestaltung und der Passivität des Neugeborenwerdens. Ein vierter Aspekt.

---

86 Die Predigt schloss mit den Worten: «Die Stille Nacht – mit ihrem Klang gibt sie der Nacht die ihr eigene Weihe. Wenn wir uns behutsam führen lassen in der Heiligen Nacht, dann beginnt das Glöcklein zu läuten, keine blosse Glocke, kein blosses Geläut. Es ist ein Klang, der tief in unser Inneres vordringt. Er hüllt uns in einen Raum ein, dessen Schwingungen Geist, Körper und Seele heilen. Er verstummt nicht, wenn der Morgen mit seinem Lärm anbricht, auch nicht, wenn die Tage länger und lauter werden. Er versetzt die Seele in Schwingung, sodass sie nicht anders kann, als zu singen: Allejua, laudate Dominum, omnes gentes. Lobt den Herrn, alle Völker, denn mächtig über ihn waltet seine Güte! Es ist der Klang, der im Lied ‹Stille Nacht, heilige Nacht› mitschwingt. Deshalb gehört das Lied zum Heiligabend wie das Amen zur Kirche.»

7.2.3.3. «Fremdheit inmitten der Vertrautheit»[87] (Waldenfels)

Der Kirchenraum ist der Ort, an dem Menschen mit ihren individuellen Geschichten sich selbst nachgehen können, alleine oder mit anderen; mithilfe derjenigen, die sie begleiten, oder durch die Entdeckung dessen, was über sie und den Raum hinausweist. Solche Erfahrungen sind segensreiche Erfahrungen, die den Menschen Spielräume eröffnen, indem sie die Fäden ihrer Geschichten neu ins Bezugsnetz zerbrechlicher menschlicher Angelegenheiten fädeln, sodass sie den Kirchenraum schliesslich mit Perspektiven – als Verheissungen in die Zukunft gedeutet – wieder verlassen (vgl. Wagner-Rau, 2000, 173). Bei allen heilsamen Funktionen des Kirchenraums gilt es zu sehen: Fremdheit bleibt.

Die verheissungsvollen Erfahrungen sind immer auch fremde Erfahrungen. Bernhard Waldenfels wies auf diese Fremdheit inmitten der Vertrautheit hin, indem er auf die Gefahr des Heimischwerdens als Prozess des Sich-Abschliessens und -Abgrenzens aufmerksam gemacht hat.[88] In Kirchenräumen schieben sich Heimwelt und Fremdwelt so ineinander, dass ein Zwischenraum entsteht, der weder Wohnstube noch anonyme Halle ist. Das Sich-dem-Kirchenraum-Anvertrauen gibt es nicht ohne die Erfahrung des Fremden und Unbekannten. Dies sollte Kirchenpflegen, dem kirchlichen Personal und Mitgliedern von Kirchgemeinden, die den Kirchenraum für sich als «Wohnstube» deklarieren, zu denken geben. Waldenfels ist auch mit Blick auf den Kirchenraum Recht zu geben: «Heimat gibt es nicht ohne Bodensatz an Unheimlichem und Unheimischem. Heimat ist, ‹worin noch niemand war›, ich füge hinzu: wo auch niemand sein wird; denn eine heimische Welt, die alle Fremdheit abstreifen würde, wäre keine Lebenswelt mehr, sondern ein Mausoleum.» (Waldenfels, 1994, 210)

Dem ist hinzuzufügen, dass Kirchenräume nie Mausoleen sind, auch wenn darin der Toten gedacht wird. Dafür zeugt das Kreuz irgendwo im weiten leeren Raum. Das Kreuz, Sinnbild des Fremden, mit dem man nie heimisch, familiär werden kann, weder im Kirchenraum noch ausserhalb. Ingrid Schoberth berichtet im Zusammenhang von Raummetaphern

---

87 Vgl. dazu Waldenfels, 1994, 210.

88 «Das Heimischwerden in einem Hier schliesst andere Zentren aus und markiert Grenzen – bewegliche, aber unaufgebbare. Die Überfülle der Gegenwart reduziert sich, indem wir in der Welt heimisch werden. Doch wie definitiv das geschieht, darauf kommt alles an.» (Waldenfels, 1994, 210)

über eine Kirche im texanischen Austin, bei der das Kreuz draussen im Garten und nicht drinnen im Raum steht. Sie deutet diese Raumanordnung so: «Im Raum fehlt das Kreuz nicht, weil der Kirchenraum aus der beständigen Präsenz des Draussen im Drinnen lebt; das Kreuz Jesu ist drinnen bei seiner Gemeinde und zugleich präsent draussen. Beide bleiben im Kreuz aufeinander bezogen: Gemeinde und die, die draussen sind.» (Schoberth, 1999, 251) Der Blick nach draussen steht für die Dialektik eines diakonischen Raumdenkens, das die Bezogenheit zwischen helfens- und hilfebedürftigen Menschen einerseits im Kirchenraum als Zwischenraum zwischen Gott und Mensch verortet, anderseits diese Mauern als durchlässige Grenzen zwischen drinnen und draussen erscheinen lässt. Für beide Bereiche gilt: Fremdheit bleibt. Vertrauen kann nur als «Masken des Glaubens auf Zeit» (Steffensky, 2005, 208) geschenkt werden.[89]

7.3. Kriterien

7.3.1. Kriterien für den Gastraum

7.3.1.1. Egalität – Gleichheit von unten

Es gibt eine berühmte Einlasszeremonie an der Pforte der Kapuzinergruft in Wien, die durch die Beisetzung von Otto von Habsburg am 16. Juli 2011 wieder in alle Munde geraten ist. Ohne auf die geschichtsträchtige Tradition dieser auch Kaisergruft genannten Ruhestätte von 148 Adligen näher einzugehen, kann anhand dieser Zeremonie mit wenigen Strichen beispielhaft das Kriterium der Egalität als Merkmal des Kir-

---

89 Ein weiteres Beispiel einer Kirche, bei der das Kreuz draussen im Garten durch eine Glaswand sichtbar ist, steht in Berlin-Zehlendorf. Die Kirche «Zur Heimat» von Peter Lehrecke setzt das gleiche Raumprogramm um (vgl. Wittmann-Englert, 2008, 82f.). Im Grossmünster ist kein Altar vorhanden. Es ist auch kein Kreuz vorhanden – ausser im Chor in Augusto Giacomettis Weihnachtsfenster mitten im Dunkelblau des Mantels der knienden Maria. Mit zusammengekniffenen Augen und bei speziellem Lichteinfall ist die Kreuzform zwischen den Händen der Maria gut erkennbar, unten bei ihren Füssen liegt das Kind. Eine wunderbare Konturierung, die die Beobachtungen Schoberths und Wittmann-Englerts bei der texanischen respektive der Berliner Kirche weiterführt.

chenraums als Gastraum nachgezeichnet werden.[90] Die Zeremonienbeschreibung geht auf eine Textpassage von Friedrich Hebbels Stück «Die Nibelungen» zurück.[91] Ein Zug von Trauernden hält vor der Pforte der Gruft. Ein Herold klopft an die Tür. Darauf fragt ein Kapuziner hinter der Tür: «Wer begehrt Einlass?» Der Gefragte antwortet mit all den erworbenen und ererbten Titeln des Verstorbenen. Von drinnen erfolgt die Antwort: «Wir kennen ihn nicht/Wir kennen sie nicht.» Darauf klopft der Herold draussen zum zweiten Mal an die Tür. Wieder erklingt von drinnen die Frage: «Wer begehrt Einlass?» Hierauf antwortet der Gefragte mit einer Kurzfassung aller Titel des Verstorbenen. Wiederum ist die Antwort von drinnen zu hören: «Wir kennen ihn/Wir kennen sie nicht.» Der Herold klopft zum dritten Mal an die Tür; die Frage folgt sogleich. Jetzt nennt der Herold nur noch den Vornamen des oder der Verstorbenen und fügt an: «Ein sterblicher und ein sündiger Mensch», woraufhin sich die Pforte öffnet.

Kirchenräume markieren Grenzen, wenn sie ihre diakonische Funktion als Gastraum wahrnehmen. Im Öffnen und Schliessen zeigt sich der Raum als Heterotopie, als anders gestimmter Ort mit seiner besonderen Frage beim Einlass (vgl. Kapitel 7.1). Gleichsam als Nachzeichnung der Einlass-Liturgie in Psalm 24 hat Friedrich Hebbel die Situation vor der Wiener Pforte gemalt, die so bei der Beisetzung von Otto von Habsburg, dem letzten Kronprinzen Österreichs, real «durchgespielt» wurde. «Gespielt» vielleicht für das Publikum und die Öffentlichkeit, nicht so für Otto von Habsburg. Vor Jahren war Otto von Habsburg Ehrengast der Zunft zu Hottingen beim Sechseläuten in Zürich. Am Tag nach dem Fest besuchte er das Grossmünster. Beim Hauptportal antwortete der alte Mann hohen Adels auf die Frage, wie er genannt werden wolle, mit der Hebbel'schen Geschichte und betonte, dass Kirchen, gleich welcher Konfession, exakt die Aufgabe hätten, Räume der Gleichheit für die Gesellschaft bereitzuhalten.

Mit dieser biografischen Reminiszenz angereichert blitzen die theologische wie die diakonische Tiefenschärfe dieses Türöffnungsrituals umso mehr auf: An Kirchentüren werden alle Insignien der Macht und Hierarchie abgelegt. Was nicht abgelegt wird, ist die Einzigartigkeit der Person.

---

90 Vgl. allgemein zur Kapuzinergruft: Beutler, 2011. Die Autorin schildert die Einlassszene im Zusammenhang mit der Beerdigung von Kaiserin Zita (vgl. Beutler, 2011, 14).

91 Vgl. Nibelungen II: Siegfrieds Tod, 5. Akt, neunte Szene: Hebbel, 1964, 211f.

Letztere unterscheidet sich über den Vornamen von allen anderen und wird über die menschliche Natur mit allen anderen verwebt. Diese Natur «zeichnet» sich nicht durch Titel und Ehren «aus», sondern im Letzten durch ihre Abhängigkeit vom Schöpfer, durch Sterblichkeit und Sündhaftigkeit. Nicht oben auf dem Thron geschieht die Auszeichnung, sondern unten, also dort, wo gefehlt und gestorben wird. Die Einsicht, die sich daraus ergibt, ist folgende: Draussen vor der Tür herrscht die vielfach von Männern erworbene oder vererbte Hierarchie; drinnen im Kirchenraum breitet sich eine Gleichheit von unten aus, die alle Menschen in ihrer Verschiedenartigkeit in ein Bezugsnetz menschlicher Angelegenheit (Arendt) knüpft. Dieses Bezugsnetz ist gekennzeichnet durch Zerbrechlichkeit und Sterblichkeit. Die Gleichheit von unten ihrerseits gilt nach Elisabeth Schüssler Fiorenza (1988, 189) als Kriterium für die Diakonie und wird von ihr als «kritische Kategorie» mit dem Begriff «egalitär» in Verbindung gebracht. So gilt es vorerst Schüssler Fiorenzas Begriff der Egalität darzustellen, um diesen Begriff dann als kritische Kategorie der Diakonie auf die diakonische Funktion des Gastraums zu übertragen.

Zum Begriff «Egalität». Schüssler Fiorenza hat in mehreren Ansätzen den Begriff der «kirchlichen Egalität» als «Wirklichkeit und Hoffnung» entwickelt.[92] Nicht nur aufgrund der Schöpfung, sondern auch aufgrund der Taufe sind alle Christinnen und Christen als Glieder des losgekauften und befreiten Gottesvolks gleichgestellt, hineingestellt, die «Berufung zur Nachfolgegemeinschaft von Gleichgestellten zu leben und zu verwirklichen.[93] «Als so eine JüngerInnenschaft sind wir Kirche, *ekklesia* der *Frauen.»* (Schüssler Fiorenza, 2004, 143f.) Konstitutiv für die Verwirklichung dieser Berufung ist die Diakonie. Ohne schon auf die neuen exegetischen Erkenntnisse zurückgreifen zu können (vgl. Kapitel 3.1), entwickelte Schüssler Fiorenza 1988 ausgehend von der Übersetzung des griechischen Begriffs *diakonia* als «Dienst bei Tisch»[94] eine «Dienst-Ekklesiolo-

---

[92] Vgl. dazu: Schüssler Fiorenza, 1988, bes. 189–204, 225–254; 1988a, 306–313; 2004, bes. 142–151, 167–184.

[93] Für Schüssler Fiorenza ist dieser Begriff der Nachfolgegemeinschaft von Gleichgestellten zur zentralen Deutung von Kirche geworden: vgl. 1988, 196ff., 200, 203f.; 2004, 14f.

[94] Im Zusammenhang mit der Beschreibung der Hauskirche spielt diese Bedeutung eine zentrale Rolle: «Gemeinsam zu essen und zu trinken war das wichtigste Integrati-

gie», die insbesondere den untergeordneten und zweitrangigen Charakter der Dienstfunktion von Frauen kritisch hinterfragt.[95]

Dienst wird im Unterschied zur Sklaverei zum einen durch den empathisch einfühlenden freien Willen zur Hilfe gekennzeichnet sowie durch die Kenntnis, worin wirksame Hilfe besteht. Anderseits hinterfragt Schüssler Fiorenza mit dem Begriff kritisch die Macht der frühchristlichen Ämterstruktur und ihre transformierende Kraft, die Macht über andere in eine Bevollmächtigung der anderen umzuwandeln. Angesichts des Machtdualismus zwischen ordiniert und nichtordiniert, Klerus und Laienschaft, Kirche und Welt, gezeichnet aus der Perspektive der katholischen Kirche, fragt Schüssler Fiorenza durchaus plausibel, ob der Begriff Diakonie grundsätzlich aufzugeben sei. Nein, lautet ihre Antwort. Diakonie bleibe als «kritische Kategorie» verwendbar, «um diejenigen, die derzeit Macht und Privilegien in der patriarchalischen Kirche und Gesellschaft innehaben, in Frage zu stellen und herauszufordern» (Schüssler Fiorenza, 1988a, 311).

Ausgehend vom Jesuslogion in Markus 10,42–44 entwickelt Schüssler Fiorenza den Begriff der Diakonie als «Gleichheit von unten». Indem mit Jesus die Hierarchie-Pyramide nicht umgekehrt, sondern die Machtspitze aufgefordert wird, sich der Arbeit und Mühsal der Menschen unten, am Boden anzuschliessen, wird sie unterlaufen, «wodurch eine ‹dienende Klasse› überflüssig gemacht wird» (Schüssler Fiorenza, 1988a, 312).

Diese so verstandene «radikale Egalität» (Schüssler Fiorenza, 2004, 182) interpretiert die Autorin nicht als Einerlei oder Gleichmacherei[96],

---

onsmoment in der sozial vielfältigen christliche Hausgemeinde. Der Tischdienst war daher für die christliche Gemeinde sehr wichtig.» (Schüssler Fiorenza, 1988, 253).

95 Zu erwähnen ist, dass dieser zweitrangige Dienststatus sich nicht nur bei Frauen zum Teil bis heute zeigt, sondern auch in die Berufs- und Amtsstrukturen der Kirchen hineingegriffen hat oder bisweilen noch tut. Eine biografische Notiz: Mein Vater, als Diakon in Greifensee, Zürich, ausgebildet, war in seiner Tätigkeit klar den Pfarrpersonen nach- und auch untergeordnet. Er hatte selbstverständlich keinen Einsitz in der Kirchenleitung der Gemeinde, musste den Religionsunterricht im Unterschied zum Pfarrer, der für das Gymnasium zuständig war, bei den schwächer begabten Schülern übernehmen und war strukturell dem Pfarramt unterstellt. Die kritische Aufarbeitung in ekklesiologischer und berufständischer Hinsicht hat in grossen Teilen eine Gleichstellung der verschiedenen Ämter und Dienste unter Bewahrung ihrer unterschiedlichen Aufgaben und geschichtlich gewachsenen Prägungen erreichen können, die in den verschiedenen Kantonalkirchen in der Schweiz strukturell unterschiedlich umgesetzt wurde.

sondern als Gleichstellung, als gleichen Rang, Gleichheit als «herrschaftsfreie Vielfältigkeit» und setzt den Begriff in nächste Nähe zur Gerechtigkeit. Schüssler Fiorenza bringt es auf den Punkt: Gleichheit «bedeutet nicht Gleichmacherei, sondern Unterschiede, Pluralität, Verschiedenartigkeit, Inklusivität, PartnerInnenschaft und Selbstbestimmung. Leitungsämter werden dann nicht als Statusämter, sondern als Führung aufgrund von Erfahrung, Kenntnis und Fähigkeit verstanden [...]» (Schüssler Fiorenza, 2004, 146) Gleichheit ist nicht gegeben oder angeboren, sondern wird durch gegenseitig anerkannte gleiche Rechte hergestellt und garantiert.[97] Diese Einsicht lässt sich nach Schüssler Fiorenza durch die Tatsache gewinnen, dass in den frühchristlichen Bewegungen freigeborene Frauen, Arme, Sklaven, Fremde, die politisch-religiös als Bürgerinnen und Bürger zweiter Klasse und religiös-kulturell als minderwertige Untermenschen angesehen wurden «und oft immer noch werden», volle Mitgliedschaft innehatten (vgl. Schüssler Fiorenza, 2004, 182). Gleichheit von unten als gleiches Recht für alle und Gleichstellung unter Beibehaltung der Diversität sind Indikatoren für den gastfreundlichen Kirchenraum und deshalb Kriterium für seine diakonische Funktion. Dies gilt es nun auszuführen.[98]

---

96 Schüssler Fiorenza bezieht sich dabei auf Aussagen wie die von Hannah Arendt: «Die Polis unterschied sich von dem Haushaltsbereich dadurch, dass es in ihr nur Gleiche gab, während die Haushaltsordnung auf Ungleichheit geradezu beruhte [...]. Freisein bedeutete ebenso ein Nichtbefehlen, wie es die Freiheit von dem Zwang der Notwendigkeit und den Befehlen eines Herrn beinhaltete [...]. Gleichheit, die in der Neuzeit immer eine Forderung der Gerechtigkeit war, bildete in der Antike umgekehrt das eigentliche Wesen der Freiheit: Freisein hiess, frei zu sein von der allen Herrschaftsverhältnissen innewohnenden Ungleichheit, sich in einem Raum zu bewegen, in dem es weder Herrschen noch Beherrschtwerden gab.» (Arendt, 1994, 34)

97 In diesem Zusammenhang zitiert Schüssler Fiorenza Christa Schnabels zusammenfassende Interpretation von Arendt. Gleichheit ist als eine gesellschaftliche «kulturelle und kirchliche Aufgabe zu begreifen, ‹die an die Gegenwart anderer, die einander als Gleiche akzeptieren und anerkennen, gebunden bleibt.› Auf diesen Aspekt der Anerkennung und der Gegenseitigkeit der Gleichen basiert Arendts Gleichheitsvorstellung. Politisch gesprochen ‹Gleichheit ist nicht gegeben [...]. Gleiche werden wir als Glieder einer Gruppe, in der wir uns kraft unserer eigenen Entscheidung gleiche Rechte gegenseitig garantieren› (Arendt, 1991, 468, erg. CS).» (Schnabl, 1999, 157; zit. in: Schüssler Fiorenza 2004, 147)

98 Die folgenden Ausführungen sind durch die mehr als 20-jährige Pfarramtserfahrung des Autors vorliegender Arbeit, insbesondere durch die Erfahrung der Stadtkirchen-

Egalitärer Gastraum
Jeder Gast ist gleich zu behandeln – als Gast. Was in der Theologie und in Kirchgemeindeordnungen und Vernehmlassungen banal wirken mag, birgt im faktischen Vollzug immer wieder Konfliktpotenzial. Wenn in der Tat im Kirchenraum Titel und Leistung beim Eingang abgelegt werden, hat dies gleichermassen für den Staatsmann wie für die Sozialhilfeempfängerin aus dem Heim zu gelten. Auch der Konfirmand mit geistiger Behinderung wird beim offiziellen Foto nicht in die hintere Reihe gestellt oder gar aus dem Bild gerückt. Der muslimischen Familie, die um Einlass bittet, um ihr Gebet abzuhalten, ist mit derselben Achtsamkeit zu begegnen wie dem Mitglied der Kirchgemeinde; dem Regierungsrat genauso wie dem Vorstand des Altersheims, die beide eine Führung durch den Raum wünschen. Die Übersetzung von biblischen Texten in verschiedene Sprachen und das Angebot von Informationen über den Kirchenraum gehören genauso dazu wie die Einrichtung von behindertengerechten Eingängen; die Einladung von bekannten und unbekannten Kunstschaffenden genauso wie die Wegweisung von Störefrieden mit oder ohne Titel. Weiter ist gerade in diesem Punkt zu bedenken, dass Kirchenräume nach innen wie nach aussen Zeichen der Egalität sind. Was draussen an Kirchtürmen und Wänden sichtbar wird, muss mit dieser Gleichstellung in Übereinstimmung sein.

Jeder Gast ist in seiner Vielfalt zu empfangen – als Person: Dazu gehört, dass die Gäste in ihren Muttersprachen verstanden werden und nach Möglichkeit mit ihnen gesprochen wird, dass keine Wertungen hinsichtlich ihrer Bedürfnisse vorgenommen werden im Sinn von: «Sie sind ‹nur› Touristen, sie wollen ‹nur› die Fenster anschauen, sie haben ‹nur› nach dem WC gefragt.» Singen, tanzen, beten, schreiben, erzählen, meditieren, schlafen, ausruhen, innehalten, jubeln, weinen, das Kind stillen, das Geld für das Kino abzählen, zeichnen, entdecken, flanieren, kurz hineinschauen wollen, am Gottesdienst teilnehmen, im hintersten Winkel einfach dasitzen, Menschen unterschiedlichster Religion und Kultur die Tür zu öffnen – in all diesem zeigt sich der diakonische Zweck des Raums. Mit Recht schreibt die Evangelisch-reformierte Kirche des Kantons St. Gallen in ihrer Broschüre «Offene Kirchentüren»: «Eine offene Kirchentür ist die ständige – evangeliumsgemässe – Einladung an alle: ‹Kommt,

arbeit in St. Gallen und am Grossmünster in Zürich genährt und entsprechen der Realität, sind nicht fingiert oder fiktiv, sondern erlebt.

tretet vor Gott! Bringt Euer Leben, Freuden, Leiden und Sorgen vor Christus, den wir als Tür bekennen. Verschliessen wir uns dieser Kraftquelle nicht und schliessen nicht die Menschen aus, die sie suchen und in der Kirche zu Recht erwarten. Abschliessen, absichern und aussperren ist nicht im Sinne Jesu. Eine geschlossene Kirche ist eine tote Kirche.» (Evangelisch-reformierte Kirche des Kantons St. Gallen, 2005, 3)

Der Gottesdienstraum der Kirchgemeinde und der Kirchenraum des Gasts sind gleich zu behandeln. Dieses Kriterium birgt Zündstoff in sich. Viele Kirchenräume werden als «Wohnstuben» der Gottesdienstgemeinde, des Pfarrers und des Sigristen oder als Konzertsaal des Organisten in Beschlag genommen und mit Gegenständen, Plakaten, Briefen sowie verbalen und nonverbalen Gesten für sich beansprucht. Der Kirchenraum gehört einerseits der Besitzerin, der Kirchgemeinde oder dem Staat, dann der regelmässigen Benutzerin, der Gottesdienstgemeinde und den verschiedenen Gruppen mit ihren Veranstaltungen und meditativen Angeboten, dann aber auch den Touristen und Besuchenden, den Musikstudierenden und noch vielen anderen. Und er gehört ihnen allen auch wiederum nicht, denn der «Hausherr» ist nicht einmal die Pfarrperson, sondern die Kirche ist «Haus Gottes». Wenn alle Gäste in seinem Haus sind, repräsentiert dies die Gleichheit von unten: Alle, ob «Besitzende» oder Besuchende, sind geladene Gäste. Jedem Gast ist der Kirchenraum anvertraut, ihn würdig und für alle einladend in Anspruch zu nehmen und ihn so auch wieder zu verlassen. Der Taufbaum für die Täuflinge der Gemeinde, das Gästebuch für die Touristen und das Übungsbuch der Orgelschüler sind im Raum mit gleicher Aufmerksamkeit zu behandeln. Die Hochzeitsgäste und der Besucherstrom am Samstagnachmittag sind rücksichtsvoll aufeinander abzustimmen, ebenso die öffentliche Führung und der Gottesdienst am Sonntagmorgen.

Jeder Kirchenraum ist in seiner Vielfalt zu gestalten. So wie im Kirchenraum das gleiche Recht für alle, die ihn aufsuchen, prinzipiell eingefordert und praktisch in Kompromissen ausgehandelt werden muss, gilt es, der Pluralität und Verschiedenartigkeit der Gäste Rechnung zu tragen, die ihre Spuren im Kirchenraum hinterlassen. Dies geschieht durch die Strukturierung des Gastraums in unterschiedliche Zellen als Teile des Gesamtraums. Sie sollen verschiedene Distanzen von Nähe und Ferne zulassen: Eine Kunstinstallation muss Kirchenleitung und Pfarramt nicht überzeugen und kann dennoch vielen den Zugang zum Raum und zur Kunst eröffnen. Der Lichteinfall hat nicht zu allen Tageszeiten von gleicher

Intensität zu sein. Die Musik ab CD-Player muss nicht den ganzen Tag lang abgespielt werden. Kinder und Künstler, Einheimische und Fremde greifen mit unterschiedlichen Ideen und Vorstellungen der Raumgestaltung und -nutzung auf die individuellen und kollektiven spirituell, religiös oder meditativ genannten Angebote zurück. Besitzt ein Kirchenraum Nebenkapellen oder Krypten, gilt es, den Gästen deren Schwingungs- und Stimmungsvielfalt zugänglich zu machen, sie in ihrer Vielfältigkeit zu gestalten und zu nutzen. Eine Seitenkapelle wird so zum interreligiösen Gebetsraum, das Chor zum Gottesdienstraum der Gemeinde, der hintere Teil des Schiffs zum abgetrennten «Zimmer für sich allein» oder der Ort hinter der Kanzel zum Seelsorgeraum.

Führen heisst Partizipation und Kommunikation: Leitungsämter sind, so sagt es Schüssler Fiorenza deutlich, keine Statusämter, sondern Beauftragungen zum Führen. Führen angesichts der Gleichstellung von Vielfalt und Pluralität kann nur heissen, im Kirchenraum partizipative Prozesse von Kommunikation bei allen Ansprechgruppen in Gang zu setzen. Kirchenräume eignen sich gemäss den Einsichten von Henning Luther ausgezeichnet, «um die durch die Individualisierung der Religion bedingte Pluralisierung kommunikativ fruchtbar machen zu können, das heisst zu verhindern, dass zwischen den vielfältigen subjektiven Zugängen zur Religion keine Verständigung mehr möglich ist».[99] Für die Träger der Führungsverantwortung für den Kirchenraum, für Freiwillige im Präsenz- und Gottesdienst, für Kommissionsmitglieder, Pfarramt, Sigrist, Kantor, Organist, Katechet, Führungspersonen, für «ständige», weil jeden Tag anwesende Gäste, aktive Mitglieder in Gottesdiensten und Andachten, Taizé- und «Laudes»-Gruppen heisst dies: Veränderungen und Einrichtungen in der Kirche sind mit möglichst vielen immer wieder abzusprechen, um das Potenzial von Kirchenraumerfahrung und religiösem, spirituellem Erleben im Raum nutzbar zu machen und Alternativen zu den eigenen Vorstellungen zu gewinnen. Was Mertin (2002, 11) vom Kirchen(um)bau fordert, gilt auch allgemein für dessen Einrichtung und Nutzung: Keine Nutzungsveränderung ohne qualitative Befragung aller Gemeindeglieder, das heisst aller, die im Kirchenraum punktuell oder für längere Zeit «Gemeinde» werden.

---

99 Luther (1992, 13) schreibt diese Aufgabe der wissenschaftlichen Theologie zu, sie kann – und da geht der Autor vorliegender Arbeit mit Mertin (2002, 6) einig – durchaus auch auf die Raumfrage übertragen werden.

Führen heisst, auf den Gast eingehen. In Hinblick auf den Gast selber besteht die Notwendigkeit, Räume zur Verständigung zwischen den subjektiven Zugängen zur Religion einzurichten, um den Gast auf seiner Suche nach Identität und Autonomie zu unterstützen. Dazu gehört, dem Gast den Sinn von Gegenständen und Symbolen, Tradition und Aktualität zu erschliessen, die eigene Religiosität und Spiritualität nicht zum Gegenstand der Gespräche zu machen oder sie ihm gar aufzwingen zu wollen. Hans-Georg Soeffners Beobachtungen sind hoch aktuell. Er schreibt: «Aus den Palästen Gottes können (wieder) – jenseits der Amtskirchen – Besinnungs-, Meditations- und Feierstätten für Gläubige werden, die sich, wie schon einmal in der multireligiösen Welt der Spätantike, um ihre besonderen religiösen Zeichen und Symbole, Geschichten und ‹Botschaften› sammeln.» (Soeffner 2003, 48) Mit Blick auf die Egalität geht es jetzt nicht um die transzendentalen und heilenden Wirkungen solcher Orte, sondern um die Vielfalt von Räumen im Kirchenraum. Grundlegend bedeutsam ist, sich im Blick auf den Raum dem Antlitz des Gasts nicht zu entziehen und den Raum möglichst angemessen danach einzurichten. Dazu gehören natürlich auch explizit diakonische Seelsorge-, Tafeln- und Nothilfestätten für die Gäste, wie sie je länger je mehr in City- und Altstadtkirchen eingerichtet werden. Gerade die Letztgenannten führen zum zweiten Kriterium des Gastraums, zur Solidarität.

7.3.1.2. Solidarität – konvivale Gemeinschaft

Der Missionstheologe Theo Sundermeier setzt in seinem Aufsatz «Konvivenz als Grundstruktur ökumenischer Existenz» – einmal mehr[100] – bei Emanuel Lévinas' «Heimsuchung» des Anderen an[101], indem er den

---

[100] Damit ist nicht nur der rote Faden von Lévinas' Denkweise angesprochen, die diese Arbeit durchzieht. Auch in anderem Zusammenhang betont Sundermeier die Wichtigkeit dieses Ansatzes: «Interkulturelle Begegnung ist ‹Heimsuchung› (Lévinas). Der andere bietet mir zwar Existenzrecht, aber er sucht mich auch heim, er stellt mich in Frage. Das Antlitz des anderen tritt uns nah, es tritt uns zu nah. In dieser Nähe und Plötzlichkeit, in der es mir begegnet, ist es für mich eine Störung [...], der ich nicht ausweichen kann. Mein Gehäuse bleibt nicht mehr intakt, nicht mehr so, wie es zuvor war. Ich muss der Störung standhalten und Antwort geben. Die Heimsuchung hat immer eine ethische Dimension [...]. Die Infragestellung ist dann nur noch als Annahme zu ertragen. Und das heisst als *Erleiden.*» (Sundermeier, 1991, 27f.)

[101] «Die Heimsuchung besteht darin [...] die Ichbezogenheit des Ich umzustürzen, das Antlitz entwaffnet die Intentionalität, die es anzieht.» (Lévinas, 1983, 223)

Menschen zum ethischen Handeln aufruft: «Das Handeln, das aus der Begegnung entspringt, hat Vorrang.» (Sundermeier, 1995, 44) Diese aus der Begegnung entsprungene Praxis wird von einer gemeinsamen Lebenserfahrung geprägt, die von der Konvivenz bestimmt ist und sich von Lévinas' Ansatz abhebt: «Konvivenz ist mehr als Dialog, mehr auch als Begegnung, wie sie Lévinas intendiert, steht bei ihm doch noch das im abendländischen Individualismus begründete dialogische Existenzverständnis im Hintergrund. Sicher kann sich, in den Worten Lévinas', im Augenblick der Epiphanie der Nacktheit des anderen die Erfahrung langer Konvivenz verdichten. Diese zielt jedoch auf mehr als zufällige Begegnung. Sie sucht die Dauer und die räumliche Verbindung, weil nur die gemeinsame Erfahrung ganzheitlichen Lebens die Veränderung des Bewusstseins bewirkt.» (Sundermeier, 1995, 45f.) Diese Textpassage ist zentral für das Kriterium der «Solidarität», eines Begriffs, der mit Bezug auf den Soziologen Alfred Vierkandt (1867–1953) als «Gesinnung einer Gemeinschaft mit starker innerer Verbundenheit» definiert werden kann, also als ein aus freien Stücken konstituiertes «Zusammengehörigkeitsgefühl, das praktisch werden kann und soll.»[102] Innere Verbundenheit und Zusammengehörigkeitsgefühle sind nach Haslinger konstitutive Aspekte der Solidarität als helfendes Handeln.[103] Dauer, räumliche Ver-

---

[102] Vgl. Ahrens, 2006, 143. Nach dem Wiener Theologen Martin Schenk (2005, 319) kann die «Solidarkultur» in drei unterschiedliche Ebenen differenziert werden: als privater Raum, als Gemeinschaften und als Gesellschaftsvertrag. Im Erachten des Autors vorliegender Arbeit vereint der Konvivenzgedanke alle drei Ebenen in einem nach innen und nach aussen wirkungsvollen, existenziell solidarischen Lebensentwurf.

[103] Haslinger definiert Solidarität auf einer sehr formalen Ebene: «Solidarität ist helfendes Handeln, das als prinzipiell kooperatives Handeln von Helfenden (Solidaritätsakteuren) und Hilfebedürftigen (Solidaritätsrezipienten) auf ein Gefühl der Verbundenheit zwischen beiden sowie auf ihrer Gleichgerichtetheit in bestimmten Interessen und Zielen beruht, das aber zwischen beiden Ungleichheiten impliziert in Form der Anerkennung von Differenzen in den sonstigen Lebensorientierungen und in Form der Ungleichverteilung von Lebensbedingungen, Ressourcen und Handlungsmöglichkeiten, durch die es evoziert, aber auch erst ermöglicht wird. Solidarität ist immer begrenzt in inhaltlicher Sicht auf bestimmte Situationen oder Interessenlagen sowie in personaler Hinsicht auf die von der jeweiligen Bedürftigkeit betroffene Personengruppe. Die Rolle des Solidaritätsakteurs ist konstitutiv durch unabdingbare Freiwilligkeit, aber auch durch das Gefühl einer moralischen Verpflichtung; durch die Einseitigkeit der Beistandsleistung, aber auch durch die latente Erwartung potenzieller Gegenseitigkeit. Die Rolle des Solidaritätsrezipienten ist konstituiert durch die jeweils

bindung, gemeinsame Erfahrung, ganzheitliches Leben, Veränderung des Bewusstseins, in all diesen zentralen Begriffen schwingen Aspekte mit, die Menschen in Kirchenräumen erfahren.

Die enge Verbindung zwischen dem, was Theo Sundermeier mit dem Begriff der Konvivenz fasst, und dem Gastraum Kirche erstaunt insofern nicht, als Sundermeier Konvivenz als zentralen Begriff der Mission einsetzt. Mission hat für ihn grundlegend einladenden Charakter, der ja der Gastfreundschaft mit ihrem kreativen Potenzial entspricht (vgl. Kapitel 6.4.2). Sundermeier gewinnt den Begriff aus seiner Begegnung mit südamerikanischen Basisgemeinden und macht ihn für den westeuropäischen Kontext als Struktur christlicher Solidarität fruchtbar, ohne den Blick auf die binnenchristliche Solidarität zu verengen.[104]

Auf diese christlich artikulierte Solidarität soll hier kurz eingegangen werden. Christoph Ammann macht am Kollektenplan von Kirchgemeinden eine Krise innerchristlicher Solidarität fest. Er bezieht sich auf einen Kollektenplan, der sich mehr wie Wohltätigkeit gegenüber nichtchristlichen Organisationen ausnimmt, denn wie solidarisches, diakonisches Verhalten gegenüber kirchlichen und christlichen Gemeinden. Durch die Betonung des Gemeinschaftscharakters der Solidarität gewinnt Ammann unter Aufnahme biblischer Stellen wie der in Galaterbrief 6,10 («Darum lasst uns, solange wir noch Gelegenheit haben, allen Menschen Gutes tun, am meisten aber denen, die mit uns im Glauben verbunden sind») den Blick für die Wichtigkeit der Erfahrung christlich-religiöser Sozialisation als partikulare Verwurzelung für ein weltoffenes christliches Ethos.[105] Ammann (2004, 28) sieht unter anderem im Verlust der identitätsstiftenden, lebenswichtigen Bedeutung des Glaubens für die «überwiegende Mehrheit der reformierten Landeskirche» Gründe, dass der Glaube «kein Kriterium mehr für die Einschätzung eines Lebens als gelungen oder verfehlt» ist. Gerade das durch die Reformation in Zürich entstandene Kollektenwesen entspricht dieser engen Verbindung von Glauben und Geld, die allenfalls auch als «missionarischer Aspekt

---

zu bearbeitende Bedürftigkeit, durch die eigenen Beiträge zum Solidaritätshandeln und durch den Vorrang bei der Definition des Solidaritätszieles.» (Haslinger, 2009, 375) Vgl. zur Solidarität allgemein: Haslinger, 2009, 367–382.

104 Explizit weitet Sundermeier die ökumenische Existenz nicht nur auf die kirchliche Weltgemeinschaft, sondern auf die «ganze bewohnte Welt» aus, indem die «tiefe Interdependenz alles Lebendigen» erkannt werden muss (vgl. Sundermeier, 1995, 62ff.).

105 Vergleiche zur ganzen Problematik: Ammann, 2004, 10–30.

christlicher Wohltätigkeit» (Ammann, 2004, 28) bezeichnet werden kann. Schöpfungstheologisch ist Ammann jedoch grundsätzlich zu widersprechen, wenn er folgert, dass der Schöpfungsgedanke zwar zur Begründung der Menschenwürde ausreiche, jedoch zur Begründung von Solidarität nicht «taugt».[106] Angesichts der pluralen Gesellschaft, die gefordert ist, die «ökumenische Existenz» in interreligiösem Kontext neu zu formulieren, gerät Ammann und mit ihm viele in Kirchen tätige Christinnen und Christen in die Falle des «Mehrwerts» von christlicher Solidarität, die jegliches andere solidarische Handeln abwertet. Dies zeigt sich darin, dass Ammann (2004, 29) festhält: «Solidarität [...] ist nicht gleichbedeutend mit allgemeiner ‹Menschenliebe› und auch nicht mit universaler Achtung oder Respekt.»[107] Mit was, wenn nicht mit der Liebe zum Menschen, ist solidarisches Handeln denn zu vergleichen (vgl. Kapitel 3.2.2)?

Der schöpfungstheologische Ansatz eignet sich durchaus für die Begründung helfenden und deshalb auch solidarischen Handelns. Wo Ammann zuzustimmen ist, und dafür setzt sich Sundermeier aufgrund seiner Erfahrung ein, ist, dass «ökumenische Existenz», also Leidenschaft, Haltung und gemeinsam geteiltes Leben, für Solidarität konstitutiv ist und solche Existenz in gemeinschaftlichem Leben erfahren, erlernt und gelebt wird. Christinnen und Christen verankern dies unter anderem auch in der Kreuzeserfahrung Christi, in der der Zuschauer Gottes (Kurt

---

106 «Der Schöpfungsgedanke mag zur Begründung der Würde eines jeden Menschen herangezogen werden, aber zur Begründung von Solidarität taugt er gerade nicht [...]. Dieses [das christliche Ethos, erg. CS] kennt nicht nur die Verpflichtung aufgrund der gemeinsamen Geschöpflichkeit, sondern auch eine andere, darauf bauende Art der Verpflichtung aufgrund der gemeinsamen Teilhabe am Leib Christi. Ich schlage vor, für diese letztere den Begriff Solidarität zu reservieren.» (Ammann, 2004, 29) Warum nur, wenn ja das christliche Ethos eben auch die Verpflichtung aufgrund der Geschöpflichkeit kennt? Gibt es ein helfendes Handeln a) geschöpflich, das in keinerlei Weise «solidarisch» genannt werden darf, und ein helfendes Handeln b) christlich, das exklusiv «solidarisch» genannt werden darf? In dieser Exklusivität steckt im Erachten des Autors vorliegender Arbeit jene pejorative, abwertende Haltung verborgen, die alle Christen zwar selbstverständlich verneinen, vom nichtchristlichen Gegenüber jedoch als solche wahrgenommen werden muss, sofern er sein helfendes Handeln ebenfalls als «solidarisches» definiert.

107 Einmal mehr kann an dieser Stelle auf das Gleichnis des barmherzigen Samaritaners hingewiesen werden, in dem gerade das universell ausgelegte helfende Handeln als Solidarität universale Achtung in sich trägt (vgl. Rüegger/Sigrist, 2011, 65–68).

Marti)[108] zugunsten des Akteurs oder der Akteurin gestorben ist. Muslime und Juden, Buddhisten und Hindus, Philanthropen und Atheisten begründen dies anders, jedoch mit derselben existenziellen Grunderfahrung von Gemeinschaft. Und in dieser gründet der Konvivenz-Begriff Sundermeiers.

Nach diesem Exkurs mit Blick auf das Kollektenwesen und ohne auf Ursprung, Strukturen, biblische Einordnung und Entwicklung des Begriffs *convivência*, Konvivenz, einzugehen[109], ist Sundermeiers definitorische Zusammenfassung hilfreich für die weiterführende Entwicklung des Kirchenraum-Kriteriums der Solidarität: «Mission ist Einladung zum ewigen Fest und darf nur als *Einladung* ausgesprochen werden. Diese ist eingebunden in den Rahmen der dreifachen Gestaltung der Konvivenz, das heisst sie geschieht in der Haltung des solidarischen *Teilens, Lernens und Feierns* im Horizont und aus der Perspektive der Armen und Randsiedler (Lk 14,23). Entsteht aus solcher Begegnung ein Neues, entsteht hier Kirche, so wird sie ihrerseits in Solidarität zu ihrer Umgebung bleiben und konvival bei den anderen sein.» (Sundermeier, 1995, 70) Konvivenz gestaltet sich aus als Hilfsgemeinschaft, Lerngemeinschaft und Festgemeinschaft[110] und nimmt den Aspekt der Differenzerfahrung diakonischen Handelns als einer inkludierenden Kraft auf: «Konivenz […] hat die Differenz zur Voraussetzung und respektiert die bleibenden Unterschiede. Ihre dreifache Grundierung jedoch – gegenseitiges Helfen, wechselseitiges Lernen, gemeinsames Feiern – ist konstitutiv und kann nicht ausgetauscht werden. Konvivenz zielt auf Gegenseitigkeit, niemand ist einseitig Objekt der Begegnung, niemand einseitig Subjekt des Handelns und Engagements. Die theologische Kolorierung des Begriffs fügt die Farbe der Armen hinzu. Konvivenz will den Perspektivenwechsel […]. Es geht nicht um eine Perspektivenverschmelzung. Bei der müssten beide ihre Perspektive aufgeben. Es geht vielmehr darum, beweglich zu werden und für einen Augenblick – und sei es nur für die Zeit des Festes – die fremde Perspektive sich eigen zu machen.» (Sundermeier, 1996,

---

108 Vgl. dazu Marti, 1981, 24f.

109 Vgl. dazu Sundermeier, 1995, 45–62.

110 Vgl. die Darstellung bei Sundermeier, 1996, 190f.

226) Der Bonhoeffer'sche Begriff von der «Kirche für andere» als «Pro-Existenz» entwickelt sich zur «Kirche mit anderen» – als Konvivenz.[111]

Das Eintauchen in den Kirchenraum kann zum Augenblick werden, in dem Menschen sich in konvivaler Begegnung erfahren. Damit ist klar ausgesagt, dass nicht die enge gemeinschaftliche Lebensweise wie in Basisgemeinden in Südamerika oder Hauskreisen in unseren Breitengraden gemeint ist. Vielmehr sind mit dem Sundermeier'schen Begriff jene Erfahrungen zu analysieren, in denen Menschen sich punktuell durch die Gemeinschaft getragen fühlen in einer Weise, die über das Zusammensein bei einem Konzertbesuch oder einer Veranstaltung hinausgeht. Nach Sundermeier trägt der Perspektivenwechsel hin zum Anderen in grossem Mass zu dieser Erfahrung bei. Solidarität entsteht dann, wenn Menschen beweglich werden und sich für einen Augenblick – und sei es nur für die Zeitspanne ihres Kirchenbesuchs – die fremde Perspektive zu eigen machen. Solidarität gibt es nur in diesem konstitutiven Perspektivenwechsel des Fremden, als konvivale Begegnung, die räumliche Verbindungen und verbindliche Zeiten auch im Kirchenraum sucht. Mensch und Raum sind und bleiben relational aufeinander bezogen und konstituieren sich als komplexes Beziehungsgeschehen. Mit Blick auf den Kirchenraum soll nun versucht werden, diese Einsicht herzuleiten.

Kirchenräume als Orte von Hilfsgemeinschaften

Solidarität darf und muss sich in einem Miteinander der gegenseitigen und sich ergänzenden Hilfe ausgestalten: Kirchenräume sind Orte von Hilfsgemeinschaften. Mit Blick auf den Raum sind erstens Erfahrungen anzufügen, bei denen Menschen einerseits im physischen, psychischen und geistlichen Sinn Hilfe erfahren in konkreten Begegnungen mit Freiwilligen und Angestellten. Zweitens sind hier Momente anzuführen, in denen der Kirchenraum selber Menschen ermächtigt, befähigt und ermutigt, solidarisch zu sein vor Ort, auf dem Weg oder daheim, mit Menschen in nächster Nähe oder weitester Ferne. Dabei können Raumerfahrungen heilsame Unterbrechungen des hektischen Alltags bedeuten und zufallende Gespräche sowie hilfreiche Begegnungen ermöglichen, genauso wie Erfahrungen ausgesprochener oder tatkräftiger Hilfe.

---

[111] Vgl. dazu die Ausführungen Sundermeiers zum Bonhoeffers'chen Kirchenmodell wie auch die Weiterentwicklung zu seinem Konvivenzbegriff: Sundermeier, 1995, 51–55.

Spuren solch räumlicher Ermutigung sind Beichtstühle in katholischen Kirchen, denen «Klagemauern», Pinnwände mit bereitliegendem Schreibzeug oder abgetrennte Gesprächswinkel in evangelischen Kirchen entsprechen. Es können brennende Kerzen sein, singende Chöre, ein weinendes Kind oder ein eingeritzter Name in der Kirchenbank. Dies alles sind Zeichen gesuchter und erfahrener Solidarität im Raum, Zeichenhandlungen, die zwischen den Zeilen mit Gott rechnen. Die menschliche und die göttliche Präsenz hinterlassen Spuren im Raum, die Menschen auf die Spur solidarischen Handelns bringen.

Drittens sind in Kirchenräumen Kollektenbüchsen beim Eingang und bisweilen vor Kerzeneinrichtungen oder Gebetsbüchern anzutreffen. Solidarität im Gebäude verbindet sich in gut reformierter Tradition mit dem solidarischen Hilfehandeln gegenüber Benachteiligten, die die Kirchgemeinde zu unterstützen pflegt. Schliesslich gilt es, Kirchenräume als Gasträume für Selbsthilfe-, Betroffenen- und Erfahrungsgruppen zu öffnen, die ihre konvivale, situative Lebensgemeinschaft ganzheitlich gestalten und so die gemeinsame Zeit von Gebet und Spiritualität verräumlichen wollen. Nicht nur Gastgruppen ist aber der Kirchenraum zu öffnen, sondern auch Einzelnen. Dieser Anspruch sollte nicht an den beschränkten arbeitsfreien Zeiten der Angestellten oder an Antipathien von Freiwilligen scheitern.

In solchen nicht aus der Luft gegriffenen Beobachtungen kommt das machtkritische Potenzial solidarischen Verhaltens zum Vorschein, das in vorliegender Arbeit schon beim Kriterium der Egalität zur Sprache kam. Solidarität wird – um eine grundlegende Einsicht von Ina Prätorius aufzunehmen – allzu oft von Kirchenmännern von der Kanzel gepredigt und von Kirchenfrauen im Alltag gelebt. Allzu oft «wird Diakonie von Männern geleitet, von Frauen geleistet» (Prätorius, 2004, 167). In Kirchenräumen artikulieren sich Atmosphären, die Gefühle von gleichem Wert und gleicher Stellung erzeugen. Auf Augenhöhe werden Leitungs- und Leistungsfunktionen durcheinandergewirbelt. Irritationen entstehen, räumliche und strukturelle Anordnungen werden hinterfragt. Dies ist jedoch der Nährboden für eine «Weltsicht der Freiheit in Bezogenheit»[112], die dem solidarischen Handeln zusätzliche Tiefe verleiht: Menschen handeln nach Prätorius dann solidarisch, «wenn es ihnen gelingt, eigene und fremde Wünsche getreu ihrem Herkommen und kreativ zu

112 Vgl. Prätorius, 2005a.

neuen, noch nie da gewesenen Handlungen und Lebensformen zu kombinieren, in denen Interessen nicht mir oder dir gehören, sondern ihren ursprünglichen Sinn als Dazwischen-Sein wiedergewonnen haben» (Prätorius, 2004, 173).

Im Kirchenraum bewegen sich nach Hannah Arendt die Menschen im Handeln und Sprechen, indem sie «ihren jeweiligen, objektiv-weltlichen Interessen nachgehen. Diese Interessen sind im ursprünglichen Wortsinne das, was ‹inter-est›, was dazwischen liegt und die Bezüge herstellt, die Menschen miteinander verbinden und zugleich voneinander scheiden» (Arendt, 1994, 173). Durch Helfen werden in Kirchen Bezüge von Interesse hergestellt. Solche Bezüge unterlaufen hierarchiebestimmte Strukturen von Leiten und Dienen zugunsten eines solidarischen Handelns und Sprechens auf Augenhöhe.

Kirchenräume als Lernorte der Solidarität

Kirchen mit ihren Kirchenräumen waren immer auch Lehrmeisterinnen für Solidarität. Solidarisches Hilfehandeln ist ins Netz des geschöpflichen Lebens gewoben. Die Fingerfertigkeit und Kunst des Webens solidarischer Stoffe ist jedoch zu erlernen und einzuüben. Neben der pädagogischen und geistlichen gilt es auch, die diakonische Raumerschliessung in den Blick zu nehmen. Diakonische Raumerschliessung interpretiert und deutet die Spuren des Kirchenraums, die sich in das geschichtliche Erbe, in Fenster und Bilder, Architektur und Kunst eingezeichnet haben, auf dessen diakonische, solidarische Dimension hin. Der heilige Martin mit seinem geteilten Mantel weist auf die Herberge hin, die ausserhalb der Kirchenmauern Kleider für die Pensionäre sucht. Die Bildungsveranstaltung über Exklusion in der Stadt bekommt eine zusätzliche Grundierung durch die Freske vom Abendmahl Jesu, das an der Wand deutlich sichtbar ist. Die Tafel mit dem Hinweis auf die Aufnahme von geflohenen reformierten Pfarrern aus Ungarn schärft den Blick für die wachsame Begleitung asylpolitischer Entscheide des Staats. Eine Lehrveranstaltung bekommt eine je andere Grundierung, wird sie in einem Hörsaal oder im Kirchenraum abgehalten. Diese Grundierung ist im Raum kontextuell und sozialräumlich ausdifferenziert und färbt ab. Dies ist von grossem Interesse für liturgisches, pädagogisches und soziales Handeln und birgt in sich ein Potenzial, das in vielen Gemeinden brachliegt und neu (wieder) zu entdecken ist.

Dazu gehört, dass Kirchenräume immer häufiger als Orte für Lernforen und Lehrveranstaltungen zu spezifisch sozialen Themen aufgesucht und benutzt werden. Wenige Beispiele zeigen die Richtung auf: In der Kirche St. Johann in Schaffhausen findet direkt neben der Stadtkirche schon seit Jahren während des samstäglichen Markts eine halbe Stunde des Innehaltens statt, während der Musik gespielt und häufig eine Geschichte mit implizitem oder explizitem Bezug zur christlichen Tradition vorgelesen wird.[113] In der Predigerkirche in Zürich finden im Kirchenraum jährlich an bestimmten Nachmittagen Weiterbildungsveranstaltungen zu unterschiedlichen Themen statt.[114] Im Grossmünster werden im Frühling und Herbst Samstagmorgen-Veranstaltungen angeboten, die von Einheimischen und Fremden genutzt werden, ihre samstägliche Einkaufstour zu unterbrechen.[115] Der Raum ist konstitutiv für das Lernen. Kirchenräume binden die Teilnehmenden für einen Augenblick in eine verbindliche Lerngemeinschaft ein, die nicht immer, jedoch für diesen Moment konvivale Spuren aufweist.

Kirchenräume als Festsäle

Feiern im Kirchenraum – Das Fest ist fester Bestandteil konvivaler Existenz und zeichnet sich in den Kirchenraum ein. Solidarität als Kriterium diakonischen Handelns verwandelt den Kirchenraum in einen Festsaal, in dem sich Menschen in ihrer Vielfalt und Verschiedenheit begegnen. Auf drei Aspekte ist in diesem Zusammenhang hinzuweisen: auf die liturgische, die diakonische und die räumliche Dimension des Kirchenfestsaals.

Zur *liturgischen* Dimension: Nach Sundermeier strukturieren *Liturgien* ein Fest. In Absetzung zur spröden und starren Form protestantischer «Lehr»-Liturgie, die sich in der Moderation und Ansage der Liedstrophen erschöpft, gewichtet Sundermeier (1995, 65) das Spielerische und Festliche des liturgischen Gesamtzusammenhangs, wie es Menschen erneuert und belebt. In der Tat eröffnen sich durch den Einbezug von betroffenen Gruppen neue Erfahrungspotenziale empfindender und mitfühlender Solidarität, die das gottesdienstliche und liturgische Feiern zu dichten Augenblicken werden lassen. In ihnen wird ganzheitlich und verbindlich

---

[113] Vgl. www.stjohann.ch

[114] Vgl. www.predigerkirche.ch

[115] Vgl. www.grossmuenster.ch

über die Feiern hinaus das gemeinsam geteilte Leben dauerhaft spür- und fassbar. Natürlich sind auch hier exkludierende Faktoren wirksam, trotz Inklusionsproklamationen wie «Alle sind eingeladen». Hinzuweisen ist jedoch auch auf die tatsächlich stattfindende grössere Sensibilisierung für inklusive Kräfte in Gottesdiensten.[116]

Praxiserfahrungen zeigen, dass das Ineinanderfliessen von Raumerfahrungen, Begegnungen mit fremden oder handicapierten Menschen und gemeinsamem Feiern trotz der Schwierigkeiten Gefühle von «festlich», «wichtig» und «unbezahlbar» erzeugen kann. Diesen implizit diakonischen Dimensionen gottesdienstlicher Feiern ist in Zukunft ein noch grösseres Gewicht gerade auch im Hinblick auf deren liturgische Funktion beizumessen.[117] Es gilt, die Liturgie nicht nur als «Anstiftung zum Handeln» (Kranemann), sondern als Anleitung zum Fest als grosses Gastmahl zu entdecken.[118] Verehren im Kirchenraum, so wurde mit Blick auf die Ereignisse in der Reformationszeit deutlich, heisst helfen. Daran anknüpfend heisst helfen, zum Fest einladen und das Fest feiern.

Beispiele für die *diakonale* Dimension des Festsaals im Kirchenraum bilden die sogenannten «Vesperkirchen», wie sie in den letzten Jahrzehnten vor allem in Deutschland ganzjährig oder nur zu bestimmten Zeiten, in reinen Citykirchen oder in kirchgemeindlich genutzten Kirchen eingerichtet worden sind.[119] Im Kirchenraum selber werden anstelle von Kirchenbänken Tische und Stühle platziert, um so Armutsbetroffenen und Sozialhilfeempfangenden genauso wie anderen interessierten Menschen ein warmes Mittagessen zu servieren. In Stuttgart begann diese Bewegung 1995[120], in der Konkordienkirche in Mannheim werden im Kirchenraum – dort also, wo die Kirchgemeinde am Sonntag Gottesdienst feiert – seit einem guten Jahrzehnt regelmässig im Januar bis zu 500 Mittagessen pro Tag ausgegeben. Pfarrerin Ilka Sobottke beschreibt den Festcharakter, hervorgerufen durch die Begegnung von Betroffenen, Freiwilligen und Gottesdienstgemeinde als Kerngemeinde so: «Die Gemeinde, die sonntags zusammenkommt hat sich über die Jahre hinweg

---

116 Vgl. dazu: Eidt, 2011, 408–425; Kunz, 2012, 87–101; Bindseil, 2011, 199–206; Sigrist, 2013, 228–230.

117 Vgl. dazu: Kranemann, 2006, 194–206.

118 Vgl. zur diakonischen Auslegung des grossen Gastmahls im Lukasevangelium (14,15–24): Sigrist, 1995, 303–307.

119 Vgl. allgemein zur Vesperkirche: Sigrist, 2013, 231–235.

120 Vgl. zur Geschichte: Friz, 2005.

durch die Erlebnisse in der Vesperkirche verändert. Auch dies gilt in beide Richtungen. Bedürftige sagen: ‹Die Vesperkirche ist unsere Kirche›, immer trägt sie für sie diesen Namen, nicht nur im Januar. Obdachlose, psychisch Erkrankte und andere besuchen den Gottesdienst ohne Scheu – und es gibt eine grosse Kompetenz, mit Menschen in schwierigen Situationen umzugehen. Niemand ruft gleich die Polizei, wenn ein Bettler während der Predigt auf den Altar zuläuft. Wir staunen darüber wie Worte und Geschehen zusammenkommen – ‹Lahme werden tanzen!›; keiner regt sich auf, wenn während des Abendmahls jemand schwätzt, laut ‹danke› statt ‹Amen› sagt, in Verzückung die Arme zum Himmel hebt oder sich auf den Boden vor den Altar wirft. Eine grosse Weite ist gewachsen und eine Aufmerksamkeit, die auch weiss, wenn jemand besondere Hilfe und Zuwendung braucht und tatsächlich ein Krankenwagen gerufen werden muss [...]. Es hat sich eine neue Gemeinde konstituiert, die diesen Raum als den eines versöhnten Miteinanders erfährt, das in der Vesperkirche seinen Ursprung hat, die in den Worten Christi und der Propheten im Anspruch Gottes an unsere Gerechtigkeit gründet.»[121]

Das Fest im Kirchenraum als solidarisches Handeln gestaltet sich demnach in einem «versöhnten Miteinander», das sich in die biblische Tradition einschreibt und Spuren im Kirchenraum hinterlässt. Diese Form der Vesperkirche ist in der Schweiz weniger bekannt. An ihrer Stelle organisieren Kirchgemeinden in sogenannten «Tischlein-deckdich»-Aktionen Esstafeln in kirchlichen Räumen, aber auch in Kirchenräumen selber wie zum Beispiel in der Markus-Kirche in Luzern. Bei diesen Aktionen werden Esswaren, deren Verwertbarkeitsdatum abgelaufen ist, die aber nach wie vor einwandfrei geniessbar sind, an Sozialhilfeempfangende und Obdachlose abgegeben – ein potenzieller Festschmaus für die Betroffenen.[122] Neben den bewusst auf Bedürftige ausgerichteten Essensmöglichkeiten werden Kirchenräume mit ihren Seitenschiffen und besonders gestimmten Chören immer häufiger auch als Festsäle benutzt, um mit einem gemeinsamen Essen als Wertschätzung für Freiwillige und Ehrenamtliche das solidarische Miteinander der

---

121 Ilka Sobottke, zit in: Sigrist, 2013, 234. Vgl. zur diakonischen Arbeit im Kirchenraum der Konkordienkirche Mannheim: www.citykirche-konkordien.de

122 Vgl. dazu: www.tischlein.ch; vgl. auch: Bamert, 2012, 8f.

Gemeinde zu pflegen und so auf die konvivale Lebensform hinzuarbeiten.[123]

Mit der *räumlichen* Dimension sind einerseits die Veränderungen gerade in reformierten Kirchenräumen angesprochen, die das Augenmerk auf die besondere Ausstrahlung und den Festcharakter des Kirchenraums richten. Emporen werden nicht mehr als Estriche des Sigristen und Nebenkapellen nicht mehr als Keller benutzt. Als Beispiel wurde schon im Zusammenhang mit dem Zwischenraum auf die Zwölf-Boten-Kapelle im Grossmünster hingewiesen, die 2003 als Keller geräumt und seither als persönlicher Gebetsort oder als intimer Gottesdienstraum für die Kirchgemeinde zur Verfügung steht.[124] Anderseits sind die zum Teil enormen Anstrengungen zu erwähnen, die bei Kasualien wie Konfirmationen, Hochzeiten und Beerdigungen unternommen werden, den Kirchenraum zu schmücken. Weiter sind die Arbeitsbemühungen anzufügen, die den Kirchenraum als solchen «verschönern», «würdiger», «besucherfreundlicher» oder «sakraler» gestalten wollen. Dahinter steht der grundlegende Gedanke, jeden Besuchenden gleichwertig als Gast in den anvertrauten Kirchenraum einzuladen.

Die Verantwortlichen wollen jedem Gast solidarisch begegnen, der für einen Augenblick über die Schwelle der Portale tritt. Das heisst konkret, sich dem Anspruch des fremden Gasts nicht entziehen zu können. Wenn er den Kirchenraum, für den man sich verantwortlich fühlt, «heimsucht», muss der Störung standgehalten und eine Antwort gegeben werden. Der erste Eindruck prägt die Antwort. Deshalb ist dem Aus-

---

123 So führen die vier evangelisch-reformierten Altstadt-Kirchgemeinden in Zürich in voradventlicher Zeit jährlich ein Essen für alle Mitarbeitenden der Gemeinden durch, bei dem sich der Chor im Fraumünster mit den berühmten Chagall-Fenstern, der Chor im Grossmünster mit dem Weihnachtsfenster von Augusto Giacometti oder das Seitenschiff der Predigerkirche in einen Festsaal verwandelt. Ebenso wird alljährlich im Kontext des Adventskalenders für die Bewohnerinnen und Bewohner der Altstadt von Zürich auf der Empore des Grossmünsters eine Gerstensuppe ausgeteilt. Dieser Anlass ist sehr beliebt, nicht zuletzt deshalb, weil sich unter dem romanischen Rundbogenbau der Empore, zusammen mit dem dämmrigen Licht und dem Duft der Suppe eine einzigartige Atmosphäre ausbreitet, die festlichen, einladenden Charakter hat. Die Nacharbeit für den Pfarrer ist auch einzigartig. An keinem anderen Ort und zu keinem anderen Augenblick im Jahr wird er mit so vielen Nöten und Sorgen der Nachbarschaft konfrontiert.

124 Vgl. Kapitel 7.2.3.2. Vgl. zur Eröffnung der Kapelle im Juni 2003: Ihle, 2003, 45. Zur Beschreibung der diakonischen Dimensionen der Kapelle: Sigrist, 2013, 228–230.

druck des Raums Aufmerksamkeit zu schenken. Solidarität mit dem eintretenden Gast ist Indikator für die Gastlichkeit des Kirchenraums und erzeugt zwar nicht immer, jedoch immer wieder eine festliche Stimmung. Solche Stimmungen wirken nach innen und nach aussen. Kirchenräume, gerade als Festsäle, sind in der Öffentlichkeit Zeichen einer präsenten, einladenden, den Menschen in seiner Vielfalt mit gleichem Recht und gleicher Stellung begegnenden solidarischen Kirche.

Die Darlegungen machen deutlich, dass ein Kirchenraum seine diakonische Funktion als Gastraum dann erfüllt, wenn er den Kriterien der Egalität im Sinn der Gleichheit von unten und der Solidarität im Sinn konvivaler Gemeinschaft genügt.

7.3.2. Kriterien für den Schutzraum

7.3.2.1. Vulnerabilität – Resilienz

Programmatisch hält Thomas Klie (2009, 582f.) im Blick auf die diakonische Arbeit im Alter fest: «Diakonie hat traditionell den vulnerablen, den auf Hilfe angewiesenen, den von Exklusion bedrohten Menschen vor Augen. In weniger komplexen Gesellschaften als Adressat der Nächstenliebe, in einer hochkomplexen wie der heutigen – im Wandeln der Formen des Helfens – auch und gerade durch Organisation, Programm und Infrastruktur.»

Mit der Vulnerabilität – und hernach der Optionalität – kommen Kriterien zur Sprache, die für die diakonische Funktion des Kirchenraums als Schutzraum Schlüsselcharakter haben. Die nachfolgenden Darlegungen zeigen, dass der Terminus Vulnerabilität in der Fachliteratur verschieden aufgenommen wird. Vulnerabilität im Sinn von Verletzlichkeit oder Verletzbarkeit kann den Menschen als Ganzes charakterisieren. Mensch sein heisst verletzbar, verletzlich sein. Als verletzliches Wesen ist der Mensch ein hilfebedürftiges Wesen. Vulnerabilität wird jedoch auch gebraucht, um den effektiv verletzten Menschen zu bezeichnen. Ihm wendet sich die Diakonie zu. Ihm steht der Kirchenraum als Schutzraum offen. In vielen Spuren repräsentiert der Kirchenraum die grundlegende Vulnerabilität des Menschen und spiegelt gleichzeitig konkrete Situationen erlittener Vulnerabilität, ja, der Kirchenraum trägt in diesen Spuren selber Vulnerabilität in sich. Wer als vulnerabler Mensch den Kirchenraum betritt, kann die Erfahrung machen, dass Wunden sich schliessen, Verletzungen zu heilen beginnen. Widerstandskraft wird gestärkt, Prozesse der Regeneration kommen in Gang, Lebenskraft beginnt sich zu regen. Für diese Kraft wird in der entsprechenden Fachliteratur – neben dem Begriff der Vulnerabilität – der Begriff Resilienz gebraucht.

Bis in jüngste Zeit sind die Begriffe Vulnerabilität und Resilienz, die ursprünglich aus der Ökologie stammen, vor allem naturwissenschaftlich geprägt worden (vgl. Christmann, 2011, 2–7). Heute werden sie nicht mehr nur auf ökologische Systeme und Funktionsweisen und für die Erklärung von Naturkatastrophen wie Tsunami oder Erdbeben angewendet, sondern auch auf Gefährdungen sozialer, wirtschaftlicher, institutioneller, politischer, ökonomischer und psychologischer Art sowie deren Wechselwirkungen bezogen. Die Begriffe haben in der kirchlichen Arbeit mit Jugendlichen und Freiwilligen[125] wie auch in der Diakonie (Klie 2009, 582; Rüegger/Sigrist, 2011, 176) Fuss gefasst. Aufgrund des breiten Spektrums ist Hans-Joachim Bürkner zuzustimmen, wenn er definitorisch festhält: «Vulnerabilität (verstanden als Verletzlichkeit von Menschen und Gegenständen angesichts von Gefährdungen) und Resilienz (verstanden als widerständige, strukturstabilisierende, regenerative Reaktion auf Gefährdungen oder Schädigungen) werden sowohl hinsichtlich ihrer Verursachung als auch ihrer Folgen aus sehr heterogenen Perspektiven heraus definiert und im Diskurs lanciert.» (Bürkner, 2010, 6)

Trotz dieser fehlenden theoretischen Unterlagerung der Begriffe bringen neue Erkenntnisse aus den Sozialwissenschaften, die den Begriff für ihre Forschung nutzbar machen (vgl. Christmann, 2011; Bürkner, 2010), interessante Einsichten. Nach Christmann und Bürkner besteht ein «vager Konsens» (Bürkner), dass Vulnerabilität und Resilienz nicht objektiv gegeben ist und per se existiert, sondern das Konstrukt und «das Ergebnis sozialer Prozesse und sozialer Konstruktionen der Wirklichkeit sind, die wiederum mit Machtverteilung und dem Zugriff von Individuen und Gruppen auf ungleich verteilte Ressourcen in Zusammenhang stehen». (Bürkner, 2010, 6)

---

125 Vgl. dazu das Konzept der Konfirmandenarbeit vom ehemaligen Pfarrer in Stäfa, Zürich, Thomas Schaufelberger. Unter dem Titel «Konzept Generationenbegegnung – Begegnung G – der andere Religionsunterricht» führte er ein Generationenprojekt durch, das unter anderem folgende Ziele verfolgte: «Aktives Zusammentreffen von Kindern und Jugendlichen mit der älteren Generation. – Gegenseitiges Geben und Nehmen zwischen den Generationen – beide stellen ihre Ressourcen zur Verfügung. – Einen Beitrag leisten zur Resilienzfähigkeit der Kinder.» (Vgl. Schaufelberger, 2010, 1; vgl. auch: Schwizer, 2008, 4.)

Die Definition von Vulnerabilität und Resilienz, die die verschiedenen Disziplinen am weitesten übergreift, hat kürzlich die Forschungsgruppe um Jörn Birkmann vorgelegt: «Vulnerabilität umfasst Zustände und Prozesse, die die Ausgesetztheit, Anfälligkeit sowie die Reaktionskapazitäten eines Systems oder Objekts hinsichtlich des Umgangs mit Gefahren – wie Klimawandeleinflüssen – bedingen. Dabei spielen physische, soziale, ökonomische und umweltbezogene Faktoren eine Rolle.» (Birkmann, 2011, 25) Neben den psychischen (Fuchs, 2008) sind des Weiteren nun auch die diakonischen Faktoren im Bezug auf den Kirchenraum zu nennen.

Im Folgenden wird der Kirchenraum unter dem Kriterium von Vulnerabilität und Resilienz wahrgenommen. Das bedeutet zu prüfen, inwieweit er geeignet ist, vulnerable Menschen aufzunehmen und Resilienz zu unterstützen. Dieser Zusammenhang wird im Folgenden aufgrund von Erfahrungen anlässlich des Beginns der beiden Golfkriege Ende des letzten und im ersten Jahrzehnt dieses Jahrhunderts untersucht.

Globale und individuelle Vulnerabilität

Das Bewusstsein um Gefährdung scheint in den modernen Gesellschaften geschärft und weitet durch die Medialisierung der Welt auch in kirchlichen Kreisen den Horizont. Die umfassende Gefährdung wird lokal erlebt und muss lokal verarbeitet werden. Wolf Eckart Failing hat unter Aufnahme eines Begriffs von Manfred Josuttis in seiner Antrittsvorlesung «In den Trümmern des Tempels»[126] im November 1995 eine Form solcher Verarbeitung aufgeführt: «Als der Golfkrieg begann, versammelten sich in der Darmstädter Stadtkirche spontan Menschen. Es war keine Einladung ergangen, es handelte sich nicht um eine offizielle Veranstaltung. Die Menschen sammelten sich dort am Kircheneingang; es kam zu Gesprächen, dann auch zu gebetsähnlichen Äusserungen und einer spontanen Liturgie – in beidem das Entsetzen über einen Krieg, dessen Bedrohungspotenzial von den Beterinnen und Betern damals nur erahnt wurde. Spätere Berichte der UN-Inspektoren haben diese Angst nur

---

[126] Josuttis bringt diesen Begriff im Zusammenhang mit dem Gottesdienst: «Gottesdienst findet in der Gegenwart statt an der Grenze zwischen verlorener Sakralität und drohender Profanität, in den Trümmern des Tempels. Wer heutzutage zur Kirche geht, sollte sich von Zeit zu Zeit der Klagelieder des Jeremia erinnern.» (Josuttis, 1991, 108)

bestätigt. Lokaltermin in Darmstadt angesichts globaler Bedrohung. Was geschah hier an religiöser Raumnutzung? Religiös qualifizierte Orte werden aufgesucht als Orte gegen die Apathie, gegen eine auch gerade durch die Medien mitproduzierte Sprachlosigkeit im Angesicht lebensbedrohlicher Ereignisse – auch an fremden Orten in der einen Welt, nächste Betroffenheit bei fernstem Geschehen. Abstrakt gesprochen wären solche Klagen überall denkbar: vor dem Rathaus, dem Schloss, vor dem Kaufhof oder Gewerkschaftshaus, vor dem Kriegsdenkmal; aber sie sind offenkundig nicht überall vollziehbar.» (Failing, 1997, 377f.)

Nein, Klagen sind nicht überall vollziehbar, es sind vor allem Kirchen, Moscheen, Synagogen, Tempel, in und bei denen Menschen für die ganze Welt offenkundig ihre kollektive und individuelle Sprachlosigkeit im Angesicht lebensbedrohlicher Ereignisse zum Ausdruck bringen. Von den unzähligen Beispielen aus jüngster Zeit, die an Failings Beobachtung anknüpfen, seien die Ereignisse in und um das Grossmünster im Frühjahr 2003 erwähnt. Sie dienen als Grundierung für die daran anknüpfenden grundsätzlichen Überlegungen.

Beim Zweiten Golfkrieg spielten Organisation, Programm und Infrastruktur in Zürich beim Projekt «Friedensfeuer» ineinander. Die Stadtkirchen und Citykirchen stellten zum Zeitpunkt des Kriegsausbruchs vor dem Grossmünster auf dem Platz eine Eisenplastik auf, eine Schale, in der mit einer liturgischen Feier das Friedensfeuer als Mahnmal für den gewaltlosen Protest gegen den Krieg und als Zeichen für die Friedensarbeit entzündet wurde. In den folgenden Tagen und Nächten wachten Freiwillige aller Konfessionen und Religionen am Feuer, an den Sonntagen nahmen verschiedene Kirchgemeinden und Pfarreien das Thema auf. Das Feuer wurde von Gruppen und Einzelnen besucht, die Öffentlichkeit verfolgte diese Aktion mit grossem Interesse. Aufgrund der persönlichen Erfahrung des Autors vorliegender Arbeit sollen an dieser Stelle aus der grossen Vielfalt von Aspekten vier ausgewählt werden, die für die Fragestellung der Vulnerabilität erhellend sind.

1. Existenzielle Vulnerabilität. Am Feuer und auch im Kirchenraum – die Einträge im offenen Gebetsbuch zeigten das – wurden eigene unterschiedliche Verletzungen und Verwundungen durch die globale Gefährdung des Weltfriedens wachgerufen. Weder vor noch nach der Aktion «Friedensfeuer» wurde der Autor vorliegender Arbeit in so kurzer Zeit in solch dichter Folge mit Verletzlichkeiten an Leib, Seele und Geist konfrontiert, die durch Bedrohungen wie Gewalt, Schuld und Freiheitsentzug ausgelöst worden waren. Sie verbanden sich meist mit Affekten und Gefühlen von Scham, Ekel, Schuldgefühl und Leere, die in der Dunkelheit der Nacht und dank dem wärmenden Feuer und dem Schutz des Kirchenraums aushaltbar waren. All diese Verletzungen bedrohen den Menschen in seiner Grundexistenz. Der Psychiater und Psychotherapeut Thomas Fuchs (2008, 148–171) fasst sie unter dem Begriff der «existentiellen Vulnerabilität» zusammen.

2. Verwundbarkeit erzählen. Weiter gestalteten sich die Stunden rund um das Feuer nicht nur nachts zu wahren Erzähl- und Geschichtenstunden, während derer sich fremde Menschen einander anvertrauten. Die Friedensarbeit bediente sich gleichsam des «Story-Konzepts» als Rohmaterial zur Bewältigung von Ohnmacht, Trauer und Wut gegenüber dem Ausgeliefertsein. Dieses diente den Pfarrpersonen nicht nur als «Rohmaterial der Theologie», wie es Dietrich Ritschl konzeptionell entworfen hat, sondern auch als Grundierung für die Predigt am Sonntag.[127] Am Friedensfeuer vor dem Grossmünster konnte nur bestätigt werden, was Ritschl programmtisch festhält, nämlich dass «Stories und ‹Meta-stories› in Beziehung auf menschliche Identität [...] zugleich auch ein Mittel des Ausdrucks und des Verstehens menschlicher Zerbrechlichkeit und Verwundbarkeit sind» (Ritschl, 1976, 35). Die Offensichtlichkeit des Aggressors globaler Dimension öffnete dabei die Augen für das Zusammenspiel von Macht, Verteilung von Gütern (Erdöl) und Zusammengehörigkeit im eigenen Umfeld.

3. Kraft der Resilienz. Die Aktion «Friedensfeuer» zeigte, ausgelöst durch die globale Gefährdung, zum Teil überraschende Wirkungen und Entwicklungsschübe. Eigene Energien und Ressourcen für die «Baustellen» im eigenen «Haus» und «Land» wurden durch die täglichen Besuche, das Warten des Feuers, die vielen Gespräche oder das stundenlange Sitzen und Meditieren in der Nacht freigelegt. Das Friedensfeuer entpuppte sich als Herd für «Resilienzschübe» in der eigenen Biografie wie auch in Organisationen und Gruppierungen. Das Freiwilligennetz wie auch die Kirchenleitung erfuhren eine Identitäts- und Bewusstseinsstärkung, die sich in Formulierungen wie «Jetzt werde ich einmal gebraucht. Hier erlebe ich Kirche, wie ich sie mir vorstelle. So sollten wir auch ohne den

---

127 Vgl. zum ganzen «Story»-Konzept: Ritschl, 1976, 7–41. Ritschl selber weist auf diesen engen Zusammenhang hin, indem er seinen theoretischen Ausführungen zwei Predigten anfügt: vgl. Ritschl, 1976a, 69ff.

Golfkrieg in Zukunft Kirche in der Stadt gestalten. Das Grossmünster ist für mich zum Kraftort geworden» ausdrückten. Vulnerabilität und Resilienz in ihrer begrifflichen Unschärfe zeigen innere Zusammenhänge und Vernetzungen, die in solchen Augenblicken aufbrechen.

4. Real, nicht supponiert. Der Stadtraum um das Grossmünster ist mit zum Teil sehr alten Gebäuden eng bebaut. Die Rauchentwicklung des Feuers bei der Aktion «Friedensfeuer» machte den Verantwortlichen von allem Anfang an zu schaffen und nötigte zu enger Zusammenarbeit mit Behörden und Polizei. Die Bewilligung für das Feuer wurde nur unter der Auflage erteilt, dass keine Klagen eingereicht würden. Wenige Tage nach dem Start wurde von Bewohnern und Bewohnerinnen jener Häuserreihe geklagt, die ihre Schlafzimmer und Wohnstuben direkt im Rauchzug hatten. In persönlichen Gesprächen wurde das Dilemma, zwischen der ideellen Unterstützung und der faktischen Plage entscheiden zu müssen, deutlich. Das reale Feuer mit seiner Rauchentwicklung wurde durch ein virtuelles Feuer aus Licht und Papier ersetzt und damit der Wind aus dem physischen und inneren Feuer genommen. Die Rückmeldungen von Freiwilligen und Passanten war trotz dem Verständnis für die Anliegen der Anwohner deutlich: «Damit sind unserer Aktion die Zähne gezogen worden. Solches Wachen am supponierten Feuer ist zum ‹Rauchen›. Friedensarbeit hat mit Handarbeit und Holzscheit zu tun, nicht nur mit Symbolen und Konstruktionen.» Darin wird die Spannung zwischen immateriellen und materiellen Dimensionen von Vulnerabilität erkennbar wie auch die existenzielle Betroffenheit darüber, dass die Arbeit an der Bewältigung von globalen und lokalen Verletzungen materialisiert und verräumlicht werden will.

Unterschiedliche Formen von Verletzungen, unterschiedliche Geschichten existenzieller Betroffenheit angesichts von Machtmissbrauch und Ohnmacht und ungerecht verteilter Güter kamen zum Ausdruck, jedoch auch das Entwicklungspotenzial erfahrener Verwundungen sowie spannungsvollem Ineinander von Materialität und Immaterialität. In diesen mit wenigen Strichen nachgezeichneten Erfahrungen werden konstitutive Themenfelder der Vulnerabilitätsforschung sichtbar, die für die Frage nach der Differenz der «Raumqualitäten» (Failing, 1997, 387) zwischen Kirchenraum und Ratshaus von grosser Bedeutung sind. Diese Themenfelder werden im Folgenden unter den Gesichtspunkten Materialität und Immaterialität im Blick auf Vulnerabilität und Resilienz sowie räumliche Kontextualisierung von Vulnerabilität und Resilienz aufgegriffen.

Materialität und Immaterialität im Blick auf Vulnerabilität und Resilienz
Zunächst wird die Problematik zwischen Materialität und Immaterialität, wie sie am Beispiel der Aktion «Friedensfeuer» dargestellt wurde, theoretisch aufgearbeitet. Auch wenn der Raum in erster Linie als sozial konstruiert aufgefasst wird, hat die Perspektive der Vulnerabilität nicht nur mit immateriellen Wirklichkeitskonstruktionen zu tun, sondern immer auch mit materiellen Gegebenheiten. Verletzlichkeiten wirken sich auf Körper, Geist und Seele aus, auf Gebäude, Bäume, Strassen und Landschaften, auf Räume der Natur wie Wälder, Wasser und Luft. Sie können zum Teil heftige Proteste auslösen, die Aushandlungen über Güter und Werte zur Folge haben.[128]

Dürfen Kirchenmauern mit Graffiti besprayt werden? Gabriela Christmann und ihre Forschungsgruppe weisen darauf hin, dass auch immaterielle Konstrukte sich in materieller Hinsicht niederschlagen können.[129] Es ist nicht nur das Negativ-Image der Institution Kirche, es spielen auch andere Faktoren und Megatrends entscheidende Rollen, wie Jörg Stolz und Edmée Ballif aufgezeigt haben. Doch es ist auch dieses immaterielle Image, das materielle Auswirkungen hat. Nicht nur, jedoch auch aus ökonomischen Gründen werden Kirchenleitungen angetrieben, Anträge zur Förderung übergemeindlicher Zusammenarbeit den Kirchgemeinden vorzulegen,[130] und Kirchgemeinden gezwungen, durch öffentlich ausgeschriebene Wettwerbe alternative Nutzungsformen ihrer Kirchenräume zu suchen.[131] Diese Spannung zwischen Immaterialität

---

128 In ein anderes Assoziationsfeld führt die Frage: Darf ein jüdischer Knabe am achten Tage beschnitten werden? Vgl. dazu im Zusammenhang mit der öffentlich geführten Debatte über das «Kölner Urteil» vom Frühjahr 2012: Bodenheimer, 2012.

129 «Selbst immaterielle Konstrukte wie zum Beispiel Negativ-Images von Räumen können sich in materieller Hinsicht niederschlagen. So kann ein Negativ-Image eines Quartiers dazu führen, dass bestimmte Menschen aus dem Quartier wegziehen, dass sich Investoren nicht dafür interessieren, dass Infrastrukturen abgebaut werden, Häuser unbewohnt bleiben und zerfallen, öffentliche Plätze verwahrlosen etc.» (Christmann, 2011, 13)

130 Vgl. Kirchenrat der Evangelisch-reformierten Landeskirche des Kantons Zürich, 2012.

131 Vgl. dazu die Situation in der evangelisch-reformierten Kirchgemeinde Zürich-Wollishofen: Reformierte Kirche Wollishofen, 2012.

und Materialität ist dem sozial konstruierten Raum eingelagert. Darin spiegeln sich Facetten des zugrundeliegenden raumsoziologischen Dilemmas zwischen dem absolutistischen und relativistischen Raumverständnis wider. Dieses muss, wie aufgezeigt, in der Spannung des Sowohl-als-Auch gehalten werden (vgl. Kapitel 6.1).

Die sogenannte Actor-Network-Theorie (vgl. Latour, 2007) nimmt diese Spannung auf und formuliert eine Theorie des Handelns, in der das Handeln als Zusammentreffen von Dispositionen des Handelnden und konkreten Situationen, Kontexten und Konstellationen aufeinander bezogen werden. Handlungsfähigkeit ist immer in ein Netzwerk eingebunden, zu dem auch Objekte und Gegenstände gehören, die in ihrer Eigenart Handlungen provozieren, verhindern oder ermöglichen. Diese schon in der Relationalität des Raums gewonnene Einsicht (vgl. Kapitel 6.2) bekommt durch die Actor-Network-Theorie eine zusätzliche Spitze, indem den Objekten explizit Handlungsfähigkeiten zugeschrieben werden: «*Jedes Ding,* das eine gegebene Situation verändert, indem es einen Unterschied macht, [ist] ein Akteur.» (Latour, 2007, 123)[132] Dadurch wird die Dichotomie zwischen Sozialität und Materialität, Kultur und Natur aufgehoben, indem die Beteiligung von Gegenständen an den Handlungen anerkannt wird (vgl. Christmann, 2011, 21–24). Bezogen auf das Kirchengebäude bekommen dadurch der Raum und seine Wirkung auf die Handlungen der Menschen in und um den Raum eine erhellende theoretische Unterlegung, indem Erfahrungen wie «Der Raum baut an meiner Seele. Die Äusserlichkeit baut an meiner Innerlichkeit» (Stef-

---

132 Bruno Latour macht auf diese überraschende Perspektive mit einer Beobachtung aus dem Alltag aufmerksam: «Zunächst sollte es einigermassen harmlos erscheinen, die Objekte in den normalen Handlungsverlauf zurückzubringen. Schliesslich gibt es kaum einen Zweifel daran, dass Wasserkessel Wasser ‹kochen›, Messer Fleisch ‹schneiden› […]. Wie könnte die Einführung dieser schlichten, prosaischen und allgegenwärtigen Aktivitäten irgendeinem Sozialwissenschaftler irgendwie neu erscheinen? Und doch tut es das. Der Hauptgrund, wieso dass Objekte keine Chance hatten, vorher irgendeine Rolle zu spielen, lag nicht nur an der von den Soziologien verwendeten Definition des Sozialen, sondern auch an der Definition der hauptsächlich gewählten Akteure und Aktanten. Wenn Handeln a priori auf das beschränkt ist, was Menschen ‹intentional›, ‹mit Sinn› tun, so ist kaum einzusehen, wie ein Hammer, ein Korb, ein Türschliesser, eine Katze, eine Matte, eine Tasse, eine Liste oder ein Etikett handeln könnten.» (Latour, 2007, 122f.) Vgl. zur ganzen Problemstellung, integriert darin die Frage nach der «Macht» der Objekte, die «handeln»: Latour, 2007, 121–149.

fensky, 2005, 196) systematisiert und in ein erweitertes Handlungskonzept integriert werden können. Gerade beim Aspekt der Verletzlichkeit auch der Seele gewinnt diese Einsicht an Gewicht[133].

Zur räumlichen Kontextualisierung von Vulnerabilität und Resilienz
Von Christmann (2011, 6) wird auf die Desiderate der mangelnden Berücksichtigung der Raumdimension in der Spannung zwischen physischem und sozialem Raum und deren konkreter «räumlichen Kontextualisierung von Vulnerabilität und Resilienz» hingewiesen. Hinsichtlich möglicher Forschungsthemen interessant, in konzeptioneller Hinsicht unterschiedlich konturiert, sind Untersuchungen anzufügen, die die Praxistheorie Pierre Bourdieus analytisch aufnehmen (vgl. Bürkner, 2010, 14f.). Vor allem der Begriff des Sozialkapitals als bedeutender Faktor im Zusammenspiel von Macht, Raum und sozialer Ungleichheit, wie er mit Blick auf den Kirchenraum und sein soziales Kapital aufgetaucht ist (vgl. Kapitel 6.3.1), wird zu theoretischen Überlegungen bei Problemzonen der Stadtentwicklung am Beispiel der Favelas in Brasilien (Deffner, 2007) sowie existenziell bedrohten Volksgruppen in Entwicklungsländern (Bohle, 2005) zur Anwendung gebracht. Die Grundierung der Überlegungen zum sozialen Kapital besteht darin, dass Familien, Freunde, Beziehungen und auch Räume wichtige Ressourcen sind, auf die sich Personen wie Gruppen oder Gemeinschaften beziehen können, um materielle Vorteile zu erlangen, Krisen zu meistern oder die persönliche und gemeinschaftliche Lebensqualität und das Wohlbefinden zu sichern. Diese Ressourcen können in Strukturen und Netzwerken eingelagert werden. Durch Handlungen können sie in diese jedoch auch zielgerichtet investiert werden, so, wie alle anderen Formen von Kapital akkumuliert, mobilisiert, angeeignet und zweckorientiert werden. Und schliesslich, so die Erkenntnis Bohles, ist Sozialkapital vor allem eine Ressource der Armen. Zusammenfassend hält er fest: «Sozialkapital kann als Ressource der Armen angesehen werden, die alle Elemente von armutsorientierter Entwicklung zu unterstützen hilft. Sozialkapital kann für materielle Chancen und Vorteile eingesetzt, es kann für politische Einflussnahme

---

[133] Vgl. dazu die eindrückliche Beschreibung des Kirchenraums Grossmünster durch Marc Zollinger, die den Raum personalisiert und so in ein Handlungsgefüge integriert: Das Grossmünster lädt sich am Tag auf und entspannt sich durch das Knacken der Holzkonstruktion nachts: vgl. Kapitel 2.2.3.

und Konfliktbewältigung verwendet oder zur Risikoabsicherung und Krisenbewältigung mobilisiert werden […]: promoting opportunities, facilitating empowerment, enhancing security […]» (Bohle 2005, 71f.) Diesem theoretischen Rahmen, mit dem die Arbeit der Betroffenen hinsichtlich der Bekämpfung von Vulnerabilität beschrieben werden kann, ist die in der Diakoniewissenschaft geforderte Erweiterung des Begriffs der Armen hinzuzufügen. Sie interpretiert den «Armen» bewusst auf den Vulnerablen allgemein hin, der die soziale, politische, gesundheitliche, kulturelle oder wie auch immer geartete Fragilität und Verletzlichkeit aller Menschen einschliesst (Rüegger/Sigrist, 2011, 176f.).

Vulnerabilität, so interpretiert, gehört grundlegend zum Leben allgemein und zum Menschsein im Besonderen und kreiert nach Christmann (2011, 27) «relationale Räumlichkeiten», unter die der Kirchenraum zu subsumieren ist. Damit können die drei grundlegenden Elemente von Entwicklung, die Vulnerabilität überwinden will, einsichtig auf den Kirchenraum als Element und Träger des sozialen Kapitals übertragen und mit wenigen Strichen konturiert werden. Vulnerabilität ist ein entscheidender Indikator diakonischer Kirchenraumnutzung.

Promoting Opportunities: Der Kirchenraum ist eine überlebensökonomische Ressource. In Kirchen wird Geld gesammelt, in Kollektenbüchsen, bei Aufgängen zum Turm, durch Karten- und Devotionalienverkauf. Kirchenräume sind im Kontext der Bauten, innerhalb denen sie stehen, einerseits finanzielle Belastungen sondergleichen, auf der anderen Seite Wirtshäuser mit mehr oder weniger unternehmerischen Wirten. Damit tragen sie zum «Paradigmenwechsel in der Diakonie des Geldes» (Sigrist, 2006, 205) bei, denn die Institution Kirche ist im westeuropäischen Kontext mit ihren Kapitalien und Gebäuden im Bezug auf das Samaritaner-Gleichnis eher mit dem Wirtshaus als mit dem barmherzigen Samaritaner zu vergleichen.[134]

Kirchenräume tragen in sich das symbolische Kapital für diese diakonische Ökonomie. Sie wiederum ist im Blick auf die Vorgänge zur Reformationszeit in Zürich (vgl. Kapitel 5.3.4) durch die Veräusserung von kirchlichen Liegenschaften und Klöstern zugunsten der Unterstützung der Vulnerablen für ein reformiertes Verständnis des Kollektenwesens konstitutiv. Im Zusammenhang des Friedensgebets zu Beginn des

---

134 Vgl. allgemein zum Paradigmenwechsel in der Sichtweise: Sigrist, 2006, 203–208; Rückert, 2005, 300–316.

Zweiten Golfkriegs materialisierte sich der immaterielle Wert der Friedensarbeit im erhöhten Geldfluss in den Kollektenbüchsen beim Ausgang der Kirche wie auch in der Zunahme von meist anonymen Spenden im Briefkasten beim Pfarramt. Die Sammlungen und Kollekten, die aufgrund der aktuellen Situation zustande kamen, im Verbund mit den kirchlichen Hilfswerken verdoppelten und verdreifachten sich in dieser Zeit. Kirchenräume werden zu Agenten diakonischer Ökonomie, indem sie das Geld, das in ihren Räumen gesammelt wird, gleichsam symbolisch mit ihrer Kraft aufladen. Denn allen Menschen im Kirchenraum ist die Ausrichtung des Finanzflusses klar: «Das Kapital in der Diakonie des Geldes ist nie Zweck an und für sich, sondern birgt in sich das Mittel zum Leben: Obdach, Nahrung, Vorsorge, dies ist die Zweckbestimmung einer Diakonie des Geldes, Renten, Zinsen und Kapital, Besitz allgemein sind wesensmässig in der Diakonie in solche Vermittlung von Leben eingebunden.» (Sigrist, 2006, 207)

Kirchenräume sind grosse Sammelbüchsen für ökonomische Ressourcen, die Vulnerabilität bekämpfen und Resilienz stärken. Sie können zudem selber als Ressource in den Blick kommen, wenn durch Zusammenlegungen von Kirchgemeinden Kirchenräume für den gottesdienstlichen Gebrauch «überflüssig» und das Kapital Kirchenraum als weitere Nutzungsmöglichkeit für das kirchgemeindliche oder kommunale Leben freigesetzt wird. In den komplexen Kommunikationsprozessen wird jeweils überdeutlich, dass diese soziale Ausrichtung des mit dem Kirchenraum verbundenen Geldes auch in zukünftiger Nutzung in unbedingter Weise aufrechterhalten werden muss. Das Kriterium der Vulnerabilität als Kompass für den Einsatz des sozialen ökonomischen Kapitals ist tief im Kirchenraum eingelagert.[135] In der Tat kann der Kirchenraum für materielle Chancen und Vorteile dienen.

---

[135] Ein paar Beispiele: Die neue Nutzung der Kirche Egg der Kirchgemeinde Zürich-Wollishofen muss der «christlichen Ethik» entsprechen (vgl. www.kirchewollishofen.ch/eggplus). Beim Verkauf der Offenen Kirche St. Leonhard in St. Gallen an einen Architekten musste sich der Präsident der Kirchgemeinde St. Gallen gegen den Vorwurf, die Kirche als Spekulationsobjekt zu verkaufen, wehren: vgl. Hasenböhler, 2005, 43. Die Kirchgemeinde Ebnat-Kappel im Toggenburg steht im Dilemma, für das kirchgemeindliche Leben eine Kirche zu viel und ein kirchliches Gebäude zu wenig zu haben: vgl. dazu: Riehm, 2012, 3; Hug, 2012, 1 u. 3; Caldera, 2013, 9; Caldera, 2014a, 1. Am 29. März 2014 haben die Kirchbürgerinnen und Kirchbürger der evangelisch-reformierten Kirchgemeinde Ebnat-Kappel im Toggenburg mit 170 Ja- zu 73

Facilitating Empowerment: Der Kirchenraum ist eine emanzipatorische Ressource angesichts der Fragmentierung des Lebens. Ereignisse wie die Aktion «Friedensfeuer» legen die Wahrheit des perforierten und fragmentierten Lebens offen, wie es Henning Luther mit Blick auf die Identitätsfrage dem theologischen Denken zugänglich macht. Der aus dem ästhetischen Vorstellungsrahmen entliehene Begriff erlaubt es Luther, den Menschen in seiner Fragilität und Vulnerabilität gleichsam als «Ruinen unserer Vergangenheit, Fragmente zerbrochener Hoffnungen, verronnener Lebenswünsche, verworfener Möglichkeiten, vertaner und verspielter Chancen» zu beschreiben. Er klassifiziert die Fragmentstruktur der «Ich-Identität» über drei Aspekte: 1. Jedes Stadium und jede Entwicklung stellt einen Bruch und Verlust dar und lässt den Menschen zur Ruine der Vergangenheit werden. 2. Anderseits sind diese Brüche auch Ruinen der Zukunft, Baustellen, offen für den Weiterbau und unsicher betreffend des Zeitpunkts, den Verzögerungsmechanismen (Latenzierung: vgl. Bürkner, 2010, 29f.) und des tatsächlichen Projekts. 3. In jeden Augenblick der Entwicklung ist schliesslich der Mensch durch die Begegnung mit anderen infrage gestellt und durch die Erfahrung der Differenz erschüttert, aufgebrochen und neu konstituiert (vgl. Luther, 1992, 160–182, insb. 168ff.).

Kirchenräume verhelfen Menschen in ihrer Verletzlichkeit, die prinzipielle Fragmentarität ihrer Identität nicht zu verleugnen oder zu verdrängen, sondern sie zuzulassen und ihr Raum in einem grösseren Ganzen zu schaffen. In Kirchenräumen wird mit dem Gott gerechnet, der durch die Menschwerdung Christi der Zerbrechlichkeit des Lebens so Raum schafft, dass ein besonderer «Zauber des Geweihten» (Bourdieu) über der Grenzen setzenden und Grenzen überschreitenden Fragmentarität und Vergänglichkeit aufscheint. Sich in Kirchenräumen bewegend glauben und glaubend bewegen hiesse dann in den Worten Luthers (1992, 172), «als Fragment zu leben und leben zu können», mit den Worten Ina Prätorius' (2005, 147–149), die «Freiheit in Bedürftigkeit als

---

Nein-Stimmen die Kirche Kappel an den Unternehmer André Keller verkauft. Der Verkaufspreis betrug 230 000 CHF. Der ehemalige Ortspfarrer Markus Roduner beantragte dabei vergebens im Einklang mit der Vulnerabilität menschlichen Lebens, die benachbarte Friedhofparzelle einem Bauverbot bis 2090 zu unterwerfen sowie eine stringente Regelung des Weiterkaufs des Geläuts einzuführen. Damit ist die Kirche Kappel die zweite Kirche in der Ostschweiz nach der Kirche St. Leonhard in St. Gallen, die an eine Privatperson verkauft wurde. Vgl. Caldera, 2014b, 3.

Wegweiser» für das Leben ausserhalb der Kirche in Anspruch zu nehmen. Empowerment im wahrsten Sinne des Worts.

Vulnerabilität bedeutet in der Sicht auf den Menschen und seine Identität Fragmentarität. Dafür stehen Kirchenräume mit ihrem sozialen symbolischen Kapital. Wo, wenn nicht in ihnen, dürfen Menschen ihre Fragilität, Unsicherheiten, Risikos, Wunden und Verletzungen innerlich bedenkend oder äusserlich aus sich herausschreiend, alleine oder mitten in der Masse, sie niederschreibend oder betend artikulieren? Dazu braucht es keine Aktion «Friedensfeuer». Doch weisen solche Aktionen in Grenzsituationen auf jenes Bedürfnis hin, das zu jeder Zeit, Tag und Nacht, wachgerufen werden kann.

Weil diese klagende und fordernde, sich ergebende wie auch widerständige Proklamation Funktion des Kirchenraums im Innern ist, wird der Raum selber zum Zeichen öffentlicher Vulnerabilität und Fragmentarität. Kirchengebäude selber werden von der Öffentlichkeit als Ruinen der Vergangenheit und als Baustellen offen für die Zukunft wahrgenommen. Auf diesen Sachverhalt weist Andreas Mertin (2005, 6) hin, wenn er in Aufnahme des Soziologen Georg Simmel vermutet[136]: «Vielleicht ist genau dies der Beitrag der Kirchen zur kulturellen Situation der Gegenwart, dass sie Orte der Vergänglichkeit im Getriebe der Metropolen wie der Städte etablieren könnten.» An den Mauern der Frauenkirche Dresden ist der Charakter des Fragmentarischen in die Steine eingeritzt, indem bewusst die Spuren der Zerstörung nach aussen gekehrt und für die Öffentlichkeit durch die unterschiedliche Färbung des alten und neuen Mauerwerks sichtbar gemacht wurden.[137] Hier ist vollendet, was für alle Kirchenräume gilt: Die Fragmentarität des Lebens und Glaubens

---

[136] «Die Ruine des Bauwerks aber bedeutet, dass in das Verschwundene und Zerstörte des Kunstwerks andere Kräfte und Formen, die der Natur, nachgewachsen sind und so aus dem, was noch von Kunst in ihr lebt und dem, was schon von Natur in ihr lebt, ein neues Ganzes, eine charakteristische Einheit geworden ist. Gewiss ist vom Standpunkt des Zweckes aus, den der Geist in dem Palast und der Kirche, der Burg und der Halle, dem Aquädukt und der Denksäule verkörpert hat, ihre Verfallsgestalt ein sinnloser Zufall; allein ein neuer Sinn nimmt diesen Zufall auf, ihn und die geistige Gestaltung in eins umfassend, nicht mehr in menschlicher Zweckmäßigkeit, sondern in der Tiefe gegründet, wo diese und das Weben der unbewussten Naturkräfte ihrer gemeinsamen Wurzel entwachsen […]. Anders ausgedrückt, ist es der Reiz der Ruine, dass hier ein Menschenwerk schließlich wie ein Naturprodukt empfunden wird.» (Simmel, 1998, 119f., zit in: Mertin, 2005, 4).

[137] Vgl. dazu: www.frauenkirche-dresden.de

verräumlicht sich im sozialen Raum, und der fragmentierte soziale Raum schreibt sich in den physischen Raum der Kirche ein. Der Kirchenraum kann für politische Einflussnahmen und Empowerment im fragmentierten Alltagsleben verwendet werden.

Enhancing Security: Der Kirchenraum ist sicherheitsstiftende Ressource. Auch bei diesem Aspekt sei ein Blick auf die Aktion «Friedensfeuer» gewagt: Während der Aktion fanden in kirchlichen Gebäuden und Kirchenräumen der Stadt Zürich Debatten und Foren statt, bei denen Fragen um Sicherheit und die Rollen der Kirchen in Kontext der politisch bedrohlichen Situation des Golfkriegs diskutiert wurden. Kirchenräume sind Orte der Auseinandersetzung mit der eigenen, der gemeindlichen, gesellschaftlichen oder globalen Vulnerabilität. Die junge jüdische Frau im Dom zu Paderborn in der Schilderung Jenny Alonis steht für die Erfahrung vieler (vgl. Kapitel 7.2.2): «Und so wie sie sich in dem stummen Raume selbst fand, liess sie sich ein anderes Mal in ihm gehen, liess die Gedanken wandern, wohin sie wollten und konnten, ohne doch Gefahr zu laufen, sich zu verlieren. Von den hohen Mauern mit ihrem dämmerbunten Fensterscheiben wallten die Ströme, so stark sie auch sein mochten, letztlich immer wieder zu ihr als zu ihrem Zentrum zurück. Worüber sie in jenen Stunden grübelte, blieb ihr nicht im Gedächtnis. Sie wusste später nur noch von einem Ringen mit sich selbst, von einem Aufbäumen gegen überlieferte Werte, ohne doch andere an ihre Stelle setzen zu können. Es ist nicht ohne Ironie, dass sie sich für diese Auseinandersetzung gerade einen Ort aufsuchte, der von seinen Erbauern zur Wahrung und Aufrechterhaltung eines Dogmas und zum Kampf gegen ketzerischen Zweifel bestimmt war.» (Aloni, 1997, 43)

Häufig ist es die Ohnmacht gegenüber den Ansprüchen der Gesellschaft wie auch der Kirche als Institution oder der gelebten Gemeinschaft, die eine Offenheit für die Reflexion jener grundsätzlichen Bezogenheit des Lebens auf Brüche mit all seinen Gefährdungen provoziert. Kirchenräume zeigen sich in solchen Reflexionsgängen als Schutzräume eigener Stimmung, die in liturgischen und anderen interaktiven oder meditativen Strukturen eingefangen werden. Dabei erweisen sich Geschichten und Gespräche, öffentlich mit Publikum im Kirchenschiff oder geschützt unter Betroffenen in der Sakristei oder der Nebenkapelle, als äusserst wirkungsvolle Gefässe, mit denen der Kirchenraum selber Ressourcen für das Abwägen von Risiken wie auch das Bewältigen von

Krisen freilegt.[138] Das Kriterium der Vulnerabilität ist mitunter ein Grund, dass Menschen in Gottesdiensten wie der «Thomas-Messe»[139] ausserhalb geleiteter, liturgischer Feiern und doch innerhalb von Kirchenräumen den Dogmatismus theologischen Denkens niederreissen und den besonderen Zauber des geweihten Zweifels entdecken.

So kann Folgendes festgehalten werden: Sowohl grundsätzliche Reflexion als auch konkrete Erfahrung machen einsichtig, dass das Begriffspaar Vulnerabilität und Resilienz ein Schlüsselkriterium für die diakonische Funktion des Kirchenraums als Schutzraum darstellt. Seine Analyse hat deutlich gemacht, wie klärend und erhellend es im Blick auf die verschiedenen Teilaspekte und Fragestellungen ist.

7.3.2.2. Optionalität – Parteilichkeit

Dem Begriff «Optionalität», «optional» im Sinn von nicht zwingend, offen, fakultativ oder wahlweise[140], wird in der Praktischen Theologie eine für die Diakonie nicht unbedeutende Verschiebung zuteil. Weil in der Praktischen Theologie Gott in den Blick kommt, tritt der Mensch in den Vordergrund.[141] Theologie ist deshalb «optional», weil sie sich ihre «Option», ihre «Wahl» für den Menschen in seinen befreienden und unterdrückenden Situationen auf ihre Fahne geschrieben hat.[142]

---

[138] Dazu ein Beispiel: Ausgelöst durch die Finanzkrisen und globalen Gefährdungsszenarien treffen sich in sporadischen Abständen Verantwortliche aus Politik, Wirtschaft und Kirche in der Sakristei der Grossmünsters, um im geschützten Rahmen unter Ausschluss der Öffentlichkeit interdisziplinär und ohne «Denkscheren» im Kopf über mögliche Szenarien des Krisenmanagements nachzudenken und erste Schritte zu entwickeln. Dabei hat der Raum, in dem der Reformator Huldrich Zwingli einst seine Reformation und die gesellschaftliche Veränderung vorangetrieben hat, eine von allen Teilnehmenden bestätigte inspirierende Wirkung.

[139] Im Herbst 2012 feierten die Kirchgemeinden der Stadt Zürich auf der offenen Rennbahn in Zürich-Oerlikon eine vielbeachtete Thomas-Messe als sichtbares Zeichen für die ganze Bewegung der Thomas-Messen. Vgl. Hasler, 2012, 19. Vgl. weiter zu Thomas-Messen: www.thomasmesse.ch; www.thomasmesse.org

[140] Vgl. Duden, 2009, 796; Duden, 2001, 701.

[141] «Weil es in der praktischen Theologie um Gott geht, geht es um den Menschen.» (Haslinger/Stoltenberg, 2000, 530)

[142] Nach Haslbeck muss die Theologie «optional» sein: «Sie genügt nicht sich selbst, sondern streckt sich auf etwas hin aus. Die Optionalität der Theologie bezieht sich auf den Menschen.» (Haslbeck, 2007, 212)

Der Begriff «Option», wie er hier verwendet wird, stammt aus dem Kontext der lateinamerikanischen Befreiungstheologie und ist in den letzten Jahrzehnten auch in anderen Zusammenhängen zum handlungsleitenden Begriff kirchlichen und christlichen Handelns geworden.[143] Es geht an dieser Stelle weder um die Nachzeichnung der Begriffsgeschichte[144] noch um den Nachweis der Aufnahme des Begriffs in zentralen kirchenpolitischen Texten[145]. Wenn im Folgenden von der «Optionalität» als Kriterium für die diakonische Funktion des Kirchenraums als Schutzraum die Rede ist, soll der freiwillige wie zugleich verpflichtende Charakter der Entscheidung beschrieben werden, sich dem Antlitz des Anderen nicht zu widersetzen (Lévinas) sowie sich dauerhaft und solidarisch in die Welt des Anderen, und das heisst in die Welt des «Armen», einzubringen.[146] Optionalität hat nicht mit Beliebigkeit, sondern mit

---

143 Vgl. dazu: Haslbeck, 2007, 211–213; Eicher, 1989, 10–53. Haslinger/Stoltenberg (2000, 528f.) unterscheiden drei Dimensionen einer optionalen Theologie: 1. Differenzierte Wahrnehmung von befreienden und unterdrückenden Lebensbedingungen, 2. konkrete Verantwortung für den benachteiligten Menschen, 3. Wahrnehmung der individuellen und vielgestalteten Formen des menschlichen Lebens. Vgl. auch Vigil (1997, 95–111), der grundlegende Elemente, Wesensmerkmale, theologische Begründung und Rezeptionsgeschichte anführt.

144 Vgl. dazu die Arbeit Calderóns (2005, 15–36), die die semantischen und pragmatischen Entwicklungslinien des Begriffsfelds der «Opción por los pobres» nachzeichnet.

145 Die zweite Gründungsversammlung des lateinamerikanischen Episkopats 1968 in Medellin gilt als «Geburtsstunde» der «Option für die Armen», ohne den Begriff zu nennen. Die erste ausdrückliche Verwendung des Theorems wird auf das dritte nationale Treffen der peruanischen Priesterbewegung 1970 in Lima datiert. Eine Schlüsselrolle in der Entwicklung des Theorems kommt der dritten Vollversammlung des lateinamerikanischen Episkopats in Puebla 1979 zu. Vgl. zur Entwicklung und Würdigung der Texte: Haslinger, 2009, 385–391.

146 Damit werden zentrale Begriffe der Definition von Gustavo Gutiérrez aufgenommen: «Das Wort ‹Option› ist nicht immer richtig interpretiert worden. Wie jeder Ausdruck hat es seine Grenzen, aber es soll den freiwilligen und verpflichtenden Charakter einer Entscheidung hervorheben. Sie ist nicht etwas Beliebiges in dem Sinne, dass ein Christ sich diese Option für die Armen zu eigen machen könnte oder auch nicht, genausowenig wie die Liebe, die wir ausnahmslos jedem Menschen schulden, etwas Beliebiges ist. Es handelt sich um eine tiefe, dauernde Solidarität, um eine tägliche Einbindung in die Welt des Armen. Anderseits bedeutet das Wort ‹Option› nicht notwendig, dass diejenigen, die sie vollziehen, der Welt der Armen nicht angehören; vielfach gilt dies zwar so, aber es ist doch wichtig, klarzustellen, dass auch die Armen selbst diese Entscheidung treffen müssen.» (Gutiérrez, 1995, 298). Vgl. auch: Calderón, 2005, 16f.

Verbindlichkeit zu tun, eine Verbindlichkeit im Sich-Einbringen in die Welt, die dadurch verschiedene Möglichkeiten und Alternativen für und mit den Betroffenen offenlegt. Das Kriterium beschreibt die «Option der, mit den, wegen der, für die und durch die Armen»[147] mit zwei Präzisierungen: Mit Herbert Haslinger (2009, 385) gilt es festzuhalten, dass der mit dem Begriff der Optionalität verbundene Prozess der semantischen Verschiebung «mitnichten nur eine sprachliche Variation, sondern eine Positionsverschiebung von hoher inhaltlicher Brisanz» ist. Dieser Brisanz wird zusätzlich durch den beim Kriterium Vulnerabilität sichtbar gewordenen Sachverhalt Nachdruck verliehen, dass die Rede von der «Option für die Armen» häufig formelhaft in den kirchlichen und gesellschaftlichen Diskussionen Westeuropas eingebracht wird.

Es gilt, den Begriff der «Armen» auszuweiten und neben der materiellen und sozialen exkludierenden Armut auch psychische, physische, gesundheitliche, politische und weit mehr Aspekte von fragilem und verwundbarem Menschsein in den Blick zu nehmen. Dabei wird selbstverständlich das gerade aus befreiungs- und politisch-theologischer Perspektive berechtigte Anliegen der «Option für die Armen» mitberücksichtigt. Doch die «Option für den Vulnerablen» greift weiter und umfasst alle Menschen in ihrer Verletzlichkeit als Zielgruppe optionalen Handelns. Das Angewiesensein auf Hilfe gehört genauso wie die Fähigkeit des Helfens zur Grundstruktur des Menschseins (vgl. Rüegger/Sigrist 2011, 176f.).

Daraus folgt die anthropologisch unterlegte theologische Einsicht, dass die Option für den Vulnerablen nicht «optional» ist in dem Sinn, als sie der Beliebigkeit der Beurteilung, dem Charisma, der Spiritualität oder Humanität des Einzelnen zu überlassen wäre. Es geht um eine Positionsverschiebung von hoher Brisanz, die nach Haslinger drei Dimensionen beinhaltet: 1. Bewusstseinsbildender Perspektivenwechsel, 2. politisches Handeln und 3. Verzicht auf Privilegierung. Diese drei Dimensionen gehören nicht exklusiv zur «Option für die Armen», sondern sind grundlegende Aspekte jedes helfenden Handelns, das die Autonomie

---

[147] Calderón (2005, 18) weist auf das breite Feld der Interpretationsmöglichkeiten von «por» hin. Fornet-Betancourt (1997, 377) hebt im Zusammenhang mit einer interdisziplinären und interkulturell orientierten Hermeneutik «die Option eines solidarischen Subjekts» hervor, «das nicht einfach *für*, sondern gemeinsam *mit* den Armen optiert.

und die Subjekthaftigkeit des Hilfebedürftigen ernst nimmt. Der Begriff «Assistenz» bringt diese grundsätzliche Bestimmung ausgezeichnet auf den Punkt (vgl. Kapitel 3.3.2). In den drei Punkten wird das Kriterium der Optionalität konkret fassbar und kann den Kirchenraum als Indikator analytisch genauer in seiner diakonischen Funktion als Schutzraum fassen.

Bewusstseinsbildender Perspektivenwechsel
In Kirchenräumen vollzieht sich dieser für das Diakonieverständnis grundlegende Perspektivenwechsel in unterschiedlicher Weise und Form. Natürlich ist zuerst an die Beteiligung von Betroffenen in Gottesdiensten und Andachten zu denken, wie sie in den Konzepten von «inklusiven Gottesdiensten» dargestellt und eingefordert wird und im Zusammenhang mit dem Kriterium der Solidarität innerhalb vorliegender Arbeit zur Sprache kam. Mit Blick nun auf die Optionalität birgt die liturgische Ausgestaltung durchaus Konfliktpotenzial und lässt in der bisweilen dramatisch erlebten Inklusions-Exklusions-Spannung das grundlegende Dilemma aufbrechen, für wen nun in welcher Situation die Wahl zu treffen ist. Das Zusammenprallen unterschiedlichster Lebenswelten mit den jeweiligen sicheren und fragilen Seiten zeichnet den Kirchenraum aus und wirkt sich auch auf Kasualien und Rituale aus.[148] Nicht immer fühlt sich ein Mitglied der Gottesdienstgemeinde mit einbezogen, wenn ein Betroffener beim Taufstein betet oder eine Gruppe von Kindern mit geistiger Behinderung den Bibeltext vortanzt. Und nicht immer fühlen sich Betroffene durch ihre Teilnahme aufgenommen. Gefühle wie Scham und Ausgestelltsein erzeugen exkludierende Atmosphären trotz inklusiver Anlage der Veranstaltung.[149] Doch es geht um weit mehr.

Der Kirchenraum beherbergt nicht nur die gottesdienstliche Gemeinde am Sonntagmorgen, sondern hat zugleich seine «Tempelfunktion» für die «anonyme Stadtöffentlichkeit» (Neddens), die sich durchaus auch in ländlichen Gegenden und vor allem in touristisch genutzten Regionen auf den Kirchenraum auswirkt. Dieses breite Feld von Optionalitäten erfordert von der Kirchenleitung als juristischer Besitzerin einen Perspektivenwechsel besonderer Art. Der Kirchenraum öffnet sich gegen aussen: Kirche findet draussen statt. Entscheidend ist nicht mehr die

---

148 Vgl. Sigrist, 2013, 222–225.
149 Vgl. dazu besonders: Kunz, 2012, 87–101.

Frage, wie das kirchliche Leben in der Kirche in die alltäglichen Lebenssituationen der «einfachen Leute» gebracht werden kann. Entscheidend ist, wie das, was Menschen artikulieren, ihre alltäglichen Belastungen und Lebensthemen, Ängste und Hoffnungen in den Kirchenraum und in die Gestaltung des Lebens und Glaubens, Nachdenkens und Reflektierens im Kirchenraum Eingang findet (vgl. Haslinger, 2009, 391).

Auch wenn eine Kirchgemeinde in ihrer konfessionell geprägten Ausgestaltung den Kirchenraum zu ihrem Raum «macht», «gehört» der Raum nicht ihr. Pfarrpersonen wie auch Leitungsgremien stellt sich die Aufgabe, die Bedürfnisse dieser zwar anonymen, jedoch mit Gesichtern und Begegnungen sehr konkreten Öffentlichkeit wahrzunehmen, ohne die eigene Identität zu verleugnen und ohne die religiöse, geschichtliche und die Gefühle der Besuchenden verletzende Markierungsgrenze zu überschreiten. Dies ist ein heikler Such- und Findungsprozess, der sich der Begegnung des Anderen öffnet und das Risiko eingeht, anders zu denken und zu handeln. Vielfach sind diese Begegnungen befreiend und für das eigene Befinden wie auch für den gemeinsamen Raum bereichernd. Was Gäste in Kirchenräumen durch Tanz, Gesang, mit Gesten und Worten, durch Präsenz und Anteilnahme den Anwesenden schenken, zeichnet sich in den Raum ein. Es entspricht nach Derrida der Logik des Gastgebers in seiner Ungeduld, seinen Gast als einen Befreier, als seinen Emanzipator zu erwarten (vgl. Derrida, 2001, 91f.)[150]. Es ist, als ob die Vulnerablen, also die Menschen in ihren verletzten und verletzlichen Seiten den Schlüssel in den Händen hielten, als ob sie den Kirchenraum schmückten und ihn für Schlüsselerfahrungen öffneten.

Ein bewusstseinsbildender Perspektivenwechsel bewirkt eine Umgestaltung des Kirchenraums zum öffentlichen Raum, in dem die Gäste insbesondere mit ihren vulnerablen Seiten Spuren hinterlassen – Schlüsselerfahrungen wiederum für andere. Derrida vollzieht diesen Perspektivenwechsel in aller Schärfe: «Es ist, *als ob* der Fremde die Schlüssel in den Händen hielte. Das ist stets die Situation des Fremden, auch in der Politik, nämlich wie ein Gesetzgeber zu kommen, um das Gesetz vorzugeben und das Volk oder die Nation zu befreien, indem er von aussen kommt, indem er in die Nation oder das Haus, das Zuhause eintritt, die ihn eintreten lassen, nachdem sie ihn gerufen haben […] es ist, *als ob* der Herr als Herr der Gefangene seines Ortes und seiner Macht, seiner

---

[150] Vgl. zum offenen Haus der Gastfreundschaft: Anm. 22 und 23.

Selbstheit *(ipséité)*, seiner Subjektivität wäre (seine Subjektivität ist eine Geisel). Der Herr, der Einladende, der einladende Gastgeber wird also zur Geisel – er wird in Wahrheit schon immer eine Geisel gewesen sein. Und der Gast, die eingeladene Geisel, wird zum Einladenden des Einladenden, zum Herrn des Gastgebers. Der Gast wird zum Gastgeber des Gastgebers.» (Derrida, 2001, 89f.)

Politisches Handeln

Das Derrida'sche Paradox führt zu einer weiteren Dimension der Optionalität. Wer die Option für den vulnerablen Menschen frei und verbindlich wählt, gibt sich mit seinem am Menschen und seiner Würde orientierten, kritischen Potenzial mit politischen Positionen in gesellschaftliche Prozesse ein und gestaltet so das Gemeinwesen mit. Helfendes Handeln artikuliert sich als gesellschaftliche oder politische Diakonie, die durch politische Arbeit staatliche und gesellschaftliche Strukturen stärkt, wie sie der Förderung von Teilhabe und Partizipation von exkludierten Personen in ihrer Würde, Autonomie und Freiheit dienlich sind. Dabei gestaltet sich dieses politische und diakonische Handeln kurativ und präventiv, indem es sich in den sozialstaatlichen Rahmen einbinden lässt und mithilft, in der Spannung zwischen Barmherzigkeit und Gerechtigkeit die Institutionalisierung von Solidarität und Recht zugunsten der Benachteiligten zu stärken (vgl. Rüegger/Sigrist, 2011, 235–240). Zusammenfassend ergibt sich aus der Optionalität «keine politikneutrale Position der Kirche» (Haslinger, 2009, 394), weil sich Menschen, die anwaltschaftlich und mit Betroffenen zusammen politische Mechanismen und gesellschaftliche Strukturen angreifen und kritisieren, radikal, das heisst so konkret wie möglich, und das heisst so politisch wie möglich, zu verhalten haben (Loegstrup).[151]

Doch was ist, wenn dieses politische Handeln nicht frei gewählt, sondern durch die eingetretene Situation unabdingbar wird? Und was, wenn

---

[151] «Der Christ wie der Nicht-Christ laufen, wenn sie im Namen des unterdrückten Nächsten die bestehende Gesellschaftsordnung und die herrschende Politik angreifen und kritisieren, ständig Gefahr, dass ihre Rede im Bereich der leeren Worte bleibt, eben weil die Forderung, Sorge zu tragen für das Leben des Nächsten, im strengen Sinne radikal ist, und weil die politischen Veranstaltungen niemals – im strengen Sinne – radikal sein können. Es gibt nur eine Weise, wie man vermeidet, dass das, was man sagt, zur Phrase wird: seine Kritik so konkret wie nur möglich, und das heisst so politisch wie nur möglich zu machen.» (Loegstrup 1982, 126f.)

der Gast als Gastgeber des Gastgebers ungebeten die Schwellen der Kirchen betritt? Die Problematik des politischen Handelns wird mit Blick auf den Kirchenraum in seiner ganzen Dramatik deutlich, werden die Ereignisse der Kirchenbesetzung durch Sans-Papiers in der Predigerkirche im Dezember 2009 als Beispiel herangezogen. Wie verhält sich eine Kirchgemeinde konkret, wenn sich die Personen, für die sich politisch viele in der Gemeinde einsetzen, ungefragt im Kirchenraum einfinden und nun konkret vor Ort das Gemeindeleben stören, und zwar in erheblichem Mass?

Wie kaum in einer anderen Situation wird die Problematik offensichtlich, dass Kirchgemeinden und Pfarreien «ihren» Kirchenraum für ihre religiöse und gemeinschaftliche Verankerung existenziell brauchen und das Eintreten von Fremden dem «Eindringen» in ihre Privatsphäre vergleichbar empfinden. In adventlicher und weihnächtlicher Zeit werden solch atmosphärisch erzeugte Gefühle noch verstärkt, sodass die Störung der ungebetenen Gäste grosse Irritationen und Verletzungen erzeugen, die befangen machen und ausser Atem halten. Man wird zur Geisel nicht einer differenziert zu reflektierenden Subjektivität, sondern einer ohnmächtig, den Schlaf und jede weihnächtliche Stimmung raubenden Verantwortlichkeit.

Diese als «Kraft der Schützlinge» bezeichnete Wirkung kommt in der berührenden Beschreibung der Vorgänge im Kirchenraum von Noemi Landolt zum Ausdruck: «Es war ein ungewöhnliches Bild, das sich am vergangenen Sonntag und in den Wochen davor jeden Morgen in der Zürcher Predigerkirche bot. Ein Haufen verschlafener Menschen in Wollsocken und langen Unterhosen, die durch die Kirche schlurften, Schlafsäcke zusammenrollten, Decken falteten. Irgendwo dazwischen die Sigristin, die daran erinnert, dass in einer Viertelstunde die Orgel- oder Gesangsprobe begänne. Zu Klavierbegleitung von Fanny Mendelsohn und Rachmaninow und dem Sopran einer Frau in rotem Pulli wurde also am Sonntag aufgeräumt und geschrubbt, bis alles für den Umzug in die Kirche St. Jakob am Stauffacherplatz bereit war. Der Präsident der Kirchgemeinde zu Predigern, Daniel Lienhard, zeigte sich überrascht ob der Sauberkeit seiner ‹GeiselnehmerInnen›. Als solche hatten er und Pfarrerin Renate von Ballmoos die BesetzerInnen gegenüber den Medien bezeichnet. Es war auch die Rede von Erpressung. Doch an diesem Morgen strahlte Frau von Ballmoos wie nie zuvor und unterhielt sich eingehend mit den Flüchtlingen – zum ersten Mal, wie viele Beobachterinnen sagten.» (Landolt, 2009).

Ohne bewusstes Zutun wird bei der Beschreibung obigen Szenarios die Derrida'sche Sprechweise vom Gastgeber als Geisel in die konkrete Situation im Kirchenraum übertragen. Die Subjektivität einzelner Exponenten wie auch der Gemeinde wird in ihren Grundfesten erschüttert und ist Auslöser für divergierende Reaktionen, die auf der einen Seite den Einbezug der Sans-Papiers in das kirchliche Leben als Ausdruck der Menschwerdung Gottes und des wahren Kircheseins proklamierten, anderseits sofort die polizeiliche Räumung forderten, weil die Besetzung eine nichtbewilligte Aktion auf öffentlichem Grund darstelle. Die Textpassage lässt die hohe Belastung der Verantwortlichen erkennen, die in diesem Fall durch die Verantwortung für den Schutz des kirchgemeindlichen Lebens, die Bereitstellung des Kirchenraums als öffentliches Forum, die medialen Druckwellen wie auch die Empörung politischer Kreise Tag für Tag grösser wurde.

Ohne hier auf die Hintergründe und Beweggründe der konkreten Entscheide einzugehen, ohne das Verhalten der verantwortlichen Personen auf- oder abzuwerten, zeigt dieses Fallbeispiel deutlich, in welch grosse Belastungssituationen einerseits Kirchgemeinden und Pfarreien kommen, wenn es um die konkrete politische Tat hinsichtlich der Optionalität zugunsten der Vulnerablen geht. Zum andern ist ersichtlich, in welch grossem Mass Kirchenräume das Potenzial von optionaler Macht als symbolisches Kapital in sich tragen und in die Öffentlichkeit ausstrahlen. Kirchenräume sind immer Symbole und Zeichen der Macht. Sie sind gebauter und festgeschriebener Anspruch normativ-religiöser Kultur. Sie nehmen den Wettstreit um die Vorherrschaft im öffentlichen Raum mit den Sport-, Finanz- und Kulturpalästen und –kathedralen auf und konstituieren so auch öffentlichen Raum (vgl. Sigrist, 2010a, 7–19). Kirchenräume besitzen Macht und beanspruchen Platz.[152] «Wo ein Kirchturm steht, kann kein Minarett stehen.» (Mathwig, 2010, 113)

---

152 Simmel (1992, 687) wehrt sich gegen die Formulierung von «Macht des Raums», weil sie letztlich über die Ursachen hinwegtäusche, die den Ereignissen in der Tat zugrunde liegen. Ihm ist insofern zuzustimmen, als es immer Menschen sind, die mit ihren Räumen Macht ausüben. Doch gerade am Beispiel von Kirchenräumen wird ersichtlich, dass das Phänomen nicht ausser Acht gelassen werden darf, dass Räume selber handlungsfähig sind und deshalb gleichwohl Macht ausüben, sie ziehen Menschen negativ oder positiv in ihren Bann.

Kirchgemeinden mit ihren Räumen üben nicht keine Macht aus. Sie besitzen Macht und sind bevollmächtigt, diese Macht zugunsten der Armen, das heisst der Vulnerablen, also aller Menschen in ihrer Verletzlichkeit einzusetzen. Die Macht ist ihr Privileg wie auch ihr Kreuz. So wie es wahr ist, dass man sich dem Anspruch des Anderen nicht entziehen kann, ist es auch wahr, dass die Macht dieses Anspruchs auf verantwortliche Menschen derart Pression ausüben kann, sodass es genauso zu Ohnmacht und Hilfelosigkeit, Gefühlen von Wut und Trauer kommt wie zu Aussagen in der Art von «Ich bin Geisel, ich bin erpresst».

Die «Besetzung» des Kirchenraums durch Sans-Papiers steht für jede Inbesitznahme durch Menschen, die ihren Anspruch auf Recht und Solidarität einfordern. Nicht immer erfolgt diese Inbesitznahme in solch ausserordentlichen Situationen wie 2009 in der Predigerkirche. Häufiger werden Kirchenräume während des Gottesdiensts oder am Abend auch von Personen aufgesucht, die betrunken, aufgewühlt, weinend oder verwirrt sind. Vielfach stören sie den Ablauf der Liturgie, die Stille des Konzerts oder die Freizeit des Personals. Optionalität bedeutet in diesem Fall einerseits die Verantwortung, sich den Problemen dieser Personen anzunehmen, indem mit ihnen Wege und Lösungen zugunsten der gesamten Situation vereinbart werden, entweder vor Ort in einer Nebenkapelle, draussen vor der Tür oder zu einem abgemachten Zeitpunkt. Die Beziehungsarbeit mit Gasthäusern in der Kirchenumgebung ist dabei äusserst hilfreich. Anderseits heisst das Wahrnehmen der Verantwortung vielfach, Privilegien im Bereich von Ansehen, Freiraum und Wertschätzung aufgeben zu müssen. Mit der Diakonie ist weder Staat zu machen noch eine Medaille zu gewinnen.

Verzicht auf Privilegierung

Wer sich authentisch, frei und verbindlich auf die Welt der Vulnerablen mit ihren prekären Lebensentwürfen und Lebensstrategien einlässt und diese Welt nicht mehr als Sonderwelt, sondern als Bestandteil der einen Welt verstehen lernt, riskiert unmittelbare Auswirkungen auf die Repräsentation von Kirchgemeinden mit ihrem Personal und ihren Räumen. Inwieweit Kirchenräume so eingerichtet werden können, dass sich Menschen gerade in ihren prekären Lebenssituationen oder ihrem niedrigen sozialen Status darin wohlfühlen können, ist ein komplexes Geschehen, das langjährige Beziehungsarbeit und sozialräumliche Vernetzung voraussetzt und auch nicht immer zum Erfolg führt. Mit Haslinger gilt es an dieser Stelle explizit festzuhalten, dass in den Einrichtungen von Kirchgemeinden die prekären Lebensverhältnisse nicht reproduziert und dargestellt werden sollen: «Die Gewährleistung gepflegter Lebensverhältnisse in der Kirche ist nämlich Ausdruck des Gespürs für die Würde der Menschen, gerade auch derer, die ansonsten unter unwürdigen Verhältnissen leben müssen.» (Haslinger, 2009, 397) Die Erinnerung an die Ausführungen der Reformatoren zum Kirchenraum werden wach, in denen die Würde und «Heiligkeit» des Raums betont wird und auch – so Calvin – dafür plädiert wird, für Kirchenräume genügend Geld zur Verfügung zu stellen (vgl. Kapitel 5.3.3). In der Würdigkeit des Raums spiegelt sich die Wertschätzung der Würde des Besuchenden.

Darüber hinaus klingt bei Haslinger ein weiterer Punkt an, wenn dieser folgerichtig festhält: «Aber eine menschenwürdige Gestaltung der Lebensverhältnisse ist etwas anderes als eine von Reichtum gekennzeichnete Lebenshaltung. Prunk ist kein Symbol der Menschenwürde.» (Haslinger, 2009, 397) Damit nimmt Haslinger Aspekte der ostentativen Macht von Kirchenräumen auf, die in vorliegender Arbeit im Zusammenhang mit der Relationalität des Raums behandelt wurden (Kapitel 6.2.4)[153]. An dieser Stelle sollen ein paar wenige Punkte genannt werden, die der Ostentation, also dem Zurschaustellen von Macht und Reichtum, zugunsten der bedrohten, verletzlichen und deshalb zu schützenden und zu respektierenden Menschenwürde eine Absage erteilen. In Kirchenräumen sollten Personal und Verantwortliche die Gäste in sauberer Kleidung empfangen. Der Kirchenraum soll sauber und in würdigem Stil zum Beispiel mit frischem Blumenschmuck gehalten werden. Er ist weder Abstellkammer für Putzgeräte oder nicht mehr gebrauchter Bilder, Instrumente oder andere Gegenstände noch persönlicher Repräsentationsraum von Mitgliedern einer Kirchgemeinde. Der Kirchenraum soll grundsätzlich – Ausnahmen vorbehalten – nicht für private Geburtstagsfeiern und Firmenanlässe zur Verfügung gestellt werden, denn gerade in der Privatisierung von öffentlichen Räumen zeigt sich unter anderem das Privileg der Privilegierten. Die Attraktivität des Raums für solche Anfragen hat in den letzten zehn Jahren zugenommen. Der Kirchenraum trägt das Privileg eines privaten Raums für private Gäste nicht in sich. Dem

---

[153] Vgl. auch der erste Eindruck Marc Zollingers vom Grossmünster: Das Grossmünster ist die potenzierte Form des institutionalisierten Glaubens, der Macht, Unterdrückung und Ausgrenzung (vgl. Kapitel 2.2.3).

Kriterium der Optionalität entspricht in hohem Mass das Kriterium der Öffentlichkeit. Kirchenräume als öffentliche Räume sind Zeichen der grundlegenden Notwendigkeit von Raum für alles Leben und können als Mahnmal gegenüber den Privatisierungstendenzen von öffentlichen Räumen wie Allmenden, Parkanlagen, See- und Flussufern verstanden werden.[154] Sie sind Orte, die nicht kommerziellen Zwecken dienen. In Kirchenräumen hat der Kommerz nichts zu suchen.

Dabei gilt auch hier wie bei dem Aspekt des politischen Handelns: Das eine ist die theoretische Reflexion, das andere ist die konkrete praktische Handhabung. Dazu ein Beispiel aus dem Grossmünster: In einem Fall wurde für ein Jubiläum einer benachbarten Beratungsfirma eine Bewilligung mit folgenden Auflagen erteilt: Der Firmenanlass selber musste im Kirchenraum öffentlich ausgeschrieben werden (Anzeige im kirchgemeindlichen Blatt) und so allen und nicht nur den geladenen Gästen zugänglich gemacht werden. Die Kirchgemeinde sollte in der Begrüssung erwähnt werden (die Forderung, dass eine Pfarrperson das Grusswort spricht, wurde nicht erfüllt). Die Firma organisierte für die Gäste per Catering einen «Apéro riche» vor dem Grossmünster. Das Bild der privilegierten und festlich gekleideten Gäste, verbunden mit überall sichtbarem Firmenlogo provozierte Reaktionen wie: «Das ist doch nicht Aufgabe der Kirche. Muss die Macht der Reichen sich im Kirchenraum auch noch breitmachen? Haben die wenigstens eine grosse Spende für den diakonischen Auftrag der Kirchgemeinde eingezahlt?» Diese Reaktionen deuten die Richtung an, wie Kirchgemeinden mit ihren Kirchenräumen auf Privilegien zu verzichten haben. Damit ist nicht gegen das Schöne im Kirchenraum geredet, das sich in Kunst, Musik, Klang und Performance ausdrückt und ausgestaltet. Im Gegenteil, Kirchenfenster wie Kunstgemälde sind für verletzte Seelen wie Oasen der Regeneration und Erholung. Darin zeigt sich ihre diakonische Funktion genauso wie die Grenze zur Ostentation als Verwirklichung von Privileg und Prunk.

---

[154] Mit Blick auf die Stadtkirchen ist Rolf Schieder Recht zu geben, wenn er sagt: «Unsere Kirchengebäude sind – ob wir es wollen oder nicht – öffentlicher Ausdruck unserer Theologie. Die Predigt von der Ortlosigkeit Gottes hat Funktionsbauten hervorgebracht. Die Konzentration auf die Gemeinde hat uns eine Vielzahl von Gemeindezentren beschert. Einer nicht-formierten Öffentlichkeit Raum zu geben, halte ich für eine dringliche Aufgabe unserer Stadtkirchen.» (Schieder, 1995, 91)

«Deshalb verbietet sich alles Prunkvolle für eine Kirche, die diakonisch sein will.» (Haslinger, 2009, 397)

Alle diese Darlegungen und Reflexionen führen zum Schluss, dass ein Kirchenraum seine diakonische Funktion als Schutzraum dann erfüllt, wenn er den Kriterien Vulnerabilität und Resilienz im Sinn von Regeneration von Verletzungen und der Optionalität als frei gewählter Parteilichkeit genügt.

7.3.3. Kriterien für den Zwischenraum

Folgende zwei Kriterien treten als Indikatoren und Kennzeichen für die diakonische Funktion des Kirchenraums in Erscheinung, die auf den Zwischenraum als «intermediären Raum» bezogen sind: Die Sakralität und die Transformität. Zuerst zur Sakralität.

7.3.3.1. Sakralität – Segnen und Heilen

Gegenwärtig ist in der Theologie wie auch in der Kirchenbaukunst ein wechselndes Interesse an «Sakralität» wahrzunehmen.[155] Kirchenräume wollen als «sakral» erlebt werden, man will vom «Göttlichen», «Dritten», «Numinosen», von der «göttlicher Kraft» berührt werden, mit ihr in Beziehung treten, «etwas anderes erfahren als sonst». Weil in Kirchen in der Tat mit Gott gerechnet wird, tritt in ihnen in Analogie zum Winnicott'schen intermediären Bereich zwischenmenschlicher Beziehungen die Beziehung zwischen Gott und Mensch in den Vordergrund. Nach Wagner-Rau zeigt sich der intermediäre Raum zwischen Gott und Mensch nun konstitutiv als Segensraum, «in dem das Leben seinen tragenden Grund wie auch seinen Entfaltungsspielraum findet: angewie-

---

[155] Vgl. Kapitel 5.4.1. Vgl. zum Begriff Sakralität in Bezug auf den Kirchenraum die Monografie von Christof Werner, 1979; Barth, 2003; Gerhard, 2006a. Helge Adolphsen fragt nach der protestantischen Ausrichtung der Sakralität: Protestantische Sakralität muss sich von der Schrift her begründen; sie muss sich an Martin Luther orientieren. Und Adolphsen (2002, 136) plädiert für «qualitativ anspruchsvoll gestaltete heilige Räume», indem er festhält: Kirchen sind keine neutralen Orte, sie sind nicht ohne Einfluss auf die Gottesbeziehung, und Sakralität kann nicht an die Stelle der Definition Luthers als ästhetische Kategorie, gewonnen aus dem Erleben der Raumatmosphäre der Romantik, oder als Stimmungswert gesetzt werden (vgl. Adolphsen, 2002, 134–137). Abgesehen davon, dass dazu auch reformierte Theologen und Reformatoren etwas zu sagen haben, ist Adolphsen zuzustimmen. Die katholische Sicht bringt Thomas Sternberg (2002, 138–140) ein. Einen guten Überblick über die evangelischen und katholischen Vorstellungen gibt Kahle (1990, 214–224).

sen auf das Gegenüber und zugleich freigesetzt zum eigenen Leben» (Wagner-Rau, 2010, 157). Im Akt des Segnens aktualisiert sich die Gottesbeziehung, indem das Leben als heil und deshalb als geheiligt erfahren und zur Sprache gebracht wird. Dabei ist nach Asha De ein zweifacher Sprachgebrauch des Begriffs des Heiligen zu unterscheiden. Heilig (*sanctus*) ist eine Bezeichnung für Gott selber (vgl. Jesu 6,3). «Heilig» (*sacer*) bezeichnet aber auch das, was Gott zugewandt ist, ihm zugesprochen wird und damit auch den Kirchenraum. Schon die Reformatoren brauchten für diesen zweiten Inhalt das lateinische Wort *sacer*.[156] Im heutigen Sprachgebrauch wird dafür «sakral» verwendet. Sakral ist nie Gott, sondern das, was ihm, dem Heiligen oder der göttlichen Kraft zugeordnet ist (vgl. De, 2011, 230f.).[157] Daraus ist zu schliessen, dass ein Segensraum, in dem die Zuwendung Gottes zum Menschen spürbar wird, ein «sakraler» Raum ist. Ein sakraler Ort entsteht da, wo Menschen für sich oder in der Gemeinschaft die segensreiche Zuwendung Gottes erfahren. Diese göttliche Zuwendung kann, so das reformatorische Erbe, überall, an jedem Ort der Welt geschehen und drückt sich in der menschlichen Zuwendung sowie in den Gesten von Segen und Zuspruch aus.

Der prägnanteste Ausdruck für den Segen liegt in der Formulierung des Aaronitischen Segens vor: «Der Herr segne dich und behüte dich. Der Herr lasse sein Angesicht leuchten über dir und sei dir gnädig. Der Herr erhebe sein Angesicht zu dir und gebe dir Frieden.» (Num 6,24–26) Durch den diakonischen Ansatz des helfenden Handelns, das sich nach Lévinas mit dem Antlitz des Anderen, in dem das Unendliche, Gott, sichtbar wird, Raum schafft, kann der Aaronitische Segen als Metapher für die Nähe Gottes in Entsprechung und Transzendierung der Nähe

---

[156] Im Zusammenhang mit den Schriften Bullingers wurde in vorliegender Arbeit auf den Gebrauch im Zweiten Helvetischen Bekenntnis hingewiesen (Kapitel 5.3.2). Die Textpassage in lateinischer Originalsprache: «Sicut autem credimus Deum non habitare in templis manu factis, ita propter verbum Dei et usus *sacros*, scimus loca Deo cultuique eius dedicta, non esse prophana sed *sacra*, et qui in his versantur, reverentur et modeste conversari debere, utpote qui sint in loco *sacro*, coram Dei conspectu et sanctorum angelorum eius.» (Müller, 1903, 213; Hervorhebungen CS).

[157] Asha De (2011, 231) weist auf die Bedeutungsfelder des Numinosen hin, welche Rudolf Otto in seinem Buch «Das Heilige» beschrieben hat. Otto (1936, 13–37) beschreibt als Mysterium tremendum das Moment des *tremendum* (des Schauervollen), des «Übermächtigen» (*majestas*), des «Energischen» und des «Mysterium» (das «ganz Andere»).

des Menschen gedeutet werden. Der segensreichen Zuwendung des Gesichts Gottes zum Menschen entsprechen die segensvollen Zuwendungen menschlicher Gesichter und führen über sie hinaus. Schon in frühster Kindheit wird die Zuwendung der Gesichter zwischen Kindern und Eltern als grundlegend für die Berechtigung des Daseins wie auch für das Urvertrauen erfahren.[158] Darin eingelagert zeigt sich nach Thomas Fuchs (2000, 334) die «Zwischenleiblichkeit, dass der Raum unserer Existenz von Geburt an ein seelisch erfüllter und gemeinsamer Raum ist».

Im Segen ist dieses Gemeinsame in zweifacher Ausrichtung der Beziehung eingelagert. Mit dem Bild einer Ellipse fasst die Evangelisch-reformierte Kirche des Kantons St. Gallen diese doppelte Ausrichtung zum Leitgedanken respektive zur Vision des kirchlichen Lebens zusammen: «Nahe bei Gott und nahe bei den Menschen».[159] Das Heilige und

---

[158] Wagner-Rau (2000, 166–173) weist auf diesen Aspekt hin und führt zur Illustration der Analogie der Beziehungen zwischen Gott und Mensch und unter Menschen ein schönes Beispiel aus der Pastoralpsychologie von Joachim Scharfenberg an: «Joachim Scharfenberg schildert in einer eindrücklichen Fallgeschichte, wie sich eine solche Analogie für eine Frau herstellt, die in einem Zustand der Verzweiflung mit intensiven Suizidphantasien einen Gottesdienst aufsucht. Der Segenszuspruch am Ende, so berichtet sie anschliessend dem Pfarrer, habe sie unvermittelt angesprochen und augenblicklich aufgerichtet. Die Rede von einem freundlichen Angesicht habe in ihr einen tiefen Frieden erweckt, wie sie ihn seit ihrer Kindheit nicht mehr kenne.» (Wagner-Rau, 2010, 157; vgl. Scharfenberg, 1985, 61) Aus der Erfahrung des Autors vorliegender Arbeit zwei Hinweise: Erstens sind solche Reaktionen häufig, und zweitens löst der bekannte Segensspruch von Dietrich Bonhoeffer (1951, 219) ähnliche Reaktionen aus: «Von guten Mächten wunderbar geborgen, erwarten wir getrost, was kommen mag, Gott ist bei uns, am Abend und am Morgen, und ganz gewiss an jedem neuen Tag.» Seit zwanzig Jahren spricht der Autor vorliegender Arbeit diesen Vers als Sendungswort vor dem Aaronitischen Segen im Wissen, dass nicht wenige hauptsächlich wegen diesem Satz in den Gottesdienst kommen.

[159] «Nahe bei Gott – nahe bei den Menschen. Im Prozess wurde als zentrales Anliegen aller deutlich: Wir wollen als Kirche einerseits nahe, möglichst noch näher als heute, bei den Menschen sein, stark von ihnen und ihren Situationen und Anliegen her denken. Andererseits wollen wir unserer Identität und unserem Auftrag treu bleiben: das Evangelium verkünden und damit eine Kirche nahe bei Gott und seiner befreienden Botschaft in Jesus Christus sein. Wie bei den zwei Brennpunkten einer Ellipse gilt es, sich ständig sowohl an Gottesnähe wie auch an Menschennähe zu orientieren und die beiden in jeder Situation neu aufeinander zu beziehen. Im christlichen Glauben ist das eine nicht ohne das andere zu haben, das eine in keiner Tätigkeit vom anderen zu trennen. Jesus Christus hat es uns vorgelebt.» Evangelisch-reformierte Kirche des Kantons St. Gallen, 2001, 2.

das zum Heiligen Gehörende, der heilige Gott und der geheiligte Mensch, lassen Räume zu Segensräumen werden. Sakralität als Kriterium für den Raum ist mit Sternberg (1996) als handlungsbezogene Kategorie zu fassen, deren Akteure jedoch über die Zelebranten und die feiernde Gemeinde hinausgehen. Nicht nur der Gottesdienst oder die Kasualien sind Segensräume. Segensräume entstehen an unterschiedlichen Orten und in verschiedenen Situationen wie Gottesdiensten, seelsorgerlichen Gesprächen, Kunst- und Naturerlebnissen, Klang und Musikerfahrungen, jedoch auch bei diakonischem Hilfehandeln. In diesen Räumen fliessen die Nähe zu Gott und die Nähe zu den Menschen so ineinander, dass diese Räume als gross, weit, transzendierend und ausseralltäglich erfahren werden. Damit sind Aspekte genannt, die mit dem Begriff «sakral» zusammengefasst werden. An solchen alltäglichen Orten wird die ausseralltägliche Sakralität «mit den Händen und Füssen» greifbar, mit ganzem Herzen und ganzer Seele spürbar.

Kirchenräume können als Materialisierungen solch empfundener und gedeuteter Sakralität verstanden werden. Erfahrungen von Höhe, Tiefe und Weite, Wahrnehmungen der Beschaffenheit von Material wie Stein oder Marmor, das Erleben von Einheit, Grenzen und Öffentlichkeit können Gefühle erzeugen, sich in einem «sakralen» Raum zu befinden[160]. Nach Gerhards (2006a, 151) weist Sakralität eine dreifache Begegnung aus, die sich im Kirchenraum manifestiert: 1. Die Begegnung mit der architektonischen Disposition, 2. den Orten, Bildern und Symbolen wie auch 3. den sinnlich wahrnehmbaren Zeichen wie Kerzen und Weihrauch. Solche Erfahrungen von Sakralität stellen sich in besonderer Weise als Kraft und Ergriffenheit im leeren Raum ein[161], können jedoch auch in einer überfüllten Kathedrale erlebt werden. Die Sakralität formt sich in der auf das «Heilige» transzendierenden Zuwendung des Mitmenschen aus und durch die jede Immanenz überschreitende Hinwendung zum Fremden und Unendlichen, das höher ist als jeder Verstand und grösser als alle Vernunft. Immanenz- und Transzendenzerfahrungen verschmelzen im kirchlichen Innenraum zur Erfahrung, ausser sich geraten und versetzt zu sein. Ein Zwischenraum öffnet sich, in dem Gotteserfahrungen gleichsam den Menschen in der Schwebe zwischen dem End-

---

160 Vgl. dazu die interessante Studie von Asha De, beschrieben in Kapitel 2.1.3.

161 Mennekes (2002, 159–164) spricht in diesem Zusammenhang von der «Sakralität der Leere» und erklärt diesen Begriff am Beispiel der Kirche St. Peter zu Köln.

lichen (nahe bei den Menschen) und dem Unendlichen (nahe bei Gott) hin und her flanieren lassen. Je nachdem gestalten sich so unterschiedliche architektonische Entwürfe von Kirchenräumen aus, die nach Stückelberger (2011a, 240) mit «Immanenzkirchen» und «Transzendenzkirchen» umschrieben werden können.

In welchem Kirchentyp es auch immer verortet wird, das Kriterium der Sakralität verweist den Kirchenraum grundlegend in beide Richtungen: in die Nähe Gottes und in die Nähe des Menschen. Auf die diakonische Funktion hin präzisiert, kann das sakrale Kriterium mit Blick auf die Nähe Gottes als Segnen, mit Blick auf die Nähe zum Menschen als Heilen gefasst werden. Segnen und Heilen sind die zwei Seiten derselben Medaille, die jedem Kind bewusst sind durch grundlegende Erfahrungen, die es beispielsweise bei einem Sturz macht, nach dem Vater oder Mutter die Hand auflegen und singen: «Heile, Heile Säge, drü Tag Räge, drü Tag Schnee, und es tuet em Simon und em David nüme wee.»

Nahe bei Gott – der Kirchenraum als Segensraum[162]. Die Arbeiten von Wagner-Rau (2010, 159–163) sind bei diesem Aspekt wegleitend. Sie konturieren ausgezeichnet die hier ins Diakonische weitergeführten Überlegungen. Wenn sich im Kirchenraum die Gottesbeziehung materialisiert, indem Menschen sich im Gebet und Gottesdienst Gott zuwenden, und indem Gott die Nähe des Menschen durch sein Wort und seinen Segen sucht und findet, gehört das diakonische Beziehungsgeschehen zwischen Gott und Mensch mit zum Potenzial, das Menschen an solchen Orten als Stabilität und Sicherheit erfahren. Sie tun dies nicht aufgrund der dicken Kirchenmauern, sondern aufgrund der ihnen zugesprochenen Verheissung. Es stimmt: die «Liturgie ist die Bauherrin»[163]. Doch die Diakonie baut mindestens mit. In Kirchenräumen wird die Diakonie Gottes, das heisst seine Liebe, die in aller Not hilft, sicht- und spürbar. Die erfahrbare Nähe des helfenden Gottes entlockt den Glauben an einen helfenden Gott und lässt die punktuelle, begrenzte und nur in Bruchstücken erfahrene konkrete Hilfe vor Ort zum Grundmuster göttlicher, allgegenwärtiger Hilfe werden.

Gott hilft trotz erfahrenem Schmerz in aller Not, trotz leidvoller Gegenwart in Ewigkeit. Dieser Zusage versichert sich der Glaubende alleine oder in der Gemeinschaft, durch stilles Lauschen auf die innere Stimme

---

[162] Vgl. zum Segensraum allgemein: Wagner-Rau, 2000; Erne, 2009, 64.

[163] Cornelius Gurlitt, zit. in: Schwebel, 1989, 18.

oder mit kraftvollem Singen von Chorälen in der Gemeinde, durch das Lesen in der aufgeschlagenen Bibel oder das ruhige Dasitzen mitten im Alltag. In solchen Augenblicken werden Gefühle erzeugt wie: «Das hilft mir, das tut mir gut, wenigstens einer hört mich.»

Kirchenräume tragen das Potenzial in sich, dass in ihnen geholfen wird. Auf dieses diakonische Potenzial sind viele Zeichen im Kirchenraum angelegt. Sie weisen auf die helfende Nähe Gottes hin. Ein Lichteinfall, in den Farben des Fensters gebrochen, kann den Raum für den Betrachtenden in einen Ort verwandeln, wo durch die weltlichen Mauern hindurch der Himmel einbricht, und der den Stein, auf dem man steht oder die Bank, auf der man sitzt, «heilig» macht. Das wird im Volksmund oft als «sakral» beschrieben. Der kopierte und aufliegende Psalm, vollgeschrieben mit unbekannten Zeichen, wird dem Suchenden zur Hilfe, sein Leben mit anderen Augen zu sehen und zwischen den Zeilen seiner Klage oder Angst die unbekannte Schrift als andere und ihm von woanders her zufallende Deutung zu entdecken. So können Gegenstände und Einrichtungen wie Gebetsecken, brennende Kerzen, Kissen, Tücher, Karten, Klänge oder Geräusche Zeichen göttlicher Präsenz werden. Bedeutsam in diesem Zusammenhang ist, dass solche Erfahrungen meist leibliche Erfahrungen sind: Ein heiliges Erschaudern, Gänsehaut trotz Wärme, ein Aufspringen oder Niedersinken, ein plötzliches Sich-Einstellen von Tränen oder Lachen sind Zeichen dieser körperlichen Dimension.

Nicht nur Gegenstände und Einrichtungen, sondern auch der Bau selber lässt sich als Ausdruck eines spezifischen Verständnisses der Diakonie Gottes lesen. Symptomatisch dafür ist ein Beispiel aus der eigenen Erfahrung des Autors vorliegender Arbeit: die Begegnung im Grossmünster mit einem Hilfesuchenden aus den ehemaligen Ostländern. Vom Präsenzdienst wird gegen Abend der ältere Mann geweckt, zwei Plastiksäcke links und rechts neben sich, in der Kirchenbank im dunkelsten Winkel des Kirchenschiffs kauernd. Kurze Zeit später sitzt er im Büro des Autors vorliegender Arbeit und erklärt in gebrochenem Deutsch, dass seine Familie ihn in die Schweiz geschickt habe, um Arbeit zu suchen. Auf die Frage, warum er dann hier ins Grossmünster gekommen sei, antwortet der Mann islamischen Glaubens: «Wissen Sie, Herr Pfarrer, ich stand beim Hauptbahnhof an der Brücke. Da suchte ich nach Kirchentürmen, denn da weiss ich, da ist Hilfe. Und bei dieser

Kirche [das Grossmünster] sah ich zwei Türme und dachte: doppelte Hilfe.»

Kirchenräume entstehen nicht nur vor dem Hintergrund der helfenden Nähe Gottes und ihren liturgischen Inszenierungen, pädagogischen Erschliessungen und diakonischen Erfahrungen von Hilfe, sondern sie artikulieren sich über das Ästhetische hinaus (vgl. Wagner-Rau, 2010, 160). Als diakonisches Aussengedächtnis des christlichen Glaubens transportieren sie ein Wissen um diakonische Qualitäten des Glaubens. Mit der eigenen religiösen Sozialisation zusammentreffend wirken sie interkonfessionell und interreligiös. Menschen treten in Kirchenräume ein und nehmen eine Beziehung zu dessen diakonischem Aussengedächtnis auf, auch wenn diese Beziehung lediglich aus ein paar Stunden Schlaf im Kircheninneren besteht. Die Auseinandersetzung mit der eigenen Situation transzendiert zur Auseinandersetzung mit dem «Heiligen» im Vertrauen darauf, dass neben einem helfenden Gott auch helfende Menschen da sind. Daraus ist mit Lukas Spinner angesichts des Losungsspruchs «Eile, mir beizustehen, Herr, du, meine Hilfe» (Ps 38,23) zu schliessen: «Sie [die Bitte, erg. CS] vertraut darauf, dass Gott zum Schwachen kommt. Das ist Gottes Weg der Liebe. Wer darum weiss, wird selbst hellhörig auf den Ruf des Erschöpften und wird hingehen zu ihm, der selbst nicht mehr gehen kann. Man kann nicht an einen helfenden Gott glauben, ohne selbst helfen zu wollen.» (Spinner, 2012, 11) Damit wird der Blick zu der helfenden und deshalb heilenden Nähe der Menschen gewendet – der zweite Aspekt der Sakralität.

Nahe bei den Menschen – der Kirchenraum als Heilungsraum. Der helfende Gott und der helfende Mensch fliessen in lebensgeschichtlichen Szenen und Erlebnissen, die den Kirchenraum prägen, zusammen. Der Kirchenraum als «Repräsentanz lebensgeschichtlicher Szenen», die Wagner-Rau (2010, 160) als weiteres Merkmal des Segensraums aufführt, zeichnet sich in diakonischen Konturen weiter und unterstreicht die hochemotional besetzten Augenblicke der eigenen wie auch der kollektiven Geschichte. Der Taufstein etwa ist für viele räumliche Konfiguration heilender, helfender und segensvoller Nähe von Gott und auch besonders von Menschen, nämlich der eigenen Familie. Segen ist nach Erne (2009, 64) «Interaktion leibhaft anwesender Personen». Im Taufgeschehen schreiben sich solch interaktive Segenserfahrungen ins «Leibgedächtnis» (Fuchs, 2000, 316ff.) ein und können noch Jahrzehnte danach im nun erwachsenen Täufling zum Beispiel durch die Geburt eigener Kinder wachgerufen werden. Nicht selten suchen Eltern die Tauforte ihrer eigenen Kindheit auf, um ihr Kind in die eigenen Wurzeln religiöser Reifung und Selbstwerdung einzufügen.[164]

Die liturgische Feier, die Raumerfahrungen der Kindheit sowie die individuell artikulierten und gemeinsam umformulierten Rollenbilder verschmelzen zu einem ausseralltäglichen Raumerlebnis, das oft suchend in Aussagen wie «Das sind heilende, versöhnliche, wohltuende Augenblicke in unserer Familie» gefasst werden. Das Taufwasser, ähnlich dem Weihwasser, bekommt durch die liturgische Handlung «heilende» Kraft und wird – so zeigt das Beispiel des Taufsteins in der Zwölf-Boten-Kapelle im Grossmünster – auch ausserhalb der Feier aufgesucht. Menschen unterschiedlichster Konfession und Religion benetzen sich Hände, Augen, für sich, gegenseitig oder in Gruppen, legen sich die Hände auf und erfahren so segnende Heilung und heilende Segnung von Menschen. Es ist Erne (2009, 64) aufgrund solcher Erfahrungen durchaus zuzustimmen: «In jeder Segenshandlung wird die im gebauten Raum geronnene Form aktiviert und, wenn auch minimal, umgeschrieben.»

Der Taufstein ist in hohem Mass sichtbar geronnene Form persönlicher Begleitung von Menschen wie auch von Gott. Wie der Kirchenraum wird auch der Taufstein an Schwellen und Grenzen der Biografie aufgesucht. Die Erfahrungen der Taufe, im Taufspruch niedergeschrieben und im Taufstein verortet, werden dabei oft nicht nur minimal umgeschrieben. Der Taufstein mitten in der Kirche ist sichtbares Zeichen begleitender Nähe von Gott und von den Menschen und kann nicht einfach so versetzt werden. Denn er hat heilende und – so verstanden – therapeutische Funktion.

Raschzok (2005, 75) spricht dem ganzen Kirchenraum therapeutische Funktion zu: «Hier kommt es zu einer Weitung meines endlichen Lebens. Die Zukunft gehört dazu. Eine solche Haltung wird in Kirchenräumen vermittelt und eingeübt. Das Kirchengebäude weitet meine eigene Begrenztheit in die Vergangenheit, Gegenwart und Zukunft. Es bindet mein endliches Leben in einen weiten Zusammenhang.» Diese Weitung kann nach Wagner-Rau (2010, 162) durch die «Imagination eines Raumes, in dem man leben kann», geschehen, indem Menschen sich im Kirchenraum von einem Grösseren so umgeben fühlen, dass um sie her-

---

[164] Der Autor vorliegender Arbeit erfährt das in zunehmendem Mass im Grossmünster, vgl. dazu auch das Beispiel bei Erne, 2008, 42.

um ein Raum im Raum entsteht, der auf sie heilend wirkt. Kirchenräume sind nicht nur «wortloser Ausdruck der Gottesbeziehung» (Wagner-Rau, 2010, 162), sondern auch der vergangenen, gegenwärtigen und zukünftigen Menschenbeziehungen, die genau wie Gott Spuren im Raum hinterlassen.

Zwei Beispiele aus der Erfahrung des Autors vorliegender Arbeit im Grossmünster-Raum sind hier anzufügen: Seit der Einweihung der neuen Fenster von Sigmar Polke stellen die Kirchenverantwortlichen fest, dass der Besucherstrom massiv zugenommen hat und Menschen bisweilen stundenlang vor den eindrücklichen Achat-Fenstern und den Motiven der Präfigurationen Christi wie König David, Menschensohn oder Sündenbock stehen- oder sitzenbleiben.[165] Im Unterschied zu Gottesdiensten oder zu religiösen Veranstaltungen öffnen die Fenster Zugänge, die im Ineinanderfliessen von Am-eigenem-Leib-Erleben, Lichteinfall, Bild und Stein materiell neue Räume entstehen lassen. Es sind Räume, die immer wieder neu gebaut und gesucht werden, jedoch zu jedem Augenblick auch noch Ungebautes in sich tragen und damit in andere, nichtmaterielle Räume weisen. Zum Beispiel kann durch die Motive der sich begegnenden Gesichter im Menschensohn-Fenster der Blick in transzendente Dimensionen geweitet werden, in denen die Grenzen von Göttlichem und Menschlichem durchlässig werden und sich Spielräume neuer Dispositionen und Lebensentwürfe voller beglückender Begegnungen auftun.[166] Nicht selten bricht nach solchen Erfahrungen das Bedürfnis auf, dem Präsenzdienst oder den Pfarrpersonen darüber zu berichten. Doch nicht nur die berühmten Fenster von Sigmar Polke und Augusto Giacometti können zu solchen Orten heilender Begegnung werden. Auch der Raum selber kann diese Funktion übernehmen.

Die Anfragen, die Zwölf-Boten-Kapelle des Grossmünsters, in der der alte Taufstein mit dem grossen Taufbecken sich befindet, aufsuchen zu dürfen, nehmen zu. Am Tag des Autismus, am 2. April 2012, trafen sich zum ersten Mal Eltern mit autistischen Kindern zusammen mit Therapeutinnen im Raum, um im Zusammenspiel von Übungen und Spielen heilende Erfahrungen erleben zu können. «Kraftorte» werden

---

165 Vgl. zu den Polke-Fenstern: Parkett Publishers/Kirchgemeinde Grossmünster Zürich, 2010; Gerster, 2012, 21–54.

166 Erne (2010, 197) umschreibt diese Erfahrung als «ästhetische Transzendenz des Kirchenraums» im Unterschied zur «religiösen Transzendenz».

solche Räume genannt. Menschen suchen sie mit ihren vulnerablen Seiten in Gruppen oder alleine auf. In der Logik der Sakralität werden Menschen in Kirchenräume gezogen, um mit anderen zusammen oder allein in ein Kraftfeld zu geraten. Dieses Kraftfeld wirkt heilend und segnend, indem es dem aufsuchenden Menschen neue Möglichkeiten und Wege eröffnet. In Kirchenräumen werden Menschen erstens in ihren Lebensgeschichten gewürdigt und begleitet, in Festzeiten wie auch im Alltag. Weiter ermöglicht es der Raum, sein eigenes Leben nicht aus sich selber heraus mit Sinn zu füllen, sondern dies im Beziehungsgeflecht von Gott und Mitmensch geschehen zu lassen. Und darüber hinaus erinnert der Raum mit all seinen Symbolen und Zeichen an die Begrenzung und Verletzlichkeit jedes menschlichen Lebens sowie an Orte, an denen in Gottes Namen geheilt und gesegnet wird.

Segnend und heilend, so erleben Menschen den Kirchenraum. Sie erfahren ihn als Zwischenraum, als Ort, wo sie in der Spannung zwischen Fluch und Segen, zwischen Verletzung und Heilung Wege und Auswege suchen und finden. Der Kirchenraum wird als Ort erlebt – und hier bringen die Worte Wagner-Raus es auf den Punkt – «an dem Menschen mit ihren individuellen Geschichten sich selbst nachgehen können mit Hilfe derer, die sie begleiten, und der sie zugleich über sie hinausweist. Als Gesegnete werden sie begrüsst und aufgenommen mit allem, was sie mitbringen aus ihrer Geschichte. Gesegnet öffnet sich ihnen der Spielraum, in dem sie ihre Geschichte neu (er)finden und verwandeln können. Als Gesegnete gehen sie schliesslich mit der Verheissung von Zukunft wieder hinaus in den Alltag» (Wagner-Rau, 2000, 173). Sie gehen als Gesegnete und Verwandelte hinaus. Dies weist auf das zweite Kriterium für den Kirchenraum als Zwischenraum hin: die Transformität.

7.3.3.2. Transformität – Verwandlung

Menschen gehen in die Kirche und kommen «wie verwandelt» heraus, von den Segensworten im Innersten berührt, ergriffen von der Musik, aufgewühlt durch die im Raum gewonnene Erkenntnis, wütend über das Gehörte in der Predigt oder zutiefst traurig darüber, in die Einsamkeit des Alltags entlassen zu werden. Der Weg in das Leben ist im Kirchenraum Transformation des Lebens durch den Raum und prägt sich ins leibliche Gedächtnis, sodass der Raum immer wieder mit gemachten Erfahrungen oder erhofften Erwartungen assoziiert wird. Menschen erwarten im Kirchenraum, dass Zerbrochenes zusammengesetzt, Verletztes geheilt, Schmerz gelindert, blinde Flecken weggewischt, Blockierungen gelöst und Trauer getröstet wird. Das spricht der Segen im Namen Gottes den Menschen zu.

Dem Kriterium der Sakralität, wie sie mit Blick auf den Segen und die Heilung interpretiert wurde, entspricht in hohem Mass das Kriterium der Transformation als Grundierung des Zwischenraums in seiner schöpferischen Kraft, spielerisch drinnen neue Wege ins Leben für draussen auszuprobieren, einzuüben oder einfach zu finden. Gerade mit Blick auf diese, die Existenz in Glauben und Leben grundlegend verändernde Kraft ist der Gewinn der Winnicott'schen Einsichten in den Zwischenraum, wie er vertieft dargelegt wurde, evident. Natürlich ereignen sich auch in Kirchenräumen Veränderungsprozesse, die alles andere als segnend und heilend und deshalb wenig hilfreich sind. Der Ordner von Briefen in den Pfarrämtern und Kirchenleitungen, in denen Frustration, Wut und Enttäuschung explizit und zwischen den Zeilen erkennbar sind, zeugen von solchen negativen Folgen. Erne (2008a, 1) ist zuzustimmen, wenn er behauptet: «Keine Transformation ohne Negation.» Diese Zustimmung erfolgt jedoch nicht in dem Sinn, dass Verantwortliche für Kirchenräume nicht alles Menschenmögliche unternehmen sollen und müssen, damit die Erwartung, verändert und anders die Kirche zu verlassen als sie betreten wurde, erfüllt wird. Doch in Kirchen, und nicht nur da, liegt nicht alles in des Menschen Hand, und Veränderungen stellen sich nur auf der Grundlage von Loslassen und Verlieren ein. Diese Wahrheit kann sich in Küchen wie in Kirchen ausbreiten. In Kirchen wird sie theologisch mit dem Weg ins Kreuz, in den Tod und in die Auferstehung, als Transformationsprozess beschrieben, den Jesus so auf den Punkt brachte: «Denn wer sein Leben retten will, wird es verlieren; wer aber sein Leben verliert um meinetwillen, wird es retten. Denn was hilft dem Menschen, wenn er die ganze Welt gewinnt, dabei aber sich selbst verliert oder Schaden nimmt?» (Lk 9,24f.)

In Kirchen erfahren Menschen, dass ihnen geholfen wird, indem sie nicht die Welt gewinnen, jedoch sich selbst wiederfinden. Es wird ihnen Schaden ersetzt und Schuld getilgt. Das ist religiöse Transformationsarbeit im Zusammenspiel zwischen dem Heiligen Geist und den durch Gottes Geist Geheiligten. Einer Form solcher Arbeit standen und stehen die Reformierten grundsätzlich kritisch gegenüber, wenn sie weder zur katholischen Transsubstantiations- noch zur lutherischen Konsubstantiationslehre einen Zugang haben. Stattdessen erfahren sie die real existierende Gestalt Christi in der sich um den Tisch versammelnden Gemeinschaft – ein Tisch, kein Altar, im Mittelpunkt des Raums, vielerorts zugleich Taufstein. Nicht, dass es hier weniger konkret oder materiell zu und her ginge. Jedoch erschliesst sich die Materialisierung der Transformation in der tatkräftigen Unterstützung und Hilfe des Nächsten als Mitglied der Geheiligten.

Aus reformierter Sicht setzt sich der Transformationsprozess drinnen am Taufstein oder Abendmahltisch immer draussen vor der Kirche fort. Einmal mehr zeigt sich: Die aus Stein gebauten Grenzen zwischen drinnen und draussen werden durchlässig und verwandeln sich zum geweiteten Raum des gleichzeitig erlebten «Drinnen» und «Draussen» mit besonderem, «schrägen Blick» auf den «draussen» Leidenden, wo immer er sich aufhält, sei es im Kirchenraum oder ausserhalb.

Erne spricht in analogem Zusammenhang von transformativer religiöser Topologie. Von ihm ist folgender Perspektivenwechsel zu lernen. Angesichts der grossen Litaneien und Klagen über die schwierige Situation geht es grundlegend nicht um zu viele Räume, sondern um zu wenige Ideen angesichts der Frage nach Verkauf, Abriss, Nutzung, Umnutzung und Neunutzung von Kirchenräumen, die eine kaum zu verhindernden Konzentration aufs Ökonomische als Gefahr in sich birgt. Ernes These lautet: «Wenn in Kirchenräumen dem noch Ungebauten und vielleicht gänzlich Unbaubaren nachgespürt wird, entwickeln sich neue Ideen. Das würde ich eine transformative religiöse Topologie nennen, die zur rekonstruktiven religiösen Topologie die prospektiven, zukunftsfähigen Aspekte hinzufügt. Es ginge darum, einen Kirchenraum nicht nur im Horizont der verschütteten, sondern der noch nie oder nie ganz zu entdeckenden Möglichkeiten neu zu entdecken.» (Erne, 2007, 12). Orientiert sich hier Erne an Failing?

Failing greift auf diesen Begriff bei der Ausführung seiner Thesen zur Praktischen Theologie im Zug seiner Raumanalysen zurück: «Praktische Theologie wäre […] eben nicht als naive Topographie zu konzipieren; dies greift zu kurz. Sie ist eher zu entfalten als rekonstruktive Topologie, eine theologische Theorie von möglichen Räumen und Orten gelebter christlicher Religion und den dort zu machenden Erfahrungen einer als christlich zu identifizierenden Praxis.» (Failing, 1998, 122) Mit dem Begriff der transformativen religiösen Topologie sind die nach vorne offenen und auf die Zukunft hingewendeten Möglichkeiten von Veränderungsprozessen im Kirchenraum gefasst, die das Gewordene und Gebaute nicht ausblenden. In Anlehnung an Erne (2007, 12) kann von transformativer diakonischer Topologie gesprochen werden. Hier seien Aspekte solcher transformativer diakonischer Topologie sowohl des Innenraums Kirche als auch des Aussenraums Kirche dargestellt.

Innenraum der Kirche als Raum der Transformation

Blickt man nach innen, ins Innere des Kirchenraums, zeigt sich als erster Transformationsaspekt die Bedeutung der Raumstruktur sowie die Personen des Präsenzdiensts. Empfangsbereich und abgetrennte Winkel oder Räumlichkeiten für Seelsorgegespräche und Hilfsangebote gewinnen eine zusätzliche Bedeutung, die die Aufgaben von Freiwilligen im Präsenzdienst oder Angestellten im Sigristen- oder Seelsorgedienst mitprägt. Das Wichtigste ist, sich einfach um den Gast, den Hilfsbedürftigen oder Notleidenden, der Hilfe sucht und Antwort finden möchte, zu kümmern. Diese Hilfe und Antwort geschieht in einem Raum, der «auf Veränderung» ausgerichtet ist.

Spuren der Vergangenheit und Gegenwart wollen in die Zukunft weisen. Klaus Raschzok fasst diese Wirkung in der kirchenraumbezogenen christlichen Lebenskunst zusammen, indem der Raum den seelisch-geistigen Innenraum der Besuchenden erweitert. «Er [der Besucher] kann sich in diesem Raum verorten und partizipiert an ihm und seinen heilenden Kräften. Der Vorgang des Lesens der Spuren des Kirchenraumes und das Hinzufügen der eigenen Spuren lässt die Seele zur Ruhe kommen und ermöglicht ein Aufatmen wie auf einer Rast bei einem beschwerlichen Weg. Das Wahrnehmen von Spuren im Kirchenraum und Einfügen eigener Spuren in den Raum kann als Weise der Christusannäherung verstanden werden. Raumbenutzer stellen sich den von Christus ausgehenden heilenden Kräften.» (Raschzok, 2005, 75) Wer den Kirchenraum betritt, gerät unweigerlich auf solche Spuren und wird von ihnen geleitet.

Es ist ein Unterschied, ob man Hilfesuchende in einem Gespräch im Büro oder im Kirchenraum begleitet. Die Veränderungen beim Gegenüber werden in einen anderen Kontext gestellt, der auf die Fragen nach Gott, nach Schuld und Vergebung hin offen ist. Mehr noch, durch den Blick auf das Fenster oder den Klang im Raum können solche Fragen und Geschichten ausgelöst werden, mehr als an anderen Orten. Dies bringt die geistliche Dimension in diakonischer Begegnung zum Schwingen. Das fördert Transformation.

Die Szene vor dem sogenannten «Sündenbock-Fenster» von Sigmar Polke im Grossmünster Zürich bringt diesen Sachverhalt so einleuchtend zum Ausdruck, dass sie hier nochmals angefügt wird (vgl. Kapitel 2.2.2). Eine Mitarbeiterin des Präsenzdiensts berichtet: «Kürzlich stand ich mit einer Frau vor dem Sündenbock-Fenster und erzählte ihr, warum der Künstler den Sündenbock in zwei Hälften dargestellt hat. Darauf erwiderte die Frau: ‹Eine solche Sündenvergebung möchte ich gerne glauben, doch für uns strenggläubige Katholiken ist das nicht so einfach. Meine Mutter wurde nach ihrer Scheidung exkommuniziert. Nun erkrankte sie schwer und glaubt, dass sie für die Sünde ihrer Scheidung büssen müsse.› ‹Können Sie ihr das nicht ausreden?›, fragte ich. ‹Nein, denn das Schlimme daran ist, dass unsere ganze Familie davon überzeugt ist.› Ich war ratlos, wollte ihr so gerne helfen. Wir redeten noch eine Weile zusammen und dann verabschiedete sie sich mit den Worten: ‹Vielleicht komme ich nächste Woche wieder.› Dieser Satz hat mich gefreut. Vielleicht konnte ich ihr doch ein wenig helfen, nur, indem ich mir Zeit nahm, ihr zuzuhören.» (Dambach, 2012a)

Durch professionelle, interdisziplinäre und auf die Vernetzung der verschiedenen Fachdienste und Kräfte ausgerichtete Schulung und Weiterbildung sind Personen, die die Gäste im Kirchenraum willkommen heissen, auf diese religiöse, geistige, spirituelle Dimension helfendes Handeln hin hellhörig und hellsichtig zu machen. Denn nicht zuletzt durch solche religiösen Kräfte werden Veränderungsprozesse im Kirchenraum freigelegt, die sich verändernd in Lebensgeschichten einschreiben. Auf diese Arbeit sind ökonomische und personelle Ressourcen auszurichten, wenn nicht exklusiv der Erhalt der Kirchen und Kunstwerke, sondern die Begleitung der Menschen im Kirchenraum zum identitätsstiftenden Auftrag der Kirchgemeinde gezählt wird.

Transformation heisst mit dem Gesagten auch, von der Kirche aus Stein zur Kirche aus Menschen zu gelangen. Unter diesem Motto deklariert der katholische Pastoraltheologe Leo Karrer (2001, 90) seine Position: «Der Kirchenraum und die Gemeinderäume […] sind nicht die erste Sorge. Aber sie stehen im Dienste einer Kirche aus lebendigen Steinen. In ihnen verortet die Gemeinde ihre Hoffnung und ihren Geist mit all dem, was sie auch schuldig bleibt. In diesem kommunikativen Sinne werden Kirchenräume auch zu Orten der Kraft.» In der Tat geht es auf den ersten Blick darum, den Kraftort Kirchenraum zu stärken. Dies geschieht nach Soeffner dadurch, dass der Ritus durch den Vollzug auf eine ständig nachzuahmende Wiederbelebung der überlieferten religiösen und auch mythischen Ordnung zielt: «Diese Wiederbelebung geschieht im Ritual, im symbolischen durchgeformten Gemeinschaftshandeln. In ihm wachsen Kirchenraum und rituell ausgestalteter Bewegungsraum der Gläubigen zur erlebbaren Gestalt eines belebten sakralen Raums.» (Soeffner, 2000, 146) Zu ergänzen ist, dass der Sakralraum nicht nur in seinen liturgischen, sondern auch in seinen diakonischen Dimensionen lebendig wird: Eine Hand, die mich beim Gespräch berührt, segnet mich und lässt den Raum um mich zum Raum der Transformation werden. Der Fingerzeig, wohin ich gehen kann, wird für mich zum Wink von oben, mein Leben in eine andere Richtung zu lenken. Der Stein, den meine Hand berührt, wird zum lebendigen Stein, der bestätigt, dass ich gewollt und erwählt bin. Kurz: Die Wiederbelebung des Kirchenraums zum Kraftort geschieht im komplexen Beziehungsgeschehen zwischen Mensch und Raum und Gott, das Veränderung bewirkt.

Darüber hinaus hat die Transformation des Kirchenraums zum Menschenraum auch ökonomische und strategische Konsequenzen: Warum werden in Leitungsgremien Renovationskosten beim Kirchenraum meist als Sachzwang durch die Traktandenliste gewinkt, während über die Wertschätzung von Freiwilligen bis hin zur Spesenentschädigung stundenlang kontrovers diskutiert wird? Sind Installationen wie Hör-, Musik- und Lichtanlagen für den Raum, die Kunstwerke oder für die besuchenden Menschen da? Die Investition in Kirchenräume als Investition in die Menschen, die darin arbeiten und sie als Orte von Gottesdiensten, persönlicher Frömmigkeit, kulturellem oder diakonischem Interesse, als Begegnungsort mit dem Heiligen und nicht als Ort ökonomischer Realität aufsuchen, ist oft ein kommunikativer Hochseilakt.

Noch ist auf einen *weiteren Aspekt* im Blick auf den Innenraum der Kirche hinzuweisen, nämlich auf den baulichen und räumlichen Transformationsprozess des Kirchenraums selber hinsichtlich seiner diakonischen Nutzung. Bei den Handlungsperspektiven sollen in vorliegender Arbeit aktuelle Beispiele genannt werden, die den Kirchenraum als Raum gänzlich einer diakonischen Aufgabe zuwiesen. Auf zwei Aspekte gilt es an dieser Stelle hinzuweisen: Einerseits trägt die reformierte Kirche eine aus der Geschichte übertragene und weitervererbte Sensibilität für diakonische Nutzungsformen von Kirchen, wie der Blick auf die Reformationsgeschichte in der Schweiz mit Fokus auf Zürich gezeigt hat (vgl. Kapitel 5.3.4). Diakonische Anliegen wie Schutz für Mensch und Tier,

Gastrecht für Flüchtlinge und Pflegeeinrichtungen für Kranke und Sterbende werden auch in Zukunft nicht vor Kirchentüren haltmachen. In dieser Perspektive liegen im Erachten des Autors vorliegender Arbeit unglaublich viele noch nicht realisierte Ideen auch für zukünftige Nutzungen brach. Anderseits geht es in solch diakonischen erweiterten Nutzungsspektren auch, wenn auch nicht ausschliesslich, um architektonische Fragen. Es geht um gesamtkonzeptionelle Prozesse mit ihren wirtschaftlichen, sozialräumlichen, theologischen, ästhetischen und diakonischen Implikationen. Zieht man zudem in Betracht, dass das Subjekt die Eigentümerin eines Kirchenraums, die Gemeinde in ihrer Diversität und Divergenz ist, scheint auch an dieser Stelle die Komplexität des Kommunikationsprozesses auf, die solchen Transformationen eingelagert ist. Damit sind erste Linien zu den möglichen Folgen der Kriteriologie diakonischer Nutzung von Kirchenräumen, nämlich auf die Handlungsperspektiven, vorgezeichnet.

Aussenraum der Kirche als Raum der Transformation
Kirchenräume sind immer auch religiöse und damit diakonische Zeichen im öffentlichen Raum. Kommt der Aussenraum der Kirche in den Blick, sind an erster Stelle die Bettler und Obdachlosen zu sehen, die vor den Türen und unter den Vordächern auf «Kundschaft» warten. Dazu kommt, dass seit jeher der unmittelbare Vorplatz der Kirchen für diakonische und soziale Einrichtungen ideale Standorte bietet. Waren es früher Spitäler und Heime, sind es heute Sozialhilfestellen und Beratungsangebote mit ihren Räumen und Triage-Funktionen, die in direkter Nähe zum Kirchengebäude oder im Keller «Unterschlupf» finden.[167]

Zu dieser konkreten Raumgewinnung diakonischer Orte kommt eine symbolische Gestaltkraft hinzu. Kirchenräume sind ihrerseits von den Veränderungen des gesellschaftlichen Raums wie der Transformation des Stadtbilds betroffen. Und vielfach macht sich dabei der Eindruck breit, die Kirchen verlören mit dem Verschwinden ihrer Spitzen zum Himmel durch den Bau von Finanz- und Versicherungskathedralen auch ihr gestalterisches Potenzial. Kirchenräume gestalten so oder so diese Veränderungen mit und bergen aufgrund ihrer Geschichte für ein Quartier oder einen Stadtteil wie auch für eine ganze Stadt oder Geländekammer

—

[167] Ein schönes Beispiel dafür sind die sozialen Einrichtungen am Berliner Dom beim Seitenflügel zur Hauptstrasse hin: vgl. www.berlinerdom.de.

das symbolische Kapital der Heterotopie. Thomas Erne stellt im Horizont gesellschaftlicher Transformationen grundlegende und handlungsleitende Fragen: «Welche Bedeutung hat die Invarianz des Kirchenraums in einer mobilen Gesellschaft? Was bedeutet Materialität des Kirchenraums in einer Gesellschaft, die hauptsächlich in virtuellen Räumen lebt? Welche Konsequenz für die Gestaltung hat der demografische Wandel? Welche Folgen haben die Wanderungsbewegungen in die Stadt für die Dorfkirchen? Haben christliche Kirchengebäude in multireligiösen Wohnvierteln mit einem geringen Anteil an Kirchenmitgliedern eine Funktion, und wenn ja, welche? Müssen Kirchenräume ausdifferenziert werden, um den ausdifferenzierten Milieus gerecht zu werden? Bedarf es dazu eines Masterplanes, der die Zukunft des gesamten Ensembles von Kirchen einer Stadt bzw. einer Region einbezieht? Und schliesslich: Gibt es einen informellen Gebrauch des Kirchenraumes diesseits der liturgischen Ordnung, und wenn ja, ist dieser wünschenswert?» (Erne, 2007, 13)[168]

---

[168] Ein interessanter Seitenblick wird durch die Beobachtung gewonnen, dass Transformationsprozesse in Religion, Kirchen und Gesellschaft neu entdeckt und vielfach im Zusammenhang mit dafür konstitutiven Raumerfahrungen beschrieben werden. Katholizismus und Protestantismus durchlaufen gegenwärtig tiefgreifende Transformationsprozesse. Die «Megatrends» wie die Entflechtung gesellschaftlicher Teilsysteme von Religion, Individualisierung, neue «Lebensstil-Milieus», religiöse Pluralisierung, Wertewandel und die Sichtbarkeit von Religion als «Wiederkehr des Religiösen» fordern die Institution heraus (vgl. dazu mit Blick auf die Schweiz: Stolz/Ballif, 2010; Baumann, 2007; Bochinger, 2012).

Das *theologische Denken* hat das Transformationsbewusstsein der Religion zu deuten, indem es nach Wittekind (2008, 16–20) auf innere Selbstaufklärung, interne Bildungsarbeit und die Artikulation impliziter Reflexivität religiösen Deutens statt auf Gegensteuer, Bewahrung, Profilierung oder Identitätsbehauptungen setzt. Das *diakonische Handeln* setzt bei der anthropologischen Einsicht des Helfens als prosozialem Naturell des Menschen an, um dieses Handeln dann aus schöpfungstheologischer Perspektive, dass Gott Liebe ist und sich diese Liebe in der Liebe aller Menschen schöpferisch zeigt, für den interreligiösen und interkulturellen Dialog anregend und hilfreich zu deuten (vgl. Kapitel 3.2). Die Kirchen nehmen die aus den Transformationsprozessen drängenden Herausforderung wahr, indem erste «Gehversuche einer milieusensiblen Kirche» (Ebertz, 2008) mit «Analyse und Planungshilfen für Kirche und Gemeinde» (Schulz/Hauchildt/Kohler, 2008) gewagt werden. Die Synode der Evangelisch-reformierten Kirche des Kantons Zürich hat dem Antrag des Kirchenrats, die «Stärkung kleinerer Kirchgemeinden durch gezielte Förderung der übergemeindlichen Zusammenarbeit» in nächster Zukunft anzugehen, zugestimmt (vgl. da-

Dieser brisante und erhellende Fragenkatalog ist aus Sicht diakonischer Nutzung zu erweitern: Können Kirchenräume im Zusammenspiel des Wohlfahrtspluralismus im dritten Sozialraum, der Nachbarschaft, sozial-diakonische Nutzungen neben den kirchgemeindlichen Bedürfnissen integrieren, ohne dass Hemmschwellen für Betroffene zu hoch werden? Sind Kirchenräume für Mittagstische und Kinderhorte während der Woche zu öffnen? Müssen Kirchenräume für neue Formen von *community enabling* in einem Gemeinwesen und als Teil der Gemeinwesenarbeit auch anderen christlichen Gemeinschaften, konfessionslosen oder anderen religiösen Gruppen und Initiativen zur Verfügung gestellt werden? Sind gar Mischformen im Kirchenraum einzurichten, die mit einer kommerziellen Nutzung eine Querfinanzierung zu sozialen Einrichtungen ermöglicht, und darf man das mit einem Kirchenraum tun? Mit diesem Fragenkatalog sind die Türen für Handlungsperspektiven weit aufgestossen.

Die ausgeführten Darlegungen machen deutlich, dass ein Kirchenraum seine diakonische Funktion als Zwischenraum dann erfüllt, wenn er den Kriterien der Sakralität im Sinn eines segnenden und heilenden Handelns und der Transformität im Sinn von Verwandlung genügt.

7.4. Zusammenfassung: Diakonische Funktionen von Kirchenräumen und deren Kriterien[169]

Zum Abschluss dieses Kapitels, das sich mit der Bestimmung der diakonischen Funktionen des Kirchenraums und den Kriterien zu deren Überprüfung befasst hat, sollen die Ergebnisse knapp formuliert zusammengestellt und dann in einem Schaubild anschaulich gemacht werden. Beides hat einen doppelten Zweck. Einerseits ist es eine knappe Zusammenfassung der Ergebnisse dieses Kapitels. Anderseits ist es Voraus-

---

zu: Kirchenrat der Evangelisch-reformierten Landeskirche des Kantons Zürich, 2012; Landis, 2012, 1; Rohrer, 2012, 17). Innerhalb dieser institutionellen Veränderungsprozesse gewinnt die Frage nach dem Kirchenraum an Bedeutung. Schrumpfende Mitgliederzahlen und sinkende Steuereinnahmen lassen den Schluss zu, dass die Kirchgemeinden zu viele Kirchengebäude besitzen, die zudem für die drängenden Bedürfnisse falsch konzipiert sind. Auf Beispiele im Toggenburg wie auch im Stadtraum Zürich wurde konkret hingewiesen (vgl. Kapitel 2; Kapitel 7.3.2.1).

169 Vgl. zur zusammenfassenden Sicht der diakonischen Funktionen unter dem Stichwort «Diakonische Raumerschliessung» auch: Sigrist, 2013, 225–227.

setzung für den Schritt zu den im nächsten Kapitel auszuführenden Handlungsperspektiven. Denn im Rahmen dieser Handlungsperspektiven soll den Verantwortlichen, die sich mit den Fragen einer diakonischen Nutzung ihres Kirchenraums befassen, ein überschaubares Instrumentarium an die Hand gegeben werden, das ihnen hilft, sich über Funktionen und Kriterien zu verständigen und sich so Kompetenz in Beurteilung und Entscheidung anzueignen. In solchen Verständigungsprozessen ist die aus reformierter Tradition gewonnene Einsicht reflexions- wie auch handlungsleitend, dass sich religiöse, kirchliche Räume nicht durch Zeichen wie Altäre oder Kreuze konstituieren, sondern durch den Gebrauch.[170]

Das Ergebnis dieser Untersuchung kann wie folgt zusammengefasst werden: Der diakonische Charakter des Kirchenraums ist dadurch bestimmt,

- dass Kirchenräume als Gasträume Menschen einladen, Leben zu teilen und der Präsenz von Gott und Menschen Raum zu geben.
    - Diese Einladung ist dadurch gekennzeichnet, dass im Kirchenraum alle Menschen den gleichen Stellenwert haben und in und auf sich die gleiche Signatur tragen, sterbliche und sündhafte Menschen zu sein (Kriterium der Egalität von unten).
    - Die Einladung ist Ausdruck jener sich bildenden temporärer Gemeinschaft, die hört, hilft, lernt und sich zum Fest bereitmacht (Kriterium der Solidarität).
- dass Kirchenräume als Schutzräume Menschen in ihrer Verletzlichkeit schützen und ihnen den Platz im Leben frei- und offenhalten.

---

170 Andreas Mertin ist in diesem Zusammenhang aus reformierter Sicht zuzustimmen, wenn er sagt: «Es gibt zwar zahlreiche hinreichende Zeichenbildungen für einen christlichen Raum – in der Regel ist jeder Kirchenraum ein solcher hinreichend als christlich bestimmter Raum –, aber diese Zeichenbildungen sind nicht notwendig – zumindest nicht in allen christlichen Traditionen. Die reformierte und in Ansätzen auch die lutherische Tradition kommt ohne Symbolbildungen im gegenständlichen Sinne aus, sie konstituiert den religiösen Raum durch den Gebrauch.» (Mertin, 2008, 11) Letztlich – und hier ist Mertin Recht zu geben – «lesen/deuten [wir, erg. CS] Räume als christliche und das kann aufgrund äusserer Indizien geschehen oder durch subjektiven Einstellungswechsel bzw. ein kommunikatives Verhalten.» (Mertin, 2008, 12)

  - o Dieser Schutz orientiert sich am ganzen Menschen als geburtliches und sterbliches Wesen, insbesondere jedoch am konkreten Menschen in seiner Verletztheit, Fragmentarität und Resilienz (Kriterium der Vulnerabilität und Resilienz).
  - o Dieser Schutz gilt aufgrund frei gewählter Parteilichkeit insbesondere dem vulnerablen Menschen in ihren Benachteiligungen und Gefährdungen (Kriterium der Optionalität).
- dass Kirchenräume als Zwischenräume Menschen ermutigen und Chancen einräumen, sich zu entwickeln, anders zu werden.
  - o Diese Ermutigung stellt menschliches Handeln in den Raum göttlichen Segenshandelns und lässt Wirkungen der schöpferischen Kraft des Segens als heilende Kraft erfahren (Kriterium der Sakralität).
  - o Diese Ermutigung eröffnet dem Menschen Spielraum, Schwellen und Grenzen zu überschreiten und sich zu verändern und zu erneuern (Kriterium der Transformität).

Das folgende Schaubild, das dieses Ergebnis anschaulich macht, braucht keine weiteren Erläuterungen. Es spricht für sich.

Diakonische Nutzung von Kirchenräumen

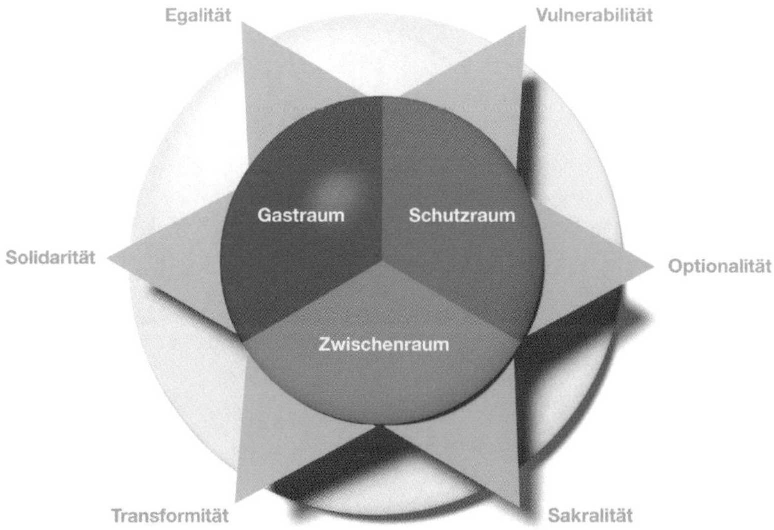

Schaubild Christoph Sigrist.

Kapitel 8: Handlungsperspektiven

8.1. Spurensuche: Handlungsperspektivische Aspekte einer diakonischen Nutzung des Kirchenraums[1]

Jörg Stolz und Edmée Ballif führen unter den Reaktionen von Gemeinden und Kirchen auf die von ihnen systematisierten «Megatrends» einerseits die Neupositionierung der Diakonie[2], anderseits die Frage nach der Umnutzung von Kirchen auf. Am bereits erwähnten Beispiel der Stadt Zürich[3] stellt sich nach ihnen für die betroffenen Gemeinden und Pfarreien immer drängender die Frage: «Wie sollen sie mit unternutzten, zum Teil überflüssigen und kostenintensiven Kirchenbauten umgehen?» (Stolz/ Ballif, 2010, 159) Gerade in urbanen Gebieten zeigt sich deutlich das wiederholt von Andreas Mertin aufgezeigte Problem, dass der sich über Jahrzehnte entwickelte «Inselcharakter von Kirchgemeinden» historisch überholt ist. In liturgischen, pädagogischen, sozialen und kybernetischen Bereichen sind vermehrt gemeindeübergreifende Kooperationen, Abstimmungen und Absprachen vorzunehmen. Dazu gehören unbedingt auch die Fragen nach sinnvollen zukünftigen Nutzungen von meist nahe beieinander stehenden Kirchenräumen (vgl. Mertin, 2004, 2f.; 1997, 13ff.; 2002, 10ff.). Handlungsperspektivisch kristallisiert sich aktuell folgende Grundfrage heraus: «Was geschieht mit den zu gross gewordenen Kirchenräumen?» (Decurtins, 2012, 25)[4] In der ganzen Problematik

—

1 Rolf Schieder plädiert dafür, dass Kirchengebäude als Gegenstand der Praktischen Theologie in den Blick kommen. Dabei helfen ihm zwei theoretische Konstrukte: Das Verhältnis von Öffentlichkeit und Privatheit und der Ansatz einer Heterotopologie in Aufnahme des Ansatzes von Michel Foucault (vgl. Schieder, 1995, 82).

2 In der Frage nach dem Profil kirchlicher Sozialarbeit, der Verteilung der unterschiedlichen Aufgabenfelder zwischen Sozialdiakonen/Sozialdiakoninnen und Pfarrpersonen, den fehlenden Mitteln sowie dem mangelnden Nachwuchs orten Stolz/Ballif (2010, 128–131) Problemfelder, die Kirchgemeinden zu lösen haben.

3 Vgl. dazu Kapitel 1.1.2.

4 Neben der in vorliegender Arbeit schon öfters zitierten reformierten Kirchgemeinde in Zürich-Wollishofen, auf deren Wettbewerbsausschreibung noch eingegangen wird, kann an dieser Stelle die reformierte Kirche von Zürich-Altstetten erwähnt werden, die 1941 eingeweiht und jüngst für 13,8 Millionen renoviert worden ist. Dass mit diesem stolzen Betrag die Frage nach einer Nutzungserweiterung des Kirchenraums

ist zu beachten, dass liturgische Tagzeiten ein anderes Raumprogramm erfordern als Stadtforen, diakonische Einrichtungen andere als Ausbildungsräume für Musik oder Kunst. Welche Gewichtung auch immer vorgenommen wird, Kirchgemeinden leisten nicht nur mit ihren Räumen, jedoch auch mit diesen einen politischen Beitrag an die Gemeinwesenarbeit.[5]

Mit welcher Identität nehmen die Kirchen diese Verantwortung wahr? Nach Hans-Richard Reuter kann eine Kirche als Glaubens-, Handlungs- oder Rechtsgemeinschaft gesehen werden[6]. Die je eigenen

---

zum Teil kontrovers diskutiert wurde und wird, ist einsichtig. (Vgl. dazu: Decurtins, 2012, 20–27.) Dieselbe Problematik beschäftigt die reformierte Kirchgemeinde Winterthur-Veltheim, die an der Kirchgemeindeversammlung vom November 2012 nach grundsätzlicher Diskussion für die Planung einer zukünftigen Nutzungserweiterung der 50-jährigen Kirche Rosenberg 120 000 Franken genehmigt hat (vgl. Gmür, 2012, 13).

5 Aspekte politischer Wirkung der Gemeinwesenarbeit sind etwa die Humanisierung (Strohm) der Bewohnerinnen und Bewohner innerhalb eines Gemeinwesens (vgl. Kapitel 1.2.1.1) oder das Sichtbarmachen versteckter Armut (Schulz) durch das Gastrecht in den öffentlichen kirchlichen Räumen (vgl. Sigrist, 2013, 213f.).

6 Reuter hält fest: «1. Der *dogmatische* Begriff der Kirche bezieht sich auf die Gemeinschaft der Glaubenden unter dem Aspekt ihres Ursprungs, ihrer Grundform, und ihrer Bestimmung: Kirche in diesem Sinn ist überall, wo das Evangelium von der versöhnenden Zuwendung Gottes in Jesus Christus durch Menschen so bezeugt wird, dass es sich anderen Menschen durch das Wirken des Heiligen Geistes als ebenso befreiende wie verbindliche Gewissheit erschliesst. 2. Der *ethische* Begriff der Kirche bezieht sich auf die Gemeinschaften der Christenheit unter dem Aspekt ihrer selbsttätigen Grundvollzüge, das heisst ihrer Kennzeichen und Aufgaben: Kirche als sittliche Gemeinschaft manifestiert sich in signifikanten menschlichen Handlungen des Dienstes der Versöhnung, also des ‹Gottesdienstes› im besonderen (darstellenden) und allgemeinen (wirksamen) Sinn. 3. Der *juristische* Begriff der Kirche bezieht sich auf einen partikularen christlichen Bekenntnisverband unter dem Aspekt der für seine kollektive Handlungsfähigkeit als soziale Organisation zur Verwirklichung des Auftrages der Christenheit auf der Basis eines spezifischen Verständnisses der Mitgliedschaft und der Ämterrolle.» (Reuter, 2009, 33–55) Aus der Erfahrung des Autors vorliegender Arbeit werden am Kirchenraum diese unterschiedlichen, der einen Wirklichkeit zugeordneten «Sinnebenen» (Reuter, 2009, 33) in Spannung zueinander gesetzt: Kirche findet überall statt, warum brauchen wir noch einen Kirchenraum? Der Kirchenraum ist primär als Asylraum im Sinn der Friedens- und Versöhnungsarbeit zu nutzen, der Kirchenraum ist zuerst und vor allem für die Mitglieder der Kirchgemeinde da, nicht für «Fremde». Im Erachten des Autors vorliegender Arbeit gilt es, alle drei Sinnebenen in einem konstruktiven Dialog auch mit dem dritten Sozialraum (Dörner, 2007; 2012), der Nachbarschaft, zu gewichten und in eine befruchtende Spannung zu bringen.

Gewichtungen werden in den Debatten um zukünftige Nutzungen oft so vermischt, dass Konflikte und Missverständnisse die Kommunikation prägen. Ob als ethische gesellschaftliche Kraft, als juristische Rechtsform oder aber auch in gewisser Hinsicht als glaubende Gemeinde: Kirchgemeinden weisen sich, darauf wurde deutlich hingewiesen, gerade mit ihren Kirchenräumen und ihrer institutionellen Gestalt als «intermediäre Institutionen» aus. Sie treten dazwischen – als Vermittlerin zwischen Gruppen, sozialen Schichten, politischen Überzeugungen, kulturellen Milieus und religiösen Minderheiten (vgl. Kapitel 7.2.3). Wer als Vermittler dazwischentritt und dann -steht, orientiert sich am griechischen Begriff *diakonia* (vgl. Kapitel 3.1). Die Sache, um die es bei dieser vermittelnden Haltung geht, ist das helfende Handeln am Notleidenden. Daraus lässt sich mit den Worten Gerhards schliessen, dass Kirchenräume als öffentliches Zeichen der Religion (Erne) auch im hohen Mass «Zeichen dieser diakonischen Präsenz der Christen in der Welt» sind (Gerhards, 2006, 260).

Christen als Mitglieder einer Kirche zeichnen mit ihren Räumen ihr helfendes Handeln in die Gesellschaft ein. Kirchenräume werden dabei assoziativ vertiefend mit Bildern gedeutet. Einige wenige Beispiele mögen das Gesagte illustrieren: Kirchenräume sind «Häuser Gottes für die Menschen» (Evangelische Kirche Berlin-Brandenburg-schlesische Oberlausitz, 2006); «Spurenhäuser früherer Wunder und Wunden»; «offene Gasthäuser zur Rekreation von Leib, Seele und Geist» (Grünberg, 2003a, 28). Sie platzieren die Kirchen als «Mitte» eines Orts, selbst wenn die Kirche am Rand liegt (Grünberg, 2003, 201f.); Stadtkirchen sind «Tempel für die anonyme Stadtöffentlichkeit» (Neddens, 1987, 25) oder «Ort der verfemten Begriffe und der ausgestossenen Worte: Gerechtigkeit, Mitleid, Barmherzigkeit, Trost, Schutz des verfolgten Lebens» (Steffensky, 2003, 13). Der Kirchenraum ist «eine Sprachverleihanstalt, eine Gestenverleihanstalt, eine Räumeverleihanstalt. Sie verleiht Masken des Glaubens auf Zeit» (Steffensky, 2003a, 201).

Neben ihrem Gebrauchswert schlagen Kirchen mit ihrem Symbolwert Funken, die in den gesellschaftlichen Raum wirken.[7] Dank ihrem

---

[7] Die Unterscheidung zwischen Gebrauchs- und Symbolwert wird im Positionspapier des Schweizerischen Evangelischen Kirchenbunds (SEK) aufgenommen: vgl. SEK, 2007, 28. Vgl. auch Kapitel 1.2.1.2.

symbolischen Kapital beginnen die Steine der Kirchen zu predigen[8] und strahlen nicht nur als werbewirksames Zeichen auf Stadtsilhouetten aus, sondern sind Orientierungspunkte, mehr noch, sind nach Wittmann «vertikale Zeichen der Transzendenz im öffentlichen Raum».[9] Kirchenräume sind über Wittmann hinausführend jedoch auch horizontale Zeichen der Diakonie im öffentlichen Raum. Sie sind in Anlehnung an Steffensky Hilfeverleihanstalten. Sie verleihen «Krücken» der Diakonie auf Zeit. Auf dieses diakonische Symbolkapital hat wie kaum ein anderer Failing hingewiesen. Angesichts unterschiedlicher diakonischer Nutzung von Kirchenräumen weist er mit dem Begriff der «Revitalisierung religiöser Raumsymbolik» auf das «symbolische Kapital von Raumeskalation» hin, wo sich Katastrophenereignisse gleichsam «entladen» in räumlichen Dramatisierungen von Kirchenbesetzungen, in der Schaffung von Gegenräumen, in Umräumungen und ungeplanten Raumnutzungen, in Umbildungen von Orten zu «wachsamkeitsstützenden Mahn-Stätten» (Failing, 1998, 113).

Von dieser symbolischen Raumeskalation bei erfahrenen Katastrophen ist die symbolische Raumkonstitution helfenden Handelns als diakonisches Kapital von Kirchenräumen zu unterscheiden. Der Prozess der Diakonie verortet sich. An solchen Orten geschehen Begegnung auf Augenhöhe im Sinn von Face-to-face. Das heisst konkret: 1. In Kirchenräumen herrscht eine Atmosphäre von Offenheit, Respekt und Präsenz. 2. Als verantwortliche Gemeinschaft geht es konkret darum, mit dem Kirchenraum die Grenzen zum Fremden immer wieder neu zu definieren; sie durchlässig und verbindlich zugleich zu gestalten, am Beziehungsnetz zu knüpfen, sinnvoll einzelne Bereiche an Verantwortliche zu

—

8 Die Sprachwendung «Steine predigen» wird auf verschiedene Ursprünge bezogen und unterschiedlich ausgelegt: Grünberg bezieht sie auf einen Aufsatz von Grundmann/Helms aus dem Jahre 1993 und expliziert mit «einem hermeneutischen Kunstgriff» anhand des vierfachen Schriftsinns diese «Predigt»: Die beschriftete Stadt und die Erinnerungskultur (*sensus litteralis*), das Kreuz und die Symbolwelten in Kirche und Stadt (*sens allegoricus [symbolicus]*), die Relevanz der eschatologischen Perspektive: Überlebungsfragen und ihr Ort im Gemeinwesen (*sensus anagocius*) (vgl. Grünberg, 2003, 175–185). Raschzok (2000, 113) bezieht den Begriff auf Christian Möllers Aufsatz: «Die Predigt der Steine». Wie dem auch sei, das Wort von den predigenden Steinen ist tief in der Citykirchenarbeit verankert.

9 Wittmann, 2008, 28. Vgl. weiter zur Fragestellung der Kirchen als Zeichen in der Stadt: Walter, 2006, 112–123.

delegieren[10] und so die solidarische Grundexistenz von Kirchesein im öffentlichen Raum zu repräsentieren. 3. Kirchenräume zeigen sich als Spielraum, Experimentierfeld der Diakonie, in dem werbend und bittend mithilfe der Variabilität helfenden Handelns Veränderungen und Wandlungen beim Besuchenden erwirkt werden.[11] So «predigen» die Steine eines Kirchenraums diakonisch, das heisst, so bauen sie Gasthäuser, Schutzbauen und Zwischenräume im öffentlichen Raum und zeigen ihre eigentümliche Ausstrahlung.[12]

Angesichts dieser Vielfalt von Beobachtungen und Problemmeldungen stellt sich die Frage, wie die vielfach signalisierte Notwendigkeit von Veränderungen in Richtung diakonischer Nutzungsmöglichkeiten von Kirchenräumen grundsätzlich an die Hand genommen werden soll. Welche Handlungsperspektiven sind zu beachten? Wegleitend sind die Handlungsperspektiven beziehungsweise -optionen gemäss den vier Merkmalen in Hanna Arendts Handlungstheorie:[13]

– Sprechen und Handeln sind zwei Seiten derselben Aktivität gestalterischer Tätigkeit. Nutzungsveränderungen sind hochgradig auf das rechte Wort zur richtigen Zeit angewiesen. Kommunikationsprozesse sind für den Nutzungstransfer konstitutiv.

---

10 Zeindler (1993, 412) weist auf diesen delegierenden Aspekt im Umgang mit Architektur und Ästhetik hin.

11 Damit sind die herausgearbeiteten Aspekte aus der raumwissenschaftlichen Perspektive aufgenommen worden: vgl. Kapitel 6.2.4, 6.3.3, 6.4.2.

12 Nicht immer wird die «Steinpredigt» der Kirchen verstanden. Dazu kommt Folgendes: Aufgrund der aufgezeigten Megatrends bei Stolz/Ballif ist einsichtig, dass Kirchenräume aufgrund des Traditionsabbruchs bei religiösen und kirchlichen Themen je länger je weniger lesbar sind und deshalb auch nicht mehr verstanden werden. Programme der Kirchenraumpädagogik mit ihren geistlichen, gerade auf die alltäglichen Besuchenden ausgerichteten Raumerschliessungen versuchen seit zwei Jahrzehnten, diese Lücke zu schliessen: Vgl. neben der allgemeinen Einführung in die Kirchen(raum)pädagogik: Degen/Hansen, 1998; Glockzin-Bever/Schwebel, 2002; Neumann/Rösener, 2009; die beiden fundierten Aufsätze von Hoburg (2009, 91–141) und Raschzok (2000, 112–135). Einen Einblick in eine Führung gibt Daniel Szemerédy, 2008, 129–133. Die Frage nach den diakonischen Funktionen der Kirche setzt eine diakonische Raumerschliessung insofern voraus, als die Spuren der spezifisch diakonischen Sinnebenen des Kirchenraums zuerst einmal erkannt werden müssen. Die Handreichung im Anhang kann dafür ein Beispiel sein.

13 Vgl. dazu: Kapitel 7.1.3.

- Als Orientierungspunkt gilt in erster Linie das zerbrechliche Bezugsgewebe menschlicher Angelegenheiten. Ökonomische Gesichtspunkte und statistische Zahlen können Auslöser und Orientierungsmarken sein, nicht jedoch Zielpunkte handlungsleitender Normen.
- Der achtsame Blick auf die Frage nach der Macht zeichnet die Qualität von Handlungen aus. Bei Nutzungsveränderungen von Kirchenräumen geht es nicht um die Durchsetzung der Macht von Pfarrperson oder von Kirchenleitungen, von Kantor oder Sigrist, Architekt oder Denkmalpflegendem. Das Subjekt jeder Nutzungsänderung ist die Gemeinde als Benutzerin des Kirchenraums. «Gemeinde», gerade in urbanen Gebieten, stellt ein komplexes Beziehungsgeschehen zwischen unterschiedlichen Gruppen und Betroffenen dar und übersteigt den juristisch definierten Kreis der Mitglieder einer Kirchgemeinde, die oft rechtlich Eigentümerin des Kirchengebäudes ist. Eine sorgfältige Wahrnehmung der realen veränderten Verhältnisse der Beteiligten muss dem Prozess der Nutzungsänderung von Kirchenräumen vorangehen.
- Handlungen sind «nach vorne» offen. So wie es darum geht, in die Spur der Vorfahren zu treten, sie zu erkennen, zu deuten und zu verändern, so wird es auch in Zukunft darum gehen, Spuren zu schaffen und zu hinterlassen, die wiederum überholt, übertreten, verändert und verwischt werden. Bei der Realisierung von diakonischen Nutzungsmöglichkeiten von Kirchenräumen geht es nie um das Erstellen von Denkmälern für die Nachwelt, sondern um das Schaffen von Mahnwachen für die Gegenwart. Solche Mahnwachen achten auf die Spuren der Erinnerung, suchen Spuren im Horizont der Zukunft und wagen so Schritte ins Offene. Wer sich darauf einlässt, dem öffnet sich eine wahre Fundgrube an geglückten oder glückenden diakonischen Kirchenraumnutzungen.

8.2. Fundgrube des diakonisch genutzten Kirchenraums: Versuche und Erfahrungsberichte

Die folgende Zusammenstellung ist keine Systematisierung aller Möglichkeiten. Die Vielfalt wie auch die Nichtkenntnis über alle vor Ort zur Anwendung gebrachten Nutzungsformen übersteigt die Möglichkeit des Autors, hier eine abschliessende Systematik vorzustellen. Vollständigkeit zu erreichen ist nicht Absicht dieser Studie. Im Sinn von *best practice* werden relevante und weiterführende Formen und Optionen aufgeführt.

Beispiele und Reflexionen

Klaus Dörner gibt in seinem neusten Buch «Helfensbedürftig» einen ausgezeichneten Überblick über das diakonische Engagement von Kirchgemeinden in Deutschland. Dörner (2012, 111f.) weist darauf hin, dass Kirchgemeinden häufig den einzigen freien grossen öffentlichen Raum besitzen, der in diakonischer Nutzung als Gastraum für regelmässige Treffen jener Personen und Vereine dienen kann, die sich als Nachbarschaft für den Sozialraum engagieren.[14] Dazu zu zählen sind sogenannte «Diakoniekirchen», die sich durch die dramatische Veränderung ihres umliegenden Sozialraums mit dem Verschwinden der Gottesdienstgemeinde zum Ort von Beratungs- und Sozialstellen wandeln[15]. Nicht nur Kirchen, auch kirchliche Gebäude wie Kirchgemeindehäuser, können Beheimatung, Raum suchender Gruppen werden[16]. Ebenso werden Gemeinderäume in Kirchenräume integriert, um so Gemeindehäuser verkaufen zu können.[17] Räume für die gemeindeeigenen Bedürfnisse werden in den Kirchenraum eingelagert.

Wolf-Eckart Failing (1998, 107–113) führt wichtige diakonische Nutzungsformen in den 1980er- und 1990er-Jahren in seinem grundlegenden Aufsatz «Die eingeräumte Welt und die Transzendenzen Gottes» an: die Arche Noah im Ruhrgebiet als ökologisches Lernfeld, die Hüttenkirche bei Frankfurt als Ort des Widerstands, die Kirche als Asyl im Zeichen

---

14 In dieselbe Richtung plädiert Claudia Schulz (2007, 120ff.) in ihrer Analyse inkludierender und exkludierender Kräfte, wenn sie auf das Potenzial von Räumen bei den Kirchgemeinden aufmerksam macht.

15 Ein schönes Beispiel dafür ist die Luther-Kirche in Mannheim, die seit dem 1. Januar 2009 als «Diakoniekirche plus» verschiedensten Organisationen Raum bietet. Durch diese Bündelung von freien und diakonischen Trägern wollen die Verantwortlichen in der Stadt wirken und das Beste für die Stadt fördern. Vgl. dazu: Diakonisches Werk der evangelischen Kirche Mannheim, 2012; zur Geschichte und zum Konzept: Evangelische Kirche in Mannheim, 2012.

16 Die Migrationskirche in Zürich ist dafür ein Beispiel. Das kaum mehr gebrauchte Kirchgemeindehaus in Zürich-Wipkingen ist zum Hort verschiedenster Migrationsgruppen für Gottesdienste und Begegnungen geworden.

17 Ein Werkstattbericht Franziska Stoellgers (2008, 59–61) über die Nutzung der Luther-Kirche in Dortmund gibt Einblick in eine solche Transformation des Raums.

der Wiederkehr des «Sanctuariums», das Hospiz als Stätte begleitender Unterstützung auf der Pilgerreise des Lebens.

Das Hospiz als mögliche Form der Solidarität im Sinn der Konvivenz gewinnt durch die «Stadtkloster»-Bewegung an Aktualität. Georg Schubert ist mit Teilen der Kommunität «Don Camillo» im neuenburgischen Montmirail (Schweiz) in die Segenskirche am Prenzlauer Berg in Berlin gezogen und hat 2007 ein evangelisches Kloster gegründet. Die Gemeinde von zirka 200 Mitgliedern der Segenskirche hat Nutzungsrecht: Das Kloster versteht sich als offenes Kloster, offen auch für jene, «die zufällig von der Strasse hereinschauen». Das Stadtkloster möchte «geistliche Heimat» für die Besuchenden und Wohnenden sein.[18] Die Arbeiten von Wolfgang Grünberg im Bereich der Citykirchenarbeit haben die Tätigkeiten in den verschiedenen Citykirchen nachhaltig mitgeprägt. Dies betrifft die Citykirchen in ihrer Ausgestaltung in die sogenannte «reine Citykirche» ohne Gemeinde, in gemischt genutzte Räume, in denen kirchgemeindeeigene und Citykirchenprojekte aufeinander abgestimmt werden müssen, und in den Stadtkirchen allgemein.[19] Diakonische Nutzungen von Kirchenräumen sind Teilfragen des Kirchenbaus.

Die Zusammenfassung der 25 Kirchenbautage in Deutschland zwischen 1946 und 2005 ist bezüglich der Vorträge und Reden wie auch der Verlautbarungen und Empfehlungen eine fruchtbare Fundgrube.[20] Im Zusammenhang mit der Wiederentdeckung des (kirchlichen) Raums weitet sich in den letzten Jahren der Blick über den historischen Kirchenraum hinaus zu Orten neuer Mobilität und Menschenansammlungen. «Räume der Stille» – in Sportstadien, Bahnhöfen, Konsummeilen – sind Beispiele einer Passantenkirche am Weg.[21] Dabei setzt sich die Ein-

---

18 Vgl. zum Stadtkloster in Berlin: Röder, 2012, 58–59; www.stadtklostersegen.de. Auch in Zürich ist ein kleines Stadtkloster in den Räumen des Diakonievereins Nidelbad an der Tellstrasse 2 mitten im Kreis 4 entstanden: vgl. www.nidelbad.ch

19 Vgl. dazu die zusammenfassende Schau in seinem zuletzt herausgegeben Aufsatzband «Die Sprache der Stadt», in dem Reflexionen und Praxisbeispiele aufeinander bezogen werden und der wichtige Aspekte der Stadtkirchenarbeit aufzeigt, Grünberg, 2004. Auch: Sigrist, 2000.

20 Anhand der einschlägigen Vorträge wie auch der Anführung entscheidender Dokumente wie die «Rummelsberger Grundsätze», die «Wolfenbüttlerer Empfehlungen an die Gemeinden» oder die «Leipziger Erklärung» kann gut die Veränderung der theologischen Positionen nachgezeichnet werden: vgl. Bürgel/Nohr, 2005.

21 Vgl. dazu: Schürkamp, 2009, 52–57. Beispiele in Zürich: Bahnhofkirche, Flughafenkirche, Kirche im Einkaufszentrum «Sihlcity»: www.bahnhofkirche.ch; www.flughafen-

sicht durch, dass solche neu konzipierten Kirchenräume ihre Funktionen nur noch unter ökumenischer Trägerschaft und mit interreligiöser Ausrichtung wahrnehmen können.[22]

Ideenwettbewerb

Bei einer 2001 von der evangelischen Zeitschrift «Chrismon» durchgeführten Studie wurden 1005 Personen gefragt, was ihrer Meinung nach mit einer leerstehenden Kirche, die von der Kirchgemeinde nicht mehr genutzt wird, gemacht werden solle. (Mehrfachnennungen waren möglich.) An erster Stelle wurde die Nutzung als Begegnungszentrum für Jung und Alt genannt (82%), gefolgt vom Konzert-, Ausstellungs- oder Kinoraum (57%). In Betracht gezogen wurde weiter die Vermietung oder der Verkauf an eine andere religiöse Gemeinschaft (47%), der Umbau zum Spiel- und Abenteuerplatz für Kinder (37%), die Nutzung als Wohnraum (24%), als Diskothek (12%), als Gaststätte oder Ladengeschäft (11%). Je 12 Prozent waren der Meinung, die Kirche entweder abzureissen und den freien Platz zu nutzen oder die Kirchen im Gegenteil als heiligen Raum so stehen zu lassen, entspräche der Lösung (vgl. EMNID, 2001, 10).[23]

Fünf Jahre nach der genannten Erhebung führte Chrismon bei der St.-Afra-Kirche in Meissen den Wettbewerb «Spielraum Kirche»[24] durch. Bei diesem stellten Hunderte von Personen in bunten Zeichnungen und kreativen Entwürfen ihre Ideen vor. Mit Blick auf die diakonische Nutzung ist die Antwort von Pfarrer Uwe Haubold auf die Frage, bei welchen der Vorschläge die Bedürfnisse der Menschen besonders zum Ausdruck kämen, bezeichnend: «Zum Beispiel in jenen Vorschlägen, die mit dem Heilen zu tun haben und die den Menschen als Ganzes sehen. Das verbirgt sich hinter den Vorschlägen, ein Therapiezentrum, ein Heilungs- oder Wellnesscenter einzurichten. Auftanken können, zu sich selber finden ist ein Bedürfnis vieler Menschen.» (Kopp, 2005, 20)

---

pfarramt.ch; www.sihlcitykirche.ch. Durch die Gewichtung des seelsorgerlichen Aspekts lassen alle Beispiele ein diakonisches Profil erkennen.

22 Vgl. zu den konfessionellen unterschiedlichen Gewichtungen der Frage nach der Umnutzung: Zahner, 2007, 62–64 (kath.), Adolphsen, 2007, 65f. (evang.).

23 Diese Umfrage hat Fisch (2003, 169–175; 170) in seiner Studie über Nutzungen und Umnutzungen von Kirchen aufgenommen.

24 Vgl. dazu der zusammenfassende Überblick in: Chrismon, 2005, 14–21, I–XVI.

Im Herbst 2012 führte die Kirchgemeinde Zürich-Wollishofen einen Wettbewerb durch, der Ideen für die zusätzliche Nutzung der für die Kirchgemeinde mit ihren Anlässen überflüssig gewordenen Kirche Egg generieren sollte. 58 Vorschläge sind eingegangen. In Richtung diakonischer Nutzung wurden drei Projekte eingegeben. Sie wollten gefährdeten oder benachteiligten Personen oder Gruppen Gastrecht gewähren. Unter dem Titel «Bewahren & Neugestalten» soll im Kirchenraum Wohnraum für Benachteiligte eingebaut werden. Projektinitiant Walter Schlegel schreibt: «Und auf dieser Basis könnte man in dieser Kirche heissbegehrte Wohnräume schaffen zum Beispiel für alleinstehende ‹Reformierte Senioren› oder für ‹Christliche Weggefährten› oder für eine Wohngruppe von Leuten mit Behinderungen oder für ‹einsame verwitwete Personen› etc., etc.» (Reformierte Kirche Wollishofen, 2012, 77).[25] Die Projektidee «Echtzeit Eden» möchte in Zusammenarbeit mit der psychiatrischen Universitätsklinik den Spielraum Kirche mit Bezug auf die Theorieansätze von Donald W. Winnicott für psychisch erkrankte Menschen zugänglich machen.[26] Schliesslich wollte eine Initiativgruppe den Kirchenraum für einen Teil der 50 bis 60 Migrationskirchen für Gottesdienste, öffentliches Café, Mittagstisch für Flüchtlinge, Wohnraum für asylsuchende Familien, Gästezimmer, kulturelle Veranstaltungen, Bibliothek, interkulturelle Spielgruppen, Deutsch-Kurse und Flickstuben, betrieben von Migrantinnen, öffnen (vgl. Reformierte Kirche Wollishofen, 2012, 153–155).

Gerade in der Struktur des Wettbewerbs scheinen die zentralen Aspekte der Handlungsperspektiven im Sinn von Hannah Arendt auf, die

---

25 Dieses Projekt wurde von der Jury neben andern vier als «Projekt mit Anerkennung» der Kirchgemeinde zur Weiterbearbeitung empfohlen.

26 Projektinitiantin Chantal Wicky schreibt: «Das Projekt E C H T Z E I T E D E N erforscht, entwickelt und erprobt Arbeitsmodelle für den Einsatz von künstlerischen Mitteln, besonders von Formen des Spiels, welche die kreativen Anstrengungen zur Selbst-Integration und Selbstheilung von bedrohten Menschen unterstützen, von Menschen, deren Zugehörigkeit in der Leistungsgesellschaft gefährdet ist. Hinter unserer Arbeit steht die Überzeugung, dass auch unter Langzeitpatienten eine vitale Befähigung zu Heilung existiert und gerade durch künstlerische Intervention zur Entfaltung gebracht werden kann.» (Reformierte Kirche Wollishofen, 2012, 145) Die grosse Nähe zu den Aspekten des Kirchenraums als Zwischenraum, wie er in Aufnahme der Theorieansätze Winnicotts beschrieben wurden, sind schon in diesen ersten Sätzen erkennbar (vgl. Kapitel 6.4, Kapitel 7.2.3.2); vgl. auch die weitere Beschreibung des Projekts in: Reformierte Kirche Wollishofen, 2012, 145–151.

an dieser Stelle kurz in Bezug auf die Situation in Wollishofen in Erinnerung gerufen werden:

- Die Kirchgemeinde erarbeitete einen komplexen Kommunikationsprozess, in dem die Mitglieder der Kirchgemeinde, die Quartiersbevölkerung, die kirchliche Öffentlichkeit und die Stadtöffentlichkeit immer wieder aufeinander bezogen wurden: Sprechen und Handeln waren die beiden wichtigsten Orientierungspunkte.
- Zielpunkt und handlungsleitende Norm in der Beurteilung der Projektideen war für die Jury das zerbrechliche Beziehungsgewebe menschlicher Existenz: Wenn kommerzielle Nutzung in Betracht gezogen wurde, dann mit einer sozial verträglichen und sozial ausgerichteten Schwerpunktsetzung.
- Das Subjekt der Nutzungsveränderung blieb die Kirchgemeinde als Eigentümerin des Kirchenraums, erweitert durch einen auf mehrere Monate angelegten Austauschprozess mit der Nachbarschaft und der pluralen, multikulturellen Bevölkerung.
- Der Wettbewerb war nach vorne offen und stellte ein gelungenes Beispiel für eine «Mahnwache für die Gegenwart» dar. Spuren hat die Projektleitung angelegt. Wie diese Spuren aufgenommen, verändert oder verwischt werden würden, ist im Prozess als offener Ausgang einbezogen worden.[27]

Übersichten über Umnutzungen

Die evangelische Kirche Westfalen gibt in ihrem informativen Leitfaden für die Umnutzung von Kirchen einen Überblick über erfolgte Nutzungserweiterungen ihrer Kirchen: Nutzung durch griechisch-orthodoxe Gemeinden, Einbau von Kindergärten, Vermietung von Teilen von Kirchenräumen an städtische Kultureinrichtungen, Einbau von Gemeindesälen Bibliotheken, Wohnungen, Verwaltungsräume, die Umnutzung in Citykirchen, Konzertsäle, Aulen und Turnhallen, der Einbau von Cafés und Bistros.[28]

---

27 Vgl. zum ganzen Prozess des Wettbewerbs: www.wollishofen-zuerich.ch, Wettbewerbsbericht: Reformierte Kirche Wollishofen, 2012.

28 Evangelische Kirche Westfalen, 2004, 51–52. Vgl. zur katholischen Kirche: Rüenauver, 2003, 181–187. Zum Stichwort Beiz oder Kneipe als «nahe Verwandte der Kirche» (Pachmann): Ulrich Kotzur, katholischer Priester in Berlin, hat in Berlin-Kreuz-

Eva Schäfer (2003, 188–193) beschreibt die Umnutzung von Kirchenräumen in den Niederlanden mit Blick auf die Umnutzung in Wohnraum. Rainer Fisch (2008) stellt in seiner kritischen Bestandesaufnahme 23 um- und fremdgenutzte Kirchen in Deutschland vor: Kirchen werden als Künstlerwerkstätten, Tagungszentren, Bankfilialen, Bibliotheken, Konzerthallen, Büros, Kindergärten, Gaststätten, Sportstätten und Museen genutzt. Es gibt Versuche, Kirchen als Kolumbarien zu nutzen, genauso (vgl. Kranemann, 2008, 75f.) wie in vielgestaltigen Formen von Gaststätten (vgl. Krause, 2008, 76f.). Eine Form von gastlichem Raum stellen die schon erwähnten unterschiedlichen Formen von Vesperkirchen, Tafelkirchen, Mushäfen (Predigerkirche Zürich) und «Tischlein-deck-dich»-Aktionen dar, die versuchen, die inkludierenden und exkludierenden Kräfte solidarischen Handelns im Kirchenraum in eine sinnvolle Spannung zu bringen.[29]

Leitfäden

In den letzten Jahren ist eine grosse Zahl von Leitfäden, Leitlinien, Verfahrenssätzen und praktischen Empfehlungen von Kirchenleitungen und Experten veröffentlicht worden, die mit praktischen Hinweisen in unterschiedlicher Weise auf das komplexe Verfahren einer Nutzungsveränderung eingehen[30]. Mit Blick auf die Schweiz halten Stolz und Ballif

berg eine Kirchenkneipe in der Yorkstrasse mit dem Namen «Kreuzberger Himmel» eröffnet (vgl. Pachmann, 2012, 7; Janert, 2013). Ein weiteres Beispiel einer Teilumnutzung eines Kirchenraums zeigt sich in der Absicht der Evangelischen Gesellschaft des Kantons Zürich, die St.-Anna-Kapelle durch einen Zwischenboden zu unterteilen. Der untere Teil wäre für eine kommerzielle Nutzung des Erdgeschosses bestimmt, der obere Teil bliebe Sakralraum (vgl. Rohrer, 2013, 17).

29 Vgl. dazu die Ausführungen in Kapitel 7.3.1.2. Claudia Schulz (2011, 280–297, bes. 286–295) analysiert die Konfliktlinien in den Vesperkirchen ausführlich: «Angebot schafft Nachfrage» – Umstrittenes Engagement für Arme; «Eventkirche» und «Essenstourismus» – Die Frage nach Kontinuität und Zuständigkeit; «Wir schmücken uns mit den Armen» – das Tabu öffentlicher Aufmerksamkeit.

30 Vgl. dazu Fendrich, 2003, 176–180. Der Autor beschreibt die sogenannten Essener Leitlinien im katholischen Ruhrbistum. Vgl. auch Fehsenfeld, 2008, 69–72. Er beschreibt den partizipativen Prozess bei einer Kirchenschliessung und entwickelt einen Handlungsleitfaden. Eine Auswahl von kirchlichen Handreichungen: Evangelische Kirche Berlin-Brandenburg-schlesische Oberlausitz, 2006: Unter möglichen «gesellschaftdiakonischen Nutzungen» führt der Leitfaden institutionalisierte kirchliche Beratungen sowie das in besonderen Notsituationen mögliche Kirchenasyl als Zuflucht

drei Umnutzungsformen fest: Die Erweiterung der (gottesdienstlichen) Nutzung, meist in Form von Mischnutzungen, die Fremdnutzung in Gestalt von Vermietung sowie der Verkauf. Als konkrete Strategien führen die Autoren die Citykirchen oder Offenen Kirchen an, die Nutzung von Kirchen als Kulturanlagen, Aktionen wie die der «Offenen Kirchentüren» oder die ökumenische Mehrfachnutzung (vgl. Stolz/Ballif, 2010, 160–162). Der Verkauf von Kirchen ist bei schweizerischen Kanntonalkirchen ungewöhnlich. Die verkaufte Kirche St. Leonhard in St. Gallen stellt hierbei die Ausnahme der Regel dar. Für die methodistische Kirche sind Verkaufs- oder Vermietungsaktionen im grösseren Stil jedoch nichts Unübliches, wie die Beschreibung des Projekts «Blinde Kuh» aufzeigt.[31]

Umnutzungskriterien wie auch praktische Empfehlungen in Leitfäden sind arbeitsdienlich[32]. Sie sind oft allgemein gehalten und nehmen eine Priorisierung der Nutzungen vor: Die gottesdienstliche Nutzung geniesst uneingeschränkten Vorrang. Die Entwidmung oder ein Abbruch gilt als Ultima Ratio möglicher Szenarien. Vielfach sind in den Leitfäden diakonische Nutzungsmöglichkeiten aufgeführt.[33] Als Grundkriterium und Ausrichtung kann verallgemeinernd die Empfehlung im Impulspapier des Schweizerischen Evangelischen Kirchenbunds (SEK) gelten: «Die Unterscheidung zwischen Gebrauchs- und Symbolwert erlaubt es, ein Grundkriterium für Kirchenraumumnutzungen zu formulieren: *bei einer Umnutzung muss der neue, veränderte Gebrauchswert dem bleibenden Symbolwert einer Kirche entsprechen,* das heisst: neue Nutzungsformen dürfen dem Symbolwert nicht widersprechen oder ihn in Frage stellen.» (SEK, 2007, 28)

Wie sehen nun, aufbauend auf diesem Grundkriterium, die Handlungsperspektiven einer diakonischen Nutzung von Kirchenräumen aus? Es geht dabei nicht um die Frage, wie man heilige Räume entsorgt[34],

---

an: vgl. a. a. O., 26f.; Evangelische Kirche Westfalen, 2004; Vereinigte Evangelisch-Lutherische Kirche Deutschlands VELKD, 2003; Vereinigte Evangelisch-Lutherische Kirche Deutschlands VELKD, o. D.; Schweizerischer Evangelischer Kirchenbund (SEK), 2007; Schweizerische Bischofskonferenz (SBK), 2006.

31 Vgl. Kapitel 8.3.

32 Vgl. dazu insbesondere die gute Zusammenfassung des Schweizerischen Evangelischen Kirchenbunds (SEK), 2007, 27–30.

33 Vgl. zum Beispiel bei Evangelische Kirche Berlin-Brandenburg-Schlesische Oberlausitz, 2006, 51.

34 Diese Frage bewegt Josuttis (1997, 250–251): «Eine wichtige Frage kann hier nicht mehr erörtert werden, die in der Zukunft das kirchliche Leben sehr stark bestimmen

sondern wie Kirchenräume mittels diakonischen Gebrauchs dem symbolischen Wert des «heiligen», «sakralen» Kirchenraums Sorge tragen. In dieser Frage schwingt ein altes Desiderat mit[35]. Es kann dabei um spektakuläre Fremd- und Umnutzungsprozesse, Verkaufsstrategien der Umbauten gehen, jedoch auch um kleinere oder grössere Veränderungen im Kirchenraum oder im Nutzungskonzept. Der im Anhang vorliegender Arbeit angeführte Textvorschlag in Form einer Broschüre ist als Hand-

---

wird. Wie entsorgt man heilige Räume? Was macht man mit Kirchengebäuden, die nicht mehr benötigt werden? Ist die Übergabe an kulturelle Zwecke wirklich die einzige Möglichkeit, wie es der eingefleischte Kulturprotestantismus uns suggeriert? Haben sie damit aufgehört, durch die Taufe geheiligte Glieder am Leib Christi zu sein? Bei der Klärung dieser und anderer Fragen sollte sich jene Maxime bewähren, die in mancher Hinsicht auch die hier vorgelegten Überlegungen prägt und die Gert Otto so formuliert hat: ‹Waches Leben ist Glauben.›» Josuttis ist zu erwidern, dass gerade die Zuführung an diakonische Zwecke eine Alternative im Sinn von Wachen darstellt: Glaube ist Diakonie.

35 Meines Wissen haben drei Theologen in jüngerer Zeit explizit auf die diakonische Nutzung von Kirchenräumen hingewiesen: *Hans Heinrich Brunner* referierte am Darmstätter Kirchenbautag 1969 zum Thema Kirchenbau ohne Illusionen, indem er zu Zurückhaltung und zur Sparsamkeit beim Kirchenbau zugunsten von «Marktplätzen des Lebens», die den Menschen dienen sollen, plädierte. Explizit hält er fest: «Die diakonische Funktion der Kirche kann und soll gerade auch im Kirchenbau augenfällig werden.» (Brunner, 2005, 101) Was versteht Brunner (2005, 103) neben den «Marktplätze[n] des Lebens» unter «diakonischen Funktionen»? Sparsamkeit, Sachgerechtes statt Aufwändiges, Askese und Bescheidenheit, den Bau von Wohnheimen für betagte Menschen, für Lehrlinge, alleinstehende Frauen oder Mütter statt «Gotteshäuser», Integration in die Welt und Meditation, ökumenisches Bauen sowie die Offenheit in der Konzeptionsvielfalt als der pluralen Gesellschaft entsprechendes Bauen. Lapidar hält Brunner fest: «Wo die Kirche darauf verzichtet, auf Illusionen zu bauen, schafft sie Raum für das Zeugnis, für den Dienst und für die Gemeinschaft, in denen ihr Auftrag als Trägerin der christlichen Hoffnung besteht.» (Brunner, 2005, 105) Klarer kann die «reformierte» Stimme in achtsamer Berücksichtigung des historischen Kontexts wohl nicht positioniert werden. Als zweiter weist *Marc E. Kohler* (1979, 232ff.; 241ff.; 310ff.) in seiner Untersuchung der Basler Kirchen 1979 auf die dienenden, sozialen und gemeinschaftlichen Dimensionen des Bauens hin. Interessanterweise macht er beim dienenden Charakter auf den Verzicht auf Dominanz aufmerksam, ein Aspekt, der innerhalb vorliegender Arbeit unter dem Kriterium der Optionalität als Verzicht auf Privilegien entfaltet wurde (vgl. Kapitel 7.3.2.2). Als schon mehrmals erwähnte katholische Stimme hat *Albrecht Gerhards* (2006, 246–260) auf die diakonische Dimension des Kirchengebäudes hingewiesen.

reichung für Personen und Gremien gedacht, die sich mit Nutzungsänderungen befassen müssen.[36]

8.3. Probe aufs Exempel: «Blinde Kuh», Zürich/Basel

Es war das Anliegen des Autors vorliegender Arbeit, den hier verfassten Entwurf einer Kriteriologie (Kapitel 7) einem Theologen zur kritischen Überprüfung vorzulegen, der vor über zehn Jahren in Zürich einen Kirchenraum in ein Restaurant besonderer diakonischer Art umgewandelt hat. Wie beurteilt er den vorgelegten Kriteriologie-Entwurf sowohl in Erinnerung an den seinerzeitigen Planungs- und Realisierungsweg als auch im Spiegel seiner 13-jährigen Erfahrung mit dem bestehenden Restaurant?

Seit 1999 beherbergt der ehemalige Kirchenraum der methodistischen Kirche in Zürich, die sogenannte «Inselhof-Kapelle», ein Restaurant besonderer Art. Das sozial-diakonische Projekt «Blinde Kuh» bietet 70 Gästen Platz, sich im dunklen Raum von 30 blinden oder sehbehinderten Mitarbeitenden kulinarisch verwöhnen zu lassen und so in der alltäglichen Situation des gemeinsamen Essens Erfahrungen der besonderen Art zu machen.[37] Das Projekt geht vor allem auf die Initiative des in früher Kindheit erblindeten reformierten Pfarrers Jürg Spielmann zurück. Er ist es denn auch, der das in vorliegender Arbeit entwickelte Beurteilungsinstrument sozial-diakonischer Kirchenraumnutzung aufgrund seiner Praxiserfahrung überprüft hat. Spielmanns Überlegungen belegen nicht nur die Griffigkeit der Kriteriologie sowie die Realisierungsfähigkeit des Theorieansatzes in der Praxis auf eindrückliche Weise, sondern lassen aufgrund der blinden Sicht eines Betroffenen tiefer gehende Di-

---

[36] Der Entwurf einer Handreichung für den diakonisch genutzten Kirchenraum ist unter dem Titel «Spuren hinterlassen» vorliegender Arbeit im Anhang als Textvorschlag beigegeben. Er kann mit Bildern versehen in Form einer Broschüre, die sich auf die Erkenntnisse vorliegender Studie stützt, seinen Dienst tun.

[37] Vgl. zum Projekt: www.blindekuh.ch. Dass hier Erfahrungen jenseits des Alltags gemacht werden können, ist auch daraus ersichtlich, dass 2005 in Basel ein zweites Projekt gleicher Art entstanden ist. Natürlich ist durch die Umnutzung bzw. Fremdnutzung der Kirchenraum in seiner ursprünglichen Ausgestaltung so nicht mehr erkennbar, doch das Projekt zeigt trotzdem in ausgezeichneter Weise reale Konkretionen der diakonischen Funktionen und Kriterien von Kirchenraumnutzungen. Diese Evidenz gilt trotz des Einwands, den man zu Recht machen kann.

mensionen der einzelnen Funktionen und Kriterien aufscheinen, die theoretisch durchdacht und praktisch umgesetzt worden sind.[38] Diese Perspektive artikuliert auf überraschende Weise die dargestellten Zusammenhänge, konkretisiert sie in einmaliger Qualität und macht Mut für weiterführende Initiativen.

Jürg Spielmann setzt bei *Kirchenraum und Diakonie* ein, indem er den sozial-diakonischen Aspekt des Projekts hervorhebt: «Für mich war von allem Anfang an wichtig, dass das Projekt ein sozial-diakonisches Projekt ist. Menschen mit einem objektiven Nachteil, nämlich ihrer Blindheit, lernen, einen kreativen Umgang mit ihrer Begrenztheit zu gewinnen. Sie erleben Zustände, wo sie über ihre Grenzen hinausgehen können und an sich Veränderungen entdecken. Solche Grenzüberschreitungen und Veränderungen sind nun nicht das Vorrecht der Blinden, sondern gehören zum Menschlichen überhaupt. Die ‹Blinde Kuh› ermöglicht grenzüberschreitende Begegnungen von Sehenden und Blinden, in denen beide sich und den andern neu und anders sehen und kennen lernen. Diese Erfahrungen sind für mich impliziter Ausdruck des Evangeliums. Wahrscheinlich strahle ich in meiner pfarramtlichen Funktion als blinder und spiritueller Mensch eine besondere Glaubwürdigkeit und Authentizität aus. Gerade aufgrund dieser religiösen und kirchlichen Verankerung war es mir jedoch wichtig, dass das sozial-diakonische Projekt als ‹weltliches› Projekt in der Struktur einer gemeinnützigen Stiftung namens ‹blindliecht› konzipiert wurde.» Die von Spielmann beschriebene besondere Ausstrahlung kann als symbolisches Kapital des Pfarramts verstanden werden, das sich auch im Kirchenraum widerspiegelt.

Der Kirchenraum der methodistischen Gemeinde wurde aufgrund der schwindenden Mitgliederzahl als Gottesdienstraum nicht mehr gebraucht. Die Kirchgemeinde suchte eine neue, möglichst sozial-diakonisch ausgerichtete Nutzungsform. Es entstand durch das Interesse der Projektleitenden der «Blinden Kuh» eine Win-win-Situation von diakonischer Konzentration. Bei der entscheidenden Kirchgemeindeversammlung zeigte sich diese Konzentration nach Aussage Spielmanns darin,

---

[38] Jürg Spielmann hat dem Autor vorliegender Arbeit seine Ausführungen zur Kriteriologie in einer Audiodatei dargelegt. Der Autor vorliegender Arbeit hält diese mündlichen Reflexionen hier in Zitatform fest. Die Zitate wie auch der ganze Abschnitt dieses Kapitels sind von Jürg Spielmann autorisiert worden. Vgl. Spielmann, 2012.

dass als *piece de résistance* die Frage nach dem Führen von Alkoholgetränken im gastronomischen Bereich heftig umstritten war. Zwar organisierte die Kirchgemeinde im Kirchenraum während Jahren Kirchenkaffees, doch die diakonisch artikulierte und im Kirchenraum mitschwingende Rücksichtnahme gegenüber den Suchtmittelgefährdeten, die sich explizit im Verzicht des Alkoholkonsums materialisiert hatte, rieb sich an der geplanten kommerziellen Nutzung des Gastbetriebs. Spielmann konnte die Gemeinde überzeugen, nicht zuletzt durch seine Auffassung des Kirchenraums, in der sich Facetten des symbolischen, diakonischen Kapitals widerspiegeln, wie es Bourdieu theoretisch entfaltet (vgl. Kapitel 6.3.3): «Für mich lag dadurch, dass es ein Kirchenraum war, ein Segen auf dem Projekt. Nichts gegen Metzgereien. In Metzgereien werden Würste verkauft, in Kirchen breitet sich Segen aus. Der Raum artikuliert die implizite Dimension der Begegnung von Menschen über ihre Grenzen hinaus, für mich als implizite Dimension des Evangeliums verstanden, für viele Menschen nicht so oder anders genannt. Der Raum repräsentiert solche Begegnungen, die beauftragte und angestellte blinde Menschen den Sehenden ermöglichen. Noch etwas zum Segen: Natürlich weht der Geist Gottes, wo er will, doch der Kirchenraum hat dafür eine verstärkende und unterstreichende Wirkung.»

Nach diesen grundlegenden Gedanken zum Kirchenraum und zum diakonischen Ansatz des Projekts analysiert Spielmann die einzelnen Funktionen und Kriterien der diakonischen Nutzung von Kirchenräumen. Im Bereich der Funktion des Kirchenraums als *Gastraum* hält er mit Blick auf das Kriterium der *Egalität* drei Hauptziele fest: Erstens sollen Arbeitsplätze für blinde Menschen geschaffen werden, bei denen deren Fähigkeiten durch die Dunkelheit des Arbeitsplatzes nicht kompensatorisch, sondern als Pluspunkt anzuführen sind.[39] Zum Zweiten ereignet

---

39 Spielmann hält fest: «Blinde Menschen sollen eine Chance haben, eine Erwerbsarbeit zu haben. Diese Form der Egalität ist nicht vorhanden. Immer wieder stelle ich fest, dass Vorurteile bestehen, blinde Menschen wegen ihrer Blindheit nicht anzustellen. Mit der ‹Blinden Kuh› soll ein Zeichen für das gleiche Recht auf Arbeit gesetzt werden.» Zusammen mit Stefan Zappa führt Spielmann diesen Gedanken in Richtung Rehabilitation aus: «Besonderes Gewicht legen wir darauf, mit unserem Projekt für blinde und sehbehinderte Menschen Arbeitsplätze in einem Umfeld zu schaffen, in dem sich ihre Behinderung nicht als Nachteil, sondern im Gegenteil als Qualitätsmerkmal auswirkt. Namentlich für später erblindete Menschen könnte das für die

sich Egalität im Dunkeln dadurch, dass alle Menschen «sehen». Dieses als «umgekehrte Gleichheit» bezeichnete Phänomen gehört für Spielmann zur Kernidee des Projekts und entspricht inhaltlich in weiten Teilen der von Schüssler Fiorenza entwickelten «Gleichheit von unten» (vgl. Kapitel 7.3.1.1).[40] Dazu kommt als drittes Moment die Einsicht, dass alle Menschen Grenzen haben, und zwar nicht als Defiziterfahrung, sondern als Potenzial möglicher Resilienz und Ressourcengewinnung. Dazu Spielmann: «Grenzen werden verrückbar durch – wie ich es nenne – kreative Leidensbewältigungen. Dies können jedoch blinde Menschen, solches haben sie zu lernen und müssen sie auch lernen. Sehende Menschen erleben etwas von diesem Prozess als Gast im Raum. Dazu möchte das Projekt sensibilisieren.» Egalität schafft Unterschiede nicht ab, sondern erkennt in ihnen ein Potenzial gegenseitigen Lernens und Verstehens.[41] In diesem Potenzial verborgen liegt eine Form der Egalität, die Reziprozität diakonischen Handelns: Helfende werden zu Hilfesuchenden und Hilfesuchende zu Helfenden. Dadurch wandeln sich vermeintliche «Schwächen» zu grundlegenden Stärken. Ein Blinder weiss am besten,

---

Rehabilitation eine echte Chance sein. Wichtig dabei ist auch die Zusammenarbeit mit Sehenden und der daraus resultierende Dialog.» (Spielmann/Zappa, 1998, 7)

40 «Schauen, auf Distanz halten und einteilen, das ist in der ‹Blinden Chue› nicht möglich, denn da ist es dunkel wie in einer Kuh. Im Dunkeln sind zunächst einmal alle gleich. Da gibt es keine Sehende oder Blinde, keine Manager oder Strassenwischer, keine Vamps oder Mauerblümchen. Im Dunkeln ist jeder Mensch ‹auf den ersten Blick› potenziell interessant und spannend.» (Spielmann/Zappa, 1998, 5) Ist hier nicht eine Nähe zum «schrägen Blick» von Waldenfels erkennbar? (vgl. Kapitel 3.3.3).

41 Im Projektpapier halten Spielmann und Zappa zum Gastraum und dem Prinzip der Egalität fest: «Unser Betrieb, die ‹Blindi Chue›, soll, wie schon der Name verrät, eine Begegnungsstätte sein, die lustvoll und mit Ausnahme des Sehens mit allen Sinnen geniessend erlebt werden kann. Von sinnlich bis sinnvoll sind in dieser Einrichtung alle Gefühle erlaubt. Es ist zwar dunkel wie in einer Kuh, aber wo viel Schatten ist, ist auch viel Licht, wenngleich sich dieses Licht nicht im gewohnten Sinn zeigt [...]. Es ist also unser Ziel, dass Berührungsängste sich verlieren und verwandeln in die Freude am Kennenlernen einer neuen Welt und Kultur: der Welt des Blindseins, der Kultur des ‹Sehens im Dunkeln›, einer Kultur der Nähe und nicht der Distanz, der Unvoreingenommenheit und nicht der Vorurteile [...]. Wir wollen einen Ort schaffen, an dem Unterschiede zwischen den Menschen, die sonst so trennend wirken, keine Rolle mehr spielen, sondern im Gegenteil als wertvoll und bereichernd empfunden werden können.» (Spielmann/Zappa, 1998, 4 u. 6)

was hilft, wenn man sich «im Dunkeln» bewegen muss.[42] Mit dem Kriterium der *Solidarität* verbindet Spielmann die Einsicht, dass es keine Individualleistung darstellt, sich den eigenen Grenzen zu stellen: «Sich den Grenzen stellen zu können, ist nur im Miteinander möglich, ist auf Hilfe angewiesen. Es geht auch in der ‹Blinden Kuh› um die Hilfe zur Selbsthilfe. Alle sind Lernende: Blinde lernen zu vermitteln, Sehende lernen sich zu bewegen. In der ‹Blinden Kuh› entsteht neben der Fest- und Hilfsgemeinschaft auch und vor allem eine Lerngemeinschaft.» Klarer kann kaum in Worte gefasst werden, was Sundermeier mit dem Konvivenzgedanken entwickelt hat (vgl. Kapitel 7.3.1.2).

Zum Kirchenraum als *Schutzraum* betont Spielmann im Zusammenhang mit dem Kriterium der *Vulnerabilität* die Verletzlichkeit des Menschen sowie die Achtsamkeit im Umgang mit solchen Verletzungen: «Blinde Menschen sind von vornherein verletzlicher als andere. Mit dem Auge kann man Gegenstände oder Hindernisse abwehren. Blinde Menschen müssen in Gegenstände hineinlaufen, bevor man ausweichen kann. Blindenstöcke und Hunde können da Hilfe sein. Sehende im dunklen Raum werden auf ihre Verletzlichkeit unmittelbar angesprochen. Dieser Vulnerabilitätserfahrung wird begegnet, indem der blinde Kellner die sehenden Gäste begleitet, schützt und beruhigt. Der blinde Kellner ist sich im hohen Masse bewusst, Gefühle von Sicherheit zu geben. Dabei spielen zwei Aspekte eine grosse Rolle: Zum einen ist Vertrauen in grossem Masse zu vermitteln. Zum anderen ist ein hohes Ethos gefor-

—

42 Dieser theoretische Ansatz kann nach Spielmann/Zappa anhand von Erfahrungen des «Vor-Projekts» der «Blinden Kuh», der «Unsicht-Bar», im Rahmen einer Ausstellung im Museum für Gestaltung in Zürich festgemacht werden und zeigt sich im Rollentausch von Blinden und Sehenden: «Immer wieder haben wir Sehbehinderten und Blinden uns darüber unterhalten, was dieser einmalige Rollentausch von Sehenden und Blinden ganz unerwartet in uns auszulösen vermochte. Wir staunten, wie sehr sich unsere Erfahrungen und Gefühle glichen: Noch nie in unserem Leben haben wir Blinden uns so sehend gefühlt, so frei, so geborgen, so zu Hause, so verstanden, akzeptiert und respektiert. Jetzt waren wir für einmal die Sicheren, die Helfenden, die Fürsorglichen und Einfühlsamen. Wer von uns hätte sich je erträumt, einmal als Bar-Keeper zu arbeiten, Leuten galant einen Konzertplatz anzuweisen, Feinschmeckern liebevoll einen köstlichen Wein hinzustellen und ihre Hand behutsam zum Glas zu führen. Niemand hätte es besser vermocht als wir, wir, die wir im täglichen Leben selber oft auf solche Hilfestellungen angewiesen sind und darum besser wissen, wie es für Menschen ‹im Dunkeln› am Angenehmsten ist, was gut tut und hilft oder was nicht.» (Spielmann/Zappa, 1998, 4)

dert, Verletzlichkeiten nicht auszunützen. Wir blinde Menschen erleben oft das Verletzende am Spassmachen über Verletzungen und Defizite. Hier, beim existenziellen Ausgestelltsein durch offenbares Angewiesensein, hört jedoch jeder Spass auf, denn er verletzt.»

Im Bereich der *Optionalität* stellt Spielmann die besondere Verletzlichkeit von blinden Menschen in den Vordergrund, die sich auch im Zusammenhang mit Vorurteilen einstellt. «Viele Vorurteile entstehen durch optische Eindrücke [...]; sehende Menschen schauen einander an und teilen ein in Schönere und weniger Schöne, in Auffällige und Unscheinbare, in Reichere und Minderbemittelte, in Geschäftsleute, Manager und einfache Arbeiter/innen, in Ausländer und Einheimische, in Intelligente und Beschränkte, in Gesunde und Kranke, Normale und Behinderte usw. Und mit dem Einteilen und Einschachteln ist die Entscheidung bereits gefallen, welches die Interessanten und die Uninteressanten sind. Wer einmal das Opfer solcher Vorurteile geworden ist und die Ablehnung oder Ausgrenzung erfahren hat, der weiss, wie demütigend, ja diskriminierend Vorurteile wirken, wie schmerzlich sie sein können. Der eigentliche Wert jedes einzelnen Menschen wird von der Flut der Vorurteile begraben. Die Menschen wissen gar nicht, was ihnen auf diese Weise verloren geht. Mit dem prüfenden Blick, der musternden Beobachtung hält man sich den Mitmenschen zunächst einmal auf Distanz, schaut, teilt ein und entscheidet dann, ob man Kontakt aufnehmen will oder nicht.» (Spielmann/Zappa, 1998, 5)[43]

Verletzlichkeit, auch aufgrund von Vorurteilen, mit denen man auf Distanz gehalten wird, gehört zur Corporate Identity des blinden Menschen und erfordert einen besonderen Schutz, den Spielmann in Aufnahme theoretischer, erfahrungsbezogener Reflexionen des englischen Psychologen John Hull mit der «Kultur der Intimität» umschreibt[44]: «Die Begegnung im Dunkeln impliziert notwendigerweise die Überwindung von Berührungsängsten. Denn ohne Berührung und Sich-Berühren-Las-

---

43 Mit dieser Beobachtung wird einmal mehr die Plausibilität deutlich, die «Option für die Armen» nicht nur auf die existenziell Armen einzuengen, sondern den Armen allgemein als vulnerablen Menschen aufzufassen. Die daraus gewonnenen Verhaltensweisen wie bewusster Perspektivenwechsel, politisches Handeln und Verzicht auf Privilegien wird in der «Blinden Kuh» in hohem Mass umgesetzt. Vgl. dazu Kapitel 7.3.2.2.

44 Vgl. dazu zum Beispiel Hulls Beschreibung der «Kunst, mit den Händen zu schauen» (Hull, 1992, 199) oder «mit den Fingern zu sehen» (Hull, 1992, 127–129).

sen geht nichts. In die Nähe des andern gehen heisst jedoch, den Schutz von Distanz und Schauen aufgeben im Sinne von: ‹Sprich, damit ich dich sehe.›[45] Gäste wie Servierende sind in der ‹Blinden Kuh› darauf angewiesen, dass das Gegenüber nicht das Kalb mit einem macht. Das heisst: Optionalität und Reziprozität bedingen sich im Bezug auf die Begegnung im Dunkeln: Beide, Sehende wie Blinde, sind auf gegenseitigen Schutz angewiesen.»

Kirchenräume als Schutzräume sind keine «geschützten Arbeitsplätze». Dies gilt für die Freiwilligen wie auch für die Angestellten in Kirchgemeinden, und darauf weist Spielmann explizit hin: «Die ‹Blinde Kuh› ist kein ‹geschützter Arbeitsplatz› trotz dieser soeben beschriebenen Schutzfunktion. Servierende machen ganze Arbeit, einfach mit einem Sinn weniger. Dazu gesellt sich eine hohe persönliche Kompetenz, immer auf Fragen nach der persönlichen conditio humana Antwort geben zu können. Die Arbeit in der ‹Blinden Kuh› ist im vermehrten Masse auch Arbeit mit der eigenen Person, denn die Gäste sprechen aus plausiblen Gründen das Service-Personal meist auf ihr Blindsein an. Es braucht einen sehr guten Ausgleich, nach Stunden intensiver körperlicher und geistiger Arbeit abschalten zu können.»

Im Zusammenhang mit dem Kirchenraum als *Zwischenraum* nehmen Spielmann und Zappa den Faden des Winnicott'schen Spielraums auf (vgl. Kapitel 6.4; 7.2.3): «Wer kennt es nicht, das neckische Spiel aus der Kindheit, bei dem einem der Mitspielenden die Augen verbunden werden? Das Wort ‹blind› oder ‹Blinder› hat im alltäglichen Sprachgebrauch oft eine schmerzlich stigmatisierende Wirkung, so etwa in den immer

---

45 Im Dunkeln ist Distanznahme unmöglich: «Man muss an Menschen wie an Sachen nahe herangehen, wenn man sich im Dunkeln orientieren und zurechtfinden will. Im lichtlosen Raum kommt man nicht darum herum, die Menschen, denen man begegnen will, an sich heranzulassen. Man muss sie hören, riechen, spüren und fragen, um sich ein ‹Bild› von ihnen zu machen. Man ist nicht gefangen von dem, was jemand darstellt, sondern nimmt vielmehr wahr, wen und was für einen Menschen man wirklich vor sich hat [...]. Im Dunkeln fallen die Masken. Da wird man unweigerlich zu dem, der man eben ist [...]. In verblüffender Art und Weise macht die Begegnung im Dunkeln so vieles greifbar und klar, was unzählige Erklärungen bei Lichte kaum je zu erhellen vermögen. Was hätten Berührungsängste noch verloren, da, wo ohne Berühren und Sich-Berühren-Lassen nichts geht? Haben Sehende sonst Mühe, sich in die Lage Nichtsehender hineinzuversetzen – im Dunkeln bleibt ihnen gar nichts anderes übrig, weil sie sich dann selber im Zustand des Blindseins befinden.» (Spielmann/Zappa, 1998, 5f.)

wieder zu hörenden Ausrufen wie: ‹Schau mal, die ist blind.› ‹Achtung, ein Blinder›. In der ‹Blinden Chue› steht blind nicht für die Bezeichnung einer ‹fremden Spezies›, sondern für spassige Spielerei, für lustvolle und spannende Erfahrungen in einem Augenblick des Nichtsehens. Daran wollen wir mit diesem Namen anknüpfen. Der Name ‹Blindi Chue› mag auf den ersten Blick vielleicht etwas belustigend, befremdend oder gar despektierlich wirken, als sei es uns mit unserer Sache nicht ganz ernst. Aber genau auf diesen Verfremdungseffekt kommt es uns an. Er soll andeuten, dass es bei uns im Dunkeln um neue, andere, ungewohnte, ebenso tiefsinnige wie lustige und lustvolle Erfahrungen geht mit dem entscheidenden und verblüffenden Effekt, dass die ‹Blindi Chue› so blind gar nicht ist [...]. Und nicht zu vergessen: Der Hauch von Selbstironie, der dem Namen ‹Blindi Chue› anhaftet, ist auf dem Mist Betroffener, also Blinder selbst gewachsen!» (Spielmann/Zappa, 1998, 7f.)

Diese tiefgehenden Erfahrungen verbindet Spielmann mit dem Kriterium der *Sakralität,* indem er sie als tiefes Berührtsein der Gäste beschreibt, ein Berührtsein, das sich nach dem Besuch bei der wiedergewonnenen Lichterfahrung einstellt. «Ist diese tiefe Berührtheit spirituell? Für mich ist es eine Segenserfahrung, wenn Augen sich öffnen für Lebensrealitäten bei sich und anderen. Dabei kommt die Ambivalenz der Schwere der Blindheit wie auch des Reichtums an neu gewonnener Erfahrung deutlich zum Ausdruck. In diesem Berührtsein schwingt etwas Sakrales, Heiliges mit, ohne dass es reflektiert werden will. Dies entspricht der impliziten Dimension des Raumes, man erfährt das Blindsein als Teil der Schöpfung. Natürlich geschieht in diesem Raum dann auch ‹Heilung›: Vorurteile verändern sich und bauen sich ab, eigene neue Möglichkeiten werden entdeckt, Blockaden gelöst. Gäste, die die ‹Blinde Kuh› besucht haben, begegnen Blinden anders.»[46]

Dieser segensreiche und so verstanden «heilige» oder «sakrale» (Ein-)Blick wird in Aufnahme des bekannten Worts von Antoine de Saint-Exupéry als Blick des Herzens interpretiert: «Man sieht nur mit dem Herzen gut. Das Wesentliche ist für das Auge unsichtbar. An die Stelle

---

46 In dieser Aussage spiegelt sich der schöpfungstheologische Ansatz des Diakonieverständnisses: Weil helfendes Handeln als prosoziales Naturell zum Menschsein gehört, gehören Defizite und Behinderungen quasi als Kehrseite ebenso zu diesem Naturell. Helfen aufgrund von Fähigkeiten wie Sich-Helfen-Lassen angesichts von Behinderungen gehören zur Schöpfung des (menschlichen) Lebens (vgl. Kapitel 3.1.3).

des Augenlichts tritt im Dunkeln ein anderes Sehen: Die Ohren werden wacher, die Nase feiner, die Haut von Gesicht, Händen und Füssen, ja des ganzen Körpers wird empfindsamer und ebenso die Seele. Ein ungeahnter Reichtum an Wahrnehmungen und Empfindungen tut sich auf, so wertvoll wie die Kostbarkeit des wirklichen Sehens selbst. Sehen im Dunkeln heisst: Sehen mit dem Herzen, mit jenem inneren Auge, welches die ganze Empfindsamkeit und Wahrnehmungsfähigkeit von Körper, Geist und Seele in sich vereint.» (Spielmann/Zappa, 1998, 6)

Sehen mit dem Herzen verändert die Sicht. Veränderte Perspektiven führen zu anderem Verhalten. In diesen Veränderungen scheint das Kriterium der *Transformität* insofern auf, als die Erfahrung der «Blinden Kuh» zum Nährboden transformatorischer Kräfte im Alltag werden kann. Der verdunkelte Kirchenraum der methodistischen Kirchgemeinde zeigt sich als Zwischenraum, in dem in spielerischer, lustvoller und bisweilen auch lustiger Weise neue Möglichkeiten und andere Fähigkeiten erspielt, erlernt und eingeübt werden können. Sie verändern die Lebensweisen und -einsichten ausserhalb des Kirchenraums. Dazu Spielmann: «Menschen wird durch die Dunkelheit ermöglicht, eigene Grenzen zu überschreiten. In diesen Grenzüberschreitungen liegt ein Mut machendes Moment. Transformationen, die innerhalb des Raumes gelingen, lösen Kräfte ausserhalb aus, die wiederum zu weiteren Transformationen im Alltag führen. Die Bildungsangebote im Zusammenhang mit unserem Projekt verstehen sich auf dem Hintergrund dieses zentralen Zusammenhanges.»

Was in konzentrierter Form in der «Blinden Kuh» ermöglicht wird, zeigt, wie durch ein Brennglas gebündelt, konkret und deutlich die drei diakonischen Funktionen des Kirchenraums sowie die sechs entscheidenden Kriterien, die in vorliegender Untersuchung erarbeitet worden sind:

Es ist erstens die Funktion als Gastraum, in dem sich Gäste und Gastgeber gegenseitig als Willkommene begegnen. Kriteriell bestimmt wird diese Begegnung dadurch, dass sie egalitären Charakter hat, der sich nach den Bedingungen der «Blinden» richtet, sowie dadurch, dass ihr Gelingen grundlegend auf konvivale Solidarität angewiesen ist.

Es ist zweitens die Funktion als Schutzraum, in dem sich die Sehenden – in Umkehrung der Alltagsverhältnisse – in die Obhut der Blinden begeben. Das Leben in dieser Obhut ist kriteriell dadurch bestimmt, dass die im Alltag Vulnerablen den durch die Dunkelheit Vulnerablen dank ihrer Resilienz ein Zurechtfinden ermöglichen, und dass alles Tun strikt den Charakter der Option für die Vulnerablen hat.

Es ist drittens die Funktion als Zwischenraum, in dem sich im kreativen Umkehrspiel der «Blinden» und der «Sehenden» unerwartete existenzielle Dimensionen auftun. Kriteriell ist diese Erfahrung dadurch bestimmt, dass sie sich in ihrem zutiefst berührenden und heilenden Charakter als sakral erweist und dazu führt, dass die sehend Blinden durch die Erfahrung des Blindseins ein neues Sehen, Transformation erfahren.

Analoges gilt für die diakonische Nutzung jedes Kirchenraums.

8.4. Ausblick: Face-to-Face mit dem Menschensohn[47]

Wird die Schwelle der Kirche überschritten, gelangt man in einen anderen, fremden Raum mitten in der eigenen, bekannten Welt. Der leere Raum wirkt anziehend, denn er lässt frei, anders zu denken, anders zu handeln, sich anders zu bewegen, anders zu reden, einfach – anders zu werden. In allem schwingt der Andere mit; mit seinem nackten Antlitz entlockt er eine andere Reaktion. Er klopft an und wartet hereingelassen zu werden. In Kirchen ist es Menschen möglich anzuklopfen. Wo, wenn nicht in Kirchen, wird ihnen aufgetan? Noch einmal: Der von Bildern, Altären und Heiligenstatuen entleerte Raum befreit den Blick auf Augenhöhe mit dem Anderen. In diesem Sinn haben die Reformatoren Blickveränderungen vorgenommen, die ihre Spuren im Kirchenraum hinterlassen haben. Sie ausfindig zu machen, damit beschäftigt sich eine dia-

---

47 Vgl. zur Bildbetrachtungen der Fenster Sigmar Polkes die theologisch fundierten Impulse von Käthi La Roche (2010, 76–81), Gottfried Böhm (2010, 140–147) und Katharina Schmidt (2010, 112–125). Vgl. auch Gerster, 2012, 21–54. Diese Vision entstand einerseits aufgrund der Erfahrungen, die eine Freiwillige des Präsenzdiensts mit einer Touristin im Gespräch beim «Sündenbock-Fenster» niedergeschrieben hat (vgl. die Kapitel 2.2.2 und 7.3.3.2). Kunstbetrachtung und helfendes Handeln fliessen ineinander. Ästhetik und Ethik, Kunst und Diakonie verbinden sich zum heilsamen Augenblick. Diese dem Autoren zugespielte Erfahrung war Impuls, beim Abschluss vorliegender Arbeit im leeren Kirchenraum vor dem «Menschensohn-Fenster» Platz zu nehmen (vgl. Abbildung S. 450). Durch den Einfall des abendlichen, starken Sonnenlichts entstand ein lichtdurchfluteter Raum, der den Autoren vollends in das Bild zog. Er wurde Teil des Bilds, Angesicht im Vis-à-vis. Und er begann, gleichsam mit Schwarzlot seine Gedanken zur diakonischen Kirche ins Bild und damit in den Kirchenraum zu ritzen. Die folgenden Gedanken sind eine «Abschrift» dieses dem Autoren zugefallenen Bilds.

konisch ausgerichtete Hermeneutik. Spurensuche der Diakonie bedient sich der Menschen und Klänge, der Farben und Künste, denn in allem und jedem sind die Spuren eingelagert, die andere hinterlassen.

Besonders deutlich wird dieser Impuls im Grossmünster Zürich in Sigmar Polkes einzigem in Schwarz-Weiss gehaltenem Fenster mit dem Titel «Menschensohn». Die Bezeichnung taucht an verschiedenen Stellen der Bibel auf, unter anderen auch beim Propheten Ezechiel: «Du aber, Menschensohn, höre, was ich zu dir rede; sei nicht widerspenstig wie das widerspenstige Geschlecht. Tue deinen Mund auf und iss, was ich dir gebe. Und ich sah, wie eine Hand gegen mich ausgestreckt war, und siehe, sie hielt eine Schriftrolle. Und er breitete sie vor mir aus, und sie war auf der Vorderseite und auf der Rückseite beschrieben, und es waren darauf geschrieben Klagen und Seufzer und Weherufe.» (Ez 2,8–10)[48]

In unterschiedlichen Variationen hat die heilige Schriftrolle mit der Bezeichnung «Menschensohn» den Menschen als Gottes Geschöpf (Ps 8,5), als den von Gott Gesandten oder als endzeitliche Gestalt des Messias bezeichnet (Dan 7,16ff.; Offb 1,12; 14,14). In den Evangelien bezeichnet sich Jesus selber als Menschensohn, wenn es um seine Niedrigkeit, um seine vom himmlischen Vater erfolgte Beauftragung bis zur Hingabe seines Lebens als Lösegeld für viele geht (Mk 10,45). Alle entsprechenden Stellen verbindet die Vision eines anderen, mit den Menschen, mit sich und mit Gott versöhnten Menschen. Diese Vision ereignet sich in der Transformation von Klagen in Jubel, Weherufen in Freudenschreie, von Verschlossenem in Offenes. Wer sich darauf einlässt, die Worte des Seufzenden zu verinnerlichen und die Sprache des Klagenden zu verschlucken, wird bemerken, dass sich mit diesen verinnerlichten Weherufen ein tiefes Verlangen verbindet, ins Gesicht des Anderen schauen zu können.

In Kirchen ist auf klagende und seufzende Gesichter zu zählen. In Kirchen ist jedoch auch mit Gott zu rechnen. Ob in der Tat nur diejenigen im Antlitz des Anderen Gottes Gesicht erkennen, die sein Wort verschlungen haben? Christus jedenfalls ist der Name für den Anderen

---

48 Hier wird bewusst der Text der Ausgabe der Zürcher Bibel aus dem Jahre 1931 gewählt, weil darin die Übersetzung des «ben-adam» mit «Menschensohn» widergegeben wird. Damit ist der unmittelbare Bezug zum Menschensohn-Fenster auch semantisch einsichtig.

mitten unter uns.[49] In Christus, so steht es geschrieben, sei Gott in die Welt und in die Herzen der Menschen geboren. Daraus ist zu schliessen, dass Gott seitdem seine Spuren im Handeln und Sprechen von Menschen hinterlässt, also auch in der bildenden Kunst.

Polkes Bildvorlage zum Menschensohn-Fenster entstammt einer in der Wahrnehmungspsychologie bekannten, nach ihrem Entdecker Rubin genannten Inversionsfigur, wie sie in jedem Schulbuch abgebildet ist: Eine Vase oder ein Kelch korrespondiert mit zwei sich zugewandten Gesichtern so, dass die Betrachtenden entweder den Kelch oder die Gesichter im Profil sehen. In zwei parallel angeordneten Reihen spielt der Künstler mit den Motiven in wechselseitiger Beschaffenheit, verschiedener Gewichtung von Gesicht und Kelch und unterschiedlicher Färbung von schwarz und weiss. In dieser durch die Lichtführung unscharfen, verschwommenen und verzerrten Überlagerung von optischer Kippgestalt und biblischem Menschensohn-Motiv stellt sich eine seltsame Erfahrung ein, wenn man sich auf das Bild einlässt und es gleichsam «isst». Es ist eine Erfahrung des Verletzlichen und nicht «Haltbaren», die so lange währt, wie der Augenkontakt gehalten wird. Wenn man glaubt, das Gesicht erfassen zu können, kippt es im nächsten Augenblick in die Figur des Kelchs. In solch «nicht haltbaren» Erfahrungen werden augenblicklich Geschichten ins Bild eingeritzt wie mit dem Schwarzlot – eigene Geschichten und die anderer. Die geritzten Konturen der Vorhergehenden und die eigenen fliessen zum einen verschwommenen Gesicht mit seinem Klagen und Seufzen zusammen.

Solches erfährt, wer diakonisch tätig ist: Helfendes Handeln ist «unhaltbar» in dem Sinn, als in jedem Augenblick die Gefahr besteht, das Antlitz des Anderen aus dem Blick zu verlieren und nur noch seine Spur zu sehen. Es ist, wie wenn der Andere mit seinen Klagen und Weherufen vorübergegangen wäre. Seine Spuren hallen im Kirchenraum als Klagen nach.

Nach Emanuel Lévinas hinterliess Gott Spuren, als er an Mose vorüberging (Ex 33,21–23). Wer Gottes Wort «isst», das heisst sich ganz und gar, mit Haut und Haar auf es einlässt, wird mit dieser Spur auf das nackte, schutzlose Antlitz des Anderen verwiesen. Dieser betritt mit seiner Verletzlichkeit und Verwundbarkeit den Kirchenraum in der Zuversicht, dass einer da ist, der sich verpflichtet, für sein Lebensrecht einzutreten.

---

49 Vgl. dazu: Sölle/Bichsel/Obermüller, 1989, 70.

«Nach dem Bilde Gottes sein heisst nicht, Ikone Gottes sein, sondern sich in seiner Spur zu befinden. Der geoffenbarte Gott unserer jüdisch-christlichen Spiritualität bewahrt die Unendlichkeit seiner Abwesenheit, die in der personalen Ordnung selbst ist. Er zeigt sich nur in der Spur, wie in Kapitel 33 des Exodus. Zu ihm hingehen heisst nicht, dieser Spur, die kein Zeichen ist, folgen, sondern auf die Anderen zugehen, die sich in der Spur halten.» (Lévinas, 1983, 235)[50]

Im Menschensohn-Fenster Sigmar Polkes wird diese Vision der Diakonie zu einer doppelten Paradoxie gesteigert. Einerseits erweist sich der Abstand zwischen Mensch und Mensch, zwischen hilfebedürftigem und helfensbedürftigem Menschen als Kurzschluss, förmlich heilend transformiert durch den mit dem Schlag verzogenen, verzerrten und zerrissenen Kelch. Bin ich helfend oder hilfebedürftig, frei oder gebunden, selbständig oder abhängig, stark oder schwach? Mit dem Kelch, der bei jedem Abendmahl Spuren hinterlässt, ist die zweite paradoxe Steigerung verbunden: Der Abstand zwischen Gott und Mensch, zwischen dem leidenden Gott und dem leidenden Menschen gerät zum irritierenden Umschlag, zur anziehenden Kippfigur. Im Kelch fliessen die Tränen des Menschen und die Blutstropfen des Menschensohns ineinander. Der Kelch wird zur unauflöslichen Spur, die einen unweigerlich und grenzenlos zum Hungrigen weist und mit ihm das Brot teilen lässt. Unweigerlich deshalb, weil im Antlitz des Hungrigen das Gesicht des Anderen aufscheint. Und Christus ist der Name des Anderen (vgl. Matth 25,31ff.). Grenzenlos darin, dass innen und aussen, schwarz und weiss, Buchstabe und Geist durch wechselwirkende Kräfte ineinanderübergehen. Die Schriftrolle wird gegessen, die Mauern werden durchlässig, der Kelch geteilt. Die Sicht «Face-to-Face mit dem Menschensohn» verweist die Betrachtenden mitten unter die Menschen. Ihnen bleibt viel zu tun. Der Kirchenraum verhilft ihnen dabei zu dem, was menschenmöglich und gottwirklich ist.

---

50 Magdalene Frettlöh bezieht sich auf diesen Textabschnitt Lévinas' und entwickelt daraus ihre aus Lévinas' Spurenbild genährte Vision von Diakonie: «Statt dem uneinholbar vorübergegangenen Gott vergeblich nachzulaufen, sind wir gehalten, auf die anderen zuzugehen. Denn es ist der bedürftige Mitmensch, der sich in der Spur Gottes befindet. Ihm entgegenzugehen, seine Not nicht zu übersehen, sondern sich in die Verantwortung für ihn zu stellen – das wäre nach Emanuel Lévinas die angemessene Weise, dem unverfügbaren Gott gegenüber Rücksicht und Nachsicht zu üben.» (Frettlöh, 2012, 17)

Mit diesem Ausblick schliesst vorliegende Studie zur diakonischen Nutzung des Kirchenraums an der Stelle, wo sie ihren Ausgang genommen hat: Im Kirchenraum des Grossmünsters in Zürich.

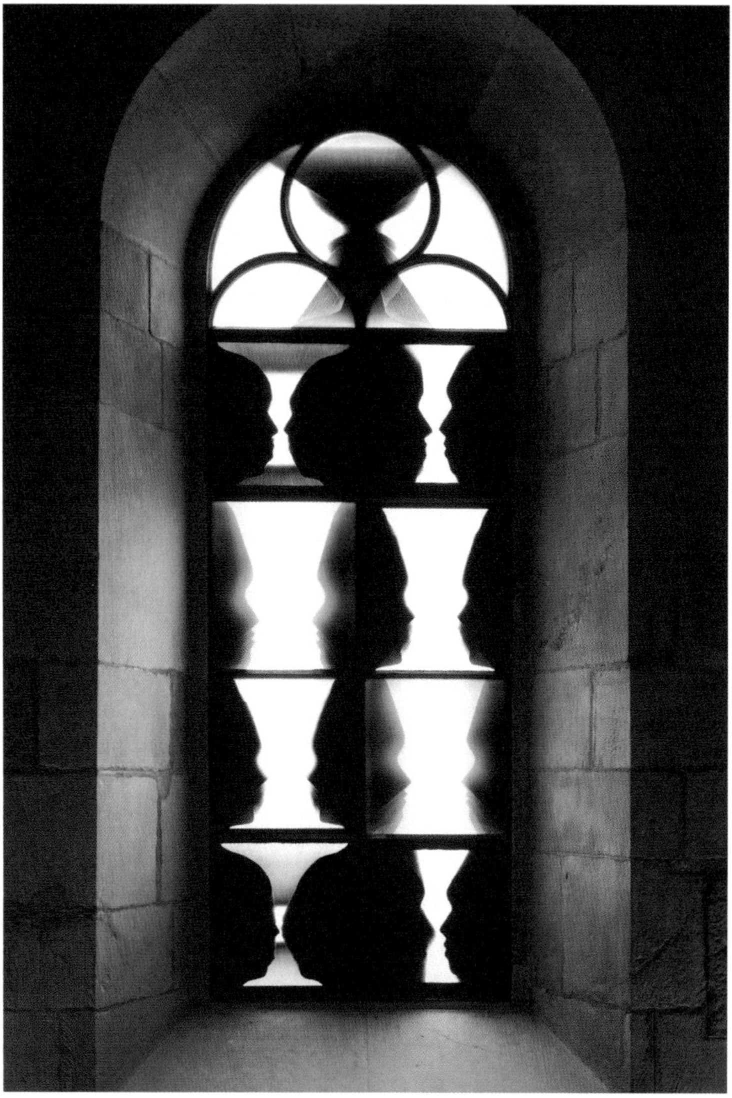

Sigmar Polke, Der Menschensohn, 2009, Grossmünster Zürich

Literaturverzeichnis

ABEGG REGINE U. A. (Hg.) (2007), Die Kunstdenkmäler des Kantons Zürich, neue Ausgabe Bd. III. I, Die Stadt Zürich III. I Altstadt rechts der Limmat – Sakralbauten, Bern.

ADOLPHSEN HELGE (2002), Heiligkeit duldet keine Neutralität, kunst und kirche 3, 134–137.

ADOLPHSEN HELGE U. A. (Hg.) (2006), glauben sichtbar machen. Herausforderungen an kirche, kunst und kirchenbau, Hamburg.

ADOLPHSEN HELGE (2007), Kultur der Ruinen? Herausforderungen im Umgang mit überzähligen Kirchengebäuden, in: O. Zimmermann u. a. (Hg.), Die Kirchen, die unbekannte kulturpolitische Macht, Berlin, 65–66.

AHRENS HANS JÜRGEN (2006), Zwischen Solidarität und Eigenverantwortung, in: H. Rebscher (Hg.): Gesundheitsökonomie und Gesundheitspolitik im Spannungsfeld zwischen Wissenschaft und Politikberatung, Heidelberg u. a., 141–152.

ALBERT ANIKA CHRISTINA (2010), Helfen als Gabe und Gegenseitigkeit. Perspektiven einer Theologie des Helfens im interdisziplinären Diskurs, Heidelberg.

ALONI JENNY (1995), Die Synagoge und der Dom, in: Dies./H. Steinecke, «Man müsste einer späteren Generation Bericht geben». Ein literarisches Lesebuch zur deutsch-jüdischen Geschichte und eine Einführung in Leben und Werk Jenny Alonis, Paderborn, 41–48.

ALTENDORF HANS-DIETRICH/JEZLER PETER (Hg.) (1984), Bilderstreit. Kulturwandel in Zwinglis Reformation, Zürich.

ALTHÖFER ULRICH (2008), Evangelische Kirche in Dortmund. Ein Überblick, kunst und kirche 2, 39–46.

AMMANN CHRISTOPH (2004), Die Krise binnenchristlicher Solidarität, in: C. Fischer u. a. (Hg.), Solidarität in der Krise, Zürich, 11–30.

ANGST ROMAN/ZIMMERMANN TONI (Hg.) (2011), Weg-Worte aus der Bahnhofkirche Zürich für 260 Werktage im Jahr, Zürich.

ARENDT HANNAH (1991), Elemente und Ursprünge totaler Herrschaft, München (2. Aufl.).

ARENDT HANNAH (1994), Vita activa oder Vom tätigen Leben, München (8. Aufl.).

ASMUSSEN HANS (1937), Die Lehre vom Gottesdienst, München.

BACH ULRICH (1998), Plädoyer für eien Diakonie ohne religiösen Mehrwert, in: A. Götzelmann u. a. (Hg.), Diakonie der Versöhnung. Ethische Reflexion und soziale Arbeit in ökumenischer Verantwortung (FS Theodor Strohm), Stuttgart, 159–165.

BAMERT FRANZ (2012), Armut. Die Geschichte von Stevanja K., Coop-Zeitung v. 20. November 2012, 8–9.

BARTH HERMANN (2003), Heilige Räume, Vortrag bei der Veranstaltungsreihe «Treffpunkt Marktkirche» v. 2. April 2003 in Hannover (www.ekd.de/vortraege/barth/030402_barth.html, Zugriff: 23. Januar 2013).

BARTH KARL (1938), Gotteserkenntnis und Gottesdienst nach reformatorischer Lehre. Gifford-Lectures über das Schottische Bekenntnis von 1560, gehalten an der Universität Aberdeen im Frühjahr 1937 und 1938, Zollikon-Zürich.

BARTH KARL (1959), Zum Problem des protestantischen Kirchenbaus, Werk 8/46, 271.

BARTH KARL (1982), Die Kirchliche Dogmatik. Die Lehre von Gott, 2. Bd., 1. Halbbd. (KD II/1), Zürich (6. Aufl.).

BARTHES ROLAND (2007), Wie zusammen leben, hg. v. Éric Marty, aus dem Franz. v. Horst Brühmann, Frankfurt a. M.

BAUER JOACHIM (2010), Prinzip Menschlichkeit. Warum wir von Natur aus kooperieren, Hamburg (4. Aufl.).

BAUMANN MARTIN U. A. (Hg.) (2007), Eine Schweiz – viele Religionen. Risiken und Chancen des Zusammenlebens, Bielefeld.

BAUMANN MICHAEL (Hg.) (2007a), Gemeinsames Erbe. Reformierte und Täufer im Dialog, Zürich.

BAUMANN WALTER (1994), Zürichs Kirchen, Klöster und Kapellen bis zur Reformation, Zürich.

BAUR URS (1988), Die älteste Legende der Zürcher Stadtheiligen, in: H. Etter u. a. (Hg.), Die Zürcher Stadtheiligen Felix und Regula. Legenden, Reliquien, Geschichte und ihre Botschaft im Licht moderner Forschung, Zürich, 28–31.

BECKER UWE (Hg.) (2011), Perspektiven der Diakonie im gesellschaftlichen Wandel, Neukirchen.

BEIER PETER (1995), Über die Schwierigkeiten der Protestanten, mit Räumen umzugehen, in: R. Bürgel (Hg.), Raum und Ritual, Göttingen, 39–45.

BELL MICHAEL M. (1997), The Ghosts of Place, Theory and Society 26, 813–836.

BENEDICT HANS-JÜRGEN (2001), Die grössere Diakonie. Versuch einer Neubestimmung in Anschluss an J. N. Collins, Wege zum Menschen 53, 349–358.

BENEDICT HANS-JÜRGEN (2006), Beruht der Anspruch der evangelischen Diakonie auf einer Missinterpretation der antiken Quellen? John N. Collins Untersuchung «Diakonia», in: V. Herrmann u. a. (Hg.), Studienbuch Diakonik, Bd. 1: Biblische, historische und theologische Zugänge zur Diakonie, Neukirchen-Vluyn, 117–133.

BENEDICT HANS-JÜRGEN (2010), Gemeinwesenorientierte Diakonie, in: V. Herrmann u. a. (Hg.), Wichern drei – gemeinwesendiakonische Impulse, Neukirchen-Vluyn, 46–56.

BENJAMIN WALTER (1982), Gesammelte Schriften, hg. v. Rolf Tiedemann/Hermann Schweppenhäuser, Frankfurt a. M.

BERGER KLAUS (1990), «Diakonie» im Frühjudentum. Die Armenfürsorge in der jüdischen Disaporagemeinde zur Zeit Jesu, in: G. K. Schäfer/Th. Strohm (Hg.), Diakonie – biblische Grundagen und Orientierungen. Ein Arbeitsbuch (Veröffentlichungen des Diakoniewissenschaftlichen Instituts an der Universität Heidelberg, Bd. 2), Heidelberg, 94–105.

BERGER PETER L./LUCKMANN THOMAS (1995), Modernität, Pluralismus und Sinnkrise. Die Orientierung des modernen Menschen, Gütersloh.

BEUTLER GIGI (2011), Führer durch die Kaisergruft bei den PP Kapuzinern zu Wien (Kapuzinergruft), Wien (5. Aufl.).

BEUTTLER ULRICH (2010), Gott und Raum – Theologie der Weltgegenwart Gottes, Göttingen.

BEYER FRANZ-HEINRICH (2009), Geheiligte Räume. Theologie, Geschichte und Symbolik des Kirchengebäudes, Darmstadt (2. Aufl.).

BEYER HERMANN WOLFGANG (1935), Art. Diakoneo, diakonia, diakonos, in: G. Kittel (Hg.), Theologisches Wörterbuch zum neuen Testament, Bd. 2, Stuttgart, 81–93.

BINDSEIL CHRISTIANE (2011), Inklusiver Gottesdienst – Theorie und Praxis am Beispiel eines Heidelberger Projekts, in: J. Eurich u. a. (Hg.), Inklusive Kirche, Stuttgart, 199–206.

BIRKMANN JÖRN U. A. (2011), Glossar Klimawandel und Raumentwicklung (E-Paper der Akademie für Raumforschung und Landesplanung ARL, Nr. 10), Hannover.

BISCHOF SASCHA (2004), Gerechtigkeit – Verantwortung – Gastfreundschaft. Ethik-Ansätze nach Jacques Derrida, Freiburg.

BLAFFER HRDY SARAH (2010), Mütter und andere. Wie die Evolution uns zu sozialen Wesen gemacht hat, Berlin.

BOCHINGER CHRISTOPH (Hg.) (2012), Religion, Staat und Gesellschaft. Die Schweiz zwischen Säkularisierung und religiöser Vielfalt, Zürich.

BODENHEIMER ALFRED (2012), Haut ab! Die Juden in der Beschneidungsdebatte, Göttingen.

BOFF LEONARDO (2009), Tugenden für eine bessere Welt, übers. aus dem Portug. v. Bruno Kern, Kevelaer.

BOHLE HANS-GEORG (2005), Soziales und unsoziales Kapital? Das Sozialkapital-Konzept in der Geographischen Verwundbarkeitsforschung, Geographische Zeitschrift 2/93, 65–81.

BÖHM GOTTFRIED (2010), Geronnene Zeit, in: Parkett Publishers/Kirchgemeinde Grossmünster Zürich (Hg.), Sigmar Polke. Fenster – Windows Grossmünster Zürich, Zürich, 140–147.

BÖHME GERNOT (2009), Atmosphären und Anmutungen. Wie nehmen wir den evangelischen Kirchenraum wahr?, kunst und kirche 2, 42–49.

BOLLNOW OTTO (2004), Mensch und Raum, Stuttgart (10. Aufl.).

BONHOEFFER DIETRICH (1951), Widerstand und Ergebung. Briefe und Aufzeichnungen aus der Haft, Hg. v. Eberhard Bethge, München.

BONHOEFFER DIETRICH (1960), Sanctorum Communio. Eine dogmatische Untersuchung zur Soziologie der Kirche, München (3. Aufl.).

BOTTA MARIO (2010), Räume des Übergangs, in: Ders. u. a. (Hg.), Sakralität und Aura in der Architektur, Zürich, 10–50.

BOURDIEU PIERRE (1976), Entwurf einer Theorie der Praxis auf der ethnologischen Grundlage der kabylischen Gesellschaft, übers. aus dem Franz. v. Cordula Pialoux/Bernd Schwibs, Frankfurt a. M.

BOURDIEU PIERRE (1985), Sozialer Raum und «Klassen». Leçon sur la leçon. Zwei Vorlesungen, übers. aus dem Franz. Bernd Schwibs, Frankfurt a. M.

Bourdieu Pierre (1987), Die feinen Unterschiede. Kritik der gesellschaftlichen Urteilskraft, übers. aus dem Franz. v. Bernd Schwibs/Achim Russer, Frankfurt a. M.

BOURDIEU PIERRE (1991), Physischer, sozialer und angeeigneter physischer Raum, in: M. Wentz (Hg.), Stadt-Räume. Die Zukunft des Städtischen (Frankfurter Beiträge, Bd. 2), Frankfurt a. M., 25–34.

BOURDIEU PIERRE (1992), Sozialer Raum und symbolische Macht, in: Ders. (Hg.), Rede und Antwort, übers. aus dem Franz. v. Bernd Schwibs, Frankfurt a. M., 135–154.

BOURDIEU PIERRE (1997), Ökonomisches Kapital – Kulturelles Kapital – Soziales Kapital, in: Ders., Die verborgenen Mechanismen der Macht, hg. v. Margareta Steinrücke, übers. aus dem Franz. v. Jürgen Bolder, Hamburg (unveränd. Nachdruck der Erstaufl. v. 1992), 49–79.

BOURDIEU PIERRE (2006), Sozialer Raum, symbolischer Raum, in: J. Dünne u. a. (Hg.), Raumtheorie, Frankfurt a. M., 354–368.

BRANDENBURG HUGO (1989), Art. Kirchenbau, I. Der frühchristliche Kirchenbau, TRE 18, 421–442.

BRANDI-HINNRICHS FRIEDRICH (2003), Das Raumkonzept nach Martina Löw, in: Ders./ A. Reitz-Dinse/W. Grünberg (Hg.), Räume riskieren (Kirche und Stadt, Bd. 11), Schenefeld, 66–78.

BRANDI-HINNRICHS FRIEDRICH/REITZ-DINSE ANNEGRET/GRÜNBERG WOLFGANG (Hg.) (2003), Räume riskieren (Kirche und Stadt, Bd. 11), Schenefeld.

BRATHE PAUL (1906), Theorie des evangelischen Kirchengebäudes. Ein ergänzendes Kapitel zur evangelischen Liturgik, Stuttgart.

BRENNECKE HANNS CHRISTOF (2010), Auf der Suche nach einer sichtbaren Identität. Protestantischer Kirchenbau zwischen Sakralität und Profanität, ZThK 1, 31–63.

BRENNWALD HEINRICH (1908), Schweizerchronik. 1. Bd., hg. v. Rudolf Luginbühl, (Quellen zur Schweizer Geschichte, Neue Folge, 1. Abt., Chroniken, Bd. 1), Basel.

BROOK PETER (1983), Der leere Raum, übers. aus dem Engl. v. Walter Hasenclever, Berlin (9. Aufl.).

BROWNING DON S. (1991), Auf dem Weg zu einer Fundamentalen und Strategischen Praktischen Theologie, in: K. E. Nipkow u. a. (Hg.), Praktische Theologie und Kultur der Gegenwart: ein internationaler Dialog, Gütersloh, 21–42.

BRUNNER HANS HEINRICH (2005), Kirchenbau ohne Illusion, in: R. Bürgel/A. Nohr (Hg.), Spuren hinterlassen, Hamburg, 90–105.

BÜRGEL RAINER (1997), Der Evangelische Kirchenraum. Wolfenbütteler Empfehlung an die Gemeinden, in: D. Meyer (Hg.), Kirchliche Kunst im Rheinland. Studien zur Gestaltung von City-Kirchen, Denkmalpflege und moderner Kunst, Bd. 3, Düsseldorf, 7–20.

BÜRGEL RAINER/NOHR ANDREAS (2005), Spuren hinterlassen … 25 Kirchbautage seit 1946, Hamburg.

BÜRKNER HANS-JOACHIM (2010), Vulnerabilität und Resilienz – Forschungsstand und sozialwissenschaftliche Untersuchungsperspektiven. Working Paper, Erkner (www.irs-net.de/download/wp_vr.pdf, Zugriff: 23. Januar 2013).

BULLINGER HEINRICH (1838–1840), Heinrich Bullingers Reformationsgeschichte, hg. von Johann Jakob Hottinger und Hans Heinrich Vögeli, 3 Bde. (= RG I-III), Frauenfeld.

BULLINGER HEINRICH (1967), Das Zweite Helvetische Bekenntnis, hg. v. Kirchenrat des Kantons Zürich zum Gedächtnis des Erscheinens vor vierhundert Jahren – 1566, Zürich.

BULLINGER HEINRICH (2004–2006), Schriften, hg. v. Emidio Campi/Detlef Roth/Peter Stotz, 5 Bde. (B I–V), Zürich.

BULLINGER HEINRICH (2008), Sermonum Decades quinque de potissimis Christianae religionis capitibus (1552): Heinrich Bullinger Werke, 3. Abt.: Theologische Schriften, Bd. 3.1, Decades 1–4.2, bearb. v. Peter Opitz, Zürich.

BUSCH KATHRIN (2010), Kraft der Räume, in: Th. Erne u. a. (Hg.), Die Religion des Raumes und die Räumlichkeit der Religion, Göttingen, 53–65.

CALDERA JESKO (2013), «Ein Ort der kulturellen Begegnung», Toggenburger Nachrichten v. 22. November 2013, 9.

CALDERA JESKO (2014a), In der Kirchgemeinde brodelt es, Toggenburger Nachrichten v. 25. Februar 2014, 1.

CALDERA JESKO (2014b), Grünes Licht für Kirchenverkauf, Toggenburger-Nachrichten v. 1. April 2014, 3.

CALDERÓN MARIETTA (2005), Opción por los pobres – semantische und pragmatische Entwicklungslinien eines Begriff(sfeld)s, in: M. Holztrattner (Hg.), Eine vorrangige Option für die Armen im 21. Jahrhundert?, Innsbruck/Wien, 15–36.

CALVIN JOHANNES (1863), Ioannis Calvini Opera quae supersunt omnia, hg. v. Wilhelm Baum/Eduard Kunitz/Eduard Reuss, Brunsvigae (Corpus Reformatorum, Bd. 29).

CALVIN JOHANNES (2008), Christliche Glaubenslehre. Erstausgabe der ‹Institutio› von 1536, mit einer Einleitung von Thomas Schirrmacher (Reformierte Klassiker biblischer Lehre, Bd. 3), Hamburg/Bonn.

CALVIN JOHANNES (2009), Unterricht in der christlichen Religion. Institutio Christianae Religionis, nach der letzten Ausg. von 1559, übers. und bearb. v. Otto Weber, Neukirchen-Vluyn.

CAT MEDIEN (Hg.) (2012), Das sind Ihre liebsten Kirchen, Leben und Glauben 9 (Spezialheft).

CHRISMON (2005), Spielraum Kirche, Chrismon 7, 14–21; Sonderbeilage («Ein Ort, der immer neu begeistert»), I–XVI.

CHRISTMANN GABRIELA U. A. (2011), Vulnerabilität und Resilienz in sozio-räumlicher Perspektive. Begriffliche Klärung und theoretischer Rahmen. Working Paper, Erkner (www.irs-net.de/download/wp_vulnerabilitaet.pdf, Zugriff: 24. Januar 2013).

COLLINS JOHN (1990), Diakonia. Re-Interpreting the Ancient Sources, New York.

COURVOISIER JACQUES (1962), Vom Abendmahl bei Zwingli, Zwingliana XI/7, 415–426.

CRÜSEMANN FRANK (2003), Das Gottesvolk als Schutzraum für Fremde und Flüchtlinge. Zum biblischen Asyl- und Fremdenrecht und seinen religionsgeschichtlichen Hintergründen, in: W.-D. Just u. a. (Hg.), Kirchenasyl. Ein Handbuch, Karlsruhe, 31–49.

CRÜSEMANN FRANK (2003a), Soziales Recht und freiwilliges soziales Engagement im alten Testament, in: H. Schmidt u. a. (Hg.), Diakonie in der Stadt, Stuttgart, 25–43.

CRÜSEMANN FRANK (2005), Die Tora: Theologie und Sozialgeschichte des alttestamentlichen Gesetzes, München (3. Aufl.).

CRÜSEMANN FRANK (2006), Das Alte Testament als Grundlage der Diakonie, in: V. Herrmann u. a. (Hg.), Studienbuch Diakonik, Bd. 1, Neukirchen-Vluyn, 58–87.

DACHVERBAND SOZIALDIAKONIN (2010), Berufsbild sozialdiakonin/sozialdiakon, Zürich (www.dachverband-sozialdiakonin.ch/dateien/1003_Berufsbild_SozialdiakonIn.pdf, Zugriff: 24. Januar 2013).

DALFERTH INGOLF U. (1991), Kombinatorische Theologie, Freiburg i. Br.

DALFERTH INGOLF U. (1994), Von der Vieldeutbarkeit der Schrift und der Eindeutigkeit des Wortes Gottes, in: R. Ziegert (Hg.), Die Zukunft des Schriftprinzips, Stuttgart, 155–173.

DALFERTH INGOLF U. (2002), «... Der Christ muss alles anders verstehen als der Nicht-Christ ...» – Kierkegaards Ethik des Unterscheidens, in: Ders. (Hg.), Ethik der Liebe. Studien zu Kierkegaards «Taten der Liebe», Tübingen, 19–46.

DALFERTH INGOLF U. (2005), Leben angesichts des Unverfügbaren. Die duale Struktur religiöser Lebensorientierung, in: W. Stegmeier (Hg.), Orientierung. Philosophische Perspektiven, Frankfurt a. M., 245–266.

DAMBACH JÜRG (2012), Grossmünster – Präsenzdienst – Jürg Dambach, Mail-Verkehr vom 20. September 2012.

DAMBACH TRAUDI (2012a), Grossmünster – Präsenzdienst – Traudi Dambach, Mail-Verkehr vom 20. September 2012.

DAVIS MADELEINE/WALLBRIDGE DAVID (1983), Eine Einführung in das Werk von D. W. Winnicott, übers. v. Nina Weller, Stuttgart.

DE ASHA (2011), Ein Kirchenraum, der seine Funktion bestmöglich erfüllt, ist sakral, in: R. Kunz u. a. (Hg.), Reformierte Liturgik – kontrovers, Zürich, 229–238.

DE ASHA (2011a), Antwort auf die Replik von Johannes Stückelberger, in: R. Kunz u. a. (Hg.), Reformierte Liturgik – kontrovers, Zürich, 241–244.

DECURTINS DANIELA (2012), Altstettens Ringen um Kirchenräume, in: Evangelisch-reformierte Kirchgemeinde Zürich-Altstetten/S. Schmed/ A. Rüegg (Hg.), Evangelisch-reformiertes Kirchenzentrum Altstetten. Erneuerung und Erweiterung, Zürich, 20–27.

DEFFNER VERONIKA (2007), Soziale Verwundbarkeit im ‹Risikoraum Favela›. Eine Analyse des sozialen Raumes auf der Grundlage von Bourdieus «Theorie der Praxis», in: R. Wehrhahn (Hg.), Risiko und Vulnerabilität in Lateinamerika (Kieler Geographische Schriften, Bd. 117), Kiel, 207–232.

DEGEN JOHANNES (2003), Freiheit als Profil. Wandlungen der Hilfekultur. Plädoyer für eine zukunftfähige Diakonie, Gütersloh.

DEGEN ROLAND/HANSEN INGE (Hg.) (1998), Lernort Kirchenraum. Erfahrungen – Einsichten – Anregungen, Münster u. a.

DERRIDA JACQUES (1994), Am Nullpunkt der Verrücktheit – Jetzt die Architektur, in: W. Welsch u. a. (Hg.), Wege aus der Moderne, Berlin (2. Aufl.), 215–232.

DERRIDA JACQUES (2001), Von der Gastfreundschaft, Mit einer «Einladung» von Anne Dufourmantelle, übertr. ins Deutsche v. Markus Sedlacek, hg. v. Peter Engelmann, Wien.

DIAKONISCHES WERK DER EVANGELISCHEN KIRCHE IN MANNHEIM (2012), Diakoniekirche plus, Mannheim (www.ekma.de/download/ sonstiges/10_Flyer_Diakoniekirche_Plus.pdf, Zugriff: 2. Oktober 2012).

DIE AKADEMIE BRUDERHILFE (PAX) u. a. (Hg.) (2011), Religion und Tourismus. Ergebnisse einer bundesweiten Repräsentativuntersuchung 2011, Paderborn (www.domradio.de/sites/default/files/pdf/ 05_2011_pr_sentation_studie_spiritualit_t_im_urlaub_17_05_2011. pdf, Zugriff: 24. Januar 2013).

DOERFLER VERENA (2009), Orchideen im Blätterwald – Moscheen in der Diaspora, archithese 2, 76–81.

DÖRNER KLAUS (2007), Leben und sterben, wo ich hingehöre. Dritter Sozialraum und neues Hilfesystem, Neumünster (4. Aufl.).

DÖRNER KLAUS (2012), Helfensbedürftig. Heimfrei ins Dienstleistungsjahrhundert, Neumünster.

DUDEN (ab 1976), Das grosse Wörterbuch der deutschen Sprache in sechs Bänden, hg. und bearb. v. Wissenschaftlichen Rat u. den Mitarbeitern der Dudenredaktion unter Leitung v. Günter Drosdowski, Mannheim/Wien/Zürich.

DUDEN (Hg.) (2001), Duden. Fremdwörterbuch, Mannheim (7. Aufl.).

DUDEN (Hg.) (2009), Duden. Die neue Rechtschreibung, Mannheim (25. Aufl.).

DÜNNE JÖRG/GÜNZEL STEPHAN (Hg.) (2006), Raumtheorie. Grundlagentexte aus Philosophie und Kulturwissenschaften, Frankfurt a. M.

DUFOURMANTELLE ANNE (2001), Einladung, in: J. Derrida, Von der Gastfreundschaft, übertr. ins Deutsche v. Markus Sedlacek, Wien, 111–144.

EBACH JÜRGEN (2009), Art. Raum, in: F. Crüsemann u. a. (Hg.), Sozialgeschichtliches Wörterbuch zur Bibel, Gütersloh, 455–459.

EBELING GERHARD (1982), Dogmatik des christlichen Glaubens, Bd. 1, Tübingen (2. Aufl.).

EBELING GERHARD (1995), Theologie in den Gegensätzen des Lebens, Tübingen.

EBERTZ MICHAEL N./HUNSTIG HANS-GEORG (Hg.) (2008), Hinaus ins Weite. Gehversuche einer milieusensiblen Kirche, Würzburg (2. Aufl.).

EGLI EMIL (1879), Actensammlung zur Geschichte der Zürcher Reformation in den Jahren 1519–1533, Zürich.

EGO BEATE (1998), «Der Herr blickt herab von der Höhe seines Heiligtums». Zur Vorstellung von Gottes himmlischem Thronen in exilisch-nachexilischer Zeit, ZAW 110, 556–569.

EHRENSPERGER ALFRED (2010), Der Gottesdienst in Stadt und Landschaft Basel im 16. und 17. Jahrhundert, Zürich.

EHRENSPERGER ALFRED (2011), Der Gottesdienst in Stadt und Landschaft Bern im 16. und 17. Jahrhundert, Zürich.

EICHER PETER (1989), Die Anerkennung der Anderen und die Option für die Armen, in: Ders. u. a. (Hg.), Auf der Seite der Unterdrückten? Theologie der Befreiung im Kontext Europas, Düsseldorf, 10–53.

EIDT ELLEN (2011), Inklusive Gottesdienste, in: J. Eurich u. a. (Hg.), Kirchen aktiv gegen Armut und Ausgrenzung, Stuttgart, 408–425.

ELIADE MIRCEA (1990), Das Heilige und das Profane. Vom Wesen des Religiösen, Frankfurt a. M.

EMNID (2001), Chrismon-Umfrage des Monats, Chrismon 4, 10.

ERNE THOMAS (2007), Die Wiederentdeckung des Raumes in der Evangelischen Theologie, Zeitschrift «Arbeitsstelle Gottesdienst» der GAGF 2/21, 5–13.

ERNE THOMAS (2008), Neue Wahrnehmung des Kirchenraumes im Protestantismus. Theologische Reflexionen und Impulse, in: M. Keller/K. Vogel (Hg.), Erweiterte Nutzung von Kirchen – Modell mit Zukunft, Berlin, 42–60.

ERNE THOMAS (2008a), Transformation: Vorwort, kunst und kirche 2, 1.

ERNE THOMAS (2009), Zu viele Räume – zu wenig Ideen? Wie Kirche sich wandelt in der Umwandlung ihrer Räume, in: I. Karle (Hg.), Kirchenreform. Interdisziplinäre Perspektiven, Leipzig, 57–65.

ERNE THOMAS (2010), Grundwissen Christentum Kirchenbau, in: Ders. u. a. (Hg.), Die Religion des Raumes und die Räumlichkeit der Religion, Göttingen, 181–199.

ERNE THOMAS/SCHÜTZ PETER (2010), Die Religion des Raumes und die Räumlichkeit der Religion, in: Dies. (Hg.), Die Religion des Raumes und die Räumlichkeit der Religion, Göttingen, 9–19.

ESCHER KONRAD (1930), Rechnungen und Akten zur Baugeschichte und Ausstattung des Grossmünsters in Zürich, Anzeiger für schweizerische Altertumskunde, NF 32, 57–63, 133–142, 200.

ETTER HANSUELI u. a. (Hg.) (1988), Die Zürcher Stadtheiligen Felix und Regula. Legenden, Reliquien, Geschichte und ihre Botschaft im Licht moderner Forschung, Zürich.

EVANGELISCHE KIRCHE BERLIN-BRANDENBURG-SCHLESISCHE OBERLAUSITZ (Hg.) (2006), Kirchen – Häuser Gottes für die Menschen. Einladung zum lebendigen Gebrauch von Kirchengebäuden, Berlin.

EVANGELISCHE KIRCHEN IN DEUTSCHLAND (Hg.) (2003), Der Seele Raum geben. Kirche als Orte der Besinnung und Ermutigung. Texte zum Sachthema der 1. Tagung der 10. Synode der Evangelischen Kirche in Deutschland (EKD), 22.–25. Mai 2003, Leipzig.

EVANGELISCHE KIRCHE IN MANNHEIM (2012), Diakoniekirche plus, (www.ekma.de/?seite=606, Zugriff: 2. Oktober 2012).

EVANGELISCHE KIRCHE WESTFALEN (2004), Kirchen umbauen, neu nutzen, umwidmen, Bielefeld (2. Aufl.).

EVANGELISCH-REFORMIERTE KIRCHE DES KANTONS ST. GALLEN (2001), St. Galler Kirche 2010. «Nahe bei Gott – nahe bei den Menschen". Auftrag – Vision – Leitziele 2005, St. Gallen.

EVANGELISCH-REFORMIERTE KIRCHE DES KANTONS ST. GALLEN (2005), Offene Kirchentüren – eine Handreichung, St. Gallen (www.ref-sg.ch/anzeige/projekt/107/186/handreichung_offene_kirchentueren.pdf, Zugriff: 24. Januar 2013).

EVANGELISCH-REFORMIERTE KIRCHE DES KANTONS ST. GALLEN (2012), Merkblatt betreffend Wahlfähigkeit von Mitarbeitenden in den sozialen und diakonischen Diensten, St. Gallen (www.refsg.ch/anzeige/projekt/111/221/merkblatt_betreffend_wahlfaehigkeit_von_mitarbeitenden_in_den_sozialen_ und_ diakonischen_diensten.pdf, Zugriff: 24. Januar 2013).

EVANGELISCH-REFORMIERTE LANDESKIRCHE DES KANTONS ZÜRICH (2010), Rechtsquellen 1. Kirchengesetz, Zürich, 5–14.

FAILING WOLF-ECKART (1997), «In den Trümmern des Tempels». Symbolischer Raum und Heimatbedürfnis als Thema der praktischen Theologie. Eine Annäherung, PTh 86, 375–391.

FAILING WOLF-ECKART (1998), Die eingeräumte Welt und die Transzendenzen Gottes, in: Ders./H.-G. Heimbrock (Hg.), Gelebte Religion wahrnehmen, Stuttgart, 91–122.

FALK ZEEV W. (1979), Art. Asylrecht, II. Altes Testament, TRE 4, 318–319.

FEHSENFELD MARTIN (2008), Partizipation bei Kirchenschliessungen – ein Handlungsleitfaden, kunst und kirche 2, 69–72.

FENDRICH HERBERT (2003), Erhalt, Nutzung, Nutzungsänderung, Nutzungserweiterung von Kirchen im katholischen Ruhrbistum, das Münster – Zeitschrift für christliche Kunst und Kunstwissenschaft 3/65, 176–180.

FIERZ PETER (2002), Akutes und Aktuelles im Kirchenbau, in: M. Zeindler (Hg.), Der Raum der Kirche. Perspektiven aus Theologie, Architektur und Gemeinde, Horw, 31–51.

FISCH RAINER (2003), Kirchen – Widmung, Nutzung, Umnutzung. «Wo dieselbe Ursache aufhöret, sollte man dieselben Kirchen abbrechen, wie man allen anderen Häusern tut, wenn sie nimmer nütz sind.» Martin Luther, das Münster – Zeitschrift für christliche Kunst und Kunstwissenschaft 3/65, 169–175.

FISCH RAINER (2008), Umnutzung von Kirchengebäuden in Deutschland. Eine kritische Bestandesaufnahme, Bonn.

FISHBACK POWERS MARGARET (1996), Spuren im Sand, übers. v. Eva-Maria Busch, Giessen.

FORNET-BETANCOURT RAÚL (1997), Zur neuen theoretisch-methodologischen Abgrenzung. In: Ders. (Hg.), Befreiungstheologie: kritischer Überblick und Perspektiven für die Zukunft, Mainz, 361–379.

FOUCAULT MICHEL (1991), Andere Räume, in: M. Wentz (Hg.), Stadt-Räume. Die Zukunft des Städtischen (Frankfurter Beiträge, Bd. 2), Frankfurt a. M., 65–72.

FOUCAULT MICHEL (1997), Der Wille zum Wissen, übers. v. Ulrich Raulff/Walter Seitter (Sexualität und Wahrheit, Bd. 1), Frankfurt a. M.

FOUCAULT MICHEL (2006), Von anderen Räumen, in: J. Dünne/S. Günzel (Hg.), Raumtheorie. Grundlagentexte aus Philosophie und Kulturwissenschaften, Frankfurt a. M., 317–329.

FREHNER PAUL (1969), Versuch einer theologischen Reflexion der in den Gruppengesprächen anvisierten Probleme, in: Tagungs- und Studienzentrum Boldern (Hg.), Kirchenbau. Tagung für Architekten, Soziologen, Theologen und Kirchenpfleger, Männedorf, 55–64.

FREIGANG CHRISTIAN u. a. (2001), Art. Kirchenbau, I. Allgemein, II. Im Westen (ausgenommen Punkt 5: Nordamerika), RGG 7, 1059–1141.

FRETTLÖH MAGDALENE (2001), Von den Orten Gottes zu Gott als Ort. Maqom, eine rabbinische Gottesbenennung, und die christliche Lehre von der immanenten Trinität, in: Dies. u. a. (Hg.), Die Welt als Ort Gottes – Gott als Ort der Welt, Gütersloh, 86–124.

FRETTLÖH MAGDALENE (2005), Der trinitarische Gott als Raum der Welt, in: R. Weth (Hg.), Der lebendige Gott. Auf den Spuren neueren trinitarischen Denkens, Neukirchen-Vluyn, 197–232.

FRETTLÖH MAGDALENE (2009), Eingetaucht in den Namen des dreieinigen Gottes, Taufe – Name – Raum, in: Dies. (Hg.), GOTT, wo bist DU? Kirchlich-theologische Alltagskost. Bd. 2 (Erev-Rav-Hefte: Biblische Erkundungen 11), Erev-Rav: Wittingen, 62–78.

FRETTLÖH MAGDALENE (2009a), Trinitarische Wohngemeinschaft. Hamaqom – die geräumige Gottheit, in: Dies. (Hg.), GOTT, wo bist DU? Kirchlich-theologische Alltagskost. Bd. 2 (Erev-Rav-Hefte: Biblische Erkundungen 11), Erev-Rav: Wittingen, 79–97.

FRETTLÖH MAGDALENE (2012), Gottes nackter Hintern und das nackte Antlitz des anderen Menschen. Beobachtungen und Reflexionen zu einem tabuisierten göttlichen Körperteil, konstruktiv – Beilage zur Reformierten Presse 39, 15–17.

FRIZ MARTIN (2005), Brich den Hungrigen dein Brot. Die Stuttgarter Vesperkirche, Stuttgart (2. Aufl.).

FUCHS JOHANNES GEORG (1981), Kurze Begutachtung der Frage, ob jemand in einer Kirche, hier der evangelisch-reformierten Johanneskirche in Zürich, verhaftet werden kann, ob namentlich noch heute dem Verhaftungsrecht gewisse Schranken gesetzt sind, Manuskript, Zürich.

FUCHS JOHANNES GEORG (1985), Kirchenasyl: Einrichtung mit Tradition und Folgen für heute, Basler Zeitung v. 3. Dezember 1985, 3.

FUCHS THOMAS (2000), Leib Raum Person. Entwurf einer phänomenologischen Anthropologie, Stuttgart.

FUCHS THOMAS (2008), Leib und Lebenswelt. Neue philosphisch-psychiatrische Essays, Zug.

FURLER FRIEDER (2012), Diakonie – eine praktische Perspektive. Vom Wesensmerkmal zum sichtbaren Zeichen der Kirche, Zürich.

GÄBLER ULRICH (2004), Huldrich Zwingli. Eine Einführung in sein Leben und sein Werk, München (2. Aufl.).

GEIGER MICHAELA (2010), Gott Präsenz einräumen (Dtn 12), in: Th. Erne u. a. (Hg.), Die Religion des Raumes und die Räumlichkeit der Religion, Göttingen, 105–121.

GERBER CHRISTINE/VIEWEGER DIETER (2009), Art. Gastfreundschaft, in: F. Crüsemann u. a. (Hg.), Sozialgeschichtliches Wörterbuch zur Bibel, Gütersloh, 181–182.

GERHARDS ALBERT (1998), Der Kirchenraum als «Liturge". Anregungen zu einem anderen Dialog von Kunst und Kirche, in: F. Kohlschein u. a. (Hg.), Heiliger Raum. Architektur, Kunst und Liturgie in mittelalterlichen Kathedralen und Stiftskirchen, Münster, 225–242.

GERHARDS ALBERT (2006), «Barmherzigkeit will ich, nicht Opfer» (Mt 9,13). Zur diakonischen Dimension des Kirchengebäudes, in: B. Kranemann u. a. (Hg.), Die diakonale Dimension der Liturgie, Freiburg/Basel/Wien, 246–260.

GERHARDS ALBERT (2006a), Sinn und Sinnlichkeit sakraler Räume, Herder Korrespondenz 3/60, 149–153.

GERMANN GEORG (1963), Der protestantische Kirchenbau in der Schweiz, Zürich.

GERSTER ULRICH (2012), Die Kirchenfenster des Grossmünsters Zürich: Augusto Giacometti – Sigmar Polke (Schweizerische Kunstführer GSK, Serie 92, Bd. 915), Bern.

GEYER HERMANN (2002), «Sprechende Räume?» Fragmente einer «Theologie des Kirchenraumes", in: S. Glockzin-Bever/H. Schwebel (Hg.), Kirchen Raum Pädagogik, Münster/Hamburg/London, 31–98.

GLOCKZIN-BEVER SIGRID/SCHWEBEL HORST (Hg.) (2002), Kirchen Raum Pädagogik, Münster/Hamburg/London.

GMÜR MARTIN (2012), Kirche Rosenberg: Starke Zweifel, Der Landbote v. 10. November 2012, 13.

GOETERS JOHANN (1994), Die Rolle der Bibel für die reformatorische Theologie und Predigt, in: R. Ziegert (Hg.), Die Zukunft des Schriftprinzips, Stuttgart, 13–29.

GÖTTLER CHRISTINE/JEZLER PETER (1984), Zeittafel, in: H.-D. Altendorf/P. Jezler (Hg.), Bilderstreit. Kulturwandel in Zwinglis Reformation, Zürich, 149–159.

GOETZ HANS-WERNER (2002), Die Gottesfriedensbewegung im Licht neuerer Forschungen, in: A. Buschmann u. a. (Hg.), Landfrieden, Anspruch und Wirklichkeit, Paderborn, 31–54.

GÖTZELMANN ARND (2010), Kirchliche Gemeinwesenarbeit, in: V. Herrmann u. a. (Hg.), Wichern drei – gemeinwesendiakonische Impulse, Neukirchen-Vluyn, 31–45.

GRÄB WILHELM (2000), Lebensgeschichten, Lebensentwürfe, Sinndeutungen. Eine praktische Theologie gelebter Religion, Gütersloh (2. Aufl.).

GRÖSCHKE DIETER (2011), Arbeit, Behinderung, Teilhabe. Anthropologische, ethische und gesellschaftliche Bezüge, Bad Heilbronn.

GROSS GISELA/WOYDACK TOBIAS (2003), Der Kirchenraum – Thesen (2002), in: F. Brandi-Hinnrichs u. a. (Hg.), Räume riskieren. Reflexion, Gestaltung und Theorie in evangelischer Perspektive (Kirche in der Stadt, Bd. 11), Schenefeld, 151–153.

GRÜNBERG WOLFGANG (2003), Wo steht die Kirche heute? Der urbane Kontext als Schrecken und Verheissung, in: J. Ebach u. a. (Hg.), Bloss ein Amt und keine Meinung? – Kirche, Gütersloh, 168–210.

GRÜNBERG WOLFGANG (2003a), Wo steht die Kirche heute, Junge Kirche 5, 21–28.

GRÜNBERG WOLFGANG (2004), Die Sprache der Stadt. Skizzen zur Grossstadtkirche, Leipzig.

GRÜNBERG WOLFGANG/MEISTER RALF (2003), Thesen zur Citykirchenarbeit. Citykirchenarbeit als Neuinszenierung des Christlichen, in: F. Brandi-Hinnrichs u. a. (Hg.), Räume riskieren. Reflexion, Gestaltung und Theorie in evangelischer Perspektive (Kirche in der Stadt, Bd. 11), Schenefeld, 154–157.

GUBLER HANS MARTIN (1984), «Reformierter» Kirchenbau? Skizze zur Entwicklung des nachreformierten zürcherischen Landkirchenbaus zwischen 1580 und 1630, in: H.-D. Altendorf/P. Jezler (Hg.), Bilderstreit. Kulturwandel in Zwinglis Reformation, Zürich, 141–148.

GÜNZEL STEPHAN (Hg.) (2009), Raumwissenschaften, Frankfurt a. M.

GUTIÉRREZ GUSTAVO (1995), Die Armen und die Grundoption, in: I. Ellacuría u. a. (Hg.), Mysterium Liberationis. Grundbegriffe der Theologie der Befreiung, Bd. 1, Luzern, 293–311.

GUTSCHER DANIEL (1983), Das Grossmünster Zürich. Eine baugeschichtliche Monographie (Beiträge zur Kunstgeschichte der Schweiz, Bd. 5), Bern.

GUTSCHER DANIEL (1995), Grossmünster Zürich (Schweizerische Kunstführer, Serie 33, Bd. 326), Zürich (2. Aufl.).

GUTSCHER DANIEL/SENN MATTHIAS (1984), Zwinglis Kanzel im Zürcher Grossmünster – Reformation und künstlerischer Neubeginn, in: H.-D. Altendorf u. a. (Hg.), Bilderstreit. Kulturwandel in Zwinglis Reformation, Zürich, 109–116.

GYSEL WERNER (2010), Das Chorherrenstift am Grossmünster. Von den Anfängen im 9. Jahrhundert bis zur Zürcher Reformation unter Huldrich Zwingli, Zürich.

HAAS HANNS-STEPHAN (2012), Unternehmen für Menschen. Diakonische Grundlegung und Praxisherausforderungen (Diakonie. Bildung – Gestaltung – Organisation, Bd. 11), Stuttgart.

HAAS HANNS-STEPHAN/TREBER MONIKA (Hg.) (2009), Enabling Community. Gemeinwesen zur Inklusion befähigen. Ein Positionspapier der Evangelischen Stiftung Alsterdorf und der Katholischen Hochschule für Sozialwesen Berlin.

HAAS WALTER (1989), Art. Kirchenbau, II. Mittelalter, TRE 18, 442–456.

HABERMAS JÜRGEN/LUHMANN NIKLAS (1971), Theorie der Gesellschaft oder Sozialtechnologie – Was leistet die Systemforschung?, Frankfurt a. M.

HAFNER URS (2007), Gotteshäuser ohne Gläubige. Die christlichen Konfessionen schrumpfen weiter – die leerstehenden Kirchen werden allmählich umgenutzt, Neue Zürcher Zeitung v. 24. Dezember 2007, 23.

HAFNER URS (2007a), Kult, Macht und Glaube. Eine kleine Geschichte des Zürcher Grossmünsters, Zürich.

HALL EDWARD T. (1976), Die Sprache des Raumes, Düsseldorf.

HAMMER-SCHENK HAROLD (1989), Art. Kirchenbau, III. Kirchenbau des 16. bis 18. Jahrhunderts (Spätgotik bis Frühklassizismus), TRE 18, 456–498.

HAMMER-SCHENK HAROLD (1989a), Art. Kirchenbau, IV. 19. und frühes 20. Jahrhundert, TRE 18, 498–514.

HARTFIEL GÜNTER/HILLMANN KARL-HEINZ (1982), Wörterbuch der Soziologie (1982), Stuttgart (3. Aufl.).

HASENBÖHLER MARIUS (2005), Liebhaber, nicht Spekulant, St. Galler Tagblatt v. 8. Februar 2005, 43.

HASLBECK BARBARA (2007), Sexueller Missbrauch und Religiosität. Wenn Frauen das Schweigen brechen: eine empirische Studie, Berlin.

HASLER THOMAS (2012), Kirche auf der Rennbahn, Tages-Anzeiger v. 17. September 2012, 19.

HASLINGER HERBERT (2009), Diakonie. Grundlagen für dic sozialc Arbeit der Kirche, Paderborn.

HASLINGER HERBERT/STOLTENBERG GUNDELINDE (2000), Ein Blick in die Zukunft der Praktischen Theologie, in: H. Haslinger u. a. (Hg.), Handbuch der praktischen Theologie, Bd. 2: Durchführungen, Mainz, 511–530.

HEBBEL FRIEDRICH (1964), Werke, 2. Bd., hg. v. Gerhard Fricke, Werner Keller und Karl Pörnbacher, München.

HENTSCHEL ANNI (2007), Diakonia im Neuen Testament. Studien zur Semantik unter besonderer Berücksichtigung der Rolle von Frauen, Tübingen.

HERREN MATTHIAS (2011), Raumnot: Unis wollen in Kirchen lehren, NZZ am Sonntag v. 25. November 2011, 15.

HILTBRUNNER OTTO/GORCE DENYS/WEHR HANS (1972), Art. Gastfreundschaft, Reallexikon für Antike und Christentum (RAC) 8, 1061–1123.

HINTE WOLFGANG (2010), Von der Gemeinwesenarbeit zur Sozialraumorientierung, in: V. Herrmann u. a. (Hg.), Wichern drei – gemeinwesendiakonische Impulse, Neukirchen-Vluyn, 25–30.

HOBURG RALF (2008), Nachwort, in: Ders. (Hg.), Theologie der helfenden Berufe, Stuttgart, 168–182.

HOBURG RALF (2009), Evaluationsstudie: Der Markt der Kirchenführungen als Angebot und Ausbildung, in: Ders. (Hg.), Zwischen Ortsgemeinde und Tourismus, Hannover, 91–141.

HOBURG RALF (2009a), Imagefaktor Kirche, in: Ders. (Hg.), Zwischen Ortsgemeinde und Tourismus, Hannover, 9–17.

HOBURG RALF (2010), Zur neuen Sichtbarkeit von Religion, in: J. Friedrich (Hg.), Postsäkular? Religion im Zusammenhang gesellschaftlicher Transformationsprozesse, Stuttgart, 23–42.

HOBURG RALF (2011), Der «anonyme" Kirchenbesucher. Befragung von Kirchenbesucherinnen und Kirchenbesuchern in insgesamt 18 Kirchengemeinden der Ev.-Luth. Landeskirche Hannovers, unveröffentl. Manuskript, Hannover.

HOBURG RALF (2011a), Der Tourismus als Aufgabe der Kirche, unveröffentl. Manuskript.

HÖFFE OTFRIED U. A. (Hg.) (1977), Lexikon der Ethik, München.

HOFHANSL ERNST (2004), Art. Raum, RGG 7, 65–66.

HOLLENSTEIN ROMAN (2009), Symbolträchtige Bauskulpturen, archithese 2, 64–69.

HOLTHUSEN HANS EGON (1951), Der unbehauste Mensch. Motive und Probleme der modernen Literatur, München.

HOSPINIAN RUDOLF (1603), De templis, hoc est, de origine, progressu, usu et abusu templorum, ac omnino rerum omnium ad Templa pertinentium, libri V, editio secunda, Tiguri.

HUBER BENEDIKT (1959), Die Aufgabe, eine Kirche zu bauen, Werk 8/49, 2.

HUBER WOLFGANG (2000), Die Rolle der Kirchen als intermediäre Institutionen in der Gesellschaft, Rede anlässlich des Symposiums «Die Zukunft des Sozialen» v. 14. September 2000 an der Humboldt-Universität Berlin (www.ekd.de/gesellschaft/huber-v5.html, Zugriff: 31. August 2012).

HUBER WOLFGANG (2006), Kirche als Zeichen in der Zeit – Kulturelles Erbe und Sinnvermittlung für das 21. Jahrhundert, in: H. Adolphsen u. a. (Hg.), glauben sichtbar machen. herausforderungen an kirche, kunst und kirchenbau, Hamburg, 30–46.

HURTER ERNST (1950), Die theologischen Gesichtspunkte beim Bau der Markuskirche, in: P. Meyer (Hg.), Die protestantische Markus-Kirche in Zürich-Seebach, Zürich, 12–14.

HUG OLIVIA (2012), Ebnat-Kappel: Forum über die Gebäude der evangelischen Kirchgemeinde, Toggenburger-Nachrichten vom 28. September 2012, 1 u. 3.

HULL JOHN M. (1992), Im Dunkeln sehen: Erfahrungen eines Blinden, München.

IHLE PASCAL (2003), Ein Ort zum Innehalten. Eröffnung der Zwölf-Boten-Kapelle im Grossmünster, Neue Zürcher Zeitung v. 14./15. Juni 2003, 45.

INTERORGANISATIONALE KOMMISSION SAKRALBAUTEN UND KIRCHLICHE LIEGENSCHAFTEN (2013), Häuser Gottes und der Gemeinde. Die Herausforderung eines teuren Erbes. Methodik zur gesamtheitlichen und nachhaltigen Entwicklung des Bauwerkbestandes der Evangelisch-reformierten Landeskirche und der Römisch-katholischen Körperschaft der Stadt Zürich. Werkstattberichte I und II, Zürich.

JAHN RUTH (2005), Survival of the Nicest, Unimagazin der Universität Zürich 4, 26–27.

JANERT JOSEFINE (2013), Sonntags zapft der Pfarrer, Publik-Forum 3, 40–41.

JANOWKSI BERND (1993), «Ich will in eurer Mitte wohnen». Struktur und Genese der exilischen Schekina-Theologie, in: Ders. (Hg.), Gottes Gegenwart in Israel. Beiträge zur Theologie des Alten Testaments, Neukirchen-Vluyn, 119–147.

JANOWSKI BERND (2004), Art. Shekhina, Altes Testament, RGG 7, 1274–1275.

JEZLER PETER (Hg.) (1984), «Da beschachend vilgrosser endrungen». Gerold Edlibachs Aufzeichnungen über die Zürcher Reformation 1520–1526, in: H.-D. Altendorf/ders. (Hg.), Bilderstreit. Kulturwandel in Zwinglis Reformation, Zürich, 41–74.

JEZLER PETER/JEZLER ELKE/GÖTTLER CHRISTINE (1984), Warum ein Bilderstreit? Der Kampf gegen die «Götzen» in Zürich als Beispiel, in:

H.-D. Altendorf/P. Jezler (Hg.), Bilderstreit. Kulturwandel in Zwinglis Reformation, Zürich, 83–102.

JEZLER PETER (1990), Die Desakralisierung der Zürcher Stadtheiligen Felix, Regula und Exuperantius in der Reformation, in: P. Dinzelbacher u. a. (Hg.), Heiligenverehrung in Geschichte und Gegenwart, Ostfildern, 296–319.

JEZLER PETER (2000), Der Bildersturm in Zürich 1523–1530, in: C. Dubeux u. a. (Hg.), Bildersturm. Wahnsinn oder Wille Gottes?, Zürich, 75–83.

JOOSS ELISABETH (2005), Raum, eine theologische Interpretation, Gütersloh.

JOOSS ELISABETH (2009), Theologie, in: S. Günzel (Hg.), Raumwissenschaften, Frankfurt a. M., 386–399.

JOOSS ELISABETH (2010), KREUZ und quer – Raum als Grundkategorie christlicher Weltdeutung, in: Th. Erne u. a. (Hg.), Die Religion des Raumes und die Räumlichkeit der Religion, Göttingen, 67–83.

JOSUTTIS MANFRED (1991), Der Weg in das Leben, München,.

JOSUTTIS MANFRED (1997), Vom Umgang mit heiligen Räumen, in: A. Grözinger/J. Lott (Hg.), Gelebte Religion. Im Brennpunkt praktisch-theologischen Denkens und Handelns, Rheinbach, 241–251.

JÜNGEL EBERHARD (1985), Tod, Gütersloh (3. Aufl.).

KAHLE BARBARA (1990), Zum Verhältnis des Sakralen und Profanen, in: Dies. (Hg.), Deutsche Kirchenbaukunst des 20. Jahrhunderts, Darmstadt, 214–224.

KARRER LEO (2001), Von der Kirche aus Stein zur Kirche aus Menschen. Kirchen-Räume und Gemeindepädagogik, Bibel und Liturgie 74, 83–90.

KARRER LEO (2006), Geld und Geist. Diakonie in der Spannung zwischen Ökonomie und Ökumene, in: Ch. Sigrist (Hg.), Diakonie und Ökonomie. Orientierungen im Europa des Wandels, Zürich, 31–53.

KERNER HANNS (2008), Lebensraum Kirchenraum. Wahrnehmungen aus einer neuen empirischen Untersuchung unter evangelisch Getauften, in: Ders. (Hg.), Lebensraum Kirchenraum. Das Heilige und das Profane, Leipzig, 7–15.

KIRCHENRAT DER EVANGELISCH-REFORMIERTEN LANDESKIRCHE DES KANTONS ZÜRICH (1981), Auszug aus dem Protokoll des Kirchenrates des Kantons Zürich, Sitzung v. 4. März 1981, Zürich.

KIRCHENRAT DER EVANGELISCH-REFORMIERTEN LANDESKIRCHE DES KANTONS ZÜRICH (2009), Kirchenordnung der Evangelisch-reformierten Landeskirche des Kantons Zürich, Vorlage für die Volksabstimmung v. 27. September 2009, Zürich.

KIRCHENRAT DER EVANGELISCH-REFORMIERTEN LANDESKIRCHE DES KANTONS ZÜRICH (2012), Antrag und Bericht des Kirchenrates an die Kirchensynode betreffend Stärkung kleiner Kirchgemeinden durch gezielte Förderung der übergemeindlichen Zusammenarbeit (Postulat Nr. 419 von Kurt Stäheli, Marthalen, und Mitunterzeichnenden), Zürich.

KIRCHGEMEINDE GROSSMÜNSTER ZÜRICH (2005), Gebets- und Fürbittebuch HERR BLEIB BEI UNS, Juli 2005 (Original im Grossmünster einsehbar).

KLEIN MICHAEL (2004), Almosenordnung der Stadt Zürich 1525, in: Th. Strohm u. a. (Hg.), Die Entstehung einer sozialen Ordnung Europas, Bd. 2: Europäische Ordnungen zur Reform der Armenpflege im 16. Jahrhundert, Heidelberg, 100–107.

KLEIN STEPHANIE (2005), Erkenntnis und Methode in der praktischen Theologie, Stuttgart.

KLIE THOMAS (2009), Diakonik: Für(s) Alte(r) sorgen, in: Th. Klie u. a. (Hg.): Praktische Theologie des Alterns, Berlin, 575–595.

KOCHER HERMANN (1996), Rationierte Menschlichkeit. Schweizerischer Protestantismus im Spannungsfeld von Flüchtlingsnot und öffentlicher Flüchtlingspolitik der Schweiz 1933–1948, Zürich.

KOHL KLAUS (2007), Christi Wesen am Markt. Eine Studie zur Rede von der Diakonie als Wesens- und Lebensäusserung der Kirche (Arbeiten zur Pastoraltheologie, Liturgik und Hymnologie, Bd. 54), Göttingen.

KOHLER MARC E. (1979), Kirchliches Bauen als Sprache der Kirche. Das Bauen der Evangelisch-reformierten Kirche Basel-Stadt von 1950–1975, Zürich.

KOPP EDUARD (2005), «Unsere Kirche soll offen sein – ohne sich der Welt gleichzumachen», Chrismon 7, 20–21.

KÖRTNER ULRICH H. J. (2007), Ethik im Krankenhaus. Diakonie – Seelsorge – Medizin, Göttingen.

KRANEMANN BENEDICT (2006), Liturgie als Anstiftung zum Handeln. Die diakonale Dimension des christlichen Wortgottesdienstes, in: Ders. u. a. (Hg.), Die diakonale Dimension der Liturgie, Freiburg/Basel/Wien, 194–206.

KRANEMANN BENEDICT (2008), Gemeinschaft mit den Toten – die neue Nutzung der Erfurter Allerheiligenkirche, kunst und kirche 2, 75–76.

KRAUSE MAREN (2008), Wirtshaus «zum weissen Hahnen». 450 Jahre Gastronomie in Kirchen, kunst und kirche 2, 76–77.

KRETZSCHMAR GERALD (2005), Über die Strahlkraft einer Kirche. Impulse der Dresdner Frauenkirche für eine praktisch-theologische Hermeneutik des Kirchenraumes, PrTh 1, 15–19.

KREUZER SIEGFRIED/SCHOTTROFF LUISE (2009), Freundschaft, in: F. Crüsemann u. a. (Hg.), Sozialgeschichtliches Wörterbuch zur Bibel, Gütersloh, 167–170.

KRIEG MATTHIAS U. A. (Hg.) (2002), Die Reformierten. Suchbilder einer Identität, Zürich.

KRIEG MATTHIAS/DIETHELM ROLAND/SCHLAG THOMAS (Hg.) (2012), Lebenswelten. Modelle kirchlicher Vielfalt. Näher, vielfältiger, profilierter, Bd. 1: Sinusstudie, Zürich.

KRONAUER MARTIN (2002), Exklusion. Die Gefährdung des Sozialen im hoch entwickelten Kapitalismus, Frankfurt a. M./New York.

KRÖTKE WOLF (2006), Der unbehauste Gott und der Gott seines Hauses. Zu einem Wesenszug des christlichen Glaubens und der christlichen Gemeinde, in: H. Adolphsen u. a. (Hg.), Glauben sichtbar machen. Herausforderungen an Kirche, Kunst und Kirchenbau, Berichte und Ergebnisse des 25. Evangelischen Kirchbautages, 29. September bis 2. Oktober 2005 in Stuttgart, Hamburg, 63–78.

KÜNG HANS (1992), Das Apostolische Glaubensbekenntnis – Zeitgenossen erklärt, München/Zürich.

KUNZ RALPH (2001), Gottesdienst evangelisch reformiert. Liturgik und Liturgie in der Kirche Zwinglis, Zürich.

KUNZ RALPH (2009), Vom Schauspiel zum Sprachspiel. Ästhetische Kriterien und theologische Prinzipien der reformierten Gottesdienstpraxis, Vortrag gehalten an der Veranstaltung «Liturgisches Handeln und soziale Praxis. Symbolische Kommunikation im Zeitalter der Konfessionalisierung» vom 29. Juni bis 1. Juli 2009 in Münster, unveröffentl. Manuskript.

KUNZ RALPH (2012), Inklusive Gottesdienste, PTh 3, 87–101.

LA ROCHE KÄTHI (2010), Sehen und Hören. Gedanken zum ikonographischen Programm der Kirchenfenster von Sigmar Polke, in: Parkett Publishers/Kirchgemeinde Grossmünster Zürich (Hg.), Sigmar Polke. Fenster – Windows Grossmünster Zürich, Zürich, 76–81.

LANDAU PETER (1979), Art. Asylrecht, III. Alte Kirche und Mittelalter, TRE 4, 319–327.

LANDAU PETER (1994), Traditionen des «Kirchenasyls», in: K. Barwig u. a. (Hg.), Asyl am heiligen Ort. Sanctuary und Kirchenasyl – vom Rechtsspruch zur ethischen Verpflichtung, Ostfildern, 47–61.

LANDERT CHarles (2012), Tätigkeitsprogramm der Evangelisch-reformierten Landeskirche des Kantons Zürich. Empirische Erhebung über die Tätigkeiten von Landeskirchen und Kirchgemeinden 2011. Bericht, Zürich.

LANDERT CHARLES/BRÄGGER MARTINA (2009), Verband der stadtzürcherischen evangelisch-reformierten Kirchgemeinden («Stadtverband»). Aufnahme und Analyse des Ist-Zustandes, Zürich (www.statistik.zh.ch/content/dam/justiz_innern/statistik/Publikationen/Spezialpublikationen/Stadtverband_2009.pdf, Zugriff: 24. Januar 2013).

LANDERT MARKUS (1987), Nachreformatorischer Kirchenbau im Kanton Zürich, Zürcher Chronik 55, 154–157.

LANDIS STEPHAN (2012), Zürich: Weg frei für Strukturreform, reformierte presse v. 21. September 2012, 1.

LANDOLT NOEMI (2009), Die Kraft der Schützlinge, Wochenzeitung WOZ v. 8. Januar 2009, 3.

LANDWEHR MICHAEL (2013), Ruhe schöpfen: Offene Kirchentüren zu gastfreundlichen Kirchenräumen, in: Schweizerischer Evangelischer Kirchenbund, bulletin sek.feps 2, 20–22.

LANGE HANS-JOACHIM (2009), Evangelium sichtbar? Zum aktuellen Umgang mit einer alten Sehnsucht in der evangelischen Kirche, in: R. Hoburg (Hg.), Zwischen Ortsgemeinde und Tourismus, Hannover, 67–90.

LATOUR BRUNO (2007), Eine neue Soziologie für eine neue Gesellschaft. Einführung in die Akteur-Netzwerk-Theorie, übers. aus dem Engl. v. Gustav Rossler, Frankfurt a. M.

LAVATER LUDWIG (1559), De ritibus et institutis ecclesiae Tigurinae, opusculum, Zürich.

LAVATER LUDWIG/OTT JOHANN BAPTIST (1987), Die Gebräuche und Einrichtungen der Zürcher Kirche, hg. v. Johann Baptist Ott, übers. und erl. v. Gottfried Albert Keller, Zürich.

LEFEBVRE HENRI (2006), Die Produktion des Raumes, Erstübers. v. Jörg Dünne, in: J. Dünne u. a. (Hg.), Raumtheorie. Grundlagentexte aus Philosophie und Kulturwissenschaft, Frankfurt a. M., 330–v342.

LÉVINAS EMMANUEL (1981), Gott und die Philosophie, in: B. Casper (Hg.), Gott nennen. Phänomenologische Zugänge, Freiburg i. Br., 81–123.

LÉVINAS EMMANUEL (1983), Die Spur des Anderen. Untersuchungen zur Phänomenologie und Sozialphilosophie, hg. v. Wolfgang Nikolaus Krewani, Freiburg/München.

LÉVINAS EMMANUEL (1987), Totalität und Unendlichkeit. Versuch über die Extorität, übers. v. Wolfgang Nikolaus Krewani, Freiburg/München.

LÉVINAS EMMANUEL (1992), Ethik und Unendliches. Gespräche mit Philippe Nemo, hg. v. Peter Engelmann, Wien (2. Aufl.).

LÉVINAS EMMANUEL (1996), Eine Religion für Erwachsene, in: Ders., Schwierige Freiheit. Versuch über das Judentum, übers. aus dem Franz. v. Eva Moldauer, Frankfurt a. M. (2. Aufl.), 21–37.

LÉVINAS EMMANUEL (1996a), Heidegger, Gagarin und wir, in: Ders., Schwierige Freiheit. Versuch über das Judentum, übers. aus dem Franz. v. Eva Moldauer, Frankfurt a. M. (2. Aufl.), 173–176.

LIEB STEFANIE (2010), Himmelwärts. Geschichte des Kirchenbaus von der Spätantike bis heute, Berlin.

LIEDKE ULF (2012), Menschen. Leben. Vielfalt, PTh 3, 71–86.

LIEDKE ULF (2013), Theorie und Praxis der Inklusion, in: Ders./R. Kunz (Hg.), Handbuch Inklusion in der Kirchgemeinde, Göttingen, 11–29.

LOB-HÜDEPOHL ANDREAS (2003), Wer steht in der Pflicht? Theologisch-ethische Überlegungen zu Verantwortlichkeiten beim «Kirchenasyl», in: W.-D. Just u. a. (Hg.), Kirchenasyl. Ein Handbuch, Karlsruhe, 50–69.

LOB-HÜDEPOHL ANDREAS (2012), Krummes Holz wird gerade, Politik-Forum 9, 35–37.

LOEGSTRUP KNUD E. (1982), Solidarität und Liebe, in: F. Böckle u. a. (Hg.), Christlicher Glaube in moderner Gesellschaft, Teilbd. 16, Freiburg i. Br., 97–128.

LÖW MARTINA (2001), Raumsoziologie, Frankfurt a. M.

LÖW MARTINA U. A. (2008), Einführung in der Stadt- und Raumsoziologie, Opladen.

LUDWIG MATTHIAS (2008), Neue Gemeinde- und Gebäudestrukturen im Dortmunder Westen. Die Elias-Kirchgemeinde Dortmund, kunst und kirche 2, 48–52.

LUHMANN NIKLAS (1995), Die Soziologie und der Mensch (Soziologische Aufklärung, Bd. 6), Opladen.

LUHMANN NIKLAS (1997), Die Gesellschaft der Gesellschaft, 2. Teilbd., Frankfurt a. M.

LUHMANN NIKLAS (1998), Die Kunst der Gesellschaft, Frankfurt a. M. (2. Aufl.)

LUHMANN NIKLAS (2000), Die Religion der Gesellschaft, Frankfurt a. M.

LUHMANN NIKLAS (2009), Formen des Helfens im Wandel gesellschaftlicher Bedingungen, in: Ders., Soziologische Aufklärung. Aufsätze zur Theorie der Gesellschaft, Bd. 2, Wiesbaden (6. Aufl.), 167–186.

LUIBL HANS JÜRGEN (2005), Leere Kirchen: Verkaufen, abreissen, umnutzen?, reformierte presse v. 29. Juli 2005, 7–9.

LUTHER HENNING (1986), Alltagssorge und Seelsorge. Zur Kritik am Defizitmodell des Helfens, Wege zum Menschen 38, 2–17.

LUTHER HENNING (1988), Wahrnehmen und Ausgrenzen oder die doppelte Verdrängung. Zur Tradition des seelsorgerlich-diakonischen Blicks, ThPr 23, 251–266.

LUTHER HENNING (1992), Religion im Alltag. Bausteine zu einer Praktischen Theologie des Subjekts, Stuttgart.

LUTHER MARTIN (1934), D. Martin Luthers Werke, Kritische Gesamtausgabe (WA), Weimar.

LUTHER MARTIN (1934), D. Martin Luthers Werke, Kritische Gesamtausgabe, Die Deutsche Bibel (DB), Weimar.

LYOTARD JEAN-FRANÇOIS (1998), Postmoderne Moralitäten, übers. aus dem Franz. v. Gabriele Ricke/Ronald Voullié, Wien.

MACHAT CHRISTOPH (1986), Die Entwicklung des evangelischen Kirchenbaus von der Reformation bis zum Anfang des 19. Jahrhunderts, in: D. Meyer (Hg.), Kirchliche Kunst im Rheinland. Beiträge zu Kirchenbau, Grabdenkmal und Altargerät der evangelischen Kirche, Düsseldorf, 17–43.

MARTI KURT (1981), Zärtlichkeit und Schmerz, Hamburg/Zürich.

MARTI KURT (1990), Kirchliches Asylrecht, in: Ders., Herausgehoben. Notizen und Details, Stuttgart, 88–92.

MARTIN JEANNETT (2007), Mensch – Alltag – Gottesdienst. Bedürfnisse, Rituale und Bedeutungszuschreibungen evangelisch Getaufter in Bayern (bayreuther forum TRANSIT, Bd. 7), Berlin.

MATHWIG FRANK (2010), Zwischen Leben und Tod. Die Suizidhilfediskussion in der Schweiz aus theologisch-ethischer Sicht, Zürich.

MATHWIG FRANK (2010a), «Den Raum deines Zeltes mach weit». Zur Topographie der Frage nach der Funktion des Kirchenraumes, in: Ch. Sigrist (Hg.), Kirchen Macht Raum, Zürich, 103–120.

MATTI DIETER (2009/2010), Alte Bilder – neu gedeutet, Kirchliche Kunst im Passland, Bde. 1–3, Chur.

MC KEE ELSI A. (1996), Diakonie in der klassischen reformierten Tradition und heute, in: Dies. u. a. (Hg.), Erneuerung des Diakonats als ökumenische Aufgabe, Heidelberg.

MENNEKES FRIEDHELM (2002), Zur Sakralität der Leere, kunst und kirche 3, 159–164.

MERTEN KLAUS (2009), Der Kirchenbau der Reformierten, in: A. Reiss u. a. (Hg.), Calvinismus. Die Reformierten in Deutschland und Europa, Dresden, 296–309.

MERTIN ANDREAS (1997), Vom heiligen Ort zum religiösen Raum. Zur Diskussion um die Nutzung kirchlicher Gebäude, Musik und Kirche 1, 7–13.

MERTIN ANDREAS (2002), Freiräume(n)! Zur Diskussion um den religiösen Raum, Magazin für Theologie und Ästhetik 16 (www.theomag.de/16/am51.htm, Zugriff: 13. August 2012).

MERTIN ANDREAS (2004), Kirchenbau als Heterotop, Magazin für Theologie und Ästhetik 28 (www.theomag.de/28/am111.htm, Zugriff: 13. August 2012).

MERTIN ANDREAS (2005), Denkmal? Ein Beitrag zu einer ruinösen Diskussion, Magazin für Theologie und Ästhetik 37 (www.theomag.de/37/am162.htm, Zugriff: 13. August 2012).

MERTIN ANDREAS (2006), Kirchenbau als Ostentation, Magazin für Theologie und Ästhetik 42 (www.theomag.de/42/am192.htm; Zugriff: 13. August 2012).

MERTIN ANDREAS (2008), Religiöse Räume, Magazin für Theologie und Ästhetik 54 (www.theomag.de/54/am248.htm, Zugriff: 13. August 2012).

MEYER PETER (Hg.) (1950), Die protestantische Markus-Kirche in Zürich-Seebach, Zürich.

MEYER-BLANCK MICHAEL (1996), Zwischen Zeichen und Historie, in: J. Henkys u. a. (Hg.), Einheit und Kontext. Praktisch-theologische Theoriebildung und Lehre im gesellschaftlichen Umfeld (FS Peter C. Bloth), Würzburg, 294–313.

MICHEL PASCAL (2014), Im Namen des Vaters, des Sohnes und des eiligen Profits, Sonntagszeitung v. 23. März 2014, 22f.

MIHRAM FRANZISKA (2002), Not macht erfinderisch … Zur Entdeckung des Kirchenbaus als Thema der Theologie, in: M. Zeindler (Hg.), Der Raum der Kirche. Perspektiven aus Theologie, Architektur und Gemeinde, Horw, 53–67.

MOHN JÜRGEN (2008), Die Auflösung religiöser Topographien der Stadt? Anmerkungen zur Diversifikation des Religiösen im Raum des Öffentlichen, kunst und kirche 4, 24–28.

MOLTMANN JÜRGEN (2002), Gott und Raum, in: Ders. u. a. (Hg.), Wo ist Gott? Gottesräume – Lebensräume, Neukirchen-Vluyn, 30–41.

MORGENTHALER CHRISTOPH (2005), Der Blick des Anderen. Die Ethik des Helfens im Christentum, in: H. Weiss u. a. (Hg.), Ethik und Praxis des Helfens in verschiedenen Religionen, Neukirchen, 35–62.

MÜHLING ANDREAS (2006), Einleitung zu Bullingers Schrift: Gegen den unverschämten Kelchstempel, in: Bullinger, Heinrich, Schriften, hg. v. Emidio Campi/Detlef Roth/Peter Stotz, Bd. VI, Zürich, 17–19.

MÜLLER ISO (1971), Die frühkatholische Passio der Zürcher Heiligen, Zeitschrift für Schweizerische Kirchengeschichte 65, 132–187.

MÜLLER KARL (1903), Die Bekenntnisschriften der reformierten Kirche. In authentischen Texten mit geschichtlicher Einleitung und Register, Leipzig.

NEDDENS MARTIN C. (1987), Das Thema: Gefährdeter Genius loci der Stadt im ökologischen Horizont, in: Ders. u. a. (Hg.), Die Wiederkehr des Genius loci. Die Kirche im Stadtraum – die Stadt im Kirchenraum, Wiesbaden, 20–61.

NENTWICH ANDREAS (2009), Nur neue Kirchen können uns retten, archithese 2, 14–19.

NENTWICH ANDREAS (2010), Gotteshäuser ohne Gott? Acht Versuche, eine schrumpfende Kirche neu zu denken, in der Hoffnung, dass der Geist weht, wo er will, Der Sonntag v. 5. August 2010, 14–18.

NEUMANN BIRGIT/RÖSENER ANTJE (2009), Kirchenpädagogik. Kirchen öffnen, entdecken und verstehen, Gütersloh (4. Aufl.).

NEUMANN INGO (2000), «Bitte nach Ihnen». Der Vorrang des Anderen in der Ethik von Emmanuel Lévinas als Herausforderung für Seelsorge und Beratung (Interkulturelle Seelsorge und Beratung, Heft 5), Düsseldorf.

NOSS PETER (2008), Transformation der Religion im Ruhrgebiet – Vom Bethaus der Kleinzeche zum interreligiösen Stadtfest, kunst und kirche 2, 21–27.

OECHSLIN WERNER (Hg.) (2001), Albert Heinrich Steiner. Architekt – Städtebauer – Lehrer, Zürich.

OELSCHLEGEL DIETER (2005), Gemeinwesenarbeit, in: H.-U. Otto u. a. (Hg.), Handbuch Sozialarbeit Sozialpädagogik, München/Basel (3. Aufl.), 653–659.

OEMING MANFRED (2006), Das Alte Testament als Grundlage des diakonischen Handelns der Kirche, in: H.-D. Neef (Hg.), Theologie und Gemeinde. Beiträge zu Bibel, Gottesdienst, Predigt und Seelsorge, Stuttgart, 95–114.

OPITZ PETER (2010), Kanzel und Gefletz – theologische und räumliche Verschiebungen zur Einführung des reformierten Abendmahls in Zürich (1525), in: Ch. Sigrist (Hg.), Kirchen Macht Raum. Beiträge zu einer kontroversen Debatte, Zürich, 45–58.

ORTSGESCHICHTLICHE SAMMLUNG SEEBACH (OGS) (o. D.), Informationsbeitrag: Walss, Peter (www.ogs-seebach.ch/p/infoseld.php?id=3590, Zugriff: 10. September 2012).

OSTERWALDER JOSEF (2008), Tote könnten Kirchen beleben, St. Galler Tagblatt v. 26. November 2008, 33.

OTTO RUDOLF (1936), Das Heilige. Über das Irrationale in der Idee des Göttlichen und sein Verhältnis zum Rationalen, München.

PACHMANN HERBERT (2012), Die Beiz als nahe Verwandte der Kirche. Über die natürlichen Schnittmengen von Gottes- und Gasthaus, Wirt und Pfarrer, reformierte presse v. 19. Oktober 2012, 6f.

PAHUD DE MORTANGES RENÉ (2007), Die Normen des katholischen und evangelischen Kirchenrechts für die Umnutzung von Kirchen, in: Ders./J.-B. Zufferey (Hg.), Bau und Umwandlung religiöser Gebäude/Le patrimoine religieux face à l'immobilier et la construction (FVRR 18), Zürich/Basel/Genf, 183–199.

PAHUD DE MORTANGES RENÉ U. A. (Hg.) (2007a), Bau und Umwandlung religiöser Gebäude (FVRR 18), Zürich/Basel/Genf.

Parkett Publishers/Kirchgemeinde Grossmünster Zürich (Hg.) (2010), Sigmar Polke. Fenster – Windows Grossmünster Zürich, Zürich.

PLÜSS DAVID (2008), Sichtbarkeit von Religion. Ein vernachlässigter Aspekt von Öffentlichkeit in Theologie und Sozialphilosophie, kunst und kirche 4, 15–20.

PLÜSS DAVID (2010), Kirchenräume zwischen Leiblichkeit und Heiligkeit, in: Ch. Sigrist (Hg.), Kirchen Macht Raum. Beiträge zu einer kontroversen Debatte, Zürich, 39–44.

PONGRATZ-LEISTEN RENATE (2001), Mental map und Weltbild in Mesopotamien, in: B. Janowski u. a. (Hg.), Das biblische Weltbild und seine orientalischen Kontexte (FAT 32), Tübingen, 261–279.

PRÄSIDIUM DES EVANGELISCHEN KIRCHENBAUTAGES U. A. (Hg.) (2008), Religion im öffentlichen Raum, kunst und kirche 4.

PRÄTORIUS INA (2004), Freiheit in Bezogenheit: Ein anderer Blick auf «solidarisches Handeln», in: C. Fischer u. a. (Hg.), Solidarität in der Krise, Zürich, 162–173.

PRÄTORIUS INA (2005), Handeln aus der Fülle, Gütersloh.

PRÄTORIUS INA (Hg.) (2005a), Sich in Beziehung setzen. Die Weltsicht der Freiheit in Bezogenheit, Königstein.

RAHNER KARL (1965), Die anonymen Christen, in: Ders., Schriften zur Theologie, Bd. 6, Einsiedeln, 545–554.

RASCHZOK KLAUS (2000), Spuren im Kirchenraum. Anstösse zur Raumwahrnehmung, PTh 89, 142–157.

RASCHZOK KLAUS (2002), «... an keine Stätte noch Zeit gebunden» (Martin Luther). Zur Frage der heiligen Raumes nach lutherischem Verständnis, in: S. Glockzin-Bever u. a. (Hg.), Kirchen Raum Pädagogik, Münster, 99–113.

RASCHZOK KLAUS (2003), Art. Kirchenbau und Kirchenraum, in: H.-C. Schmidt-Lauber u. a. (Hg.), Handbuch der Liturgik, Göttingen (3. Aufl.), 391–412.

RASCHZOK KLAUS (2005), Ein zukunftsoffener Raum (Wilhelm Löhe). Zur Leistung des Kirchengebäudes für die christliche Lebenskunst, in: M. Ludwig (Hg.), Kunst – Raum – Kirche (FS Horst Schwebel), Lautertal, 67–77.

RASCHZOK KLAUS (2007), Art. Kirchenbau, Kirchengebäude/Kirchenraumfrömmigkeit/Raumwirkung/Atmosphären, in: W. Gräb u. a. (Hg.), Handbuch Praktische Theologie, Gütersloh, 566–577.

RASCHZOK KLAUS (2008), «... geöffnet, für alle übrigens» (Heinrich Böll). Evangelische Kirchenbauten im Spannungsfeld von Religion und Gesellschaft, in: H. Kerner (Hg.), Lebensraum Kirchenraum. Das Heilige und das Profane, Leipzig, 17–36.

RASCHZOK KLAUS (2009), Zur Bedeutung des Kirchenbaus für die praktische Theologie, kunst und kirche 2, 49–52.

RASCHZOK KLAUS (2010), Orte der «Begegnung der Gemeinde mit dem lebendigen Gott». Kirchenbau in der Evangelisch-Lutherischen Kirche in Bayern seit 1945 aus theologischer Perspektive, in: H.-P. Hübner u. a. (Hg.), Evangelischer Kirchenbau in Bayern seit 1945, Berlin/München, 49–69.

RAUHAUS ALFRED (2007), Kleine Kirchenkunde. Reformierte Kirchen von innen und aussen, Göttingen.

REDAKTION KIRCHENBOTE (1961), Die Richtlinien von Bossey, Kirchenbote des Kantons Zürich 5, 4.

REFORMIERTE KIRCHE WOLLISHOFEN (Hg.) (2012), Vision Egg+ – Kirche mit Potential. Wettbewerbsbericht zum Ideenwettbewerb, Zürich.

REHBEIN BOIKE/SAALMANN GERNOT (2009), Art. Habitus, in: G. Fröhlich/B. Rehbein (Hg.), Bourdieu-Handbuch. Leben – Werk – Wirkung, Stuttgart, 110–118.

REHBOCK THEA (2005), Personsein in Grenzituationen. Zur Kritik der Ethik medizinischen Handelns, Paderborn.

REITZ-DINSE ANNEGRET/GRÜNBERG WOLFGANG (2010), Symbolisches Kapital, in: V. Herrmann u. a. (Hg.), Wichern drei – gemeinwesendiakonische Impulse, Neukirchener, 104–112.

REUTER HANS-RICHARD (2009), Botschaft und Ordnung. Beiträge zur Kirchentheorie, Leipzig.

REYMOND BERNARD (1996), L'architecture religieuse des protestants. Histoire, caractéristiques, problèmes actuels, Genève.

REYMOND BERNARD (2002), Zur Theologie des Gottesdienstraumes, in: M. Zeindler (Hg.), Der Raum der Kirche. Perspektiven aus Theologie, Architektur und Gemeinde, Horw, 13–29.

RIBI THOMAS (2013), Das Kreuz mit den teuren Kirchen, Neue Zürcher Zeitung v. 31. Mai 2013, 15.

RICHTER REIMER IVONI (1992), Frauen in der Apostelgeschichte des Lukas. Eine feministisch-theologische Exegese, Gütersloh.

RIEHM RENATA (2012), Nur noch eine Kirche im Dorf, Toggenburger-Nachrichten v. 18. September 2012, 3.

RITSCHL DIETRICH (1976), «Story" als Rohmaterial der Theologie, in: Ders./H. O. Jones (Hg.), «Story" als Rohmaterial der Theologie (Theologische Existenz heute, Bd. 192), München, 7–41.

RITSCHL DIETRICH (1976a), Zwei kurze Predigten unter Verwendung des Story-Konzepts, Ders./H. O. Jones (Hg.), «Story» als Rohmaterial der Theologie (Theologische Existenz heute, Bd. 192), München, 69–75.

RÖDER BETTINA (2012), Don Camillo im Prenzlauer Berg, Publik-Forum 17, 58–59.

ROHRER JÜRG (2011), Zu viele Kanzeln für zu wenig Gläubige, Tages-Anzeiger v. 18. August 2011, 13.

ROHRER JÜRG (2012), Reformierte wagen die radikale Reform, Tages-Anzeiger v. 19. September 2012, 17.

ROHRER JÜRG (2013), Oben der Heilige Geist, unten das Geschäft, Tages-Anzeiger v. 16. Januar 2013, 17.

RÖSSLER DIETRICH (1986), Grundriss der Praktischen Theologie, Berlin.

RÜCKERT MARKUS (2005), Finanzen und Finanzierung, in: G. Ruddat u. a. (Hg.), Diakonisches Kompendium, Göttingen, 300–316.

RÜEGGER HEINZ/SIGRIST CHRISTOPH (2011), Diakonie – eine Einführung. Zur theologischen Begründung helfenden Handelns, Zürich.

RÜEGGER HEINZ/SIGRIST CHRISTOPH (2014), Du sollst dich nicht überheben – Grundlegende Aspekte einer theologischen Begründung von Diakonie, epd sozial 13, 3–4.

RÜENAUVER JOSEF (2003), Widmen – Nutzen – Umnutzen katholischer Kirchen, das Münster – Zeitschrift für christliche Kunst und Kunstwissenschaft 3/65, 181–187.

RYÖKÄS ESKO (2004), Nach dem Abbruch einer Kirche – was bleibt?, Informationes Theologiae Europae 13, 81–100.

SAHLI MARKUS (2007), Drei Beispiele, in: Schweizerischer Evangelischer Kirchenbund (SEK), Wohnung Gottes oder Zweckgebäude?, Bern, 7–12.

SCHAEDE STEPHAN (2009), Heilige Handlungsräume? Eine theologisch-raumtheoretische Betrachtung zur performativen Kraft von Kirchenräumen, in: I. Baumgärtner u. a. (Hg.), Raumkonzepte, Göttingen, 51–69.

SCHÄFER EVA (2003), «Wonen en Winkelen» in Kirchen. Ein Blick auf die Umnutzung christlicher Sakralgebäude in den Niederlanden, das Münster – Zeitschrift für christliche Kunst und Kunstwissenschaft 3/65, 188–197.

SCHÄFER GERHARD K. (2001), Diakonische Profile in der Sozialen Arbeit. Tagung des Diakonischen Werkes der EKD, 3.–5. November 2000 (Diakonie-Dokumentation 01/2001), Stuttgart, 18–26.

SCHÄFER GERHARD K. U. A. (Hg.) (2005), Geschichtliche Entwicklungen der Diakonie, in: G. Ruddat u. a. (Hg.), Diakonisches Kompendium, Göttingen, 36–67.

SCHARFENBERG JOACHIM (1985), Einführung in die Pastoralpsychologie, Göttingen.

SCHAUFELBERGER THOMAS (2010), Konzept Generationenbegegnung, Manuskript v. April 2010.

SCHENK MARTIN (2005), Halbierte Freiheit. Die Stärk(ung)en der Schwachen, in: M. Holztrattner (Hg.), Eine vorrangige Option für die Armen im 21. Jahrhundert?, Innsbruck/Wien, 311–322.

SCHIEDER ROLF (1995), Urbanität und Heterotopie. Die Öffentlichkeit der Religion unter den Bedingungen ihrer Privatisierung, in: B. Mayer-Schärtel (Hg.), Paradise Now! (FS Wolfgang Stegemann), Neuendettelsau, 82–91.

SCHLAG THOMAS (2012), Öffentliche Kirche. Grunddimensionen einer praktisch-theologischen Kirchentheorie, Zürich.

SCHLEIERMACHER FRIEDRICH (1850), Die praktische Theologie nach den Grundsätzen der evangelischen Kirche im Zusammenhang dargestellt von Dr. Friedrich Schleiermacher, hg. v. Jacob Frerichs, Friedrich Schleiermacher's sämmtliche Werke. Erste Abtheilung zur Theologie, Bd. 13, Berlin.

SCHMIDBAUER WOLFGANG (2002), Hilflose Helfer. Über die seelische Problematik der helfenden Berufe, Reinbek b. Hamburg (überarb. Neuausg.).

SCHMIDT KATHARINA (2010), Ein Weg zu Sigmar Polkes Kirchenfenstern. Bilder aus Stein, Glas und Licht, in: Parkett Publishers/Kirchgemeinde Grossmünster – Zürich (Hg.), Sigmar Polke. Fenster – Windows Grossmünster Zürich, Zürich, 112–125.

SCHMIDT-CLAUSING FRITZ (1952), Zwingli als Liturgiker. Eine liturgiegeschichtliche Untersuchung, Göttingen.

SCHMITZ HERMANN (1981), System der Philosophie, 3. Bd.: der Raum, 2. Teil, Der Gefühlsraum, Bonn (2. Aufl.).

SCHMITZ HERMANN (1995), Das Göttliche und der Raum. System der Philosophie. 3. Bd.: Der Raum. 4. Teil, Das Göttliche und der Raum, Bonn (2. Aufl.).

SCHNABL CHRISTA (1999), Das Moralische im Politischen. Hannah Arendts Theorie des Handelns im Horizont der Theologischen Ethik, Frankfurt a. M., 145–200.

SCHNEIDER HEINRICH (2000), Entdeckungsreise. Reformierter Kirchenbau in der Schweiz, Zürich.

SCHNEIDER JÜRG E./NIEVERGELT DIETER (1988), Wasserkirche und Helmhaus zu Zürich (Schweizerischer Kunstführer GSK, Serie 44, Bd. 435/436), Bern.

SCHOBERTH INGRID (1999), «Du stellst meine Füβe auf weiten Raum» – Raummetaphern und leibhaftiges Leben, in: R. Bernhardt/U. Link-Wieczorek (Hg.), Metapher und Wirklichkeit. Die Logik der Bildhaftigkeit und Reden von Gott, Mensch und Natur (FS Dietrich Ritschl), Göttingen, 240–251.

SCHOBERTH INGRID (2006), Aufmerksamkeit für die Spur des Anderen – Zum Alltag der Seelsorge, in: H.-D. Neef (Hg.), Theologie und Gemeinde. Beiträge zu Bibel, Gottesdienst, Predigt und Seelsorge (FS Rudolf Landau), Stuttgart, 264–274.

SCHROER MARKUS (2006), Räume, Orte, Grenzen. Auf dem Weg zu einer Soziologie des Raums, Frankfurt a. M.

SCHROER MARKUS (2008), «Bringing space back in» – Zur Relevanz des Raumes als soziologischer Kategorie, in: J. Döring u. a. (Hg.), Spatial Turn. Das Raumparadigma in den Kultur- und Sozialwissenschaften, Bielefeld, 125–148.

SCHROER MARKUS (2009), Soziologie, in: St. Günzel (Hg.), Raumwissenschaften, Frankfurt a. M., 354–369.

SCHÜRKAMP BETTINA (2009), Wiederentdeckung des Raums, archithese 2, 52–57.

SCHÜSSLER FIORENZA ELISABETH (1988), Zur ihrem Gedächtnis … Eine feministisch-theologische Rekonstruktion der christlichen Ursprünge, München.

SCHÜSSLER FIORENZA ELISABETH (1988a), «Der Dienst an den Tischen». Eine kritische feministisch-theologische Überlegung zum Thema Diakonie, Concilium 4, 306–313.

SCHÜSSLER FIORENZA ELISABETH (2004), Grenzen überschreiten: Der theoretische Anspruch feministischer Theologie, Münster.

SCHULTE-HERBRÜGGEN ODO W. (2005), Die moralischen Emotionen. Neurobiologische und neuropsychologische Beiträge zum Verständnis prosozialen und ethischen Verhaltens, in: H. Weiss u. a. (Hg.), Ethik und Praxis des Helfens in verschiedenen Religionen, Neukirchen-Vluyn, 25–34.

SCHULZ CLAUDIA (2007), Ausgegrenzt und abgefunden? Innenansicht der Armut. Eine empirische Studie, Berlin.

SCHULZ CLAUDIA (2011), Arme Menschen in der Kirche und ihren Gemeinden, in: J. Eurich u. a. (Hg.), Kirchen aktiv gegen Armut und Ausgrenzung, Stuttgart, 280–297.

SCHULZ CLAUDIA/HAUSCHILDT EBERHARD/KOHLER EIKE (2008), Milieus praktisch. Analyse- und Planungshilfen für Kirche und Gemeinde, Göttingen.

SCHWEBEL HORST (1989), Art. Kirchenbau, V. Moderner Kirchenbau (ab 1919), TRE 18, 514–528.

SCHWEBEL HORST (1997), Liturgischer Raum und menschliche Erfahrung, in: R. Mahlke (Hg.), Living faith – lebendige religiöse Wirklichkeit (FS Hans-Jürgen Greschat), Frankfurt a. M., 369–385.

SCHWEIZER EDUARD (1961), Ein Rundgespräch über drei wesentliche Fragen des Kirchenbaus, Kirchenbote des Kantons Zürich 5, 3–5.

SCHWEIZER RADIO UND FERNSEHEN SRF 1 (2012), Beitrag Rundschau «Gotteshäuser ohne Gläubige» vom 10. Oktober 2012 (www.srf.ch/player/video?id=51b5f6ca-e449-4cbf-9d40-ad891008703e, Zugriff 18. Oktober 2012).

SCHWEIZERISCHE BISCHOFSKONFERENZ (SBK) (2006), Empfehlungen für die Umnutzung von Kirchen und von kirchlichen Zentren, Pastoralschreiben Nr. 13 v. 8. September 2006 (www.kath.ch/sbk-ces-cvs/pdf/reaffectation_d.pdf, Zugriff: 24. Januar 2013).

SCHWEIZERISCHER EVANGELISCHER KIRCHENBUND (SEK) (2007), Wohnung Gottes oder Zweckgebäude? Ein Beitrag zur Frage der Kirchenumnutzung aus evangelischer Perspektive, Bern.

SCHWEIZERISCHER EVANGELISCHER KIRCHENBUND (SEK) (2008), Verlässlich geöffnet. Eine Handreichung für offene Kirchentüren, Bern.

SCHWIZER VIVIANE (2008), Brücken zwischen Generationen als ausgezeichnete Ideen, Zürichsee-Zeitung rechtes Ufer v. 29. September 2008, 4.

SCHWÖBEL CHRISTOPH (2003), Christlicher Glaube im Pluralismus. Studien zu einer Theologie der Kultur, Tübingen.

SEKRETARIAT DER DEUTSCHEN BISCHOFSKONFERENZ (Hg.), Umnutzung von Kirchen. Beurteilungskriterien und Entscheidungshilfen, Arbeitshilfen 175, Bonn.

SENN OTTO H. (1952), Protestantischer Kirchenbau. Besinnung auf die Grundlagen, Werk 2/39, 33–40.

SENN OTTO H. (1969), Grundsätzliche Bemerkungen zu den drei zur Diskussion gestellten Entwürfen von Otto H. Senn, Basel, in: Tagungs- und Studienzentrum Boldern, Kirchenbau. Tagung für Architekten, Soziologen, Theologen und Kirchenpfleger, 9.–11. Januar 1969, Boldern, 39–40.

SENN OTTO H. (1983), Evangelischer Kirchenbau im ökumenischen Kontext. Identität und Variabilität – Tradition und Freiheit, Basel/Boston/Stuttgart.

SENZ SILVIA (2001), Was tun, wenn die Kirche besetzt wird?, reformierte presse v. 14. September 2001, 9.

SIEBER ERNST (1987), Menschenware, wahre Menschen, Bern.

SIEBER ERNST (1991), Platzspitz. Spitze des Eisbergs, Bern.

SIGRIST CHRISTOPH (1995), Die geladenen Gäste. Diakonie und Ethik im Gespräch: Zur Vision einer diakonischen Kirche, Bern.

SIGRIST CHRISTOPH (2000), Citykirche im Aufwind. Nicht Griesgram, sondern Lust, Zärtlichkeit und Freude soll die Kirche verbreiten!, Berg am Irchel.

SIGRIST CHRISTOPH (2006), Plädoyer für eine Diakonie des Geldes, in: Ders. (Hg.), Diakonie und Ökonomie, Zürich, 203–208.

SIGRIST CHRISTOPH (Hg.) (2010), Kirchen Macht Raum. Beiträge zu einer kontroversen Debatte, Zürich.

SIGRIST CHRISTOPH (2010a), Einführung, in: Ders. (Hg.), Kirchen Macht Raum. Beiträge zu einer kontroversen Debatte, Zürich, 7–19.

SIGRIST CHRISTOPH (Hg.) (2011), Die Zürcher Bibel von 1531. Entstehung, Verbreitung und Wirkung, Zürich.

SIGRIST CHRISTOPH (2011a), Reflections on the Paradigm Shift in Voluntary Work, with Reference to Switzerland, Diaconia 2/1, 81–89.

SIGRIST CHRISTOPH (2011b), Liturgie oder Diakonie: doch in Konkurrenz?, in: R. Kunz u. a. (Hg.), Reformierte Liturgik – kontrovers, Zürich, 137–143.

SIGRIST CHRISTOPH (2011c), Kirche braucht Raum, Leben und Glauben 46, 12–13.

SIGRIST CHRISTOPH (2011d), Räume riskieren für Freiwillige – am Beispiel der Stadtkirchenarbeit im Grossmünster in Zürich, Vortrag an der Europäischen Freiwilligenuniversität in Basel v. 1. September 2011.

SIGRIST CHRISTOPH (2013), Kirchenraum, in: U. Liedke/R. Kunz (Hg.), Handbuch Inklusion in der Kirchgemeinde, Göttingen, 209–236.

SIGRIST CHRISTOPH (2013a), Diakonische Räume als Bildungsorte, in: K. Kiessling/ H. Schmidt, Diakonisch Menschen bilden. Motivationen – Grundierungen – Impulse, Stuttgart (ersch. im Herbst 2013).

SIMMEL GEORG (1992), Soziologie. Untersuchungen über die Form der Vergesellschaftung, hg. v. Ottheim Rammstedt, Frankfurt a. M.

SIMMEL GEORG (1998), Philosophische Kultur. Über das Abenteuer, die Geschlechter und die Krise der Moderne. Gesammelte Essais, Berlin.

SIMON BENJAMIN (2005), Gastfreundschaft – ein Weg christlicher Integration, in: Ders. u. a. (Hg.), Konviviale Theologie (FS Theo Sundermeier), Frankfurt a. M., 198–201.

SMIT PETER-BEN (2011), Liturgie und Diakonie: komplementär, in: R. Kunz u. a. (Hg.), Reformierte Liturgik – kontrovers, Zürich, 131–137.

SOEFFNER HANS-GEORG (2000), Gesellschaft ohne Baldachin. Über die Labilität von Ordnungskonstruktionen, Weilerswist.

SOEFFNER HANS-GEORG (2003), Kirchliche Gebäude – Orte der christlichen Religion in der pluralistischen Kultur, in: Th. Klie (Hg.), Der Religion Raum geben. Kirchenpädagogik und religiöses Lernen, Münster/Hamburg/London, 44–50.

SÖLLE DOROTHEE/BICHSEL PETER/OBERMÜLLER KLARA (1989), Teschuwa. Zwei Gespräche, Zürich.

SPIELMANN JÜRG/ZAPPA STEFAN (1998), «Blindi Chue». Sehen im Dunkeln, Zürich, Manuskript.

SPIELMANN JÜRG (2012), Antworten Blinde Kuh, Hördatei per E-Mail versandt am 12. Oktober 2012.

SPINNER LUKAS (2012), Von Tag zu Tag, Leben und Glauben 33, 10–11.

STARNITZKE DIERK (2008), Einkehr in den biblischen Horizont. Die Bedeutung von Bibeltexten in der diakonischen Alltagsroutine, in: R. Hoburg (Hg.), Theologie der helfenden Berufe, Stuttgart, 123–138.

STEFFENSKY FULBERT (2003), Der Seele Raum geben – Kirchen als Orte der Besinnung und Ermutigung, in: Kirchenamt der EKD (Hg.), Der Seele Raum geben – Kirchen als Orte der Besinnung und Ermutigung. Texte zum Sachthema der 1. Tagung der 10. Synode der Evangelischen Kirche in Deutschland (EKD), Hannover.

STEFFENSKY FULBERT (2003a), Die Dialektik von Form und Geist. Zur Theologie des protestantischen Kirchenbaus, in: F. Brandi-Hinnrichs u. a. (Hg.), Räume riskieren. Reflexion, Gestaltung und Theorie in evangelischer Perspektive (Kirche in der Stadt, Bd. 11), Schenefeld, 189–202.

STEFFENSKY FULBERT (2005), Der heilige Raum, der die Sehnsucht birgt, in: R. Bürgel u. a. (Hg.), Spuren hinterlassen – 25 Kirchbautage seit 1946, Hamburg, 194–209.

STEPHENS PETER (1997), Zwingli. Einführung in sein Denken, Zürich.

STERN DANIEL (2010), Die Lebenserfahrung des Säuglings, übers. v. Wolfgang Koppe, Stuttgart (10. Aufl.).

STERNBERG THOMAS (1996), Suche nach einer neuen Sakralität? Über den Kirchenraum und seine Bedeutung, das münster – Zeitschrift für christliche Kunst und Kunstwissenschaft 2, 142–148.

STERNBERG THOMAS (2002), Unalltägliche Orte. Sind katholische Kirchen heilige Räume?, kunst und kirche 3, 138–140.

STIRM MARGARETE (1977), Die Bilderfrage in der Reformation, Gütersloh.

STOELLGER FRANZISKA (2008), In Zukunft: Gottesdienst in der Garage? Ein Workshop im Lutherzentrum, kunst und kirche 2, 59–61.

STOETZER SERGEJ (2010), Ort, Identität, Materialität – soziologische Raumkonzepte, in: Th. Erne u. a. (Hg.), Die Religion des Raumes und die Räumlichkeit der Religion, Göttingen, 87–103.

STOLZ JÖRG/BALLIF EDMÉE (2010), Die Zukunft der Reformierten. Gesellschaftliche Megatrends – kirchliche Reaktionen, Zürich.

STROHM THEODOR (1987), Gemeinwesenarbeit, in: Ch. Bäumler u. a. (Hg.), Gemeindepraxis in Grundbegriffen. Ökumenische Orientierungen und Perspektiven, Düsseldorf, 196–207.

STROHM THEODOR (2003), Diakonie. Zukunftsperspektiven und Lernaufgaben, in: Ders. u. a. (Hg.), Diakonie in der Perspektive der verantwortlichen Gesellschaft. Beiträge zur sozialen Verantwortung der Kirche II (Veröffentlichungen des Diakoniewissenschaftlichen Instituts an der Universität Heidelberg, Bd. 16), 147–156.

STROHM THEODOR U. A. (Hg.) (2004), Die Entstehung einer sozialen Ordnung Europas, Bd. 2. Europäische Ordnungen zur Reform der Armenpflege im 16. Jahrhundert, Heidelberg.

STROHM THEODOR (2010), «Wichern drei» – auf dem Weg zu einer neuen Kultur des Sozialen, in: V. Herrmann u. a. (Hg.), Wichern drei – gemeinwesendiakonische Impulse, Neukirchen-Vluyn, 17–22.

STROHMAIER-WIEDERANDERS GERLINDE (2002), Reformierter Kirchenbau in Deutschland vom 16. bis zum 18. Jahrhundert, in:

S. Lekebusch u. a. (Hg.), Historische Horizonte (Emder Beiträge zum reformierten Protestantismus, Bd. 5), Wuppertal, 67–92.

STÜCKELBERGER CHRISTOPH (2006), Ethische, ekklesiologische und ökonomische Herausforderungen der diakonischen Arbeit in der Schweiz, in: Ch. Sigrist (Hg.), Diakonie und Ökonomie. Orientierungen im Wandel Europas, Zürich, 185–202.

STÜCKELBERGER JOHANNES (2008), Die Kirche als Galerie. Überlegungen zur Begegnung von Kunst und Kirchenraum, bulletin sek.feps 2, 6–8.

STÜCKELBERGER JOHANNES (2008a), Tendenzen im Kirchenbau, Annex – das Magazin der reformierten presse 46, 3–5.

STÜCKELBERGER JOHANNES (2011), Kirche als funktionaler Raum, in: R. Kunz u. a. (Hg.), Reformierte Liturgik – kontrovers, Zürich, 219–228.

STÜCKELBERGER JOHANNES (2011a), Replik auf das Plädoyer von Asha De, in: R. Kunz u. a. (Hg.), Reformierte Liturgik – kontrovers, Zürich, 239–240.

SUNDERMEIER THEO (1991), Erwägungen zu einer Hermeneutik interkulturellen Verstehens, in: Ders. (Hg.), Die Begegnung mit dem Anderen. Plädoyers für eine interkulturelle Hermeneutik, Gütersloh, 13–28.

SUNDERMEIER THEO (1995), Konvivenz als Grundstruktur ökumenischer Existenz, in: Ders., Konvivenz und Differenz, hg. von Volker Küster, Erlangen, 43–75.

SUNDERMEIER THEO (1996), Den Fremden verstehen. Eine praktische Hermeneutik, Göttingen.

SYNODALRAT DER REFORMIERTEN KIRCHEN BERN–JURA–SOLOTHURN (2001), Angemessenes Verhalten bei Kirchenbesetzungen. Hilfestellung für die Mitglieder von Kirchgemeinderäten, Manuskript v. 5. September 2001.

SZEMERÉDY DANIEL (2008), Macht und Ohnmacht des Raumes. Workshop in der Sophienkirche München-Riem, in: H. Kerner (Hg.), Lebensraum Kirchenraum, Leipzig, 129–133.

TAL JOSEF (1987), Der Sohn des Rabbiners. Ein Weg von Berlin nach Jerusalem, München.

THEISSEN GERD (2006), Die Bibel diakonisch lesen: Die Legitimitätskrise des Helfens und der barmherzige Samariter, in: V. Herrmann u. a. (Hg.), Studienbuch Diakonik. Biblische, historische und theologische Zugänge zur Diakonie, Bd. 1, Neukirchen-Vluyn, 88–116.

THEOLOGISCHE FAKULTÄT DER UNIVERSITÄT ZÜRICH (1981), «Kirchlicher Raum – Asylraum – Freiraum». Stellungnahme zu Handen des

Kirchenrates der Evangelisch-reformierten Landeskirche des Kantons Zürich, Zürich.

TILLICH PAUL (1971), Auf der Grenze. Aus dem Lebenswerk Paul Tillichs, Zürich (5. Aufl.).

TIPLIC IOAN MARIAN (2008), Kirchenburgen der Siebenbürger Sachsen, übers. v. Grete Klaster Ungureanu, Bukarest.

TURRE REINHARD (1991), Diakonik. Grundlegung und Gestaltung der Diakonie, Neukirchen-Vluyn.

UHLHORN GERHARD (1895), Die Christliche Liebesthätigkeit, Stuttgart.

UMBACH HELMUT (2005), Heilige Räume – Pforten des Himmels. Vom Umgang der Protestanten mit ihren Kirchen, Göttingen.

VEBLEN THORSTEIN (1958), Theorie der feinen Leute. Eine ökonomische Untersuchung der Institutionen, übers. v. Suzanne Heintz u. Peter von Haselberg, Berlin/Köln.

VEREINIGTE EVANGELISCH-LUTHERISCHE KIRCHE DEUTSCHLANDS (VELKD) (2003), Was ist zu bedenken, wenn eine Kirche nicht mehr als Kirche genutzt wird? Leitlinien des Theologischen Ausschusses der VELKD und des DNK/LWB, Texte 122/2003 (www.velkd.de/131.php?nummer=122&jahr=2003, Zugriff: 24. Januar 2013).

VEREINIGTE EVANGELISCH-LUTHERISCHE KIRCHE DEUTSCHLANDS (VELKD) (o. D.), Abschied von einem Kirchengebäude. Entwidmung (www.velkd.de/downloads/Entwidmung%285%29.pdf, Zugriff: 24. Januar 2013).

VIGIL JOSÉ MARIÁ (1997), Die Option für die Armen, in: R. Fornet-Betancourt (Hg.), Befreiungstheologie: Kritischer Rückblick und Perspektiven für die Zukunft, Bd. II: Kritische Auswertung und neue Herausforderung, Mainz, 95–111.

VOLP RAINER (1997), Profile von City-Kirchen und das Profil der Kirche, in: D. Meyer (Hg.), Kirchliche Kunst im Rheinland (Studien zur Gestaltung von City-Kirchen, Denkmalpflege und moderner Kunst, Bd. 3), Düsseldorf, 21–47.

VOLP RAINER (1998), Gastfreie Orte. Über die stille Botschaft von Kirchenräumen, in: R. Degen u. a. (Hg.), Lernort Kirchenraum. Erfahrungen – Einsichten – Anregungen, Münster, 257–261.

VON DEN BROM LUCO JOHANN (2004), Art. Raum, III. Dogmatisch, RGG 7, 64–65.

WAGNER-RAU ULRIKE (2000), Segensraum. Kasualpraxis in der modernen Gesellschaft, Stuttgart.

WAGNER-RAU ULRIKE (2002), Art. Raum, in: E. Gössmann u. a. (Hg.), Wörterbuch der feministischen Theologie, Gütersloh (2. Aufl.), 582–583.

WAGNER-RAU ULRIKE (2010), Gotteshaus und Gottesbeziehung, in: Th. Erne u. a. (Hg.), Die Religion des Raumes und die Räumlichkeit der Religion, Göttingen, 151–163.

WALDENFELS BERNHARD (1989), Lebenswelt zwischen Alltäglichem und Unalltäglichem, in: Ch. Jamme u. a. (Hg.), Phänomenologie im Widerstreit, Frankfurt a. M., 106–118.

WALDENFELS BERNHARD (1994), In den Netzen der Lebenswelt, Frankfurt a. M. (2. Aufl.).

WALTER JÖRN (2006), Kirchen als Zeichen in der Stadt. Von der Bedeutung sakraler Gebäude im Stadtraum, in: H. Adolphsen u. a. (Hg.), glauben sichtbar machen. herausforderungen an kirche, kunst und kirchenbau, Hamburg, 111–123.

WALTHER PETER (1985), Ruh: Die Rechtstaats-Idee geht dem Rechtsstaat voraus, Tages-Anzeiger v. 2. November 1985, 17.

WENDLAND HEINZ-DIETRICH (2006), Christos Diakonos, Christos Doulos. Zur theologischen Begründung der Diakonie, in: V. Herrmann u. a. (Hg.), Studienbuch Diakonik, Bd. 1: biblische, historische und theologische Zugänge zur Diakonie, Neukirchen-Vluyn, 272–284.

WERNER CHRISTOF MARTIN (1971), Das Ende des «Kirchen»-Baus. Rückblick auf die moderne Kirchenbaudiskussion, Zürich.

WERNER CHRISTOF MARTIN (1979), Sakralität. Ergebnisse neuzeitlicher Architekturästhetik, Zürich.

WHITE SUSAN (2001), Art. Kirchenbau, III. Theologisch und praktisch-theologisch, RGG 7, 1145–1147.

WITTEKIND FOLKART (2008), Religion als Transformationsbewusstsein – zur theologischen Deutung des Transformationsbegriffs, kunst und kirche 2, 16–20.

WINNICOTT DONALD W. (2010), Vom Spiel zur Kreativität, Stuttgart (12. Aufl.).

WITTMANN-ENGLERT KERSTIN (2008), Fragmentiert oder geschlossen: Stadtsilhoutten im 20. und 21. Jahrhundert, kunst und kirche 2, 28–32.

WITTMANN-ENGLERT KERSTIN (2009), Kirchenräume des 20. Jahrhunderts, kunst und kirche 2, 33–42.

WOYDACK TOBIAS (2005), Der räumliche Gott. Was sind Kirchengebäude theologisch? (Kirche in der Stadt, Bd. 13), Schenefeld.

WÜTHRICH MATTHIAS (2007), Theologische Grundlagen, in: Schweizerischer Evangelischer Kirchenbund (Hg.), Wohnung Gottes oder

Zweckgebäude? Ein Beitrag zur Frage der Kirchenumnutzung aus evangelischer Perspektive, Bern, 13–26.

WÜTHRICH MATTHIAS (2008), Heilige Räume? Zum theologischen Verständnis von Kirchengebäude und Kirchenraum, bulletin sek.feps 2, 3–5.

WÜTHRICH MATTHIAS (2010), Raumtheoretische Erwägungen zum Kirchenraum, in: Ch. Sigrist (Hg.), Kirchen Macht Raum. Beiträge zu einer kontroversen Debatte, Zürich, 71–87.

WYSS BERNHARD (1901), Die Chronik des Bernhard Wyss, hg. von G. Finsler (Quellen zur Schweizer Reformationsgeschichte 1), Basel.

ZAHNER WALTER (2007), Häuser Gottes und Häuser für die Menschen – Kirchenräume als besonders ausgewiesene Plätze der Begegnung, in: O. Zimmermann u. a. (Hg.), Die Kirchen, die unbekannte kulturpolitische Macht, Berlin, 62–64.

ZEINDLER MATTHIAS (1993), Gott und das Schöne. Studien zur Theologie der Schönheit, Göttingen.

ZEINDLER MATTHIAS (Hg.) (2002), Der Raum der Kirche. Perspektiven aus Theologie, Architektur und Gemeinde, Horw.

ZEINDLER MATTHIAS (2010), Der Raum der von Gott Befreiten. Zur Theologie des Kirchenraums, in: Ch. Sigrist (Hg.), Kirchen Macht Raum, Zürich, 59–70.

ZENTRUM ÖKUMENE DER EVANGELISCHEN KIRCHEN IN HESSEN UND NASSAU (2010), Wenn kirchliche Gebäude zum Verkauf anstehen. Kriterien für eine Entscheidung, Frankfurt a. M.

ZOLLINGER MARC (2005), Das Geheimnis des Geköpften, Tages-Anzeiger vom 2. Dezember 2005, 15.

ZÜRCHER BIBEL (1971), Die Heilige Schrift des alten und neuen Testamentes, Hg. v. Kirchenrat des Kantons Zürich, Zürich (Übersetzung von 1931).

ZÜRCHER BIBEL (2007), Hg. v. Kirchenrat der Evangelisch-reformierten Landeskirche des Kantons Zürich, Zürich.

ZWINGLI HULDRICH U. A. (Hg.) (1531), Die gantze Bibel der ursprunglichen Ebraischen und Griechischen waarheyt nach/ auffs allertreuwlichest verteutschet (Froschauer-Bibel), Zürich (www.grossmuenster.ch/bibelaufnetz, Zugriff: 27. Februar 2013).

ZWINGLI HULDRICH (1905–1991), Huldrich Zwinglis sämtliche Werke, Hg. v. Emil Egli u. a. (Corpus Reformatorum CR 88–101), Bd. 1–14, Berlin/Leipzig/Zürich.

ZWINGLI HULDRICH (1941), Zwingli Hauptschriften, bearbeitet von Fritz Blanke u. a., Bd. 1: Zwingli, der Prediger, II. Teil, Zürich.

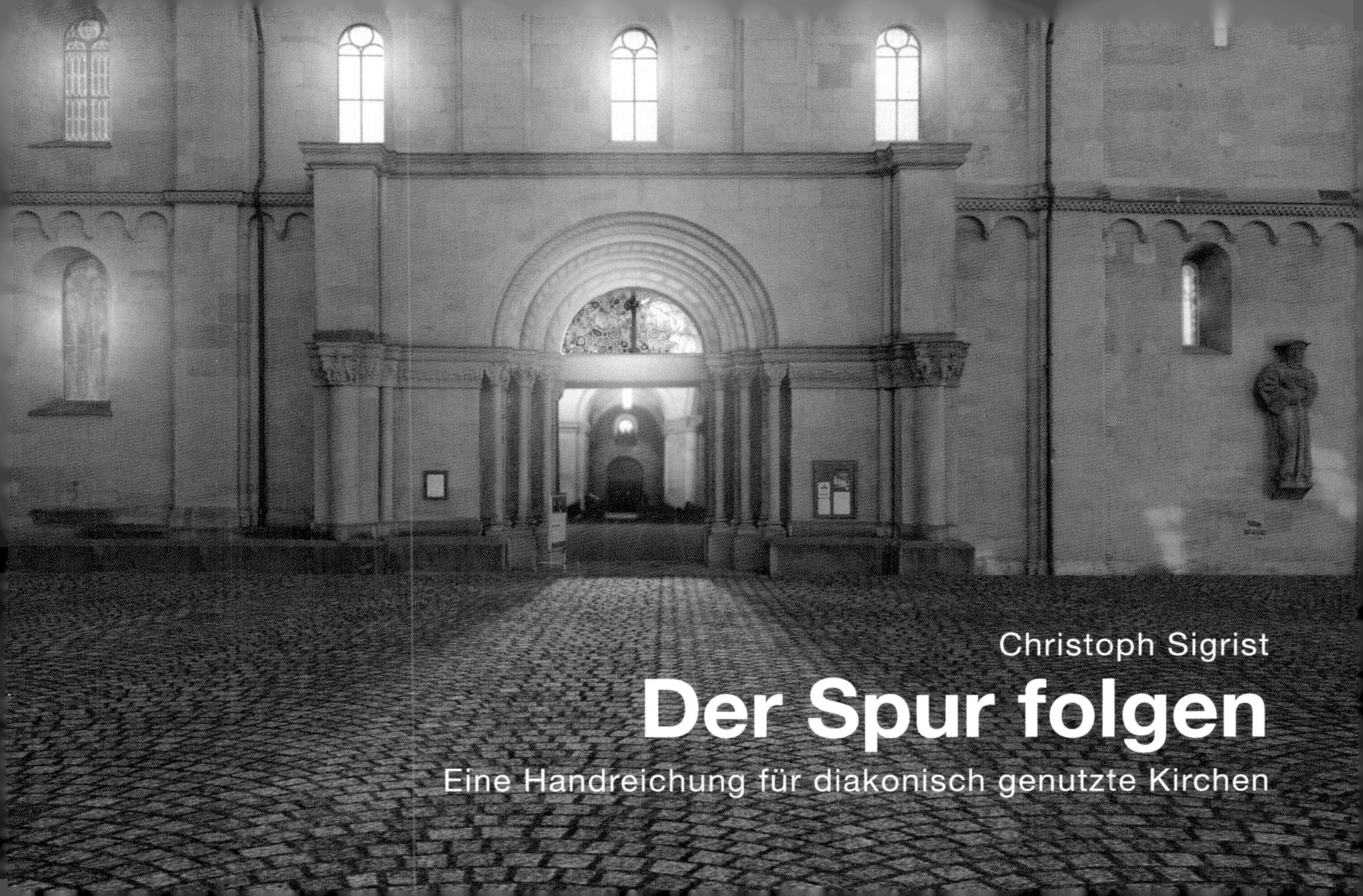

Christoph Sigrist

Der Spur folgen

Eine Handreichung für diakonisch genutzte Kirchen

Die erweiterte diakonische Nutzung des Kirchenraums
öffnet die Kirchentür, lässt die Welt herein
und drängt hinaus in die Gassen und Strassen.
Die Spurensuche drinnen und draussen kann beginnen.
Im Kirchenraum beginnt das Wagnis, neue Räume zu betreten.

Der Spur folgen

Eine Handreichung für diakonisch genutzte Kirchen

Das Antlitz des Anderen

Kirchenräume werden wieder als Orte der Klage entdeckt, der Freude, der Stille und der Zuflucht. Ob auf dem Land oder in der Stadt, Menschen suchen Kirchenräume auf, um den Lauf ihres Alltags zu unterbrechen. Sie werden in den Bann gezogen vom Farbenspiel im Kirchenfenster oder vom Klang der Musik. Sie wollen die Geschichte des Raums neu verstehen oder den Ort ihrer Kindheit wieder erleben. Sie möchten beten und innehalten oder suchen Gespräch und Hilfe.

Der Trend ist deutlich: Während der Woche suchen immer mehr Menschen denjenigen Raum auf, der am Sonntag die Gottesdienstgemeinde beherbergt. Kirchen werden für beide Gemeinden gebraucht, für den Gottesdienst am Sonntag und den Lebensdienst unter der Woche. Sie laden mit ihren offenen Türen ein, sie schützen mit ihren bergenden Winkeln, sie ermutigen als schöpferische Kraftorte. Kirchenräume erzeugen durch ihre Atmosphäre bei den Gästen das Gefühl «Da bin ich willkommen, da wird mir geholfen!» Diese Ausstrahlung trägt Spuren der Diakonie in sich und macht diese sichtbar. Unter dem kirchlich diakonischen Auftrag wird das helfende Handeln an Notleidenden verstanden. Solche Hilfe geschieht im Kirchenraum, wenn sich Menschen dem Antlitz anderer Menschen zuwenden.

«Nach dem Bilde Gottes sein heisst nicht, Ikone Gottes sein, sondern sich in seiner Spur befinden. Er zeigt sich nur in seiner Spur. Zu ihm hingehen heisst nicht, dieser Spur folgen, sondern auf die Anderen zugehen, die sich in der Spur halten.» Emmanuel Lévinas

In Kirchen ist mit Gott zu rechnen, gewiss, jedoch auch mit dem Menschen, der auf Hilfe wartet. Hier kreuzen sich ihre Spuren. Spiritualität und Solidarität fliessen ineinander. Sakralräume sind Orte der Diakonie. Die Begegnung mit dem hilfesuchenden Menschen, der sich in der Spur Gottes befindet, hinterlässt Spuren im Raum und auch ausserhalb, vor der Kirchentür.

- Wo, wenn nicht da, wird seine Not wahrgenommen?
- Wo, wenn nicht in Kirchen, stellt man sich der Verantwortung für ihn?
- Wo, wenn nicht hier, werden Fremde mitsamt ihrer Kultur und Religion hereingebeten?

Der Kirchenraum wird mit seiner diakonischen Ausstrahlung in den öffentlichen Raum als heilsamer «anderer» Ort inmitten einer Welt geschätzt, die den Anderen ausschliesst und den Hilfesuchenden übersieht. Die Steine der Kirchen predigen, indem sie tun, was auf der Hand liegt und unter die Haut geht: Kirchen helfen den Menschen in Gottes Namen, in ihre eigene Spur zu finden. Darin liegt ihre einmalige Chance und grosse Bedeutung für das Gemeinwesen: Sie sind öffentliche Zeichen der Religion und damit öffentliche Zeichen der diakonischen Präsenz von Christen in der Welt.

Kirchgemeinden tragen am Kirchengebäude eine Last. Doch ihre meist an bester Lage liegenden Räume wecken die Lust, der Renaissance von Kirchen Tür und Tor zu öffnen. Eine geschlossene Kirche ist verantwortungslos. Eine einladende, schützende und ermutigende Kirche ist ein Glück. Dieses will von denen geteilt werden, die der Spur Gottes und damit der Spur des anderen Menschen folgen.

Schritte zur diakonischen Nutzung von Kirchenräumen

Kirchenräume diakonischen Zwecken zu öffnen, ist ein lohnendes Projekt des Gemeindeaufbaus. Die Beteiligung von anderen sozialen und diakonischen Institutionen ist dabei grundlegend.

Erster Schritt: Wahrnehmen

In einem ersten Schritt geht es darum, in einem partizipativen Prozess die Mitglieder der Kirchgemeinde sowie Nachbarschaft und Gemeinwesen für die sozialen Aufgaben und Herausforderungen zu sensbilisieren. Dies kann durch Umfragen geschehen, über Medienberichte, Podien oder gezielte Gespräche mit Schlüsselpersonen aus Politik, Kultur, Wirtschaft, Bildung und Sport. Die Sensibilisierung kann auch durch Wettbewerbe oder Kirchgemeindetage geschehen. Sinnvoll ist es, nicht über den Kirchenraum, sondern im Kirchenraum zu reden. Erkenntnisleitende Fragen sind: Welche sozialen Brennpunkte sind im Dorf, Quartier, Stadtteil oder der Welt festzustellen? Wie wird der Kirchenraum bisher genutzt, und welche seiner Nutzungen können diakonisch genannt werden? Wie ist der Platz vor der Kirche gestaltet? Welche Gruppen und Institutionen zeigen sich interessiert? Wo ist aus personeller, baulicher oder finanzieller Sicht eine notwendige Zusammenarbeit vorgezeichnet?

Zweiter Schritt: Beurteilen

In der Kirchenleitung (Kirchenpflege, Pfarreiräte) und den entsprechenden Kommissionen und Konventen gilt es nun, anhand der gesammelten Informationen das Ergebnis zu beurteilen. Als Beurteilungsinstrument dient die Orientierung an den drei grundlegenden diakonischen Funktionen des Kirchenraums:

Kirchen laden ein,
sie schützen und
sie ermutigen.

Laden unsere Kirchenräume ein?

Wie kann der Kirchenraum als Gastraum genutzt werden? Gilt es, einen Präsenzdienst aufzubauen, einen Mittagstisch einzurichten, die Öffnungszeiten zu ändern, während Stadtfesten die Kirche als Kontrapunkt auch während der Nacht zu öffnen? Werden alle Gäste gleich behandelt oder gibt es solche, die systematisch ausgegrenzt oder abgewertet werden? Wie können solche Gruppen willkommen geheissen werden? Wie kann der Kirchenraum vermehrt als Ort der Solidargemeinschaft genutzt werden? Wie ist der Empfang zu gestalten? Ist der Eingangsbereich gastfreundlich?

Schützen unsere Kirchenräume?

Sind Zugangshindernisse und Treppen für Benachteiligte überwindbar? Gibt es ein behindertenfreundliches WC? Welchen Gruppen und Initiativen ist Schutz zu bieten? Gibt es einen Strategieplan mit anderen Kirchgemeinden, wenn Flüchtlinge oder andere Betroffene den Kirchenraum für sich in Anspruch nehmen wollen? Können Nebenräume, Kellergeschosse und Vorhallen als soziale Anlaufstellen genutzt oder vermietet werden? Welche Plakate und Fahnen an Kirchtürmen sind angesichts der Verletzlichkeit des Lebens und der exkludierenden Kräften in der Gesellschaft zuzulassen, und wo sind klare Grenzen zu ziehen? Wie ist der Dialog mit den Verantwortlichen in Politik, Wirtschaft und Bildung angesichts gesellschaftlicher Krisen und Ereignisse im Kirchenraum zu führen? Unter Ausschluss der Öffentlichkeit oder – im Gegenteil – gerade speziell mit Blick auf den Kirchenraum als öffentlichen Raum? Gibt es Möglichkeiten, bei Kälte oder Katastrophen Obdachlosen oder Flüchtlingen provisorisch im Kirchenraum Schutz anzubieten? Ist es bei Anlässen im Ort, Quartier oder Stadtteil (Markt, Fest) sinnvoll, den Kirchenraum für Menschen zu öffnen, die sich besinnen oder ausruhen wollen?

Ermutigen unsere Kirchenräume?

Wie kann der Kirchenraum geistlich und diakonisch für Besuchende erschlossen werden? Sind Kräfte für spezielle Führungen im Kirchenraum aus- und weiterzubilden? Sind gewisse Zeiten für Seelsorgegespräche oder Anlaufstellen im Bereich von Gesundheit, Arbeit und Familie einzurichten? Sind Tafeln mit Hinweisen für aussergottesdienstliche soziale Angebote zu platzieren? Soll die Tages- und Wochenstruktur im Kirchenraum für die «Werktagsgemeinde» mit Ritualen, Meditationen, Angeboten wie Klang und Stille oder Nachtmeditationen erweitert werden? Ist einem oder einer Einzelnen, der oder die in einer schwierigen Phase den Kirchenraum am Abend für sich alleine erleben möchte, ein Schlüssel auszuhändigen? Sind Segnungs- und Heilungsfeiern gefragt, Kerzenrituale und Gebetsräume? Kann das Kirchenjahr im Kirchenraum sichtbar gemacht werden? Sind Angebote für biografische Übergänge wie auch den Wechsel von Jahreszeiten zu entwickeln? Wie kann der Raum gestaltet werden, dass er von den Besuchenden segnend und heilend erfahren wird? Wie ist das Licht zu führen, die Stille zu artikulieren, der Raum mit Klang zu bespielen?

Gesprächsecke Seelsorge-Bereich
Kinder ?
Bereich der Stille
KINDER-ECKE
LESE-BEREICH
LICHT ?
STILLE
KERZEN ?
SOMMER OFFEN
CAFÉ ?

Ist die Entscheidung für eine konkrete diakonische Nutzungserweiterung gefallen, gilt es, im Rahmen der üblichen Schritte des Projektmanagements auf folgende Punkte besonders zu achten:

Kommunikation

Handeln und Sprechen sind zwei Seiten derselben Medaille, derjenigen der Aktivität. Auf der einen Seite gilt es, die Zusammenarbeit mit möglichen Partnerorganisationen, Kirchen, religiösen Gemeinschaften und benachbarten Kirchgemeinden aller Konfessionen aufzubauen. Anderseits ist zu klären, mit welchen Informationen jeweils die Öffentlichkeit und die Gemeinde zu welchem Zeitpunkt bedient werden. Weiter ist zu fragen, inwiefern der Prozess der Umsetzung durch die Beteiligung möglichst vieler Interessierter verstärkt werden kann und wo die direkt Beteiligten ihn in Stellvertretung der Interessierten voranbringen müssen. Der gesamte Prozess verlangt Fingerspitzengefühl im Umgang mit Personen und den einzelnen Projektphasen.

Ausrichtung

Es ist darauf zu achten, dass während der Umsetzung die Orientierung am zerbrechlichen und fragilen Bezugsnetz menschlichen Lebens und Handelns gewährleistet bleibt. Steht der Mensch während des ganzen Prozesses mit seinen Fähigkeiten und Grenzen im Zentrum der Überlegungen?

Frage nach der Macht

Mit welchen Ansprechgruppen ist der Kirchenraum zu verändern, wenn er auf der einen Seite allen gehört, die ihn aufsuchen oder mit ihm leben, und auf der anderen Seite die Kirchgemeinde oder Pfarrei als juristische Person seine Eigentümerin und Besitzerin bleibt?

Offener Prozess

Wie sind Veränderungen bei Gästen, die sich durch Raumerlebnisse einstellen, zu begleiten und zu achten? Wie sind Veränderungen des Kirchenraums selber sowie seine neuen Nutzungsmöglichkeiten den Mitgliedern der Gemeinde nach innen und den Bewohnerinnen und Bewohnern des Gemeinwesens nach aussen zu vermitteln? Dabei gilt es in einer pluralen Gesellschaft, den Horizont auf unterschiedliche Milieus und Kulturen zu weiten: Der Kirchenraum strahlt über das ganze Dorf und die ganze Stadt hinaus und lädt Christen wie auch Nichtchristen zum Gebet ein.

Angebote

Grundangebote diakonischer Nutzung sind:

- Kirchen sind grundsätzlich offen.
- Kirchen sind öffentliche Räume für den fremden Gast und keine Wohnstuben für kirchliches Personal.
- Kirchen sind als Gasträume einzurichten: Kerzen, Fürbitte- und Gebetsbücher, Bibeln in verschiedenen Sprachen, Meditations- und Gebetsanstösse liegen auf, Segenssprüche und Texte laden ein, mitgenommen zu werden.
- Hinweistafeln und Faltprospekte zu Hilfsangeboten, Anlaufstellen und Kontakte zu Seelsorgenden sowie zu weiteren hilfreichen Orientierungspunkten wie WC, Touristeninformation, nächstliegendem Restaurant oder Einkaufsmöglichkeit sind bereitgestellt.
- Betroffenengruppen werden in Liturgien, Gottesdienste und – durch die Einführung von «niederschwelligen» Angeboten – in die Raumbenützung integriert.

Erweiterte diakonische Angebote:

- Die Einrichtung und Begleitung eines Präsenzdiensts als wichtige Gestalt der Freiwilligenarbeit.
- Der Aufbau von Gesprächsmöglichkeiten mit Seelsorgenden sowie Sozialdiakoninnen und Sozialdiakonen.
- Gemeinsame Essensmöglichkeiten wie Vesperkirchen, «Tischlein-deck-dich»-Angebote oder Tafelkirchen.
- Die Bereitstellung von Teilräumen der Kirche wie Keller, Anbauten, Estrich und Nischen für die Arbeit sozialer Institutionen oder Initiativen als Verortung zivilgesellschaftlicher Hilfe.

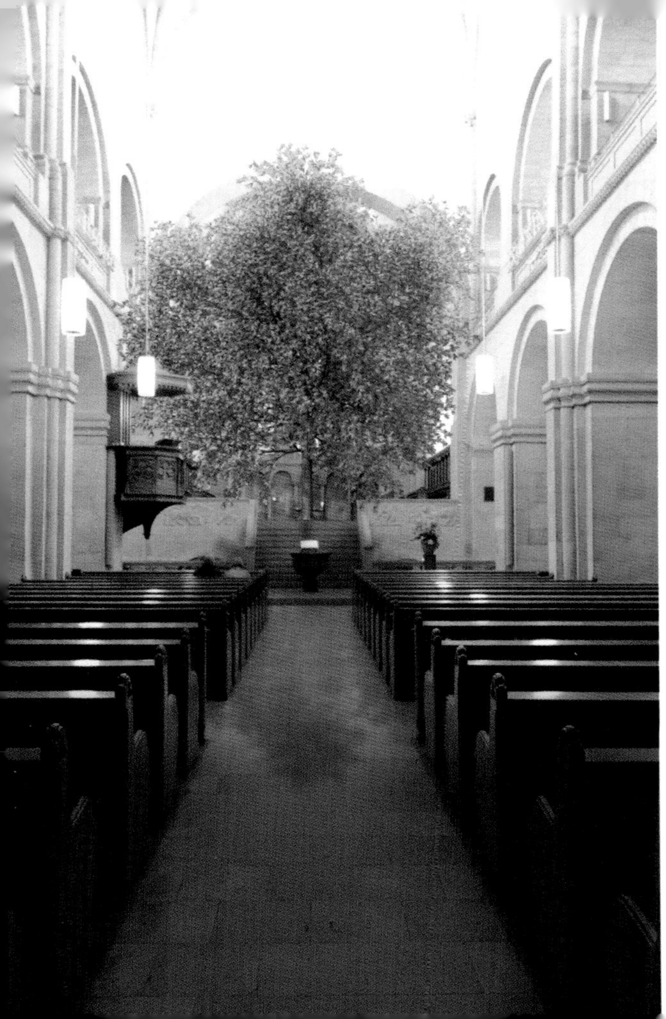

Spuren hinterlassen

In Kirchenräumen hinterlassen Menschen und Gott Spuren. Sie lassen ihre Spuren in den Gottesdiensten zurück. Auch Werktagsgäste, die «nur» einfach in die Kirche kommen, um sich in ihr aufzuhalten, hinterlassen ihre Spuren. Jeder Gast verändert den Raum und erfüllt ihn mit seiner Präsenz. Die Fremden unter der Woche sind Brüder und Schwestern der Sonntagsgemeinde.

Die erweiterte diakonische Nutzung des Kirchenraums öffnet die Kirchentür, lässt die Welt herein und drängt hinaus in die Gassen und Strassen. Die Spurensuche drinnen und draussen kann beginnen. Im Kirchenraum beginnt das Wagnis, neue Räume zu betreten.